U0029754

中國與美國

十八世紀末以來的美中關係史

潘文 (John Pomfret) 著 | 林添貴、陳榮彬 譯

目次

導讀　如夢似幻，終究成空？——讓美中關係回歸現實的《美國與中國》／陳榮彬　007
前言　015

第一部分

第一章　新疆域　021
第二章　創造財富　037
第三章　閃電歸主　055
第四章　安臣　071
第五章　鐵人　083
第六章　狠挨一頓痛打　103
第七章　女傳道　111
第八章　大門開了又關　121
第九章　熱烈的空氣與希望　137

第二部分

第十章　美國夢　153
第十一章　賽先生　165
第十二章　幸運籤餅　179
第十三章　化為裊裊輕煙　195
第十四章　宋家王朝　209
第十五章　機會或威脅　223
第十六章　紅星　243
第十七章　新生活　255

第三部分

第十八章　〈血腥星期六〉　265
第十九章　小美國　281
第二十章　緬甸歲月　301
第二十一章　危險的連結　313
第二十二章　水稻田裡的海軍　327
第二十三章　東方紅　341
第二十四章　通往王國的鑰匙　353
第二十五章　結局的開端　363

第二十六章　不可能的任務　377
第二十七章　第三勢力　385

第四部分

第二十八章　仇美　401
第二十九章　仇中　411
第三十章　冷戰　427
第三十一章　百花凋零　439
第三十二章　血腥瑪麗　451
第三十三章　毛主席的圖像　457
第三十四章　壞事也能結出好果　467
第三十五章　不是因為我們喜愛他們　477
第三十六章　心照不宣的盟國　487
第三十七章　我們是很性感的人　501
第三十八章　中國重新發現美國　513
第三十九章　誰也不怕誰　525
第四十章　河殤　535

第五部分

第四十一章　功夫搏鬥　547
第四十二章　愛國教育　561
第四十三章　來自中國的愛情　575
第四十四章　歡迎加入俱樂部　589
第四十五章　雙塔　611
第四十六章　兩強相爭？　629
第四十七章　一個時代的結束　645

中文版後記　657
謝辭　665
參考書目　669

導讀　如夢似幻，終究成空？——讓美中關係回歸現實的《美國與中國》

陳榮彬（國立臺灣大學翻譯碩士學位學程助理教授）

「維持台灣的民主燈塔發光發亮，符合美國的根本利益，這是兩個世紀以來，美國與華人世界交往的最高成就。」——潘文

開端

一九七一年七月初，美國總統尼克森的國家安全顧問季辛吉離開美國，前往越南、泰國、印度與巴基斯坦進行「考察」。結果七月八日在巴基斯坦時他突然感到「腹痛」，地主國總統便盛情邀請他到山上別墅「休養」。季辛吉就這樣神秘消失四十八小時，全美國知道他去哪裡的人不會超過十個，直到七天後，全世界的人才恍然大悟。七月十五日下午，尼克森透過電視向全國發表簡短文告，宣稱將於隔年五月前的適當時間點訪問中國。他說：「美中兩國領導人的會晤，是為了謀求兩國關係的正常化（normalization），並就雙方關切的議題交換意見。」這就是季辛吉日後在回憶錄《白宮歲月》（*White House Years*）裡所謂「震動全世界的公告」（The Announcement That Shook the World）。美國與中華民國的外交關係在這一刻被宣判死刑，但因為後來發生了「水門案」，導致美國一直拖到八年後才正式行

刑。尼克森的北京行程保密到家，就連美國在東亞最親密的盟友日本也被蒙在鼓裡，台灣方面當然就更不用說了——不過，日本倒是很快就棄船，隔年九月就選擇與台灣斷交。

「美中關係正常化」的開端一點也不正常，甚至可以說太過戲劇性，堂堂美國國家安全顧問居然要靠裝病來完成這次外交任務。過程中當然有許多考量，但這件事多少也是美中關係的縮影：這兩個國家自從展開交往以來，有太多太多戲劇性的故事。《美國與中國》的作者潘文（John Pomfret）在〈前言〉裡就提醒讀者，對於現代的美中兩國人民來說，最熟悉不過的當然是將尼克森訪問中國（一九七二年）當成美中關係的開端，但事實上兩國的交往甚至早於一八五三年美國海軍將領培里（Matthew Perry）率船艦要求日本開放門戶的「黑船事件」：一七八四年二月二十二日，美國的三桅帆船「中國皇后號」（*Empress of China*）從紐約港出發前往廣州，載著「一箱海獺皮、十二箱烈酒和兩萬枚墨西哥銀元」與「三十噸美國人蔘」到中國交易，於隔年五月安全返航，高達百分之三十的巨額獲利誘使兩百多艘美國商船於隨後的十五年間前往中國經商。

或許就是因為這個理由，「利益」向來是美國人的「中國夢」裡不可或缺的要素，而這也是潘文在這本書裡屢屢強調的。而且最有趣的莫過於，當初那些前往中國經商的冒險家有很多人的後代都成為美國歷史的要角：華倫．德拉諾（Warren Delano）的外孫就是富蘭克林．德拉諾．羅斯福總統（小羅斯福）。迪拉諾在美中交往史上不只是個載運鴉片到廣州交易的美國商人，更是促成美中兩國第一筆軍售案的要角：將名下船艦「契沙匹克號」（*Chesapeake*）賣給林則徐改裝為軍艦，配備葡萄牙大砲，並在船首畫上兩隻巨眼以震懾洋人。年僅十七歲的波士頓少年約翰．穆瑞．福布斯（John Murray Forbes，他並非《富比世》雜誌創辦人 Bertie Charles Forbes 的祖先）前往廣州學習經商，當地巨富伍秉鑑視其如己出，六年後他將存下的錢帶回美國做生意，從此興家旺戶——他的後世子孫之一就是歐巴馬總統的國務卿約翰．福布斯．凱瑞（John Forbes Kerry）。對於很多美國人來說，美中關係或許如同已銘刻於他們的 DNA 裡，因此本書作者潘文曾在某次新書分享會中表示：「中國一直是我們美國人生活的一部分，無論你喜不喜歡。」潘文說他寫這本書時每天沉浸在「美國和中國商人、冒險家、傳教士、外交官、竊賊和革命家的故事中，這些人物打造出地球上所有民族之間最為錯綜複雜的關係」，這也難怪他會對這個主題如此著迷，耗費五年的時間才把書寫出來。

潘文

對於熟知國際事務或關心國際新聞的台灣讀者來說，潘文這個名字一點也不陌生：他曾是《華盛頓郵報》北京分社社長，記者生涯由美聯社起家，一九八六年以後陸續被派駐中國、香港、越南、印度、阿富汗、南斯拉夫，一九九二年波灣戰爭期間在中東地區的多國擔任戰地記者，也曾任《華盛頓郵報》洛杉磯分社社長。不過，在美中關係的千千萬萬個大大小小的人物裡，潘文也曾數度親臨歷史現場。在美中建交與中國改革開放後，他在一九八〇年才二十一歲時就曾到北京學中文，接著前往南京大學讀了兩年書。他將這一段人生經歷寫成《中國課：我的五個同學與新中國的故事》（*Chinese Lessons: Five Classmates and the Story of the New China*）一書，在二〇〇七年出版後頗獲好評。因為在中國求學，一九八八年美聯社將他派往中國駐點，結果隔年就遇上六四天安門事件，北京當局認定他的報導扭曲事實，將其驅逐出境。

在我看來，就是這種數度親臨歷史現場的寶貴經歷，再加上五年皓首窮經的徹底研究（他在謝辭裡特別感謝兩個小孩能夠體諒他這位不斷噠噠噠打著字、頭髮愈來愈白的老爸不能陪他們），讓他能夠提出一個非常重要的觀察：若要用一個模式形容如此令人難以理解的複雜性，或許可用佛教輪迴的概念來描述。雙方都經歷狂熱的魅力，產生希望，然後卻失望、排斥和厭惡，但終究又回到相互傾倒。十九、二十世紀時，美國傳教士幻想，可將中國化度為全世界最大的基督教國家，此時北京朝廷命官依賴美國，保護中國不受歐洲帝國主義和日本的掠奪。這兩個希望都未實現。但隨著歷史之輪每次轉動，新期望和不可避免的幻滅都交互出現。

的確，就是這個非常重要的敘事命題支撐著七多頁的《美國與中國》。潘文屢屢在重大事件發生時回溯到或許是百年前的往事，一方面證明他的論點，另一方面也讓讀者能夠有個更清楚的脈絡來了解美中關係這種循環往復式的宿命輪迴。

從庚子拳亂到天安門事件，從工人黨到川普

《美國與中國》一書提及庚子拳亂時，主要的觀點是將美國塑造成保護中國免於被瓜分的角色，但潘文認為最大的問題在於民意不允許美國出兵。就這樣，「美國溫柔地關心中國，卻又不願流血來保衛她，二者之間的落差在未來數十年，將持續困擾美中關係。」這預示著幾十年後美國政府不希望中國陷入內戰，但卻因為民意，也因為政治問題而不願出兵幫忙任何一方。不過，在我個人看來，作者最發人省思的觀察是：「義和拳之亂也使美國產生兩派對立主張，一派尋求中國改造，另一派是穩定至上。白宮站到了維持中國穩定的這一邊。八十多年後的一九八九年，當北京又發生了另一場大屠殺後，美國將採取相似的立場。」在潘文為中文版撰寫的後記中，我們看見他認為這種老是順著中國，無論如何都要拉著中國走向世界的「使命」（共和、民主兩黨的共識），在川普當選後便宣告結束。對於美中關係未來會如何發展，他當然沒提出太多預測，但像他這種「以史為鑑」，將歷史與時事連結的書寫方式，對於任何欲了解美中關係的人都會有很大的收穫。美中關係並非雜亂無章，而是建立在美中兩國一些特定人士的思維模式上，因此並非無脈絡可循。

《美國與中國》出版的隔年（二〇一七年），潘文在《紐約時報》上發表了一篇專文，也是採用同樣的敘述模式。在那篇名為〈孤立中國並非解方〉（Isolating China Doesn't Work）的文章中，潘文認為，川普指責中國在外貿上「強姦」美國，讓人想起了一八八〇年代在加州大行其道的工人黨（Workingmen's Party）：該黨利用當時美國工人階層遭華人搶走工作的仇恨心理來壯大自己，最後利用政治影響力遊說華府，促成了一八八二年禁止華人進入美國的《排華法案》（Chinese Exclusion Act），是美國首次針對某個特定移民群體，將其予以排除在美國之外的法案。雖然他在文末回

到「美中交往歷史悠久，不該彼此拒斥」的陳腔濫調，但我們可以看出他已經跳出時事評論的角色，因為撰寫這本書讓他跳出媒體人的侷限，對美中兩國局勢的判斷多少帶著史家的筆觸，也像是在檢討過去多任美國總統屢屢重蹈覆轍。他認為天安門事件發生後老布希總統反而寫信向鄧小平示好，這動作「像美國有求於中國，而非中國更需要美國」。他還認為柯林頓總統「執政伊始，就試圖將美國百年來想改變中國的夢想，及其百年來想從中國發財致富的欲望結合在一起」，結果成敗互見，雖然一方面持續保護台灣這個擁抱美國價值的華人社會，但另一方面卻造成共產中國全力建軍。

美國與中國：歷久不衰的探討主題

事實上，時序進入二十一世紀，美中關係從原本的密切交流合作轉為競爭，因為競爭激烈，在二〇一八年川普總統發動美中貿易戰後，兩者距離敵對似乎只有幾步之遙。台灣問題當然只是個次要因素，真正的戰略與地緣政治因素當然是中國自從「大國崛起」的論述成形後，接著又因為習近平提出「一帶一路」的政策而直接挑戰到美國在許多地方的區域利益。這幾年，台灣讀者對於美中關係的書都很熟悉，像是川普總統經濟顧問彼得・納瓦羅（Peter Navarro，前加州大學爾灣分校經濟學與公共政策教授）的《美、中開戰的起點：既有的強權，應該如何對面崛起中的強權？川普時代的美國，應該對中國採取什麼樣的態度？中國與美國，是否終需一戰？》（*Crouching Tiger: What China's Militarism Means for the World*）及美國知名中國通、前ＣＩＡ官員白邦瑞（Michael Pillsbury）的《二〇四九百年馬拉松：中國稱霸全球的祕密戰略》（*The Hundred-Year Marathon: China's Secret Strategy to Replace America as the Global Superpower*），都是大家耳熟能詳的作品。

但若以美中關係這個主題來看，最早的代表作之一，當然不能不提費正清（John King Fairbank）的《美國與中國》（*The United States and China*）。出身南達科塔州的費正清是牛津大學博士，以晚清外貿、外交史為博士論文，長年在中國做過學術、情報與外交工作，他的《美國與中國》一書在一九四八年出版後很快就成為中國研究領域的經典之作。從費正清的主張與個人史看來，他明顯的親共色彩（或至少左傾）讓這本書或許多少有點爭議的餘地（例如他在書中第十六章將文化大革命定位為毛澤東所發動的「二次革命」）。費正清在一九八三年第四版《美國與中國》的前言中表明，他寫這本書的初衷是希望向美國人介紹中國，促進雙方和平共處，與中方（中共）化解僵局。但他不無遺憾地表示他的書初次問世後到第四版出版之間，美中兩國打了長達十一年的兩場戰爭（韓戰、越戰），而且美國政府一方面承認北京當局，卻又出售武器給台灣的國民黨政權。言下之意是他也看不出美國真有辦法解決中國與台灣的問題，因此不會真有和諧無礙的真正友好關係。

第二個寫出這方面代表作的不是美國人，而是英國人：耶魯大學的史學大師史景遷（Jonathan Spence）。史景遷的背景相較於費正清顯得單純多了，他就是個學者，而且擅長的書寫方式是說故事般的敘事手法，將個人史與更大的歷史背景串接起來，無論是為了一般閱讀或學術目的而看他的書，都會很有收穫。他的《改變中國》（*To Change China: Western Advisers in China*）於一九六九年問世，從書名看來雖是「西方顧問」如何改變中國的故事，但觀其內容，真正的要角卻都是美國人。例如到中國行醫的美國傳教士伯駕（Peter Parker，第一章）、幫清廷帶領常勝軍清剿太平軍的華飛烈（Townsend Ward，第三章）、為中國翻譯出《萬國公法》（*Elements of International Law*）等重要作品的美北長老會傳教士丁韙良（William Alexander Parsons Martin，第五章）、為國民政府執行黃河治水工程的工程師托德（Oliver J. Todd，第八章），還有二戰期間美國政府陸續派來中國督軍的陳納德、史迪威與魏德邁三位將軍（第九章）。

潘文的《美國與中國》一書可說兼收兩者之長，與費正清的《美國與中國》一樣有明確的觀點與組織，但沒有費正清的缺點：他的書有一半是在講中國史（第一篇寫古中國的歷史與文化、第二部分寫晚清以降的中國史），另一半才真正開始講美中關係，包括美國對華政策、美國在國共內戰時期的角色與美國政府與中華人民共和國的關係，寫到台灣只有區區幾頁（第十三章）。此外，潘文說故事的功力一點也不遜於史景遷，相較於《改變中國》浮光掠影式的揀選比較知名的歷史人物來寫故事，潘文認真蒐羅各行各業，各種不同中國人、美國人與華裔美國人的生平事蹟。除了曾幫清廷出使各國的蒲安臣（Anson Burlingame）、以中國題材寫小說寫到獲頒諾貝爾獎的賽珍珠（Pearl S. Buck）、為清廷推動「幼童出洋肄業」計畫的耶魯大學校友容閎與在美國以英文寫小說聞名的林語堂之外，更多的是一般不太容易浮到歷史檯面上的各種人物，像是因為來到中國才獲得許多行醫機會的美國女傳教士阿黛兒・費爾德（Adele Fielde）、在中國開設第一家保險公司後將事業拓展為全球保險巨擘「美國國際集團」（AIG）的孔尼流士・范德爾・史塔爾（Cornelius Vander Starr）、活躍於上海的黑人爵士樂手爵士小號手巴克・克萊頓（Buck Clayton）、從密西根大學醫學院畢業後回中國行醫的女傳教士石美玉和康成，以及二戰期間開著飛機巡迴美國，為中國募款的女性飛行家李霞卿等人。

幻滅是重建的開始？

關於美國對中國的看法，潘文提出許多值得我們參考的看法。基本上他認為，從商賈到傳教士，美國人曾經都對中國充滿熱情：前者認為中國是可以致富的天堂，後者認為中國有四萬萬可「閃電歸主」（blitzconversion）的迷途羔羊，是可以盡情開發信徒的寶地。但時至今日（至少到他成書的二〇一六年），他看出：「美國人已進入熱情幻滅的階段，他們的觀點已被經濟和戰略顧慮所遮蔽……認為中國偷走美國人的就業機會、竊取美國的機密、堆高美國的債務，而現在又策劃將美國海軍趕出西太平洋。在美國人的想像裡，中國已非美方仁慈的對象、反而變成焦慮的源頭。」在特別為中文版撰寫的後記裡，他指出：「在習近平的領導下，中國決心逆轉影響力潮流，利用本身龐大的市場強迫變化。中國的審查人員確保美國電影製片業順從中國的意志，讓美國電影只呈現中國最正面的形象。」這種論調與許多在八十幾年前到延安採訪毛澤東的記者有天壤之別，潘文的美國新聞業前輩們在當年可是將前往中共基地當成朝聖之旅，但至少潘文已經看出中共或許與以往美國許多人（包括費正清、季辛吉等人）想的不一樣。季辛吉認為，「美中雙方關係之所以困難，是因為莫測高深的中國人其思想方式不同於美國人」，而這剛好正中中共下懷。

潘文清楚看出，「中國人利用他們的市場誘惑力，消弭外界對其人權的注意力，賭的是美國人追求獲利的動機會擊敗其政治理想。」但從今以後，中國人若要繼續靠這一套來搞定美國，恐怕已經不太容易。換言之，我們或許可將潘文本身視為一個對中國已經幻滅的有志之士，他當然主張不該孤立中國，就像他為《紐約時報》撰寫的那篇專文一樣，但相對的，他認為今後美中關係若要重建可長可久的建設性關係，一是美國自己要站穩價值的腳步，將民主自由當成不可讓步的條件，因為「維持台灣的民主燈塔發光發亮，符合美國的根本利益，這是兩個世紀以來，美國與華人世界交往的最高成就。」其二是互惠原則，「若中方不允許外國公司在中國自由經營，並與他們的公司競爭，那麼中方也應被禁止進入美國市場。若中國限制西方記者在中國採訪作業的能力，對中國媒體機構派在美國的記者也應施加同樣的限制。」唯有如此，才能夠矯正長久以來美國向中國單方面傾斜的對華政策。

潘文不像美國媒體那樣因人廢言，全面否定川普，他認為川普至少迫使美國政府必須承認，過去行之已久的對華政策正式宣告失敗。因此，在這個後川普時代，國際政治、美中關係、台海局勢都顯得晦暗不明之際，身處台灣的我們或許可以透過閱讀潘文的《美國與中國》，從美中交往史來找出未來種種問題的可能解答。

前言

在離波士頓老家九千英里荒瘠的蒼茫大地，威廉．丹尼．費爾普斯（William Dane Phelps）悄悄欺近他的獵物。一群象鼻海豹在狹窄的海灘上休息，這裡相當安全，遠離會在海上捕食牠們的鯊魚和虎鯨。但手持長矛的少年人費爾普斯來了。有十個人等著開伙吃飯，費爾普斯奉派為大家準備食物。唯一的問題是：這塊肉——足足有一千九百磅重——是活的。費爾普斯回憶道：「我被丟下來為大家準備早餐。我完全不知道象鼻海豹的習性，從來沒看過任何一頭遭宰殺，而今我要面對牠。」

費爾普斯挑中一頭看來最溫馴的對象，展開攻擊。他先重擊這頭海豹的鼻部。這隻動物藉著腳蹼站起，朝著小男孩咆哮。如此一來，這個龐然大物的腹部就門戶洞開。費爾普斯試圖用叉子扎進去，但牠一口咬住叉子，頭一晃就掃中了菲爾普斯的腦袋，將他擊倒在地。費爾普斯趕緊滾身站起、站穩馬步，以巨棒重擊牠的眼睛，他寫道：「我拚命刺牠，直到牠氣絕為止。」

時間是一八一七年。十五歲的費爾普斯離家出航已六個月，才剛登陸馬里恩島（Marion Island）。這座小島離非洲最南端一千英里。費爾普斯是「皮克寧號」（Pickering）的二十五名船員之一，皮克寧號從波士頓出發，在海上尋獵毛皮海豹。他們在馬里恩島發現大批海豹，費爾普斯和夥伴留在這個寒風凜冽的小島獵殺海豹、剝其毛皮，其他人則乘船出發，繼續搜尋更多獵物。

費爾普斯和同伴在馬里恩島逗留近兩年，他們住在洞穴，殺了數千隻毛皮海豹，剝牠們的皮為衣服，也囤積了好幾噸的海豹油。但這夥人的戰利品不是供應燈塔山（Beacon Hill）和後灣（Back Bay）的有錢人家做衣服、圍巾或夜裡點燈之用。「皮克寧號」回來接他們時，未將他們送回新英格蘭——而是前往中國廣州。

十九世紀初，中國市場的誘惑力吸引美國人跋涉半個世界。宰了令人咋舌的六百萬隻毛皮海豹、剝了二十五萬隻海獺的皮、採收無可計數的海參和人蔘、夷平一片又一片檀香木森林、載了好幾百萬枚銀元，全都送往中國。費爾普斯和數以百計的其他美國人，編織出巨大掛毯的第一線，他們偕同中國朋友、競爭對手、顧客、愛人和敵人，一起編織出一個狂暴剝削、極端誤判，影響遭到忽視的故事。

許多美國人以為，美國和中國的關係始於一九七二年理查．尼克森（Richard Nixon）總統訪問北京，終結兩國之間的冷戰。事實上，自美國建國以來，雙方即有互動，而且互相影響。不只是免費的土地吸引美國墾荒者向西前進，中國市場之夢也向美國人招手。美國的思想啟迪中國人，將他們帶向現代化及外面的世界。美國的科學、教育理論和科技流入中國；中國的藝術、美食和哲學也往外流動。從此以後，雙方人民及其各個政府一點一滴逐步創造了世界上任何兩國之間，最多元——在今天看來也最重要——的關係。

現在是重述美國和中國故事的時候了。今天，這兩國面對面——稱不上朋友，又還不是敵人——在全世界注視下各自追求權力。除非華府和北京找到合作的方式，否則全球暖化、恐怖主義、核武擴散，乃至經濟等全球關注的問題都無法解決。

美國人最先從和中國的貿易往來中賺錢，是在一七八三年起至十九世紀初期；美國從商業往來賺取的利潤，回頭支撐美國工業革命所需的資金。一八三〇年代，住在廣州郊外迷你商站的四十多位美國人大發利市。由於他們的努力，美國成為中國第二大貿易夥伴，僅次於強大的英國。接下來，中國官員展開了後來蔚為傳統的行為：仰望美國、作為對抗中國敵人的堡壘。一路走來，他們提議與美國結盟，對抗英國、德國、蘇聯及日本。

一八三〇年代，第一批美國基督教傳教士抵達中國。雖然他們經常不適當地被視為美國文化帝國主義的例子，迫使長久沉浸於儒家舊教條中的華夏民族不情願地接受耶穌基督，但他們對中國的發展至關重要。他們與受過西方教育的中國人一起，提供工具、打破傳統正統觀念的桎梏。他們教授中國人西方科學、批判性思維、體育、工業和法律。他們建立中國第一批大學和醫院。雖然這些機構現已改名，但在中國仍是同行中的翹楚。美國的女傳教士率先反對殺害女嬰和裹小腳的野蠻習俗，幫助實現中國現代史上最偉大的人權進步。

當美國人將基督教信仰帶進中國時，華南工人也湧入加利福尼亞的淘金熱。到了一八六〇年代，他們成為美國西部最大的外國出生族群，那些未趕上淘金熱的人則變成打造大西部的無名英雄。他們疏濬了沙加緬度河三角洲（Sacramento River delta），創造歷史上其中一個最肥沃的農業地帶。他們興建半條連通美國東、西海岸的跨越美洲大陸鐵路。他們開設雜貨舖、洗衣房、蔬菜園以及草藥店，也提供基本服務，若沒有這些奧援，美國人恐怕無從征服西部。

一八七〇年代，主流美國人與中國人翻臉。一八八二年國會立法通過，禁止華工進入美國，中國人成為第一個被美國人排拒在外的種族團體。然而，中國人並未停止進入美國，他們運用中國商人湊集的錢，雇用美國一流的律師，挑戰許多種族歧視的法律和命令。這些案例對整體美國人的民權進步貢獻極大，譬如：鞏固了一九五〇年代，推動拆除針對美國黑人實施的「分開但平等」（separate-but-equal）教育制度的運動。

儘管存在著種族歧視，美國仍是許多中國人實現夢想的好地方。中國人在西部各地受到排擠，並非僅因他們是異族。他們勤奮工作，不僅媲美且威脅到與他們競爭的白人拓墾者，促使一些白人更認真地工作。這種在美國茁壯成長、並促使整體美國人更具競爭力的能力，一直持續到今天。

雖然有些美國人仇視中國人，但仍有許多人對中國的福祉充滿憧憬和關切；雖然商務活動主宰了美國和歐洲、南美洲、日本及其他地方的交往，但其對這些地方的情感——除了英國之外——都不及對中國深刻。好幾代美國人餐桌上的格言是：「把飯盤吃乾淨，中國孩童都吃不飽呢！」全美各地教會也都有「捐一分錢給中國」的運動。

十九、二十世紀之交，美國即將躍升為全球大國，華府決策者對中國愈加關注，儘管歐洲列強和日本想將中國瓜分為殖民地，美國卻極力迴護、力保中國領土的完整。美國政治家提議將中國最優秀人才和美國綁在一起，設立基金在美國教育中國留學生。「庚子賠款獎學金」孕育出許多諾貝爾獎得主、科學家、政治家、工程師和作家，為一九二〇年代及一九三〇年代的中國知識份子復興運動布下場景。

同樣這幾十年，美國人迷上中國文化——美食、藝術、詩詞和神秘主義。洛杉磯一位華裔美國女子成為美國有史以來，第一位非白人電影明星。美國人的味蕾接受中式食物。美國大富翁蒐集中國藝術品，成就全世界最偉大的典藏，並在波士頓、紐約、華府、堪薩斯市和舊金山等地捐建博物館，收藏這些藝術品。

一九三七年，日本侵略中國，促使中國和美國比的關係比以往更加親密。戰爭爆發之前，全中國約有一萬名美國人；不到幾年，人數激增為十倍。但隨著戰事進展，美國愈來愈覺得，其中國盟友蔣介石獨裁、無能，而且最糟的是，他不願和日本作戰。因此許多美國人認為，蔣介石的敵人——中國共產黨——是真正的游擊隊，有如猶太人大衛，力抗機械化的日本皇軍哥利亞（Goliath）。國務院官員相信這個觀點正確，引領美國政策在戰後，不再提供援助給蔣介石和共產黨作戰。

現在我們知道，事實的真相十分複雜。蔣介石的部隊英勇抗戰，承受和日軍交戰百分之九十的傷亡，而不是共產黨致力對日作戰。當時美國人也自我安慰，以為美國已盡力協助中國。但美國無數次承諾援助、武器和黃金給蔣介石的國民政府，都不曾兌現。

有些歷史學者聲稱，戰後共產黨坐大之下，美國錯失了和毛澤東建立良好關係的機會。但中國近年發布的檔案文件顯示，其實情形並非如此：毛澤東還不預備和美國建立親密關係。毛澤東利用仇美心理，作為他革命的意識型態支柱。即使到了今天，毛澤東對美國的偏執意識仍餘音繞梁，影響中國對美國的關係。

一九七〇年代，西方發出訃告，報導美國在中國的影響力式微，但這句話說得太早了。幾乎從中國對西方重新開放的當天起，美國的實事求是精神、自由市場的做法及輕微的規範，主宰了中國的經濟改革。美國文化壟斷中國的電影、電視畫面，在共產黨的打壓下，基督教依然在中國極廣泛地復興。美國的價值觀、教育甚至新鮮空氣，受到許多中國人欽羨。鄧小平以降，每個共產黨領導人至少都有一名子女留學美國，現任國家主席習近平的女兒就在哈佛大學念書。

一九七〇年代兩國重新交往時，美國對中國的同情心理再度燃起，美國再度開始協助中國富強。此後，攸關中國的崛起，沒有任何一個國家比美國更重要了。美國的開放市場、開放大學和開放社會，成為中國恢復偉大最關鍵的外國推進因素。同時，中國也讓美國重新對中國產生想像力，並以無處不在的三個字進入每個家庭：「中國製」（Made in China）。

對本書讀者而言，現在也是重新評估中國和美國關係的適當時機。中國共產黨的歷史，扭曲了美國和中國兩百年的交往。中共讓中國人相信，在美中關係初期，美國陰謀殖民中國，其行止並未比舊歐洲甚至日本等帝國主義大國高明。在中共的教導下，中國人認為美國的慈善行為都是詭計。中國版的二戰歷史，一筆抹銷美國人的犧牲。中國人聽到的是，中國擊敗日本、不是美國擊敗日本。至於韓戰，如今中國教科書仍堅稱，南韓在美國的支持下開啟戰火。其實是北韓在史達林和毛澤東撐腰下發動戰爭。過去五十年，這些相同的教科書還說，美國試圖壓制中國。

雖然共產黨不會公開承認，但仍有許多中國人私下表示，美國在中國崛起過程中的確扮演了某種角色。事實上，中國恐怕也比其他任何國家更受到「大美盛世」（Pax Americana）的庇蔭——這是美國及其盟國在二戰之後建立之自由貿易的安全通航水路，以及全球化金融市場的制度。雖然一九八〇和一九九〇年代中國的經濟增長令人驚佩，但直到二〇〇一年後，中國因美國引領而加入世界貿易組織（World Trade Organization，簡稱ＷＴＯ），才崛起為全球貿易大國，這並非偶然。遭禁錮的諾貝爾和平獎得主劉曉波曾說，中國「需要一種強有力的異質文明所帶來的具有威脅性的刺激與挑戰，需要遼闊的、澎湃的汪洋大海來襯托其自身的封閉與孤立、沉寂與渺小」。美國扮演了此一角色。

年復一年，美中兩國更加緊密地結合。一九九〇年代以來，美國就是中國最大的貿易夥伴。二〇一五年，中國超越加拿大，成為美國最大夥伴。太平洋兩岸的科學家在許多領域合作——對付癌症、分解基因、尋找乾淨能源、研究原子粒子、發現新藥——比起全世界任何兩國的合作都更密切。在美國和中國，及美國人和中國人於全世界的合作、競爭之下，這兩個大國的關係十分錯綜複雜。

如果要用一個模式形容如此令人難以理解的複雜性，或許可用佛教輪迴的概念來描述。雙方都經歷狂熱的魅力，產生希望，然後失望、排斥和厭惡，但終究又回到相互傾倒。十九、二十世紀時，美國傳教士幻想將中國化度為全世界最大的基督教國家，此時北京朝廷命官依賴美國，保護中國不受歐洲帝國主義和日本的掠奪。這兩個希望都未實現。但隨著歷史之輪每次轉動，新期望和不可避免的幻滅都交互出現。

目前，美國人已進入熱情幻滅的階段，他們的觀點已被經濟和戰略的顧慮所遮蔽。這派論述認為，中國偷走美國人的就業機會、竊取美國的機密、堆高美國的債務，而現在又策劃將美國海軍趕出西太平洋。在美國人的想像裡，中國已非美方仁慈的對象，反而變成焦慮的源頭。前往萬里長城、紫禁城和秦始皇陵寢參觀，曾經是好幾代美國人出國觀光的首選。今天，到中國旅遊的美國人數已經走平，輿論對中國也迭有惡評。

中國人也感到失望。中國領導人期待美國在太平洋讓出空間給中國。一九七〇年代，美國高官向他們擔保，美國會從南韓撤軍，中國若要收復台灣、完成統一，華府不會干預。許多中國人已經厭煩，美國人動輒教他們該怎麼做。同時，其他中國也人明瞭，他們正失去許多美國人的善意，這使他們遲疑。當美國人自問是否給了中國太多，有些中國人也開始自問，是否將美國推得太遠。這些起伏跌宕的根源也在歷史中。兩國經常激烈爭吵。不過，無可抗拒也無可避免地，他們又被拉回到相互合作。結果是，兩個大國纏抱一起，誰都不能脫身。

威廉．丹尼．費爾普斯從水手逐步晉升到船長，靠著獵殺海豹、銷售其毛皮和油給中國人而發財。好幾世代的美國人和中國人都循他的後路，將兩個非常不同的文化編織起來。透過繁榮與蕭條、破滅的希望和崇高的夢想、血流成河和大量貿易的跌宕循環，美中關係源於愛與恨、蔑視與尊重、恐懼與敬畏、慷慨與貪婪。

中國人和美國人在彼此心中激生出深刻、相互衝突的感覺，但天底下沒有任何其他兩個國家像這兩個大國一樣，其相互依賴攸關著世界的命運。為了幫未來尋找更明智的選擇，我們先從三個世紀前，一個新國家創建、另一個舊帝國敲起喪鐘時的故事說起。

第一章 新疆域

一七七六年，美洲殖民地陷入革命熱潮。但是在新罕布夏州，一名準備當傳教士的二十五歲青年從達特茅斯學院（Dartmouth College）輟學了，他跟著英國皇家海軍出海，參加詹姆斯．庫克船長（Captain James Cook）第三次、也是最後一次的航行。六年後，庫克船長已在夏威夷遇害身亡，這位水手約翰．雷亞德（John Ledyard）回到美國，宣揚的不是上帝福音，而是與中國通商貿易。

雷亞德滿腦子點子都在想讓美國的船隻繞過南美洲末端，前往太平洋濱西北海岸收集西北海獺毛皮，再出售到中國。雷亞德寫道，太平洋濱的印第安人只肯用「一把斧頭或一支鋸子」來與你交換一張獸皮，但中國人肯付一百塊墨西哥銀元交易——與他同時代的亞當．史密斯（Adam Smith）聽了，一定很高興有這樣的利潤。

雷亞德是康乃狄克州出生、鷹鉤鼻的北方佬；他繼承祖上大筆遺產，天性愛好冒險。在全球動盪的時代，他是有遠見的美國人。此時，西班牙和葡萄牙正遭逢動盪，英國皇家海軍正主宰大海，雖然美國歷經獨立戰爭後勉強維持統一，但已債台高築。

在英國的封鎖下，美國北方商人沒有機會與英屬西印度群島進行利潤極高的貿易。美國原本欣欣向榮的航運業則勉強度小月，捕鯨和捕鱈魚生意已支離破碎，而奴隸生意則差強人意。一七八〇年三月傳教士約翰．艾略特（John

Eilot）在寫給朋友的信中抱怨：「波斯頓城真的很窮。如果再沒有光明一點的前景，我認為我們能否餬口都是問題。」美國人需要超脫英國勢力範圍的新疆域，於是他們將注意力轉向中國；深植於北方佬心中的想像是，中國市場得以回應美國人的祈禱。

一七八三年五月，雷亞德找到了費城殷商羅伯・莫里斯（Robert Morris）。莫里斯曾經參與《獨立宣言》的簽署，並出資援助美洲革命。見過莫里斯之後，雷亞德在一封信中誇口說，他即將主宰「這個國家前所未見的商業宏圖大計」之大舵。但莫里斯和他的夥伴卻遲疑不決，雷亞德不耐久等，又離開美國，他稱自己「渴望出名」。受到湯瑪斯・傑佛遜（Thomas Jefferson）的鼓勵，他試圖穿越俄國廣袤的國土，前往美洲西部海岸。但俄國人制止了他。他的下一步探險是到非洲，但當他開始深入大陸的行程時卻意外中毒，並於一七八九年一月離世。

然而，羅伯・莫里斯並未忘卻到中國致富的想法。在一七八四年二月二十二日，一個酷寒的週日，三百六十噸重的三桅帆船「中國皇后號」（Empress of China）從紐約港口出發，前往華南繁榮的廣州港。「中國皇后號」有四十二名船員，載運一箱海獺皮、十二箱烈酒和兩萬枚墨西哥銀元。但其最重要的貨品是三十噸在阿帕拉契山脈（Appalachian Mountains）森林中收成的美國人蔘。美國革命時期的詩人菲力浦・傅仁紐（Philip Freneau）寫了一首反映美國剛贏得獨立的喜悅之詩，慶祝「中國皇后號」的出航。他寫道，「中國皇后號」駛向「〔英王〕喬治禁止〔美國人〕前往的地方」。

一七八五年五月十一日中午，「中國皇后號」在十三響禮砲聲中——每一響代表美國一個州——凱旋回到紐約，帶回兩萬五千多磅茶葉、布匹及各式各樣的瓷器。這趟旅程獲利百分之三十，總價逾三萬美元（相當於今天的一百萬美元）。《紐約新聞電訊報》（*New York News Dispatch*）宣稱，這趟旅程「預示了未來與中國貿易的快樂時期」，這是美國新興媒體為日後與中國關係定下高度期許的例證。後來莫里斯又出資贊助「帕拉斯號」（Pallas）出航，而賺了五萬美元，但他的福星很快就殞落了。他將賺來的錢購買賓夕法尼亞州土地，不料生意失敗，被關進大牢。即使如此，往後十五年美國有兩百多艘船繼「中國皇后號」前往中國，數量之多，僅次於如日中天的英國派往中國的四百艘船隻。

茶是咖啡受寵之前美國人首選的飲料，並將美國商人帶到中國。一七七三年十二月十六日夜裡被丟到波士頓港灣的茶葉，是從華南的廈門港運來的。美國獨立後不到幾年，中國赴美船隻載運的貨品百分之九十都是茶葉。一七八五年，美國船隻載運的茶葉還不到二百萬磅；一八四〇年，載運量已高達一千九百萬磅。

原本以美國原物料換取中國茶葉的雙邊貿易迅速增長，亞洲各式各樣的手工藝品也湧入美國。雖然今天我們高談美國重返亞洲，但事實上，美國人的口味轉向亞洲已有兩百多年歷史。美國人對藍白色中國飯碗、盤子和茶杯的喜好驚人地強烈，以致新英格蘭商船的甲板上綁滿貨箱，船身吊滿貨箱，蹣跚開進波士頓港口。對於當時以一個家庭有幾張椅子來衡量其財富的美國而言，中國瓷器代表著地位和品味。

一八〇〇年中國是製造業中心，全球三分之一的貨品都由中國製造。美國人喜愛上他們的產品。詩人朗法羅（Henry Wadsworth Longfellow）寫道，「楊柳圖案的瓷器」，繪上樹木、小橋和寶塔，和尚、學者踽踽而行，「給予我們驚奇和喜悅，也讓我們在夜夢中魂縈牽繫。」波士頓上流社會嗜穿中國絲綢衣裳。喬治．華盛頓佛農山莊（Mount Vernon）的宅邸誇耀，擁有「中國皇后號」帶回來的一組三百零二件餐具和茶具。中國瓷器被美國人稱為 China，啟發美國人開辦陶瓷工業。來自中國的窗簾也啟發了美國的窗簾工業。

一如今天，美中兩國也出現仿冒贗品。中國藝術家搞出約兩百幅美國畫家吉伯特．史都華（Gilbert Stuart）著名的華盛頓畫像。美國北方商人從一八〇〇年起就在費城販賣這些山寨品，直到史都華贏得法院裁決，使其不准再賣才罷手。美國木工匠人在美製茶几上將寶塔和阿貢欽族（Algonquin）人的長屋配在一起，看起來像是中國製。在波士頓和紐約，茶葉商將中國舊茶葉包裝新盒再販賣。這種大膽的商業創舉只有在兩個世紀之後，中國山寨藝術家大量偽製北面（North Face）夾克和盜版 DVD 才堪媲美。

美國人迷上的中國製品並不限於家用品和奢侈品。一八三四年，兩名紐約商人將一名中國女子梅阿芳（Afong Moy）帶回美國，將她關在籠子裡公開展示。梅阿芳身著東方風味的華麗服飾，是推銷中國裝飾擺設品展覽會的重頭戲。紐約報界為之瘋狂，讚美她的三寸金蓮小腳及舉手投足間的異國風味。十月她抵達紐約港時，文宣廣告上的參觀門票收費兩毛五。幾週後，她在公園路八號展出時，門票上漲為五毛錢。梅阿芳展出成功，啟發美國演藝界人士巴努（P.T. Barnum）的靈感，以整個博物館陳列中國物品——全是些稀奇古怪的東西。在他的展品中，最引人注目的是一對連體嬰。

一八二九年，昌和恩．班克（Chang and Eng Bunker）這對胸腔相連的連體嬰由英國商人羅伯．韓特（Robert Hunter）安排送到美國。韓特認為，讓這對中國連體嬰巡迴展出一定會有賣點，可以發一筆洋財。這對連體嬰雖是華裔，但卻生長在暹羅，因此被稱為「暹羅雙胞胎」（Siamese twins）。在美國巡迴演出三年後，昌和恩控告韓特違背合約規定，獲得勝訴後，得以自主安排節目。

昌和恩控告韓特，並不是華人第一次向美國法庭尋求公義。這個傳統可上溯至一八〇五年，中國商人開始在費城法院投告對他們賴帳的美國生意對象。即使在當時，中國原告都對美國司法制度肅然起敬，有位中國原告說，美國的司法制度「不分貧富，一視同仁地對待；不分本國人或外國人，平等對待。」日後還出現許多訴訟案。

昌和恩擺脫經紀人、可以自主後，他們穿上正式西裝，在全美各地巡迴演出，表演後空翻和翻筋斗，並將大塊頭的觀眾高舉在頭上。這對連體嬰兄弟以賺來的錢在北卡羅萊納州的威爾克斯布洛（Wilkesboro）買下一百英畝的農場，還蓄養黑奴。後來他們娶了一對姊妹花莎拉（Sarah）和艾黛拉蒂．葉慈（Adelaide Yates），並生下二十一名子女。他們在一八七四年某日的三小時內相繼去世，享年六十三歲，兩人合葬在他們的農場附近。

雖然美國綜藝策展人將昌和恩當成令人毛骨悚然的怪物展覽賺錢，但他們的成功卻凸顯中國人在美國也有機會出人頭地。這對連體嬰深鑄美國人心中，到了二〇〇〇年，又成為一本小說的主人翁重新出現，並於二〇一三年的動畫電影《怪獸大學》（*Monsters University*）中，以泰利（Terry）和泰理．培里兄弟（Terri Perry）之名躍登大銀幕。

商品和人員的買賣重振了美國的造船工業。在傳教士約翰．艾略特發布波士頓的訃告不到十年，波士頓的造船廠又開始興旺起來。一七八九年，九百噸重，號稱當時美國所造最大船隻的「麻薩諸塞號」（Massachusetts）正式下水，加入美中貿易的行列。不幸的是，急功近利的投資人使用劣質木材倉促造船。當麻薩諸塞號勉強開進廣州港口時，船體已經腐爛，只能當成廢料處分掉。

東岸商人從中國生意賺來的收入，收關美國自航海國家演進為世界工廠。亞士都（Astor）、葛林（Green）、羅素（Russell）、狄拉諾（Delano）、羅伍（Low）和福布斯（Forbes）等豪門巨室，把從中國賺來的資金投資到新英格蘭的紡織工廠、費城的銀行和保險公司、紐約的不動產，以及由東向西橫貫大陸的幾條鐵路。

從商業課徵來的稅收，豐富了美國國庫。華盛頓總統在一七九〇年六月三日寫給革命戰友拉法葉侯爵（Marquis de Lafayette）的信中寫道：「我們和東印度的貿易相當興旺。個人賺到的利潤極大，吸引更多人持續投入。」

中國市場前景看俏，吸引許多美國人前往西岸、夏威夷及南洋，尋找商品和天朝做生意。自一八〇〇年代初期起，當這個年輕國家的野心日益擴大，企業界也遊說聯邦政府，要在太平洋岸取得深水港，作為前進亞洲的跳板。

一位滿懷希望的德裔移民、紐約地產大亨亞士都（John Jacob Astor）預見在美國擴張後，奧勒岡領地（Oregon Territory）將成為進入太平洋的跳板，而這影響了好幾位美國總統和國務卿。亞士都以買賣皮毛起家致富，他最初與紐約上州的原住民交易，後來派船到奧勒岡外海巡航。一八一〇年他成立「太平洋皮貨貿易公司」（Pacific Fur Trading Company），並在哥倫比亞河（Columbia River）河岸興建屯墾區——「亞士都堡」（Fort Astoria）。

英國人很快搶占了亞士都堡，但其他美國人則湧向西岸，收集海獺皮，然後送到廣州交易。力抗外國競爭者的亞士都有位重要盟友約翰·昆西·亞當斯（John Quincy Adams），即約翰·亞當斯總統（John Adams）之子。約翰·昆西·亞當斯先擔任美國駐俄國和英國大使，然後出任國務卿和總統。小亞當斯阻止俄國人和英國人闖入加利福尼亞和太平洋西北邊區，綏靖這片海岸，以便美國西向進軍遠東。他也深信與中國的貿易前景光明。

即使像湯瑪斯·哈特·賓頓（Thomas Hart Benton）參議員這樣的中西部人士，也感染了中國熱。一八一九年，賓頓主張密蘇里州州界應該跨越密蘇里河谷（Missouri River Valley），讓這個新的州離中國更近一點。當時的作家也幻想從俄亥俄到奧勒岡有條無邊無際的篷車小徑，沿路布滿人口稠密的貿易站，靠著和亞洲生意往來而欣欣向榮。事實上，這時美國與中國的貿易已慢了下來（以百分比而言，貿易數字卻在一八〇五至一八〇八年間站上高峰，占美國對外貿易的約百分之十五），但這足以使人清醒的現實狀況並未消除人們對明天過高的期望；與今天的許多人一樣，當時的美國人相信他們未來的前途在亞洲。

與中國的貿易也有助於打造美國擁抱基於個人主動性的狂野商業模式，使其成為這個國家成功的關鍵。一七八六年，有個議案想要仿效英國國營東印度公司的模式，成立一壟斷美中貿易的組織，但遭國會駁回，因為美國人支持自由貿易。魯夫斯．金恩（Rufus King）參議員致函給後來當上總統約翰．亞當斯：「若不予以干預，交給民間冒險家放手一搏，商業往來將更加繁榮。」

在亞洲，這些「民間冒險家」面對的是世界最大貿易帝國英國的競爭；這些美國人打從一開始就夢想，有朝一日星條旗取代英國國旗，成為太平洋上唯我獨尊的大旗。為了競爭，美國人擁抱創新。美國船隻較小，平均三百五十噸，但比起英國東印度公司一千二百噸的巨無霸船隻，建造費用較低廉且速度又快。美國船隻雇用船員較少，十九人就足夠，而英國船隻一般需要一百二十名船員。美國船隻的船員待遇較高，也鼓勵甲板工人晉升為船長。新英格蘭人如威廉．丹尼．費爾普斯和阿瑪薩．狄拉諾（Amasa Delano）——富蘭克林．羅斯福（Franklin Delano Roosevelt）總統母系的遠祖——在青少年時期就上船工作；當時美國船長年紀未滿二十是司空見慣。他們靠著未必精準的航行儀器走船（計算緯度相當精準，但要等到幾十年後才出現可靠的經度計算方法），他們靠生蛆的麵包裹腹，也經常染上性病。但他們滿腔熱血，目標是到廣州發財；廣州此一閃亮的燈塔說服美國許多最優秀、亮眼的人才，選擇海洋為事業前程。

威廉．費爾普斯在他的回憶錄開宗明義寫道：「出生在海浪拍打的海岸邊，我最早的呼吸吸入了舊海洋的氣息。我很早就表現出對大海強烈的愛，像鴨子一樣自然地投向大海，這是很自然的發展。」

在海上生活好幾個月，熬過暴風雨和壞血病，這些美國人終於抵達中國沿海。第一站是澳門，那是向南海凸出的一小塊地，離珠江上游的廣州八十英里。澳門雖為中國的領土，但自十六世紀中葉起，中國當局就允許葡萄牙人管理澳門，以便維持外國人不進入中國本土、地理上又近到能做買賣的狀態。美國人發現澳門是個大熔爐，有太平洋島民、菲律賓人、馬來人、非洲人、印度人、歐洲人，商人、賭徒等，更不用說中國人了。氣候也讓美國北方佬船員感到很舒適——廣東的冬天和美國東北部的酷寒一比真是太棒了。

找到中國船工後，船隻將停靠在離廣州十二英里的黃埔，貿易商在此卸貨並繳交規費。貨品將從這裡送往廣州。美國人在不同的地點發出賄款——無論名義是孝敬還是勒索——都是為了方便商品快速通行。

沿珠江北上，水手們碰到了一個水上世界：戎克帆船、舢舨、駁船、理髮船和食物販子，都沿著珠江混沌的烏水忙碌營生。一八一五年，年方十四歲的查爾斯．廷恩（Charles Tyng）從波士頓上船工作。他寫道：「我們經過一座非常大的七層高寶塔。房子看起來很古怪，外貌和在陶瓷碗盤或其他用具上看到的圖案很類似。這個國家似乎到處都是人，老少皆有，全像蟻窩旁的螞蟻一樣忙進忙出。」

在美國開國先賢心中，中國也是靈感的來源。他們認為中國是個和諧的社會，官員因優點出仕，藝術和哲學也很發達，農民快樂地在土地上耕作。班哲明．富蘭克林（Benjamin Franklin）仰慕中國的監獄制度，也搜集有關中國進行人口普查、絲織工業，以及中國人的房子如何取暖的資訊。喬治．華盛頓寫道，他一度以為中國人的長相和外表都像白人。」（十九世紀後期，美國人才建立起亞洲人種族「類型」的概念。）革命時期的作家湯瑪斯．潘恩（Thomas Paine）以孔夫子和耶穌基督做比擬。詹姆斯．麥迪遜（James Madison）和湯瑪斯．傑佛遜佩服中國能夠與外界不相往來，他們從中國的孤立找到許多優點。

相形之下，真正到過中國的美國人則對中華帝國相當陶醉。廣州有一百萬人口，相當於一八〇〇年美國人口的四分之一，而那是他們大多數人生平僅見最大的城市。山繆爾．蕭（Samuel Shaw）曾在爭取美國獨立的「大陸軍」（Continental Army）擔任砲兵軍官，曾三度前往廣州，並在一七九四年回國途中因高燒而病逝。臨死前，他評論中國政府「相當優異」，不過仍聲稱樂於當個美國人。阿瑪薩・狄拉諾形容，中國是個奇妙的國家，而且「是以我所知的任何國家而言，就偉大、豐富和堂皇程度來說，都是第一名」。不過當他看到顯然是混血嬰兒的屍體漂浮在珠江水面時，也感到非常痛苦。

根據十八世紀制定的規則，與中國的貿易要以保持相當距離的方式進行。理論上，西方人只能透過一組特定的商人——通稱「十三行」——來做生意，他們由清廷選派，而且需繳付巨額稅款。西方人被侷限在一塊約十二棟樓房、名為「工廠區」的地區，廣州城牆外這一小塊地區，與中國老百姓有所隔離，小到走幾步路就可以測量出其大小——沿著珠江，長二百七十步；從河岸往內地，寬五十步。到了一八二〇年代中期，美國人在舊中國街（Old China Street，即靖遠街）有了自己的工廠。

廣州的西方人必須接受所謂「八項規章」的管理。這套規律是用來維持中國的政治和國家安全，以及管理對外貿易。其中有一條規律是：禁止西方女子涉足中國，用意即在防止外夷在中國安家；還有一條規律是：禁止教外國人中文。〔為了溝通之便，中國人和西方人發展出自己的語言，混合英文、葡萄牙文、法文和廣東話，名為「洋涇浜語」（pidgin）——因為當時廣東人唸英文"business"一詞聽起來就像是"pidgin"。〕出售中文書給洋人的行為同樣不為法律容許，傳播基督教義也是違法行為。

美國人很快就發現，雖然政府提防外國人，但中國老百姓並不如此。西方婦女雖被禁止入境，但英國和美國船長偶爾會從澳門偷偷攜帶她們，一覽中國的風貌。理論上，西方人唯有在「通譯」（linguist）的陪同下才可離開洋人地區。通譯是為政府工作的人，但美國商人威廉・韓特（William C. Hunter）指出：「我們隨意走動，愛走多久都行，每次通譯都是最後才出現的人。」

其他規律還包括：禁止外國人擁有不動產，或在廣州以外的地方從事商務活動。雖然如此，美國人仍然經營小旅館和酒館；以販賣奴隸出身的羅德島州商人威廉・米吉（William F. Megee）之案例來說，他還受雇為人蓋房子。

西方人不准和中國女子交往，但威廉・韓特卻有個中國情婦。來自費城的商人，也是著名美食家班哲明・丘・威爾考克斯（Benjamin Chew Wilcocks）曾擔任十年美國駐廣州領事，就和中國情婦生下了一個女兒。一八三三年，威爾考克斯已年逾五十，而當他想一圓在費城明媒正娶一房妻室的心願，還差點因這名私生女坐著載運茶葉的船抵埠而告吹。

納森．鄧恩（Nathan Dunn）是賓夕法尼亞州第一宗雞姦案的嫌犯，他連續八年都設法躲過中國的一條法規：每次交易季節期滿，外國人就必須離開廣州。傳聞他喜歡褻玩中國男子。鄧恩也是第一個追求其他嗜好——蒐集中國古董——的美國人。一八三六年十二月二十二日，他在新建的費城博物館舉辦大規模展覽「中國萬物」，吸引美國社會菁英關注東方的奇珍異寶。

其他許多美國商人也和威廉．韓特一樣，對廣州及中國的生意夥伴有著深厚的感情。他們回到美國後，反而覺得孤獨無助。盛宴、風景、人文、和全球各地商人的同志感情，以及在中國生活時令人難忘的種種，使得返美後的生活相對無聊沉悶許多。約翰．顧盛（John P. Cushing）在廣州經商二十七年，在一八三〇年以百萬富翁之姿榮歸故里波士頓。他的夥伴約翰．拉提默（John Latimer）寫到顧盛時，指出美國「不再是他的家。他的習慣已經定型，中國才是他的家」。班哲明．威爾考克斯回到費城時也感嘆：「我無所事事，定不下心，懶散，當然也煩躁不安……與中國一比，這裡的一切都失去意義。」

美國人自覺在中國受歡迎有個原因：早期除了少數人違反規矩，他們一般都循規蹈矩。他們別無選擇。從大西洋海岸出發，直到踏上中國大陸土地，一路上美國人須依賴陌生人的善意。若沒有英國或其他歐洲列強的同意，他們的船隻無法停泊任何港口。他們靠法國海軍的保護，橫渡海盜肆虐的印度洋。一到廣州，美國商人就得不到任何人支援他們的需求，也沒有外交代表可以幫他們交涉。因此他們不像在美國西部開疆闢土的商人，有軍隊為後盾來和印第安人的部落作戰；來到中國的美國先鋒，只能尋求和諧與和平。

一七八四年八月，山繆爾．蕭第一次抵達中國時，花了好幾天唇舌加上一位法國船長的幫忙，才說服中國官員，美國人和英國人是屬於不同國家。山繆爾・蕭寫道，中國人稱美國人為「新人」，稱美國為「花旗國」（nation of the flowery flag）。中國人試了不下六十一種方式，才決定為這些新人所來自的國家命名為美國——美麗的國家。

過了一段時間，滿清朝廷命官開始對美國商人產生好感。一八一七年，兩廣總督阮元）誇讚美國人是西方世界「最遵守法紀」的人。中國商人對美國人同樣也有好印象。山繆爾・蕭在回憶錄中提到他和一位中國商人討價還價的經過。這名商人不肯以蕭所定的價格向其買貨。兩人交涉了一週，蕭始終很客氣地婉拒對方的價碼。這位中國商人對他的印象良好，認為他彬彬有禮，與大部分英國商人的暴躁形成鮮明對比。當他最後接受蕭的條件時，還以洋涇浜英語告訴蕭：「中國人都很喜歡你們的國家。」但此君也預測，美國人到廣州跑上幾次也會失去耐心，「就與英國人一模一樣。」

中國商人最喜歡美國人的一點是，老美以銀元採購茶葉、瓷器和布料。數十年來，美國對中國的主要出口，是在西班牙所屬的美洲開採與鑄製的銀元。從一八〇七年到一八三三年，美國船隻載運了二千二百二十五噸銀元到中國，占同一時期中國進口銀子的一半以上。美國商人在雙邊關係初期，將大量銀子輸入中國，這就和二十世紀末期，美國消費者將數十億美元注入中國經濟一樣並無不同。

美國銀子向中國輸出，對協助清廷平衡貿易逆差有很大的作用；而將印度鴉片賣進中國所造成的經濟危機，也延緩了幾年才爆發。當英國人的鴉片生意在中國蒸蒸日上，中國的銀子流入英國東印度公司及英國民間商社的庫房。一八〇七年，東印度公司從中國拿走三百四十萬銀元——這是中國第一次大量流失銀元——但美國人卻在同一年將六百二十萬銀元送進中國。

美國和中國的貿易失衡，讓美國及其商人吃盡苦頭。有位廣州商人潘長耀向麥迪遜總統陳情，請他幫忙催收好幾筆巨額欠債。老美在全球搜尋可取代銀元的商品，第一熱門的是人蔘。中國人從一七〇〇年代早期就食用美國人蔘，有位耶穌會教士發現北美洲的易洛魁（Iroquois）印第安人食用人蔘。山繆爾・蕭從人蔘看到打開中國廣大市場的機會。在「中國皇后號」抵達後不久，他很興奮地以為找到了發財的捷徑，「我們山林裡沒用的東西」竟可以賺

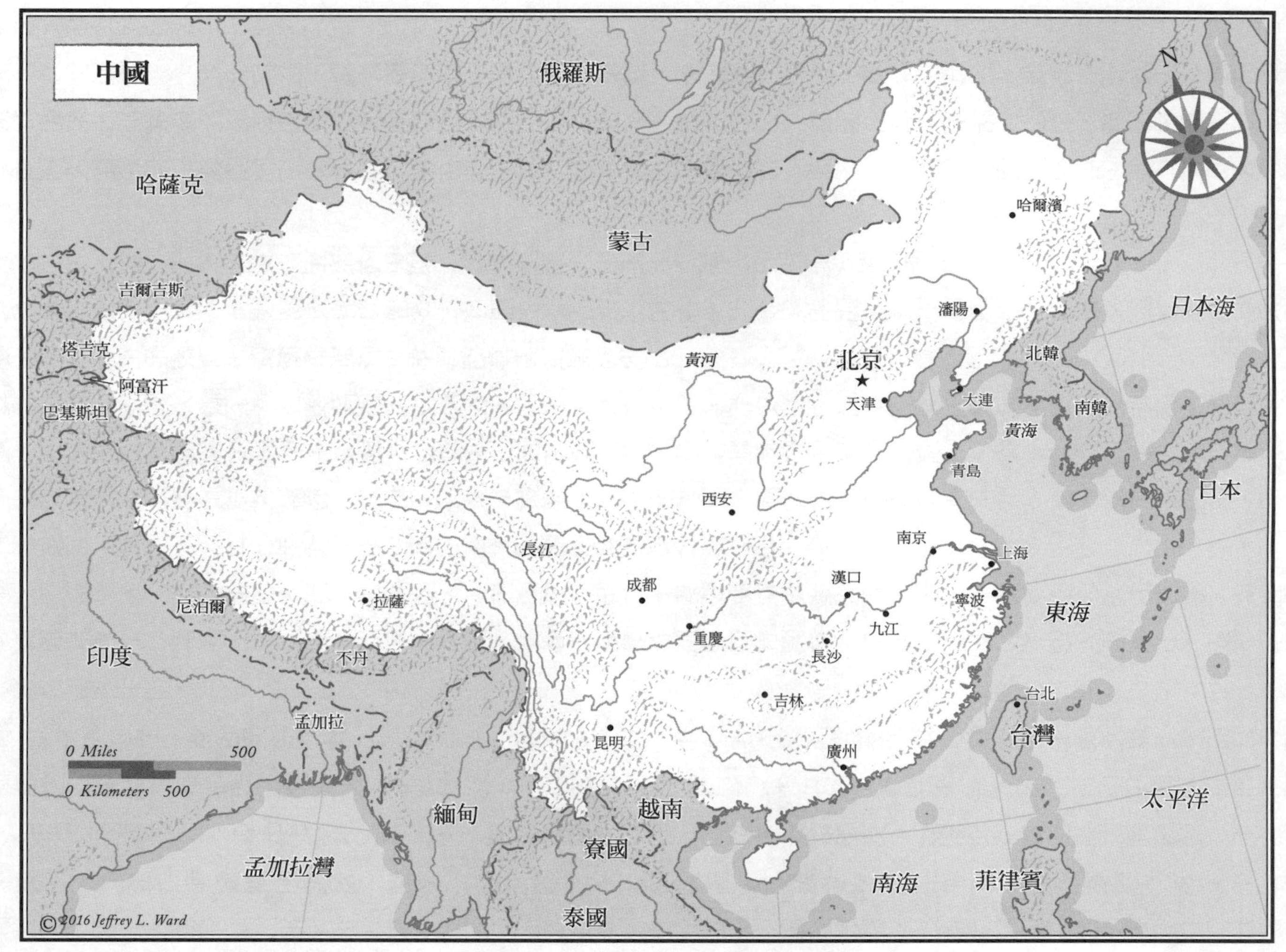
中國
俄羅斯
哈薩克
蒙古
吉爾吉斯
塔吉克
阿富汗
巴基斯坦
黃河
北京
天津
哈爾濱
瀋陽
大連
日本海
北韓
南韓
黃海
青島
日本
西安
南京
上海
長江
成都
漢口
寧波
東海
拉薩
尼泊爾
九江
重慶
長沙
印度
不丹
吉林
台北
台灣
孟加拉
昆明
廣州
0 Miles 500
0 Kilometers 500
緬甸
越南
太平洋
寮國
孟加拉灣
南海
菲律賓
© 2016 Jeffrey L. Ward
泰國
N

大錢。然而，人蔘榮景的泡沫很快就破了。一七八四年，也就是「中國皇后號」抵達中國前一年，人蔘售價每磅三十美元，但蕭只能賣到四美元。到了一七九〇年，一磅美國人蔘勉強賣到兩毛五。法國駐廣州領事小德金（Chrétien-Louis-Josephde Guignes）[1]抱怨道：「都是美國人害的，價格才一落千丈。」即使價錢已經跌到每磅一毛六，固執的老美還是拚命運送美國人蔘來賣。一八〇二年，他們運送三十萬磅人蔘到中國；一八二四年激增為八十萬磅。（美國野生人蔘的價格終於上揚時已是一九九〇年代。在今天，美國人蔘的售價每磅一千美元以上，而且大部分還是銷到中國。）

海獺皮是下一個商品。一七八四年，英國人在今天的奧勒岡外海首開這門生意。三年後美國人也來了；接下來十年，印第安人中的波士頓人擠走了英國人。美國船隻將二十萬張海獺皮運送到中國——換算成今天的幣值，價值六百萬美元。到了一八二〇年代中期，海獺在太平洋西北地區全部絕跡。

康乃狄克商人專精獵捕海豹。馬斯・艾夫耶拉島（Mas Afuera）是離智利海岸五百英里的一塊七英里長岩礁。阿瑪薩・狄拉諾在回憶錄中記載，美國人發現了三百萬隻海豹。然後牠們很快就消失殆盡。從一七九〇年代中期至一八二〇年代，美國人殺了六百多萬頭毛皮海豹。到了一八二四年，毛皮海豹已從南美洲附近的海域及非洲南方島嶼絕跡——後者正是威廉・費爾普斯青少年時期參與獵捕的地方。

在夏威夷和斐濟，美國商人發現檀香木可用來製造家具和香，也發現中國人愛吃的海參。但後來因為面臨巨大的貿易逆差，加上希望抑止銀元流向中國，於是美國人也走上英國人的路子，開始販賣鴉片。

中國人從八世紀就開始接觸鴉片。在初期，鴉片是可吃、可飲之物，到了十四世紀的明朝初年，鴉片在富人之間流行起來，被當做壯陽藥和飯後放輕鬆的食品。十六世紀，鴉片和另一種進口品菸草結合起來，變得更加流行。到了十八世紀末、十九世紀初，鴉片流行於中國沿海的家庭。美國商人威廉・韓特注意到，他的中國友人「抽菸成了習慣，好比我們習於喝酒」。

第一批美國船隻載著土耳其鴉片來到中國，是一八〇四年費城商人班哲明．威爾考克斯和其兄弟詹姆斯的傑作。沒錯，班哲明就是在澳門養了中國情婦、生下女兒的那位美食家與領事官。中國走私客很樂意以土耳其鴉片和英國人從印度進口的產品競爭。從「一八一二年戰爭」結束到一八三〇年代中期，美國人比全世界任何國家買進更多土耳其鴉片。土耳其全年收成十五萬磅鴉片，光是波士頓的柏金斯公司（Perkins & Company）這家波士頓公司，就要運送全國鴉片年產量的二分之一至四分之三到中國。到了一八一八年，美國人也到印度蒐購鴉片，挑戰英國東印度公司在當地壟斷毒品生意的地位。

美國加入鴉片生意，造成鴉片向中國輸出的數量大增。一七七三年，英國船隻載運七十五噸鴉片進入中國。到了一八三〇年代，美、英船隻加起來的年載運量超過三百五十噸。一八二九年，英國對中國的出口總值為二千一百萬美元，其中鴉片大約占半數。美國對中國的出口總值為四百萬美元，鴉片占四分之一。

美國的鴉片生意在國內昌盛起來。不到二十年，鴉片生意翻轉了美中的貿易失衡；銀元回流美國，造成一八三〇年代大幅通貨膨脹。基於宗教信仰的理由，美國有家歐禮芳公司（D.W.C. Olyphant & Company）[2]拒絕載運鴉片，但絕大多數美國商人認為，載運「土耳其鴉片」到中國是發財的大好機會。

廣州的美國鴉片商人華倫．狄拉諾（Warren Delano）是日後美國總統法蘭克林．狄拉諾．羅斯福（Franklin Delano Roosevelt）的外祖父。他說：「我不會假裝清高，辯解從事鴉片貿易是道德和慈善之舉。但身為商人，我堅持這是公平、光榮和正當的生意。」他認為這與進口白蘭地酒到美國一樣。

美中文化之間的巨大差異也造成許多衝突。一八二一年九月二十九日，一名美國水手涉嫌殺害一名中國女性，導致廣州的美僑小社區首度遭遇危機。美國人要遵守中國人的行事規矩，或是違逆官府的意旨？

佛蘭西斯．泰拉諾瓦（Francis Terranova）是來自巴爾的摩兩百八十四噸商船「艾茉莉號」（Emily）的西西里裔甲板工人。他向坐在舢舨上賣東西的女販郭梁氏購買水果，而她卻落水了。中方指控泰拉諾瓦不滿意郭梁氏販賣的香蕉品質，於是拿了個橄欖罐丟向郭梁氏，命中她腦袋，致使其墜海。其他人則說，是她自己不小心墜海溺死。

縣令汪雲任邀請美國領事班哲明・威爾考克斯一同相驗郭梁氏屍身。威爾考克斯寫道，郭女頭部右側有道深深的凹痕，而橄欖罐「正好貼合」這個凹痕。威爾考克斯認為泰拉諾瓦有罪。中國當局要求美方交出殺人凶手。中方在和威爾考克斯談判的過程中，同意依照美國人的規矩來審判。檢辯雙方證人都可出庭作證。

一八二一年十月六日，一群中國軍艦團團圍住「艾茉莉號」。在縣令汪雲任的率領下，上千名中國官兵擠上甲板觀審，美方代表只有四十人，相較下遜色不少。美方證人中，沒有人會說中國話。當中國譯員出現時，他們先向縣令伏地跪拜，讓人覺得他們不會照實翻譯縣令不愛聽的話。汪雲任不採信「艾茉莉號」船員支持泰拉諾瓦故事的證詞，當下就結束庭審。美方指控中方放棄了給予泰拉諾瓦公平審判的承諾。不耐煩的汪雲任立刻宣布泰拉諾瓦有罪，但「艾茉莉號」船長拒絕交出人犯。十月七日，中方停止與美國人做生意。

老美承受不了停止貿易的損失。僵持十六天之後，美方將泰拉諾瓦交給中國當局。十月二十八日破曉前，他被送到廣州總督衙門執行絞刑。

然而，事情不僅止於泰拉諾瓦的處死。當這名西西里裔被告在甲板上受審時，「艾茉莉號」船艙藏了一批鴉片。中方接到密報，指稱船長走私毒品，中國當局於是下令沒收船貨，命令其空船駛回巴爾的摩。

英國人對此大為震驚，不是因為泰拉諾瓦伏法斃命，而是因為美國人竟如此軟弱聽命行事。根據東印度公司特派委員會（Select Committee of the East India Company）的報告：美國人「野蠻地拋棄了一個在他們旗下服務的人，未努力為他爭取正義，就將他交給這個帝國殘暴的法律制裁」。在英國人看來，此案更證明了生活在中國法律管轄範圍之外的必要性。在中國人看來，這顯示出即使中國試圖按照外國的規矩辦事，洋人還是不滿意。

泰拉諾瓦案影響了美國對中國的看法好一段時日。西方人認為，這證明了他們需要治外法權，外國人要自己管轄中國境內的公民，以確保「普世價值」，並保障被告的權利。

金錢、毒品和文化差異的大混合在廣州四周激盪，遲早會出事的。阿瑪薩・狄拉諾打賭，英國砲艇很快就會攻打中國。在他看來，大清皇帝不願開放中國與西方通商往來，犯了戰略上的錯誤。他寫道：「英國人在亞洲具有海、陸上的強大兵力。若他們發動攻擊，我認為當前的中國政府必會土崩瓦解。」歷史發展證明了他的看法正確。

對美國而言，與中國通商不僅拯救且有助於打造新共和；美國發現中國市場是美國崛起不可分割的一部分。對中國人而言，美國則代表了機會——無論對其官員、表演者及一位胸懷全球的企業家來說都是如此。

譯註

1. 小德金（Chretien-Louis-Joseph de Guignes, 1759-1845）的父親德金（Joseph de Guignes）是漢學家。他跟隨父親學習中文，一七八四年來到中國，擔任過法國駐廣州領事。一七九五年，他曾以翻譯員身分陪同荷蘭使華代表團前往北京，祝賀乾隆皇帝登基六十週年。一八〇一年他回到法國，一八〇八年奉拿破崙之命編纂《漢語—法語—拉丁語詞典》，歷時五年完成。但後來的漢學家雷慕莎（Jean-Pierre Abel-Rémusat）等人發現，其內容基本上都抄襲自方濟會傳教士葉尊孝（Basilio Brollo de Glemona）早先編纂的《漢拉詞典》。
2. 「美國公理會差會」（American Board of Commissioner's for Foreign Missions, ABCFM）全名為「美國公理宗海外傳道部」，簡稱「美部會」，是美國第一個派遣傳教士到中國的教會組織。歐禮芳公司（D. W. C. Olyphant & Company）創辦人大衛・華盛頓・辛辛納圖斯・歐禮芳（David Washington Cincinnatus Olyphant, 1789-1851）是「美部會」的董事。

附註

關於美國與中國初來往時的廣州環境，將其描述得最好的是艾米塔・葛旭（Amitav Ghosh）的小說《煙籠河》（*River of Smoke*），此書出版於二〇一一年。關於美國與中國初期關係的歷史，艾瑞克・多林（Eric Jay Dolin）撰寫了《美國與中國的初次相遇》（*When America First Met China*）一書。我在本章的參考資料主要來自美國商人的信函；埃馬薩・德拉諾（Amasa Delano）、威廉・菲爾普斯（William Dane Phelps）和山茂召（Samuel Shaw）等商人的日記，以及中國的檔案。施維許（Earl Swisher）翻譯、編撰的《籌辦夷務：美中關係文件彙編》（*China's Management of the American Barbarians: A Study of Sino-American Relations, 1841-1861, with Documents*），記載大清帝國與美國的關係，這是一本不可多得的佳作。《中國叢報》（*The Chinese Repository*）是當時美國人在廣州辦的報紙，就當時發生的事件而言仍是一流的參考資料。（譯按：《中國叢報》在鴉片戰爭期間一度搬到澳門及香港，一八四五年再移回廣州。）

第二章 創造財富

十九世紀初，全世界最富有的民營企業家是名中國人。廣州富商伍秉鑑在一八三四年積攢的財富約二千六百萬美元，相當於今天的一百億美元。他終生從未出國，其之所以富可敵國，很大一部分得力於美國友人的協助。伍秉鑑是近乎半退休的謹慎男人，中國人為他取了「膽怯小女子」的綽號。他因為精嫻數字、為人善良，尤以善待新英格蘭商人聞名，而這也引起英國競爭對手永無休止的抱怨。在廣州經商的西方人稱伍秉鑑為「浩官」（Howqua or Hougua）——這是他所經營商號的名字。

十九世紀初，伍秉鑑奉派為主理廣州「洋夷」的十三行「總商」（領頭商行）。依當時的行商制度，這一小群商人負責處理每年數千噸茶葉和陶瓷的出口生意，而且彼此債務連保，被視為全世界最有效率的貿易體制之一。這種集體保證鼓舞了美國紐約的立法代表，成立第一個銀行存款保險制度，即今天聯邦存款保險公司（Federal Deposit Insurance Corporation, FDIC）的前身。

伍秉鑑的商業利益從中國延伸到了印度、倫敦和美國。他的投資委由一名信賴的老美代管，進而推動美國鐵路、不動產、製造業和保險業的發展。約莫在美國資金推動中國現代化之前一百五十年，中國資金已在美國提供相同的服務。

十九世紀頭四十年，伍秉鑑和一群波士頓商人是如何結合起來？這個故事在一般有關美中交往的文獻中罕有提及，但卻是美國人和中國人回應變動不羈的世界時，分享命運及共同利益最具體的實例。

當時許多相關歷史記載，中國人不歡迎外國貿易，但這根本大謬不然。雖然清廷以恩賜的態度對待洋夷，士大夫官員也自命地位高於商人，但朝廷政策並不反商。一七九三年，中國的乾隆皇帝對英國特使馬戛爾尼勛爵（Lord George Macartney）宣稱：「天朝德威遠被，萬國來王，種種貴重文物，梯航畢集，無所不有。」但他的皇室仍依賴中國與西方貿易所徵收的稅款。

創建清朝的滿洲人雖為一支亞洲遊牧部族，但也運用貿易來拯救帝國。十七世紀初，滿洲鐵騎自北方衝進中國時，先是占領北京，並於一六四四年創建清朝、統治漢人。接下來四十年，滿清侵略者與明朝殘部在華南展開激烈的爭奪戰。

一六八四年，華南終於全部歸由清朝統治，康熙皇帝便開放南方與外界通商。他推動商務活動，以刺激經濟並爭取南方的效忠。康熙認為，與西方貿易往來是維繫華南接受其統治的黏膠。

然而，朝廷也擔心，與西方接觸雖可讓臣民效忠，但也可能撼動帝國的基礎。因此，康熙將通商事務局限在華南單一口岸的一小群商人身上。鼓勵廣州商務有其道理，是因其有助於癒合戰爭的創傷。然而，一旦西方商人開始要求出入整個中國時，皇上便將其視作威脅。利用西方強化帝國，以及限縮西方影響力以保障安全，這兩個相互衝突的目標，界定了中國對大洋彼岸的資本主義者經常矛盾的反應。

一七六九年出生的伍秉鑑專門從事利潤最大的廣州貿易：茶葉、放貸和商品（包含鴉片）。他以種茶起家，然後轉為批發商。從一張他中年時期的畫像可見其身著華麗服裝——一件毛皮鑲邊的深藍色絲綢冬季外套，上頭繡著鳳凰，而頸上的琥珀和珊瑚項鍊，則與他嚴峻、苦行僧般的面容形成鮮明對比。

伍秉鑑很快就調整自己、接受新的趨勢，不再以船隻載運銀子來交易，而改以會生息的債券為主。伍秉鑑發現，處理價值數百萬、在全球船上歷經數月浮動的生意利潤最大。於是，他和其他亞洲商港——加爾各答、馬尼拉和巴達維亞（譯按：今天的雅加達）——的商人搭上線，讓年出口量逾二千五百萬元的廣州躋身全球貿易網絡。一八二〇年，伍秉鑑獨霸亞洲胡椒市場。他在洋夷區練就房地產大亨的本事，將多處擁有的物業出租給西方的商人。一八四三年他去世時，英國《亞洲雜誌》（*Asiatic Journal*）刊登訃告，宣稱他有如歐洲商人，「直到晚年仍親力親為，掌理幾乎遍及全球之龐大、複雜的事業。」並指出他的生意觸覺「相當驚人」。《亞洲雜誌》也承認，伍秉鑑不喜歡英國人。「他最喜歡美國人，而他在事業早期階段就受到一位美國公民大力協助。」這位美國人就是約翰·柏金斯·顧盛（John Perkins Cushing）。

一八〇四年，顧盛來到中國。從這年起，伍秉鑑開始和美國人做生意，賣給他們一船茶葉。顧盛是奉他舅舅創辦於波士頓的柏金斯洋行（Perkins & Company）派遣，來到中國擔任職員。

顧盛與當時到中國做生意的許多美國人一樣只是個青少年，而伍秉鑑保護他。顧盛在伍秉鑑的指導下，從一名毛躁、好吹牛、對數字沒興趣的十六歲小伙子，成長為在廣州最精明也最成功的美國生意人。

起先吸引伍秉鑑和美國人做生意的是他們的銀子。他不必拿茶葉和英國人換羊毛織品或製造業成品。甚至身為十三行總商的伍秉鑑，還夾在盛氣凌人的英國東印度公司和腐敗的清廷官員之間。東印度公司大量買貨，因此要求壓低價錢，而清廷官員則向他索賄。美國人是完美的夥伴，伍秉鑑可以高出英國人接受的價錢賣東西給他們，而且提供他一個地方藏錢，使其不會被清廷查到。

新英格蘭商人繞過東印度公司，將伍秉鑑的茶葉運到倫敦。而美國人又運用他們的船隻把他的茶葉運到美國，躲過美國政府對外國船隻進口商品課徵的高稅賦。美國人十分訝異於伍秉鑑對他們的信賴度。廣州商人保羅·福布斯（Paul S. Forbes），也就是顧盛的堂表兄弟，曾寫道：「他對美國人無盡的信任無可倫比，一度託付二、三百萬美元給和他毫無國族、語文或宗教關係之人。」

顧盛年方十九歲，便已接掌柏金斯洋行的廣州辦事處。由於一八一二年戰爭爆發，他得以更接近伍秉鑑。英國皇家海軍緊盯美國商船，使其無法出航，因此顧盛沒什麼商品可運回美國銷售。於是他為伍秉鑑經營海外業務。他進入毒品走私這行，使柏金斯洋行很快就幾乎壟斷了自土耳其到中國的鴉片生意，而背後的金主正是他的中國朋友。伍秉鑑設法掩飾一些商業行徑，但未必每次都成功。一八二一年，滿清官方在他客戶的船隻「艾茉莉號」上查到鴉片；皇帝下令摘掉伍秉鑑被封予的三品頂戴花翎。不過，他和美國人的生意照樣蒸蒸日上。

顧盛和伍秉鑑聯手對抗英商競爭者。他們顛覆東印度公司壟斷英製布料及在中國熱銷的其他英國產品。中國大規模侵犯智慧財產權的勾當，最早就是由美中聯手幹下的：仿冒東印度公司的包裝商標，在廣州市場傾銷其廉價布料。東印度公司向滿清政府抱怨，促請清廷取締。但後來英國政府在一八三四年解散東印度公司的壟斷，部分原因是東印度公司無法與備受中國人支持的獨立商人，如顧盛等人競爭。

一八二〇年代，當拉丁美洲陷入獨立戰爭風暴時，伍秉鑑和顧盛搶著擠進西班牙人自馬尼拉以大帆船運往南美洲的絲綢和茶葉生意。一八二五年廣州發生米荒時，伍秉鑑說服中國海關當局，進一步降低顧盛船隻的稅款，以利其載運稻米到中國。這更刺激了美國人的毒品走私，美國商人將一箱箱土耳其鴉片藏在大米堆底下偷渡進口。

一八三五年，伍秉鑑捐出一棟豬巷三號（3 Hog Lane）的樓房給美國傳教士伯駕（Peter Parker），讓他免付房租，並開設中國第一間西式醫院。博濟醫院（Hospital of Universal Love）[1]因而成為美國支持中國醫學的先驅。伍秉鑑本人也給伯駕看病。這位富商每到冬天都會長痘子並渾身發癢，而且還有慢性病和瀉肚子的毛病。

儘管信件要經過漫長的四個月才能到達地球另一端，伍秉鑑和他的美國夥伴仍積極保持通信。一八三七年，伍秉鑑寄給顧盛四十五磅桑樹種籽，使其在美國開展絲織業（後來以失敗收場）。伍秉鑑的美國友人寄給他肥皂、一座燒木頭的火爐、一張搖椅、好幾桶麵粉和餅乾（伍秉鑑正房夫人喜愛），甚至一頭在旅途中生下小牛的母牛。那些小牛又瘦又弱，下船時還活著。伍秉鑑回信時寫道：「經過細心照料和餵食，牠們變得肥肥胖胖，提供大量豐盛的牛奶給我們。」後來美國人以伍的名字為一艘快艇命名，而倫敦的杜莎夫人蠟像館（Madame Tussaud's）也為他製作了一尊蠟像。

伍秉鑑的慷慨大方蔚為傳奇。一八三〇年代，華倫・狄拉諾預備回美國時，伍秉鑑為他擺下盛大的餞別宴，以燕窩、魚翅款待。有位美國客人回憶道：「整場盛宴歷時十三小時。」一八二七年，伍秉鑑又一筆勾銷班哲明・威爾考克斯積欠他的七萬二千美元債務，讓這位費城老鄉無債一身輕地回老家去。威爾考克斯原先曾負責為伍秉鑑在美國討債，並贏得其信賴。伍秉鑑撕掉借據時，還以洋涇浜英語告訴威爾考克斯：「我倆是頭號老友。」

顧盛在柏金斯洋行的地位竄升後，便指派另一名年輕人約翰・穆瑞・福布斯（John Murray Forbes）擔任伍秉鑑的專屬聯絡窗口。一八三〇年，這名十七歲的少年從波士頓來到廣州，伍秉鑑視他如己出。

顧盛在中國住了二十五年，但福布斯只住到二十三歲，在一八三六年衣錦返鄉。他回到波士頓不過數月，美國便爆發了「一八三七年恐慌」（the Panic of 1837），陷入長達五年的不景氣。一年後，福布斯準備投資。他利用在中國存下來的十萬美元，成立投資銀行福布斯公司（J.M. Forbes & Company）。伍秉鑑另外出資五十萬美元，為他撐腰。伍秉鑑在信中堅持，讓福布斯全權經管他在美國的投資。與當年處理伍秉鑑的茶葉一樣，伍秉鑑的錢全掛在福布斯名下，但與福布斯個人的帳戶分開管理。福布斯說：「我定了一個規矩，自己不買的東西，絕不會用他的錢去買。」福布斯投資土地、運輸業、製造業和鐵路。他的一家工廠生產美國第一批鐵路紐帶。他經營從東部通往芝加哥的第一條客運鐵路。移民遷進來，穀物和牲口運出去。在華工興建美國西部鐵路數十年前，中國資金已進來奠立基礎。

福布斯並非唯一將在中國賺來的錢拿回來美國投資的人。艾貝爾・亞博特・羅伍（Abiel Abbot Low）在廣州發跡後，回紐約市建造了一支貿易船隊（其中一艘命名為「浩官號」），並投資了第一條跨大西洋的電纜及鐵路。從事中國貿易的美國人成為美國第一批大慈善家。福布斯支持先驗主義派哲學家拉爾夫・沃爾多・愛默生（Ralph Waldo Emerson）；羅伍支持婦女教育，捐建圖書館和醫院，他的兒子賽斯・羅伍（Seth Low）則興建羅伍紀念圖書館

（Low Memorial Library），即今天的哥倫比亞大學行政中心大樓；亞士都（Astor）家族捐助哈佛大學；其他貿易商也捐助普林斯頓大學和耶魯大學，並創立耶魯兄弟會秘密社團「骷髏社」（Skull and Bones）。

運往中國的鴉片在一七七〇年代每年有七十五噸，到了一八三〇年代，已膨脹到每年一千四百噸。鴉片從中國財庫吸走數以百萬元計的銀子，使其流入英國和美國貿易商的金庫。鴉片的毒害遍及中國社會的每個層面。曾作為鞏固大清帝國的廣州貿易，現正撕裂這個帝國。

清廷辯論如何處理鴉片已有數十年之久。主張將其合法化並課稅的一派，與主張取締的一派對峙不決，造成最糟糕的後果。鴉片貿易雖被禁，但又受到寬容，以至於極大的利潤和賄賂流入清朝官吏及中國走私客的口袋。一八二〇年道光皇帝即位。幾年後他的長子染上鴉片煙癮，於是他決心採取行動。

假如滿清政府對鴉片的立場矛盾不一，美國人也是如此。因為不只美國商人對中國有興趣，一八三〇年代美國新教傳教士開始抵達廣州，並對鴉片貿易抱持負面看法，與企業界大異其趣。傳教士認為走私是不對的行為，應該停止。雙方因而對立。獲利與原則孰重？美國究竟該讓中國以自己的方式發展，還是扶持中國進行改變？這場辯論持續到今天。

一八三九年，道光皇帝派遣一名以高道德水準聞名的欽差大臣處理此災禍。林則徐把注意力從中國毒販和癮君子身上移開，正本清源地轉向西方商人。他提議以物易物，以茶葉換鴉片，並保證取締走私。西方商人拒絕接受，因此林則徐在一八三九年三月十八日的星期一下午派兵包圍洋夷區。他要求西方商人交出鴉片，才可恢復合法商業。六天後，英國商務督辦查爾斯．義律（Charles Elliot）趕到廣州，負責交涉。五月初，義律收齊一萬五千四百箱價值六百萬銀元的鴉片，其中十分之一來自美國商人，並ㄋ將其交給了林則徐。

美國人宣布，他們願意放棄鴉片貿易。美國的製造業成品及布料已在中國引起注目，美國商人認為，中國市場之夢即將成真。羅伯·班奈特·福布斯（Robert Bennet Forbes）是約翰·穆瑞·福布斯的姪子，他在一八三八年抵達中國，擔任旗昌洋行（Russell & Company）的首席代表。他說：「我們的老朋友浩官說，如果我們不完全放棄毒品貿易，就不與我們往來。」

到了五月二十四日，林則徐取消對洋夷區的包圍。英國商人旋即撤走。到了六月，只剩十五名美國人及少數其他國籍人士留在廣州。美國人不同於英國人，他們簽署了伍秉鑑交付的一份保證書，並承諾結束鴉片貿易。

林則徐嘉獎美國人守規矩。一八三九年六月十七日，他邀請一群美國人見證銷毀沒收來的鴉片。其中一位商人查爾斯·金恩（Charles W. King）的公司未從事鴉片生意，另一位裨治文（Elijah Bridgman）則是第一位到中國的美國傳教士。

金恩和裨治文被帶到澳門和廣州之間的一個小島。在那裡，他們目擊五百名工人將砲彈般大小的鴉片球搗裂成塊，灌進水、鹽和石灰。等鴉片化解為泥漿狀，再用大水沖進珠江的一條支流，任其流向大海。裨治文美國人於廣州市經營的報紙《中國叢報》（*Chinese Repository*）[2]上撰文請教讀者：「我們是否曾在別的地方記錄下這種異教徒的正直，對基督教墮落的指責？」

接下來，金恩和裨治文又被帶到臨時以竹桿搭起的棚架，欽差大臣林則徐正坐在沙發上。裨治文觀察到，林則徐個頭不高、身體強壯，光滑、圓潤的臉龐蓄著黑色短鬚，「活力十足，絲毫沒有『野蠻』的跡象。」林則徐告訴他們，只有美國人受邀前來見證這歷史性的一刻並非意外。林則徐說，他們「正直、合宜」，「堪可接受華夏文明的感化教育」。儘管語氣上帶有上對下的愛護意味，但這已是他所能給出的最高讚美。

金恩未涉及鴉片生意，因此自認為可要求特惠，故循著美國人在中國做生意的傳統，當著中國大官的面爭取特權。金恩要求林則徐，准許他的公司在危機期間繼續做生意，並彌補他的損失。林則徐答應第一項要求，但不同意第二項要求。

林則徐更關心英國人，他詢問：為什麼他們要撤出廣州？他要部屬拿出地圖，並詢問其他情報。當裨治文和金恩談到英國海軍的實力，及其使用蒸氣發動船艦時，裨治文注意到，林則徐「有一、兩次皺起了眉頭」。欽差大臣並不知道，中國正走上與西方最強大國家的交戰之路。

撤離廣州之前，英國商務督辦義律拜訪了美國商人羅伯・班奈特・福布斯，要求美國人也退出中國，停止和大清帝國貿易。義律告訴福布斯：「如果你的公司撤走，其他人也會跟進，我們很快就會讓這些無賴的中國人乖乖聽話。」

福布斯拒絕了，他告訴這位英國商務督辦，「只要我還能賣一碼布、買一磅茶業」，就會留在廣州。義律威脅要逮捕這位美國商人，福布斯則嗤之以鼻。美國即將藉機爭取中國朝廷的恩賜——直到今天，這個事實仍沒有太大變化。

如此一來，英國商人便被困在廣州城外，船上載滿了貨，但又要採辦茶葉載回倫敦。他們不像英國商務督辦那麼堅定，不能把貨品一丟就空船回國。因此接下來十五個月，當時住在廣州和澳門的一小群美國人便擔負起利潤十分可觀的內河貿易——將英國貨載到廣州販賣，買辦齊全後再把貨送回澳門，搬到開往倫敦的船上去。

一八四〇年初，英國商人在九十英里長的河道來往運貨的成本，竟比從歐洲來回還貴。有位英國商人抱怨，「我們費力扼住牛角」，美國人卻在此「拚命擠牛奶」。羅伯・班奈特・福布斯向他的好友兼夥伴山繆爾・卡波特（Samuel Cabot）坦承，內河生意是旗昌洋行有史以來最賺錢的生意。

為了貿易和運貨的需求，小羅斯福總統的外祖父華倫・狄拉諾買下一艘九百噸的英國製船隻，並將其改名為「契沙匹克號」（Chesapeake）。不久後，林則徐開口要買下這艘船，史上第一件美國對中國的軍售案於焉成立。林則徐將「契沙匹克號」改裝為軍艦，配備葡萄牙大砲，並在船首畫上兩隻巨眼以震懾洋人。

後來義律反而感謝福布斯留在廣州沒走。當他們在澳門碰面時，義律承認，若沒有美國國旗的掩護，英國商人的損失將高達數百萬銀元。義律說：「親愛的福布斯，英國女王要感謝你沒聽我的勸告。」

一八四〇年六月，義律的堂兄，英國海軍少將喬治・懿律（George Elliot）率領四十八艘船艦組成的遠征軍駛進珠江口，準備懲罰中國沒收英國人財產——即使是毒品。

英國人三兩下就粉碎了中國敵人。「契沙匹克號」也慘遭攻擊，中國人根本沒有人懂得如何操作這艘船；船的大砲朝向錯誤的方向，一桶桶火藥擺上甲板，更是引人攻擊。英國水手搶攻上船，放火燒了船。大火燒到「契沙匹克號」的火藥時，整艘船爆炸，火焰照亮了數英里的天空。

在損失日益擴大下，欽差大臣林則徐試圖鼓勵美國人結盟，一同對抗英國人。中方提議，允許美國人在黃埔壟斷貿易，並懸賞捉拿英國人，不論死活都有賞（義律的項上人頭花紅五萬銀元）。兩廣總督阮元建議，對美國船隻免徵關稅，以示籠絡。他預測：「美夷一定會感謝天朝皇恩浩蕩。」但老美沒有上當。

在美國，民眾非常關心戰事發展，一般都同情中國。一八一二年戰爭及火燒白宮，仍深深刻在許多人的記憶中。許多美國人曾支持加拿大建立共和的運動，因而沿著美加邊界與英軍爆發衝突。廣州的美國傳教士為中國人發出不平之鳴，其有關鴉片貽害之深的報告傳遍全美國的教會，許多美國人因此反對這場戰爭和鴉片貿易。

紐約市《韓氏商人雜誌》（*Hunt's Merchants' Magazine*）宣稱：「中國當然有權規範鴉片進口。」一八四〇年三月十六日，麻薩諸塞州國會眾議員凱萊布・顧盛（Caleb Cushing）在眾議院外交事務委員會發言，宣稱英國運售鴉片的做法違背「一切人間世的法律和神的律法」。顧盛如此抨擊，蘊含美國人的務實精神。他的血液裡有著中國貿易的因子（約翰・柏金斯・顧盛是他的堂兄），他了解，美國可自英國的憂患中獲益。

顧盛看到了道德意義——和一個商業機會，而主張採取不同於英國人貪婪的策略，但他的新英格蘭同胞約翰・昆西・亞當斯（John Quincy Adams）卻認為，英國人發動戰爭是對的。當美國船員泰拉諾瓦被處決時，亞當斯正擔任國務卿，現在則是眾議院外交事務委員會主席。他在麻薩諸塞州歷史學會上演講，認為英國不單只是為了運售鴉片的權利而作戰，還涉及更大的原則，諸如：自由貿易和國家之間不受拘束的交往。他說，英國人要求中國人平等對待。亞當斯宣稱，「戰爭的起因是叩頭」。這場戰爭會打起來，是因為中國「虛矯自大，自認為比世界上任何民族高出一等」。

在當時，亞當斯的觀點仍屬少數派。當時著名的知識份子刊物《北美評論》（*North American Review*）就拒絕刊載他的演講稿。但這預示了，該如何與中國交往的持續辯論：應當允許中國以獨特的文明運作，並享有特殊待遇嗎？或應該以西方的標準來要求中國？

一八四二年八月，中國屈服於英國的軍事壓力之下。朝廷同意接受英國的條件，簽訂《南京條約》，並將香港割讓給英國；開放五口通商；賠款二千一百萬銀元；制定常態關稅，廢除一直困擾西方商人的隨機徵收稅費。

一八四二年十二月，伍秉鑑寫信給約翰．柏金斯．顧盛，歡迎結束這束縛他世界級商業天分的行商制度，雖然他藉此發了筆大財，但這畢竟還是一種桎梏。他又滿懷渴望地寫道：「我盼望能為自由之身。若現在我還年輕，將會認真考慮前往美國，在你的居所附近安頓下來。」

他的生意夥伴約翰．穆瑞．福布斯表示，可以派艘船載運他的財富和家人前往佛羅里達或加勒比海的一座小島。福布斯在信上鼓勵他：「請到美國來，這裡的每一個人只需分攤政府費用的公平額分。」

但伍秉鑑卻來不及親讀這封信。一八四三年九月四日，這封信寫好三十天後，送達廣州的三個月前，這位七十四歲的中國首富就在博濟醫院去世了。根據伯駕的筆記，由於清廷又向伍秉鑑索賄，導致他腹瀉發作，「終結了這位傑出商人的性命。」

鴉片戰爭戰敗，終於驅使幾位清廷重要人物尋求有系統地了解西方世界。在此之前，出現在中國書籍裡的西方人都是怪物，譬如：鬼怪、猴子，而且總是體臭難聞。美國被認為遙遠、奇怪，而且不重要。有份中國小冊子將美國擺在非洲附近，另一份文件則稱美國是「孤懸在大洋中的島嶼」。鑒於美國人在做鴉片生意，欽差大臣林則徐認為，美國地處靠近土耳其的某地。

現在，中國必須剖析西方，而美國人成為聞起來比其他人稍香一點的民族。中國作家佩服美國的民主，以及包括總統在內，美國人民都服膺於法令而非皇帝的思想。美國人的慈善行為也令中國人嘆為觀止。林則徐特別欽佩美式教育。他在當時出版論西方列強的大部頭書《四洲志》（由林則徐主持編譯的一套書）中寫道：美國的繁榮是因推動學校教育，因此「江山代有才人出。」

老美的工業令中國人印象深刻。至少在一百五十年前，美國評論家標舉中國經濟及其果斷領導足為美國效仿時，中國人便已認為，美國樣樣都值得自己效仿。

一八四〇年代，道光皇帝要求福建巡撫徐繼畬書寫有關西洋蠻夷的歷史。徐繼畬在出版於一八四九年的《瀛寰志略》中盛讚美國，尤其是第一任總統，因而在中國人心中種下了對喬治·華盛頓的崇拜，直道毛澤東時代都歷久不衰。

徐繼畬從來自紐澤西州新布倫斯威克（New Brunswick）的傳教士雅裨理（David Abeel）那裡蒐集有關美國的資訊。雅裨理在一八四二年就抵達福建廈門，並發覺徐繼畬是「我所見過最好學不倦的中國高階官員」。他提供徐繼畬許多書籍和地圖。令雅裨理很失望的是，徐繼畬好奇的發問沒有一項是針對上帝。雅裨理說：「他所亟欲學習的是這世界上各個王國的情況，而非天國的真相。」

美國獨立戰爭的故事，立即與正和英國鬥爭的中國產生關聯。因此，徐繼畬的書以極大篇幅講述美國，也是很自然的事。徐繼畬寫道，美國人「溫順、天性善良、平和與誠實」。任何國家都比不上美國更接近孔夫子「天下為公」的理想。他寫道，美國有中國所需要的東西——富國強兵。

這位試圖了解中國哪裡出錯的清廷儒學官員，之所以對華盛頓的故事印象深刻，有以下三個原因。第一，華盛頓對國家的無私奉獻，與清廷的普遍貪瀆形成巨大的反差。第二，華盛頓擊敗了中國的大敵英國。第三，中國皇帝死抱著權力直到壽終正寢，華盛頓與中國僵固的帝制相反，他回歸布衣生活，成為自古以來中國聖賢推崇的最高道德典範——就像華盛頓將中國人誤認為白種人一樣，徐繼畬和一些儒學者也將華盛頓的美德視為中國人的美德。

徐繼畬寫道：「泰西古今人物，能不以華盛頓為稱首哉！」這句話鐫刻在一塊大理石板上，由中國商人於一八五三年捐贈到華府。法蘭克林．皮爾斯（Franklin Pierce）總統的政府，將大理石板放入揭幕僅五年的華盛頓紀念碑內，至今仍可看到。

簡單卻深刻的洞見，凸顯了徐繼畬的《瀛寰志略》：中國士大夫舊有的「中國居於世界文明頂峰」的信念不再為真。中國必須求諸於外，找尋自己追求富國強兵的解答。但清廷官員還未做好準備接受這個遠見。一八五〇年道光皇帝駕崩，更為保守的領袖咸豐皇帝取而代之。朝廷責備徐繼畬「膨脹外夷地位」，並將他和一些親西方的官員發配到邊省去。

中、英簽訂《南京條約》後，迫使美國政客開始注意中國。英國刺激美國，也去要求平等待遇。美國再也不能迴避美國商人及傳教士攸關之中國利益的問題。

美國與中國首次的官方政治交往是在一八四二年四月，當時美國海軍東印度支隊（East India Squadron）抵達珠江口，也剛好是中國向英國投降後不久。美國海軍准將勞倫斯．卡尼（Lawrence Kearny）告訴中國官員，美國期望得到英國人剛贏得的同等待遇。

美國政府也初嚐其中國政策舉步維艱的滋味。一方面，卡尼要回應商人的要求，他奉命保護美國人的利益。另一方面，他也要回應傳教士和國內民意，他奉指示，停止了美國人的鴉片生意。

卡尼發出一封信，警告美國走私的鴉片走私者，他不會保護他們不受中方起訴。他也逮捕了一艘美商鴉片船「艾瑞爾號」（Ariel），但很快就發現，美國沒有相關法源可對運載毒品採取行動。他只能依據「艾瑞爾號」文件不齊全的理由暫時扣押船。

卡尼在中國海岸巡邏了一年多，並設法讓中方明白，美國海軍不同於英國，是為了和平而來。一八四二年五月九日，他邀請廣東水師提督吳建勛到他的旗艦「星座號」（Constellation）上參觀。

吳建勛在下午抵達後，便十分提防遭美方藉機扣留。清朝當局已命令中國商人繳付巨額保證金，保證他會平安下船。美國水兵為吳建勛準備了一項表演節目，假裝擊退從「星座號」右舷搶攻上船的敵人。被卡尼請來當翻譯的美國傳教士裨治文寫道，吳建勛大驚失色，「將近百人甚至更多人，手持劍、長矛，配上刺刀，從甲板上衝出來。」後來，吳建勛放輕鬆參觀全船，而且逗留到日落才離去。次日，他又派兩名副將拜訪這艘美國軍艦，讓他們也見識現代海軍。吳建勛立即以密摺向皇帝報告他參觀「星座號」的心得，但略而不提自己擔憂遭襲的細節。他說，「我們的船艦動作遲緩、笨拙」，但「夷人……靈敏俐落地操作大帆」。

一八四二年聖誕節過後兩天，一年前在國會痛批英國人的凱萊布・顧盛，又在華府向約翰・泰勒（John Tyler）總統提出警告：美國若不針對中英《南京條約》，也與中國簽訂雙邊條約，英國將搶走日本和夏威夷，進而控制太平洋。顧盛強調，美國的未來岌岌可危。三天後，泰勒以特別咨文商請國會派遣一位特使到中國，談判美中雙邊條約的締結。顧盛得到了這項工作。打從一開始，顧盛就將他的任務視為制衡英國帝國的權利，以及增強美國在亞洲利益的關鍵。

顧盛也以西方世界代表之姿前往中國。啟程前的一八四三年六月十七日，他在波士頓法尼爾廳（Faneuil Hall）發表演講，強調文明也許乍現於東方，但現在進步的太陽卻在西方大放異彩。顧盛說：「我們青出於藍，成為我們老師的老師。」一百六十五年後，二〇〇八年美國金融危機最險峻的時刻，中國人把顧盛這句話丟回給美國人。

國務卿丹尼爾・韋伯斯特（Daniel Webster）指示顧盛要舒緩中國「拒外國人於千里之外的態度」，而且作風要異於英國人。韋伯斯特說，要讓中國人知道，「美國曾經臣屬於英國……但現在已與英國地位平等。」韋伯斯特又指示顧盛，要讓中國人明白，美國和英國不一樣，英國人搶走了香港，而美國並不覬覦中國的領土。

顧盛在一八四四年二月二十四日抵達澳門，並傳話給中方，美國希望與中國簽訂條約。在六月份展開談判的前幾週，顧盛得到一個可要求美國人不受中國法律治理的理由。顧盛帶來一根全新的大旗桿，上頭裝了弓箭型的風向儀，將其豎立在廣州的美商交易站。此時廣州的乾旱鬧得正兇；旗桿一豎立，中方便堅稱，隨風飄動的弓箭將帶來惡靈。

一群暴民衝進洋夷區，揚言要拆除旗桿，美國領事保羅・福布斯（Paul S. Forbes）同意拆掉風向儀以安撫民眾；但另一群中國人卻在城內其他地方攻擊一群美國人，其中一位美國人開槍打死一名中國人徐阿滿。與泰拉諾瓦案一樣，中國當局要求將那名美國人交給中方治罪。顧盛拒絕了，並將其交由美國商人所組成的陪審團審理。凶嫌經宣判無罪後，顧盛便安排賠償徐阿滿的家人。

開始談判前，顧盛在與中國官員的往來函件中一再舉徐阿滿的案例，推行治外法權的原則。他決心為美國商民劃下一道保護圈，讓他們得以住在中國，但不用受到中國法律的治理。

一八四四年六月十六日，條約談判在葡萄牙人地界城牆外一間佛寺召開。顧盛的對手耆英是一名嘮叨的中國官員，一見面就擁抱這位矜持內斂的新英格蘭人。顧盛為了讓中方感受官威隆重，特意穿上一件少將軍服。他送給耆英有關軍事戰術和設防建堡的書籍，藉此委婉暗示，只有這類資訊才對中國有用。耆英自命不凡，婉謝了這份禮物。幾十年後，耆英的後繼者卻懇求美國人提供武器和軍事的顧問意見。

接下來兩週，這兩人率同部屬擬訂出一向條約。耆英向朝廷上奏時蔑視地表示，相較於英國譯員經過訓練，美國譯員「愚蠢無知」，也沒能力說中國話。但顧盛的機智勝過他。顧盛先提出要求，說要到北京覲見皇帝。耆英當然不肯，顧盛再建議中方同意他所提出的條約條件，而這些條件大大擴張了中英《南京條約》所同意的條件。《中美望廈和平友好通商條約》為未來一百多年的美中關係奠定基礎。此約的根本精神是美國要求平等進入中國市場，並反對各國瓜分中國。後來這些原則被稱為「門戶開放」。

《中美望廈條約》為西方人開啟了參與中國內地貿易之路，並賦予美國人使用中國港口的權利，藉以在全國各地運載商品，而軍艦也可駛入中國內河。耆英根本不懂經濟學和法律，不知道自己究竟同意了什麼。他的重點主要在不讓顧盛去北京。《中英南京條約》規定，在中國只有涉及刑事案件的西方人才受本國法律管轄。然而，顧盛卻說服耆英，將這項保護擴至民事案件，允許《中美望廈條約》將治外法權延伸到《中英南京條約》規定的範圍外。然而，滿清政府所同意的這種機制，將在未來一世紀讓中國人蒙羞，並危及到國家的主權。

一八四四年七月三日，美國獨立六十六週年前一天，顧盛和耆英簽訂了條約。八月顧盛啟程回國，臨行前耆英又給了他另一個擁抱，並送給他自己身穿滿族服裝的大幅肖像。如今這幅肖像掛在波士頓美術館。

美國新聞界對於顧盛出使遠東之事興味盎然。他在印度浦那（Pune）騎大象到一座波羅門寺廟（Brahmin temple）參訪；在錫蘭島（譯按：今天的斯里蘭卡）接受英國總督盛宴招待之事全都上報了。他取道墨西哥回國，但卻在當地遇上革命——後來這場革命導致美墨戰爭。一八四五年一月《韓氏商人雜誌》宣稱，他所談判的條約將「開啟商業世界的新紀元，重要性僅次於發現美洲新大陸」。

其他人也一片看好這片前景。大約在這個時期，出身紐約州新羅謝爾（New Rochelle）的乾貨商人阿沙・惠特尼（Asa Whitney）從廣州回到美國。惠特尼在美國兩度破產，後來卻在中國致富；現在他帶回一個比當年美國約翰・雷亞德的海獺計畫更宏偉的構想。惠特尼成為第一位鼓吹興建跨美國大陸鐵路的先知。

他所謂「全體人類大通道」的主要論據，是看好與中國的貿易前景。惠特尼保證，美國若能興建橫貫東、西兩岸的鐵路，將成為連結中國與全世界的中間人。與中國通商再次振奮了美國人，他們認為此案既可結合美中兩國，從舊歐洲賺到錢，同時也解放了美國的生產能力。

然而，惠特尼的計畫——向聯邦政府申請經費，以取得從密西根湖至加州的土地——卻從未成功。到了一八五二年，他退出公共生活，歸隱農莊；不過在此之前，他曾領導一支探勘隊，確認他所主張的這條路線，並說服當時全美三十個州的十八個州議會通過決議，支持他的計畫。

阿沙・惠特尼提出興建一條全國鐵路的構想，進入美國人民的意識，為一八六二年的《太平洋鐵路法》提供了知識推動力。當然，跨美洲大陸的鐵路未能撼動全球貿易的路徑，也未幫美國建立主宰亞、歐貿易的霸主地位（一八六九年通航的蘇伊士運河，導致此一美夢幻滅），但美國人得自中國的靈感，再度促使美國的改變。

儘管中國的外交政策慢條斯理，中國商業大亨和新格蘭商人的來往卻始終持續著。伍秉鑑過世之後，約翰・穆瑞・福布斯繼續定期支付紅利給伍秉鑑的後裔。從一八五八年到一八七九年，伍家人每年收到的紅利都在六萬銀元以上。商業紀錄顯示，福布斯集團的利潤也相當可觀，代管伍秉鑑的資產淨賺了近二百萬銀元。福布斯的後世子孫，如歐巴馬總統的國務卿約翰・福布斯・凱瑞（John Forbes Kerry），就一直記得這些老朋友。直到今天，福布斯家族在麻州鱈魚岬（Cape Cod）附近，瑙松島（Naushon Island）上的莊園裡，仍掛著一幅伍秉鑑的畫像。

有遠見的美國商人打開了與中國的關係，他們對美國的未來也抱持無可遏止的信心，渴望在不確定的世界留下一些成績。他們從中國人當中尋找樂意合作的夥伴。美國與中國具有「特殊」關係的思想，即萌芽於伍秉鑑等商人和美國夥伴之間的堅固情誼。

譯註

1. 博濟醫院是中國第一間西式醫院。一八八六年，孫中山曾在此學醫並從事革命活動。幾經演變，這所大學今名為中山大學孫逸仙紀念醫院。
2. 裨治文是「美國公理宗海外傳道部」（簡稱美部會）派到中國的第一個美國新教傳教士，一八二九年來到廣州。一八三二年五月在衛三畏（Samuel W. Williams）等人的協助下擔任主編，創辦《中國叢報》，此報主要發行地點是廣州。內容主要分為兩類，一類介紹中國國情，另一為時事報導和評論。

附註

關於本章，麻薩諸塞州撒冷市皮博迪埃塞克斯博物館（Peabody Essex Museum）蒐藏了十九世紀美中貿易的豐富史料，包括中國商人伍秉鑑與其美國客戶的大量往來信函。本章亦受益於王迪安（John D. Wong）寫於二〇一二年關於伍秉鑑的哈佛大學博士論文〈全球定位：十九世紀浩官與其中國貿易夥伴〉（Global Positioning: Houqua and His China Trade Partners in the Nineteenth Century），內容包含了伍秉鑑在美國投資的詳細內容。當然，本章相當大一部分也依賴第一手資料，包括：約翰・穆瑞・福布斯在內的美國商人其信函和寫作、清朝官員如林則徐等人所留下的書面紀錄，以及《中國叢報》的報導。當時的美國媒體已注意到中國，因此美國國會圖書館可調閱的商業雜誌都非常有用，如《杭特商業評論》（*Hunt's Merchants' Magazine Commercial Review*）。欲了解有影響力的中國人如何看待美國，清朝官員徐繼畬編纂的《瀛寰志略》非常重要。佛德瑞克・葛蘭特

（Frederic D. Grant）有關美中貿易的論文〈中國現代銀行業的基石：廣州擔保制度與銀行存款保險的起源〉（The Chinese Cornerstone of Modern Banking）也提供一些重要的觀點。

第三章
閃電歸主

一八四七年三月底，兩名中國男子來到廣州衛爾廷浸信會禮拜堂（Welting Baptist Chapel，譯按：此禮拜堂又名粵東施蘸聖會）。禮拜堂擠在一家雞鴨欄和一間酒館中間，由來自田納西州窮鄉僻壤的傳教士羅孝全（Issachar Jacox Roberts）親手興建。這對表兄弟的組合顯得相當不尋常。當時在中國的沿海省份，基督教傳教士寥寥無幾，人數不到八十人。平常鮮有中國人接近傳教士，即使有接觸，也罕見來尋求上帝賜予光明的人，多半是來討救濟或找工作。

但這兩人不是來乞討的，他們確實想了解《聖經》。當羅孝全問他們為何如此，其中一人講出了一個幻覺故事，關於有個金鬍子老人命令他們「掃除妖魔」。這種世界末日的幻影讓羅孝全產生了共鳴。十二年前，羅在農場工作時，同樣的景象也發生在他身上，致使他矢志獻身，要和撒旦作戰。

羅孝全寫信告訴好友——肯塔基州報紙的編輯威廉·巴克（William C. Buck），這兩名男子登門拜訪的故事。其中一人在幻覺後停止祭祖——祭祖是基督徒認為褻瀆上帝的行為——並說服其他人跟進。羅孝全寫道，他們的到來預示「這是聖靈即將澆灌此愚昧民族的開端」。巴克將羅孝全的來信刊登在路易斯維爾市《浸信會大旗暨西部拓荒報》（*Baptist Banner and Western Pioneer*）的頭版。

這兩人加入羅孝全的查經班。他們學習浸信會教堂的運作方式並背誦聖歌，見證浸禮。他們告訴羅孝全，自己廣州城外約三十英里的老家也有許多人「摒棄偶像」。他們顯得很想回家傳播福音；兩個月後，那名提到幻覺的中國人便要求受洗。

就在羅孝全預備帶他們到珠江邊施洗前，這名男子開口詢問能否雇用他。羅孝全對於一般傳教士口中所謂尋找工作機會之「領米的基督徒」不感興趣。他當下取消了施洗禮，「從此再也不見他。」

但十三年後，他們重逢了。一八六〇年，這位名叫洪秀全的男子領導太平軍起義；這是全世界規模空前、流血犧牲最慘烈的起義之一，一場浩劫造成四千萬中國人喪生，滿清王朝還差點因此覆亡。洪秀全推翻世界最古老文明統治者的過程，借重美國開疆闢土狂熱的基督信仰，以及從一位田納西州農民／傳教士學到的信仰。

羅孝全和洪秀全的關係，反映出十九世紀中期美中之間相互吸引的奇幻情境。從兩者之間的短暫接觸，我們可以看出「雙方期待過高」的問題，始終困擾著美中兩國及其人民之間的關係。羅孝全等新一波美國傳教士認為，鴉片戰爭戰敗後，中國已經成熟到該晉升到基督教國家的陣營。洪秀全及太平天國運動的其他人則期待，透過羅孝全贏得西方支持其基督徒革命，並緩和與西方列強的商務及外交關係。他們的故事——一位提倡美國價值的傳教士期盼中國出現親美的改變，另一位中國革命家則盼望得到美國的支持——日後還會一再上演，大部分的結果都一樣——彼此都感到憧憬幻滅。

太平天國叛軍和滿清帝國的戰爭，也在美國引爆一場鬥爭，他們辯論著該如何與中國打交道。一位美國傳教士點燃了起義的火花，美國冒險家華飛烈（Frederick Townsend Ward，又稱「華爾」）卻出手幫忙控制局勢。太平天國起義期間，美國人也對中國抱持大不相同的目標。在美國的報紙與教會集會中，許多人辯論著該如何做，以及該支持哪一方。有人主張推動中國的改造，有人則主張維持中國的完整。直到今天，這場辯論仍未結束。

太平天國之亂教會了許多中國的領導人物，不僅要厭惡基督教，而且還要感到害怕；今天當家執政的中國共產黨也將此教訓繼承了下來。太平天國之亂讓清廷官員相信，唯有透過西方啟動的改革計畫，才能面對現代世界的挑戰。對清廷官員來說，太平天國之亂讓他們體認到與西方交往的危險和必要性。

當第一位傳教士來到中國時，美國人已涉及宣導中國人改信基督教的使命。一八〇七年，第一位新教徒傳教士馬禮遜（Robert Morrison）搭乘一艘美國船抵達中國，一連數月都假裝自己是美國人，後來才承認他是英國公民。中國人很不願意改信基督教。伍秉鑑等中國商人樂於賺美元、交美國朋友，但與伍秉鑑同為十九世紀時代大多數的中國人，則安於他們的儒家、道家和佛教文化，對於傳教士所宣揚的《聖經》不感興趣。新教徒傳教士在中國宣教的最初二十七年，全部只化度了十個教徒。有位美國傳教士宣稱某一年成績斐然，「施洗了兩個人，並為一對中國基督徒夫婦主持婚禮。」許多美國基督徒——包括羅孝全在內——在信函、日記和著書中，都流露出對中國文化的惱怒甚至仇恨。

許多傳教士認為英國人打贏了鴉片戰爭，可說是上帝準備讓中國接受福音的跡象。與羅孝全同為浸信會傳教士的叔未士（J. Lewis Shuck），在一八四二年《南京條約》簽訂後不久，便寫信向美國的教友表示：「這個異教化、不信主的國度終於徹底打開了！！！」羅孝全也說：「縱使應該對戰爭和流血感到遺憾，但我們樂見此一可喜目標完成之傾向」——這裡說的是為耶穌基督打開中國的門戶。

羅孝全抵押了他在密西西比州的農場、借到一筆錢後，於一八三七年抵達中國，並開始在澳門傳教。雖然第一批西方傳教士大都學習中文、結交上層階級，但羅孝全卻走向群眾，在澳門城外一處痲瘋病人聚居的地區傳教。第一個受他感化而信教的是一名乞丐。

後來羅孝全遷往香港，並於一八四四年五月搬到廣州。他每個月花費二十銀元，租下珠江邊小街上，一棟樓房的四間房和一間廚房。雖然他離洋夷區僅一英里，但這距離可謂千里之遙。為了入境隨俗，羅孝全身穿中國式長袍。他的鄰居還捐給他中式鞋襪和衣物。

這年，當身懷大志的中國人蜂擁趕到廣州參加一年一度的鄉試時，其中幾人來到了羅孝全的教堂。有人告訴羅孝全，他們是他傳教工作中的頑固敵人，但他們只是默默坐著，聆聽主日宣講。

羅孝全是第二次大覺醒運動（Second Great Awakening）的子弟，這是十九世紀初盛行於美國的復興運動。他們重視虔誠和熱情，更甚於教育和專門知識。這個運動想打造一個適合邊疆艱苦生活的宗教，農夫兼傳教士就是他們的範本。就這個運動中的許多人而言，念書並不吻合上帝的意旨。

大覺醒運動專注在國內宣教——墾荒者、獲得自由的奴隸和原住民都是他們欲開化的對象。偏遠地區開始出現許多「帳篷聚會」（tent revivals）的宣教活動，印證了此運動的成功，運動成員的信心因而大增，不僅想在美國擴大傳教，也想要向全球宣教並爭取信徒。美國自認是受上帝眷顧的國家，這也是此派人士視為天命的核心。一八一二年，「美國公理宗海外傳道部」（*The American Board of Commissioners for Foreign Missions*，簡稱美部會）開始派傳教士到海外宣教。浸信會信徒從獨立戰爭前的一萬人，到了一八四五年，已成長到逾三十五萬人，不久他們也派人出國宣教。

第一批美國傳教士被派到緬甸、印度和錫蘭，但中國被認為是最值得開發的國家。《美國浸信會雜誌》（*American Baptist Magazine*）認為，將中國基督化是全世界最大的挑戰，並寫道：「撒旦在地球上的地位，沒有任何地方可與他在……所謂『天朝帝國』取得的勝利相提並論。他必須從那個位子被拋棄。」

要說服美國人到中國傳教非常不容易。中國傳統文化堅若磐石，導致基督教訊息不受歡迎，而且環境艱困，並非意志不夠堅強者所能扛下。直到一八九〇年代，在中國的美國傳教士人數才超過在印度的人數。但借用在亞洲傳教三十年的美國著名牧師薛伍德．艾迪（Sherwood Eddy）的話來說，中國向來是「北極星、目標」。對美國傳教士來說，中國「靈魂市場」的魅力，就如同美國營業人員所垂涎的龐大中國商品市場。在中國有需求及美國有吸引力這兩大迷思的推動之下，美國展開了心靈道路的偉大擴張。

中國很快就在美國人心中搶占了特殊的地位。從十九世紀末到二十世紀初，美國傳教活動最積極的那段時期，美國人出資在中國開辦多間大學和中學，以及數十個基督教青年會（YMCA）和基督教女青年會（YWCA），乃至於農業推廣教育、慈善及研究機構。到了一九〇〇年，由於募款運動日趨專業化，美國每八個成年人中就有一人——總數超過五百萬人——會在教堂裡，把零錢丟進「為中國募款」的盒子。在十九、二十世紀之交，美國主宰在中國的傳教活動，三分之一的美國海外傳教運動都集中在中國。其他國家受重視的程度根本望塵莫及。

傳教士先鋒與第一代來到中國的美國商人一樣，也來自美國東岸。第四位來到中國的美國傳教士伯駕（Peter Parker）在一八三四年十月抵達廣州。他畢業自耶魯大學醫學院和神學院，是首位奉派出國的醫生兼傳教士。伯駕和其他早期的新教牧師，與十六世紀就來到中國的天主教耶穌會（Catholic Jesuits）神父有許多共同點。他們透過優異的工作表現，設法說服中國人接受其信仰的優越性。伯駕開辦廣州第一間西式醫院，將麻醉術引進中國；他在中國行醫及傳教的三十多年間，開了逾五萬次外科手術——全部免費。他向「美國公理宗海外傳道部」申請前往中國傳教時，申請書上寫明了他的兩項目標：「在全球散布科學與基督教義的福庇。」

另一方面，勉強識字的羅孝全則直接走向中國群眾。伯駕身穿高領、漿燙的白襯衫，在博濟醫院裡忙碌著——譬如：為欽差大臣林則徐安裝疝氣支架——羅孝全卻是直接走上廣州街頭分發小冊子，並痛罵鬼魂。全身浸禮是他為信徒訂下的目標。顯然他幻想中國會突然大覺醒——他的導師郭士立（Karl Gutzlaff）是一名德國新教徒，長年在中國沿海省份從事鴉片生意兼傳教，於是他將這種幡然醒悟稱為「閃電歸主」（blitzconversion）[1]。

伯駕和羅孝全對於如何改變中國的意見不同。伯駕和其他「美國公理宗海外傳道部」派出國的人認為，學習一門專業知識多年並適度尊重文化，是打開中國王國的鑰匙。他們是學者，並非擲炸彈的人。借用伯駕的話來形容，他們要的是「治癒」中國，幫助中國變強大，並在此過程中擁抱西方價值。

首位來到中國的美國傳教士裨治文中譯西方知識，並創辦了一份英文報紙《中國叢報》。第二位傳教士衛三畏（S. Wells Williams）則開辦了一家印刷廠。兩人都認為，不可能將所有的中國歷史掃進歷史的垃圾桶，然後以基督思想取代之。在儒家思想的高道德特質中也可找到上帝。他們認為，中國的西化必須是一人接一人地逐步展開。一九五〇年代，美國人將此策略更名為：「和平演變」（peaceful evolution）。

對於浸信會傳教士的到來，伯駕與其同代人都懷抱戒心。因為這些浸信會傳教士認為中國文化一無是處，他們拿的是劍，而非解剖刀。伯駕在一八四四年浸信會傳教士抵達中國後在寫給家裡的信中寫道：「我們不遺憾新人來到這個傳教領域。」然而，他擔心他們那種蠻牛闖進瓷器店似的傳教方式——對著街上行人吼叫，舉牌指責中國寺廟——會造成衝突鬥毆。伯駕寫道，羅孝全是個「輕率的人，像小童一般毫無警戒心；不懂人性和處世的道理」。浸信會傳教士則譏笑老派的同胞及他們基督一般的耐心。浸信會希望拋棄舊中國，以美國為榜樣來打造新中國。羅孝全的同僚叔未士寫信向美國的浸信會教團報告：伯駕等人「沒有感化人信教、沒有教堂，也沒有廣泛、強力的宣教活動；但他們認為，浸信會傳教士來到廣州或澳門造成了干擾。但究竟干擾了什麼？」

然而，所有傳教士都認同一點：中國病了。即使羅孝全在廣州街頭痛斥中國人偶像崇拜，伯駕仍忙於在美國重塑中國的形象。根據此派觀點，中國人並非源自偉大文化之富含創意、強大或神秘的民族，也不是一個怪胎國家，而是亟需治療——美式治療——的患病群眾。

整整二十多年，伯駕從事一項美國人和中國人之間最親密、奇異的文化合作。從一八三六年到一八五二年，在豬巷三號博濟醫院隔壁的畫室裡，中國畫師關喬昌（西方客戶稱他為「林官」〔Lamqua〕）將一百一十四名伯駕的病人畫成一連串陰森森的畫像。

一八三五年十一月伯駕開辦的醫院是間眼科診所，其欲效法耶穌基督，教會盲人看見的能力。他很快就聲譽鵲起，人人知曉他是醫術精湛的外科醫生，眼科慢慢轉變為腫瘤科。伯駕專精切除腫瘤，而許多病人身上的腫瘤已經長了多年。頭三個月就有九百名病患慕名而來，個個都有腫瘤的老毛病。

「美國公理宗海外傳道部」派他赴中國之前曾指示伯駕，只用醫學知識「當做傳福音的婢女」，但中國人對福音不感興趣。他們要的是伯駕的婢女：美國的醫術和美國的科學。一八三七年，伯駕開始傳授西方醫學給中國醫生。直到他一八五七年離開中國時，他已經教出數十位學生，但沒有記載他度化多少人信教。

關喬昌是最早學習西方繪畫技巧的中國畫家之一。伯駕請他為開刀前的病患繪製畫像。有張畫像是一名三十四歲的婦人梁瑛，一隻手臂完好，另一隻則因長腫瘤而變形。伯駕在病例筆記中記載，梁瑛兩度取消切除腫瘤及其手臂的手術。她要求伯駕支付她兩百銀元，才肯讓他幫她切除腫瘤。伯駕試圖說服她，他是來幫她的，但她不信任他。最後伯駕搬出她的丈夫，她才勉強同意接受手術。

這樣的互動凸顯出許多中國人對美國兩種極端的情感：將伯駕這樣的傳教士視為殘忍開膛挖肚、截肢取臟的人，有時又將其奉為超人。在伯駕和羅孝全看來，梁瑛和她的同胞是不知感恩的可憐人，或者可憐的病人。但他們怎會不了解美國是來幫他們的？伯駕回美國時展出這些畫像，為醫院及他創辦的中國醫學傳道會（Medical Missionary Society of China）募款。傳回美國的訊息是：中國病了，美國有可以治療它的解藥。

洪秀全和他的傳教士羅孝全都是圈外人。洪是客家人——數世紀前，從華中、華北南遷的一支漢民族。廣東在地人稱他們為「客家」，暗示有天他們會離開。

一八四三年，洪秀全在四度考秀才不中後，接觸到基督教教義。根據一位信教的中國人所寫的手冊，他找到了先前應考不中後發生發燒幻象的解釋。洪秀全在這些幻象中，看到一位身穿黑衣的金鬍子男人。他認為祂一定是天父上帝。耶穌基督就是天兄。他們聯手殺了一些惡魔，那似乎是孔子和佛陀。洪秀全將自己施洗為基督徒，並以耶穌基督的弟弟自居。

最先被洪秀全感化而信教的是他的族弟洪仁玕和一位鄰居（譯按：馮雲山）。他們開始向親朋好友宣教，自稱「拜上帝會」。一八四七年洪秀全到廣州尋求羅孝全指導時，拜上帝會已有兩千名追隨者。

洪秀全從羅孝全那裡汲取到強調熱情和道德的基督教義。雖然他對教義問答的理解不完滿，但洪秀全學會了如何管理一所教堂及講道，而這些知識後來都被他應用到太平天國的起義上。他以「十誡」作為拜上帝會的基礎，並擁抱浸信會的信念，認為洗禮——最好全身施洗——是信教過程的核心。羅孝全個人極力反對中國人的偶像崇拜，這影響到洪秀全所認為的，須與中國文化傳統完全切割的觀念。

到了一八五〇年，拜上帝會號稱有三萬名漢人信眾。滿清當局開始感到緊張。一八五一年二月，清兵攻擊廣西省的桂平，但叛軍徹底擊敗了清軍。洪秀全的宣教變得更為激進且反滿。從此開啟了太平之亂。

太平軍自廣西山區開始北伐，全速進展了九百英里，直抵長江；並且沿路壯大，增加許多追隨者。一八五三年三月，明朝最先的首都南京被太平軍攻陷。同月，他們宣布建立新國家——太平天國。

兩個月後，羅孝全在廣州收到一封蓋有太平天國大印的信。這封信來自他昔日的學生，也就是當時自封天王的洪秀全本人。信的一開頭寫道：「久違問候，但閣下時在念中。」一點兒都沒記恨當年羅孝全中止洗禮的那段往事。洪秀全邀請羅孝全參加起義、宣傳福音，並為他的追隨者施洗。落款是「愚弟洪秀全敬上」。

昔日的學生竟成為中國叛軍的國王！對於中國和羅孝全而言，這代表的是機會無窮。羅孝全興奮地對一位家鄉的友人說：「上帝賜福的前景從未如此光明，令人目眩！……中國即將革命化、基督化，並透過這些方式拯救許多人。」其他傳教士也和羅孝全一樣興奮，認為洪秀全的追隨者是上天送來中國「閃電歸主」的代理人。

洪秀全找上了同樣懷抱極大希望和期許的舊識。如果這位美國傳教士能成為信奉基督之新中國的代言人，必有其他人跟進，太平天國就有可能與西方的精神兄弟通商往來。若華東沿海的上海及長江中游漢口的財富、關稅流入太平天國而非北京帝室的財庫，那麼中國將是他的天下。

洪秀全的追隨者對美國的信心極高。他的族弟洪仁玕在香港住了幾年後，於一八五〇年代末期又投入太平天國。他將美國視為太平天國的模範。歷史學家裴士鋒（Stephen Platt）認為，出自洪仁玕之手的文件〈資政新篇〉（A New Work for the Aid of Government）是中國現代史上第一份改革政綱。洪仁玕在此文件中對美國表達了最深的敬佩。

他寫道，中國需要像美國一樣的鐵路、礦業，像美國一樣的法律制度和專利保護。中國舊式的世界觀以為中華帝國就是宇宙的中心，這必須改變。中國對待洋人——稱他們為「蠻夷」，並期待他們見到中國官員時伏地叩拜——這在現代的世界已經過時了。洪仁玕認為，英、美等新教徒社會是全世界最成功的社會。中國應該變得與其社會更為相像。

羅孝全從廣州來到上海，要求美國駐華公使馬沙利（Humphrey Marshall，譯按：馬沙利的正式官銜是Minister to

China）允許他進入太平天國轄區。馬沙利回答，這將違背美國在中國保持的中立立場，因此不准他去，並進一步威脅羅孝全，若他違令執意要去，便要將他槍斃。

羅孝全認為，中國已成熟到足以蒙受西方拯救，但馬沙利並不認同這個想法。馬沙利畢業自美國軍事學校（United States Military Academy），也是參加過美墨戰爭的退伍軍人，他很懷疑「閃電歸主」能洗滌中國異教文化。他反而覺得，太平天國的興盛反而會讓歐洲列強——尤其是英國、俄國——有藉口將大清帝國瓜分為領地，並阻止美國商品進入。因此馬沙利主張，美國應提供軍事、商務和外交支持，以維繫住大清帝國。

馬沙利懇求國務卿威廉．馬西（William Marcy），但未得到協助清廷對付太平軍的資源。馬沙利極力主張，中國太弱會對美國不利，認為這只會使得舊世界的帝國覬覦中國。馬沙利籲請上海的美國海軍支隊協助清廷，但艦隊司令官也聽不進他的主張。這位艦隊司令官就是培里（Matthew Perry），志在率領他的黑船部隊打開日本門戶，而非支持清廷。一八五三年六月，馬沙利致函培里，強調：「在日本所能盼望的利益，絕對抵不上如今在中國實際享有的利益。」培里還是不聽，並在一個月後的一八五三年七月八日，將艦隊駛入了東京灣。

華府不但未答應派兵，還將馬沙利免職。馬沙利獲悉遭免職後，便於一八五四年一月二十七日離開中國，但他的主張並未改變。馬沙利是第一位認為中國積弱不振、卻值得美國關切的美國官員。他將顧盛談判的《中美望廈條約》加上一項關鍵推論。美國不僅亟需平等進出中國的市場，而且正如馬沙利的主張，及接連數世代美國人所贊同的：強大的中國吻合美國的利益。

一八五三年太平軍攻陷南京，轟動全世界。《紐約時報》認為，太平軍是美國天生的盟友。許多美國人從美國本身的歷史來看待這場衝突。這是漢民族起義，推翻滿清異族的統治。在《紐約每日論壇報》（*New-York Daily Tribune*），卡爾．馬克思（Karl Marx）將太平軍起義視為始於一八四八年巴黎之全球性反資本主義運動的一部分。

丁韙良（W.A.P.Martin）是來自印第安那州的著名長老會傳教士，他在《北華捷報》（*North-China Herald*）上，發表了致美國政府的公開信，宣稱現在出現「兩個中國」：一個是定都南京、基督徒的中國，掌控了長江流域富足的茶葉及絲織區域；另一個是日益衰頹的北方中華帝國。他呼籲美國，承認「基督徒的中國」，「打開門戶，不加限制的相互流動」。這時仍反對羅孝全的伯駕也回心轉意，從廣州發信，主張應承認太平天國叛軍，以加速滿清的覆亡。

然而批評者也注意到，太平軍身上褻瀆上帝的氣息。洪秀全竟自稱耶穌基督的弟弟，而他的宰相爵銜又是「聖神風」（譯按：指楊秀清，此爵銜即Holy Ghost之譯名，對基督教徒來說是褻瀆聖靈）。最後美國未承認太平天國。

與此同時，上海城外集結了五十萬太平軍。上海已迅速崛起為中國最重要的通商口岸，各國租界內的洋人正大為恐慌。富有的中國人紛紛逃亡。留下來的人則組成了自衛隊。

羅孝全想幫助洪秀全及其革命宣傳，但踏不出去。幾艘前往南京的船隻都拒載他。這名來自田納西的傳教士自覺失業了，生活陷入窘境。他的一位美國同僚曾向他進言，但此君不聽，還試圖自殺；南方浸信會（Southern Baptists）因此將他革職。一八五〇年他迎娶的第二任妻子維珍妮亞．楊格（Virginia Young），在一八五三年生下兒子，隔年又生了女兒。羅孝全決定先返美安頓好家小，再奔走募款，以為太平天國效力。羅孝全得到老朋友威廉．巴克（即《浸信會大旗暨西部拓荒報》編輯）的協助，自南方各地小額捐款人募到二萬四千美元。由於募款成功，加上奔走全美各地演說，羅孝全再度深信，中國正站在大改變的風口浪尖上。一八五五年一月二十四日，他在紐約港寫下正準備前往南京，指導洪秀全及其信眾的語句，並表示自己「充滿活力……要讓他們認識耶穌的真理」。

同一時期，果真如馬沙利所擔心的，被太平天國搞得疲於奔命的滿清當局，向英、法聯軍的壓力屈服，也同意進一步開放中國通商。日本以全盤西化回應資本主義的挑戰，中國則不然；一八五〇年登基的咸豐皇帝拒絕改革。一八五六年英法聯軍發動攻擊，掀起所謂的「亞羅號戰爭」（Arrow War，譯按：西方通稱為「第二次鴉片戰爭」，中國則稱之為「英法聯軍之役」）。

這場新戰爭中，美國不像上次那麼支持中國。美國海軍也參加了幾場戰役，造成美軍第一次在戰鬥中殺死中國人。伯駕已出任為駐華公使代辦（譯按：一八四七年，他出任駐華公使代辦，後來在一八五五年改任駐華的全權公使，兩年後離開中國），他主張美國應遵循歐洲列強的路子，也要搶占土地。他主張兼併台灣這個距華南海岸約一百英里的島嶼，作為美國海軍的燃煤供應站及貿易基地。這是台灣首次成為美國和中國之間的議題，但詹姆斯・布坎南（James Buchanan）總統未接受他的提議。

一八五八年八月二十日《紐約時報》的社論讚揚英國和法國使用砲彈，強迫中國進一步開放門戶、接受通商的方法，同時抨擊華府的消極不作為。該報指出「很可恥」，美國「讓別人為他代勞，自己則坐享其成」。英法聯軍攻打中國，一把火燒掉了圓明園，戰事在一八六〇年十月結束。圓明園為耶穌會傳教士設計的一大片歐式宮殿。咸豐皇帝聞奏，心愛的北京夏宮遭歐洲人燒毀後，不到一年便憂憤而死。

中國戰敗後被迫簽訂《天津條約》，此條約還諷刺意味十足地訂名為《和平友好通商條約》。中國同意加開十多個通商口岸。外國人可前往任何地方旅行。基督徒受到保護。鴉片合法化。令清廷最頭痛的是，英國及西方世界的其他國家都可派使節駐節北京；換句話說，外國人的地位與天子相等。

因為中方仍相信美國比其他列強還善良，因此美國版的條約增加了一條條文，承諾雙方面臨衝突時要互相援助。作為回報，在天津參加美國談判代表團的美國傳教士衛三畏（S. Wells Williams）還說服中方另加四項條文，承諾寬容所有宗教，允許新教傳教士在中國任何地方購買土地，不再僅限於通商口岸。

這是美國的首次創舉，不僅為在中國的美國人爭取權益，也要求保障中國的基督徒。這代表美國史無前例地增加介入中國內政的程度，並為一項長久以來的信念奠立基礎——即美國甚為關切中國如何對待其人民。

一八六〇年十月，英法聯軍劫掠北京時，已經五十八歲，蓄著白鬍的羅孝全，終於搭船抵達南京。羅孝全本來以為自己會被派為天王的精神顧問，不料，並非真正精通中文的他，竟要擔任翻譯。等了一陣子後，他才見到昔日的門徒洪秀全。

天王答應派羅孝全掌管宗教事務。洪秀全發布諭令，規定太平天國轄境寬容宗教，並在南京建造十八間教堂。次年，羅孝全努力設法影響西方政策，轉向支持太平天國。他四處投書給中國、香港和美國的報紙。他從洪秀全族弟洪仁玕那裡轉達一項承諾：太平天國會開放與西方通商。具體的事實也增強了這項說法。一八六一年十二月，太平軍攻克上海南方的通商口岸寧波，他們要求西方人留下。傳教士丁韙良注意到，太平軍治下的寧波貿易驟增。但歷史並不站在羅孝全這邊。英法聯軍之役後，西方列強從清廷爭到許多讓步，外交圈接受英國駐華公使卜魯斯（Frederick Bruce）的見解，認為弱勢的清朝比強大的太平天國還好。卜魯斯主張，西方應支持滿清。

西方傳教士無法接受洪秀全自命為上帝的另一個兒子，因此與太平天國保持距離，還汙衊羅孝全。一八六一年春天，同樣來自田納西的浸信會傳教士高第丕（Tarleton Perry Crawford）訪問南京後提到，羅孝全是個「令人惱怒的」怪人。他寫道，羅孝全「住在一間又髒又舊的破爛房間，不但活在自己虛幻的想像世界之外，在叛軍中也毫無權力或影響力」。

到了一八六二年一月，羅孝全是唯一還留在南京的西方傳教士。一月十三日，他也搭上途經南京的一艘英國軍艦離開了。由於太平天國不接受他的精神指導，因此他由太平天國的頭號鼓吹員搖身一變，成為最激烈的批評者。他亂扣帽子，指控洪仁玕殺害一名副手，又說洪秀全是個「瘋子」。羅孝全的叛逃，使得太平天國失去了西方的贊助，進而切斷新教傳教士和中國基督徒革命之間原本就薄弱的連結。

在英國公使卜魯斯和綽號「作戰吉米」（Fighting Jimmy）的上海英軍指揮官何伯（James Hope）領導下，英國站在清廷這邊，介入了中國內戰。但嚴格來說，他們是中立的，因此需要有掩飾。這也就為另一名影響中國歷史至深的美國人——華飛烈——打開了一扇門。

華飛烈和先前許多闖蕩中國江湖的美國人一樣，與美國政府毫不相干。他來自麻薩諸塞州撒冷市（Salem），不是到中國從商、擔任船員或外交官，而是當傭兵。華飛烈相貌英俊，留一頭及肩長髮、有雙黑眼睛，而且身材瘦長；一八五九年，不到二十九歲的華飛烈身無分文地來到中國，尋求冒險。他原本打算押寶、投效太平軍，但和羅孝全一樣進不了南京。因此他以一艘法國蒸汽船「孔子號」為基地，為中國商人當保鏢，與內河盜賊作戰。

華德這位洋保鑣驍勇彪悍，中國商人對他印象良好，於是鼓勵他保衛上海的外圍城鎮，對抗太平軍的進攻。一八六〇年五月，洪秀全及其將領決定攻打上海，而上海也立刻謠諑紛傳。

華飛烈自上海碼頭召募菲律賓人、馬來人、英國人、美國人及其他歐洲人，組成了一支雜牌軍，承諾保衛上海之戰中，若有戰利品便可朋分。雜牌軍的糧餉軍費來自一位寧波銀行家楊坊的捐助。清廷不便宣傳依賴美國洋夷幫助保衛上海之事，隱身幕後予以鼓勵。清廷知道，自鴉片戰爭爆發以來，中國士兵和叛軍都對西方的軍隊及火器抱持近乎神秘的敬畏之心。然而，還有什麼比雇用洋人部隊更好的上海保衛計策？

華飛烈將他的這支傭兵部隊取名為上海洋槍隊（Shanghai Foreign Arms Corps）。這支部隊配備了柯特（Colt）左輪槍、夏普（Sharp）連發卡賓槍，還有無法細數的各種語言。從一八六〇年到隔年上半年，他們持續和太平軍對抗。儘管陣亡率甚高（有次戰役，華飛烈麾下二百五十名部隊成員有四成遭太平軍殲滅），但新兵源源不絕。朋分戰利品遠比在碼頭工作還容易發財。華飛烈本人的面部曾經中槍，導致往後講話總有困難。他獲頒中國榮譽公民，並以此躲過違反《美國中立法》的起訴。他也贏得一房中國妻室——楊坊將女兒嫁給了他。

華飛烈提議組織一支美國人領導的中國部隊。清廷官員同意了，於是華飛烈成為滿清部隊第一個外籍軍官，也是第一位將西方軍事戰術引入中國的西方人；因此不經意地啟動了美國介入中國軍事改革的長久歷史。一八六一年夏天，華飛烈在上海東北方淞江、靠近太平軍的前線建立一個訓練基地。起先，中國作家嘲笑自己的同胞接受美國人指揮，稱他們是「假洋鬼子」。但華飛烈埋頭練兵，到了一八六二年一月，已培訓出一支可以作戰的三千人部隊。

在這年一月隆冬時，華德亮出中文的「華」字營旗幟，並率領新部隊投入戰場。起先是上海北方十英里外，一座冰封的城鎮（譯按：即吳淞鎮），然後另四座村莊都相繼被華飛烈的部隊攻下。人數較其多上許多的太平軍竟聞風而逃。華飛烈再度負傷，還截掉了一根手指。在靠近華飛烈淞江本部的一場戰役中，這支美國人領導的中國部隊引誘太平軍陷入埋伏，進而擊敗兩萬名來勢洶洶的敵軍。太平軍稱華飛烈的部隊為「鬼仔軍」。三月，滿清政府為華飛烈的部隊正式取名為「常勝軍」。華飛烈也被賜戴花翎，而這對來自美國的洋夷而言是無上的光榮。

華飛烈的表現受到三十歲漢人官員李鴻章的注意，進而開啟了李與美國人長達五十年的交往。美國人對李鴻章的第一印象是身材奇高。李鴻章逾六英尺高（譯按：約一百八十三公分），比大多數中國人和許多西方人都還要高。有位美國記者寫道：「他眼神銳利、頭顱大、額頭寬闊，說話語氣敏捷且果斷。」美國人很欣賞李鴻章。他和許多漢人大官不同，不怕鐵路、開礦或電報，而且亟欲開發中國。他是中國人所謂的「自強運動派」——認為中國需要西方的技術甚至些許西方思想，才能富國強兵。

自一八五三年起，李鴻章就率領一支逾十萬人的部隊在華中地區與太平軍作戰。一八六二年春，清廷派他防衛上海。在此之前不曾與外國人打交道的李鴻章，來到中國最國際化的城市後深受震撼。西方人主宰這座城市，並掌控其防務。英、法兩國的部隊共約三千人；華飛烈轄下的中國部隊人數也相仿。

李鴻章擔心，英、法兩國會利用他們在上海的軍事地位擴張勢力。因此他採取日後也不時採用的做法，試圖提升一名美國人的地位——這次是華飛烈——以作為反制。華飛烈也樂於從命，到了六月，他歸李鴻章指揮。李鴻章試圖讓英、法兩國的軍事活動局限在上海市界之內，但卻准許華飛烈自由行動，並運用常勝軍作為清兵的前鋒部隊來攻打太平軍。

華飛烈稱呼李鴻章為「惡魔撫台」，李鴻章常因為這名美國副手獅子大開口、要求賞賜而震怒，但兩人尚能合作。華飛烈的部屬訓練李鴻章的部隊，李鴻章則利用華飛烈在上海碼頭的人脈網來取得槍砲彈藥。當其他滿清官員向朝廷抱怨，華飛烈不肯像其他官員一樣薙髮留辮時，李鴻章宣稱，他不允許以此「小錯」破壞他們的夥伴關係。李鴻章推許華飛烈保衛上海有功。他向朝廷上奏：「與中國最能幹的官員一比，這種忠誠和英勇非常了不起。」

到了九月，華飛烈的部隊增加到逾五千人。李鴻章十分佩服華飛烈部隊的戰鬥力，希望常勝軍能攻打太平天國的首都南京。鑒於華飛烈的軍事指揮天分，李鴻章預測，九天內即可攻克南京。但一八六二年九月二十一日，華飛烈領軍攻打太平軍占領之寧波附近十英里的慈谿，一發子彈竟打穿了他的腹部。次日上午他就去世了。嚥下最後一口氣前，他還要求清廷，將積欠的薪水支付予其家人。（清廷爽約未付。）

清廷稱這名美國人「華」，稱許他是「偉人，無畏的士兵」，並命令人為他興建祭壇及祠堂紀念。（一九四九年革命後，中國共產黨將其拆除。綽號「中國人」的英國人查爾斯．戈登（Charles "Chinese" Gordon）繼華飛烈之後統領常勝軍。

至於羅孝全，他在一八六六年回美國與家人團聚。五年後因痲瘋病復發而離世，享年六十九歲——此病為他早年在澳門向中國異教徒傳福音時罹患，當時還是充滿希望的時期。

羅孝全代表美國人對中國懷抱希望的一派主要思想，認為神跡之下，可將中國轉化為類似美國的國家。如此希望並未因這位田納西傳教士去世而消逝。但同時，抱持不同觀點的美國人也努力工作，他們認為，中國可以安定、強大並開放美國通商。其中一位這樣的人士，正啟程前往北京。

註釋

1. 「閃電歸主」（blitzconversion）：blitz 在德文意指「閃電」，意思是這些來中國的傳教士認為中國改信基督宗教的時機已經成熟，中國人會以迅雷不及掩耳的速度投向天主的懷抱。

附註

羅孝全的故事是透過二手材料拼湊起來，這些資料包括：史景遷（Jonathan Spence）的《太平天國》（*God's Chinese Son: The Taiping Heavenly Kingdom of Hong Xiuquan*）和裴士鋒（Stephen R. Platt）的《太平天國之秋》（*Autumn in the Heavenly Kingdom*）；另外，還參考了喬治亞州亞特蘭大市美國浸信會歷史學會（American Baptist Historical Society）的第一手研究。在史景遷的《改變中國》（*To Change China: Western Advisers in China, 1620-1960*）中，對於伯駕在廣州行醫，及其和關喬昌的合作都有詳盡描述。本章也受惠於聖本篤學院和聖約翰大學（College of Saint Benedict and Saint John's University）理查．波耳教授（P. Richard Bohr）的協助。戰略暨國際研究中心（Center for Strategic and International Studies）的麥可．葛林（Michael Green）則點出美國駐華公使馬沙利的重要性。凱萊布．顧盛對於他前往中國談判的經過留下了許多報告，當時的美國報紙，也就他的旅程迭有報導。

第四章
安臣

一八六二年七月二十日，蒲安臣（Anson Burlingame）乘坐向法國政府借來的八人轎伕大轎，進了北京城。他是第一位獲准派駐北京的美國公使，帶著妻子珍妮（Jane）、兩名兒子和年僅六歲的女兒一起到任。落腳之地還不清楚，預算也十分有限。而且林肯總統和威廉·西華德國務卿（William Seward）也沒給他指示方向，因為他們手上有比美中關係路線更棘手的問題要處理（譯按：指美國南北戰爭）。即使如此，布靈甘仍將成為十九世紀在中國最受敬重的美國人之一，中國人為他取了中文名字蒲安臣。

十九世紀中葉，美國外交官人數極少，若有人爭取外派，很少人會想到中國去。美中關係多操控在諸如：約翰·柏金斯·顧盛等商人，或伯駕、羅孝全等傳教士，以及冒險家華飛烈等人手中。比起長駐歐洲，待遇之差何只千里。蒲安臣到任時，美國代表團先在華南的澳門租屋運作。美國是與中國簽訂通商條約的國家中，唯一沒有培訓翻譯員的國家。一八五八年的短短九個月內，上海就有六個人先後擔任領事。上海領事館租下了一間旅館房間進行營運，那裡連一幅美國國旗都沒有。

雖然《望廈條約》賜予美國人和其他西方國家相同的權利，可以自行管束在中國的公民，但直到一九〇〇年代初，美國都未建立堪可運作的拘留室和法庭。同時，外國騙子也藉由自稱美國公民來避免坐牢。上海盛行外國娼妓，「美國女郎」這個詞彙指的不是窈窕淑女，而是流鶯。蒲安臣向國務卿西華德抱怨：「美國權威在此受人嘲笑，因我們的國旗被用來掩護中國所有的歹徒。」

在法國使館借宿一個月後，蒲安臣夫婦在英、法、俄使館附近找到了一間小房子，吻合他一年不到五百銀元的預算——約當於英王付給駐外使節年薪的十五分之一。這個住處就在天子居住的紫禁城南邊，小到若有來客，蒲安臣無法騰出空間放床來接待客人。四合院的入口，寬度狹窄到連中國官員的大轎都鑽不進去，這也迫使來訪的朝廷命官必須在大街下轎，撩起長袍，走過泥地才能抵達。

不過，蒲安臣夫婦仍將這個寒愴的館舍打理成北京城裡，外國人小天地的社交中心。他們到任後的第一個冬天，珍妮在寫給父親的家書裡提到：「我們罕有孤單的時刻。有時訪客從早到晚，持續不斷。」

蒲安臣和羅孝全同為邊疆子弟，也算某種傳教士，只是他傳的不是上帝的福音，而是讓異邦人士憧憬美國自由、平等的美夢。他是堅實的廢奴主義者，也是第一代僅僅數十人的廢奴派——多為共和黨人，日後皆以廢奴同樣的熱忱為中國奮鬥。

羅孝全連與他意見相同的人都處不來。然而，鬈髮引人注目且前額飽滿的蒲安臣，卻散發出結合西部人堅毅與東部人高雅的磁吸魅力。生長於密西根州的他，曾追隨地質探勘隊跑遍五大湖地區。他進入哈佛法學院，娶了波士頓名門閨秀為妻，並在一八五五年當選國會眾議員，然後參與組建共和黨。一八五六年春天，蒲安臣因為以下事件聲名大噪：強烈反對奴隸制度、主張開放中國移民的聯邦參議員查爾斯・桑能（Charles Sumner），在參議院遭到一位南方國會眾議員揮拳擊倒在地。蒲安臣挺身而出，要求與這位南方議員決鬥。此人聽聞蒲安臣是名百發百中的神槍手後，堅決不接受挑戰。

一八六一年蒲安臣競選連任失敗，讓他在北方名氣旺盛的堅信正義，卻使他成為共和黨的累贅。黨內大老稱蒲安臣及與他相同的激進廢奴派為「吵吵鬧鬧的笨蛋」。林肯於是派他出使北京。

國務卿西華德若不是被南北戰爭分神，應會專注於亞洲事務才對。這位鬍鬚刮得乾乾淨淨的前任紐約州長相信，美國的未來寄望於太平洋。他反對歐洲列強將中國瓜分為勢力範圍的計畫。他希望中國開放，接受美國商業及傳教活動。西華德授予蒲安臣其妻珍妮所謂的「空白支票」，准許他依上述路線開創中國政策。

蒲安臣同意中國亟需現代化，但他不像許多沒有耐心的美國人，不相信可以強灌中國人接受「美國式進步」。改變西方對中國的政策，需要英國人的協助。英王政府仍是亞洲最大的強國。一八六一年，英國的遠東部隊誇稱擁有六十六艘軍艦以及八千兵員。美國既無軍艦，也無海軍水兵；培里准將率領的遠東支隊成軍於一八三〇年代，此時正奉命回國，參加南北戰爭。

蒲安臣刻意交好英國公使卜魯斯，他已由上海調升到北京；而按珍妮的說法，兩人組成「互敬社」（mutual admiration society）。卜魯斯經常不請自到，一屁股就坐進這對美國夫婦客廳的沙發，而蒲家的女兒葛蒂（Gertie）便會爬到他身上。

卜魯斯喜歡蒲安臣以嶄新方法對待中國的點子。英法聯軍之役已讓英、法、俄、美近乎應有盡有——開放更多口岸通商，擁有更多傳教自由。目前的挑戰是如何促使清廷兌現承諾。

蒲安臣稱這套對華的新做法為「合作政策」。蒲安臣與遭免職的駐上海領事馬沙利一樣，都主張西方應保護中國主權。他認為，中國不只應當承擔國際法責任，也應分享其好處。卜魯斯相當同情地向倫敦外交部報告：「他堅稱，在中國歷史開啟新時代的這一刻，機會十分難得。」就某個意義而言，蒲安臣是對的。

一八六一年八月二十二日咸豐皇帝駕崩，象徵積極反西方外交政策的十年落幕了，同時也是另一倉促轉向接近西方之新時代的開端。咸豐及其愛妾——身高僅五英尺的慈禧所生的五歲兒子登基為帝，年號同治。慈禧太后掌握實權，而一些各省的封疆大吏，諸如李鴻章等人都相繼受到重用，統治中國直到大清覆亡。

西方歷史學家對慈禧太后有失公道。學術界接受共產中國史學工作者的觀點，一般認為她工於心計、阻礙革新。但公允來說，她內外交迫、身處極其艱難的情境，外有帝國主義者覬覦，內有朝廷派系鬥爭。

一八六〇年代初期，恭親王奕訢主張與西方妥協，而發動一連串經濟和教育改革。他成立「總理各國事務衙門」

（簡稱總理衙門）——這也是中國第一個專司外交事務的政府機關。這位原先因稱讚西方而遭貶謫的官員，如今則奉召復出。

其中有位徐繼畬，正是早先因撰寫西方歷史、盛讚華盛頓而遭貶之人。他在高齡七十時再度被徵召，因而自嘲「老婦又逢春夢」。為了慶祝徐繼畬復出，蒲安臣送了總理衙門一幅名畫家吉爾伯特·史圖亞特（Gilbert Stuart）所繪，徐繼畬心儀的英雄——喬治·華盛頓的畫像。

徐繼畬出任中國政府開辦於北京的第一所專門教授西方知識的學校「同文館」專管大臣（譯按：相當於校長）。但他也和許多與外國人共事的中國人一樣，遭到仇外主義者追剿，一年後，他上表懇請慈禧太后，准他告老返鄉。她勉強同意，委派當時支持列強承認太平天國的美國傳教士丁韙良（W. A. P. Martin）接掌，此後丁韙良主持同文館長達四分之一個世紀。

中國強硬派人士反對設立西式學堂，尤其不能接受讓西方人掌舵。同治皇帝的滿洲人老師倭仁嘲笑說：「古今來未聞有恃術數（譯按：即數學）而能起衰振弱者也。」倭仁又說，「天下之大，不患無才，如以天文算學必須講習，博采旁求，必有精其術者，何必夷人！何必師事夷人！」

有些西方人也痛惜，竟然教導中國人可用來自衛的知識。法國公使哥士耆（M. Kleczkowski）聽到丁韙良以中文創造「權利」這個字，並將國際法論文翻譯成中文，便破口大罵：「要讓中國人一窺我們歐洲國際法堂奧的這傢伙究竟是何許人也？宰了他吧——把他碎屍萬段；他會帶給我們無止盡的麻煩。」

恭親王認識到，要迎接西方的挑戰，就必須師法日本：打開門戶通商、改進經濟並創造實力。一八六一年初，恭親王上奏同治皇帝並訂定策略。要對付西方，中國需展現友好的一面。他寫道：「以和好為權宜，戰守為事實。」根據恭親王的分析，中國面臨以下三大挑戰：太平天國及華北捻匪在國內叛亂；其次則是「近夷」俄國及日本的覬覦；最後是「遠夷」英國及法國野心未戢。恭親王建議先對付國內叛亂，接著對付俄國及日本，最後再處理歐洲列強。美國人則相當特殊。恭親王說：「美夷心思純正、性情誠實且一向忠於中國，問題在於如何控制他們，使其為我所用。」這個問題將在此後一百五十年困擾著恭親王及與他抱持同樣看法的後人。

蒲安臣到任一個月後便得到恭親王接見。鑒於美中兩國國內皆遭逢巨變，蒲安臣巧妙地將美中做出一個對比。他對清廷對抗太平天國的戰事表達同情，以示支持大清帝國。中國的改革派似乎找到了一位美國朋友。

即使如此，朝廷及全國各地的反夷情緒仍然相當高漲。西方傳教士因獲准在中國內地傳教及擁有不動產，已散布到全國各個角落。傳教士人數從一八〇〇年的一百人，到十九、二十世紀之交時已暴增至四千人，其中以美國人最多。自一八六〇年起，仇外、反基督徒的怒火在許多中國人的心中燃起，並遭到對太平天國印象惡劣的上層階級及其他人士撩撥。

要爭取一般老百姓的注意，中國保守派如朝廷的倭仁等人士，需藉外國人的黑材料說嘴，如此才能扣緊中國人民的想像力。因此，他們透過文字、歌謠和大字報，宣揚西方傳教士的故事與異常的性癖好。一八六一年，一位自稱「天下第一傷心人」所匿名撰寫的《辟邪紀實》傳遍了全國。

《辟邪紀實》描繪的基督教教會活動是一幅嚴峻的畫面，而且從事無休止的狂歡，包括雞姦、戀童癖和酷刑等活動。書中寫道，週日的禮拜始於一個簡短的佈道，接著「互姦以盡歡」。據說教徒以女子的經血塗抹他們的臉——因此「夷匪多腥穢難聞者」，意思是洋人身上多有濃烈體味。《辟邪紀實》是清廷保守派為了把西方妖魔化而首次展開的重大努力，但不會是最後一次。

蒲安臣知道《辟邪紀實》的存在，但他的做法和日後的美國官員一樣，並未太理會反西方的謠言，而是集中力量，藉由具體行動來爭取民心。他幫助總理衙門擺脫為了建設中國海軍而與英國簽下的不利合約。他建議恭親王運用國際法的方法，避免一八六四年普魯士和丹麥的普丹戰爭，延燒到中國領海。

清廷的官方文書充滿對蒲安臣的讚許，說他「溫和」、「平易近人」、「冷靜」、「有教養」、「脾氣平和」、「心胸開闊」、「高尚」、「心地真誠」。恭親王原本強烈反西方，但常和蒲安臣來往後，觀點緩和了不少。恭親王甚至變得樂於與洋人交往，這讓美國人覺得他與一般清廷大員不同。當時的一位美國人寫道：「他說話的聲音低沉、溫柔，他的手勢更像義大利人，而非中國人。」

蒲安臣為了中國與其他國家的外交官展開抗辯，並表現出對美中關係持續的節制態度。他堅持，應以不同於其他國家的標準來對待中國。一八六三年元旦，恭親王交給蒲安臣同治皇帝給林肯總統的賀歲函牘；同治在函中自稱：「奉天承運，統治全世界。」這代表大清皇帝自認是全球主子，但蒲安臣不介意這種用詞，這和英國人大不相同。英國人最不能忍受中國人自視高人一等的意識，還迫使中國人同意在國內文書中不得使用「夷人」這個字眼。

蒲安臣認為，美國有權要求清廷保障所有在華美國人，包括傳教士和商人的安全。但他不認為，美國應堅持清廷提供中國基督徒同樣的保護。他主張，清廷可用不同的方式對待外國人及中國人。

不幸的是，蒲安臣這種做法讓中國政府以為自己與眾不同，因此可以不遵守國際交往的規則。增強中國自尊，有助於蒲安臣在北京爭取朋友，但也造成中國官員利用其理論上的獨特性，來要求特殊待遇。

一八六七年十一月，有位清廷官員與蒲安臣會面，並提出一個構想。或許這位美國公使可以代表中國出使各國？清廷擔心，西方列強會要求重新談判各國的《天津條約》並擴張其影響力。恭親王認為，如果中國再次被迫讓步，恐將爆發排斥外國人的反彈，進而埋葬所有改革的可能。只有蒲安臣有能力說服列強修正他們的要求。

十一月二十一日，蒲安臣發電報給國務卿西華德，要辭去美國駐中國公使的職務，「基於我國及文明的利益」，接受中國委派，擔任前往西方訪問之第一個代表團的「特命全權公使」（Minister Plenipotentiary）。蒲安臣寫道，當世界最古老的國家尋求向西方開放，並尋求最年輕的國家擔任其中間人時，「這個使命不容拒絕。」

反對這項使命的聲音在美中兩國相繼響起。同治皇帝的老師倭仁認為，讓美國夷人加入中國代表團，「等於……無視帝國尊嚴。」美國國內傾民主黨的報紙則抨擊，共和黨籍的蒲安臣把靈魂賣給了中國人。

一八六八年四月，載著三十人代表團的郵輪駛近舊金山時，蒲安臣擔心遭遇抗議民眾。但聚集在舊金山碼頭的，是前來歡迎的群眾。馬戲團表演似的接待會從西岸綿延到東岸，而這只是一連串歡迎蒲安臣代表團盛宴的開端。南北戰爭後，美國的重建工作困難重重，而且又深陷彈劾安德魯．約翰生（Andrew Johnson）總統的政治風暴，民心普遍疲憊，渴望著一個新轉變。

代表團來到波士頓後，受到遊行樂隊、十六輛雙馬驛車和四百名拔劍騎警部隊的盛大歡迎。遊行隊伍在街頭繞行了三小時。沿路布滿星條旗與代表清朝的三角形黃旗。次日，五千多名波士頓居民前來歡迎中國代表團。詩人醫師奧利佛·溫德爾·霍爾姆斯（Oliver Wendell Holmes）[1]被東、西兩方交融的前景感動，而寫了一首詩：

金門，大開，（Open wide, ye gates of gold,）
龍旗招展！（To the Dragon's Banner-fold!）
長城的興建者，（Builders of the mighty wall）
願你如山的長屏傾覆！（Bid your mountain barriers fall!）
讓太陽的紐帶，（So may the girdle of the sun）
將東方與西方結合為一。（Bind the East and West in one.）

八月二十一日晚上，在聖詹姆斯酒店（St. James Hotel）的歡迎晚會上，如此東西交融的想法觸發了另一位美國人有感而言。一八六八年，超先驗主義哲學家拉爾夫·沃爾多·愛默生已六十五歲，他和亨利·大衛·梭羅（Henry David Thoreau）等美國思想家開始將亞洲的哲學元素加入美國精神領域豐饒的土壤。

愛默生相當欽佩孔子堅持：人類可透過自修臻至完美，並深信偉人可以改造世界的思想。這位「康考德的聖人」（the Sage of Concord）愛上了曲阜的聖人（the Sage of Qufu），將孔子推譽為世界最偉大的十三位思想家之一，視其為「純粹理性的最高祭司」。

當晚，愛默生在聖詹姆斯酒店發表演講，題為〈遠東與遠西的交會〉（The Union of the Farthest East and the Farthest West）。他提到中國早期的發明，像是火藥及印刷術，也盛讚中華民族。他的演講如此有說服力，以致記者團團圍住這位上了年紀的美國哲學家，力邀他深入評論，直到深夜一點才告辭。

蒲安臣來華府的首站是國務卿西華德寓邸；兩人摒除中國代表，撇開清廷不得談判條約的指令，商議起美中條約的修訂版本。兩名美國人坐下來重新改寫華府和北京之間的條約，而兩人都不覺得奇怪。美國人已經發展出一種信念，以為自己比中國人還了解中國的利益。兩人討論到約翰生總統是否該接見中國代表團。關鍵在於平等互惠。蒲安臣從不曾晉覲大清皇帝。即使如此，代表團仍受邀於一八六八年六月六日前往白宮，而且人們發現約翰生總統頗為反常，興奮地喋喋不休。安德魯．約翰生（Andrew Johnson）總統以美國獨立初期的英勇歲月與大清帝國當前的窘境相比。接下來還有國宴、閱兵操演，並安排到西華德寓邸作客，甚至，共和黨的總統參選人尤里西斯．格蘭特將軍（Ulysses S. Grant）也具銜設宴接待。

六月二十三日中國代表團來到紐約市，前往十四街和第五大道交叉路口的高檔餐廳戴爾莫尼可（Delmonico's）出席接待會，與美國重要的資本家及思想家交流。宴會結束前，蒲安臣起立致謝辭。他宣稱自己抵達中國前，西方如此看待中國：「你必須卡著他的喉嚨。」但他說，經過他的努力，貿易上升了，中國人擁抱西式教育，基督教會持續成長，同時蒸汽船倍增，而且有一條鐵路已在興建中。

他宣稱：「世界上再也沒有任何地方比得上大清帝國，能在過去幾年有如此偉大的進步？」西方世界，尤其是美國，該做些什麼才能激起更大的改變？他拜託大家：「讓她按自己的時間和方式去發展吧。」若美國遵循此一路線，他保證將有無盡的財富。「讓她自由發展，過去數百年流向中國的銀元……將回流人世。」雖然蒲安臣很清楚《辟邪紀實》的內容，但仍聲稱中國已做好準備邀請新教傳教士，「在每個山頭、每個河谷豎立閃亮的十字架。」

蒲安臣的演講稿經全美各報章雜誌轉載後，掀起了新一波對中國的樂觀氣氛。前幾年還主張美國應承認太平天國的丁韙良，現今誇讚滿清發動的種種改革。一八六九年一月他在《新英格蘭人及耶魯評論》（*New Englander and Yale Review*）雜誌發表文章，描繪「中國的文藝復興」：「中國人的思想將被提升到接近我們的比例水平。」其他人也描述，中國即將蛻變為美國。在一八六八年十一月號的《哈潑》（*Harper's*）雜誌中，另一位美國傳教士威廉．士比亞

（William Speer）也形容：中國是全世界最自由、天生最民主的國家之一，他預測中國很快將變得像新英格蘭一樣，亭台和寺廟「都換成了基督教會和學校的白色尖頂」。企業界也同樣振奮。評論家寫道，美國企業很快就會主宰中國的內河貿易，興建其電報和鐵路線，並開挖礦山。

其中當然少不了懷疑論者。對蒲安臣最強悍的批評，竟是來自接替他出任駐北京公使的勞文羅斯（John Ross Browne）。勞文羅斯是十九世紀著名的扒糞新聞記者，認為蒲安臣賣給美國民眾一份貨品清單。他在呈給國務院的報告中逕自指出，中國還未準備好要改變。他形容蒲安臣的說法是一種「幻想」，又說中國人仇視所有外國人，包括美國人在內。

勞文羅斯和蒲安臣代表美國對中國人兩種截然不同的看法。蒲安臣看到了中國的潛力，認為唯一的前進道路是溫和推著他——若用委婉的文明詞句描述，就是在日後「管理中國的崛起」——使其走向有利於美國的方向。勞文羅斯則關注中國現狀，認為得強迫清廷遵守國際規範。此後，美國決策者一直徘徊於容忍與不耐之間。

蒲安臣回到華府後，未經清廷授權，就和西華德簽訂新條約。條約正式名稱為《一八五八年六月十八日美利堅合眾國和大清帝國條約附加條款》（譯按：中國官方名稱為《中美天津條約續增條約》），但通稱《蒲安臣條約》。以當時而言，這項條約相當具有革命性。此約禁止美國船隻運送華人奴工到南美洲，禁止歧視在美華工，並開啟了華人移民成為美國公民之路。第七條又保證華人在美國政府主管的任何教育機構都受到歡迎，更標誌了現代史上最豐富學術交流的開始。

《蒲安臣條約》只是西華德對一連串亞洲政策的一部分。即使在南北戰爭結束前，西華德就依據阿沙·惠特尼通往中國「大通道」（great thoroughfare）的夢想，促成國會通過《太平洋鐵路法》（Pacific Railway Act）。他和蒲安臣協商條約的同時也密會俄國沙皇的代表，洽談「西華德的蠢事」[2]——美國出價七百萬美元買下阿拉斯加。美國將成為太平洋上的大國。

一八六八年七月《蒲安臣條約》簽訂，同一個月，保證所有人平等受法律保障的《美國憲法》第十四條修正案亦經宣告，正式成為《美國憲法》的一部分。這是充滿希望的年代，承諾美國國內的黑人受到公義對待，海外華人也將受到公平對待。

對中國而言，《蒲安臣條約》算是相當激進。數百年來清廷認為，離開龍王領域的中國人都是叛國者。中國是個陸權國家，蔑視奔向海洋的人。現在，兩個老美在華府談判出來的條約則迫使清廷承認所有中國人，無論身在何方都值得保護。

兩名中國官員隨同蒲安臣代表團赴美考察。志剛是一名資深的滿族官員，他稱讚蒲安臣「公開、體諒、公平」，而且「戮力從公」地為中國服務。但志剛和代表團的其他團員一樣，興趣不在外交，而在於探索眼前這個大國。志剛在第一份記載中國官員訪問西方的遊記中（譯按：《初使泰西記》），著重描述美國的造船、鋼鐵廠、顯微鏡和印刷機。他的報告凸顯中國人相信，西方科技將是中國重獲輝煌的關鍵。他稱讚基督教教義，但也指出在資本主義的美國「對上帝的愛不如對利益的喜愛。」他到華盛頓墳前致敬，並指出美國是他所訪問的國家中，想與中國建立友誼之最真誠的國家。

日後，代表團通事（譯按：通事即翻譯員）張德彝成為中國最有成就的旅行作家之一。代表團抵達美國時，美國正處於總統選舉的混戰中，尤里西斯．格蘭特（Ulysses S. Grant）和賀瑞修．西摩（Horatio Seymour）正激烈競爭大位。張德彝被選舉的泥巴戰嚇壞了，預言這將導致美國解體。然而，制度的平等精神竟在出身寒微、躍登大位的約翰生總統身上充分展現，這令他相當佩服。他注意到以科舉考試甄拔人才的中國，也是唯才是用，而正是中國和美國的相似之處。

張德彝認為，嫉妒不是美國人的天性。美國孩子被養成不會動輒哭鬧的類型。他鉅細靡遺地描述美國人「碰嘴唇」的奇怪習慣，這是中國人談到西方人接吻的第一篇文章。

張德彝對美國女性抱持審慎懷疑的態度，這預示著中國男性無法理解西方女性的一面。美國女性的自信心令其不安。他認為女性應局限在家中；兩性平等將終結夫妻之間的幸福。

然而，在一次奧克蘭山區的露天午餐中，張德彝卻感到心神盪漾。他寫道：「已而茶罷酒闌，杯盤狼藉，夕陽在山，秋風颯颯，鳥鳴上下，林木颼飀。太太先行矣，曳長裙如狐尾拖地，竟體香氣襲人，雖蓮船盈尺，亦具裊裊婷婷之態。」（白話譯文如下：當茶撤走，酒也喝完了，杯盤一片狼藉。夕陽照在山上，清風微拂，鳥兒高低啁啾，樹木在風中沙沙作響。女士們先離開了，長裙在地上拖曳，如狐狸尾巴。她們全身散發誘人香氣，雖然蓮腳有一尺長，卻仍搖曳生姿。）

一八六八年十一月，蒲安臣代表團離開美國、前往歐洲，旋風訪問十二個國家，英國是第一站。英國新任外務大臣克萊倫頓勛爵（Lord Clarendon）在和代表團會談後，宣布停止倫敦的砲艇外交——這是美國籍中國全權代表斡旋的功勞。

俄國則是最後一站。一八七〇年二月代表團抵達聖彼得堡。二月十六日，蒲安臣覲見沙皇亞歷山大二世。蒲安臣回房時已經感染風寒，一週後便與世長辭。

五月間，噩耗傳到中國。恭親王和總理衙門的同僚對此大為震驚。當年稍後，前國務卿西華德訪問北京時，恭親王便對他說：「很遺憾，蒲安臣先生英年早逝，壯志未遂。」

在中國菁英群中，蒲安臣代表團成功爭取到美、英兩國同意，對中國採取較不具侵略性的政策，但這卻引起了辯論。薛福成是中國派到歐洲的首批使節之一。他稱讚《蒲安臣條約》是清楚表明有意協助中國的條約。他說：「美國是一位堅強的盟國。」

但反對改革的人士卻在「合作政策」中找到了空隙，認為如今世界接受了中國的狀況，中國不必然得真的履行條約或繼續改革。他們將美、英兩國政府對中國代表團的畢恭畢敬視為軟弱的跡象。反對改革的守舊派又發放小冊子並散播怪異謠言，促使中國人民更加蔑視外國人。

一八七〇年六月，北方通商口岸天津流傳著一則謠言，指控法國天主教會謀害一所孤兒院的幼童。這引爆了中國一場最凶猛的反洋人暴動。中國暴民攻擊孤兒院，強暴、分屍和殺害了十位天主教修女。在這樁所謂的「天津慘案」中，還有數十人喪生。慘案促成法國派出砲艇，再度攻打中國。合作政策因而瓦解。

慈禧、恭親王和各省督撫發動的改革為之中斷，唯一的例外是李鴻章鍾愛的項目——涉及美國人，並於一八七一年開工。志剛帶著一大堆關於西方做法的報告回到中國，卻發現風向已變。他寫道：「嗚呼，我已無能為力。」蒲安臣鞠躬盡瘁地幫助中國。他相信美中兩國最古老文明和最年輕的國家在交融之下，注定要成就大事。他在戴爾莫尼可餐廳的演講來到最高潮時，還向在場的美國聽眾宣稱：「如果對中國公平、公正，想像將能點燃未來。」蒲安臣英年早逝，加上清廷內部仇恨西方，並反對國內改革人士的運作，導致其遠見未能實現。但這些官員在推動中國人加倍蔑視洋人的路上，卻找到了一位不知情的盟友——美國。

譯註

1. 奧利佛．溫德爾．霍爾姆斯（1809-1894）被譽為十九世紀美國的重要詩人之一，曾任哈佛醫學院教授和院長。與他同名的兒子（1841-1904）則為著名法學家，曾擔任聯邦最高法院大法官長達三十年。

2. 十八世紀上半葉，俄國人的勢力已經進入北美洲的阿拉斯加，英俄克里米亞戰爭（一八五三—一八五六）之後，沙皇亞歷山大二世鑒於一旦再和英國發生戰爭，俄方鞭長莫及，一定守不住，於是考慮將其出售。一八六七年西華德買下阿拉斯加，奠立美國勢力更往太平洋擴張的基礎。當時售價七百二十萬美元，約當於以每英畝美金兩分錢的價格，買下五十八萬六千多平方英里的土地。當時反對買下的人士認為，阿拉斯加冰天雪地，譏諷這是「西華德蠢事」、「西華德冰箱」。

附註

有關蒲安臣，薩謬爾．金（Samuel Kim）未出版的博士論文〈蒲安臣的個人外交事業研究〉（Anson Burlingame: A Study in Personal Diplomacy）對筆者在寫作本章時助益極大。蒲安臣之妻珍妮的信函及蒲安臣的寫作大部分收藏在國會圖書館，是相當重要的參考資料。當時美國的新聞報導，也被引用來描述本章提到的許多事件。施維許（Earl Swisher）翻譯清朝官員的報告一再被我採用。本章也受惠於大衛．史考特（David Scott）的著作《中國與國際體系：一八四〇到一九四九年》（*China and the International System, 1840-1949*）。

第五章
鐵人

一八六八年簽訂的美中新條約讓美國人相當高興，因為這個條約允諾更多華工進入美國。《國家》（*Nation*）雜誌的編輯艾德文．顧德金（Edwin L. Godkin）預測，「野蠻人的到來」將帶來經濟革命，把美國人從日復一日的苦差事中解放出來。美國人戲稱《蒲安臣條約》為「廉價勞工條約」（the cheap labor treaty），顧德金寫道，美國人「懷著喜悅之心、渴望地期待」華工到來。

條約作者、前任國務卿西華德，也和詩人奧利佛．溫德爾．霍爾姆斯（Oliver Wendell Holmes）一樣，想像美國和中國將會結合。一八七一年二月二十五日，《紐約時報》轉載西華德在香港的演講，認為美國有愈多的華人，美國和中國就會愈強大。美國需要勞動力，中國則是人口太多。兩國的利益絕對互相契合。

《蒲安臣條約》簽訂時，中國人前往美國已將近二十年。一八四八年，沙加緬度河（Sacramento River）附近的舒特鋸木廠（Sutter's Mill）發現黃金，引爆淘金人湧入加州。華南已和全球貿易網緊密結合，以至於發現黃金這等振奮人心的新聞傳到華南，不比傳到紐約來得慢。到了一八四九年二月一日，已有五十四名中國人來到美國。到了一八五〇年年底，則增加為四千人。一年後更暴增為兩萬五千人。

接下來三十年，華人將成為美國西部最大的外國人族群。一八五〇年代中期，他們已占加州總人口數的十分之一，而加州許多城鎮的名字都具有中國色彩，譬如天國谷（Celestial Valley）和上海坑（Shanghai Diggings）。對這些新移民而言，加州不是「黃金州」，而是「金山」。即使到了今天，華人還是將三藩市（San Francisco）稱為「舊金山」。

中國歷史學家駁斥貧窮促使中國人移往美國的說法。大部分的移民出身廣州周圍六個縣，而這裡是中國最富裕的地區。他們是來尋找機會的——許多人也的確找到了機會。能夠在美國致富是一個很強大的誘因。十六歲的李丘是台山縣的一位農民之子，而台山是中國移民最大的出口縣份之一。有名人士在從美國返回家鄉後，在他的村子裡蓋了一座「天堂」，有花園、人工湖和一些奇禽異獸，而這激發了李丘到美國打天下的意志。李丘說此人「在美國神奇地」賺到了錢。於是，李丘與當時許多中國人一樣，在紐約市開了一家洗衣店。

從中國到美國的海上行程共十二週，這可不是到郊外踏青野餐。好幾百個中國人被裝到貨船上——通常是老舊的「奴隸船」——整個航程都擠在甲板下，在長六英尺、寬三英尺，抬頭只有十二英寸的床鋪上。「蒙特鳩夫人號」（Lady Montague）載運乘客四百五十人，其中有三百人因病死亡。「多洛兒尤加提號」（Dolores Ugarte）的船員則將中國人鎖在甲板底下。一八七一年船隻起火，船員急著跳船，沒人去開鎖，導致五百多名中國人被大火活活燒死。

第一波中國移民幾乎全是男性，而數十年來，美國唐人街的男女比例從未低於十比一。在中國維持一個家庭比較不昂貴。況且，中國人數百年來的規矩都限制女性踏出家門，她們不但沒有旅行的自由，更遑論出國旅行了。許多來到加州的中國婦女以妓女為業，這和第一波來到美國西岸的許多白人婦女一樣。

由於男女比例懸殊，中國人若有能力娶白人女子為妻，通常是在美國社會地位同樣低下的愛爾蘭女子。第一代有華人血統的美國人則是歐亞混血兒。

起初，美國白人歡迎中國人。一八四九年，舊金山市長約翰・吉爾利（John Geary）慶祝加州加入聯邦，還特別辦活動推崇華人。一八五二年，加州第二任州長約翰・麥都嘉（John McDougal）支持引入華人來疏濬沙加緬度河谷廣大的沼澤地。華工的汗水將五百萬英畝的土地轉化為全世界最肥沃的農地。有同情心的生意人讚美華人及其工作倫理，在將他們和白人工人一比後，更是讚不絕口。共和黨人傅列秘（Frederick Bee）擁有一些礦場，也興建鐵路，還是小馬快遞（Pony Express）的共同創辦人。他在加州參議會上說道：「我要告訴各位，他們是鐵人。我把他們掛在岩石邊，而那裡正是白人不敢去的地方……他們是苦幹實幹的工人。」加州報紙預測，有朝一日華人將與白人平起平坐。一八五一年五月，舊金山的《上加利福尼亞日報》（*Daily Alta California*）報導：「中國男孩將如同我們的國人，在同一個投票所投票、上同一所學校，並在同一間教堂祈禱。」

在勞動力嚴重短缺的時代，華工拯救了西部。到了一八七〇年，在以礦業為主的愛達荷州和蒙大拿州，華人已占總人口數的三分之一。一八七〇年代，美國西部有四分之一的礦工是華人。當白人礦工放棄他們的權益地點時，華人願意接手，並運用所謂「茶匙開採法」的技術，刨出耐心不足的起先權益人所忽略的礦石。

大量的洗衣、燒飯和小規模生意等白人婦女的差事，中國人都做得來。若說伍秉鑑的資金撐起了美國東岸的開發，那中國人的勞力和創業敏銳度，則推動了西部的進展。

一八六五年，中央太平洋鐵路公司（Central Pacific Railroad）在加州各地的郵局張貼布告，願以高薪招募白人，興建這條橫跨大陸的鐵路。應徵者屈指可數。因此，這年中央太平洋鐵路公司的營建主管查爾斯·柯洛克（Charles Crocker）便雇用了第一批的五十名華工。鐵路公司的經理人擔心，華人平均身高四英尺十英寸、體重一百二十磅，恐怕沒力氣承擔這樣的工作。華工證明他們看走眼了。一八六七年，被戲稱為「柯洛克的寵物」的華工，占中央太平洋鐵路公司一萬二千名工人人數的四分之三。

這裡的工作環境非常嚴峻。冬天有雪崩，春天有山崩，夏天的氣溫則高達華氏一百二十度（譯按：將近攝氏四十九度）。根據中央太平洋鐵路公司的記錄，有一百三十七名華工在興建鐵路的過程中殉職。一八七〇年六月三十日，沙加緬度一家報紙的記者曾看到一節裝滿華人屍骨的火車車廂，他計算車廂內有一千兩百具屍骨。邊疆作家華金·米勒（Joaquin Miller）形容，華人揀骨師團隊負責沿路收拾同胞的遺骸並運回中國，使其和祖先葬在一起。米勒寫道，這是「死亡列車」。

一八六九年五月十日，在猶他領地奧格登（Ogden）附近的普洛蒙托瑞山峰（Promontory Summit），連結加州和愛荷華州康瑟爾崖（Council Bluffs）的這段鐵路，舉行了釘上金釘的竣工典禮（編按：在典禮上，一枚「金色道釘」釘入，代表太平洋鐵路在猶他州普普洛蒙托瑞山峰合龍）。以鐵路連結東、西兩岸被視為第二次革命。在此之前若要橫貫美國，需費時四至六個月；現在只需要六天。但在慶賀的照片中，卻完全不見華人的身影。

雖然這條橫貫大陸的鐵路未將美國轉化成中國商品的全球集散地，但這並未使得美國人停止夢想中國市場革命性的重大潛力。一八五七年，在內華達州大衛生山（Mount Davidson, Nevada）東坡、靠近加州州界的地方，美國礦工發現了美國史上最豐富的銀礦脈。康士托克礦區（Comstock Lode）引爆了西部淘銀熱，狂熱程度不下十年前的淘金熱。其中有位受益人威廉．拉爾斯東（William Ralston）是加州銀行總裁，以愛開盛大宴會與開礦投資聞名。拉爾斯東將他的獲利投資在加州的許多生意上，諸如煉糖和驛馬車營運。但南北戰爭一結束，他手上的銀子竟多到不可勝數。拉爾斯東心想，美國對外貿易既已再次升高，那麼還有什麼地方比中國更合適讓銀子流通過去？

美國商人原本仰賴墨西哥銀元在遠東做生意。現在拉爾斯東和他的朋友，也就是前聯邦鑄幣局（US Mint）局長亨利．林德曼（Henry Linderman）想出一個點子。讓美國來製造專供在中國交易的銀幣。如此一來，拉爾斯東和其他銀礦主人就可以將銀子賣給美國政府。此舉可以嘉惠美國商人，讓他們不用加價購買墨西哥銀子，才能和中國生意往來。

拉爾斯東付給林德曼五千美元，請他代擬《一八七三年硬幣法案》（Act of 1873）。法案核准鑄造貿易用的美國銀元；銀元正面是持橄欖枝的自由女神，背面是美洲鷹。接下來四年，聯邦鑄幣局鑄造了三千六百萬元的貿易硬幣，用掉了康士托克礦區逾四分之一的銀產量。

企業版記者歡迎貿易硬幣（trade dollar）的出現，對其熱情不亞於任何中國相關商業新聞。一八七四年五月，舊金山《快報》（*Bulletin*）報導：「銀幣像熱餅一樣炙手可熱。」費城《北美洲人報》（*North American*）預測，貿易硬幣將穩固美國「在東方商務的領先地位」。

美國貿易硬幣在華南流通，但在上海、中國的商務首都，則無法與墨西哥銀元競爭。中國人嘲笑硬幣的外貌。硬幣刻上了「我們信任上帝」（In God We Trust）的字樣，惹來一名中國商人開玩笑：「如果硬幣是真的，為何還要信任上帝？」美國的競爭者如日本，則鑄造偽幣。

然而更大的問題是，到了一八七〇年代初期，歐洲國家停止鑄造銀幣。因此不論聯邦鑄幣局鑄造多少貿易硬幣，都無法遏止銀價下跌。不久，美國貿易硬幣中的銀價跌至一美元不到。於是，奸狡的投資人找上聯邦鑄幣局，脫售大量銀塊以換貿易硬幣——每一枚硬幣都有差價可賺。從西部到中西部的商人，則開始以貿易硬幣付錢給不疑有他的美國工人。如此一來，原本是要補助銀業大亨，以刺激對華貿易的做法，竟引發了醜陋的政治鬥爭。《一八七三年硬幣法》贏得新罵名《一八七三年罪犯法》（The Crime of 1873）。到了一八七六年，國會剝奪貿易硬幣的幣值。於此一年之前，拉爾斯東因為投資虧損，有天被人發現面向水底、浮屍舊金山灣，可能是自殺身亡。今天，一枚美國貿易銀元真品可以賣到幾百美元。中國錢幣商以大量贗品丟到市場上坑殺外行人。

南北戰爭一結束，一百多萬名士兵解甲，導致極大量的待業工人暴增。數十萬退伍軍人從南方和東部湧向西部找工作。鐵路及港口興建大盛，土地投機炒作也相當熱絡。當愈來愈多資金投入，卻無即時的經濟回饋，整體經濟便趨緩下來。加州受到的打擊特別大。其新興的製造業無法與東部更有效率的工廠競爭，東部這些工廠拜鐵路通車、貨物只需六天就可抵達西部之便，聲勢大振。西岸則是每有一名工人就業，就有另外三人失業。

美國經濟一下挫，美國人便把怨氣轉移到華人身上，這就有如數十年前，找愛爾蘭裔當出氣筒一樣。美國老百姓的種族歧視意識，使華人成為最方便的目標。華人長相是如此不同——身穿鬆垮垮的長褲、剃光頭，而且因為滿洲皇帝的強制命令而留根長辮。此外，他們勤奮不懈的工作倫理令白人緊張。華人就業比例比白人男性高出許多。白人的反應就是提升華人的障礙。議會通過法律，阻止華人進入美國，或阻礙已在美國的華人找工作。這些措施都失效後，搞私刑的暴民、縱火和謀殺統統出現。

起先，種族爭吵僅限於西部。但由於鐵路通車，東岸商人引進華工來打擊麻薩諸塞州和紐澤西州的罷工。一八七〇年六月三十日，在紐約市湯普金斯廣場公園（Tompkins Square Park）的勞工集會中，接二連三有人上台發言，將美國工人的失業怪罪到華人搶飯碗上。當天，支持工會的社論主筆約翰・史文敦（John Swinton）在《紐約論壇報》（*New York Tribune*）發表文章，聲稱「美中問題」是今天最大的問題。史文敦認為華人和黑人一樣，智商不足以在民主國家過日子。史文敦說：「這不只是討論和做決定的問題，這是需要行動的問題。」

隔月果真有了行動。國會通過新的歸化法，非裔美國人可以申請歸化為美國公民，但亞洲人不得申請歸化，除非是出生在美國境內。

美國主流民意對中國問題的立場產生了大翻轉。一八六八年，《紐約前鋒報》總編輯詹姆斯・戈登・巴奈特（James Gordon Bennett）歡迎引進更多中國人到美國。但到了一八七〇年，他寫道：「他們異教徒的野蠻習性，顯然不是基督教文明的溫和影響所能打破。」

有首短詩捕捉到了當時的時代精神。一八七〇年八月，作家布瑞特・哈特（Bret Harte）正在編輯舊金山的《陸上月刊》（*Overland Monthly*）。截稿時間已近，卻發現九月號雜誌還有一些空間，於是哈特匆匆填了幾行詩，並下了個標題〈誠實詹姆斯講老實話〉（Plain Language from Truthful James）。這首詩只有三百七十二字，但卻十分成功。這首打油詩後來改名為〈異教徒清尼〉（The Heathen Chinee），翻譯成數十種語文，還改編成歌曲，轉載於全美各大報紙，並賣出幾十萬份，甚至還搬上百老匯的舞台盛大公演。

〈異教徒清尼〉講的是愛爾蘭礦工比爾・奈伊（Bill Nye）、敘事者誠實的詹姆斯（Truthful James）和華人阿新三人玩紙牌的故事。奈伊作弊了還是輸，於是開始追打阿新——「他追打異教徒清尼」，不料發現阿新也作弊。不論牌戲怎麼玩，哈特暗示著，中國人一定會贏。

數以千計的美國人「追打異教徒清尼」。一八七一年十月二十四日在洛杉磯，兩個華人幫派為一名妓女吵起來，五百名白人和西班牙裔男性暴民攻打洛杉磯小小的唐人街。十六名華人被綁在街燈上。沒人因為打傷了人而被抓去坐牢。

整個西部地區，到處都出現華人被趕出自己家的事；唐人街被燒毀；華人遭私刑凌虐。《瑪麗維爾呼聲日報》（*Marysville Daily Appeal*）評論加州中央河谷的一連串反華攻擊事件，說成是「此地發生種族戰爭」。到了一八七三年，全美國陷入嚴重的經濟衰退，被稱為「一八七三年恐慌」（the Panic of 1873）。一八七四年格蘭特總統發表年度國情咨文時，成為第一位主張控制華人移民的總統。

大約在《辟邪紀實》誣指美國教會在中國進行淫穢性行為的同時，美國醫護當局和政客也瞄準華人婦女，指她們是感染、不潔和疾病的源頭。

一八七五年，美國國會通過《佩吉法》（Page Act），這是聯邦政府首度企圖管制移民。這項法令將契約勞工、有犯罪前科者和亞洲妓女列為「不受歡迎的人物」，禁止其入境。最後這項規定，近乎完全禁絕了中國婦女進入美國。

歐裔美國人對亞洲美女懷著愛恨交織的感情。一八四八年，有名中國女子阿彩來到舊金山，成為全市最著名的青樓女子。在她豔名最盛時，《上加利福尼亞日報》報導，男人排隊排到幾條街之外，還樂意付一盎司金沙，只為「一睹她的芳顏」。

短短幾年內，懂得生意經的阿彩手下已有兩名妓女受雇於她。到了一八五二年，她在唐人街經營兩家「民宿」。她至少偷渡了一整船和數百名中國妓女到舊金山，而且從不留情，會將奧客告上法院。阿彩活到九十多歲高齡才離世。

雖然著名的白人恩客——法官、政客、律師、警官、商人——偷偷溜進唐人街，貪求肉慾之歡；在公開場合則道貌岸然地主張取締亞洲女性。一八六〇年代擔任過一年加州檢察總長的法蘭克・皮克斯雷（Frank M. Pixley），從中國進口妓女，但同時也領導起訴她們。一八六八年，加州州議會宣布中國妓院擾亂社會秩序。

一八七六年春天，加州參議會召開聽證會討論廉價勞工問題時，性竟然成為頭條新聞。舊金山衛生委員會委員休・托蘭（Dr. Hugh Toland）醫師作證，華人妓女身上的梅毒，比一般美國妓女身上的梅毒更厲害。托蘭聲稱，十歲

美國排華暴力事件頻傳地區，1850-1900
華盛頓
貝靈翰
伊瑟闊
新堡
奧林匹亞
塔科馬
波特蘭
皮爾斯
地獄峽谷
歐洛格蘭德
奧勒岡
愛達荷
懷俄明
內華達
奇科
尤寧維爾
草谷
特拉基
艾爾多拉多郡
舊金山
土諾帕
聖荷西
馬里波沙郡
加利福尼亞
洛杉磯
岩泉鎮
尼德蘭
卡里布
丹佛
科羅拉多
加拿大
美國
太平洋
大西洋
墨西哥
墨西哥灣
N
0 Miles 500
0 Kilometers 500
© 2016 Jeffrey L. Ward

的白人男童已經得了這種病。

一份專業期刊的標題赫然為：〈華人婦女如何將毒素注入安格魯盎撒克遜人血液中〉。舊金山《醫學文獻雜誌》（*Medico-Literary Journal*）報導：「如果未來的歷史學家要寫中國政府如何征服美國，開頭一章，勢必提到第一批中國妓女及她們帶來的致命疾病。」

一八八一年，加州州議會修訂民法，禁止白人和「蒙古種」（Mongolians）人通婚。西部其他六州跟進。雖然在各個時期都有禁止異族通婚、並適用於每一個人的法律，但現在禁止與華人通婚，對華人社區影響重大，因為華人女子實在太少了。華人女性占華人人口的比例，從一八七〇年的百分之六點四，到了一八八〇年降到百分之四點六，迫使在美國的大多數的華人男子，陷入終生不娶的境地。

一八七七年秋天，反華最力的人士組成工人黨（Workingmen's Party）。來自愛爾蘭科克郡（County Cork）的年輕煽動家丹尼斯．卡尼（Denis Kearney）所領導的這個政黨即將改造加州的政治。卡內是一名富有魅力的演講家，能把黑的說成白的，將朝向貪婪無饜的資本家怒火轉成對華人的痛恨。每次演講完，他一定領導群眾呼口號：「華人一定得滾蛋！」

工人黨掌控了一八七九年加州的修憲會議，並將兩條反華人的修正條款塞進州憲裡。第一項禁止所有公、私企業雇用華人。第二項規定：「華人、白癡、瘋子或有犯罪前科者，皆不得有投票權。」

一八八〇年，路德福．海耶斯總統（Rutherford B. Hayes）派一支美國代表團到中國談判對華人移民的設限。一八八〇年十一月十七日，雙方簽署修訂條約。新約允許美國可以停止華工的移民權利，不過美方也同意，不會「絕對禁止」。條約承諾，美國政府會保護在美華人，但美方並未守信。當美國代表團還在北京談判時，三千名白人包圍丹佛的唐人街，將其燒成平地。從中國自由移民至美國的短命時期，於焉畫下了句點。

新條約並未讓加州政客利用在華府的政治勢力，推動全面禁止華人移民的腳步緩慢下來。一八八二年五月，共和黨籍總統切士德．亞瑟（Chester A. Arthur）簽署《排華法案》（Chinese Exclusive Act），禁止技術及非技術華工入境美國十年。學生、外交官和商人例外。

這項法令是美國史上第一次否定某些特定族裔入境美國的權利，對一個移民建立的國家而言，這是十分重大的改變。往後數十年，《排華法案》實施得愈來愈緊，一直要到六十一年後，第二次世界大戰如火如荼、中國和美國並肩對抗日本時才廢除。

《排華法案》造成大量拘捕、驅趕、縱火和謀殺的流行，並從加州傳染到科羅拉多州，從華盛頓州散布到南方各州。一八七〇年代，零散的暴力演變成有系統的清洗。一八八五年在懷俄明州的岩泉鎮（Rock Springs），二十八名華人礦工不肯加入工會，於是遭到槍殺或燒死。兩年後，在奧勒岡州蛇河（Snake River）的地獄峽谷（Hells Canyon），發生了最慘烈的華人屠殺事件。一群趕馬的販子搶劫了一群華人礦工價值五萬美元的黃金，然後有三十四具屍體被丟入河中、沖到下游。加州也有兩百多個城鎮驅趕華人居民。

華人以典型的美國方式來回應美國人的種族歧視及在美國的生活挑戰。他們走上街頭、進入法庭、在職場上反擊，並以抵制、罷工、抗議、寫文章、動刀、動槍、動拳頭為工具。《上加利福尼亞日報》報導，逆來順受、不知抵抗的「可憐的清國奴約翰」（Poor John Chinaman）根本是一則神話。西部礦區城鎮的華人，拿起長刀和左輪槍自衛。華商主持、全美各地華人捐錢成立的中華公所或中華會館（Chinese Consolidated Benevolent Association, 又名 Six Companies）端出司法工具，至少出資協助一萬多件訴訟案件，對抗壓迫華人的整個司法體系。

中國人也以偷渡進入美國來對抗《排華法案》。十九、二十世紀之交，將近兩萬名中國人取道墨西哥偷渡入境。議會主張在邊境建「中國長城」，將偷渡者擋在國門之外。美國阻擋移民入境的龐大聯邦官僚體系，原本是要對付中國人，不是要對付墨西哥人。

迴避《排華法案》的另一個方法，是偽造出生證明文件，這使得上萬名「紙上兒子」能進入美國。一九〇六年，舊金山地震引起大火，對移民人口來說形同天賜良機，許多人得以宣稱，他們的出生證明文件毀於大火。

中國人決心進入美國，也願意為捍衛權利而戰鬥，凸顯出他們在美國生活的兩大特色。第一，華人從不像一些歷史學家宣稱的那麼孤立，並隔絕於主流社會之外。第二，儘管有種種不堪的壓迫和暴力，許多華人在美國實現了美國夢。

一八六八年，年僅八歲的呂錦濃離開台山，起先在舊金山工作，之後轉到麻薩諸塞州北亞當斯市（North Adams）的一家鞋廠工作。他在此認識了主日學老師浦芬妮（Fanny Burlingame）——蒲安臣的堂妹。芬妮聽說他精嫻植物，就雇他當園丁。呂錦濃得了肺結核，芬妮送他到佛羅里達州休養。她過世時留給他一萬二千五百美元，以及佛羅里達州盛產柑橘地區的兩棟房子。

呂錦濃對佛羅里達州剛冒出來的水果產業甚感興趣。他開發一種抗霜害的橘子、一種新品種的葡萄柚，以及一種甜蘋果。在美國被譽為「柑橘大師」（The Citrus Wizard）的呂錦濃，拯救了連逢數年寒霜、幾乎全毀的美國柑橘業。

和許多中國人一樣，呂錦濃是個孝順的兒子。他帶著創新精神返鄉，並在台山開闢橘子園。但當他建立了一套系統，引水上山灌溉果樹時，卻被當地農民指控，這套系統破壞風水，他們砍光了他的橘子園。當他雙親試圖以父母之命，逼迫他和不相識的姑娘成親時，呂錦濃躲回美國去，搞得家人將他從族譜裡除名。

坦白說，呂錦濃在美國也遭受歧視。但誠如歷史學者朱立平所寫，對於在美國的華人而言，「自由土壤、自由勞動和自由黃金的光明面，遠超過壓榨、不公和歧視的黑暗面。」儘管美國有歧視，但比起諸如——南美洲、澳大利亞等其他選擇，還是比較好的地點，至於東南亞就更糟了。每當有反華人的大屠殺出現，一次的遇害人數就超過在美國歷年被殺的總人數。從早年起，中國人就知道，美國是華人可以出頭天的地方。

華人還以創意和小聰明來回應美國人的壓制。當舊金山市政府通過《人行道法規》（Sidewalk Ordinance），禁止華人菜販利用人行道柱子擺攤，菜販就乾脆站到馬路上叫賣。一八七九年，洛杉磯市議會在工人黨壓力下，通過對華人菜販課徵二十美元的特別規費，菜販便停市罷賣。天使之城無蔬果可吃，最後洛杉磯縣一位法官出面廢止了這項苛稅。

美國憲法第十四條修正案規定，所有人皆受法律平等保護。華人與其白人盟友因而得以到各州及聯邦法院，挑戰不公平的法律和規章。加州是主戰場，而兩位著名共和黨人，也是舊金山律師公會會員——班傑明．布魯克（Benjamin Brooks）和傅列秘（Frederick Bee）則帶頭打官司。

傅列秘鬢角發白，身穿高領大衣、頭戴高頂帽，外表一點都不像人權律師。他首先是名生意人。但因為深信美國是機會樂土的觀念，使他投入為華人辯護的工作。

到了一八七八年，傅氏成為新開館之中國駐舊金山總領事館的第二號人物。他坐火車、騎馬、乘駁船，走遍西部的奇科（Chico）、丹佛、岩泉鎮和華盛頓領地，要求懲處傷害華人的暴徒和市鎮首長們。在美東那端，曾任國務卿的約翰．佛斯特（John W. Foster）也在首都華府為華人權益奔走。（譯按：佛斯特的外孫約翰．佛斯特．杜勒斯是艾森豪總統的國務卿。）

佛斯特和傅列秘都領薪水辦事，但要將華人的遭遇講出來，需要極大的勇氣。傅氏常遭逢性命威脅，因此他們聯手調查反華人暴行，並迫使美國付給中國逾五十萬美元，以賠償其人命及財產損失。因深怕遭到他們的調查，有種族偏見的美國政客於是停止煽動針對華人的暴力行徑。

傅列秘到國會作證時提醒國會議員，如果聯邦和地方當局繼續忽視華人在美國的悽慘境遇，中國人也會在中國屠殺美國人報復。他證明，丹佛暴民火燒唐人街時，警察袖手旁觀，未保護華人。他在懷俄明州岩泉鎮蒐集到殺害華人的白人凶手名單，想將名單交給聯邦檢察官處理，但檢察官卻躲到伊利諾州、不敢接辦。

傅列秘和他在中國總領事館的上司關係也並非始終融洽。一八八七年二月，美國國會通過，就懷俄明州岩泉鎮的殺害華人事件賠償中國二十七萬美元。美國政府將賠款交給中國駐舊金山總領事館，但真正交到受害人家屬手中的錢卻不到四分之一。傅氏在一八八九年八月底的激烈爭辯中，指控一名領事中飽私囊。這位領事則和他爭辯，說他必須付錢給一些參議員及眾議員，才能爭取到他們投贊成票。這不是中國官員最後一次塞錢給美國政客。

一八九二年五月二十六日，傅列秘在舊金山因心臟病發去世。出殯當天，華人在唐人街夾道相送。著名華商領袖前往白人區吉爾利街（Geary Street）的「第一位神派教堂」（First Unitarian Church）致祭。中華公所及華人各堂會送來的花圈擠爆教堂。清廷總領事（The Consulate General of the Qing court）贈送的心型巨大花圈，中央是碩大的「敬我上校」字樣。（譯按：傅氏未曾從軍，上校是榮譽職）白人弔客坐左邊，華人弔客坐右邊。《舊金山紀事報》（*San Francisco Chronicle*）寫道：「或許美國從未出現過，兩大種族的代表基於同一動機共聚一堂，表達一致的人類感情。」

一八八四年，舊金山洗衣工會「同興堂」延續華人延聘全國第一流律師的做法，聘請著名共和黨人、公認十九世紀美國最佳的訴訟律師霍爾．麥卡里斯特（Hall McAllister），代表到聯邦最高法院出庭。麥卡里斯特提出，舊金山議會（Board of Supervisors，譯按：是舊金山市與舊金山郡的民意機構）刻意設立綿密的營業執照及許可證網絡，強迫所有華人洗衣坊關門、允許白人競爭同業繼續營業。有一條規定是，禁止木造房開設洗衣坊（傳統上華人在木造房開業）、只准磚造房開設洗衣坊（主要是法國人業主）。

聯邦最高法院大法官史丹利．馬修斯（Stanley Matthews）執筆寫下「益和控霍普金斯案」（Yick Wo v. Hopkins）共同一致裁判書，認定議會訂定的洗衣坊規定是「以邪惡的眼光、和不平等的手」運行著。他認為，很清楚，執行這項規定違反憲法第十四條修正案。這個案例的法律影響極大。首先，此案例確定美國所有人——不限公民——在法律之前一律平等。其次，這是聯邦最高法院的第一個判例，明白說出法律若執行不公，可以被推翻。一九五〇年代，美國南方各州欲限制黑人權利，將黑人學童送進「隔離但平等」的學校就讀，這時聯邦最高法院又搬出「益和控霍普金斯案」確立的原則，推翻各州政府的措施。

一八九二年，國會將《排華法案》的有效期限再延長十年，並加上一條被稱為《吉爾利法》（Geary Act）的附加條款，規定在美國境內的所有華人必須申請一本國內護照——這是美國史上空前的規定。一個名為「華人平等權利聯盟」（Chinese Equal Rights League）的團體發動全美第一個公民不服從運動，號召數萬名華人不服從《吉爾利法》。經過全美各地中華公所的鼓吹，十一萬名美國華人中，有十萬五千人拒絕向政府辦理登記。

華人平等權利聯盟發起人王清福是一八六〇年代來美國唸書的留學生，是個極有吸引力的公共演說家。王清福創立聯盟，意在對抗歧視及推動在美華人的公民投票權。王清福和大多數在美華人不同。他來美國是為了唸書，他是華北山東人，而非華南廣東人。王清福對華人、美國人兩邊都批評。他向煽動反華極力的丹尼斯．卡尼（Denis Kearney）叫陣，邀他下場決鬥。（卡尼不接招。）他也訓斥華南來的同胞，如果他們想被美國接受，必須丟掉華人的長袍馬褂、剪掉辮子、戒吸鴉片，以及開始學英語。一八八三年，王清福在紐約市創辦第一份中文報紙《華洋新報》，該報英文版名為Chinese American，讓他成為「華裔美國人」一詞的創造者。馬丁路德．金恩牧師（Martin Luther King, Jr.）夢想中的美國，是以人的性格內涵，而非以膚色來判斷人的國度。王清福比他早了七十多年，主張：「只有品格和健康才是所有渴望成為美利堅合眾國公民者必須具備的條件。」王清福在一八九八年回中國探親，但卻不幸逝世，年僅四十二歲。

一八九八年，中華公所聘請的大律師又將一個案子打到聯邦最高法院去。黃金德（Wong Kim Ark）一八七三年出生於美國，父母親在舊金山經營一家雜貨舖。一八九五年他和父母回到中國，並在當年稍後回美國。在舊金山港口，黃金德被移民官約翰．懷思（John H. Wise）攔下，不准他入境。懷思以刁難華人入境聞名。（他經常發送打油詩給為華人服務的律師，誇耀自己的功勞。）

黃金德又在著名的共和黨籍大律師代表下控訴聯邦政府，主張身為在美國出生的公民，他有權回家。政府則反駁，「湊巧生在」美國並不具有公民權利，因為黃金德的「教育和政治歸屬」仍然「完全異於」美國。聯邦最高法院不認同政府這個主張。黃金德這個案子答覆了一個問題：出生在美國，是否就具有公民身分？答案：「是。」

一九〇四年，《排華法案》又到了延續與否的決定時刻。中國要求美國放寬對移民的限制，但國會卻決定法案無限期延長有效，因而違反了美國和清廷簽訂的條約。在美華人人數由一八八〇年代末期逾十一萬人的巔峰下降到一九一〇年，只有七萬人左右。部分或許是因為，「華裔美國人問題」不再是美國種族主義者及政治投機者興風作浪的重點。日本人隨即被捲入火網，產生了《一九二四年移民法》（1924 Immigration Act），將《排華法案》擴大到包括所有的亞裔人士。

對於中國人的感情，絕非一句話就能簡單道破。即使有人聲嘶力竭地主張「中國人必須滾蛋！」，美國仍有人致力改進中國的教育，並將中國學生帶來美國受教育。

一八四七年，有位美國傳教士安排一名十八歲青年容閎到麻薩諸塞州一所寄宿學校唸書。這位年輕人在此學會美國人的工作倫理，養成青少年愛好運動的習慣。他自己劈材生火，每天步行三英里上下學。四年之後，容閎得到喬治亞州薩凡納（Savannah）的基督教徒女士捐出的獎學金，而到耶魯大學深造。

容閎自幼喪父，販賣家中自製的糖果和米糕來貼補家用。到了紐海文（New Haven）後，他每天苦讀到半夜，並打零工支付膳宿費用。對於來自華南的這個年輕人而言，耶魯的同學莫不為了求知而焚膏繼晷，讓他壓力甚大。他寫信向一位美國傳教士朋友吐露心聲：「老耶魯充滿野心的氛圍，我從來沒在這種刺激下生活過。」

容閎在一八五二年歸化為美國公民，早於一八七〇年設立之禁止亞裔歸化的《歸化法》。一八五四年畢業時，他立下了一個志向——「透過西式教育，中國或許可以再生，變得文明且強大。」

相信美式教育有辦法改造中國，這種想法持續到了今天。容閎認為，中國復興的關鍵在美國的中學和大專院校，以及即將大量湧向中國的美國教育工作者。中國現代作家錢寧認為，容閎最早看到西式教育即將對中國產生的改造成效，可謂「中國的哥倫布」。

一八五四年十一月，在美國念了七年書的容閎束裝回國。他的英文流利，中文則差強人意。他居於不中不西的尷尬地位。在廣州，他看到未經審判即處死的人犯陳屍刑場，感到大為震驚。在香港，英國人禁止他執業當律師。在上海，容閎變成英雄人物，因為有個霸道的蘇格蘭人揪住他的辮子，卻被他一拳揍得流血。最後他找到定位，成為茶葉商人，從事遊走於太平天國和清廷地界之間，危險但獲利不惡的行業。

身為少數在美國念過書的中國人之一，容閎受到高級官員的注意。當時清廷最有權力及遠見的督撫曾國藩，便委派容閎興建中國第一個軍火工廠「江南機器製造總局」。容閎親赴美國採購，使用來自麻薩諸塞州菲奇堡（Fitchburg）的機具來興建工廠。

成立於一八六五年的江南製造局位於上海市郊，可說是徹頭徹尾的美式工廠。半數設備來自麻薩諸塞州，另一半則來自美商湯瑪斯韓特公司（Thomas Hunt & Company）——當時在中國最大的機械廠。江南製造局很快就成長為亞洲最大的軍械廠，以及世界最大的兵工廠之一。此廠由美、英兩國的工程師管理，到了一八六七年，每天可生產十五支步槍、數千磅砲彈藥以及小型榴彈砲。後來還分支出去，成立軍艦造船廠（譯按：光緒年間該廠的造船部門獨立成為「江南船塢」）。到了一八九二年，江南製造局的工廠占地已達七十三英畝，並有近三千名員工。其翻譯部門（譯按：廣方言館）是中國最大的，由於專注於西方科技，也可謂中國有心蒐集西方工業機密——無論是正當手法或走偏鋒——的最先嘗試。曾國藩到江南製造局視察時，很細心地在看機器，容閎注意到他「欣喜若狂」。容閎乘機建言，選派中國年輕學生赴美國學習，如同他年少時的經歷一樣。

容閎發現自己身陷於「自強派」的巨大辯論中，而自強派希望利用西方科技讓中國強大。但中國只需要西方的器械嗎？或者還需要別的東西——如西方的邏輯、科學，甚至宗教和政治哲學——才能變得偉大？中國需要徹底改造其社會，才能像西方一樣創新而精進？或者中國的靈魂可以不必改變，只要吸收西方的科技就好？

一八七一年，也是失去美國團長的蒲安臣代表團回到中國的這年，曾國藩奏請朝廷，選派教育使團赴美國。他建議，在為期二十年的每一年內，皆選派三十名中國幼童到美國，主要是到西點軍校或安納波利斯的美國海軍官校研習軍事。曾國藩向同治皇帝及其母親慈禧太后擔保，將中國幼童交付給美國可以信得過，因為美國人「誠實、和氣、一向尊重並服膺於中國」。甚且，中國人進入美國學校念書的權利，已明訂於《蒲安臣條約》的第七條之中。

朝廷准如所奏。完全不懂英語的保守派儒家學者陳蘭彬被派為正監督，而容閎則擔任副監督。第一批學員年齡從十歲至十六歲不等，一八七二年八月十一日他們從上海搭乘「北京精神號」郵輪出發。一個月後，船隻抵達舊金山，而穿著栗色長袍、配以藍色絲綢大衣和短圓帽的這批幼童也踏上了美國國土。中國「幼童出洋肄業局」（後改名為「中國教育使團」）——中國第一個常駐國外的代表團——於焉誕生。

坐著橫跨大陸的鐵路列車、穿過大平原，這群孩子面對面，見識到了美國大西部的粗暴。李恩富（Li Enfu）從來沒被搶劫過。現在，他從火車窗子偷偷望出去，看到「兩名粗暴漢子」掏出了手槍，然後開了幾槍，而女士們尖聲驚叫。李恩富寫道：「我們所見，已夠令人毛髮悚然。」

在舊金山飽吃大餐、在火車上遇劫，而紐約市又是五光十色，使這群孩子深刻蒙受美國經歷的影響。他們被送到康乃狄克州，被養母親親吻一番，然後帶到主日學校，拚命學英文。吃飯時，先教一遍這道菜的名稱，記住了才有第二道菜可吃。李恩富回憶道：「在如此方法下，我們進步神速。」

這些幼童待在康乃狄克州的哈特福市，未受到反華種族歧視的欺侮，而許多人在學校的功課也是一流。譬如，唐紹儀從《伊利亞德》（*Iliad*）得到了一個綽號「埃阿斯」（Ajax，譯按：希臘神話裡的英雄人物，在特洛伊之戰神勇作戰）。容閎的侄子容揆（Yung Leang）喜歡惡作劇，因此被取了「調皮強尼」（By-jinks Johnnie）的綽號。胖呼呼、永遠面帶笑容的蔡廷幹則成了「好鬥的中國人」（Fighting Chinee）。「微笑傑克」（Breezy Jack）、「坐牛」（Sitting Bull，譯按：印第安部落酋長，一八七六年在小大角之役中對抗美軍部隊，並殺死卡斯達將軍）、「鄺老美」（Yankee Kwong）——這些綽號證明了他們十分融入美國文化。

容閎和陳蘭彬為幼童教養的意見不合。容閎欣見他們美國化；陳蘭彬則驚駭莫名。當幼童們詢問容閎，他們可否脫下長袍、剪掉辮子？容閎答應了他們。陳蘭彬則不准。後來他們有所折衷：讓幼童可穿西式服裝，但必須保留辮子。陳蘭彬將幼童召集到一起，宣讀皇帝上諭時，要求他們叩頭聆聽。中國教育使團設在哈特福市的柯林斯街（Collins Street），而他們被要求在此學中文，因此為它取了「地獄」（Hell House）這個綽號。

在送回給直接負責督導教育使團的李鴻章的報告中，陳蘭彬沒有好話。李鴻章問道：孩子們真的由女老師教課嗎？暑假一放就是三個月，這究竟怎麼回事？容閎愛上一位美國女子瑪莉．凱洛格（Mary Kellogg），並於一八七五年三月和她結婚，陳蘭彬對此大不以為然。異族戀情為孩子們立下極壞的榜樣，因此陳蘭彬主張停辦教育使團。

美國人招待幼童走遍東岸各地。一八七六年，他們到費城參觀獨立百年博覽會（Centennial Exhibition），這是第一次在美國境內主辦的世界博覽會，包含中國在內，共有三十七個國家參展。西方國家和日本都亮出他們的科技——電報、留聲機和電燈泡，都是當時的發明——中國則將古董送來參展。世界各國的政治家雲集費城，而清朝只派遣一名低階浙江海關文官李圭代表出席。李圭一看到這些學生，大吃一驚，發現他們與國內年輕人是如此不同。他說：「西式教育的結果超出我們所料。」

一八七五年，同治皇帝染上天花，十九歲就去世了。他是中國最後一位成年人皇帝。慈禧太后打破朝代嬗替的規則，扶立她三歲的姪兒（譯按：也是外甥）登上龍座——是為光緒皇帝。慈禧則繼續垂簾聽政。

同年，陳蘭彬被派為中國第一任駐美公使，容閎則為副手。容閎將一半的時間花在教育使團，另一半時間則力促清廷注意海外華人的命運。一八七五年，他寫了一份驚人的報告，提到華人在秘魯挖鳥糞當肥料時所遭受到的虐待。一部分由於他的努力，賣中國奴工到拉丁美洲的生意停止了。同一時期，另一位保守派儒家學者吳子登則被派到哈特福擔任教育使團的會辦。

吳子登和學生們的溝通非常不順，他甚至投書到《哈特福快報》（*Harfford Daily Courant*），以博取他們注意。吳子登問道：「如果你刻意忽略本國的禮儀規矩，當你回國時，怎能與同胞和平相處？」《快報》（*Courant*）則嘲笑吳子登，在本市坐電車不肯讓座給女士的行徑。

吳子登向國內報告，有幾名學生秘密加入了庇護山公理會教堂（Asylum Hill Congregational Church）。他也指責他們過度耽溺於體育活動，荒疏了中文。他說：他們正在變成「洋鬼子」。李鴻章回覆，要他支持教育使團的唯一前提是，這些學生要進西點軍校或安那波利斯海軍官校。但是，美國國務院在一八七七年告訴中國，這些學生不能進入美國的軍事院校就讀，因此違反了《蒲安臣條約》的規定。反華浪潮已散播到東部，而華府也不再有心尊重自己和清廷簽訂的條約。教育使團又苟延殘喘了幾年，直到一八八一年九月，若干清廷大臣抱怨，送到國外的學生「全都陷入西方文化」，於是慈禧太后下令停辦，並將學生召回。

著名作家馬克·吐溫（Mark Twain）、格蘭特總統和數十位教育家力促中國人三思。耶魯校長諾亞·波特（Noah

Porter）致函總理衙門：「我們提供他們的知識和文化，和給予我們自己子弟和公民的都相同。」但這顯然不夠。

幾名男童決定留在美國，於是跳下了送他們到舊金山的火車，也逃離他們在哈特福的寄宿家庭。其中一人寫道：「圈養的鳥不知樹林的滋味，但一旦牠有自由的空間可以鍛煉翅膀，就會在自然本能的引導下展翅高飛。」

為防止更多人逃跑，中國當局將教育使團分為三組，派遣專人護送這些學生回國。他們一到上海就被隔離，並面臨警方盤問其對大清帝國的忠誠度。在寫給美國友人的信中，容閎的姪子容揆發牢騷：這種歡迎方式「是我沒料想到的羞辱，不知如何回應」。警方想知道，這些學生既是中國人，怎能提倡美國的科技。上海《申報》稱他們是「雜種」，並建議將其流放。

在有如「土耳其苦牢」的地方羈押四天後，這些學生被分派到全國各地的礦區、海軍學校、海關等地服務。清廷想要消除他們的影響力，因此派給他們的都不是重要工作。容閎到北京為他們申訴，但無人肯見他。

然而，美國「精神汙染」的精靈已經打開，傳統派和日後共產黨的禍根已經出籠。一八八一年，《紐約時報》頗有先見之明地提到：「中國不可能借走我們的知識、科學和我們工業的實質形式，然後除卻政治作亂的病毒。」病毒不會死。在中國教育使團結束的同一年，第一個華人女子來到美國唸書。

到了一八八〇年代末期，原本支持容閎提倡教育計畫的李鴻章，對美國頗為不滿。他將美國縮緊排華措施、美國政府不准中國學生進西點軍校及安那波利斯海軍官校，視為不給他面子。他對一位澳洲記者說：「美國人表示過，要與全世界公平往來。他們是怎麼對待中國的？他們不給中國人公民權，讓我們中國人遭到武裝暴徒的謀殺或驅趕，不准我們進入他們的國家，除非是在某些嚴格限制下，而等到我們同意這些條件了，他們又毀約，並完全排擠我們。」

十九世紀中葉，愈來愈多中國人企盼到美國接受教育和尋求機會，而對美國的兩大概念也被建立起來——既是中國的老師，又是中國未來希望之所寄。但是中國的保守派赫然大驚，中國人接受美國價值之速竟如此之快，因此他們提出了一個相對觀點，認為美國是對中國方式的一種威脅。美國在這方面的反應則反覆不一。白人工人攻擊華工，導致華人的勤奮會危及美國的觀念產生。另一方面，美國教育家則歡迎中國學生，並主張另一種觀點——中國是美國的好學生。直到今天，這些相互牴觸的形象仍在相互交戰。

附註

十九世紀華人在美國的故事，在當時美國的報紙、美國人的書信和大量第二手材料中都有敘述。特別有用的是：珍・菲爾澤（Jean Pfaelzer）的《驅逐：被遺忘的美國排華戰爭》（*Driven Out: The Forgotten War against Chinese Americans*），以及查爾斯・麥克連（Charles McClain）的《追求平等：十九世紀在美華人抵抗歧視的抗爭史》（*In Search of Equality: The Chinese Struggle against Discrimination in Nineteenth-Century America*）。此外，近幾年赴美中國人所做的新研究，也提供了老故事的新面貌，有個例子是朱麗萍（譯按：東華盛頓大學歷史系教授）的著作《中國佬的機會》（*A Chinaman's Chance*）。阿彩豔幟高張的故事，則見於當時的報紙。傅列秘和工人黨的故事，也見諸當年的加州報紙。西蒙・夏瑪（Simon Schama）的《美國的未來》（*The American Future*）一書中，有一章專談傅列秘的故事。容閎自傳《西學東漸記》（*My Life in China and America*，譯按：北京中華書局新譯本名為《我在美國和在中國生活的追憶》），以及里爾・萊博維茨（Liel Leibovitz）和馬修・米勒（Matthew Miller）合著的《幸運的孩子：中國第一批留美學生》（*Fortunate Sons*）一書對容閎的事蹟有詳盡討論。

第六章
狠挨一頓痛打

一八七〇年代，美國人轉身離開中國。蒲安臣時代的快樂憧憬也成為過去。美國人在自己國內壓迫華人，並在國外歧視華人。一八七九年四月，海耶斯（A. A. Hayes）在《國際評論》（*International Review*）上撰文寫道，美國的對華政策「與我們的大半群眾毫不相干」。同年，哈佛大學取消校內唯一和中國有關的課程。《紐約時報》指出：「我們和中國只有少量生意和外交往來。」

一八六四年的貿易量還有九百萬美元，到了一八七五年，跌到只剩一百萬美元。率先到中國開疆闢土的美國大型商社泰半破產或退出。旗昌洋行（Russell & Company）是約翰．柏金斯．顧盛的廣州帝國後繼者，一度主宰中國的內河生意，後來將船隊統統賣給了李鴻章所控制的公司（譯按：即輪船招商局）。中國競爭者擋下了美國人在上海開設紡織廠的計畫。

如今，美國商人湧向日本。自從一八五三年，美國海軍准將馬修．培里率領的黑船艦隊抵達日本海岸以來，這個日昇之國已經擁抱政治及經濟改革計畫，而且很快就受到中國人的欽羨。一八六〇年，美國與中國的生意遠超過和日本的交易額。二十年後，日本與美國的貿易超過美中貿易。美國在日本的投資上升到數億美元，而美國在中國挖礦、開設電報、電話服務及銀行的計畫，幾乎寸步難行。對美國人而言，全世界還有許多地方可以賺錢，實在不必持續那個要在滿清帝國發財致富的白日夢。

日本國力日益強大，開始推擠中國原有的勢力範圍，其所產生的緊張關係也持續到今天。一八七九年，日本兼併包括沖繩在內的一個島鏈，並將領土向南延伸數百英里，抵達台灣北端。日本也尋求將勢力延伸到朝鮮王國。與先前鴉片戰爭時期的士大夫一樣，中國官員也亟思利用美國來對付敵人。一八七九年訪問中國的前任總統格蘭特說：「中國比較喜歡美國人，或可這麼說，相較於其他外國人，比較不仇視美國人。在列強中只有我國認可中國有權掌控其內政事務。」一八七九年五月，格蘭特乘坐的船隻駛入天津港口時，李鴻章拜託他幫忙和日本談判。但格蘭特對此無能為力。

到了一八九〇年代初期，中國和日本都派軍隊到朝鮮半島，各自為在朝鮮朝廷政爭的不同派系撐腰。當時清廷還信心十足，認為日本不敢動武，因此還派了一艘中國海軍的主力艦「廣甲號」號到華南去，拿取慈禧太后愛吃的荔枝。一八九四年春天，中日甲午戰爭爆發，日本發動攻擊。接下來數月，小日本竟擊潰了中國的陸、海軍，讓清廷和西方列強大吃一驚。

一八九四年十二月二十三日清晨，中國在華府的遊說代表約翰・佛斯特，在他杜邦圓環（Dupont Circle）的公寓中，被光緒皇帝送來的電報吵醒，要求他到北京協助中國，談判終止戰爭。佛斯特曾和傅列秘聯手合作，說服國會支付賠款給中國，因為美國政府未能保護在美國的華工。現在，佛斯特被要求在全球舞台上為中國斡旋。十二月底他從美國出發，並於一八九五年一月搭船抵達中國。三月間，他和李鴻章一道從天津前往日本。

中日雙方在馬關談判，日方要求中國同意他們的所有要求，並以此作為停火條件。李鴻章則要求先停火，再談判。三月二十四日下午談判後，李鴻章即將回下榻處之時，刺客突然現身，開槍擊中他的面部。血自臉頰流下，鎮定的李鴻章要求隨員給他一條手巾，轉身走回寓所，然後請外科醫師過來挖出子彈。

李鴻章準備回天津去，但佛斯特力稱，這個事件可以轉為中國的優勢。果然，日本人覺得困窘，因此同意無條件停火。佛斯特笑道，「這是整場戰爭中，中方所出最有效的幾滴血。」一八九五年四月十七日，雙方簽訂《馬關條約》。

最後的條件非常尖刻：中國割讓台灣與遼東半島——包括大連。清廷同意，允許外國人在中國蓋工廠，這個讓步預示著極大的經濟和社會變化發生。李鴻章深怕，同意如此重大讓步會被責怪，甚至丟了腦袋，因此說服佛斯特陪他一道回北京，向清廷說明條約內容。佛斯特告訴北京朝廷的命官，中國的頑抗只會促使列強強占更多中國的土地。清廷官員詢問佛斯特許多問題。帝師翁同龢是當時最有影響力的政府官員之一，他很認真地請教佛斯特，歐洲的戰爭中是否有過土地易主的情況？佛斯特後來寫道：「那是我所參加過最獨特的會議。」

佛斯特將條約內容洩露給歐洲列強知道，並認為他們會跳出來遏止日本對中國領土的覬覦。果不出其所料，俄國、法國和德國聯手強迫日本交還遼東半島和旅順大連；明治政府則是忘不了此一奇恥大辱。

佛斯特急著回美國去，但清廷提議他搬來北京住，擔任軍機處（中國內閣）的顧問。佛斯特拿孔子來當擋箭牌，並告訴李鴻章，他已和七歲的外孫有約，要在夏天一起去釣魚。若不守信，「我會在他面前丟臉。他會認為爺爺不守信用。」當年夏天，佛斯特在聖羅倫斯河（St. Lawrence River）釣到了一條大麝香魚，並讓外孫扛回家，將小外孫和魚的照片給了李鴻章。這位小外孫的名字是約翰・佛斯特・杜勒斯（John Foster Dulles）。數十年後，杜勒斯出任國務卿，也將有他自己的中國故事可以告訴我們。

美國新聞界將中日戰爭稱為「辮子戰爭」（The Pigtail War），而大清帝國的痛敗也大受歡迎。美國從日本蒸蒸日上的經濟和強大的軍事中，看到亞洲出現一名榮譽的「白人」。美國評論家稱日本為美國的「北佬兄弟」（Yankee brother），而瘋狂的達爾文主義理論家也猜測，日本人很快就會進化為白種人。

日後，柔克義（William Woodville Rockhill）將成為美國在中國最有影響力的外交官；他認為日本的勝利對清廷有如醐醍灌頂。他從在國務院的工作崗位上觀察，認為「狠挨一段痛打並不會傷到中國」。而《傳教評論》（*Missionary Review*）則認為，日本戰勝有如一條「公路」，「為基督教勢力進入中國」打開了門戶。

中國戰敗使其領導人和知識份子深陷危機意識，將社會達爾文主義概念引進中國的嚴復，還採用「救國」一詞提醒同胞當前危機之深重。中國菁英都認同中國病了，但對於如何醫治卻莫衷一是、爭論不休。

在中日戰爭爆發前十年，十多名英、美新教徒傳教士所組成的團體網絡，展開了以新方法向中國人傳道的實驗。根據一項統計，第一波美國傳教士推動之一次讓一個中國人改宗基督教的構想，需要五十萬年才能達標。羅孝全的遍地放火方法則造成太平天國之亂。因此，一群傳教士採取另一種有爭議的方法來打造新中國，而非向舊中國傳播福音，或促使其閃電歸主。

這些人將基督教義和西式教育、科學、資本主義和政治理論包裹在一起，將這道綜合劑當作可以增強中國的藥方來推銷。他們向中國的菁英訴求，而非找窮人及受壓迫的底層階級下手。美國傳教士李佳白（Gilbert Reid）說：「爭取到中國領導人，就是贏得中國。」這些傳教士將基督教信仰當作可使中國再度偉大的工具來提出，可說是以新技術來將西方價值推銷給中國。拋掉「基督教信仰正確、優秀」的論述，換上「它很有用」的新論述。

這群英、美傳教士創辦報紙、學校、大學、協會並鼓吹改革；扮演著啟迪中國人心智、引進現代中國史上最國際主義時代的重要角色。他們偕同中國夥伴，建立中國現代教育制度，並引進西方醫學、印刷媒體、科學和體育；他們反對纏足和殺女嬰，組織反貧窮與農村重建工作，並培育好幾個世代的中國現代化運動者。他們的書籍和文章，促使最高當局採取行動——龍座上的幼主光緒皇帝，也都蒙其感召。

到了一八八〇年代，在中國每座大城中，最起碼有一座新教教堂。基督教青年會（YMCA）和基督教女青年會（YWCA）遍布中國各大城市。這些機構是中國男女平等互動的第一個所在。猶有甚者，新教主義強調行善、努力工作和自我犧牲，感召了渴望有男女先鋒奉獻生命、拯救國家的這個民族。直到二十世紀，這種相當美國式——促使推動禁酒運動、投票權運動和進步主義——的服務概念，都還持續影響中國。美國傳教士使用的街頭劇場、群眾動員等技法，以及他們擁護的諸多行動，包括：推廣識字和農村醫療等，都將啟發中國的國民黨及共產黨。國共兩黨都大量採用新教傳教士的工具爭取權力。

二十世紀的前面幾十年中，中國新教徒占中國大學生、高中畢業生及主要政治人物的一半以上。新教徒或在新教學校中受過教育的人，開創了中國所有的現代職業，包括：教育、醫學、法律和工業等領域。美國的影響力啟發許多中國人擁護個人主義、科學研究、民族主義、民主、婦權和公民社會。

幼年父母雙亡的林樂知（Young John Allen），父親曾經蓄奴。一八五九年他賣掉喬治亞州的家業農場，受南方衛理公會（Southern Methodist）之派，偕妻子瑪麗（Mary）和女兒馬薇娜（Malvina）前往中國。林樂知一家才剛抵達上海，南北戰爭就爆發了。由於南方衛理公會的捐助中斷，導致不到幾年就和瑪麗相繼生下六名子女的林樂知一家計陷入了困境。

一八六〇年代初期的上海，已有逾百萬中國人及數千名外國人居住，其中美國人勉強超過百人。一八六三年，美國人將他們在上海虹口地區的小租界併入規模大上許多的英租界，並合組公共租界。在如此日益繁忙的城市裡，林樂知找到教授英文、化學和物理學的工作，教導學生了解電報、電流電池及其他的新發明。在一八六〇年到一八六七年這段期間，林樂知平均一年才讓一個人信教，但他發現西方知識——並非宗教——才是進入中國人靈魂的鑰匙。他宣稱，他的傳教方法是「藉由知識份子著手」的方法。

一八六七年，林樂知一頭栽進他的最愛：新聞事業中。他創辦了一份中文月刊《萬國公報》（*Globe*），並和英國傳教士李提摩太（Timothy Richard）合作，將《萬國公報》當成「同文書會」（Society for the Diffusion of Christian and General Knowledge Among the Chinese）的機關報，而這個單位旨在教導中國人，傳授西方新知。

《萬國公報》對中國知識菁英產生極大影響。許多中國人從該月刊的文章中首次接觸到民主、社會主義、經濟學和世界事務。林樂知告訴讀者，中國在強國之前，必須先富起來——一世紀之後，中國共產黨領導人鄧小平也是如此提倡。林樂知和其他作者祈求中國政府擁抱改革。他們寫道，請看看日本，只花了不到二十年，就崛起成為大國。

林樂知和他的同仁將基督教信仰當作成為世界大國的關鍵來兜售。針對李鴻章的提問：「基督教信仰有什麼好處？」《萬國公報》提出十三篇系列文章作為答覆，強調這個信仰的政治、社會、道德和物質上的益處。之中只有一篇提到精神層面。

《萬國公報》的文章洛陽紙貴，中國印刷廠肆意盜印。林樂知在某座城市就發現，自己所寫的一篇文章被六個中文「八卦報」盜用。可想而知，中國人侵犯智慧財產的傳統，如何搞得美國人威脅要對侵權者採取法律訴訟。

林樂知和其他傳教士在廢除纏足上扮演著至關重要的角色。纏足風氣始於西元十世紀，當時，某位皇帝有個愛妾，把腳塞進小鞋子跳舞。此風一長，中國男子遂得以控制女人的行動。許多中國男人還發現，變形後的「三寸金蓮」配上女性臀部和下陰的動作，是性事的一大歡愉。

為了反對纏足，林樂知和其他人指責當代的中國人。《萬國公報》的文章詳述壓碎四個腳趾、壓擠踝骨的過程，以及伴隨三寸金蓮常引起的致命感染及惡臭。他們也主張，中國若要富強，不僅需要男性，也需要健全的女性。

綽號「老狐狸」的著名知識份子康有為，在自傳中將自己對纏足看法的改變歸功《萬國公報》。他承認，最有效的一招就是羞恥感。康有為寫道：「我之所以改變看法，主要歸功於李提摩太和林樂知兩位牧師的作品。」他又說：「再也沒有任何事比起纏足更讓我們成為笑柄。」這並非最後一次，因為在「國際上丟臉」而促使中國改變。一八九四年，康有為在華南廣州市創辦「天足會」。短短幾年，會員已逾萬人。他就此題目上奏皇上，歐美「強大而有活力，是因為他們的母親們不纏足，因此才有強健的子女」。他寫道，如今中國與西方展開決鬥，因此必須廢除纏足，因為「生下孱弱的子女禍害無窮。」八年後的一九〇二年，慈禧太后下令廢止纏足。再過十年，中華民國第一任總統孫逸仙明令嚴禁纏足，這項風俗終究歸於湮滅。

一八九五年四月，當八千名各省舉人齊聚北京，參加三年一次的全國科舉考試時，《馬關條約》的消息傳來。林樂知發表外洩的談判筆記。舉人們被日本需索之大所震懾。他們聯名上書清廷，要求維新改革。（譯按：即「公車上書」）他們仿效傳教士主持的俱樂部成立讀書會，如強學會和保國會等。

三年後的一八九八年，康有為連續上書光緒皇帝，提倡大膽的西化政治和經濟措施。在林樂知等人指導下，他主張師法日本，並以「日本明治之政為政法」（譯按：引自康有為著《日本變政考》）。康有為還推薦中國人心中的英雄喬治．華盛頓給光緒皇帝，作為其領導中國進入現代世界時師法的榜樣。一八九八年一月，他上書光緒皇帝，提到「華盛頓無一民尺土，而保全美國。況以中國二萬里之地，四萬萬之民哉！」（譯按：引自康有為〈上清帝第五書〉）

受到康有為的鼓勵，光緒皇帝發布一連串諭令，目標在於徹底改革中國的行政。自一八九八年六月起，光緒皇帝汰除政府冗員、改造軍隊及政府行政部門，同時逐步開放經濟，並實施西式教育。

康有為也建議光緒皇帝成立一個顧問機構（譯按：即「制度局」，但後來數度更名），並毛遂自荐擔任皇帝的首席助手。康有為的野心使他和慈禧太后的路線發生衝突。慈禧太后固然明白必須改革，但她不能容忍自己的威權遭到挑戰。康有為的一些追隨者竟建議罷黜她。一八九八年九月，一群宦官衝進光緒皇帝的寢宮，將他監禁在紫禁城內的瀛臺。慈禧反撲，逮捕、處決維新派，並重新執掌大權。於是，康有為便和他最親信的追隨者梁啟超一起逃亡到日本。

雖然一八九八年的百日維新胎死腹中，但中國需擁抱西化改革的思想卻已深入人心，與另一派思想——中國應消滅洋人，對西方關上門戶——鬥爭起來。攤牌時刻即將到來。

附註

傑佛瑞．多爾沃（Jeffrey Dorwart）的《髮辮戰爭：美國對一八九四至一八九五年中日戰爭的介入》（*The Pigtail War: American Involvement in the Sino-Japanese War of 1894-1895*）一書對這場戰爭有一流的介紹。美國的報紙對這場戰爭也有詳細報導，尤其是《紐約時報》，深入報導前國務卿佛斯特如何協助中國談判。柔克義對甲午戰爭及中國的觀點散見於國務院的檔案。林樂知、李佳白和其他傳教士交往中國知識份子、試圖推動改革的故事，見於他們所辦的報紙《萬國公報》。康有為對纏足的觀點及西方如何影響其改革主張，參見《康有為全集》。

第七章 女傳道

一八六五年五月的一個晴朗早晨，阿黛兒．費爾德（Adele Fielde）從紐約搭上了一艘茶葉船，歷經一百四十九天的顛簸旅程後，好不容易來到英國的殖民地香港。朋友幫渾身高燒的費爾德穿上婚紗，而她則忐忑不安地坐在甲板上等候未婚夫——浸信會牧師塞魯士．奇科特（Cyrus Chilcott）的到來。他們計劃在香港結婚，然後前往曼谷，向當地的華僑傳教。

一艘小船靠了過來，但奇科特竟不在船上。船夫告訴費爾德，奇科特因傷寒過世了。她後來寫道，一下子「成了孤零零的一個人，陷在亞洲的海岸」。船長建議她打道回府，回美國去。她則堅持依原定計畫前往曼谷。

這名一八三九年生於紐約上州的農家女兒，趕上了十九世紀社會及女權議題喚醒一代青年的大時代。北方女性起身反對蓄奴制；內戰後，她們要求擁有平等的機會。女子大學於焉出現。費爾德二十五歲時，成為一所女子學校的校長。奇科特去世後，浸信會聘她為傳教士——她是最早在亞洲傳教的單身女傳教士之一。

由於費爾德與同她一般的先驅，女性在美國的中國傳教事業中成了主角。女性——尤其是單身女性——很快就成了美國傳教士中的大多數。費爾德的故事凸顯出在滿清覆亡、民國掙扎著站穩腳跟之際，美中兩國女性緊密相合的例證。

對費爾德和像她這樣的其他先驅而言，中國提供了自由和機會。因為此刻，受過良好教育的美國女子在本國的事業發展相當有限。美國女性在國內不能踏進手術房，但在中國，已經可以操刀並擔任外科醫生。在美國國內大學任教的女性猶如鳳毛麟爪，而她們在中國，卻已擔綱起大學的系主任。

費爾德和她的美國姊妹，也領導當時的中國女性邁步向前。她們幫助中國女性走出家庭束縛、反對纏足，並幫她們走向世界。美國傳教士率先教育中國女孩，並提供自身的例子為其典範，帶領她們打造新式生活。其他國家的女性也想在中國發揮影響力，如俄國的無政府主義者和法國的革命派等。但美國女性的人數不僅最多，她們也最符合二十世紀初對於「新女性」的定義。美國人闖進中國的教室、醫院、廚房和寢室，希望打造浸信會傳教領袖露西．華德布理．皮巴迪（Lucy Waterbury Peabody）所謂的「海外新女性」。

費爾德在曼谷搬進已逝未婚夫的房子。一年內，她已能夠說暹羅華人工人及其家人所說的潮州話。當她的語言變得日益流利，也開始威脅到教會負責人——保守的浸信會牧師威廉．狄恩（William Dean）的地位。

狄恩認為，傳教工作就是爭取靈魂的戰爭。他自稱「上帝的戰士」，而他的傳教士同僚則是「援軍」。他誓言為基督而戰，直到躺進「士兵的墳墓」。他要求費爾德站在街角，向路人長篇大論地說教。但費爾德認為，傳教工作應該細心耕耘，不該像作戰一樣，而且認為狄恩所謂的戰爭相當愚蠢。

一八六八年十月，她發表公開信向美國的浸信會上級總結狄恩的成績。她說，過去三十四年，新教傳教士在曼谷讓八十個人改宗基督教——況且他們是否真的信服，也仍有疑問。以這種方法將亞洲基督化，辦得到嗎？她的結論是：「這樣做不行。」她認為需要有個新模式。教育很重要，但女性傳教士也很重要。而且她們必須單身未婚、沒有家累，才能專注在中國姊妹身上，把光明帶進所有華人家庭。

費爾德的信惹惱了狄恩。更早之前，她曾戲劇性地向國內浸信會信徒報告奇科特的死訊，還有她對暹羅華人的敏銳描述，都轟動一時。一八六九年十二月，狄恩要求將費爾德調回美國。他揭露，她開始與長老教會交好；她和「聲名狼籍、與未婚女性不法同居的男士」打牌、跳舞。他宣稱她是「一只失控的輪子」。

浸信會命令費爾德回美國接受聽證調查。她在回國途中經過汕頭——這正是許多曼谷華人的原鄉，並在那裡結識了一名浸信會傳教士耶士謨（William Ashmore），他贊同她特別關注中國婦女，並由此爭取華人靈魂的想法。一八七二年一月十八日，波士頓美國浸信會宣教團（American Baptist Mission）質問費爾德。她則辯稱，長老會信徒又不是惡魔，打牌也非罪過。她跳舞時，心靈「沒有比跪下來祈禱」與上帝更為遙遠。宣教團執行委員會並不欣賞費爾德及她的傲慢。但這必須考量到輿論。費爾德在全美浸信會女性信徒中的名氣相當旺。全國各地教堂爭相爭取她來演講，捐款也紛紛湧進。此外，耶士謨已正式要求將費爾德調到汕頭市。聽證會結束次日，執行委員會洗刷她的罪名。到了一八七二年秋天，已在全美各地巡迴演講六個多月的費爾德，回到了汕頭。

教會位於汕頭市上方的一座山上，有兩棟可抵抗颱風的大房子和一座教堂。費爾德從這裡走遍附近的村莊，找到有意願的女子，教導她們識字。這些女子生長在背誦和講故事的傳統中，許多人學習、吸收地極快。費爾德告訴她的美國讀者，這些婦女之中，有位四十二歲的「阿金」，原本完全不識字，但卻在十個月內，可以閱讀一百首讚美詩、四篇福音書和使徒行傳。「阿快」為中國基督徒的女兒，「可以讓一群異教徒婦女專心聽她說話，長達數小時之久。」中國人稱費爾德為「斐姑娘」或「優雅的女傳教士」。

一年內，費師姐開辦一間名為「明道婦學」的女校，成為中國現代史上第一間專教女子的正式識字班。她稱她的學生為「女傳道」（Bible women）。後來費爾德擴大課程，包括衛生、育幼、基本的醫護技巧和地理學，因此她的傳教工作開始變得愈來愈不像福音事業，反而趨向早期版本的和平工作團（Peace Corp）。費爾德說：「我希望行善，但不希望自己成為那種虔誠無比的教徒。」強硬派的浸信會認為這是褻瀆上帝，但他們保持緘默。因為費爾德是一台超級募款機。

「明道婦學」開辦手工藝部門，教導婦人針織，如此便有了維持自立的收入。這個部門成長到能在華南雇用數十萬名婦女，並將汕頭打造為出口重鎮。

一八七七年五月，費爾德來到上海，成為在全國性新教傳教士會議演講的第一位女性，她前來介紹她的「女傳道」。雖有少許美國男性傳教士退席，抗議允許女性走上講壇演講，但大會正式支持引進更多單身婦女到中國工作的主張。不到幾年，在中國的美國傳教士中，就有超過百分之六十是女性，而且逾半數單身未婚。

費爾德寄回美國教會的公開信膾炙人口，後來集結成書。《寶塔陰影》（*Pagoda Shadows*）出版於一八八四年，第一刷上市一週就搶購一空，並連續六刷。費爾德在書中介紹中國的服飾、婚喪喜慶和醫藥。她一再提到中國社會不尊重女性、纏足十分殘忍、中國女性在婚後如何變成夫家的財產，以及她們只有在生下男孩時，在家庭中才有地位。

費爾德對其一百六十名「女傳道」展開調查，發現她們共親手殺害了一百五十八個不受歡迎的女嬰，但從未殺害男嬰。費爾德和其他傳教士在湖邊擺了一個籃子，並留下紙條：「請將嬰兒放在籃子裡。拜託別把她們丟進水裡。」

對於中國，美國並無明顯或不可避免地感受到其魅力，但美國女性卻迷上了費爾德所描述的中國，喜歡其豐富的異國情調與普世的人性。費爾德成功達到了目標：創造美國和中國女性的情感結合。一八八二年她返美後，又被自各地湧來的演講邀約給淹沒。

費爾德在美國休假期間，進入賓夕法尼亞女子醫學院修習外科和婦產科。她認為中國不需要那麼多傳教士，但需要更多醫師、科學家和工程師。當時中國的嬰兒夭折率約為百分之五十。通常只要稍為改善，譬如有了熱水和肥皂，就能拯救新生嬰兒和母親的性命。

一八八五年，取得醫學學位的費爾德回到中國，但未逗留太久。長時間的工作、疾病和挫折，磨損了她的健康和精神。她的重心也在此時轉移到新的領域。查爾斯・達爾文（Charles Darwin）及現代科學原理勝過浸信會教義。最後她認為，美國比中國更需要她。一八八九年，費爾德捨棄傳教工作，成為全美國知名的研究工作者及螞蟻專家，同時也是進化論的重要倡導者、擁護婦女參政權的健將。一九一六年當她去世時，北方浸信會沒為她發訃聞。對他們而言，她在一八八九年離開中國時就已離世。

然而，費爾德的遺緒流傳了下來。她首次抵達中國的八年後，維吉尼亞州富有的農場主人之女慕拉第（Lottie Moon）就奉南方浸信會派遣，到山東的農村教書。她和費爾德一樣，違背了浸信會對女子行為的一切規矩。她單獨住在中國農村。她向中國男子傳教，並要求應該准許女子擔任牧師——直到今天，南方浸信會都還未核准這項祈求。一九一二年的聖誕夜，慕拉第在中國歸主懷抱，得年七十二歲。

北方浸信會漠視費爾德之死，南方浸信會卻很重視慕拉第的辭世。從一九二七年出版關於她的官方傳記開始，故事就聲稱她鍾愛她的中國信徒，將自己所有的食物拿出來給他們，以致為了中國而餓死。即使這個故事毫無事實根據，但南方浸信會卻發起「慕拉第聖誕善事」（Lottie Moon Christmas Offering）計畫，紀念她的犧牲。從創始算起，這項計畫募集到二十億美元以上，是史上最豐收的募款活動之一。

一八九六年，兩名中國女性在江西省九江市這個小城，開辦中國第一間西式婦幼醫院。石美玉與康成剛從密西根大學醫學院畢業——美以美教會（Methodist Episcopal Church）婦女佈道團的獎學金助其完成學業。

後來，石美玉與康成創辦的醫院和診所每一年都醫治了數以千計的婦女和幼童，啟迪一個世代的中國婦女行醫，而且她們幾乎赤手空拳地替中國婦女創造出護理師這個新行業。她們成為新中國婦女的表率——獨立、以事業為重、愛國，而且……單身。中國作家以論文、短篇故事和詩歌歌頌她們。全國各地紛紛有人前來提親。康成還被其中一位民國的總統追求過——但她婉拒了。

美國人稱石美玉為「石瑪麗」（Mary Stone），稱康成為「康愛德」（Ida Kahn）。一九一〇年代，史密斯學院和其他女子院校的宿舍出現過激烈辯論：誰是當今世界上最偉大的女性——中國的石瑪麗，還是社會工作者珍妮・亞當斯（Jane Addams）。在多年後的一九三一年，亞當斯榮獲諾貝爾和平獎，成為獲頒這項殊榮的第二位女性。數以百計的美國人受到石美玉與康成感召，到中國投入建設新中國的大業。她們的工作啟迪了美國人和中國人，是兩國緊密結合又一例證。

一八七三年康成出生於九江，一個不想再要一個女嬰的家庭。親友建議別丟棄她，於是家人將兩個月大的她送給一名方才來到九江的美國女傳教士。昊格矩（Gertrude Howe）生長在激烈主張廢除黑奴的貴格派（Quaker）教友家庭，她在一八七二年來到九江，是第一位美以美會婦女外國佈道團（Woman's Foreign Missionary Society of the Methodist Episcopal Church）派到中國的女傳教士，而她創辦的學校後來成為儒勵女中（Rulison Girls' High School），是中國最佳的中學之一。

大多數的西方傳教士樂於向中國人傳教，但不與中國人住在一起。他們很少用筷子吃飯，社交和物質生活仍環繞著蒙哥馬利華德百貨公司（Montgomery Ward）的郵購目錄、七月四日美國獨立紀念日、華盛頓生日和聖誕節。昊格矩則不然。她和中國人混在一起。雖然未婚卻領養了康成，後來又另外領養了三名中國小孩，使其美國同僚大為震驚，以致不准她帶著領養的小孩住進傳教士宿舍區。

稍後幾年，石美玉也進入昊格矩的生命中。石美玉的父親是名商人，也是基督徒，將七歲的石美玉送到昊格矩所辦的學校念書。幾年後，另一名女兒安娜（Anna）也到九江上學。石美玉的父親沒要女兒纏足。他也決定，女兒們日後都要當醫生。

到了一八九〇年代初期，昊格矩存夠了錢，將五名最優秀的學生送回她的母校密西根大學念書。一八九二年，她帶領她們到安娜堡（Ann Arbor），親自為她們補習數學、化學、物理學和拉丁文，準備入學測驗。醫學院收了康成與石美玉兩名學生，美以美會負擔學費；後來兩人分別以全班第二名和第三名畢業。

一八九六年，康成、石美玉與昊格矩回到九江。石美玉與康成被聘為傳教士；美以美會付給她們的薪水高於本地傳教士，但仍不及白人傳教士。數百名鄉親歡迎她們回國；她們還沒時間打理好一切，就有數十人排隊等著看病。第一年，她倆醫治了六千多名病人，並到鄉下探望一千多個家庭。到了一九〇一年，她們募到足夠的錢——大部分來自芝加哥的但福德醫師（Issac Newton Danforth）——成立了一家醫院。一九〇三年，但福德醫院每月的看診病患高達五千人，也培訓出數百名護士，在中國建立護理師這門專職。

一八九七年，維新派思想家梁啟超結識了康成，並撰寫〈記江西康女士〉這篇文章，介紹她的事跡，稱許她是中國新女性效法的典範。梁啟超稱許康成不纏足，也稱許她的工作倫理及對中國的熱愛。他不提康成的基督教信仰，也不以傳教士描述昊格矩，只說她是「一為美國儒者的女兒」，兩人是在機緣下結識的。

梁啟超對康成的描述，反映出中國知識份子不願承認基督教文明等西方價值對康成、石美玉及其同類人的影響。同時也反映出中國人還不能接受自己的同胞愛中國又愛上帝的思想。對梁啟超而言，康成接受的西式實用知識，應可脫離支持那些知識的固有傳統。他期許有朝一日，康成能為祖國生育小孩，但這天永遠不會到來。

一九〇〇年代初期，當大量美國女性傳教士開始來到中國時，中國婦女幾乎無不婚嫁。但美中兩國婦女聯手打造出的新世界，使得中國婦女有了追求職涯發展的可能，也產生了結婚之外的另一條路。雖然美國的女性傳教士理應鼓舞其中國信徒，嫁個基督徒丈夫，展開美滿的婚姻生活，但這個訊息卻混淆了，因為像昊格矩這樣的許多美國女性，自己都是單身未嫁。石美玉、康成以及她們的中國姐妹，效法她們的美國老師、醫生和養母所做的事，而非他們所說的話。

一九一九年，美國教會出資在南京開辦的金陵女子文理學院，也是中國第一所頒授學士學位給女生的大學，其第一屆畢業生集體宣誓終生不婚。其中一位畢業生徐亦蓁寫道：「我喜歡單身，這之於我的同代女性是很普遍的事。」

許多中國男人並不樂見女子意志堅強、擁有自立自主的精神。一九〇四年喪偶之後，金陵首任校長德本康夫人（Matilda Thurston）就終生守寡。她說：「男生痛恨女生的獨立和不肯跟從他們。」她笑道，中國男子可以接受性別平等，只要女人「適度服從男人」就行。

康成、石美玉、石美玉的妹妹石安娜（也自美國留學歸國）還有昊格矩，都拒絕屈從於男性。她們在與南京相距不遠的九江市，創造了一個特別的世界。根據教會的報導，她們的家是東方和西方交會之處，這是一些中國人和美國人努力數十年所追求的理想。另一份報導表示，「賓客、本地傳教士和他們的妻子在此聚會；中國婦女不會因為外國人的官員、隨從在場而對他們畢恭畢敬。」有位中國官員讓他的女兒跋涉四百五十英里路，只為了見石美玉一面，「希望得到啟發。」

一九〇六年，石安娜因肺結核去世。大約同一時期，康成離開了九江，搬到另一座城市居住，她與昊格矩在當地住了數十年後相繼過世。雖然石美玉悲痛妹妹的離世，但有個新來的美國傳教士進入了她的生活。

胡遵理（Jennie Hughes）是一位紅髮的美國美女，往後四十年都和石美玉廝守不離。她們同榻共眠，顯然是一對同志伴侶。她們以「姨娘」身分共同扶養五名養子女長大。她們的關係引起四周人們的敬佩和支持，尤其是因為石美玉雖是個中國人卻顯然能與胡遵理平等對待彼此。捐助石美玉辦醫院的但福德醫生寫道：「胡遵理女士和石醫師之間存在的和諧——請容我不稱其為基督徒之愛——是值得長期觀察的一件事。」就石美玉而言，她和胡遵理的關係是美國和中國結合的縮影。她們自稱是天生一對「雙子星」。

石美玉和費爾德、慕拉第一樣，都是一流的募款高手。她利用赴美國休假期間，走遍全美各地的美以美教堂，以流利的口語和進步主義的思維吸引教友聆聽。一九一六年七月，瑪麗・威爾登（Mary Wilton）在《基督教倡導報》（*Christian Advocate*）[1]寫道：「吉卜林若認識石瑪麗醫師，將不會誦歎：『喔，東方是東方，西方是西方，二者不會相遇。』在她身上，東方和西方以一種特殊的力量匯合。」

支撐石美玉特殊魅力的是她嚴肅的目標。她研究過美國的理想，如今她希望美國人能實踐此理想。美以美會從不曾支付她平等的薪酬，也不允許她住進傳教士的宿舍區。儘管她在全美各地，為美以美教會募集到數十萬美元的捐款，但她的每次晉升，都是向教會力爭而來。

後來石美玉和胡遵理脫離美以美教會，自己傳教行醫。一九二〇年，她們以當時來說相當激進的美中兩國人民應平等共處的原則，創立了伯特利教會（Bethel Mission）。她倆在上海買下一塊十英畝的地，蓋了一所中學，一棟三層樓的醫院和一座聚會所。受雇於伯特利的美國人之任務很單純：培訓中國護理師和傳教士，然後就可以離任。依照胡遵理的說法，時間已經到了，「這些中國人……自己會承擔起把中國帶領朝向耶穌基督的工作。」

費爾德、石美玉、康成、昊格矩和胡遵理，影響到數以千計美國人和中國人的生命，啟示美國和中國結合的奇蹟。反映如此結合的趨勢，石美玉身穿西式裙子和中式上衣。她將西方宗教和醫學引進中國，但堅持中國人要掌握兩者，並要求中國基督徒和醫生做好準備，當西方傳教士和醫生離開中國時，他們自己要能接手。她和費爾德一樣，堅信現代科學和宗教信仰密不可分。最後，這幾位女士的遺緒提醒美中兩國，若不堅持信念，追求現代化將不可能成功。

譯註

1.《基督教倡導報》是一八二六年美以美教會在紐約市創辦的週報，發行時間長達一百四十七年，直到一九七三年才停刊。

附註

阿黛兒・費爾德的故事參見亞特蘭大市美國浸信會歷史協會（American Baptist Historical Society）蒐藏的信函和其他文件。另外，李歐納・華倫（Leonard Warren）也寫了一本費爾德的傳記：《阿黛兒・費爾德：一位女性主義者、社運人士兼科學家》（*Adele Marion Fielde: Feminist, Social Activist, Scientist*）。康成和石美玉的故事詳見施康妮（Connie Shemo）的《康成與石美玉在中國的行醫生涯：論性別、種族與民族的跨文化邊界》（*The Chinese Medical Ministries of Kang Cheng and Shi Meiyu, 1872-1937: On a Cross-Cultural Frontier of Gender, Race, and Nation*）以及孔達珍（Jane Hunter）的《優雅的福音：二十世紀的在華美國女傳教士》（*The Gospel of Gentility: American Women Missionaries in Turn-of-the-Century China*）。費爾德、康成和石美玉都留下大量寫作，包括書籍和演講稿。

第八章 大門開了又關

一八九九年，外交官柔克義離開暮氣沉沉的希臘任所後，回到華府。三十五歲的這位費城子弟幼時在法國長大，參加過外籍兵團作戰，在新墨西哥經營過農場，也在聖彼得堡、君士坦丁堡和北京外館服務過。柔克義奉派擔任一項特殊任務：他將出任國務卿海約翰（John Hay）的東亞事務顧問。

當時國務院（全員八十六人，而且多為一般職員）儘管員額編制很小，但仍會關心亞洲事務。由此可證，美國對遠東的態度已大為改變。一年前，美國剛兼併夏威夷。一八九八年十二月，美西戰爭打得最熾烈的時期，威廉．麥金萊總統（William McKinley）號稱受到「天意」感動，下令進攻菲律賓並奪占關島。突然間，中國不再那麼遙不可及。

美國的十九世紀末是一段相當刺激、興奮的時期。國家經濟從一八八〇年代的谷底翻身，恢復元氣了。全國人口現在已達七千萬人，國家也已拓展到北美大陸的西端。美國的農業及製造業出口遍及全球。

美國思想家以國勢日益興隆為傲，但同時又感到焦慮；若無新市場，美國的工廠將過度生產，經濟會急墜崩塌。前任美國海軍軍官艾佛瑞德．賽爾．馬漢（Alfred Thayer Mahan）與年輕的狄奧多．羅斯福（Teddy Roosevelt）為莫逆之交。一八九〇年，馬漢出版了影響深遠的《海權對歷史的影響》（*The Influence of Sea Power on History*）一書，主張唯有強大的海軍才能提供軍事力量，支持貿易上升和國家實力。馬漢力促美國人將眼光投向遠東，作為未來世界鬥爭的主要焦點。在他看來，夏威夷和菲律賓是前往中國的墊腳石，而中國這塊「殘骸」則注定被西方「巨鷹」所吞噬。

歷經數十年的萎靡不振後，美國對華貿易已有起色，而且往往伴隨著誇大的熱情。一八九〇年代，美國出口的棉花有半數由中國買下——大部分輸往滿洲。美國的煤油、小麥粉、鐵和鋼也都流向亞洲。一八九八年，美國和香港的貿易倍增。

從經濟層面上而言，美國和中國已相互易位。進入二十世紀之交，曾經生產全世界三分之一產品的中國，此時的產量勉強只占百分之六，而美國則占全球生產量的近四分之一。美國又重燃對中國市場的狂烈熱情。但現在的美國，並不主張以一條鐵路控制來自中國的商業。在馬漢支持下，美國企業界熱衷於興建一條運河。一八九五年成立的全國製造業協會（National Association of Manufacturers），力促美國政府在中美洲開挖運河，以加速美國對遠東的出口。後來，巴拿馬運河於一九一四年竣工。

美國企業界極力遊說聯邦政府在中國對美商提供協助。一八九八年一月，當時最著名的財經報紙《商報》（*Journal of Commerce*）雙週刊抨擊麥金萊政府忽視中國貿易。歐洲人和日本人正圍堵美國商品在中國的銷售；這家報紙砲轟，如果麥金萊政府再不作為，將是「美國外交政策史上最大的錯誤」。商業團體呼籲，華府確保中國「門戶開放」。

美國企業界和戰略家相繼對此挑戰做出回應。一八九〇年代，德國、俄國、英國、法國和日本全都占領中國領土。從南方到滿洲，列強處處割據勢力範圍。代表新英格蘭紡織業大亨的麻薩諸塞州聯邦參議員亨利·卡波特·洛奇（Henry Cabot Lodge）提出警告：「整個歐洲都在爭奪中國。如果我們不在東方站穩腳跟，大規模推廣貿易，由此汲取我們未來的繁榮……那將對我們永久關上大門。」洛奇和其他人都要求美國制止中國遭到瓜分。

在這樣的背景下，柔克義開始思考美國對華關係的未來。他並非泛泛之輩。身高六英尺四英寸，蓄鬍且留了一頭搶眼紅髮，活像小說《三劍客》中的人物。柔克義是屬於他那個時代的學者、外交官和冒險家。在國務院服務的數十年，他除了本身所執著的外交工作，還到西藏冒險旅行，並利用時間翻譯古藏文書卷。洛克希德的朋友、作家亨利·亞當斯（Henry Adams）在讀了他遊歷蒙古的記述後寫信給他：「讀來好像我和馬可波羅十分親近，又和成吉思汗一起吃晚飯。」但柔克義與蒲安臣不同，他對中國人沒有深厚的情感。他向一位朋友坦承：「我一輩子沒遇見一、兩位，真心到可稱之為紳士的中國佬，但我必須微笑、忍受。」柔克義讓國務院同僚敬畏，他們稱他為「大酋長」。

附和美國企業界的英國政府，希望美國能幫助中國。英國固然希望保持其在中國的殖民地和租界，但同時也想確保英國商人在中國其他地區不會被排除。因此，柔克義的英國同僚找上了他，並表示：美國是在中國唯一沒有殖民地或租界的大國，地位相當特殊，可阻止中國遭到瓜分；美國應該要求將中國各個港口開放給所有國家通商；所有商品皆適用相同的關稅，所有船隻應受到平等待遇。

柔克義被說服了，轉而報請國務卿海約翰核准，就對華關係草擬幾份備忘錄。他將自己關在紐約市第五大道和十三街交叉口——新開幕的荷蘭之家大飯店（Holland House Hotel）的豪華套房裡，他整理一八四二年訂立的《中美望廈條約》，以及十年後馬沙利增修條文的版本，即是相當一致的美國立場——貿易應對所有國家開放，而中國保持穩定吻合美國利益。他在寫給一位英國友人的信裡寫道，希望美國「就我們的這個部分，承諾協助維持『大清』帝國領土的完整」。柔克義一一接洽在華列強，刪除其勢力範圍內對其公民及該國產品的特惠待遇。他希望中國所有地方的商品都沒有額外關稅。

在此，柔克義的目標未必以增進美國在華貿易為考量。事實上，他是溫和地推動美國在華商務。一九〇五年鐵路大亨哈里曼（E. H. Harriman）到北京訪問，他不肯幫忙——要求清廷開放紫禁城接待此一行人，於是和哈里曼結下了永遠的樑子。他的目標是利用門戶開放來保護中國領土完整；他和其他美國人一樣，將中國領土完整視為攸關美國在亞洲長期的重大利益。柔克義備忘錄根據的思想相當大方、高尚，甚至保護著中國，但背後當然也有輿論的力量支持。

八月底，柔克義將備忘錄呈給國務卿海約翰。九月六日，經麥金萊總統核可後，海約翰發出與柔克義原稿一模一樣的電文給西方列強和日本。列強逐一同意中國「開放門戶」。美國外交官喬治・肯楠（George Kennan）說：「這好比是要求相信真理的人請站起來，撒謊的人不得不最先站起來。」

十一月間，協議的新聞一公布，各方讚聲不絕。《紐約時報》宣稱這是「高尚的和平之作」、「文明的勝利」。《評論雜誌》（*Review of Reviews*）稱許是「透過外交交涉，獲致的最偉大成就之一」。紐約的《獨立》雜誌（*Independent*）則稱讚美國是阻止中國遭到瓜分的功臣。

當美國人自我稱讚義行可風之際，中國人對此困惑不解。和《蒲安臣條約》洽簽時一樣，美國人根本沒照會清廷此項新政策的詳情。但中方消化後竟以為，如果其他列強關上中國的門，美國將協助中國半開。如此一來，便產生了另一項重大期許。美國的承諾很快就會面臨考驗。

一九〇〇年八月十五日上午九點，二十名中國士兵來到山西省一座飛沙走石的縣城——美國傳教士居住區，帶走兩個美國人的家庭離開。汾州城家家戶戶、男女老少都跑出來觀看洋人撤走。

這兩家美國人是在義和拳之亂鬧到最兇時，從汾州被趕走。由於西方列強強奪中國土地及其他東西，在山東省引爆此一反洋人的義和拳之亂。拳民自認刀槍不入、功夫可擋槍彈，並將中國的貧窮怪罪到西方商品和科技上。他們聲稱，滅了洋人可以增進收成、帶來雨水、馴服黃河（一八九八年黃河在山東境內潰堤、沖走一千五百個村莊）。義和團拳民高喊著「殺、殺、殺」，遍及華北各省。

離開汾州的美國人包括傳教士賈詩禮（Charles Wesley Price）、其妻伊娃（Eva Jane Price）及女兒佛羅倫絲（Florence）。他們夫妻倆從奧伯林學院（Oberlin College）畢業後，已在山西省住了十一年。如今，載著賈詩禮一家人的車隊緩緩走過田野和村莊，卻發現並不受人歡迎。每到一地安頓，村長都會付錢給士兵，請他們繼續走。每位村長都會提醒士兵，你不能在這裡做那件事——你不能在這裡做那件事。汾州的中國基督徒費起鶴（譯按：費起鶴也是奧伯林學院畢業生，在山西的教會學校任教，民國後成為政府官員）聽到伊娃低聲唸誦著：「如果拳匪今天出現，我希望小佛羅倫絲能在我之前離開這世界。」

義和拳之亂，反映出中國對現代化扭曲與暴力的常見反應。到了一九〇〇年五月，拳民已往北擴散至滿洲，往西進入山西省和直隸省。他們拆毀鐵路軌道、拆卸電報線路，並放火燒毀教堂。他們殺害西方人和中國基督徒，包括石美玉的父親。拳民將中國乾旱怪罪到洋人身上，聲稱西方人雇用流浪漢在村中的井裡放毒，又說中國外海恐怖的西方船隻，載了滿船中國人的血水、眼睛和乳頭。

亂事愈鬧愈大，西方使節卻未多加注意。六月一日，華府的柔克義向國務卿海約翰表示，亂事即將消退。他寫道：「我不相信拳匪運動會持續很久，或造成任何嚴重與複雜化。中國當局一旦決定停止平亂，很容易就辦到。」不料，中國當局選擇鼓動拳民，提供其軍官和武器。在維新改革的實驗失敗後，慈禧及清廷的態度變得更為凶惡激烈。慈禧宣布，非將西方人殲滅殆盡不可，或至少將他們都丟進海裡。六月五日，拳民切斷了自天津開往北京的鐵路。清軍竟與拳匪匯流；五天後，電報線被切斷了。美國使館發給華府的最後一封電報中寫道：「我們被包圍在北京了。」

接下來五十五天，身陷北京外交使館區的四百三十五名士兵、三千名洋人及中國基督徒，深陷饑餓、恐懼與死亡的陰影，但也有許多英雄事蹟。受困的眾人宰了打馬球時騎乘的小馬，並以此馬肉維生；將儲藏來供應夏天派對的香檳酒當水喝。痢疾肆虐。空氣中瀰漫著惡臭，因為許多屍體已經腐爛，士兵無法梳洗。

六月十九日，總理衙門通告在北京的十一國公使，與西方列強及日本斷交，並向洋人宣戰。清廷承諾，北京所有使館可以安全離境。但次日，當中國人殺了德國公使，西方人便決定死守不退。

五十名美國海軍陸戰隊隊員守在使館區南邊的美國公使館，奉命阻止中國人爬上可俯瞰洋人住所的一道六十英尺高、四十英尺寬的高牆。如果中國人爬得上高牆，底下的西方人只能束手挨打。在一次交火中，出身曼哈頓貧民窟、身高五呎六吋的愛爾蘭裔美國大兵丹．達利（Dan Daly）獨守於低矮的石欄杆後面，當中國人單獨或兩人一組攻來時，達利幹掉了兩百名拳匪。因為這番英勇行為，他獲頒榮譽勳章，成為全部三十名獲勳者之一。

包圍開始時，來自南卡羅萊納州坎登（Camden），本來在北京一所教會學校教授物理學的美以美會傳教士賈腓力

（Frank Gamewell），卻要負責設計使館區的防禦工事。賈腓力騎著腳踏車巡迴匆匆興建的工事，督導八英尺厚的土牆興建，也開挖十二英尺深的壕溝，用來防禦地雷。西方婦女也遵循賈腓力的指示，利用窗簾、床單、錦緞以及各式各樣的布料，填裝逾十五萬包沙袋。

當北京朝廷命令南方各省的部隊攻打在地洋人時，一群督撫一同前來找李鴻章商量。李鴻章因交涉《馬關條約》而受讒，遭貶至廣州擔任兩廣總督。李鴻章下令：「不理此一命令。」督撫們旋即與美國政府展開秘密談判，因而成立了「揚子協定」（Yangtze Compact，譯按：史稱「東南自保」），將戰事局限在華北，拯救了無數西方人及中國人性命。

七月三日，南方督撫們告訴海約翰國務卿，美國是中國停止全面戰爭的唯一希望。海約翰當天就堅稱，美國不認為正與中國交戰。這位美國國務卿在公開信中昭告列強，表明維持中國領土的完整才符合華府的利益。他說，目標還是「在中華帝國所有地區，平等及不偏不倚的通商」。海約翰在給友人亨利・亞當斯的信中寫道：「唯一該做的事，就是讓風暴局部化。」

海約翰的公開信當然避重就輕。美國已經與中國交戰。在他發表聲明的前幾個小時，美國和英國的陸戰隊以及俄國海軍已對北京明城牆（Tartar Wall，譯按：分隔北京內成與外城的城牆，內城即Tartar City）的清軍陣地展開閃電攻擊，殺死數十名回族戰士（譯按：應為董福祥率的甘軍，部隊裡有部分回族兵士）。次日，為慶祝勝利，美國公使康格（Edwin Conger）自遭到攻擊的美國使館牆上，卸下了彈痕累累的獨立宣言掛圖，並向聚集使館門口的美國公民宣讀，用來激勵士氣。

如今，我們很難理解美國為何如此在意中國領土的完整性。戰爭部長伊立胡・魯特（Elihu Root）向他的妻子表示，中國若遭到瓜分，「將是僅次於羅馬帝國崩潰的大事，對人類的影響極為重大。」維持中國領土完整被認為攸關美國財富前途。「廣大的中國市場正等著美國商人」的思想，已深入資本主義美國的腦海裡。唯有統一的中國才能確保亞洲的穩定，這個思想也支撐著美國戰略家的思維。

在山西方面，當義和拳的威脅正在醞釀，傳教士賈詩禮與妻女打算遠走躲避，但小偷偷走了他們的必需品，導致其計畫擱淺。賈詩禮寫道：「我們的心神起伏跌宕。」七月九日，暴民在巡撫駐地太原府殺害了四十四名傳教士及其家屬婦孺。汾州縣令先是張貼告示，禁止殘害基督教與天主教傳教士，次日旋即宣布支持義和團。

拳亂消息搶占了美國報紙的版面，掩蓋了即將展開的總統選戰新聞：共和黨的麥金萊搭配副手狄奧多・羅斯福，對戰民主黨的威廉・詹寧斯・布萊安（William Jennings Bryan）。《紐約太陽報》（*New York Sun*）稱義和團之亂為「人類文明所遭遇最震撼的事件」。七月五日，《紐約時報》宣告：「北京城裡所有的外國人全都死光了。」

中國駐華府公使伍廷芳否認這則報導。在他的安排下，國務院的電報得以透過北京某位滿洲將領總部（這位將領反對包圍洋人）將電報轉交美國公使康格。康格的回電是懇求「迅速救援」。華府有人懷疑回電來自康格。海約翰要求中國這一端的發報人講出康格姊妹的名字，對方表示是「愛爾妲」（Alta），證明確實是康格公使本人沒錯。伍廷芳交給麥金萊總統來自南方督撫的信，表示「特別仰仗」美國恢復秩序，維持中國的領土完整。同時，美國及其他七國的部隊聚集中國海岸，預備進軍北京拯救僑民。

要麥金萊騰出部隊、遠赴中國並不容易。菲律賓亂事鬧得正兇，而國內評論家也認為，出兵中國等於讓美國淪落到與舊歐洲相同的水平。但美國企業界的立場卻很清楚：美國有必要維持中國開放通商，因此勢必採取軍事行動。鑒於選舉將於十一月投票，親善商界的總統向選民利益低頭。

然而，美國仍需維持和中國並非交戰關係的假象，於是將這項行動稱為「援華任務」（China Relief Mission）。麥金萊指派曾經歷南北戰爭、印第安戰爭和美西戰爭，戰場經驗相當豐富的阿德納・查飛（Adna Chafee）將軍為美軍司令。麥金萊總統給查飛將軍的指示是：「我希望動亂過後仍與中國維持友好關係。」

八月十四日，八國聯軍逼近北京。英國陸戰隊率先攻入，俄、美、日軍隨後也進到城裡。慈禧太后帶著皇室逃出北京「西巡」。困守使館區的四三五名洋人士兵，死傷將近一半。美國陸戰隊隊員中有七人陣亡。

北京外僑解圍次日，在中國士兵的押送之下，離開汾州的賈詩禮一家終於來到一個村莊，但此地的村長不肯付錢給兵士請他們繼續前進。於是就在當地——萬里無雲的天空下、乾旱肆虐的夏天沙塵中，身著鑲紅邊、綠色軍裝的清兵，屠殺了傳教士及其家屬。因有兩名士兵示警而躲到高粱田的費起鶴聽到了槍聲。賈詩禮一家人及其友人的屍體則被丟進溝渠，並用石頭埋上。

費起鶴日後寫道：「我痛心極了，見到朋友遭逢如此噩運，但我愛莫能助。」費起鶴的行李中，裝有賈詩禮寫給老家愛荷華親人的一封信。信上寫著：「親愛的家人：我們全都預期會死，上帝會賜予我們恩典……如果我能寫一本書，也敘述不了過去六週所經歷的恐怖懸念。」這是死者的遺書。

聯軍一解開北京圍城後，立刻開始搶劫。德軍和法軍幾乎沒參與任何作戰，但卻發動了數十次清掃行動，搶劫、強姦、屠殺無辜的中國人。

美軍司令查飛寫道：「自攻占北京後，每殺死一名真正的拳匪，便至少有五十名無辜的苦力或農場勞工，包括不少婦孺也被殺害。」柔克義奉麥金萊總統之命到中國談判，他也寫道：「『紀律嚴明的歐洲軍隊』到處進行蒙古人曾於十三世紀做過的事。」

英國人將搶劫來的古董陳列於北京英國使館門口。除了週日以外，每天下午都公開拍賣。英國大使夫人買了最多。其次是美國使館一等秘書赫伯特．史桂爾（Hebert Squiers）與他繼承萬貫遺產的妻子許海麗（Harriet）。拳亂之前，他們就是美國外交圈的社交中心。九月份，當史桂爾一家人離開北京時，他們帶走的藝術品裝滿好幾節火車的車廂。這些劫奪來的藝術品都在史密森尼博物館（Smithsonian Museum）展覽後才進行拍賣。

在一片大亂之中，《紐約太陽報》記者威爾伯．張伯倫（Wilbur Chamberlin）掌握到的一則故事，引起了全美大辯論：在中國的美國人究竟怎麼了？一九〇〇年十月十四日，這位記者在梅威良（William Ament）的北京寓所用晚膳。梅威良是一名蓄著大鬍子的傳教士，與狄奧多．羅斯福極其神似。前不久，梅威良用很薄弱的理由徵用滿洲貴族端方的一棟宅邸——端方的親友殺害了中國基督徒。事實上，端方在華北擔任陝西巡撫時，是以保護基督徒聞名。一九〇〇年聖誕夜當天，張伯倫發出電訊報導——梅威良和另一位美國傳教士都春圃（E. G. Tewksbury）自命為法官和陪審員，在中國鄉間亂逛，不僅徵用房子，還徵用中國人的大片土地，號稱以此懲罰所謂的同情拳匪之人。張伯倫將美國傳教士的虔誠信主與此兩人的貪婪相較。

當時，在歐洲住了十年後回美國的馬克．吐溫讀到張伯倫的報導後，於一九〇一年二月發表文章痛批，梅威良及所有美國傳教士為帝國主義的前鋒。馬克．吐溫這篇文章題為〈致坐在黑暗中的人〉（To the Person Sitting in Darkness），發表於《北美評論》（*North American Review*），是對伴隨西方擴張的所有胡亂行為——占領土地、不平等條約、租界、屠殺、高唱「白種人的負擔」和「昭昭天命」（Manifest Destiny，編按：意指十九世紀時部分美國人所抱持的一種信念，認為美國肩負天命，有責任橫跨北美洲大陸，向西擴張）的言論——的尖酸控訴。這篇文章提出了幾個基本問題：為什麼美國人覺得有必要「拯救異教徒」，尤其是中國人？他質問：「我們應持續將我們的文明強加於坐在黑暗中的民族嗎？或我們應該讓這些可憐人，自己管自己的事？」

梅威良承認，的確單單因為一個村民的行為，就懲罰整個中國人的村莊。他聲稱，因為中國人做出這樣的事，遭此懲罰並無不當。馬克．吐溫對此提出意見：或許應該把「十誡」改寫成「你不該偷竊——除非這是一個國家的慣習。」馬克．吐溫熟識蒲安臣，而他和這位已逝的這位公使都相信，美國人別再試圖改造中國人，並隨他們而去，才是上上之策。

美國民眾早已對自己國家的帝國主義行徑抱持懷疑，因此歡迎馬克．吐溫的主張。《紐約時報》發表社論支持他。《波士頓晚報》（*Boston Evening Transcript*）則質問，美國傳教士在中國的所作所為有用嗎？

不過，美國傳教士仍然不屈不撓，再度於戰爭中看到了讓中國「閃電歸主」的機會。一九〇〇年六月十七日，美以美會主教厄爾．克蘭斯頓（Earl Cranston）在丹佛對教友們說：「如果我們能讓數以百萬計的中國人，成為真正的、明智的基督徒，『義和拳之亂』的流血便是值得的。」

到了九月，四百位西方傳教士齊聚上海，要求中國進行教育改革，全面修正其法律制度，賠償外國及本國基督徒，然後使所有義和團拳亂的參與者——包括慈禧太后在內，坐牢或流放。他們希望主持百日維新的光緒皇帝恢復帝位，中國的外交事務由西方人接管，但麥金萊總統及其國務卿海約翰聽不下這些意見。在傳教士高喊報復之際，棉花製造業者向總統陳情，請他迅速完成談判，並恢復他們眼中美國在中國的正經事——做生意。自拳匪滋事以來，美國紡織業的工廠產量減半。同一時期，俄國人則悄悄進入華北，威脅到美商獲利豐厚的市場。

麥金萊和海約翰更關心的，是停止中國遭受瓜分，以確保美國獲利，而非將中國改造成小美國。他們命令柔克義和康格別理傳教士，以防止歐洲人和日本人自危機中獲利。很快地，柔克義便自「公使會議」（Conference of Ministers）——拳亂被壓制下去後，開始與清廷交涉的組合——中浮出，成為最關鍵的仲裁者。

一九〇一年九月七日，滿清和西方列強簽訂《辛丑條約》。柔克義成功推翻德國的一項要求：所有支持義和團的中國官員皆應處死；後來只有四名中階官員丟了腦袋。他也阻止在紫禁城旁建立國際堡壘的提案，並大幅減輕中國的賠償金額。最後，列強要求中國支付三億三千五百萬金元賠款（相當於今天市值的七十億美元左右），比原先要求的數字，少了約百分之三十。美國占賠償總額的比率最小——僅僅百分之七點五。俄國和德國合計起來，將近要求賠償總額的一半。

西方列強獲得在華北駐軍的權利。美國陸軍派了第十五步兵團長駐天津，讓這部隊聞名於世的除了兩位後來成為名將的傑出指揮官喬治．馬歇爾（George Marshall）和馬修．李奇威（Matthew Ridgway），還有過高的酗酒率和性病罹患率。

美國政府也指示柔克義向清廷施壓，要求其改革對待西方商業的方式。美國要求中方開放門戶，讓美國人投資，創立穩定的全國貨幣並保護美國的商標——這也是直到今天，美中兩國貿易關係最重要的相同議題。一九〇三年，兩國簽訂了第一份商務條約。

慈禧太后回北京時第一次乘坐火車。她接受李鴻章和其他督撫的建議，再度擁抱改革並交好西方。她與美國公使的夫人莎拉・康格（Sarah Conger）交上朋友。慈禧太后在紫禁城舉辦下午茶會，並讓美國藝術家凱撒琳・卡爾（Katherine Carl）為她畫肖像；卡爾成為大清帝國末期，紫禁城內唯一一位西方人士。卡爾寫了一本讚美慈禧的書，描述她「異常討人喜愛的性格」，不僅喜歡狗，還關懷下屬。

慈禧太后也派代表團到日本及西方考察中國改變的做法。一九〇二年，她下諭禁止纏足。一九〇五年，清廷廢止傳統的科舉考試制度。此後要進政府公職服務，要依據對西方概念的精嫻度，而非孔老夫子的四書五經。在中國的學校裡，美國校長強調物理學、數學、英文和化學。廣州還拆了老舊的科考大堂，改建新式學院。鴉片正式禁吸——至少政府是這樣規定的。此刻，立憲君主制的討論也開始出現。

義和拳大亂那個夏天的黯淡前景，現在變成美國人同樣不理性的希望——認為基督徒改革的黃金時代已經到來。在中國宣揚福音已經二十五年的美國傳教士哈蘭・畢奇（Harlan P. Beach）總結這股興奮之情寫道，他和他的同僚「幾乎不敢相信情況有這麼好」。

李鴻章在交涉完《辛丑條約》後，便留在北京休養。一九〇一年十一月七日，他在北京市中心的住處賢良寺去世，享年七十八歲。

一九〇一年九月十四日，即《辛丑條約》簽字後一週，麥金萊總統在九月六日遭一名無政府主義者刺客暗殺，拖了一個多星期後終於不治。稱中國人為「可憐、戰慄的兔子」的羅斯福繼任總統。在亞洲人之中，他偏愛日本人。他認為只有日本人能抵禦俄國人。

亂事過後，海約翰國務卿覺得，中國人並未感謝美國政府幫忙得到的談判結果。他氣憤填膺地說：「我們幫了清客這麼大的忙，他們似乎並不領情。」

為什麼中國人不如海約翰所預期的那麼感激？因為美國人努力維持中國門戶開放之際，美國卻對中國人關上了自己的門。這是中國人信賴的國家，也號稱和中國人站在同一邊，但現在美國人卻謀殺、驅趕並禁止中國人。

一九〇三年九月，一名中國領事館武官在舊金山街上散步時，遭兩名警察攔下問話。中國官拜藍翎侍衛的譚錦鏞出示證件，但警察並不予理會。他們朝譚錦鏞臉上揍了一拳，並用他的辮子將他綁在欄杆上，接著以毆打警官的罪名將他送去坐牢。當天夜裡獲釋後，譚錦鏞為受辱至此而輾轉難眠；第二天，也就是九月十四日，他在領事館房裡自殺身亡。一週後，他的葬禮是舊金山唐人街歷來規模最大的告別式。

一九〇三年十月十一日的星期六晚間，美國移民官員突檢波士頓唐人街，並拘捕兩百五十多名華人，其中只有五人為非法居留。馮夏威也是當天夜裡遭逮捕的人之一。後來他回到中國，寫下生活在種族歧視的美國所受的種種羞辱。兩年後，他在上海美國領事館門口服毒自殺，並死在街頭。以追悼他為名舉行的示威活動，撼動了華南的許多城市。

中國移民開始向母國尋求保護其權利。一九〇三年，檀香山《新中國報》（*New China Daily*）的編輯陳宜侃建議，太平洋兩岸的中國人聯合起來抵制美國貨。陳宜侃號召華裔美國人回中國，鼓動反對美國的排華政策。

一九〇四年，美國國會將《排華法案》（Chinese Exclusion Law）改為永久有效，逕自違背美國和中國所簽訂的條約。此後中國推動抵制美國貨的力量日益龐大。一九〇五年五月十日，上海總商會通過決議，呼籲中國人拒買美國貨。在廣東，珠江上的船伕拒載美國貨。黃包車伕也拒絕美國乘客。一九〇五年七月十八日，一群暴民包圍廈門的美國領事館，他們扯下星條旗，並潑糞到旗子上。到了九月，羅斯福總統的愛女愛莉絲（Alice）與戰爭部長威廉・霍華德・塔夫脫（William Howard Taft）搭乘郵輪遍遊太平洋，他們來到了廣州。抗議者在全市張貼海報諷刺她。美國總領事又讓中國民眾群情激昂，因他表態支持逮捕三名反美人士的地方當局。

抵制美國貨是全球華人首次在政治運動中動員起來的案例。美國國內的事態發展令中國城市的青年有所反應，他們之中，有許多人在美國教會辦的學校受教育。從七月至九月，就有一萬三千人在上海《申報》連署拒買美國貨。活躍份子推出傳單、詩歌、文章，至少有六本小說支持這項運動。

一首題為〈國恥〉的詩寫道：美國人「巨舌有如尖刃，不斷舔著國人的血肉。」也問道：「中國人何時才會醒過來？」有本小說《苦社會》否定了美國為機會樂土的觀念（譯按：作者匿名，一九〇五年在上海出版）；數十年後的中國共產黨，也在許多反美的詬罵中一再重申此論調。

美國對待華人的做法，更強化了當時中國知識菁英中流行的社會達爾文主義思想。他們認為，黃種人和白種人正陷於你死我活的存亡之爭。過去認為，美國是潛在的盟友，現在卻出現美國為當下威脅的觀念。

一九〇三年，中國的維新派領袖梁啟超赴美國旅行，欣見當時美國流行「黃禍」文學。在他看來，這是反過來的恭維。他認為，英法等國的白人很驚詫地發現中國人是「不能壓抑之民族」。（譯按：引自〈論中國國民之品格〉。）梁啟超還預見有朝一日華人將主宰美國和澳洲。他在〈論中國人種之將來〉一文批評白人「驕而不勞苦」。

一九〇三年，梁啟超從日本前往美國，在旅途中於夏威夷稍作停留，他有點焦慮地提到，美國已將夏威夷群島轉化為美國海軍補充煤炭的中繼站，也是進軍亞洲的墊腳石。他預測，美國很快就會和英國及日本爭奪遠東霸主的地位。中國人必須覺醒。他認為，美國的崛起為中國、亞洲和世界打開了全新的戰略時代。一九〇三年五月十三日，羅斯福總統在舊金山機械宮（Mechanics Pavilion）發表演說，宣布美國有意成為太平洋國家。他在如雷的掌聲中宣布：「在我來到太平洋沿岸各州（Pacific Slope）之前，我是擴張主義者，等我來了之後，我不能理解怎麼會有人……不是擴張主義者？」此刻梁啟超正好抵達溫哥華，他深信，稱雄此一廣大海洋的應是中國，而非美國。

梁啟超的反應，一是對美國的崛起有所警惕，二是對於面臨外來挑戰卻冷淡反應的中國感到苦惱。在中國知識份子眼中，美國正成長為一個具有破壞性的年輕大國。一世紀之後，許多美國人會對中國有同樣的描述。

梁啟超認為，中國若要找回失去的榮耀，「中國國民之品格」必須改變。但是，當他以花了七個月，走遍美國二十八個城市的華人社區後，他放棄了原有的思想，不再以君主立憲制或民主制度為拯救中國弊病之處方。梁啟超不再對其中國同胞抱有幻想。他們太孤立，只知忠於家人，不知忠於國家。他抱怨道：中國人「有村落思想而無國家思想」。他預測，中國若採行民主立憲的「多數政體」，「無以異于自殺其國也」。

梁啟超在《新大陸遊記》中寫道，中國人需要有人進行雷厲風行的統治，「以鐵以火，陶冶鍛煉吾國民二十年、三十年乃至五十年，夫然後與之讀盧梭之書，夫然後與之談華盛頓之事。」他悲傷地放棄了對君主立憲制的夢想，改而宣稱中國人「只能受專制而不能受自由」。在往後幾個世代，訪問過美國的中國人都呼應了梁啟超的觀點，他們的結論是，中國人還未做好準備接受西方的自由和責任精神。自美國歸國後不久，梁啟超便向其他地方尋找靈感。他說，「吾自美國來而夢俄羅斯者也。」意思是開始對俄國寄予厚望。他不會是最後一個這麼做的人。

此時，柔克義已到北京擔任美國駐中國公使。他要求清廷停止抵制美國的活動。一九〇五年八月三十日，北京當局禁止了進一步的反美活動。接下來，柔克義把注意力轉向華府。美國需緩和華人的情緒。十月間，羅斯福總統答應——改善美國移民官的態度。總統在亞特蘭大演講時提到：「除非我們公正地對待中國，否則便不能期待，中國公正對待我們。」但柔克義要求更具體的友好行為，才能再度扭轉中美歷史方向，而這在不久後便會實現。

柔克義的影響力不僅限於中國本部。他也帶領美國，在未來一世紀介入西藏事務。一九〇四年，當英國為了趕走俄國勢力而派兵進入西藏首府拉薩，藏人精神及世俗領袖——第十三世達賴喇嘛——便逃出拉薩。英國和俄國與他們在亞洲其他地區的角力一樣，也在世界屋脊競爭。達賴喇嘛接受一名沙皇特務的建議，逃到了蒙古。

一八七五年，第十二世達賴喇嘛逝世，同年圖登嘉措（Thubten Gyatso）出生於拉薩南方的一個農民家庭。一八七八年，圖登嘉措獲認證為去世達賴喇嘛的轉世靈童。經西藏佛教教育後，他在一八九五年掌握權柄。

圖登嘉措自蒙古試圖尋找一名可以求助的西方人。一九〇八年，他聽說柔克義奉派為駐北京公使，而且能通藏語，於是寫信給這位美國公使，請他代表向清廷交涉。他們的通信促使柔克義花了五天步行或乘坐騾車，於一九〇八年六月十九日，來到聖地五台山見達賴喇嘛；這是美國官員首次正式與西藏領袖晤面。

柔克義預期自己會見到一位帶有「飄逸、沉思容貌」的美學家。不料一見面，他就十分欣賞這位西藏領袖；在呈給羅斯福總統的報告中，柔克義形容，達賴喇嘛「性子急躁、衝動」，但又「開朗、友善」，是名「最體貼的主人」。但儘管印象良好，柔克義卻不鼓勵第十三世達賴喇嘛追求西藏獨立，甚至脫離清廷而自治。柔克義認為，中國需要維持完整。他向羅斯福報告，他勸達賴喇嘛前往北京接受中國的領導。他告訴達賴喇嘛，西藏就是大清帝國的一部分，這狀態也必須維持下去。

柔克義協助安排達賴喇嘛於一九〇八年九月到北京訪問，當這位西藏領袖乘坐火車專列抵達時，鑼鼓齊響、號角共鳴，並由一群西藏僧侶夾道歡迎。北京清廷官員堅持西藏應像中國的其他省分一樣，由中央派官統治。第十三代達賴喇嘛不得已，只好返回拉薩。

一九一一年，中國共和革命爆發。次年，中國部隊撤出拉薩，第十三代達賴喇嘛領導實質上獨立的西藏，直到一九三三年去世。四年後，新一代達賴喇嘛丹增嘉措（Tenzin Gyatso）在青海現身。他將和美國有另一段曲折交往。

一八九九年到一九〇一年的義和拳之亂，也是美國崛起為亞洲大國之時。美國崛起標誌著美中關係，在商人、傳教士和冒險家等主角之外，又出現另一位主角。這位新主角——美國政府——擔負起中國守護人的角色。報紙漫畫家畫出一連串圖像，彰顯出和藹的山姆大叔保護著顫抖的中國聖人，對抗魁梧的歐洲人及身穿高領西裝的日本人。

然而，崛起中的美國核心領導人物，譬如國務卿海約翰等人，明白美國挑起此一自封的角色將有許多麻煩。海約翰預測，維持中國門戶開放，需依賴美國保衛中國的意志，而光有這樣的意志並不夠。他寫道：「我們無心搶劫中國，我們的民意也不允許我們動用軍力干預，以防止其他國家搶劫她。」美國溫柔地關心中國，但卻又不願流血來保衛她，二者之間的落差在未來數十年，將持續困擾美中關係。

義和拳之亂也使美國產生兩派對立主張，一派尋求中國改造，另一派是穩定至上。白宮站到了維持中國穩定的這一邊。八十多年後的一九八九年，當北京又發生了另一場大屠殺後，美國將採取相似的立場。

附註

當時的報紙對海約翰的門戶開放政策有十分詳盡的報導。卡爾・邁耶（Karl E. Meyer）和夏琳・布萊塞克（Shareen Blair Brysac）合著的《暗中較勁：從大博弈角度看英俄兩大帝國在中亞的競逐》（*Tournament of Shadows: The Great Game and the Race for Empire in Central Asia*）一書也有所討論。義和拳之亂也獲得當時美國報紙的極大關注。美國國務院的紀錄中，有這場動亂的諸多資訊。黛安娜・普雷斯頓（Diana Preston）的《義和團》（*The Boxer Rebellion*）對此事件的分析非常出色。賈詩禮之妻伊娃・珍妮・普萊士的故事，可參見其書信，還有已經集結出版的《義和團作亂期間某個美國傳教士家庭的遭遇：一八八九至一九〇〇年之間的中國日記》（*China Journal, 1889-1900: An American Missionary Family during the Boxer Rebellion*）。

第九章
熱烈的空氣與希望

二十世紀亞洲的第一個戰場是滿洲。《辛丑條約》簽訂後，俄國軍隊並未撤出中國；他們只是移師中國東北，令人擔心俄國是否計畫奪取更多中國的土地——十七世紀時，俄國已從清廷手中搶走相當於加州面積的大片領土。袁世凱繼起於李鴻章過世之後，成為中國外交政策的主要推手。他請求美國代為談判，要俄國完全撤軍，但羅斯福總統拒絕了。日本自其在朝鮮的殖民地朝北望去，看到俄國工程師在滿洲興建鐵路，以及俄國移民進入中國鄉鎮。

東京運用中國支付的義和拳之亂賠償金支持大規模建軍。一九〇四年二月八日，日軍針對俄國在旅順的艦隊發動突襲，掀起日俄戰爭之幕。一九〇五年三月，日本和俄國地面部隊於當時最大的現代陸戰中對戰。五月二十八日，日本海軍在同樣大規模的海戰中，摧毀了沙皇的艦隊。

在華府，羅斯福總統支持日本。他喜愛日本的武士道軍事哲學，並曾在白宮舉辦柔術表演。他在寫給一位朋友的信中寫道：「我對日本人很感興趣，我喜歡他們。」他說，日本是亞洲「理所當然的領導人」。華爾街也支持東京，並提供約兩億美元的資金讓日本人作戰。羅斯福和華爾街支持日本的主要原因是，二者都嫌惡俄國；羅斯福擔心沙皇介入遠東，而以金融家傑可布・席夫（Jacob Schiff）為首的華爾街，則反對俄國虐待猶太裔俄國人。

擊敗沙皇海軍的三天後，日方要求請羅斯福總統介入，以終止戰爭，俄國也附議。在北京，柔克義公使告知中國，雖然中國未受邀參加和平談判，但美國會支持中方利益。和談將在緬因州基特里（Kittery）的朴次茅斯海軍造船廠舉行。

根據《朴次茅斯條約》（Treaty of Portsmouth），日本取得俄國在南滿的商業、礦業和鐵路特權，俄國保住在北滿的特權。依羅斯福自己的說法，他之所以介入和談，是希望日、俄兩國「鉗住對手，制衡彼此」。但這項條約卻終結俄國成為亞洲擴張大國，長達三十年之久。相反地，日本則在羅斯福助長下，誕生為亞洲新興大國。

袁世凱和中國報界眼睜睜地看著日本軍隊、企業和移民湧入滿洲，感到一肚子火。有篇社論寫道：「簡直就是反客為主，我們的國家事務由這些國家一起越俎代庖了。」羅斯福由於他在朴次茅斯的表現而榮獲諾貝爾和平獎；但從歷史角度回溯，這是一項頗為可議的榮譽。

當美國政府試圖平衡日本和俄國時，也設法安撫中國。羅斯福政府明白，美國若要維持在中國的影響力，必須去除美國種族主義的罪衍。對羅斯福而言很幸運的是，有些中國人認同這個想法。

一九〇二年，當年被容閎帶到美國研習的學員梁誠，奉派到華府擔任中國駐美公使。一八八一年被撤回中國之前，梁誠是菲利浦·安多弗學院（Phillips Andover Academy）的棒球隊明星。他到任後不久即與羅斯福總統會面，總統問他，他球隊中的最佳球員是誰？梁誠拋下中國人的謙虛，認為自己就是那個人，而總統為之大笑。梁誠寫道：「此後，羅斯福總統和我的關係增強十倍。」他們必須交好。

相貌圓潤明快、留著八字鬍的梁誠，是「庚子賠款」轉為教育研習專案的推手。直到一九七〇年代美國重啟學術交流之前，這項計畫在啟迪中國人心智、學習西方方面，影響都最為深遠。梁誠積極在美國政客與新聞記者之間奔走、周旋，促成這項計畫，資助三萬多名中國青年男女到美國進修，產生出諾貝爾獎得主、火箭科學家、語言學家、作家、哲學家、外交官、軍官、經濟學家和歷史學家。受惠於這項計畫的畢業生回到中國服務，並鞏固了美、中兩國知識份子的連結，可謂在無心之間，轉變了中國現代化的方向，而且這計畫也為二次大戰後美國政府的傅爾布萊特計畫（Fulbright Program；譯案：提議此計畫的是美國參議員J. William Fulbright）提供典範。

此一計畫背後當然有美國在操控。美方不肯讓中國政府經管資金，而中方要求將美國資金注入中國的經濟發展與國防，羅斯福也巧妙地利用這計畫來迴避。不過，中國自此交流中獲益匪淺。在一九四九年共產黨革命之前，留美回國的學者、科學家和藝術家，構成了中國科學與知識菁英的骨幹，也扮演起國家的良知。

梁誠在華府的首要目標，就是降低中國「庚子賠款」的給付。他提議以銀元而非金元付給美國。國務卿海約翰拒絕了，不過他卻透露給梁誠一則漏網新聞——美國要求中國賠償二千五百萬美元的「庚子賠款」時，故意摻水、多報美方損失，這是為了說服其他歐洲列強降低其額分。但列強們不肯退讓，海約翰因而也沒降低美方要求的數字。

梁誠在華府穿梭遊說。他接受訪問、發表演講，也纏著海約翰不放。海約翰在一九〇五年去世，伊立胡．魯特（Elihu Root）繼任國務卿，這位中國公使繼續向魯特及其他美國人遊說。

梁誠推動的時機相當好。一九〇五年中國人抵制美國，這讓國務院相當擔心。柔克義從北京力促美國政府，利用「庚子賠款」教育中國人，並緩和反美情緒。梁誠喜歡這個主意，並找來明恩溥（Arthur Smith）等美國傳教士幫忙。史密斯的著作《中國人的特質》（*Chinese Characteristics*）是數十年來在西方最暢銷的中國相關書籍。一九〇六年三月六日，史密斯在白宮和羅斯福總統共進午餐。他問道，「庚子賠款」除了用來教育中國人，還有更好的用途嗎？這可以讓中國人明白，不是所有美國人都仇視他們。伊利諾大學校長愛德蒙．詹姆斯（Edmund J. James）在呈給總統的一份報告中也寫道：這保證，美國可以「從學術和精神層面掌握『中國的』領導人」。

一九〇八年，美國國會批准了未來三十一年，將返還近一千四百萬美元「庚子賠款」。這筆專款除了作為獎學金，也用來在北京興建清華大學，也就是日後中國高等教育的重要核心之一。一九〇九年，最早的五十名學生來到美國。

一方面，美國承諾培養中國傑出俊秀，另一方面也繼續移除日本在亞洲崛起的障礙。一九〇八年十一月三十日，國務卿魯特和日本大使高平小五郎簽訂一份文件，正式承認日本在滿洲的特殊權利，作為交換，東京保證減緩日本人遷居美國西海岸的移民潮，為白宮解決一項日益嚴峻的政治問題。羅斯福十分滿意這項《魯特—高平協定》（Root-Takahira Agreement），聲稱這是他「對日本持續友好和禮遇」計畫中的一環。

一九〇九年，威廉·霍華德·塔夫脫出任美國總統，美國對華政策再度轉彎。塔夫脫偕同其國務卿費蘭德·諾克斯（Philander Knox）承諾，會「燻離」（smoke out）日本和俄國在滿洲的影響力。塔夫脫和諾克斯不同於羅斯福，他們不認為日本是「老美的兄弟」，而認為日本已構成了威脅。

作為日後所謂「金元外交」的一環，諾克斯說服金融大亨摩根（J. P. Morgan）及其他人，成立「華美開發公司」（American China Development Company），在中國做生意。接著，諾克斯說服西方列強和日本，允許華美開發公司加入控制放款給清廷的國際金融財團。這個構想是，如果美國公司可在中國的項目中占些持股，美國政府便可維持門戶開放——至少不會全部關上。問題是，歐洲各國及日本投資數千萬美元在中國，而美國支持的唯一主要貸款，僅僅是七百萬美元之一項在華中興建鐵路的計畫，而且美商根本就摒棄了此一計畫。此刻，美國企業主對中國市場的興趣不大。在二十世紀初期，美國對中國的出口，跌至低於對非洲的出口。美國在滿洲的事業一度前途看漲，最後卻崩潰了。一九一〇年擔任美國駐中國公使的嘉樂恒（William J. Calhoun）笑言：「如果我們沒有打算進去或退出，『門戶』是開是關，又有何差別？」

美國在中國的資金只夠興建三十八英里長的鐵道路軌。相形之下，英國、德國、法國、俄國和日本則投資建設數百英里的鐵路。柔克義公使抱怨，美國資本家只想將他們參加中國項目的權利當成股票，轉賣給出價最高的人。他說的完全正確。摩根將其在中國鐵路項目的持股出售給比利時投資人，並從中賺取大量利潤。

美國在中國的貿易及投資已然萎縮，但在日本反而大盛。一九一二年，美國成為日本最大的貿易夥伴。華爾街發行逾一億美元的新貸款給日本。在當年聖誕夜歡迎塔夫脫總統到訪的歡迎會上，原本在滿洲擔任外交官、一度也看好中國前景的司戴德（Willard Straight）似乎洩了氣。他寫道：「我相信有朝一日，除了熱烈的空氣與希望，我們應該會有其他可以展示的成績。」（譯按：指美國人對於中國總是懷抱熱烈期待，但幻滅者居多。）

一九〇八年底，慈禧太后和光緒皇帝相繼去世，引爆了攸關中國未來的鬥爭。臨終前，慈禧指定兩歲的溥儀接任中國皇帝。但其他人不只要求龍座換人；其中之一是位名叫孫逸仙的醫生；他的同志稱為「那個美國人」。

孫逸仙是中國主要領導人中，唯一一位可穿透東、西方那道隱形隔膜的人，也就是真正熟諳兩個世界的人。其他的中國政客，如共產黨周恩來，則擅長玩弄、操縱西方人士，但孫逸仙近乎於擁抱西方的價值。在中國所有的領導人中，他是頭號的美國粉絲。他甚至透過造假，拿到了一本美國護照。因此，孫逸仙在美國的支持聲浪很小，這也就成了極大的諷刺。

一八六六年，孫逸仙於廣東省出生。十三歲那年，他搭船前往檀香山；他大哥孫眉在當地經營一家相當成功的蔬果農場和商店。孫逸仙既在店裡打工，也進學校念書。他浸淫於化學、民主思想、自由和平等的基本思維中。雖然出生在中國，卻視夏威夷為精神故鄉。他對一群檀香山的民眾說：「我在此認識了何謂現代、文明政府，及其代表的意義。」

孫逸仙迷上了美國文化，並要求長兄准許他受洗為基督徒。當時，夏威夷有一萬四千名華人，但只有五百名為基督徒。孫眉不希望弟弟加入其中，於是將他送回中國休養。回到家鄉後，孫逸仙和一位朋友到廟裡搞斷一座神像的臂膀。村中長老趕走他，後來他到香港讀書，並經美國傳教士喜嘉理（Charles Hager）施洗成為基督徒。喜嘉理為他取名逸仙。

在醫學院的實驗室中，孫逸仙玩炸藥，在香港街上引爆一顆炸藥。儘管有這些課外活動，但他仍在一八九二年以名列前茅的成績畢業。孫逸仙開始自稱「小洪秀全」，向這位太平天國領袖致敬。畢業後兩年，孫逸仙在上海一所衛理公會教會，因而結識了一位最支持他革命的人物。

宋嘉澍（Charles Soong）是另一位與美國淵源深厚的中國家庭大家長。一八七八年，十五歲的他前往美國波士頓為他的叔父工作，結識了中國教育使團赴美念書的幼童。受到他們啟發，又因為在唐人街一家古董店當學徒、十分無聊，宋嘉澍溜上一艘美國政府的船隻。船長收留他在船上服務，後來，宋嘉澍跟著他到北卡羅萊納居住。一八八〇年十月三十一日，在威明頓市（Wilmington）第五街衛理公會教堂的培靈會（revival meeting），宋嘉澍感受到聖靈，故受洗並命名為Charles Jones Soon，日後他把Soon的字尾加了個g，英文姓氏遂為Soong。衛理公會把宋嘉澍安頓在北卡羅萊紡織大亨——慈善家朱利安・卡爾（Julian Carr）的家裡居住。卡爾送他去讀三一學院（Trinity College，即日後的杜克大學）。

宋嘉澍發現，他對美國女孩很感興趣，而她們也喜歡他。他的信充滿了與不同女生——愛爾拉（Ella）、安妮（Annie）、艾拉（Ella）和羅莎蒙（Rosamond）——交往的細節。

一八八二年，顯然因為與寄養家庭的女兒有了感情，宋嘉澍被趕走。他轉學到田納西州的范德比大學（Vanderbilt University）念書，準備當傳教士。范德比大學的南美以美教會的長老對宋嘉澍沒留下好印象。代理院長喬治・溫敦（George B. Winton）說他「是個魯莽的小子，成天只知道玩樂，不是個用功的學生」。不過，長老們還是授予他執事的聖職，然後才將他送回中國。一八八六年一月十三日，他在上海上岸，投到林樂知（Young John Allen）博士底下工作。

林樂知認為宋難脫唯利是圖的習氣，不太看好他。林認為宋嘉澍「被極度寵壞」，預測他不會有什麼表現。因為林樂知留著聖尼古拉的大鬍子，綽號「衛理公會的滿大人」，他樂於和中國的權貴菁英交往，但可不預備讓手下任何一名中國職員享有和白人職員相同的薪水。他將宋嘉澍當成派到鄰近蘇州服務的本地牧師，薪水只有美國傳教士的三分之一左右。

當宋嘉澍在路上遇到昔日相識的容閎學生，人生又出現大突變。這位容閎的學生介紹宋嘉澍認識倪桂珍，她是明朝一位著名官員後裔之女。倪桂珍學過鋼琴、略通英語、不曾纏足、信仰上帝。兩人於一八八七年夏天結婚，宋嘉澍因而進入上海菁英階層。（譯按：他們夫妻倆的介紹人是嘉定人牛尚周，倪桂珍是徐光啟的後裔，她母親是上海徐氏家族的成員。）

一八九〇年，夫婦倆生下六個子女中的第一胎。三個女兒就是知名的宋氏姊妹——宋靄齡、宋慶齡和宋美齡，另有三兄弟，精於數字的宋子文是長子，後來他們成為二十世紀中國最著名的家庭。

宋嘉澍不滿林樂知待他的方式，因而辭去教會工作，轉入商界。一八九四年，他結識孫逸仙那年，他已放棄年輕時透過上帝福音拯救中國的想法，轉而擁抱革命。

孫逸仙和宋嘉澍都在國外念過書，依中國人的說法，就是「喝過洋墨水」。他們都是客家人、基督徒，也都相信漢人要排除滿洲人占領，便需要美國式的革命。孫逸仙在宋嘉澍支持下，開始有志展開激烈改造。

一八九四年十一月，一個月色暗淡的夜晚，在檀香山唐人街邊緣的一棟平房中，二十名中國青年把手放在聖經上，宣誓「驅逐韃虜、恢復中華、建立共和」。成立於夏威夷的興中會，是中國第一個現代革命組織。孫逸仙向同胞募款，募到了兩千美元。

在宋嘉澍和海外華僑的經費支援下，中國史上第一次共和革命於焉展開：一八九五年十月，發生了乙未廣州起義。革命黨人的據點設於廣州聖教書樓，位於某家美國長老教會禮拜堂的前面，結果起事的消息洩漏後，革命很快就失敗了。清廷當局逮捕了大部分密謀者，並全部判處死刑。其他人則在美國人協助下逃亡。

孫逸仙躲到香港，再轉往夏威夷和歐洲，清廷懸賞十萬銀元要拿他首級。一八九六年十月，清廷的外交官在倫敦綁架了他。但當他們預備將他送回中國時，孫逸仙再次逃跑，後來也將這段經歷寫成了著作。有一次到紐約，他在運河街（Canal Street）躲進一個電梯井，以躲避慈禧太后派來的殺手。孫逸仙變換化名，有如一般人換帽子般頻繁。他偷渡到日本後，化名為「來自夏威夷的阿拉哈先生」（Mr. Alaha from Hawaii，譯按：另有一化名為 Dr. Alaba）。

孫逸仙的演講詞中，不時提到班哲明．富蘭克林（Benjamin Franklin）、湯瑪斯．傑佛遜（Thomas Jefferson）、安德魯．傑克遜（Andrew Jackson）和許多中國儒者尊崇的聖賢喬治．華盛頓。亞伯拉罕．林肯的「民有、民治、民享」，成為他的口頭禪。進步時代的美國理想——民選總統、機會平等、女性參政、法治和權力分立——成為他的理想。美國進步派領袖亨利．喬治（Henry George）啟發孫逸仙展開經濟計畫，並以財產稅為基礎。布魯克林一位默默無聞的牙醫師莫里斯・威廉斯（Maurice Williams）自費出版、討論消費者力量的著作也影響到他。甚至，孫逸仙提倡的政府制度兼採了中國和美國雙邊的特色。行政、立法、司法等三個部門源自美國；考試院和監察院兩項則源自孔子。孫逸仙也挑選一位美國人，為他撰寫第一本傳記。〔譯按：這位美國人應該是指後面會提到的萊恩巴格前法官（Paul Myron Wentworth Linebarger），不過到了民國八年他才獲准為孫逸仙立傳，《孫逸仙與民國》（*Sun Yat Sen And The Chinese Republic*）在民國十三年問世。萊恩巴格之子林白樂（Paul Myron Anthony Linebarger）後來成為蔣介石的親信。〕

然而，孫逸仙和梁啟超、康有為及其他留學西方的中國學生一樣，不贊成全盤接受美國價值。美國思想用於中國，只因這思想能使中國強大，而非因其天生就好。孫逸仙不贊同男、女生而自由，以及政府權力應該受限的概念。他宣稱：「民權不是天生出來的，是時勢和潮流造就出來的。」

孫逸仙也認為，中國人需要有一段訓政時期，接受仁君（即他本人）的指導，然後才做好準備接受真正的民主。他告訴中國國民黨（由興中會演進而成）的黨員：「只有黨才有自由。個人不能有自由。」不過，他和中國共產黨不同的是，孫逸仙一向承諾代議民主——即使必須等待。

孫逸仙不斷訴求美國的政府及個人支持他的革命。他許諾美國人，購買「革命公債」可享空幻的利息、特許壟斷權及其他利益——如果他們支持他，讓中國轉為共和的夢想成真。一九〇四年，孫逸仙在紐約自行印發一本小冊子〈中國問題的真解決：向美國人民的呼籲〉（The True Solution of the Chinese Question: An Appeal to the People of the United States），並在其中講述他對美國和中國的觀點。他告訴美國讀者：「我們的新政府預備模仿你們的制度……我們應該以美國為師。」

孫逸仙籲請美國人放掉對中國的畏懼，也要摒棄那可惡的「黃禍」謬論——他深信中美之間具有天然的親善關係，但會遭「黃禍」論調削弱。他寫道：「最重要的是，你們的國家是自由、民主的典範。」他用協助美國革命的法國侯爵拉法葉（Lafayette）來做比喻，呼籲美國人協助中國革命：「我們希望能在你們之中……找到許多拉法葉那種人。」

孫逸仙的美國拉法葉援手的確表現不俗。曾在菲律賓法院服務的聯邦法官保羅．萊恩巴格（Paul Linebarger）卸下法袍，為孫逸仙主持公關事務，另外還有荷馬李（Homer Lea）。

一八七六年，荷馬李於科羅拉多州出生，並在洛杉磯長大。他嬰兒時期曾摔倒在地，以致終生駝背。荷馬李與當時許多美國人一樣，沒有上一代那種強烈的種族歧視仇恨。唐人街的異國風情並未令他反感，反而吸引了他。一九〇〇年，荷馬李自史丹福大學輟學，並在義和拳大亂時現身中國。回國後，他和流亡的維新派康有為醞釀一個計畫，培訓一支華裔美國人軍隊，展開推翻滿清的革命。於是，軍事院校出現在二十一個城市裡，並有數以百計志願者參加受訓。荷馬李將他的部隊稱為「中國皇家軍隊」（Chinese Imperial Army），服飾有如美國陸軍的配備。

全美各地唐人街的捐款湧進。荷馬李的學員參加一九〇五年一月的第十六屆玫瑰花車大遊行（Tournament of Roses Parade）。《洛杉磯時報》報導：「他們走在街上，有如西點軍校的學生，隊形整齊、配合韻律，嚴整有如德國騎兵隊。」

荷馬李將他對中國共和革命的計畫告知美國金融界，而金融界則垂涎與新中國之間，將能建立獲利豐厚的財金關係。孫逸仙鼓勵他們，若他們捐助他的革命事業，他當家後的中國，會透過美國商人進行中國的所有貿易。荷馬李的夥伴尋求華爾街支持，但卻踢到鐵板。一九〇九年二月，華爾街金融大亨摩根在與荷馬李的一名夥伴會面時表示：「我預備和地球上任何正式政府做生意，但我不能為了做生意而特別幫忙建立一個政府。」

荷馬李堅持過去羅孝全擁護的觀點：中國需要美國式的革命。但他構想的並非「閃電歸主」信仰基督教，而是幫助中國成為共和國。共和中國與美國同盟，才能使中國成為堡壘，用於抵抗荷馬李眼中，亞洲對美國最大的威脅——日本帝國主義。當許多美國人仍迷戀日本之時，荷馬李背逆此一趨勢，在一九〇九年出了一本暢銷書《無知的勇氣》（*The Valor of Ignorance*），預測日本和美國終將一戰。一九一〇年春天，孫逸仙前往荷馬李所在的長堤市（Long Beach）住處拜會晤談後，李將他的日文版書籍版稅捐給孫逸仙從事革命。孫逸仙答應提供荷馬李豐厚的經濟特權，以及在中國新政府的一份官職。

一九一一年十月十日，革命黨人在華中大城武昌（與漢口相鄰）發動另一次起義。這次，滿清部隊不肯鎮壓（譯按：當時新軍統帥袁世凱已去職，因此新軍不願認真作戰），而各方紛紛響應起義。

當中國陷入革命騷動時，孫逸仙正在美國丹佛的旅館房間裡進行募款相關事宜。此刻，他聽到了自己可能被推選為中國第一任總統的消息。孫逸仙聯繫上人在德國威斯巴登（Wiesbaden）的荷馬李，要他前往倫敦，懇請英國人以財務支援他的新中國。但沒有任何英國高級官員願意接見荷馬李。在英國人眼中，孫逸仙不是革命黨人；外交部的報告指稱，他是「一位坐在安樂椅上的政客和空談家」。

荷馬李拍電報給塔夫脫政府，要求美國援助，但也石沉大海。荷馬李和孫逸仙在法國會合。法國一樣不為所動。孫逸仙從馬賽啟程返回香港之前，曾向支持者介紹荷馬李是「天底下最偉大的軍事理論家」。

一九一一年聖誕節，兩人來到上海。荷馬李告訴一位記者，他預期將被委派為新共和軍隊的參謀長，以至於一位美國軍官警告他——若違反美國的中立法，將會被判刑。荷馬李置之不理。他對一位採訪記者表示：「我怎能坐視不管？」一九一二年一月一日，孫逸仙在南京的兩江總督府宣誓就任中華民國臨時大總統。清朝壽終正寢，溥儀成為末代皇帝（譯按：宣誓地點即後來的南京總統府，但溥儀的退位詔書是在一個多月後的二月十二日頒布）。荷馬李則是見證此事件的唯一一位白人。

二月十一日，荷馬李在檢閱民國新軍時突然中風，從馬背上跌下。三天後，他坐船回美國。一九一三年十月，荷馬李去世，年僅三十六歲。

共和革命再次將中國人帶進一個對於西方懷有熱情的時期。中國採行新曆，不再使用皇帝年號紀年。新任外交總長通電全球的中國外交官並建議：若有疑問，就以美國人的穿著為準。

長久以來，基督教信仰原本被視為對中華文化的威脅，突然間，又變成中國可用來再建偉大的工具。革命過後不久，美國傳教士薛伍德·艾迪（Sherwood Eddy）在中國各地走動，發現中國突然又迷戀起耶穌基督——認為透過祂，中國不僅在來世可以獲救，在今世也可以獲救。在原本沉寂的福建省會福州，艾迪六天內向三萬名民眾佈道。公立學校停課、考試也延期，以便學生可以聽取艾迪的訊息：基督教和進步攜手共進。

一九一二年，新成立的燕京大學校長，也是美國傳教士司徒雷登（John Leighton Stuart）出席臨時國民大會的一次會議，稍一計數，百分之九十的代表為自西方歸國的留學生（大部分在美國求學），而且有四分之一是基督徒。

過去四十年，始終設法躲避國際社會的中國，現在卻快步奔向國際懷抱。前任滿清派駐美國公使伍廷芳參加了共和革命，他寫道：「我們正在爭取當年美國人奮力爭取的目標。」

美國傳教士和商人都歡迎中國的革命。一九一二年五月，福州的基督徒領袖黃治基奉派到明尼蘇達州出席美以美教會（General Conference of the Methodist Episcopal Church）的全國大會，爭取美國人支持。他對著滿堂與會代表發言，表示中國的目標是「在亞洲建立第二個美利堅合眾國。」全場起立，高唱〈我的國家屬於你〉（My Country, 'Tis of Thee）。大會通過決議，促請塔夫脫政府承認中華民國。〔譯按：十九世紀美國愛國歌曲，歌詞由山繆爾．佛蘭西斯．史密斯（Samuel Francis Smith）所作。〕

美國和中國的前景又再度結合。當有前瞻思想的美國人在國內推動婦女參政權時，他們也在中國推動女子受教育和民主思想。協助中國不再洋溢著異國風味，而是美國份內的事。套句博懋學院（Bryn Mawr）校友，也是燕京大學教授瑪格麗特．士比亞（Margaret Speer）的話：現在要到中國，「已經不是什麼了不起的大事」。她寫道，中國已經「開放，人們來來往往，聯繫頻繁，雖然間關萬里，但我從不覺得危險。」雷明頓打字機公司（Remington Typewriter Company）總裁致函國務院詢問：「現在中國已經成為基督徒國家，英語要成為該國通用語言，還要多久？」（譯按：博懋學院是美國著名的女子學院，位於賓夕法尼亞州。）

雖然孫逸仙在南京就任臨時大總統，但實權卻掌握在北京的袁世凱手中。袁世凱在李鴻章底下擔任軍事指揮官時，將北洋軍打造為中國最強大的勁旅。

孫逸仙沒有部隊，因而被迫接受袁世凱的條件，將中國統一在北京政府之下，並由袁世凱領導。一九一二年二月，距就任為中國第一位總統不到兩個月，孫逸仙下台了。一九一二年三月十日，袁世凱宣誓就任為中華民國第二位臨時大總統。

一九一二至隔年冬天，中國舉行有史以來首次全國議會選舉，而孫逸仙的國民黨贏得過半數席次。歷經兩千年帝制統治，中國首次民主試驗於焉開始。宋教仁對美國憲法鑽研有素，也是國民黨其中一名共同創辦人，他有望出任中國第一任民選的總理。三月八日，臨時參議院通過宗教仁版本的憲法，並將大權交給國會、限制總統權力，也規定法律之前，人人平等——包括袁世凱在內。

一九一三年三月二十日晚間十點四十分，宋教仁在上海車站等候火車，正準備前往北京就職，一名刺客開槍狙殺了他。兩天後，宋教仁傷重不治。袁世凱被國民黨指控為買凶殺害宋教仁的幕後黑手；袁世凱的回應是，籲請美國的基督徒為中國祈禱。新當選的美國第二十八任總統伍德羅．威爾遜（Woodrow Wilson）上了他的當，稱讚共和革命「縱使不是我們這個世代最具衝擊力的事件，也會是意義最為重大深遠的」。國務卿威廉．詹寧斯．布萊安（William Jennings Bryan）送給袁世凱一套有關傑佛遜總統的百科全書，以及「盼望此一『覺醒』，或能產生中華合眾國」。一九一三年五月二日，美國成為賦予袁世凱政府全面外交承認的第一個國家。

美國官員察覺到，袁世凱不滿意中國的臨時約法，希望有更大的權力。美國官員和前往中國的美國訪客建議，袁世凱聘請美國法律專家修改憲法。曾任職哈佛大學校長長達四十年的查爾斯．艾略特（Charles Eliot）推薦法蘭克．約翰生．古德諾（Frank Johnson Goodnow）——美國政治學會第一任會長，也是哥倫比亞大學教授。

古德諾是美國聲譽日盛的法律學者。美國人已經以傳教士之身，來到中國宣揚上帝、介紹科學與教育。現在，古德諾等於是來宣揚美國法律的傳教士。他在宋教仁遇刺身亡後六週，即五月間抵達北京。他聲稱，他發現中國人民「根本不知何謂法律」。他說，中國需要的政府，是最高領導人的權力不被「惱人的限制」阻滯。獨裁沒什麼不當。古德諾的意見代表一派美國人對中國的長久觀點——中國太落後，不配享有民主的果實。數十年後，許多美國人不再把帝制視為治療中國弊病的解方，共產主義才是。

古德諾設計一部賦予袁世凱大權的憲法。他設計出總統握有外交決策、對外宣戰及決定國家預算的職責。他將立法機關降為諮詢機構；言論及集會自由未得到保障。古德諾稱袁世凱是名「進步的保守派」，是中國當時最適當的人選。他認為，若不選袁世凱而另擇孫逸仙，天下勢必大亂。其他著名的美國人也同意這個觀點。一九一二年十一月，哈佛的查爾斯・艾略特在克拉克大學的一項會議上表示，他支持中國採行獨裁制。艾略特說，袁世凱應該獨裁，因為「這是必要的」。

一九一三年七月，南方七個省的領導人不滿宋教仁遇刺及袁世凱傾向專制，宣布進行中國人通稱為「二次革命」的反袁運動。美國軍官擔任袁世凱的北洋軍顧問；當袁世凱派兵進入上海公共租界緝拿叛黨時，美、英官員則睜一眼閉一眼。

有人擔心，美國過於一面倒地支持袁世凱。駐上海領事維禮德（Amos Wilder）提出警告：「今天落下風的人，明日可能翻身在上位。」為了這句話，他差點被解職。

到了九月，袁世凱的部隊已擊敗二次革命，而孫逸仙也再度亡命國外，這次是東渡日本。一九一三年十月十日，袁世凱宣誓就任中國正式大總統。他的就職演說只提到一位外國人——喬治・華盛頓。他說，華盛頓是他的「模範」，又說他接受美國的「指導」。

袁世凱不是華盛頓。就職一個月後，他就宣布取締國民黨，並將國民黨員趕出國會，扶植自己的盟友。一九一四年五月，國會有如橡皮印章般地通過古德諾起草的憲法。十二月，袁世凱將總統任期延長為十年，而且可以連任。一九一四年五月十八日，古德諾致函卡內基國際和平基金會（Carnegie Endowment for International Peace）理事會時表示：「我必須承認，整體來說，我贊成『他的』所作所為。」他說：「始終只有專制政府的亞洲民族」只配擁有這樣的憲法。古德諾感覺到，自己的工作已經告一段落，遂離開中國，返美接任巴爾的摩市的約翰霍普金斯大學校長。

袁世凱不以擔任總統為滿足，他想建立一個新王朝。一九一五年七月，古德諾回到北京，提供袁世凱一份備忘錄，贊成恢復帝制。古德諾在〈共和乎？帝制乎？〉（Republic or Monarchy）文中堅稱，中國太落後了。一九一五年八月，袁世凱宣布稱帝計畫，而古德諾則公開讚揚這個主意。帝制「比共和更適合中國」。袁世凱在西方國家購買新聞版面，大肆宣傳古德諾的備忘錄。《紐約時報》報導，「在古德諾的勸進下」，袁世凱即將登上龍座。美國駐北京使館堅定支持復辟。美國企業界也一片支持之聲。馬慕瑞（John Van Antwerp MacMurray）首次奉派到北京美國使館工作時就提到，「如果中國人找到可以恢復傳統的政府形式……那就太好了。」

自由派的中國人對此感到垂頭喪氣。一九一五年九月一日，日後將成為中國著名知識份子的胡適，自康乃爾大學投書《展望》（*Outlook*）雜誌，挑戰古德諾所謂「中國人還不宜接受民主政治」的概念。胡適辯稱：「擁有民主的唯一方法就是擁有民主。政府有如藝術，因此需要練習。我若不開口說英語，就絕不可能會說。」

中國根本沒機會練習。一九一五年十二月十二日，袁世凱自立為皇帝。外交官馬慕瑞表示，美國使館的預測是：「沒有證據顯示，將有嚴重的抗拒」。豈料好幾個省份通電反對，跌破許多美國人的眼鏡。只不過，袁氏當國的局面遭他自己的健康終結，他在一九一六年六月六日因腎衰竭而去世。

古德諾第二次回美國時，拒絕接受記者訪問。但他老家的報紙《巴爾的摩太陽晚報》（*Baltimore Evening Sun*）批評了他。這份報紙刊登了一幅漫畫，描繪這位教授有如木匠，幫助袁世凱拆除中國猶在襁褓的共和，使他得以恢復帝制。

西方史學界認為古德諾的角色沒那麼重要，認為他只是天真，被一個差點登上皇帝大位的野心家給騙了，但大體上沒造成多少傷害。不過，中國的憲政學者則認為，身為美國人的古德諾居於特殊地位，為袁世凱的帝制野心提供學術掩護。雖然這些學者未將袁世凱過世後中國陷入政治混亂的責任怪罪到古德諾頭上，但因受到胡適影響，認為如果支持袁世凱專制的美國人是以穩定中國政局為目標，那他們終究失敗了。袁世凱率先立下的惡例，不可磨滅地玷汙了中國總統的職位。從一九一六年到一九二八年，中國出現八任總統、二十任總理（其中一人先後五度出任）和二十四個內閣，同時還伴隨幾十次戰爭。

共和革命引爆的混亂，造成許多中國學者捨棄民主。康有為曾引華盛頓為例，鼓勵光緒皇帝採行立憲君主制。現在，康有為宣稱，代議政府在中國是行不通的死路——數十年後的中國共產黨也持相同論調。康有為提出警告，模仿美國將如「盲人騎瞎馬，夜半臨深池」。

附註

欲了解古德諾參與中國制憲的過程，以下兩篇學術論文頗有幫助：鄺傑（Jedidiah Kroncke）的〈比較憲政主義的早期悲劇：古德諾與民初共和政府〉（An Early Tragedy of Comparative Constitutionalism: Frank Goodnow and the Chinese Republic），還有蒲嘉錫（Noel Pugach）的〈尷尬的君主制支持者：古德諾與一九一三至一五年之間的中國憲政發展〉（Embarrassed Monarchist: Frank J. Goodnow and Constitutional Development in China, 1913-1915）。當前的中國憲法學者們只能在非公開場合表達他們對於古德諾的看法，因為政府打壓學術自由，因此不能針對這個議題發表論文。梁誠為清廷爭回部分庚子賠款這件事，我的參考來源是中國史家梁碧瑩的《梁誠與近代中國》一書。在孫中山的生平方面，白吉爾（Marie Claire Bergère）的傳記《孫逸仙》（*Sun Yat-sen*）對我很有幫助，另外還有孫中山本人的著作與訪談紀錄也是。荷馬李的生平事蹟可以參考勞倫斯・卡普蘭（Lawrence Kaplan）的傳記《荷馬李》（*Homer Lea: American Soldier of Fortune*）。

第十章
美國夢

一九〇二年，中國再次發現了美國。清廷派出容閎教育使團以來的首批公費留學生赴美國讀書。三年後，中國學生終於獲准進入西點軍校。一九〇九年，首批庚款留學生抵達美國。到了一九二〇年代，美國接納的中國學生中，三分之一為女生——比歐洲全部國家的中國留學生還多。接下來四十年，中國赴美留學生的人數超過加拿大之外的其他國家。事實上，美國主要大學的校園幾乎都有中國學生。

在中國，美國傳教士擔負起教育其人民的責任。自十九世紀末起，美國人創辦十多所大學、數十所小學、初中及高中。到了一九一一年，半數以上的在華傳教士放棄宣道，改為教學。

美國的中國留學生碰上的社會，和他們的本國一樣，正歷經快速轉變。美國人告別了僵硬的維多利亞道德束縛，如同中國人挑戰垂死的社會和國家原則。對中國人而言，美國代表著機會。十九、二十世紀之交，擔任清廷駐華府公使的伍廷芳寫道，對中國旅行者來說，抵達美國讓他們內心騷動。於是伍廷芳才會寫道，中國旅客「腳一踏上美國領土，人生第一次覺得自己可以為所欲為……他在五光十色之中迷失了」。

中國學生求知欲渴，決心改造自己的國家。甚至連主要中國同學會的名稱——成志會——也反映出他們的動力。法學院學生吳經熊寫道：「我有國家要救；我有人民要啟發；我有種族要提升；我有文明要現代化。」

美國人重視學生參與合唱團、戲劇社、學生報刊、辯論社等社團，這啟迪了中國人。一九一三年，C. Y. Chin（譯按：中文姓名不詳）在中國學生創辦的幾份雜誌之一——《中國留美學生月報》（*Chinese Students' Monthly*）上發表文章，聲稱這些志工團體是「百種公民特質的訓練營」。中國人認為，結社自由是美國力量的源頭。雖然好幾代美國人認為，中國人比美國人「更重視社群」，中國人卻自認過於個人本位，是很糟糕的團隊隊伍。留學生 Wan L. Hsu（譯按：中文姓名不詳）也在《中國留美學生月報》上寫道：「我們大多數人在名為合作的這間學校裡，或許只是一年級學生，我們自己應該要意識到這點。」

一九〇六年到一九一二年，顧維鈞在哥倫比亞大學求學，他就是許多中國學生投入美國生活的典型代表。他在划船隊擔任舵手，在戲劇社參加演出。他代表哥大參加辯論比賽，於大三那年當選學生會代表，並於大四那年，成為《哥倫比亞旁觀者日報》（*Columbia Daily Spectator*）總編輯。若以另一個意義來說，顧維鈞也是典型代表。一九〇四年他前往美國時年僅十六歲，當時家裡已給他安排了一樁婚事。但當其初嚐自由，顧維鈞和他的同學便決定反抗儒家中國的指令，決心追求更滿意的愛人或配偶。

一九〇八年，顧維鈞仍在就讀哥大大學部，父親要求他回上海完成婚事。顧維鈞提出兩個條件：他的未婚妻要解開纏足、學習英文。他父親答應了，但當他回家時卻發現，兩項承諾均無兌現。婚禮則照常進行。

回美國後，顧維鈞將新娘子託在費城的一個美國人家庭，並偽稱她是他的姊妹。顧維鈞的這位「姊妹」解開纏足、增進英文能力，一年後，她同意和顧維鈞友好離婚。後來顧維鈞以愛情為基礎，發展另一段關係，也逐漸嶄露政治企圖心。他娶了唐紹儀的長女。唐紹儀為容閎教育使團的成員之一，可惜學業被迫中斷，回國後歷經三十年公職生涯，民國後獲袁世凱任命為中華民國首任國務總理。一九一二年，顧維鈞中斷學業，回國擔任政府公職，自此終生擔任公職。

在短篇小說和劇本方面，中國人也掌握住美國的誘惑及離鄉背井所面臨的挑戰。一九一五年，追隨哥倫比亞大學哲學家約翰·杜威（John Dewey）念研究所已兩年的張彭春寫了一部劇本《新秩序來臨》（*The New Order Cometh*），敘述兩名中國的美國留學生墜入情網的故事。當男學生試圖撕毀他和某位中國女郎的婚約時，女郎的父親——張彭春稱之為「舊秩序」——拒絕同意。但那位未婚妻——「新秩序」——同意了，並找到另一位郎君。《新秩序來臨》由幾位中國留學生演出，在紐約和紐海文（New Haven）頗受好評。張彭春還以英文寫出第一本有關「花木蘭」的故事，並於一九二一年在百老匯柯特劇場（Cort Theater）演出。

對在美國念書的中國女學生來說，美國機會和中國父權文化之間的張力相當大。一九〇七年，清廷頒令允許女性擔任老師，但僅限於在幼稚園和小學部教課。拜石美玉和康成之賜，女子也可以從事醫護工作。不過，即使一九一二年共和革命爆發，依一九一四年教育總長湯化龍的宣示，女子教育的最高目標仍是養成為「賢妻良母」。

受到她們在美國的姊妹影響，中國女子試圖衝破限制。一九一七年，《中國留學生月報》年度論文比賽的女子組題目是「家庭生活」。僅僅一年後，就變成「開放給女學生的專門職業」。一九二二年，D. Y. Koo（譯按：中文姓名不詳）成為第一位在紐約大學（New York University）主修銀行學的中國女學生。前任總統黎元洪的女兒黎紹芬，則是從衛斯理學院（Wellesley College）轉學到哥倫比亞大學就讀政治系，希望日後成為政府高階官員。一九二三年，D. Y. Koo 撰文表示，限制女性只能從事醫護和教學工作，剝奪了她們的自由選擇權。研讀商學有什麼不對？D. Y. Koo 回國後，開辦了一家女子銀行。

一九一三年，就讀康乃爾大學的二十一歲中國留學生胡適，結識了伊蒂絲．柯莉芙．韋蓮司（Edith Clifford Williams）。當時胡適捨棄農業主修，改修哲學和文學。在庚款獎學金的幫助下，他赴美留學，三年後仍認為父母之命、媒妁之言的婚姻最適合中國人。出國之前，他的母親已為他安排好與老家一位姑娘的婚約。與當代許多中國男學生一樣，胡適相信教育應是「讓女性當賢妻良母」的準備。但認識韋蓮司後，他在日記裡如此寫道：「女子教育之最上目的乃在造成一種能自由能獨立之女子。」這是革命性的見解，不只對中國而言。

胡適在十八歲時來到美國，日後成為中國文藝復興之父，也是二十世紀中國最重要的思想家之一。來自紐約上州的現代藝術家韋蓮司就是他的繆思。在他們交往的過程中，兩人有逾三百封書信往來（一九九七年才在北京出土），一起探討美中兩國精神性和哲學的差異。胡適身高雖僅五呎五寸（譯按：大約一百六十五公分），但深受許多女性青睞。美國和中國都有他的情人，其中以韋蓮司在他心中的地位最為特殊。

韋蓮司生於紐約州綺色佳（Ithaca）一個著名的教育家家庭，朋友習慣稱她為「柯莉芙」（Clifford）。她也是二十世紀初，群聚紐約市的波希米亞藝文人士之一。當其他白人女子努力保持皮膚細緻蒼白，她卻留著一頭短髮，並把皮膚曬得黝黑。她是最早期的女性抽象畫畫家之一。在曼哈頓，她打破習俗，選擇獨居。她稱胡適為「河邊友人」。胡適則稱她為「韋蓮司小姐」。

正當胡適努力調和亟需西化、又需維持傳統文化的中國之際，韋蓮司考驗著他。一九一四年，胡適與友人共同發起「中國科學社」（Science Society of China），致力於引進科學方法到中國。（Science 這個字中譯為「科學」，在中國僅有四年歷史。）一九一五年九月，有志於社會改造的胡適離開綺色佳，前往紐約市師從哲學大師約翰．杜威。一九一六年夏天，胡適留在紐約市，在韋蓮司位於華盛頓高地的住家借助，而她則回綺色佳照顧生病的老父。胡適向韋蓮司提起，他認為中國應推行白話文，中國作家應藉由庶民的語文反映現代生活，而非使用古典的文言文。韋蓮司鼓勵他。

韋蓮司也展開前衛派繪畫的實驗。一九一七年春天，胡適來到四十六街及萊辛頓道的中央車站大展覽館（Grand Central Palace），參觀獨立藝術家協會（Society of Independent Artists）第一次聯展。韋蓮司有兩幅畫作參展。他寫道：「讓我印象最深的是實驗精神。」那一年，在韋蓮司曼哈頓上城的公寓裡、她的抽象畫畫作環繞下，胡適以中文白話文寫下第一批詩作——他稱之為「實驗」。他也寫出一封前鋒性質的投書給中國的《新青年》雜誌，呼籲中國人追隨他，也用「白話文」寫文章。

若要了解胡適提倡文學革命的重大意義，不妨想像：美國人用拉丁文寫作，說的卻是英語——然後突然間，有人站起來說：「讓我們用英文寫東西吧！」全中國的作家紛紛拿起筆來，開始「我手寫我口」。改用白話文書寫，釋放年輕中國人的創造精力。現在，在紐約一位中國同胞的提倡下，他們可以直接說出心裡話。如此令人陶醉的嶄新溝通方式，令其有信心挑戰長輩並夢想一個新中國。

文學革命或許會出現在美國課堂，但政治革命不會。不像日本或之後的歐洲，美國的教育制度並無孕育出中國激進派。（唯一著名的例外是孫逸仙。）關鍵在於錢。不論庚子賠款或教會捐獻的美國獎學金，一般都足以讓中國學生專心學習。

美國培訓出開創者和改革者。自容閎的教育使團開始，中國學生畢業後回國，創立現代化的專業和機構：如外交服務、礦業、工程、海軍、電報局、建築學、科學和醫學。留美歸國工程師詹天佑，可謂在中國和外在世界之間打了個洞，他監督在長城底下開挖一條鐵路隧道。雖然到日本留學的中國人更多，但從美國大學拿到博士學位的人數，是從日本或歐洲大學拿到博士的約二十倍。日本國會有份調查報告指出：「中國留學生回國後強烈反日，但絕大多數留美的中國學生都變成親美。」不過，「親美」只是相對而言。因為延續美中關係的循環週期，將使美國再次讓中國人失望。

一九一三年，威爾遜就任總統，並承諾協助中國，增強美國在中國的影響力。執政初期，他即在內閣中宣示：「我非常希望協助中國，寧可在協助中國的過程中犯錯，也不願無所作為。」威爾遜有位堂表兄弟在中國傳教，而且在他固定去做禮拜的華府教堂裡，他也曾聽過燕京大學校長司徒雷登蒞臨宣道（該校是中國最大的基督教機構）。威爾遜表示，那次聽講讓他最感動的是這句話：「一個酣睡中的大國，突然被基督的聲音喚醒」。

威爾遜對中國的熱情，不同於前面兩位總老羅斯福及塔虎脫。他們藉由與其他大國合作，尋求保障中國的安定。威爾遜則希望美國直接援助中國人。威爾遜一聲令下，美國退出了控制中國關稅收入及其經濟的國際金融聯合組織。他認為，確保中國未來的上策不是說服帝國主義列強當紳士，而是在中國散布民主和基督教理想。威爾遜想要拯救中國的言論很動聽，偏偏他的美國同胞們不想多管事，以致中國人的期望和美國人的行動之間出現極大落差。

威爾遜選擇學者保羅・芮恩施（Paul Reinsch）出任美國駐中國公使。二十世紀初美國人內心的各種衝勁在芮恩施身上奇妙地結合在一起。他是威斯康辛大學的政治學教授、來自中西部的進步主義者，反對歐洲列強的資本主義，但又希望美國在海外擴張其影響力。他相信美國不同於舊歐洲。在獲派擔任駐華公使的任期裡，他一直努力爭取美國企業在中國投資，而且在美國及其新敵國日本的對決中，進行強硬的外交交涉。

一九一三年十一月初，芮恩施抵達北京任所。至當月月底，他已見了袁世凱及其幾位副手。這些人相繼向芮恩施表示，美國應援助中國興建工業、鐵路、管理中國的河川、開採石油和鑄造國幣。他們向他擔保，中國會仿效美國模式以作為回報。

芮恩施向華府報告，中國人提議之超過非正式的協約。中國預備交給美國「比起任何時候、許諾給其他任何國家之更廣泛的機會。」他認為這是美國的絕佳機會，可以在中國建立自己的主導影響力，展現美國企業的優秀，並擴張美國市場、促使美國企業致富。

然而，華府和美國小商家根本不感興趣。美孚石油公司（Standard Oil）已在中國市場賣出大量煤油；芮恩施試圖協助該公司在中國興建一所綜合石油公司，但未成功。他起了個頭，要讓伯利恆鋼鐵公司（Bethlehem Steel）打造中國的海軍艦隊。他提出一項計畫，讓美國工程公司和美國紅十字總會聯手展開中國第三大河淮河的保育計畫。他最大的成就——一家美中合資銀行——也以失敗告終。

這些項目的失敗原因都不一樣。日本賄賂中國官員，要他們放棄一些項目。保守派中國官僚無法執行一些項目。但更重要的是，美國企業在歐洲和日本的關係更好，在國內的前景也更好，以致其不願在中國冒險。前任外交官司戴德已經轉任J.P.摩根高階主管；他告訴芮恩施：「街上的人們都認為，中國是個異教徒國度、天天鬧革命，債信不好、公債有跳票之虞。」美國不肯幫中國，這令中國官員相當憤懣。一九一八年六月，財政總長曹汝霖向芮恩施抱怨：「中國普遍的經驗是，美國金融界動作太慢。他們一直抓不到重點。」

在外交陣線上，芮恩施發現自己與華府的見解相左。一九一五年一月，日本要求中國接受其控制滿洲、內蒙、山東和福建。所謂的「二十一條要求」也要求中國在各級政治、軍事單位都要雇用日本顧問。芮恩施在美國新聞界發動反對這些要求的運動，但華府則訓令他閉嘴。

一九一七年春天，日本派石井菊次郎子爵前往華府，與新任國務卿羅伯・藍辛（Robert Lansing）討論中國問題。結果雙方簽訂了《藍辛—石井協定》，再次承認日本在中國（包括滿洲）的「特殊利益」。芮恩施從日本駐北京公使那裡獲悉此一協定後，認為美國在「二十一條要求」上無所作為，加上華府承認日本在滿洲的利益，等於為日本侵略中國亮了綠燈。（譯按：藍辛是約翰・佛斯特的女婿，杜勒斯的姑丈。）

即使如此，芮恩施還是略有成就。他撮合了對中國實施武器禁運，以稀釋東京對中國各路軍閥的影響力。他說服威爾遜總統，重新加入國際金融聯合組織，以制止日本以貸款為收買、搶奪中國土地的手段。他就像一八六〇年代的蒲安臣，幾乎單槍匹馬地說服倫敦改變對中國的政策——這次是不要助紂為虐，讓日本有控制亞洲之機，進而威脅到英、美兩國的利益。

芮恩施也促成中國加入第一次世界大戰。一九一七年二月，美國與德國斷交後，芮恩施就以提供一億美元援助案，協助中國穩定貨幣、農業發展、鐵路和港口建設，藉此勸誘中國派出十萬大軍參戰。

對此，北京提出以下要求：中國要全面參與和平會議，也要財務援助。華府和北京之間的電報線斷了，但芮恩施逕自答應了這些條件。一九一七年三月十四日，中國與德國斷交。六個月後，中國對德國宣戰。但美國未提供任何援助。芮恩施抱怨道：「百萬復百萬元支付給歐洲不重要的國家，卻一分錢都沒給中國。」

一九一八年一月八日，威爾遜總統對參眾兩院聯席會議演講，暢談所謂「大戰」（Great War）的兵燹。鑒於盟國勝利在望，威爾遜向聽眾許諾，將建立新的世界秩序。今後，將不再以秘密條約及密室交易決定國家的命運。貿易將自由開放，海上航行也將開放。似乎，威爾遜還保證殖民地人民將贏得自決權。他也極力支持組建「國際聯盟」（League of Nations），以保障所有大小國家的獨立。威爾遜的「十四點和平原則」（Fourteen Points）普遍受到全世界歡迎。小說家威爾斯（H. G. Wells）形容這位美國總統為「彌賽亞」（A Messiah）。中國人也認同這個說法。

陳獨秀是官辦的北京大學文學院院長（譯按：即文學院院長），日後將創建中國共產黨。他寫道，威爾遜即將改造國際事務。陳獨秀極力稱許他，說他是「世界上第一個好人」。陳獨秀中譯美國國歌，並將其介紹給他創辦的《新青年》雜誌讀者。

梁啟超拋棄對美國的疑慮，宣稱盟國即將勝利，並預示著「新時代」的來臨。孔子所謂的「大同」即將實現，而美國就是火花。儘管過去數十年感到失望，現在的中國，再度寄望於美國。

雖然中國未派任何部隊參戰，卻為盟國貢獻了二十多萬名勞工（譯按：中國人並非戰鬥人員，而是組成華工旅到歐洲擔任工兵或在兵工廠工作）。袁世凱已於一九一六年過世後，領導中國的第三位總統徐世昌於一九一八年在北京呼籲中國同胞，「要協助威爾遜總統實現他的世界和平計劃」。現在，中國站到了美國這一邊，懷抱極高的希望，盼能爭取到公平的對待。

第一次世界大戰賜給中國經濟極大的意外商機。歐洲列強陷入大戰，再也無法供應消費品給中國市場，因此中國實業家開始自製商品。中國的紡織業大盛。中國的工廠家數增加十倍。海外對中國原物料的需求也有所上升。美國人再次震懾於中國市場的潛力。美國企業界遊說華府——減免他們自中國獲利時，應繳的聯邦所得稅。這些要求正式列入《一九二二年中國貿易法》（China Trade Act of 1922）的條文中。

就美國而言，第一次世界大戰標誌著美國崛起成為世界大國。美國在大戰進行到第三年時介入戰局，動員四百萬人，且歷經十九個月苦戰之後，德國求和。

一九一八年十一月十一日，停戰協議生效後，戰時宣傳機構「美國公共資訊委員會」（US Committee on Public Information）蒐集威爾遜總統戰時的所有言論稿，彙編成一本書，並請專人中譯。付梓後立即洛陽紙貴。到了一九一九年和會開始時，許多中國學生已經可以背誦威爾遜的「十四點和平原則」。上海一家報紙轉載威爾遜的一篇演講，並附上簡單的評語：威爾遜總統的話有如「世界人民的燈塔。」另一份報紙則呼應清末學者徐繼畬的話指出，中國三千年歷史，不曾出現過有遠見之永久和平的概念。該報表示，現在就讓美國人來實現。

威爾遜的理想甚至迫使中國軍閥放下武器。他與控制南方的國民黨及北方的軍事領袖集團，安排在上海會談。中國人把希望寄託在威爾遜及其使節身上，不僅要洗刷數十年來列強所給予的羞辱，還要終止中國內戰。芮恩施被要求溫和一點。停火當日，北京政府宣布全國放假三天，六萬名民眾上街展開勝利遊行。學生們群聚在前門大街附近的美國使館門前，亮出「維護世界民主」的標語，高呼「威爾遜總統萬歲！」的口號。但聽聞如此歡呼的芮恩施，卻覺得不安。他向他的總統報告，威爾遜的原則「在全中國出現深刻反應」，「直接深入中國人心」。但他也提出警告，若希望破滅，後果將很嚴重。他預測：「有朝一日美國將面對的，不是遠眺太平洋彼岸、同情我們理想的中華民族，而是蒙受無情控制的一大軍事組織。」

一九一八年十一月二十六日，也就是停戰兩週後，中國派駐華府的公使——時年三十一歲的顧維鈞拜訪威爾遜總統。威爾遜表示，很高興顧維鈞也會出席巴黎和會，並希望他與美國代表團保持密切聯繫。顧維鈞告訴威爾遜，中國及其人民敬愛他，而且他「表達了對世界的理想」。顧告辭時，覺得美國站在中國這一邊。

中國代表團帶著宏大的企圖抵達巴黎，預備挑戰自從一八四二年鴉片戰爭以來加諸中國身上的不平等條約一切束縛。他們希望廢除治外法權。他們希望享有關稅自主權。他們希望取回日本在戰時從德國手中奪走的山東之特權。但失望來得相當快。一九一九年一月的初步討論中，日本得到五票；中國僅有兩票。日本代表團坐進了凡爾賽宮（Palace of Versailles）鏡廳（Hall of Mirrors）的前排，中國代表團卻被排到後座，與厄瓜多及玻利維亞並坐。

一九一九年一月二十八日，山東問題被提到大會討論，顧維鈞要求，恢復中國對山東的控制權，因此處是孔子的誕生地，「中國文明的搖籃」。顧維鈞表示，中國希望沒有秘密條約，也希望世界新秩序能擺脫過去「強權即公理」的狀況。這位青年才俊外交官初試啼聲，讓大會刮目相看。美國代表團團員、國務院東亞事務專家衛理（Edward T. Williams）寫道：顧維鈞「說得一口完美英語，以冷靜、清晰且合乎邏輯的論述，讓與會代表傾聽他的發言。」衛理也寫道，相形下，顧維鈞的日本對手發言「結結巴巴」。

和會期間，美國人與中國人水乳交融。威爾遜在凡爾賽和會的新聞秘書雷．史丹納德．貝克（Ray Stannard Baker）

發現，中國人「比日本人更開放、直率和坦誠」。美國官員就演講及訴求，為中國代表團出主意。國務卿藍辛通常並不支持自決的觀念，而他向顧維鈞保證，美國會基於戰略考量的立場來支持中國。日本的帝國主義行徑令人擔心，亟需加以制止。威爾遜似乎也有這樣的信念。

公理或許站在中國這一邊，但日本具有強權。東京在凡爾賽和會上揭露，日本和中國軍閥段祺瑞政府之間有密約，段祺瑞承諾將山東讓渡給日本，以換取貸款。英國和法國也承認，為了讓日本參戰，他們已同意支持日本在戰後占領山東省。

一九一九年四月，美、英、法三巨頭私下會談，決定將山東交給日本，以換取日方口頭保證，未來會將山東還給中國。當天夜裡衛理在日記中寫道：「中國因而在朋友家中遭到出賣。」

威爾遜會如此決定，是因為他希望挽救他心愛的「國際聯盟」。他擔心日本若是失去山東，便會退出和會。但威爾遜如此動作，還有另一個更大的原因——美國面臨困境重重的中國時，反應模式經常前後不一致。多年來，美國的言詞始終支持弱者，導致中國人期待獲得美國的實質支持，但美國的支持始終不能兌現。就中國問題而言，美國人眾議咸同的一點是，中國不值得美國人為其流一滴血。

雖然如此，美國代表團中大多數人仍對威爾遜的決定感到震驚。戰時美國與盟國軍事事務的首要聯絡代表塔斯克·布里斯（Tasker Bliss）將軍，在一張呈給總統的簡潔字條上宣稱：「即使是為了和平，做錯事也不能說成對的。」他揚言辭職。衛理寫道：「我羞愧得無法正視中國人。我只希望儘早、儘快、儘遠地躲開這裡。」一兩週內，衛理就離開了國務院。

五月二日，山東問題決議的消息傳回中國。芮恩施從北京報告，中國老百姓和官員對此都感到「非常失望」。他預測，將會出現「激烈的排外運動」。他問道，除了「憤世嫉俗的敵視西方文明」之外，中國還剩什麼？甚且，凡爾賽和會的失敗，也威脅到希望結束中國內戰的南北議和。

一天後，北京學生發起群眾集會。他們的電報淹沒遠在巴黎的中國代表團，呼籲其退出和會。他們宣布這天是

「國恥日」。五月四日星期天，首都十三所大學院校的三千名學生聚集在市中心的天安門前，抗議中國被出賣。下午兩點，他們舉起「還我山東」的標語，遊行到鄰近的使館區。從此天安門廣場便成為全國政治意識的所在地。

學生推出代表前往美國使館，但芮恩施不在。學生們因而留下了一份請願書。上頭寫道，威爾遜是個騙子；他的承諾全成了泡沫。抗議風潮傳遍全國。巴黎方面，中國留學生詰問美國演講者。威爾遜總統的譯員史蒂芬·彭薩（Stephen Bonsal）則擔心有人會行刺總統。

凡爾賽的怒火點燃了「五四運動」，中國學生和知識份子動員起來，欲全盤改造中國的政治、社會和文化。五四運動也深深改變了中國對美國的看法。歷史學者辯論著，第二次世界大戰結束時，美國是否「失去」中國；其實早在一九一九年，美國便失去一部分的中國。上海學生聯合會的傳單上寫道：「威爾遜濟弱扶傾的言論傳遍世界，但如同先知的話，已經消逝。」傳單還寫著，中國人「盼望這個新彌賽亞帶來曙光，但太陽並未為中國升起。甚至連國家搖籃也被偷走。」

原本期盼威爾遜原則可作為中國與世界的一座橋梁，如今希望破滅。果如芮恩施所料，正因「中國人對我們的國力、影響力和忠於原則抱持深刻信念」，凡爾賽和會造成「反美情緒大反彈」。芮恩施也憤而辭職。

這項危機果如芮恩施所擔憂，也對美國終止中國內戰的努力造成致命打擊。因為在凡爾賽被出賣，北京徐世昌總統政府的聲譽重挫。南方國民黨政府不接受任何妥協，退出了南北議和。接下來八年，中國陷入一片政治混亂。巴黎和會謝幕時，凡爾賽宮的鏡廳只有兩個席位空著，那是中國代表的座席。中國是唯一未簽訂和約的國家。

在中國對美國失望的長久歷史中，美國在凡爾賽和會無法支持中國一事，占據相當重要的位置。中國人盛讚，威爾遜的民族自決和各國平等的原則。但威爾遜守不住承諾，中國人因而轉向尋找替代的意識型態。蘇聯迅速做出回應。一九一九年七月二十五日，蘇聯政府放棄沙皇政府過去自中國奪取的一切特權。雖然蘇聯的許多承諾從未實現，但保證莫斯科和北京地位平等的「加拉罕宣言」（Karakhan Manifesto），則導致許多中國人投向馬克思和列寧。一九二三年，一項在北京大學的民意調查詢問，誰是世界上最偉大的人物？列寧在四百九十七票中，獲得二百二十七票。威爾遜勉強以五十一票名列第二。中國共產黨共同創始人李大釗宣稱，在中國，第一次世界大戰的贏家是「列寧、托洛茨基和馬克思，不是威爾遜。」

最能證明李大釗此話為真的，莫過於毛澤東的崛起。一九一九年，二十五歲的毛澤東正在湖南省會長沙擔任教員，他全神貫注地注意凡爾賽和會的進展。他研究過班哲明・富蘭克林對科學的貢獻；他欽佩喬治・華盛頓和狄奧多・羅斯福；自一九一五年起，他每天上午也讀一點英文，這個習慣一直維持到晚年。一九一六年，毛澤東在一封寫給朋友的信中預測，有朝一日，中國和美國會聯手對付日本。他寫道：「我們攻打日本陸軍。美國攻打日本海軍。日本必敗。」他和許多中國同胞一樣，深受威爾遜啟發，也寄望於美國。在中國被出賣幾週後，毛澤東成立一個學生團體，組織學生罷課，並成立《湘江評論》雜誌。他在雜誌上撰文，痛批包括美國在內的西方列強「是一批土匪」、「口是心非擁護自決」。

到了一九二〇年秋天，毛澤東接受西方為中國之弊所開的另一套處方，他稱之為「俄過激黨」（譯按：早年中國左派知識份子普遍稱布爾什維克黨為「俄過激黨」）。九月間他成立「俄羅斯研究會」，接下來又成立「馬克思主義研究會」。十二月間，他寫信向友人宣布，自己信仰馬克思主義及暴力革命。一九二一年六月，毛澤東前往上海，參加中國共產黨第一次全國代表大會。

附註

胡適和伊蒂絲・柯莉芙・韋蓮司的故事，參見陳毓賢和周質平合著的《胡適與韋蓮司：深情五十年》（*A Pragmatist and His Free Spirit: The Half-Century Romance of Hu Shi & Edith Clifford Williams*）。透過蒲嘉錫（Noel Pugach）有關美國外交官芮恩施的專書《芮恩施：實踐門戶開放政策的外交家》（*Paul S. Reinsch: Open Door Diplomat in Action*），我們可以了解他在北京所遭受的種種挫折。關於中國在巴黎和會的故事，埃雷斯・馬內拉（Erez Manela）的《巴黎和會上的威爾遜：民族自決與反殖民民族主義的起源》（*The Wilsonian Moment: Self-Determination and the International Origins of Anticolonial Nationalism*）一書有非常生動的敘述。

第十一章 賽先生

在設法說服中國人信仰上帝、信任美國方面，美國人或許絆了一跤，但他們卻成功地說服中國人在其他方面追隨他們——直接進入美國的科學殿堂。約莫在五四運動時期，美國的務實主義和科學方法在中國生根，新一代的美國傳教士放下《聖經》與黑袍，換上實驗室白袍，拿起顯微鏡。美國人不再執著於改變中國的靈魂，改為設法影響中國的頭腦。

美國資金、科學家及教育家的強大結合，帶動了現代中國知識史上最活潑的一個時期。自一九一〇年代起，中國在不到三十年內，努力追求建立體制、研究、調查和發現。一九一二年共和時期開始時，中國有三所勉強運作的國立大學、十三所小型美國教會學院、幾所歐洲學院，但缺乏現代研究機構。到了一九三七年，中國擁有五十六間大學院校，其中十六所為美國組織捐辦；二十三所專門職業學校；數十個現代科學研究機構；一所世界一流的醫學院；以及一個生氣蓬勃的科學學術院——中央研究院。儘管政治地貌破碎，戰爭又不時爆發，但中國仍有一個世代享有無可比擬的開放和自由，而這應該歸功於美國。

美國資助的在華機構幫助中國創造出醫學、生物學、古生物學、植物學、化學、數學、物理學和地質學等領域。美國人及留美歸國人士主宰媒體、社會科學、公共政策和外交等領域。現代中國建築學和都市規畫也在美中交會及影響下誕生。

帶頭的是洛克斐勒基金會（Rockefeller Foundation），其大家長約翰・洛克斐勒（John D. Rockefeller）在中國出售石油和煤油，賺進數百萬美元。一九一四年，他所出售石油和煤油占美國出口到中國總產值的一半。洛克斐勒富可敵國，到了一九一〇年代中期，其淨值已逾美國整個聯邦的預算。顧問們建議他成立一個慈善基金會。於是，洛克斐勒將這項任務交付給兒子小約翰。

小約翰和妻子艾碧蓋兒（Abigail）迷上了亞洲文化。日後，夫婦倆蒐藏的東方古董，構成紐約市大都會藝術館（Metropolitan Museum of Art in NewYork）亞洲部的珍藏核心。他們坐落於新英格蘭和哈德遜河谷的東方庭園，是艾碧蓋兒迷戀亞洲主題的最佳證明。洛克斐勒夫婦購買的古董，數量多到主要代理商山中商社（Yamanaka and Company）要在緬因州沙漠山島（Mount Desert Island）的東北灣（Northeast Harbor）小港口設立分店——因這裡是洛克斐勒家夏日的度假居所。

一九一五年，洛克斐勒基金會在北京市中心買下一塊二十五英畝的地，這裡原本是一位傳奇、貪婪的滿洲王公貴族宅邸。此地原稱為「裕王府」（裕親王王府），不久後中國人改稱為「油王府」——石油大王的府邸。洛克斐勒基金會投下八百萬美元買下了這塊地。

一九二一年九月十五日，北京協和醫學院（Peking Union Medical College）開幕。綠色瓷磚呼應鄰近紫禁城的宏偉；整棟建築物都以中國風味的圖案來裝飾。這家醫學院師法約翰霍普金斯大學醫學院，是洛克斐勒基金會海外首次主要投資。在一九五一年中國共產黨沒收之前，這家醫院得到洛克斐勒家族數千萬美元的捐款，作為醫衛及福利構想的實驗室，然後散播到全世界。

北京協和醫學院有一流的西方醫學學者。步達生（Davidson Black）和愛德蒙・文生・考德禮（Edmund Vincent Cowdry）建立解剖學部。考德禮後來轉赴芝加哥大學任教。布萊克研究「北京人」遺骸——這是有關人類老祖宗直立猿人的世界級重大發現之一。（該北京人化石在第二次世界大戰期間遺失。）

後來，北京協和醫學院成長到五十九棟建築物的規模，而該院只是洛克斐勒在中國多如繁星的項目中，最明亮的一顆星。在共產黨革命之前數十年，洛克斐勒基金會捐給中國五千萬美元以上，遠超過其捐給其他任何國家的金額。洛克斐勒基金會還贊助其他數十所醫院。該會率先研究寄生蟲病、採購X光機，並幫助女傳教士石美玉建立女性的護理專業，還甄選數百名中國醫生赴美國深造，並贊助一項計畫——中國所有植物的物種分類。北京協和醫學院專精中國傳統醫學的研究人員，自中國植物麻黃中提煉出麻黃素，這是此一領域於二十世紀最重要的發現。

致力於建設新中國的另一個組織，是基督教青年會（YMCA）及其姊妹會基督教女青年會（YWCA）。這兩個青年會舉辦衛生和科學講座，運用美國人的表演技術、樂隊和街頭劇場廣為宣介，推動衛生及掃除文盲運動，這兩個組織也是美國將體育運動引進中國的主要先鋒。

一八九五年，籃球自天津首度進入中國，由於基督教青年會的推廣，很快就散布到每個省份。中華基督教青年會第一任全國教育總監馬克斯．艾克思納（Max Exner）注意到，「無論運動員走到哪裡都造成轟動，使得排隊隊伍亂糟糟」。到了一九三〇年代，擲鐵環成為中國正式指定的全國運動項目。棒球也蔚為風氣，一直持續到共產黨統治初期，人民解放軍都藉其提振士氣。

美國人憑其衝勁到中國進行一些他們在西方國家不敢做的事。中國是如此古老又具有可塑性。二十世紀初上半葉，美國人談到中國時，「塑膠」這個字不斷出現。一九一四年威爾遜總統宣稱，中國在「強大、能幹的西方人」手中將成為「塑膠」。一九三三年五月，洛克斐勒基金會副會長賽爾斯卡爾．甘恩（Selskar M. Gunn）宣稱：「在歷經數世紀嚴峻的傳統主義後，中國已變為塑膠。」對美國所有領域的科學家而言，中國非常適合做實驗。對於心中有點子的美國人而言，中國的危機便意味著大好機會。美國人至今仍抱持相同的態度。鼓勵數以百計美國人前往中國的核心信念是——他們深信美國有好東西，可以幫助中國建設類似美國的現代、獨立國家。在許多美國人心中，中國就是這樣一個獨一無二的地方，可以將美國崇高的原則移植過去。

倡導美國在中國應承擔此一命運的代表人物，首推美國偉大的實用主義哲學家約翰．杜威（John Dewey）。一九一八年秋天，杜威向哥倫比亞大學告假，預備前往亞洲旅行。他的妻子愛麗思因兒子在義大利不幸逝世、深受打擊，而這位著名的哲學家認為，換個環境或有助於她恢復精神。

杜威先到日本，然後接受昔日學生胡適的邀請，搭船渡過黃海。一九一九年五月一日，夫婦倆抵達中國，而此刻正是五四運動爆發的前三天。杜威在寫給其子女的信中表示：「我預料，我們將在此看到生命中更危險、大膽的一面。顯然我們落到了青年中國的手中。我們會有何際遇？這令人拭目期待。」

杜威夫婦原本計劃逗留幾週，但杜威深受「青年中國」火山爆發般的能量所感動，竟停留了兩年多，足跡踏遍十一個省份，而且當著上萬名聽眾發表兩百多場演講，其中有不少次都由胡適從旁口譯。杜威的演講稿被整理為暢銷書。甚至連青年中國的共產黨人也對他景仰有佳。中國共產黨創黨人陳獨秀認為，杜威代表「賽先生和德先生」（科學與民主）——五四運動的兩大吉祥物。

歷史學者陳毓賢（Susan Chan Egan，譯按：她是王安憶《長恨歌》英譯本的共同翻譯人）和周質平指出，除了卡爾·馬克思之外，沒有任何西方思想家對現代中國的影響像杜威那樣深刻。他帶給中國的，是沉浸在科學方法中的思維方式。胡適將杜威的哲學歸納為兩句話：「大膽假設，小心求證。」在喜愛格言的文化裡，無論是碼頭工人、青年學生和蛋頭知識份子，人人都對這兩句話琅琅上口。中國人將 Dewey 譯為杜威——意即偉大的杜先生。

杜威提出，以務實的實驗方法來處理問題的主張，對於正苦思如何走出經濟、社會和政治困境的這個國家來說頗具吸引力。他說，中國需要的不是新的意識型態，而是「這裡向前走一步，然後在那裡稍作改善」。他說：「進步不是一蹴可幾」，是「零售，不是批發」。

杜威的務實主義就像一陣拂過中國知識界的微風。在某個省城，一千多名沒有入場券的中學生衝破武裝警察方陣，擠進已經人山人海的禮堂，要聽杜威演講。有位美國教授開玩笑，如果他在美國演講，「我們可能要想像，會有一千多名美國大學生即將衝破警察防線，奪門跑出禮堂。」許多人認為，他專注實際的問題、尋求務實的方法，啟示中國面對未來的同時，也保存過去珍貴的部分。杜威提出警告，不要毫不批判地接納西方思想（包括他自己的主張），他也提醒，不要盲目否定中國傳統。他不贊成中國學生「只要是新思想，就全都歡迎」的傾向。

胡適在歌頌杜威循序漸進、處理社會弊病的方法時，寫了一篇相當著名的文章，題為〈多研究問題，少談些「主義」〉。對於許多中國人急急忙忙擁抱馬克思主義、無政府主義、法西斯主義和資本主義，視之為中國問題的解方，胡適感到很挫折。相反地，胡適就和他的老師杜威一樣，希望解決問題，不要談大道理。他說：「我們不去研究黃包車伕的生活水平，卻高談闊論社會主義。」一九二一年，胡適最小的兒子出生，他給他取名為「思杜」——記住杜威。一九一九年十月十九日，北京大學校長蔡元培為杜威辦了六秩華誕慶宴，推崇他是「美國的孔子」。

杜威深受中國巨大的潛力及每件事都大有可為的意識感動。他觀察到，年僅十四歲的小孩就領導政治改革運動，讓商人和政客因羞愧而追隨他們。他籲請聽眾，專注於中國的經濟。他說，搞好經濟，中國的問題便可獲得解決。杜威的女兒艾芙琳（Evelyn）寫道：「僅次於美國，中國始終是最縈繞在他心頭的國家。」

杜威注意到，他的聽眾有強烈的親美傾向。他寫道，痛恨日本造成「對美國有病態的好感」。他寫道，這樣很危險，因為這只會導致失望。杜威說：「中國在失望中創造出一個形象，以為強大、民主、愛好和平的美國」預備拯救她。但這樣的美國並不存在。

儘管毛澤東對美國處理《巴黎和約》的做法相當失望，但他模仿杜威的構想，成立一所「自修大學」，取名為「湘潭教育促進會」。他主持一家書店，陳列杜威各項著作。毛澤東寫道：「美國的杜威博士來到東方，他的教育新理論很值得研究。」一九一九年十月杜威到長沙演講時，毛澤東將他的演講稿詳盡地逐字謄抄下來。

後來，毛澤東摒棄杜威的漸進主義，改採馬列主義階級鬥爭的暴力主張及共產主義的思想，作為中國追求現代化的解方。毛澤東明白，杜威溫和的意識型態將對建立極權專制國家構成威脅。因此一奪得政權，便花費數十年工夫試圖剷除杜威的思想。

透過五四運動，中國知識份子發動改造國民的十字軍運動。他們相信，身為中國人，內在具有腐敗的部分，因而必須找出藏在「國民性格」裡的邪魔妖怪。於此，他們再次從美國人那裡汲取靈感。

十九世紀末談論中國人最有影響力的書，是由一位美國人所撰寫。南北戰爭期間，明恩溥（Arthur Henderson Smith）服役於北方聯邦軍隊，一八七二年，公理會（Congregationalist church）派他前往中國傳教。他在中國居住逾半個世紀。和大多數美國傳教士一樣自視甚高，他的中文名字明恩溥有「光明、寬大」的意思。一八九四年，明恩溥寫了《中國人的性格》，在往後三十多年這本書都是世界各國關於中國研究，最受廣泛閱讀的書。書中，明恩溥將中國人的特色分為二十六類，包括：「面子」、禮貌、不守時、不精確、沒膽量和沒同情心等。可預料到的是，他的結論是，「拯救」中國唯一的路是透過基督。明恩溥關於中國人有缺陷的主張，後來被西方學者稱為具種族歧視色彩。但五四世代尋找中國弊病的根源時，此一論調深深觸動了中國人的神經。

明恩溥這本書成為中國最偉大的現代作家魯迅，解剖中國衰弱時的主要參考來源。一九〇〇年代初期，魯迅在東京留學時，讀到《中國人的性格》的日譯本（譯按：即《支那人氣質》）。魯迅在日記中稱《中國人的性格》常被「引為典據」，認為這本書能讓中國人「自省，分析，明白哪幾點說得對，變革，掙扎，自做工夫」。一九二一年，魯迅受明恩溥關於中國人「愛面子」的觀念影響，寫成最著名的現代中國小說《阿Q正傳》。故事的主人翁是為一窮二白、打零工的小人物，成天以各種合理化的藉口掩飾日常生活中的挫敗，最後因小罪而被槍斃。這是魯迅這個世代討論中國何以處處碰壁的最重要作品。此作受到一位美國傳教士作品的啟發，再次作為雙方知識交互受粉的一個明證。

來自美國的思想，也促使其他中國人著手對付更實際的問題。以阿黛兒．費爾德和她的「女傳道」工作為基礎，美國人和中國人開始教授更多中國人讀書識字。一九一八年，本籍四川的晏陽初從耶魯大學本科畢業後，從紐約乘船前往法國。他和七十名同胞組織一個基督教青年會團體，幫助二十萬名於一戰期間，被派到歐洲、協助盟國的華工。這些工人在彈藥廠、農場工作，他們修路、挖壕溝，以便法國和英國騰出人力當兵作戰。

晏陽初在法國布洛涅（Boulogne）幫思鄉的華工撰寫家書，並組織活動，以免他們沾上吃喝嫖賭和打架的惡習。他問大家，有人想學如何識字讀書嗎？第一班就非常成功。四十名學生全是挖壕溝的工人，其中三十五人及格，領到「中華民國識字公民」的證書。很快地，就有三千名華工使用晏陽初編寫的教材《平民千字科》學習。

在法國為同胞服務時，晏陽初誓言將自己的生命奉獻給開發「上帝賜予人們，但受到壓抑的力量」。讓所有中國人都識字成了他的目標。他認為，民主若要成功，人人都懂閱讀是唯一的途徑。他寫道：「如果大多數人是文盲，中國永遠不會成為真正有代議制的政府。」

戰後，他返回美國繼續進修，並拿到普林斯頓大學碩士學位。他和紐約地區的許多中國留學生一樣，週末時經常出入東三十八街華人長老教會牧師許芹的家。在此他受到許芹和牧師娘路薏絲（Louise）的歡迎。路薏絲是一位荷裔美國製造業者的女兒。當時的晏陽初則是一名大大咧咧、常帶笑容的陽光青年，追求許家的二女兒許雅麗（Alice Huie）。一九二一年九月，兩人結婚並回到中國。

晏陽初發現，此時的中國已和他當年出洋留學時大不相同。他結婚前三個月，中國共產黨在上海法租界成立。馬列主義的思想開始傳布到青年中國人心和雜誌上。左翼中國作家正在尋找新的惡魔，以便將中國的弊病怪罪到他們頭上，原本的滿洲人和清朝已不復存在，於是他們將目標轉向西方。

一九二二年二月，當「世界基督徒學生聯盟」（World Student Christian Federation）宣布在北京舉行第十一屆大會時，上海學生在中國共產黨指使下，成立「反基督教學生聯盟」（Anti-Christian Student Federation），引爆新一波反宗教暴動。基督教信仰才剛被接受為中國的救主，現在突然又受到抨擊，而美國的影響力正面臨新的考驗——不是來自日本，而是來自蘇聯。

晏陽初了解共產主義意識型態的威脅，知道他們巧於階級分化、推諉怪罪和訴諸暴力。他依然認為，美國是值得學習的典範。他寫道，美國人並不比中國人高明。但他們有「一位能治療他們靈魂的醫生。」這位醫生就是耶穌基督。

最初，晏陽初在湖南省會長沙，針對都市貧民展開大規模識字運動。但身為四川農村子弟，他嚮往農村，畢竟中國四億人口中絕大多數都住在農村地區。他找到河北省定縣，一個農村改造計畫推動困難之處，並決定在此安家立業。在毛澤東鎖定以農民為革命推動主力之前的許多年，晏陽初就已認定，農村是改造中國的鑰匙。在基督教青年會資助下，晏陽初和許雅麗夫婦搬到定縣，接著，晏陽初於此創立「中華平民教育促進會」。他向留美的中國學人徵求協助，也試圖說服康乃爾大學和俄亥俄州立大學的農業專家加入他的行列。幾位哥倫比亞大學戲劇專家和一位哈佛大學政治學者也來了。

晏陽初的家，成為三十位專家及其家庭的社群中心。許雅麗為大家的子弟辦了一所學校。中國史上第一次，有一大群知識份子到農村安家落戶，協助中國最弱勢的一個環節。晏陽初擬訂一份改善識字、農業、衛生和地方經濟的十年計畫。但推行起來很困難。當晏陽初拿著他的《平民千字科》手冊說要教導他們讀書識字時，農民都笑了。一聽到他也要教導他們的妻子和女兒時，更不禁怒火中燒。

他編印一本中國民族英雄的冊子，作為公民訓練的一部分，又仿效基督教青年會的做法，利用戲劇隊教導農民健康、衛生保健和耕作技術等知識。他避開政治，但結交高官權責，說服一位前任國務總理的夫人（譯按：北洋政府內閣總理熊希齡的夫人朱其慧）為他遊說並爭取捐款。到了一九二〇年代中期，反基督教的情緒上升，他本人和基督教青年會保持距離，不過美國的教會繼續支援他的計畫。他為各路軍閥經營識字計畫，也說服到處劫掠的當權者，別來滋擾定縣。一九二八年，警察洗劫晏陽初的總部，逮捕與他最親近的顧問陳築山，晏陽初保他出獄，竟發現陳築山拿著《平民千字科》，正在教獄卒識字。

晏陽初和大部分歸國的留美學生一樣，都是改革派。他對社會改革的「零售」理論信念相當深刻。亨利．福特捐給晏陽初一萬美元，並對他說：「你從事的平民教育運動，和我大量生產汽車沒什麼兩樣。」如果模仿是最真誠的阿諛奉承，中國共產黨就是在誇讚晏陽初。毛澤東等人的識字運動，就是採用晏陽初的技巧。然而，他們不用晏陽初編寫的《平民千字科》，而是另有一套教材。其內容抨擊官僚和資本家，以階級鬥爭取代晏陽初的基督徒夥伴關係。

美國在巴黎和會辜負中國，成為一九一九年美國總統選戰的議題。共和黨利用山東爭議為藉口，拒絕美國加入國際聯盟；現在，他們拿這個議題當贏回白宮的武器。

競選過程中，華倫．哈定（Warren G. Harding）和他的共和黨同夥一再引用「無恥」、「該死」、「不可原諒」、「強暴無助的中國」等字眼，抹黑民主黨總統候選人詹姆斯．考克斯（James M. Cox），以及他三十七歲的副總統參選搭檔法蘭克林．狄拉諾．羅斯福。哈定贏得大選，入主白宮，他希望自己最起碼要顯得關心中國。

哈定建議，在預定於一九二一年舉行的世界第一次裁軍會議中，要專注亞洲局勢，而大多數中國留美學生組成的青年外交官團隊也立刻掌握機會。面對日本日益崛起，哈定和他的國務卿查爾斯．伊凡斯．休斯（Charles Evans Hughes），想在太平洋尋求海軍勢力的均衡，以抵銷耗費不貲的軍備競賽。休斯也想解決中日之間的緊張關係，讓中國有喘息空間來整理內部的政治動亂。

約翰．鮑威爾（John B. Powell）可謂當時對亞洲事務觀察最敏銳的美國記者。他寫道：「日本看待這項會議，有如淘氣的小孩被找到老師面前，等候懲罰一般。」日本知道，美國會試圖抑制其控制中國的計畫。不過，日本也視此會議為穩固其大國地位及減緩軍備競賽的機會。軍事費用已用掉日本半數預算。英國擔心自己作為超級大國的日子已不多，因而也支持召開會議。倫敦尋求避免在遠東驟然崩盤，並設法想在有所管控之下，逐步減弱勢力。

一九二一年十一月二十一日，華盛頓海軍會議在華府西北十七街美國革命女兒堂（Daughters of the American Revolution Hall）舉行。開幕演講時，休斯國務卿就丟下了一顆炸彈，表示主動停止興建六十六艘海軍軍艦。約翰．鮑威爾寫道：「與會代表面面相覷、不敢相信。」休斯在滿堂熱烈掌聲中宣布：軍備競賽「必須停止！」

中國代表為施肇基（Alfred Sze）——康乃爾大學首位中國畢業生——及在凡爾賽和會表現不俗的哥倫比亞校友顧維鈞。施肇基和顧維鈞提出了中國要求的清單。中國要求收回關稅自主權，廢除列強的治外法權，並希望外國軍隊撤離中國領土。中國要求日本歸還山東省，並廢止日本的「二十一條」，終止日本在滿洲的一切特權。總而言之，過去在凡爾賽的未竟之志，中國希望能在華府完成。

雖然在華盛頓會議提出山東問題未得到美國支持，但中方爭取到美國同意，協助促成中日單獨另行協商。顧維鈞和日方代表展開了三十六場次的談判，而美方則是全程觀察。

會議在一九二二年二月結束，美、英、日三國同意未來十年不再建造新軍艦。至於既有的艦隊比例，洽定比例為美、英各五，日本則是三。這是現代世界第一次戰略武器凍結。中國從日本贏回山東，也從法國和英國收回兩小塊國土。中國取得調升關稅的權利，因而稅收得以增加，而且西方列強首次承諾，考慮允許中國自主管理其鐵路。美、日、英、法四強的條約規定，亞洲若發生危機，必須進行諮商。在另一項九國公約中，列強承諾，尊重中國領土完整，並協助中國維持「有效和穩定的政府」，以及確保門戶開放。美國新聞界稱之為「中國的自由憲章」，也宣稱美國已洗刷在凡爾賽的罪愆。有史以來第一次，中國外交官在美國協助下，說服涉及亞洲事務的主要大國（蘇聯未受邀參加會議）同意美國的見解，保持中國領土完整，以符合世界最佳利益。

美國人認為，他們已經解決了亞洲政策最核心的兩難困局。借用威爾遜總統前任顧問愛德華．豪斯（Edward House）的話來說，他們找到了一個公式，用來「維持門戶開放、重建中國，也滿足日本」。新任美國駐北京公使傑可布．舒爾曼（Jocob Schurman）宣稱，會議將啟動中國歷史（又一個）「新時代」。國務卿休斯也興高采烈地宣稱：「我們尋求建立『大美和平』（Pax Americana），不是以武器維持，而是以相互尊重和善意為基礎。」

到了一九二〇年，流亡多年的孫逸仙又回到廣州建立南方政府，並與北洋軍閥政府分庭抗禮。一九二一年三月，孫逸仙發出賀函，恭喜哈定當選美國總統。他向這位美國總統表示，中國民主的成功與否，取決於美國的行動，他將美國形容為「民主之母和自由正義的表率」。

現在，約翰．馬慕瑞主管國務院的亞洲事務，他擋下孫逸仙送給哈定的賀函，也攔阻孫逸仙的國民黨代表出席華盛頓會議。美國官方仍然認為，孫逸仙是一名「麻煩製造者」、「一個聲名狼藉的人物」和「大野心家」。

美國官員中，仍有少數異議聲音覺得美國的政策相當短視，並認為當民族主義正在重塑中國政治地貌之時，應該交好孫逸仙，而不是拒之於千里之外。根據駐北京代理公使魯道克（A. B. Ruddock）報告，比起中國其他領導人，孫逸仙明顯更傾向美國。一九二一年五月五日，孫逸仙在廣州第二次宣誓就職中華民國的「非常大總統」之後，美國領事卜萊士（Ernest B. Price）稱讚孫逸仙「支持民主原則和大業」。不過，美國官方政策還是繼續支持北京的軍閥政府。在華府，最初由古德諾提倡的觀點還是占上風。中國還未做好準備接受民主。中國需要一個強大的統治者來執行西方所施加的一切條約。

一九二二年六月，由於廣州發生叛亂，孫逸仙再度被逐出當地，多數美國外交官嘲笑他的際遇。孫逸仙躲到上海公共租界尋求保護。他的書房牆上只掛著一幅林肯的肖像畫，即使被當今在世的美國人摒棄，孫逸仙仍於其英雄的理想和肖像中尋找救援靈感。一九二二年，孫逸仙在接受美國媒體《星期六晚郵報》（*Saturday Evening Post*）訪問時，抱怨美國什麼忙也不肯幫。但他和許多中國人一樣，依然盼望奇蹟出現。他呼籲《星期六晚郵報》的讀者，「幫助我們獲得美國的承認，因為這即代表勝利。」

當年稍後在上海，共產國際（Communist International, Comintern）代表發現，有機會將孫逸仙拉進蘇聯陣營。共產國際特務艾多夫．越飛（Adolph Joffe）提議，蘇聯提供國民黨財務及軍事援助，條件是允許剛成立之中國共產黨的一二三名黨員加入國民黨。一九二三年一月十五日，國民黨部隊重新奪回廣州；兩週後，孫逸仙和越飛發表聯合宣言，宣布蘇聯將以武器、彈藥和現金援助南方政府，而國民黨將依循馬列主義的路線進行改造。三月二日，孫逸仙再次掌握政權。

到了六月，孫逸仙曾提議給美國人的壟斷、甜頭交易，以及革命公債享高利率的種種優惠，全部撤銷。在送給廣州美國領事館的一份聲明中，他痛斥美國支持北洋政府。一九二三年八月，他派親信副手蔣介石和一組國共人員赴莫斯科考察政經與軍事制度。稍後在同年秋天，另一位剛在美國完成地下工作的共產國際特務鮑羅廷（Mikhail Borodin）抵達廣州，擔任孫逸仙的顧問，進行武器分配及國民黨改組。嚴格來說，鮑羅廷是以蘇聯通訊社的特派員身分來到中國——該社日後正式名稱為塔斯社（TASS）。他雖從事革命活動，但其生活卻徹底資產階級化；子女全送到上海的美國學校就讀。

一九二三年九月，南方政府面臨財政危機，於是宣布將強行收回廣州海關的關稅稅收。名義上，這些關稅由中國海關徵收，但海關則由西方人控管。北京的外交官誓言阻擋這項行動；畢竟，海關關稅已明訂充作庚子拳亂賠款，這是中國仍在支付的款項。美國政府下令，四艘海軍驅逐艦駛入廣州灣。

十二月十六日，美軍軍艦在廣州灣就定位時，孫逸仙主持一項反美集會。一天後，他發表一封〈告美國友人書〉（To my friends, the American people）的公開信，語氣像極了遭遺棄戀人的哀怨。他寫道：「當初我們發動革命推翻專制、腐敗政府時，我們以美國為模範，希望美國能仿效拉法葉協助美國的精神來協助我們，以達成目標。」但是，美國卻派來軍艦，威脅要攻擊廣州政府。他問道：「難道華盛頓和林肯的國家否定其對自由的信念，對爭取自由的他國人民採取鎮壓的手段？」美軍軍艦不發一砲，悄然退走。

一九二四年，蘇聯遠東軍前任司令員加侖（化名Galen，原名為瓦西里．布柳赫爾〔Vasily Blyukher〕）前來廣州開辦黃埔軍官學校，並規劃北伐統一中國之戰事。到了十月間，蘇聯已供應八千多隻長槍、數百挺機關槍和數十門大砲給國民黨部隊。中國共產黨員盤踞國民黨政府及軍隊的許多職位。其中，有兩人位居黃埔軍校的重要位置：孫逸仙指派赴莫斯科考察三個多月，甫回國的蔣介石擔任校長；政治部副主任則委派周恩來出任。周恩來的相貌極似一位默片電影明星；他有巴黎知識份子的氣質，未來以中國共產黨高級「理藩官員」的角色影響了好幾代美國人。至於國民黨中央宣傳部領導人，孫逸仙則挑選了另一名共產黨員——湖南激進份子毛澤東出任。到了一九二四年年底，一千多名蘇聯軍事、政治人員湧入華南，而共產國際則每個月接濟數萬美元給廣州的新朋友。本地區的風頭人物開始以「同志」稱呼彼此。

作為新近改組的國民黨之宣傳主管，毛澤東把他日後的信念預告給忠誠的黨員知道——他將中國的困境歸咎於帝國主義，而且特別痛批美國。一九二三年八月，毛澤東寫道，美國對中國來說是一個問題，因為很多中國人喜歡美國。他寫道，中國人「迷信美國是扶助中國的好朋友」。他又寫道，這些天真的人並不知道實際上「美國是最會殺人的第一等的劊子手。」儘管毛澤東個人仍舊著迷美國，但他將花費數十年試圖剷除中國同胞心中對美國的喜愛。

在上海，美國記者約翰．鮑威爾憂心忡忡地看著孫逸仙倒向蘇聯。他歸咎華府及美國駐北京使館，指責他們看不到新時代已經到來，對於中國要求公平的條約、主權和控制自身邊境，應以同情心對待，而非以砲艇逼迫。鮑威爾寫道，華府「繼續賦予中國最反動的份子外交承認……卻忽視孫逸仙博士和他的國民黨，他們已經發展出更現代的民族主義政府形式。」他責怪美國和英國，聽任國民黨受俄國人控制。

儘管對美國的失望長達數十年，孫逸仙在晚年時，周遭仍圍繞許多美國朋友和美國事務。一九二五年冬末他前往北京，展開與北洋軍閥談判和解的最後一試。當時他已重病在身，遂進入中國一流的醫學設施——美國人捐助辦理的北京協和醫院就醫。但他的肝癌太嚴重，最後在一九二五年三月十二日上午九點三十分溘然長逝。孫逸仙才剛去世，共產黨就偽稱孫是他們的同志。共產國際特務鮑羅廷安排了一套稱頌列寧的假遺囑，刊載於蘇共黨報《真理報》（*Pravda*）上，但人人都知道那是假的。

自一九一〇年代起，美國的資金和思想協助中國進入開放時代。公民社會發展起來，文學繁茂、中國大學的規模和影響力大增，中國科學家也和一些世界最頂尖的人才合作。但當民間的美國人支持中國的一流人才時，美國政府似乎陷入了錯置的時間——支持北京的軍閥政府。美國無法認識到中國未來的浪潮，因而為未來最大的敵人——蘇聯，開啟了進入中國的大門。

附註

洛克斐勒基金會在中國的慈善事業，參見：瑪莉．布朗．布拉克（Mary Brown Bullock）的《石油大亨的遺澤：洛克斐勒在中國的慈善事業》（*The Oil Prince's Legacy: Rockefeller Philanthropy in China*）一書。約翰．杜威對中國的影響，在許多書籍、文章中都有詳細記載，包括：鄺啟漳（Kuang Qizhang）和王清思（Wang Ching-sze）的博士論文，以及陳毓賢和周質平的著作。晏陽初是海弗德（Charles Hayford）所寫傳記《晏陽初與中國農村的平民教育》（*To the People: James Yen and Village China*）一書主角。孫逸仙對美國的失望，在他接受西方記者的諸多訪談中都已相當明顯。劉禾（Lydia Liu）的研究則點出《中國人的性格》和魯迅《阿Q正傳》的關聯。

第十二章
幸運籤餅

從一九〇〇年代起，美國人就喜愛上中國幻想、性愛、謀殺、偵探、藝術和美食的勁辣熱炒。在書報、雜誌、庭院、餐廳、農場、電影銀幕上及一九二〇年後的廣播，中國文化前所未有地進入了美國人的日常生活。美國進化為製造業王國後，也創造出對「真實」地方和情感的渴求。比起美國人正創造的井然秩序及甚至有些乏味的文明，中國填補了那個更有智慧、更具異國風味的文明角色。

原先，美國各地的唐人街被視為疫病肆虐的貧民窟，現在則成了旅遊熱點。一九〇〇年舊金山發生腺鼠疫時，市政府和州政府就曾考慮夷平唐人街，他們（不公平地）責怪疫病起自唐人街。但六年後，當地震、大火席捲全市，市政府基於賺取觀光財的需求，便和中華會館合作重建唐人街，使其恢復原貌。當時，市商會旋即推介這個地段為「舊金山璀燦觀光景點王冠上的首要珍寶」。

在紐約市，愛耍帥的退休拳擊手查克．康諾斯（Chuck Connors）自命為唐人街的「市長」，引導呆呆的遊客前往假鴉片菸館參觀，並由他的助手扮成老煙槍，躺在榻上吞雲吐霧。每年聖誕節前後，康諾斯都和他的華人女友（綽號「醃黃瓜」）主辦一場午夜唐人街盛會，警戒線將一塊行人徒步特區團團圍起。一九〇三年，《紐約時報》將此會形容為「中國佬和白種女人跳舞，黑人女子和白種男人跳舞。」

即使到了一九二〇年，華人在美國的人數降至約六萬人，是半個世紀以來的最低點，反華歧視仍然相當強烈。一九二七年的一項社會調查顯示，只有百分之二十七的受訪人願意接受華人當同事；同時，願接納華人當朋友的，更只有百分之十一點八。但異國風味的中國，打動了老美羅曼蒂克的幻想，這是前幾世代美國人所難以想像的。古佛紐·莫里斯四世（Gouverneur Morris IV）是一位開國元老的曾孫，他利用在加州銀行業擔任高階主管的公餘閒暇，寫些大眾短篇小說。他最著名的作品《熾熱的百合》（*The Incandescent Lily*）出版於一九一四年，主角裘德（Chudder）來自美國東岸，是身材魁梧的盎格魯撒克遜白人新教徒，對罕見植物充滿熱愛。裘德代表哈佛植物園（Harvard's Arboretum）前往中國，在深山幽谷中找到罕見的百合花和一位楚楚動人的中國公主，但他偷了百合，甩了公主。廉價小說的讀者愛死了。

讀者從伊蒂絲·毛德·伊頓（Edith Maude Eaton）的短篇小說得到更多滿足。她父親是一名英國商人，母親是生長於上海的中國人。伊蒂絲自幼在紐約北部長大，身為歐亞混血兒的她，經歷過別人在背後竊竊私議和公然侮辱，常因同學恥笑她是混血雜種而和他們打架。她關在家中寫作，承認自己「不東不西，純然是個陌生人」。她將自己的筆名取為Sui Sin Far，即「水仙花」的廣東發音，象徵對她從未見過之祖國的熱愛。

不論好壞，水仙花是中國文化和美國文化永遠相互交纏理念的早期文學化身。她的短篇小說代表作〈春香夫人〉（Mrs. Spring Fragrance）發表於一九一二年，講述一對年輕華裔美國夫婦，搖擺於中國傳統和粗魯無禮美國之間的動盪故事。他們成功了；但她作品中的其他角色不是被殺，就是犯了殺人罪，因而墜入文化差異的裂口。

中國也可以很可愛。直到今天，一九三三年出版的《鴨子平平歷險記》（*The Story About Ping*）仍抓住了許多美國孩童的目光。本書作者瑪喬麗·弗列克（Marjorie Flack）搭配一戰期間在中國當過業務員之柯特·維斯（Kurt Wiese）的插畫，講述一隻迷途小鴨的故事。其所描繪的中國，不是誘人的皇室、充滿珍奇名花的世界，而是一個重視家庭價值的社會。就和巡迴表演的暹羅連體嬰昌和恩一樣，鴨子平平抓住了美國人的想像力。從一九五〇年代起，一連十七年、每週一次，袋鼠船長（Captain Kangaroo）都在電視上朗讀這個故事。一九七〇年代，《芝麻街》（*Sesame Street*）

推出卡通版。到了二〇〇八年的電影《功夫熊貓》（*Kung Fu Panda*），英雄的父親是一頭鵝，牠的名字就是……平先生。與此同時，九歲時從中國移民到美國的黃齊耀（Tyrus Wong）[1]，創作於一九四二年的小鹿斑比（Bambi），成為迪士尼動畫的經典人物。

二十世紀開端，中國藉由掌握美國人的胃來掌握美國。從一九一〇年代至一九三〇年代，中華料理風行全美，成為美國美食的主流。「雜碎」（Chop Suey）帶頭打天下。

所謂「雜碎」，就是蔬菜、麵條和肉的混合快炒，這道菜餚並非源自於中國大陸。有人說，「雜碎」是美國西部鐵路華工發明的，把剩菜剩飯混炒加熱而成。有人說，「雜碎」是一八九六年欽差大臣李鴻章訪問美國時所帶來。李鴻章的隨行廚師搜羅他下榻之華爾道夫大酒店的廚房食材，發揮創意而成就這道菜。這道菜曾讓美國白人感到驚恐，以為裡頭有老鼠肉。但到了一八九〇年代，美國人的口味變了。

在一八九八年，紐約美食評論家魯西安·艾金斯（Lucien Adkins）出版的一份唐人街導覽手冊中，描述他鼓勵朋友試吃這道菜的經過。艾金斯說，一名友人一嚐便愛上，「只為了這道菜而獨自奔向唐人街大快朵頤一番，獨鍾此味。」

一九〇八年，《波士頓環球日報》（*Boston Daily Globe*）建議讀者，可以嘗試中國人婚禮及結婚紀念日的主題。紐約的唐人街在猶太人聚居的下東城西側擴張起來，形成許多猶太人愛上中國熱炒的特殊局面。週日？聖誕節？贖罪日（Yom Kippur）後的開齋？沒問題。美國猶太人湧入中國餐館。餐館永遠開門營業，不會歧視客人，並立刻受到眾人喜愛。華人的夜總會也是如此。歌舞演員艾迪·康托（Eddie Cantor），還有百老匯詞曲創作天王歐文·柏林（Irving Berlin，本名Isidore Baline）都是猶太裔，而且都是從唐人街的表演場所發跡的。

一九一四年《芝加哥論壇報》寫道，中國餐館是「週薪十二美元的店員」追求「週薪六美元的女銷售員」的地方。《論壇報》則丟出一個問題：中國餐廳的成功秘訣在哪裡？「新奇、興奮和變化。」一九一九年，美國化學學會有份報告建議美國人——尤其是孩童和病人，為了健康起見，要多吃中國食物。僅僅數十年之前，在美國的一個普遍觀念是，中國人身上常帶毒蟲。到了一九二〇年代，美國人已幾乎不記得那個中華料理並非主食的時代。中國菜已深入美國人的日常生活，以致一九二五年，路易．阿姆斯壯（Louis Armstrong）首次作曲時，就將其取名為〈短號雜碎〉（Cornet Chop Suey）。

華人移民變成在美國分布最廣的少數民族。到了一九三〇年，全美百分之三十的郡最起碼有一個以上的華人居民。許多人都開餐館。今天，全美國有四萬一千家中國餐館，比麥當勞、漢堡王、溫蒂漢堡、達美樂和必勝客披薩所有的店加起來還多。

中國菜引誘美國人食指大動，中國花卉則改造了美國的園藝造景。許多種籽由蘭克．尼可拉斯．邁耶（Frank Nicholas Meyer）引進。來自荷蘭的移民邁耶熱愛登山健行。一九〇五年，美國農業部派邁耶前往中國，以「農業勘察員」的身分在中國住了十三年。

邁耶尋找農藝金礦的同時，又擊退土匪惡棍，成為美國新聞界膾炙人口的傳奇故事。但邁耶處於中國人群中，總覺得自己就像動物園裡的動物。每到一個城鎮，許多男人、男孩就圍著他上下打量。他寫道：「遠離自己種族的人，永遠陷於孤獨無助。」他喜歡佛教的和尚、道教的道士，他們的寺廟與道觀中常有奇花異草。

邁耶在中國發現一種能抵抗疾病的菠菜，並用其拯救了美國的菠菜罐頭業。他蒐集到二十磅大麻種籽，心裡想著：「美國民眾不知能如何利用這些大麻？」從新英格蘭到草原各州（譯按：南北達科塔、內布拉斯家、堪薩斯、奧克拉荷馬等五州為主的美國中部草原地區）生長的許多蘆筍、苜蓿、燕麥、三十種竹子和耐寒的黃玫瑰，都是他從中國找來的。邁耶檸檬（譯按：即*Citrus meyerii*，又稱北京檸檬）構成佛羅里達州檸檬汁工業的基礎。現在，西伯利亞榆樹則是從加拿大到德克薩斯州，隨處可見的防風林木。

邁耶最重大的貢獻，就是貌不驚人的黃豆。在一九〇五年他前往中國之前，美國農民種植八種黃豆。接著，邁耶又引進四十二種，憑一己之力把這些中國植物出口到美國，為農業做出巨大的貢獻。聯邦農業部官員華德．史文格（Walter Swingle）檢視邁耶的百寶箱後，宣稱中國是美國「農業的主要來源國」。

邁耶花費大把歲月，穿梭中國各地農村，住在破爛的客棧，不畏土匪和疾病。他總共蒐集兩千多種植物物種，並將其送回美國。他通常獨自工作、沒有朋友，還得了憂鬱症。一九一八年六月一日，正值第四次長駐中國的尾聲，他自長江的一艘船上墜河，一般相信他是自殺。

其他前往中國的冒險家也讓足不出戶的研究者如醉如癡。對同時代的人士而言，植物學家約瑟夫・洛克（Joseph Rock）的一生便好似〈熾熱的百合〉中的人物。他整理出的四百九十三種杜鵑花目錄改造了美國人的庭院，其中有一種美麗的牡丹花就以他的名字命名。但他之所以出名，是因為遇上許多土匪頭子和藏族戰士，途經「深山裡的神奇仙境」，還有他所創造出真實生活版本的神秘東方。

洛克出生於維也納，父親是奧匈帝國一位伯爵的管家。洛克是治學嚴謹的學者，他對雲南省納西族的研究，使他們的語文免於消失的命運；同時，他也擅長把故事誇張化。從一九二二年到一九三五年，他為《國家地理雜誌》（*National Geographic*）撰寫的文章，幾乎篇篇都謊稱自己是發現華西各地河谷、山脈、民族、國王和大河的「第一個白人」。即使如此，他旅居於中國的「高尚野蠻人」之間，發回美國的報導對現代化的讀者們提出了一些有趣的問題。他對雲南省摩梭人的描述是：「這裡的人從生到死，絲毫不知外在世界的存在。活活埋困在群山峻嶺之間，究竟是飽受壓制，還是幸福快樂？」

洛克的冒險，提供了豐富的素材給西方記者、小說家和詩人，譬如艾茲拉・龐德（Ezra Pound）。他的報導可能啟發英國作家詹姆斯・希爾頓（James Hilton）一九三三年出版的經典小說《失落的地平線》（*Lost Horizon*），故事所描寫的「香格里拉」是一片隔絕塵世、人人永生不老的和諧樂土。一九四九年共產革命後，定居雲南省麗江的洛克被迫離開景色如畫的山村，於是他哀傷地寫下：「我希望死在這一片美麗的群山之間，不願孤單地躺在悽涼的醫院病榻上等死。」

到了十九、二十世紀之交，大量中國陶瓷、青銅器和字畫，開始流向美國私人蒐藏家和國家博物館。起先是由在中國做生意致富的豪門巨室家族蒐藏，後來各式各樣的外交官、冒險家、傳教士、生意人、交易商和自命的專家也紛紛加入蒐藏行列。戰爭和政治動盪，導致中國成為私梟的樂園。開闢道路、得到美國紅十字總會出資贊助，挖出許多塞滿古代陶瓷和地底衛兵的墳墓。

中國和日本的藝術品，讓沉迷東方宗教的美國富人感到驚豔。洛克斐勒家族浸淫中國藝術品多年，頗有了解。小約翰．洛克斐勒的愛妻艾碧蓋兒的姊姊露西．艾德里奇（Lucy Aldrich）、好幾代先祖都在中國經商發跡的新英格蘭人威廉．畢格羅（William Sturgis Bigelow），以及日本藝術品專家厄尼斯特．費諾羅沙將波斯頓美術館（Boston Museum of Fine Arts）打造為世界上最大的東亞藝術品蒐藏者之一。

在北京，許多美國交易商聚集在福開森（John C. Ferguson）的胡同宅院。福開森原本是美以美會傳教士，後來離開神職，辦了一所大學（譯按：即匯文書院，為金陵大學前身），也在上海取得《新聞報》的經營權。福開森利用他和中國知識份子的關係蒐藏骨董。二十世紀初期，他運用其他美國人的數十萬美元蒐購骨董。他交給大都會美術館（Metropolitan Museum of Arts）數量可觀的第一批中國字畫，其中好幾件是逾千年的古老作品。

中國文學也影響了美國人的品味。二十世紀頭二十年，美國詩人和他們的編輯掀起一股反動風潮。艾茲拉．龐德（Ezra Pound）、許海麗．門羅（Harriet Monroe）[2]、艾略特（T. S. Eliot）和愛咪．羅威爾（Amy Lowell）[3]等人，不滿意維多利亞時期陳腐的文字，誓言淨化藝術形式。同時，人在美國的胡適也鼓起勇氣，發動中國的文學革命；這些美國作家向中國詩詞尋求靈感，以幫助美國本身的改造運動。

一八八五年，龐德出生於美國西部，但在費城郊區長大，其家人有志於傳教工作，而且對中國感興趣。他的雙親捐錢給中國教會。年輕時，他就喜歡上剛出現在美國博物館的亞洲藝術品。

一九一三年，龐德結識波士頓美術館的日本藝術品專家厄尼斯特．費諾羅沙的遺孀瑪麗．麥克尼爾．費諾羅沙（Mary McNeil Fenollosa），他們討論起中、日藝術。瑪麗讀過龐德的詩作，提議委託他擔任亡夫遺產的文學執行人。龐德從費諾羅沙的文書中，找到記滿英譯唐詩宋詞的筆記。龐德從這些翻譯中，發現其文字精鍊、意思清晰，可當成革新美國詩學的模式。龐德從中挑選了十四首詩，將其重新翻譯改寫成英文。一九一五年，這本心血結晶《神州集》（*Cathay*）於威尼斯出版。

《神州集》是英美現代主義的先鋒文體，問世於第一次世界大戰期間，主題扣緊時代脈動：長期的分離、危險的旅程、戰亂與流離。就連前線戰士也紛紛讀起這本詩集，因為裡面有李白的〈送友人〉[4]。艾略特稱譽龐德是「我們這個時代的中國詩歌發明人」，他把自己的作品〈荒原〉（The Waste Land）獻給這位滯居海外的美國詩人。龐德簡練、具象化的中文表現手法也啟發了厄尼斯特·海明威（Ernest Hemingway）。卡爾·桑德堡（Carl Sandburg）說，讀了《神州集》，「使人發覺中國人的靈魂就和隔壁鄰居一樣親近」。古典文學學者羅伯·費茲傑羅（Robert Fitzgerald）寫道，由於《神州集》，「你再也不需要陶瓷器」。

有些批評者嘲笑龐德根本不懂中文，哪配翻譯古詩。英國漢學家亞瑟·韋利（Arthur Waley）批評龐德，在語文上有許多不正確之處。龐德的回應是：韋利可能精通中文，但他「笨拙的」英文乏善可陳。

《詩學》（*Poetry*）雜誌主編許海麗·門羅寫了一篇社評，稱龐德的作品是「追尋中國神奇的開端」，可以拯救美國的詩詞。她寫道，西方印象派繪畫已經找到「東方藝術再生的影響力」。現在輪到文學了。

然而，這一切並不限於高端文化。對許多美國人而言，中國也可以很有趣。一九二〇年代，拜一位美孚石油公司高階主管引進，麻將開始風行於美國。麻將是伴娘們聚會和慈善午餐會的重頭戲。美國出現以麻將為主題的電影、菜譜（麻將雞肉沙拉）、芭蕾舞和披肩。北方的猶太婦女喜歡它，南方的鄉村俱樂部也出現麻將的蹤影。美國人甚至將和中國八竿子打不著邊的遊戲取中文名字。一九二八年，普瑞斯曼玩具公司（Pressman Toy Company）將一種德國遊戲取名中國跳棋，後來在美國如火如荼地流行起來。

正當電影受到美國人歡迎，一九〇五年生於洛杉磯的洗衣店老闆的女兒黃柳霜（Anna May Wong），成為美國第一位非白人明星。安娜十歲就當模特兒。十七歲時，她已於一部綜藝彩色劇情片中擔綱主角。同一年，她也躲過父親要她嫁給另一個洗衣店同業的安排。十九歲時，她在美國著名動作片影星道格拉斯·費爾班克（Douglas Fairbanks）製作兼主演的電影《巴格達竊賊》（*The Thief of Baghdad*）中和費爾班克演對手戲。她前往歐洲，在當地風靡一時。不同於那個時代的許多明星，她能順利過渡到有聲電影、再進軍電視劇，並以英語、德語和法語演出。銀幕上，她煙視媚行、星光熠熠，雖然身高僅五英尺七英寸，卻比許多同業女星出類拔萃。她有雙大眼睛、豐潤的美唇和輕盈的身軀，也能跳舞——或許該說是擺弄身軀。她知道自己能讓男人為她瘋狂。她最膾炙人口的一句電影台詞是：「我曾在萊姆豪斯（譯按：即Limehouse，東倫敦的一個地區）當過舞者，但出現問題，許多男人為我拔刀相見。」她共演出五十五部電影，迄今仍名列最有影響力的亞裔美國電影明星排行榜上

黃柳霜當然也碰上過種族歧視。她只能扮演定型的中國女性角色，專演些奸詐、悲劇的角色。死亡場景變成她的拿手戲。導演設計種種方法，讓她在銀幕上送命。她被利刃穿心刺死，遭到行刑隊槍斃，或者被一槍致命，或自殺而死（共有七次）。黃柳霜說：「我死了太多次。悲慘而死恐怕是最好的結局。」（女性在銀幕上迭遭凶殺，倒也不是中國演員獨有的命運。葛麗泰．嘉寶（Greta Garbo）在她大多數的電影中也都不得善終。）

黃柳霜是第一位留著瀏海的明星。一九三四年，紐約梅菲爾模特兒協會（Mayfair Mannequin Society）票選她為「全世界穿著服飾最佳的女性」。四年後，《展望》雜誌稱她為「全世界最美麗的中國女郎」。有關她桃色戀情的緋聞充斥八卦新聞版面，但她最認真的一段戀情，可能因為加州法令不准白人和亞裔結婚被迫戛然而止。即使如此，黃柳霜仍在美國肥沃的土地上，種下亞裔女性性感、迷人和強大的制高形象。

然而，黃柳霜在她的祖國，卻引爆相互衝突的熱情。一九三六年二月，她初次訪問中國時，數千人奔往上海碼頭，擠在黃浦江畔，只為爭睹這位美國明星的丰采。卻有一群暴民高喊著：「打倒黃柳霜，她是個讓中國丟臉的跑龍套女演員！」

對講究女性要溫柔的儒家禮教，以及同樣神經質的中國左翼人士來說，黃柳霜可能太炙熱了。她被提出來作為對中國女性的警告，今天，更被貼上帝國主義者的標籤。即使她的美麗、聰慧和魅力吸引了許多粉絲，她的明星力量卻與傳統中國人對禮節的觀點有所牴觸。一位國民政府外交官也得對黃柳霜失去她一生中可能最重要的角色負起部分責任。一九三七年，賽珍珠的小說《大地》要改編成電影，製作團隊物色女主角阿蘭的演員時，駐洛杉磯的中國

領事張紫常認為，黃柳霜還不夠「中國人」。最後，白人女演員露薏絲．彭瑞娜（Luise Rainer）化妝成「黃臉孔」擔綱演出，甚至還得了奧斯卡金像獎。

所有對黃柳霜閒言閒語、七嘴八舌的中國人，其實都沒看到美國社會對中國構成的挑戰。西方世界——尤其是美國——扮演將中國婦女從纏足和終生不識字解放出來的重要角色。但現在，西方的影響深入到更隱私的領域。黃柳霜代表美國一向呈現給中國人的複雜形象：深具威脅，但又帶著誘人的吸引力。面對一位美國性感的象徵，偏偏又是華裔，中國的批評家莫知所措。

如果說美國人眼中的中國女性印象搖擺於潑婦和受害者之間，他們對中國男性的印象也同樣矛盾。這邊的角落蜷伏著陰險奸詐的傅滿洲；另一邊的角落則是討人喜歡的陳查理。傅滿洲是英國作家薩克斯．羅默（Sax Rohmer）筆下的人物，代表「黃禍」文學的高峰，在二十世紀初期的美國和英國都很流行。但使他馳名國際的卻是好萊塢。傅滿洲是秘密社團「世藩會」（Si-Fan）的成員，這個團體的觸鬚自英國鄉下開始延伸、滲透到白宮。他是個東方怪才，精通化學、醫學、工程學、植物學、動物學和催眠術。曾有個愛說笑的人說他是黑心的超人。傅滿洲凸顯反華的種族歧視，奠基於深怕中國人太聰明的心理基礎。就像布瑞特．哈特打油詩中的玩牌高手阿新，傅滿洲玩起美國人精擅的遊戲比他們高明。但他並未獨擅勝場。在爭奪成為首席中國男性代表人的戰爭中，還有另一個十分討喜的人物也不落人後。

厄爾．德爾．畢格斯（Earl Derr Biggers）向來聲稱，是一則破獲鴉片買賣的新聞啟發了他的靈感，創造出陳查理這個角色。哈佛畢業的畢格斯生於俄亥俄州的小城鎮，一九二四年，他坐在紐約公共圖書館的閱覽室，埋頭撰寫他的第二本小說時，翻閱過期的檀香山報紙，湊巧看到一則報導，「有個倒楣的華人沉溺於鴉片，遭檀香山警局偵探鄭阿平和李福逮捕。」就這樣，警探陳查理進入了畢格斯的小說《沒有鑰匙的房子》（*The House Without a Key*）。

鄭阿平這名出生在夏威夷鄉下的矮個子華裔警察啟發畢格斯，就是文化混合的有趣例子。畢格斯在他創作的陳查理聲名大噪後，才見到鄭阿平本尊。但鄭阿平傳奇的警察工作給了畢格斯所需的靈感，而他創造的這個角色，竟成為美國史上最為家喻戶曉的華人民間英雄。

畢格斯的陳查理孕育出一整個產業——四部小說、四十七部電影、一組連環漫畫、一種牌戲、一個廣播系列，以及一部一九七〇年代的電視連續劇。在這齣連續劇裡，出現了一隻小狗秋秋，而且日後的大明星茱蒂．佛斯特（Jodie Foster）此時還是個小童星，當配音員的她為劇中人陳查理的十個子女之一發聲講話。陳查理代表中國人聰明、勤奮，也有點缺乏性欲——其實他有許多子女——的刻板印象。畢格斯筆下的陳查理是：「走路的步伐就像女子一般輕巧細步。」

陳查理就和所有虛構的偉大偵探，諸如：可倫坡（Columbo）、赫丘勒．白羅（Hercule Poirot）、菲力浦．馬羅（Philip Marlowe）和夏洛克．福爾摩斯（Sherlock Holmes）等人[5]一樣，也極具個人特色。他的英語不好，句子沒有主詞，動詞時態也不對，譬如這句台詞：「放下武器！否則我就被迫致命地侵入屬於你的重要器官。」

前三部陳查理的電影未得到太多關注。直到一九三一年，瑞典影星華納．奧蘭（Warner Oland）——他聲稱有蒙古人血統——為二十世紀福斯電影公司拍攝《陳查理再接再勵》（*Charlie Chan Carries On*），這位華裔偵探才聲名大噪。這部電影賣座鼎盛，使福斯公司在經濟大蕭條時期屹立不搖。《電影日報》（*Film Daily*）的一則評論寫道：「查理不只是個偵探，他是機智的哲學家，奧蘭將這個特色表現得唯妙唯俏。」

一九三三年四月，畢格斯心臟病發去世；八個月後，鄭阿平也入土為安。但陳查理繼續存活。奧蘭又主演了十五部陳查理的電影；不但為福斯公司演出這位說話輕柔的警探，也為派拉蒙影片公司主演陰險奸狡的傅滿洲。

一九八〇年代，美國學界將陳查理定位為具種族歧視意識的美國　物，但一九三〇年代的中國人卻稱讚他是在西方世界第一個被正面表述的中國人角色。一九三六年三月二十二日，奧蘭抵達上海時，新聞記者包圍他，全國所到之處宴會招待不斷。他在中國期間，全程維持此一角色面貌。奧蘭以帶著瑞典腔的中國國話宣稱：「回到我的祖國，讓我非常高興。」中國電影製片廠也仿拍了一系列陳查理的影片，一樣票房長紅；這些影片的演員模仿奧蘭的演出，歷史學者黃運特指出，這造成奇特的文化環環相扣現象：中國演員模仿白人演員，而這個白人演員，卻扮演白人創造出來的中國人角色。

賽珍珠（Pearl Buck）在中國這個議題上的影響力，是自馬可波羅以來最大的。她的八十本書和無數文章、演講被翻譯成一百四十五種語言——比起其他任何一位美國作家還多。她的其中六十五本書是暢銷書，之中有十五本受到「每月一書俱樂部」（Book of the Month Club）推薦。她最暢銷的小說《大地》出版於一九三一年，是美國第一本大眾市場的口袋型平裝書，售出四百萬冊。此書被改編為劇本，搬上百老匯舞台演出，也由好萊塢拍成電影，為她賺了一百多萬美元。她的中國相關作品，使她成為第一位先後獲得普立茲獎和諾貝爾文學獎殊榮的美國女性作家。

賽珍珠以既已存在、更加正面的定型概念為基礎，為美國人創造出一個新中國——沒有太多異國風味、真實性更多，也與土地有更多連結。她來自於一個傳教士家庭，原本蔑視「異教徒中國人」，後來卻轉變為他們最大的擁護者，對美國整個社會影響極深。

賽珍珠生於一八九二年，在中國長大，她爸媽是一八八〇年被派到中國的虔誠南方長老會傳教士賽兆祥（Absalom Sydenstricker）與其妻卡洛琳（Caroline）。一九一一年，她回美國，進入維吉尼亞州蘭道夫－馬康女子學院（Randolph-Macon Woman's College）就讀，被同學稱為「會說中國話的怪物」。畢業後她回到中國，嫁給身兼農業經濟學家與傳教士身分，當時被派往長江北邊某個農村服務的卜凱（John Lossing Buck）。

賽珍珠在中國農村過著孤獨的傳教士妻子生活。她責備中國人敬拜祖先和其他「罪惡」的習性。在寫給朋友和家人的信中，她抱怨自己「經常接觸這些異教徒可怕的墮落和邪惡」。她在一封信中，聲稱中國人「全都是小偷」。她譴責許多女人的殺嬰行為。她在一封寫給家人的信中，宣稱自己不願「承認中國是一個半文明的國家……是一個被拱手送給魔鬼的國家」。

一九二〇年，賽珍珠生下女兒卡洛（Carol），但因為難產，她被迫接受子宮切除手術。卡洛也因為得了遺傳性疾病「苯丙酮尿症」（phenylketonuria）而心智受損。夫妻倆離開農村，遷居南京，兩人在美國人興建的金陵大學（Nanking

University）服務。賽珍珠開始教授英國文學，然後慢慢地——比許多傳教士都更慢地——接受中國需要現代化，遠勝於需改信基督教的想法。

一九二七年三月，國民黨北伐軍攻打南京時，賽珍珠和丈夫就在南京城裡。此時的國民黨處於聯俄容共的階段，部隊鎖定西方人為目標，毆打數十人，而且殺害六個人以上。賽珍珠一家被家裡的女傭救了，她將他們藏在小茅屋，而他們位於大學校園內的房子則遭到洗劫。

遭洗劫後，賽珍珠和丈夫離開中國，前往日本。他們希望返回美國，但美國的教會當局深怕傳教士逃回美國後講出可怕的際遇，會傷害信徒的捐款，因此不肯幫他們支付跨渡太平洋的旅費。賽珍珠就如同四十年前的阿黛兒．費爾德一樣，自此遠離教會，並找到另一個熱情寄託——寫作。

賽珍珠的第一本小說《東風：西風》（*East Wind: West Wind*）在一九三〇年出版。書中她探討一名中國男子和一名美國女子的異國婚姻，以及他們努力爭取家長承認兩人愛情的經過。這本書銷路奇差，而且水仙花已經寫過這方面的題材了。

賽珍珠在下一本小說中描繪新中國的樣貌。既不是快速改變，也不是改造，而是一個歷史影響不到的國度。賽珍珠預備將書名取為《王龍》（*Wang Lung*），但出版商理查．華許（Richard Walsh）不贊成。他開玩笑道，這聽起來就像只剩一個肺（譯按：Wang Lung與"One Lung"諧音）。他認為這本書不是在寫「中國人生活的故事，而是一本有關土地的小說」，於是建議把書名改為《大地》。

《大地》出版於一九三一年三月，描述一個歷經種種憂患的中國農家故事。故事主人翁王龍和他平凡但辛勤工作的妻子阿蘭成家後，努力耕作，但被環境所迫而離開農村，來到城裡乞討。在王龍湊巧發了筆小財後，他們光彩地返鄉。賽珍珠守住她的新觀點，將基督教傳教士視為無關緊要；阿蘭使用基督教冊子來修補王龍的鞋子。這部小說的結尾是，王龍躺在病榻上即將嚥氣，他的孩子們卻在商議賣掉他心愛的土地。

對美國讀者來說，《大地》既是對遙遠中國的生動描繪，也是一個非常美國風味的故事：描述謙虛、節儉和親近大地等價值觀——而美國就是因此變得偉大。《大地》結合了新教徒的工作倫理和孔老夫子。「每月一書俱樂部」其中一位選書評審委員桃樂詩．康菲爾德．費雪（Dorothy Canfield Fisher）表示：「如各位所知，大多數有關東方的小說對美國人來說，只是滿足好奇心、類似心靈旅行的記述」，但賽珍珠的小說「似乎讓我們融入了那個中國家庭，好像他們就是我們的堂表兄弟和鄰居。」

這本書的成功，導致賽珍珠的身分認同起了戲劇性的重大改變。她將自己當成混血兒來兜售——且中國人的成分大過美國人。她也將這本書當成混血兒來兜售，將美國文學的現實主義與十七世紀中國經典小說《水滸傳》融為一體（譯按：賽珍珠翻譯的《水滸傳》於一九三三年出版）。她寫道：「論出生和血統，我是美國人；以選擇和信仰來看，我是一個基督徒；但以我生命的歲月、我的同情心和感受而言，我是中國人。」然而，最引人注目的是，賽珍珠對中國的看法出現了大轉彎。這部小說不再提幾年前許多令她厭惡的社會弊病，也不再提殺嬰、大饑荒或政治混亂。中國沒有來自西方的挑戰，也不需要西方的技術。中國是永恆不變的。

賽珍珠的新中國，與過去曾為安徽傳教士之妻的她所努力對抗的異教中國，同為幻想，是傅滿洲的反面。他們原是邪惡的，但現在賽珍珠的中國人則很少出錯。她寫道：「我是白人的孩子，但卻生長在一群皮膚黝黑的人之間。至少對我而言，他們是各式各樣的人。」

一九三四年，賽珍珠帶著女兒返回美國，並和卜凱離婚，改嫁給她的編輯理查．華許。此後，她將她的傳教熱誠專注於提倡種族平等的新方向。

《大地》在中國也很熱門，而且盜版猖獗。從一九三〇年代至一九四〇年代，出現了至少八個中譯版本，其中一個版本還印了十二刷。在此之前，沒有任何外國作家的作品像這本書如此受歡迎。中國評論家讚揚這本小說對中國的描繪；許多人說，賽珍珠這位美國人是第一個對中國農村生活提出正確觀察的作家。重要的自由派人士林語堂和胡適都很喜歡這本書，日後共產黨建政後出任文化部長的作家茅盾也很欣賞。過去，中國讀者從沒遇見過王龍和阿蘭這樣的主角。

然而，中國仍有些批評家對此感到不舒坦，認為賽珍珠這位美國人揭露了西方人從未見過的中國。它令人感到羞恥和沮喪。由於外國人說它窮，中國感到「丟臉」。一九三三年一月，中國社會黨創始人江亢虎在《紐約時報》上批評賽珍珠將重點擺在中國平民老百姓身上，而沒注意到中國文明的精髓。他說，王龍和阿蘭「或許構成中國人民的大多數，但他們絕對不能代表中國人民」。賽珍珠駁斥他：「如果任何國家的大多數人不能代表這個國家，那麼還有誰能代表它？」

小說《大地》及其一九三七年的電影版，提供了好幾世代的美國人對傳統中國的首要認識。雖然距其問世已過了八十年，但這本小說及其電影仍名列美國初中及高中的授課綱要。正如電影所言，「這個關於中國農民的簡單故事」並非無可避免地吸引這麼多美國人。但美國對中國人的深深迷戀，也沒什麼必然性。電影一開頭，就將中國描繪成一個「前途無量」的國家。今天要這麼說也挺合適。

美國對中國的感覺，從來就不是單色的。種族歧視中夾雜尊敬；帶著偏見，但又夾雜著對中國藝術、美食和人民的喜愛。但從一九二〇年代起，趨勢變得明朗。主流美國對中國和中國人抱持著愈來愈正面的觀感。傅滿洲悄然退走。在日本加強對中國的侵略之下，這種形象對中國的抗戰大業產生極其重大的影響。像《大地》這樣的小說和電影、陳查理的電影，以及黃柳霜演出的電影，都讓全球兵連禍結前夕的中國人有了鮮明的名字和面貌。

譯註

1. 黃齊耀一九一〇年出生於廣東台山，自幼到美國，住過沙加緬度和洛杉磯，由於藝術天分高，拿獎學金學畫。從歐蒂斯藝術學院（Otis College of Artand Design）畢業後，先後在迪士尼公司和華納電影公司工作，也為 Hallmark 卡片公司繪圖。他曾經參與許多電影的藝術設計，如《環遊世界八十天》（*Around the World in 80 Days*）、《赤膽屠龍》（*Rio Bravo*）、《越南大戰》（*The Green Berets*）等。他相當長壽，至二〇一六年才去世。
2. 一九一二年，許海麗．門羅創辦《詩學》（*Poetry: A Magazine of Verse*）雜誌，並長期擔任主編。她在美國現代詩的發展中扮演重要角色。
3. 愛咪．羅威爾是二十世紀初的意象主義派詩人，一九二五年過世，次年獲得普立茲詩歌獎。
4. 李白〈送友人〉出關戍守邊防，龐德英譯為 Lament of the Frontier Guard。這首五律的原文如下：

青山橫北郭，白水繞東城／此地一為別，孤蓬萬里征／浮雲遊子意，落日故人情／揮手自茲去，蕭蕭班馬鳴

5. 《神探可倫坡》是美國著名的經典電視電影系列，從一九六八年一直播映至二〇〇三年。赫丘勒・白羅是小說家阿嘉莎・克莉絲蒂（Agatha Christie）筆下的比利時名偵探。菲力浦・馬羅是美國作家雷蒙・錢德勒（Raymond Chandler）創造出來的虛構人物。夏洛克・福爾摩斯更是英國小說家亞瑟・柯南・道爾（Arthur Conan Doyle）創造出來、全球家喻戶曉的神探。

附註

美國日益迷戀中國事務的故事，在當時的報紙、雜誌和電影中都有描繪。水仙花的短篇故事集《春香夫人》、古佛紐・莫里斯四世的《熾熱的百合》和賽珍珠的作品，都證明了美國人對中國的興趣日益濃厚。黃運特的陳查理是另一個絕妙例子，讓我們看見移民出國的中國學者，在不必聽命政治正確之下，進行華裔美國人研究的一番新面貌。美國日益迷戀中國事務的故事，在當時的報紙、雜誌和電影中都有描繪。水仙花的短篇故事集《春香夫人》、古佛紐・莫里斯四世的《熾熱的百合》，和賽珍珠的作品，都證明了美國人對中國的興趣日益濃厚。黃運特的陳查理是另一個絕妙例子，讓我們看見移民出國的中國學者，在不必聽命政治正確的情況下，大可以讓華裔美國人研究出現一番新面貌。郝吉思（Graham Hodges）的《黃柳霜：從洗衣工女到好萊塢傳奇》（*Anna May Wong: From Laundryman's Daughter to Hollywood Legend*）對美國第一個非白人電影明星的故事有中規中矩的報導。約瑟夫・洛克的許多作品都發表在《國家地理雜誌》。美國人喜愛中國古董的故事，參見卡爾・邁耶（Karl E. Meyer）和夏琳・布萊塞克（Shareen Blair Brysac）合著的《誰在收藏中國：美國獵獲亞洲藝術珍寶百年記》（*The China Collectors: America's Century-Long Hunt for Asian Art Treasures*）。

第十三章 化為裊裊輕煙

一八八一年，當菸草大王詹姆斯．杜克（James B. Duke）聽說有人成功發明捲紙菸的機器後，第一句話就是：「把地圖拿來。」當他看到「人口：四億三千萬」的標記時立刻停住並說道：「這就是我們要賣香菸的地方。」他面前是一幅中國地圖。

這個故事或許出於杜撰，他的英美菸草公司（British American Tabacco Company，簡稱ＢＡＴ）開始在中國營業，中國只有少數人抽菸。到了一九三三年，中國人一年抽掉一千億根紙菸，僅次於美國，位居全世界亞軍。

英美菸草公司因主打中國市場而大發利市。來自卡羅萊納的農場子弟們擔任中國分公司的高階主管，但真正的工作由數以百計中國商人和店鋪主人負責。詹姆斯．拉法葉．哈奇森（James Lafayette Hutchison）是一九一一年，英美菸草公司從北卡羅萊納州派至中國的職員，一直工作到一九三〇年代才回美國。他寫道：「我們的職銜是業務員，其實我們根本不必推銷。翻譯員和代理商攬起全部的工作。」

此外，英美菸草公司的確就是運用巨棒政策擊敗競爭對手。今天，美國企業界抱怨中國人的商業做法，如侵犯智慧財產權、不公平競爭和削價手段爭搶市場占有率。但這些詭計不是中國人發明的。他們是從杜克的英美菸草公司那裡有樣學樣地抄襲過來。

在中國歷史上，美國菸草業與鴉片的故事糾纏在一起。十九世紀末，美國傳教士發起在中國戒吸鴉片的運動。他們起草了一九〇六年戒吸鴉片的大清律令。他們說服狄奧多．羅斯福總統和繼任總統的威廉．霍華德．塔虎脫（William Howard Taft）舉行會議，規範鴉片的銷售。拜傳教士的壓力之賜，美國及其他西方國家聯合日本及中國，在一九一二年簽訂《國際鴉片公約》（International Opium Convention），這是現代史上第一部涉及毒品的條約。各國有史以來，首次起草禁止出口生鴉片並限制使用其衍生物的法令。

中國方面，吸食鴉片菸的人口減緩，但英美菸草公司卻趁虛而入。一九一五年，支持行醫傳教的紐約延壽研究中心（Life Extension Institute of New York）指出，英美菸草公司派發數千萬根免費紙菸，「目的在於『繼鴉片之後』培養吸菸習慣」。英美菸草公司的代理人深入中國農村，在廟會分派紙菸，其行徑如同當年分派鴉片的毒品商販。

一九〇二年，英美菸草公司開始在中國營運；這年，杜克的美國菸草公司（American Tabacco Company）和英國的帝國菸草公司（Imperial Tabacco Company）合併，成立英美菸草公司。美方主控英美菸草公司；十八席的董事會中，十二席由杜克派人擔任，他握有公司三分之二的股權。他將公司設在倫敦，只是為了迴避美國的反托拉斯法令。一九〇五年，杜克派詹姆斯．湯瑪士（James Thomas）——前往上海開設公司，成為首批在中國營運的全球企業之一。湯瑪士十九歲就入行銷售香菸。一八九九年，他奉派到新加坡和印度開拓當地市場。湯瑪士寫道：「身為美國此一新興產業的傳教士，我前往東方。」

專門研究企業史的高家龍（Sherman Cochran）指出，湯瑪士在中國的策略不啻是杜克美國策略的翻版。在中國，英美菸草公司打倒競爭者，引進大量生產和大量分銷。打從一開始，英美菸草公司就受惠於比在美國更低的稅率。英美菸草公司可在美中兩國生產同樣的紙菸，在中國的售價低了四成，但仍可得到較高的利潤。一九〇二年，清廷企圖以當時對洋貨的稅率——約百分之五——向英美菸草公司課稅。但英美菸草公司說服清廷當局，賦予其「本地」公司的地位，稅率只有百分之一。

一九二三年，毛澤東抨擊政府放寬香菸稅。毛澤東在他最早發表的其中一篇文章寫道：「洋大人打一個屁都是好的『香氣』……中國政府是洋大人的帳房這句話到底對不對？」（譯按：引自毛澤東的〈紙烟稅〉一文），因而成為在中國最大的外商投資者之一。公司的香菸廠設在長江流域，自上海延伸至漢口；在東北，則延伸至瀋陽和哈爾濱。湯瑪士年薪十萬美元，在亞洲所有洋人企業的高階主管中位居第一高薪。在上海，英美菸草公司的總部位於浦東，佔地三十英畝。其工廠雇用逾一萬三千名中國員工。在全國，英美菸草公司每天生產兩千萬根紙菸。

湯瑪士最厲害之處在於他未將中國當成一個全國市場，而是一連串的區域市場。他格外倚重中國知識。他雇用一堆中國藝術家和書法家，把英美菸草公司的訊息調整扣緊本地口味。他們推出捲軸、傳單、壁掛、窗戶海報……甚至可以是個小腳墊，用來鋪在黃包車座位的地板上。

唐朝仕女、帝國將領、長生不死的白蛇、身姿嫵媚的上海香菸女郎，以及積極參與社交活動的中國新女性——全成為英美菸草公司的廣告題材。英美菸草公司的年曆風靡全國。英美菸草公司的海報貼滿寺廟牆面、渡輪兩側，甚至長江三峽的懸崖表面。但最後這一招卻導致湯瑪士引發爭議，被迫公開道歉，聲稱「破壞長江三峽的美景並非本公司的本意。」

英美菸草公司建立了中國最大且最昂貴的廣告設施，在上海推出一個一百三十英尺高、綜藝彩色的大鐘，宣傳一款名為紅寶石女王（Ruby Queen）的香菸——當時全世界第二受歡迎的品牌。英美菸草公司自備攝影棚拍攝影片，鼓吹抽菸的好處。英美菸草公司聲稱，抽菸代表現代、高雅，也有益健康。不到幾年，中國男人相遇時，掏出香菸互相敬菸，成為一種社交禮貌。

英美菸草公司不只在中國銷售產品，也種植菸草。到了一九一七年，中國農民每年生產約八百萬磅菸草。二十年後，菸草收穫量達到一億二千五百萬磅。英美菸草公司非常依賴中國專家，因此捨棄美國的化學肥料，改用較廉價的中國糞便。

英美菸草公司受惠於低稅負和廉價勞力，這也是數十年後，吸引美國企業到中國的誘因。在美國，杜克以機器替人範本。

代工人；在中國，英美菸草公司雇用大批工人執行相同的工作。與一九九〇年代將中國變成「世界工廠」的做法一樣，英美菸草公司雇用的工人多為女性，日薪不到零點五美元。湯瑪士在一九一五年誇口道：「我們有許多優秀、廉價又有效率的工人，每天工作十八小時，又沒有工會幫他們撐腰。」他簡直是一九九〇年代前往中國的美國投資人範本。

英美菸草公司的頭號業務員是鄔廷生，他父親是一位浙江省的基督教傳教士。鄔廷生從林樂知在上海開辦的中西書院（Anglo-Chinese College）畢業。二十歲那年他結識湯瑪士，而湯瑪士對這名年輕人的野心和瞎扯本事印象深刻。兩人先一起在上海街頭叫賣香菸。鄔廷生對叫賣香菸感到靦腆，但湯瑪士告訴他《聖經》中芥菜子的寓言——凡事由小而大——自此他便擁抱工作。

鄔廷生變成英美菸草公司的疑難解決者。他先買了個政府閒差事，邊辦公事，邊幫英美菸草公司叫賣香菸。他幫湯瑪士突破條約口岸的限制，進入中國消費者居住的內地。根據法令，英美菸草公司只能在沿海及長江沿岸口岸擁有倉庫和土地。因此湯瑪士和鄔廷生成立一家合資公司「聯合菸草公司」（Union Tabacco Company）。嚴格來說，「聯合菸草公司」是一家「中國公司」，在任何地方都可以擁有土地。鄔廷生為英美菸草公司工作，也擔任北京政府的顧問；此時，他們正思索追循日本的先例，將菸草業收歸國營。（鄔廷生當然力勸政府別這麼做。）

鄔廷生幫助湯瑪士度過英美菸草公司在中國的第一個危機——一九〇五年的反美抵制。英美菸草公司是這項運動的主要抵制目標。上海出現畫著一隻狗抽菸的海報，上面寫著：「抽美國菸的人是我的同類。」中國報紙撤掉英美菸草公司的廣告，中國船隻也拒載該公司的香菸。抵制開始時有四家中國香菸公司；抵制結束時，已增加到二十家。

在鄔廷生協助下，英美菸草公司逼得競爭者歇業。英美菸草公司降價、搶市佔率。到了一九〇七年，英美菸草公司再度火紅。到了一九一五年，每個月可賣出十億根香菸。從一九一五年到整個一九二〇年代，除了某一年之外，美國每年出口到中國的香菸，超過出口到世界其他國家的總合；從一九〇二年的十二億五千萬根，增加到一九一六年的一百二十億根。英美菸草公司對於在中國擴大市場信心十足，果然到了一九一六年，中國人抽掉的香菸數已達美國人的五分之四。一九一六年，杜克曾說：「我們在中國的進展相當可觀。」這年，英美菸草公司在中國獲利近四百萬美元，相當於今天的九千萬美元左右。

倒是有家中國菸草公司挺了下來。南洋兄弟菸草公司是一個華僑家族開辦的公司，家族成員遍及日本、香港和泰國。該公司試圖利用中國日益上漲的民族主義提振營業、維持江山。第一次世界大戰期間，中國經濟興旺，南洋兄弟公司在香港設立香菸工廠，並運用在廣州的家族關係將業務延伸至廣東。

英美菸草公司全力反撲，破壞南洋兄弟公司的品牌。英美菸草公司派人買了許多南洋兄弟公司的香菸，放到潮濕的倉庫令其發霉，然後放到市場上免費供應。英美菸草公司雇用許多年輕人，撕下南洋兄弟公司的海報。在反日情緒激昂的時刻（東京剛提出「二十一條」），英美菸草公司的海報直指南洋兄弟公司為日本人傀儡。南洋兄弟公司的其中一位創辦人簡照南的確是日本公民；甚至還有日本名字。英美菸草公司在香港控訴南洋兄弟公司侵犯商標，打贏了官司。杜克的公司還派人偽裝成顧客，在公共場合說南洋兄弟公司產品的壞話，甚至付錢收買記者撰稿，給予南洋兄弟公司產品負面評價。

但南洋兄弟公司在愛用國貨運動的幫助下，挺過了難關。南洋兄弟公司捐款給在廣州的孫逸仙政府，押寶在國民黨身上，並積極證明自己是中國人的公司，也付錢收買英美菸草公司工廠工人罷工。二十一世紀初，中國企業又祭出所有這類手法和西方跨國公司作戰。

南洋兄弟公司自廣州北上發展，在上海、武漢和天津設立配銷中心，但英美菸草公司仍一直纏戰。當南洋兄弟公司付了租金訂金，要在上海租用某個工廠時，英美菸草公司將整個廠房買了下來。南洋兄弟公司最大的問題在於，雇用的幾乎全是廣東人，而英美菸草公司則廣招各方英雄好漢。英美菸草公司懂得調整廣告活動、配合各地的不同民情；南洋兄弟公司卻一成不變。愛國主義在廣州行得通，但其他地區就不行了。一九一七年十月，公司創辦人簡照南向他弟弟簡玉階抱怨：「內地人不知道什麼是『國貨』，以及為什麼買『國貨』很重要。」當南洋兄弟公司找到能幹的人才時，英美菸草公司便出錢挖角。當南洋兄弟公司試圖在華中自種菸草時，英美菸草公司把所有菸葉專家通通挖走，只有一個人不為所動。

一九一七年，湯瑪士表示願意買下南洋兄弟公司。他告訴簡照南，希望建立美中雙寡頭壟斷，阻擋其他外國公司進入中國市場。南洋兄弟公司可以維持表面上的獨立地位，但私底下，英美菸草公司將買下其過半的股權。湯瑪士說，他和簡照南在公開場合還繼續槓嘴，絕不透露兩家公司的合併內情。簡照南喜歡這個主意，於是在一九一七年二月底寫信給兄弟們，勸大家和杜克聯手。

但簡玉階不能接受被「洋鬼子」合併的主意。他回信表示：「我們公司的產品的確受人民尊敬，也是國家的光榮。如果我們被誘、誤入歧途，肯定會被自己的社會唾棄。」他指出，這場戰役不是公司和公司之間的商戰，而是種族之間的大戰。他告訴兄長，南洋兄弟公司不只是一家香菸公司，也是中國的象徵。若是和英美菸草公司合併，將違背愛國原則。他主張南洋兄弟公司該做的是，只在賞識自己公司的地方營運。他在信中寫道：「寧為雞首，毋為牛後。」

簡照南對這個說法反應很激烈，可謂反映出中國和美國交往時的許多緊張關係。他認為，弟弟反對出售公司是「冥頑不靈」。南洋公司面臨的選擇很嚴重：不合併，就會被粉碎。中國公司所要的是利潤，而不是仇外意識。簡照南回信給他弟弟：「能使人給世界和國家帶來繁榮，並產生權力和財富的是金錢。」這是解救南洋兄弟公司和中國之厄的藥方，這也是英美菸草公司願意提供的。但簡玉階不為所動。簡照南在一九二三年去世，雙方合併之議就此打消。

到了一九三〇年代中期，英美菸草公司在中國投資逾二億美元。該公司雇用三萬多名員工，另有約兩百萬中國農民為其種菸草。即使第二次世界大戰打得如火如荼，香菸仍在中國繼續熱賣。但在共產黨革命後，英美菸草公司氣數已盡。一九五二年，中國共產黨沒收英美菸草公司所有資產，將其勒令歇業。而南洋兄弟公司也一樣遭到沒收。

英美菸草公司在中國崛起的故事，顯示並非所有美國企業都不願進入中國，至少就一些公司而言，中國市場並非幻象。但英美菸草公司的極度成功還有更重大的意義。

今天，中國是全世界最大的香菸市場，有三億以上的吸菸人口，肺癌罹患率居全球之冠。香菸銷售幾乎全由國內品牌獨占，占政府歲入百分之十以上。美國人嚴重涉入其中的鴉片菸禍已成為歷史。然而，菸草業及其所引起的苦難卻仍十分強大，其根植於美中的雙方關係。

其他美國人很快就發覺，在中國做生意和從政一樣，都得從本地紮根做起。最懂這個道理的，莫過於小名「尼爾」（Neil）的孔尼流士・范德爾・史塔爾（Cornelius Vander Starr）。一八九二年，史塔爾在芝加哥出生，父親是一名鐵路工程師，在他兩歲時即過世。史塔爾與家人搬遷到北加州的布瑞格堡（Fort Bragg）。史塔爾從十二歲就開始工作。他捲過紙菸，在一家浸信會教堂掃地清潔，開設布瑞格堡的第一家冰淇淋攤，後來通過加州律師資格考試，買下房地產。一九一八年他加入美國陸軍服役，但是維持一個兼差生意——包下全排士兵的洗衣服差事。第一次世界大戰一結束，他受聘於太平洋郵務船運公司（Pacific Mail Steamship Company），到日本工作。但他很快就厭倦為老闆工作，於是輾轉到了上海。

根據當時在上海最著名的美國新聞記者約翰・鮑威爾的說法，上海是「想一夕致富的美國生意人和冒險家的總部」。鮑威爾寫道，公共租界成為「營業員的活躍基地，他們兜售假珠寶、不值錢的股票、專利藥和危險毒品」。美國老鴇經營全市最賺錢的幾家妓院。當時的一期《柯夢波丹》（*Cosmopolitan*）雜誌報導，老鴇坐著馬車在Bubbling Well Road的鬧區招搖過市。

史塔爾結識一位來自加州的老鄉、美國商人法蘭克・雷文（Frank Raven）。雷文在一九〇四年來到中國，在英、美共管的上海公共租界工部局（Municipal Council）找到一份測量員的工作。他拿有關都市發展的內幕消息，換來一家房地產公司的部分股權；這家公司利用雷文提供的消息，在工部局公布計畫之前就先買地。到了一九一九年史塔爾加入公司時，據估計，雷文的不動產和銀行公司價值，已高達令人咋舌的七千萬美元。

那一年，史塔爾接管雷文氣息奄奄的保險公司，其位於南京路和四川路交叉口的辦公室，只有兩個小房間和兩名職員。他將這個小生意取名為「美國亞洲保險公司」（American Asiatic Underwriters）。日後，這間由一名二十七歲美國人開辦、服務中國市場的小公司，成長為全球保險巨擘「美國國際集團」（American International Group, AIG）。

根據《財星》雜誌（*Fortune*）的報導，對史塔爾及其同僚而言，在中國招攬保險，「不像在美國這一行是典型的沉悶和照章辦事」，他和同事必須配帶手槍、嚇跑綁匪。史塔爾的長期同事兼好友史密斯（C. J. Smith）說，史塔爾「一直拚命工作、規劃，不斷出差」。

美國亞洲保險公司開業後不久，上海蘇州河邊就有一排倉庫失火，毀掉數十萬隻蠶繭。美國亞洲保險公司即將遭到巨額理賠的要求。史塔爾立刻把客戶找來吃飯，在他們還未申請理賠前，就先承諾支付三成損失。如此一來，他便將敗局轉變為公關上的勝利。史塔爾有兩個革命性的遠見，使他大不同於在中國多為英國人主持的競爭對手。第一，他認為中國客戶值得花時間經營。第二，他認為公司成敗繫於中國員工。史塔爾的英國競爭對手稱他為海盜。和早期廣州的美國商人一樣，如今又來了個老美，正動搖他們的殖民帝國。

史塔爾不同意白人的觀念，認為中國人比盎格魯撒克遜人更會耍詐。他說：「中國人造假沒有比西方人造假更可怕。」因為他支持中國人，使得上海的頑固西方人痛心疾首。當他預言洋人在中國吃香喝辣、享受特權的時代即將終結時，扶輪社便將他除籍。

自一八五〇年以降，在中國就可買到壽險保單，不過絕大多數賣給外國人。一九二一年，史塔爾創辦「亞洲人壽保險公司」（Asia Life Insurance）——這是第一家專攻中國客戶生意的西方保險公司，其中文名字是友邦人壽保險公司，企圖借重許多中國人對美國的好感來拉生意。史塔爾的業務員遍布長江流域，華中各大城市和縣治都有該公司的廣告，業務欣欣向榮。

許多西方人看中國時，只看到軍閥混戰、天下大亂；史塔爾卻看到機會和進步。多年後，《財星》雜誌報導，他注意到「中國中產階級的生活和衛生水平大有改善，死亡率因之下降。」史塔爾百分之四十以上的中國客戶都活得比精算壽命表更久。換句話說，史塔爾的獲利極大。開業不到十年，史塔爾已在中國及東南亞十四個城市設立分公司及代理人。

史塔爾也為美國的保險公司擔任亞洲代理人；最巔峰時期，曾代理二十六家承保公司。但他獲利極佳，然後開始買下美國其他的保險公司。一九二六年，他開辦「美國國際保險公司」（American International Underwriters）。這也是第一次有總部設在外國的美國公司，回頭在自己的國內開辦子公司。

史塔爾的事業不限於保險業。他買下兩家英文報紙，並開辦一家中文報紙，這也反映出十多年來美國人對中國新聞事業的興趣。一九三七年日本侵略中國之後，史塔爾的中文報紙《大美晚報》扮演報導抗戰消息的關鍵角色。《大美晚報》獨家報導，日本士兵比賽誰殺最多中國人的消息，也詳盡報導日軍每次屠殺的暴行。雖然治外法權保護《大美晚報》不受新聞檢查箝制，卻無法使報社編輯免於被日本浪人襲擊。《大美晚報》的報館遭人投放炸彈，也有三名編輯遭到暗殺身亡。

史塔爾本身也經常遭到威脅，因而開始出入都乘坐防彈轎車。一九三九年，當他決定將公司遷移到紐約時，他告訴中國員工，只要肯跟隨他，公司就付錢買船票。不通英語的員工，則可在公司的廚房任職。

史塔爾不是唯一涉入中國新聞事業的美國人。林樂知和裨治文等傳教士為了服務上帝而一腳踩進新聞事業；而在一九〇〇年代初期，美國記者是為了服務真理、追求獨家新聞或有志於留名歷史而來到中國。在後來的一世紀裡，美國記者將改變美國人對中國的看法。他們也將改變中國。

來到中國的首位美國重要新聞界人物是密勒（Thomas Franklin Fairfax Millard）；他創辦多份報紙和雜誌，也造就出一個世代的美國記者。密勒在投入戰地新聞報導之前，曾任《紐約前鋒報》（*New York Herald*）劇評家。他鄙視殖民主義、討厭帝國主義，而且特別不齒英國人。他到南非採訪過波耳戰爭（Boer War），來到中國後又趕上拳和拳之亂。

密勒希望幫助中國成為一個現代、獨立的國家。他抨擊美國商會型態及其他想維持殖民特權的美國人。他希望美國宣布一項亞洲的門羅主義，由美國來確保中國在現代化過程中不被列強干擾。密勒這門行業的後繼者將擁抱他的信念，相信美國有支持中國對抗世界其他大國的責任。然而，對於該支持那一派中國人，他們沒有共識。

密勒個頭不高，以脾氣急躁、對服飾品味一流著稱。他最恨以強凌弱；在中國，他發現了一個惡棍——日本。自一九一六年起，密勒即出版一系列有影響力的書籍，認為日本威脅亞洲，也威脅美國的利益。他一生的事業——擔任作家、編輯、發行人及國民黨顧問，大都將時間花在設法對抗他所認為之來自日本的危險。

密勒在上海時髦的禮查飯店（Astor House Hotel）租了房間，一九一一年開辦英文《大陸報》（*China Press*），六年後又開辦《密勒氏遠東評論》（*Millard's Review of Far East*）。他的論調與英國人經營之當時上海最大的英文報《字林西報》（*North China Daily News*）大異其趣。一九一一年華北發生大洪水，淹沒了一大塊地區，《字林西報》視若無睹。《大陸報》卻在頭版刊登報導，並領導捐款賑災活動。密勒相信自己是正確的——關於中國的新聞，有其市場。初期投資他的人士包括伍廷芳，他曾任大清政府駐美國公使，不久後更成為國民政府要人。密勒的讀者中，有一半是通曉英文的中國人。《大陸報》還刊登具國際重要性的獨家新聞：譬如，一九一一年掀起辛亥革命的武昌起義；孫逸仙和袁世凱談判的細節，以及滿清的覆亡；以及一九一一年底，孫逸仙回到中國接受的第一次訪問。

密勒畢業自密蘇里大學，隨著《大陸報》成長，並透過校友會關係，聘用編輯約翰·鮑威爾和記者卡爾·克羅（Carl Crow）。鮑威爾在收到密勒天外飛來的邀約之前，從來沒見過越洋電報。克羅則是正在德州主跑凶殺、犯罪新聞，連前往上海是要坐船橫渡大西洋或太平洋都搞不清楚。兩人形成日後所謂「密蘇里幫黑手黨」（Missouri Mafia）的核心——日後多年，五十多位密大新聞學院畢業生都是駐華美國記者的主力。

一九一一年，克羅抵達中國。克羅出生於一八八三年，父親是學校教員；他十六歲就進入報館工作，擔任印刷廠學徒。和許多迷上中國熱的美國人一樣，克羅立刻被這個地方迷住。他抵達上海翌日，一個人在上街閒逛。他寫道：「我發現自己身處於人潮熙來攘往的街頭，完全看不見到英文標誌或白人臉孔。街上人們的長相完全不同於我出娘胎以來見過的任何人。」

一九一二年，克羅娶了蜜兒德瑞·鮑爾斯（Mildred Powers），她是勝家縫紉機公司（Singer Sewing Machine Company）派駐上海的代表。第一次世界大戰期間，克羅擔任美國政府的新聞文宣人員。後來，他經歷過談判釋放人質，也擔任過警察，甚至非正式地擔任中國政府和美國政府的顧問，而且還寫書、成為作家。一九一八年，克羅運用在一戰期間撰寫親美文宣品時，蒐集來的中國相關豐富材料創辦了「卡爾・克羅公司」（Carl Crow Incorporated），著手改造中國的廣告事業。此時，上海已是擁有三百萬人口的大城市。新式百貨公司紛紛開張；新式流行躍上街頭。使用刀叉蔚為時尚。燙頭髮、剪短髮、唇膏、玻璃絲襪和婦女參政運動──這一切都是新中國浮現出來的跡象。

克羅和兩位中國同事 K. C. Chow 及藝術總監 Y. Obie（譯按：此二人中文姓名不詳），開始沿著長江流域蒐購大型看板空間。不到幾年，克羅在中國內地六十個城市擁有一萬五千個大型看板空間。除了英美菸草公司和美孚石油公司等巨擘，任何公司想做廣告都非找他不可。由於中國廣告市場利潤豐厚，他變胖了。後來他又創辦中國第一份仕女時裝雜誌，整理發布中國第一批汽車名詞詞彙，以及第一本有關撲克牌遊戲的規則書。克羅和史塔爾一樣，都投資中國職員。他和畫家謝之光合作，創造出性感的上海女郎形象，這是一九二〇年代令人難忘的中國形象之一。

克羅認為，中國是「勤勉不懈的國度」。他完全不同意傳教士認為中國充滿罪惡的說法。他寫道：「如果說，魔鬼只為懶人找到工作的說法可以成立，中國一定是撒旦機會極度有限之處。」到了一九三〇年代中期，克羅手上有二十五家大客戶。卡爾克羅公司喬遷到更大的辦公室，室內陳設如同紐約的廣告公司，有黑色家具、油毯地板，牆上盡是英文字畫。

一九一三年，克羅出版他第一本書──一本中國旅遊導覽。一九三七年，他最暢銷的一本書問世：《四億顧客：一個美國人在中國的悲喜經驗》（*400 Million Customers: The Experiences—Some Happy, Some Sad—of An American in China and What They Taught Him*）。這本書在《大地》暢銷後六年出版，描繪現代中國的人民渴望著變革。作家桃樂詩・康斐爾德・費雪（Dorothy Canfield Fisher）稱讚這本書是「最有說服力、最生動敘述中國人生活」的一本書。克羅因此獲得國家圖書獎，直到一九四五年去世前，仍有粉絲來信。

「顧客永遠是對的。」這個美式觀念也影響了中國企業。一八八〇年，陳光甫出生於江蘇省一個商人家庭，但時機不好，導致其家道中落。陳光甫十二歲就被送進一家證券經紀公司當學徒，並上夜校念英文。十九歲時，他已能說流利的英語。一九〇四年，陳光甫的岳父為他出盤纏，讓他以省代表團團員的身分前往美國參觀聖路易世界博覽會（St Louis World's Fair）。他在當地的格蘭維爾酒店（Granville Hotel）遇上孫逸仙。其他中國客人聽說，旅館裡出現了一個「革命黨」時，嚇得不敢下樓吃早飯。陳光甫可不怕。他寫道：「我年輕、又好奇。」孫逸仙花了兩小時向陳光甫闡釋他的革命計畫。陳光甫寫道：「我只是個無名小卒。他為什麼要在我身上浪費那麼多時間？」陳光甫存了一千美元要在美國念書，他捐給孫逸仙五美元。

省代表團回到中國，而陳光甫則留下來念大學。一九〇六年，賓州大學華頓財經暨商業學院接受他入學。畢業後，他在美國一家銀行實習一年，並於一九一〇年回到中國。陳光甫先在一家中國人開的銀行工作，因拒絕將客戶名單交給一名中國軍閥而遭到免職。一九一五年六月，他和幾位留美歸國夥伴開辦自己的銀行。

陳光甫等人以不到五萬美元的資金開辦上海商業儲蓄銀行，他的競爭者稱它是「小上海銀行」。但是到了一九二六年，上海商業儲蓄銀行再也不是間小銀行。這家銀行經手的外匯交易超過中國任何民營銀行，名列中國第五大商業銀行。受美式經營方法啟發，陳光甫專注於顧客服務。他開辦中國第一個小額存款業務。中國其他銀行偏好貸款給商人，但他卻借錢給工業家。他偏好長期關係及長期獲利；他的競爭者卻重視近利。當時西方人壟斷中國的鐵路交通業，陳光甫開辦一家旅行社，瓜分他們的獲利，為此還引來西方人對他的抱怨。他在銀行裡設置一筆基金，甄選優秀經理人到美國進修、受訓。

陳光甫是一名愛國主義者，但他不同意極端民族主義的中國人，後者想將西方企業趕出中國。他相信西方的競爭是刺激中國進步的要素。他認為，唯有與西方的銀行爭奪顧客，才能迫使中國制度有所改進。陳光甫認為，美式經營方式攸關中國進步的想法，日後還會一再浮現。

美國人非常佩服陳光甫。第二次世界大戰期間的美國財政部長亨利・摩根索（Henry Morgenthau）稱陳光甫是「故事書上中國商人應有的榜樣——但他們大部分都不是！」《時代週刊》形容他是「身高普通，略胖、戴眼鏡，非常謹慎」。陳光甫沒有嗜好；「每天工作二十四小時」。

美國及美國人培訓的創業家、傳教士和科學家，藉著保險、香菸、報紙、廣告和銀行，試圖以美國形象重新打造中國。他們和美國的外交官一樣，也希望有個強大、統一的中國。然而問題在於，就大多數美國商人而言，這個中國仍是夢想。整個二十世紀初期，美國在中國的貿易和投資幾乎沒什麼進展。美國對中國來說很重要；從一九三〇年代起，美國是中國頭號貿易夥伴，但中國的市場對美國來說並不重要。自一八〇〇年代初期以後的數十年，和中國的貿易從未超過美國外貿總額的百分之二。美國人在中國投資不利、發生重大虧損和希望破滅的案例比比皆是。在上海，卡爾・克羅看到一連串美國製藥業和化妝品公司的高階主管，懷著「美麗的白日夢」來到中國，幻想「將私人遊艇停在碼頭，在稍遠的地方可以看到鄉間別墅」。許多人和中國夥伴簽下大型投資協議，回國後卻發現，這些「大訂單」完全消失。

附註

關於英美菸草公司在中國的發展，可以參考高家龍（Sherman Cochran）的佳作《中國的大企業：煙草工業中的中外競爭》（*Big Business in China*）。關於南洋兄弟菸草公司的事蹟，可以參閱《中國的大企業》，還有彙集成冊出版的《南洋兄弟菸草公司史料》，收錄許多該公司文件。英美菸草公司的詹姆斯・拉法葉・胡奇森（James Lafayette Hutchison）在回憶錄中回顧了他的員工生涯。陳光甫的生平可以參考姚崧齡的《陳光甫的一生》（臺灣傳記文學出版社出版），還有史丹福大學胡佛研究所的檔案。

第十四章
宋家王朝

一九二五年五月三十日，孫逸仙逝世後兩個多月，一群中國學生在上海公共租界抗議一名中國童工在日本紡織廠內被毆打後喪生，卻遭英國警察開槍攻擊。至少九名抗議民眾被打死。中國各地立刻出現抵制行動與遊行抗議。

蘇聯利用五卅慘案，在中國各地煽動反西方人風潮。中國共產黨創黨人陳獨秀強調美國人也不例外。他宣稱，任何人「若主張美國是中國友人，他就是中國民族主義運動的叛徒。」年輕的共產黨人走上街頭，鼓吹反制「帝國主義洋鬼子」。一九二五年六月，廣州發動針對所有外國工廠的全面總罷工。為西方人士工作的中國人受命留在家裡，不得上班。口氣與一八六〇年反傳教士一樣的傳單在廣州街頭散播，一如《辟邪紀實》詆毀洋人，說他們宣導的是邪教。阿黛兒·費爾德（Adele Fielde）曾在汕頭花費數十年教導婦女識字，如今，當地中國人若被發現幫西方人，就會挨揍。費爾德教課的共濟會大堂（Masonic Hall）遭到洗劫。廣州附近的梧州，則有一所美國醫院遭到攻擊。數百名俄國人員奉鮑羅廷之命在華南各地活動。鮑羅廷並未創造中國的民族主義，或有什麼特別的、反西方的偏執概念，但他給出一個攻擊焦點——西方，尤其是英國和美國。美國記者喬治·索科爾斯基（George Sokolsky）當時寫道：「鮑羅廷把中國民族主義共產主義化，並以反基督教為武器，將美國的文化影響力趕出中國。他差點就要成功。」

到了一九二六年，蔣介石已崛起為中國國民黨領導人。一八八七年，蔣介石出生在華東沿海的浙江省，父親是一名鹽商，在他幼時便已去世。他小時候的塾師形容他「桀驁難馴」。蔣介石二十多歲時到日本軍校念書，回國後出入上海股票市場，為共和革命籌措經費，成為上海黑社會的一員。一路走來，他有三門妻室、一個兒子。但他在國民黨內漸次晉升的過程，野性磨去了，開始每日靜思和讀書的嚴謹生活。蔣介石和毛澤東一樣，也認為他被選來在中國的未來扮演領導角色。他誓言：「我將樹立光榮榜樣，以便世界聞名。」

認為蔣介石是隱身的法西斯主義者，一直是美國左翼學者推動的基本迷思。這種說法有助於解釋一個被西方人稱為「大元帥」（Generalissimo）的人，為何應在一九四九年的內戰輸給中國共產黨。但在美中關係的熱戲中，蔣介石的角色絕非「貪婪腐敗的惡棍」一詞就能論斷。例如，歷史學者陶涵（Jay Taylor）指出，蔣自律嚴謹，頗知反躬自省。從一九一八年起，直至一九七二年心臟病發作為止，他天天寫日記，並在日記中自責「放蕩」、「揮霍無度」、「好色」、「暴戾專制」以及「充滿悲憤」。蔣介石明顯是個專制者。但他也是熱切的愛國主義者、帝國主義的死硬派敵人，而在經濟議題上，儘管他和美國右翼人士來往密切，卻是個社會主義者。

一九二〇年代中期，華北仍由一小撮軍閥割據。有些人傾向日本，有些人傾向英美。蔣介石渴望實現孫逸仙北伐統一中國的夢想。一九二六年七月九日，他在黃埔軍校對十萬國民革命軍將士下達北伐令。

為籌措政府各項政軍經費，數十年來，蔣介石都依賴留美回國的銀行家。其中宋子文和孔祥熙兩人分別是他的大舅子和連襟。雖然蘇聯及當時的德國提供國民政府軍事顧問和物資，為蔣介石籌措稅收及取得貸款的卻是受美國教育的中國人。傳統依然不變；直到今天，仍有多位留美的銀行家任職於中國的財政部。

民間的說法就較為毒辣，未必完全符合事實，宋子文和孔祥熙被描繪成享受特權、貪腐和見錢眼開的人——在國家有難時，耍詐哄騙老美的中國人。實情相當複雜。兩人非常成功，能籌錢支撐蔣介石的戰爭需求、增加中國稅收、允許中國政府在近百年來，首次可以控制自身的財政，並建立全國貨幣。

即使如此，財務若是蔣介石崛起的關鍵，那麼財物也攸關他的覆亡。問題在於，蔣介石不明白把政府當印鈔機、不斷發行鈔券的後果。他也將美國當作金庫；後來，美國人以他名字的英文諧音給他取了綽號「兌領我的支票」（Cash My Check）。

雖有家族親戚關係、又都是留學美國，宋子文和孔祥熙對於如何管理中國的經濟看法不同。宋子文相信，中國需削減軍事開銷和增長經濟。這樣的立場使他經常和蔣介石起衝突；蔣反覆將他免職數次，然後又召回他。反之，孔祥熙聽從蔣介石的旨意，擁抱中國靠多印鈔票，即可脫離負債的思想——儘管這在後來引發大災。孔祥熙的夫人宋家大姊靄齡，則無可否認地腐敗透了。即使在第二次世界大戰之前，她就涉及從購買美國飛機的款項中貪汙的弊端。孔祥熙本人可能也有貪腐。但我們不清楚，宋子文的手伸到國民政府財庫的深度有多深。

宋子文身材高大。他將一頭黑髮往後梳成了大包頭，喜歡戴龜甲框的眼鏡。討論國家大事時，他喜歡懶散地躺在大椅子上，把腿懸在椅子扶手上搖晃。雖然他一九一五年從哈佛大學主修英國文學畢業，卻是個數學天才，在華爾街工作時，又到哥倫比亞大學選修經濟學。宋子文講英語有如波士頓貴族世家，也用英文和父親宋嘉澍及其他中國好友通信。他用英文撰寫演講稿，需他批閱的重要公文，必須先從中文譯為英文。美國外交官約翰·巴頓·戴維斯（John Paton Davies）提到，宋子文因為成長於美國，展現出「美式的動力和不耐煩」，得罪許多中國人。他常常陷於情緒低沉，又飽受便秘困擾。

蔣介石把他大舅子這種「凡事無不可能」的精神既視為機會，也視為威脅。當宋子文幫忙建立中國空軍時，蔣介石防他一手，不讓他控制。當宋子文將中國鹽政總局稅警隊改編成配備現代武器的部隊時，蔣介石擔心他策劃政變。一九三四年，宋子文被拔掉財政部長之職，換上較聽話的大姐夫孔祥熙。抗戰期間始終擔任中國財政部顧問的美國專家亞瑟·楊格（Arthur Young）認為，蔣介石改用唯唯諾諾的孔祥熙產生的後果極大。楊格說：「宋子文在戰時的表現會更好。」

宋子文城府深，孔祥熙卻與人和善。他長得胖乎乎的，活像隻泰迪熊。他喜歡抽古巴雪茄，而且比聖誕老人更大方，到處派送禮物給軍閥、失意政客和幫派首腦。一九〇六年從歐柏林學院（Oberlin College）畢業後，孔祥熙便回到中國，主持一所教會學校，但很快就倦於宣教，改而經商。他擔任英美菸草公司及美孚石油公司的代表，推銷香菸和煤油。一九一三年袁世凱彈壓共和革命時，孔祥熙加入中國共和派人士流亡東京的行列。他在那裡認識了孫逸仙及宋嘉澍一家人。一九一四年，他娶了宋嘉澍的長女宋靄齡為妻。一年後，孫逸仙與元配離婚，和宋嘉澍二女兒宋慶齡私訂終生，斷送了他和宋嘉澍的交情。此時宋慶齡才剛滿二十歲，而孫逸仙已經四十八歲。

一九一七年六月，宋子文從哈佛回到上海，一度在國際金融公司（International Banking Corporation）上班。回到中國對他來說殊不容易。他喜歡西餐勝過中餐。他想念他成立的兄弟會「翻觔斗俱樂部」（Filp Flop Club）的好友們。一九二三年，宋子文前往廣州，孫逸仙委派他為新成立的中國中央銀行總裁。

當國民黨準備北伐、統一全國時，宋子文運用他從紐約學來的才幹，輔以中國式的鐵腕，為蔣介石的軍事行動籌募經費。此時，紐約的美孚石油公司主宰中國的能源生意。一九二六年，宋子文向美孚石油公司提議，要大幅加稅、超過原先百分之五的關稅，但美孚可以換到在國民政府領域近乎壟斷的地位。美國駐北京公使約翰．馬慕瑞極力反對這個主張。和美國許多外交官一樣，馬慕瑞反對國民黨，執著於舊制度；按照舊制度，西方人訂定中國關稅稅率，並得以分配其收入。

美孚石油公司拒絕宋子文的提案。於是宋子文封鎖美孚石油在華南的營業，並沒收其在廣州的存油。支持國民黨的工會團體攻打美孚公司的倉庫和配銷中心，迫使其上海以南的業務停頓。馬慕瑞想出動砲艦教訓國民黨，但美孚公司不理會這位美國公使，反而接受宋子文的方案。於是，罷工旋即停止。美孚公司同意預付稅款後，宋子文調降其稅率。光是一九二六年，美孚公司進口的燃油單就上升百分之四十。同時，勞工運動繼續抵制英國企業。到了一九二七年，光從美孚石油一家公司，宋子文就收到三百五十萬美元的稅款，足以支付北伐大部分經費。

宋子文下一個目標是英美菸草公司。多年來，南洋兄弟公司一直遊說廣州國民政府，要協助中國企業對抗西方企業。宋子文評估他可以安撫中國企業界，又可從美商手中擠出更多稅收，他對華南所有洋菸品牌開徵百分之四十的稅。為了換取不加稅的協議，英美菸草公司提議先支付約四百萬美元稅款。如此一來，英美菸草公司和美孚石油公司這兩家公司便成為中國最大的納稅人。

宋家小妹宋美齡一八九八年三月生於上海。此時，她父親宋嘉澍已是事業有成的商人。宋美齡生長在虹口區的一棟洋房，遠離市區破爛的貧民窟。宋家人過著中西合璧的生活。宋嘉澍深具美國人凡事自己來的精神，在院子裡自己種蔬果。但是宋家也有最先進的美國新鮮事物，如自來水、瓦斯暖氣和煤油燈。晚上，全家人圍繞在鋼琴旁，宋美齡的母親倪桂珍彈奏史蒂芬．福斯特（Stephen Foster）的民謠和南方邦聯國歌「狄克西」（Dixie）。

倪桂珍維持著一個基督徒家庭：不准喝酒、打牌和跳舞。每當子女有請求，她的標準答案都是：「我必須先問問上帝。」但作為一名中國母親，她相當革命先進。她不纏足，也不讓女兒纏足。她們也不像其他家庭的女兒足不出戶。女兒接受的教育與三個男孩完全一樣。三個女兒都就讀上海頂尖的中西女中（McTyeire School）——這所女校是由林樂知博士創辦的。宋子文和兩個弟弟則就讀於聖約翰大學（St. John's University）——當時上海最好的男校。

一九〇三年，宋嘉澍把長女宋靄齡送到喬治亞州梅肯（Macon），於衛斯理安女子學院（Wesleyan Female College）就讀。一九〇七年，輪到宋慶齡赴美上學，年僅九歲的宋美齡吵著要跟去。兩姊妹先到紐澤西州一個家庭寄宿，鄰居桃樂絲．傑格爾（Dorothy Jaegels）寫道，她倆「很快就美國化了，我們幾乎不記得她們是中國人。」一年後兩姊妹南下，進入衛斯理安女子學院。美齡沾染上化妝的習慣——嚴謹的南方美以美會認為化妝品有欠端莊——也肆無忌憚地評論美國人的奇怪行為。二姊宋慶齡憂心地說：「她從來沒學會管好她的嘴。」

宋慶齡在一九一三年畢業，宋美齡帶著她的南方腔，北上轉學到麻薩諸塞州的衛斯理學院（Wellesley College），以便和在哈佛念書的哥哥宋子文住近一點。年僅十五歲的宋美齡拒絕承認她是中國人。她自稱是「一個熾熱的南方邦聯人」。她愛吃南方炸雞，而且絲毫不以身為中國人為豪，以致於她在衛斯理學院的朋友很難想像她會回中國去。和她父親一樣，她也受到西方異性吸引——這個傾向使她日後生活出現複雜的情況。身為一個學生，她展現出相當的機智。她也和宋子文一樣，有時候陷入憂鬱，會將自己關在宿舍房裡，一連幾天足不出戶。她在衛斯理學院主修英國文學和哲學。

隨著宋美齡即將結束大四的課業，下一步該做什麼，便成為相當沉重的問題。她對一位朋友說：「我全身上下只有一張臉是東方的。」她考慮過留在美國，但家人要她回國。她在一九一七年六月，以杜蘭學者（Durant Scholar）的身分畢業——這是衛斯理最高的學業榮譽。火車載著她駛出中央大車站、前往溫哥華，再轉搭輪船回家時，她哭了。這年，她十九歲。

回到上海，宋美齡搬進她父母親在綠樹成蔭的法租界建造的新家。新家有一個大庭院、一個網球場和一個槌球場。她和大哥子文占用整個三樓。她學習中文，用英語輔導兩個弟弟功課，並為饑民募款。美齡懷念在美國的自由和熱鬧。她在寫給美國一位朋友的信中感嘆：「我只覺得我的精神力量每天變得愈來愈低沉。」她討厭中國音樂，聞到大蒜味道就噁心。她坦承：「我還未融入這些東方的東西。」她需要有一份工作。她的兩個姊姊都已出嫁，她們打算為她介紹夫婿。根據她的傳記作家李台珊（Laura Tyson Li）的說法，她至少和兩名西方男士陷入情網，但她的母親卻斬斷這些關係。宋美齡抱怨道：「我們家人非常保守，認為保持家族血統『純正』攸關榮譽，他們寧願看到我死、也不願我嫁給外國人。」

她發現自己所身處的社會提供給女性的機會大都只是口惠而實不至，但她渴望占有一席地位。她在上海的電影審查委員會任職，也獲聘在洋人主導的工部局參與工作，她提倡反對雇用童工。她擔任美國大學俱樂部（American College Club）的會長和一所醫院的董事。她練出一項武器，並在往後一生都善加利用。她發現，結合自己南方人的溫文、新英格蘭人的儒雅以及東方人的魅力，能對西方男子產生相當影響力。

她向一位美國朋友高談闊論，自己為基督教女青年會籌款的經過，並誇口：「我親自去拜會銀行的經理們，直視他們的眼睛，錢就滾滾而來！」美齡身邊總是跟著一位教會派的西方女性監護人，但說話交涉的都是她。她穿著最好的衣飾，承認「衣著得體，意味著必能得到大筆捐款，因為那些男人的捐款金額至少要買得起我的鞋，不然就丟臉了！」

一九二二年十二月，美齡在孫逸仙家的一次基督徒聚會中認識蔣介石。蔣當時是孫逸仙手下階級不高的軍事助理。此後直到一九二六年，都沒有兩人交往接觸的記錄。據說蔣介石成為國民革命軍總司令後，美齡的大姊靄齡就鎖定他是美齡未來夫婿的可能人選。美國記者、宋家的好友喬治．索科爾斯基（George Sokolsky）寫道：「他是中國唯一一位能使革命成功的革命黨人。」對於雄心勃勃的美齡而言，蔣介石是天造地設的理想夫婿。

就和三個世代前的太平軍一樣，蔣介石的部隊從華南出征，掃蕩軍閥強敵。一九二六年七月十一日，蔣在黃埔軍校誓師北伐的兩天後，他的部隊已開進距離廣州北方四百英里的湖南省會長沙。

到了一九二七年一月，國民革命軍占領長江的工業重鎮漢口。在整個華南地區，於共產黨煽動份子的挑激下，國民革命軍士兵洗劫基督教會並恐嚇外國人。長沙湘雅醫院（Yale-in-China Hospital）外科醫生菲力浦．葛林（Philip Greene）寫道：傳教士們「僅以身免」。葛林帶著妻子露絲（Ruth）和四名子女擠上一艘拖船逃離長沙。有艘船原本載客容量三十人，卻擠了一百五十八人，從湖南開到南京。

美國新聞界抓住國民革命軍北伐節節勝利的時刻，視之為中國又出現希望的跡象。《巴爾的摩太陽報》（*Baltimore Sun*）報導，國民革命軍代表的精神，「有如當年啟發喬治．華盛頓部隊的精神」。《紐約世界報》（*New York World*）刻意不談共產黨滲透的狀況有多嚴重，聲稱「蔣介石的部隊和在佛吉谷（Valley Forge）的華盛頓部隊一樣充滿鐵血鬥志。」[1]

但是在中國，西方人擔心另一場義和拳之亂又將爆發。愛麗絲．狄斯岱爾．賀巴特（Alice Tisdale Hobart）在《哈潑月刊》（*Harper's Monthly*）上發表文章寫道：「這讓人感覺彷彿生活在瘋人院。長沙來的難民全是醫生和教師……一切都毀了——他們畢生的工作心血全毀了。」賀巴特覺得自己很幸運，住在比較安全的南京。不過，她還是預言道：「總會輪到我們。」

一九二七年三月二十四日星期四上午，國民革命軍進入南京——當年太平天國的首都天京。國民革命軍射殺了一名英國領事，金陵大學副校長懷斯（John E. Williams）拒絕交出他的手錶，也被殺害。在共產黨特務挑釁下，國民革命軍洗劫洋人住家、殺害外國人。五十二名西方人士躲到可以俯瞰長江的一處山頭上，也是美孚石油公司的宿舍區。國民革命軍則圍到了美孚石油公司門口。愛麗絲的先生厄爾・賀巴特（Earle Hobart）走出大門，請他們喝茶。愛麗絲蜷著身體、躲在屋裡，心想：「我在五分鐘內將成為寡婦。」但士兵並未開槍。不久後，另一批國民革命軍對著樓房低空掃射。

美國水兵從美孚公司宿舍屋頂，向長江上的美、英砲艇打信號。美、英兩軍砲打宿舍周邊地區，而中國部隊則四散逃跑。西方人趕緊衝到長江江邊，以床單製成六十英尺的布索，滑到在崖壁下等候的砲艇。厄爾・賀巴特幫助眾人滑到船上後，縱身一跳，不料卻扭傷了腳踝。

與賽珍珠一樣，愛麗絲・賀巴特發現她對中國的觀感因南京事件而徹底改變。一九一〇年，愛麗絲赴中國教書，結識前途看好的紐約美孚石油公司駐中國業務代表厄爾・賀巴特，兩人結為夫妻。到了一九二七年，她已經寫了兩本書，成為熱切支持美國大企業的人士，也極力鼓吹美國作為中國人的開化表率。但在南京親歷凶狠的仇外情緒後，她發現自己開始懷疑美國的善意會在中國產生什麼影響。

儘管她丈夫在南京英勇地保住了一些洋人的性命，美孚石油公司卻強迫厄爾・賀巴特辭職。夫妻倆回美國後，愛麗絲寫成她一生最偉大的著作《中國採油記》（*Oil for the Lamps of China*），這本小說交代美國石油商人史蒂芬・蔡斯（Stephen Chase）、他身體孱弱的妻子海絲德（Hester），以及他們中國同事的故事。

愛麗絲・賀巴特的書名，已亮出美國企業界自認對中國現代化做出的重大貢獻。其所傳遞的形象，是一家勇敢奮進的石油公司出口煤油到中國——從比喻上來說，也是中國每個家庭、每個人都能被來自美國的光點亮。但書中主人翁史蒂芬・蔡斯（Stephen Chase）就和她丈夫厄爾一樣，被他的公司和新中國出賣了。小說情節來到最高潮時，忠心耿耿跟著美國人做事的中國人，被美國進口來啟迪中國人心智的商品——煤油——點燃了。愛麗絲・賀巴特寫道：「這個玩意兒叫做進步，如今降臨中國。」——然而，它「不像一盞燈，光亮的火焰照亮暗室」，反而「更像是某個巨型男嬰將從母親身體被生出來，在痛苦中撕裂、破壞著子宮」。一九三三年出版的《中國採油記》成了暢銷書，在當時有關中國事務的美國作品中，銷售量僅次於賽珍珠的《大地》。

愛麗絲．賀巴特和成千上萬與她一樣的美國人，都曾期望中國採納西方的思想和科技，朝一個方向走去，不料中國卻背道而馳。對中國共和革命的希望破滅，撼動了美國企業界與上帝的信徒。原本他們自認無所不能——在衣、食、清潔、建設、教學等方方面面——改造中國，現在美國的傳教士發現自己一事無成。義和拳之亂時，傳教士賈腓力在北京使館區指揮建造防禦工事，現在他是美以美會在華的最高主持人。他說：「我們沒辦法讓中國人接受福音。我們無法治癒中國的各種毛病，也無法教育或餵飽中國數以百萬計的人民。」義和拳之亂激發了現今美國人改造中國的熱情；北伐卻產生了南轅北轍的效應。一九二五年，有八千三百名新教各教派的傳教士在中國，人數空前的多，而且大都是美國人。北伐後，數千名傳教士打包回美國，再也不曾回頭。

這群美國人對中國失去了信心，但新的另一群美國人卻對中國懷抱不同的夢想。現在，進步派的美國人捨棄約翰．杜威、林樂知和晏陽初主張的「零售式」漸進改革，他們要追求「批發式」的改革。他們循著羅孝全的傳統，擁護中國展開新一種的「閃電歸主」。但這些美國人構想的，並非將中國改造為基督教國家，而是社會主義國家。一九二〇年代末期，在中國傳教的舊信念——美國是中國最合適的典範——變成一種不安的情緒。資本主義在動搖，而蘇聯則頻頻招手。在天津基督教女青年會工作的美國人莉迪雅．詹森（Lydia Johnson）觀察到：「我們對自己的傳統信念已不那麼肯定。不僅原子被證明能夠分裂，時間本身也受到愛因斯坦先生的挑戰，我們也開始嚴肅地質疑起我們的經濟結構、資本主義制度和私有財產『權利』等歷史悠久的堡壘。」詹森指出：「我們『強悍的美國個人主義』……正受到嚴格的檢驗。」不僅美國人，連中國人也在檢討。

一九二七年初，國民革命軍節節勝利北上，國民黨的左翼偕同共產黨人及史達林派來的特務鮑羅廷，在離上海五百英里的工業重鎮漢口建立新政府。一群美國記者和政治活動家——許多人曾親歷俄國的布爾什維克革命，現在則趕到長江中游的這個都會中心。比爾・普洛姆（Bill Prohme）和他的紅髮妻子彭瑞娜（Rayna Prohme）是帶頭者。一九二四年，普洛姆夫婦從加州來到中國，最先落腳在北京。彭瑞娜在陳友仁（Eugene Chen）主持的左翼英文報紙《民報》（*People's Tribune*）擔任編輯。從加勒比海歸國的陳友仁有一半黑人血統，是一位說話和氣的律師。

對普洛姆夫婦而言，中國是他們躲開美國國內中產階級平凡生活的大好機會。中國之所以吸引比爾・普洛姆和彭瑞娜個人，原因和洛克斐勒基金會這個組織被吸引一樣。中國是美國人能自由進行實驗的場域，他們想在中國看到過去在老家已經完成的改變。彭瑞娜出發前寫道：「我想親眼見識，在原本熟悉的社會突然變得陌生和令人困惑時，中國人會發生什麼改變。」

他們夫妻倆在北京窩藏共產黨人。彭瑞娜撰寫社論，教訓軍閥政府。聽聞有人陰謀殺害她和她丈夫時，彭瑞娜一笑置之。她嘻嘻笑笑地向一個朋友表示：「如果我們被逮捕，美國使館必須派陸戰隊衛兵來拯救我們，這豈不是很好玩？」但當美國使館正色警告她，治外法權可擋不了刺客的子彈時，他們便匆匆離開北京、投奔南方。

一九二七年春天，陳友仁已出任武漢政府外交部長，並指派彭瑞娜為新政府的國際新聞代表。她幫鮑羅廷處理媒體訪問，也擔任孫逸仙遺孀宋慶齡的私人秘書。彭瑞娜在舊日德租界的一棟建物內工作。鮑羅廷住在三樓。共產國際辦公處則設在二樓。其他美國激進派人士也很快地來到武漢，譬如安娜・露意絲・史特朗（Anna Louise Strong），她是一名蘇聯同路人，一連數十年在中國和俄羅斯之間往返推動革命；還有《國家》（*Nation*）雜誌的編輯保羅・布蘭夏德（Paul Blanshard）。

英文是這些同路人的共同連結；每天下班後，鮑羅廷、陳友仁、孫科（孫逸仙之子、哥倫比亞大學畢業生）和宋慶齡〔美國人全都稱呼她蘇西（Suzie），但她自稱羅莎蒙（Rosamonde）〕，都會到普洛姆夫婦的住處暢談政治和高唱〈國際歌〉（譯按：共產國際的歌曲）。美國資深記者藍道爾・高爾德（Randall Gould）認為，這夥人「更像一群興奮的大學新鮮人，不像真正在搞革命。」

厄爾・白勞德（Earl Browder）是這夥人之中的美國兄弟會成員之一。他已在美國中西部歷練過組織勞工運動的本事；在中國旅居兩年後再回美國的他，成為美國共產黨的領導人。此時的白勞德並不覺得鮑羅廷及其他共產國際特務有多了不起，這些人的生活有如王公貴族，出入都有司機為他們駕駛大型美國汽車，革命只是副業。白勞德在中國吃第一頓飯時，故意拒吃其他任何東西，只吃麵包、喝水，以示支持贊助他旅費的蘇聯農民。這種矛盾現象並未讓彭瑞娜感到不安。她對此全然地著迷了。她寫道：「鮑羅廷是長久以來，我遇過最令我折服的人，無論作為一個男人、一位人物或一股社會力量都相當了不起。」至於擄獲一整個世代美國作家歡心的宋慶齡，彭瑞娜則寫道：「她是最不平凡的人。」

蜜莉・班納特（Milly Bennett）是觀察美國新聞記者迷戀中國革命者的現象，最深刻入微的其中一人。班納特本名蜜爾德瑞・賈桂琳・布倫樂（Mildred Jacqueline Bremler），一八九七年生於舊金山。班納特屬於勇闖天下世代的女性記者，一九二〇至一九三〇年代在全球各地旅行，採訪戰爭和叛亂的故事。

對於美國記者群不假思索地傾倒於宋慶齡典雅的美式英語，她和孫逸仙不顧世俗禮教的羅曼蒂克故事，以及勇敢反對蔣介石專制統治的經歷，班納特感到既荒謬又可笑。她指出，有位美國記者「採訪完孫逸仙夫人後，宣稱她是『全世界最美麗的女人』。」她寫道，美國記者「來到漢口觀察非正統的做法，走的時候都帶著幾分英雄崇拜」。在來過中國的美國左翼記者和學人之中，對中國激進派的英雄崇拜心理將持續多年。

一九二七年三月二十六日，即南京事件後兩天，蔣介石來到上海，平撫洋人擔心遭到殺害的恐懼感。上海消息靈通的西方人士已開始了解到，蔣介石根本不是布爾什維克——雖然他早先到過莫斯科考察，並被許多人稱為「布爾什維克將軍」。他們也發覺，蔣介石與共產黨，還有親近宋慶齡的國民黨左派關係根本不好。國民黨左派希望將西方人趕出中國並追隨蘇聯。蔣介石認為中國若要現代化，西方的支持攸關重大。

蔣介石抵達上海時，發現共產黨人正領導上海市臨時政府。蔣介石策劃推翻他們時，找到他在上海黑社會的昔日朋友。他的部隊也需要一個美國人進來服務。一九二七年四月初，上海公共租界工部局胖嘟嘟的總董、出生緬因州的費信淳（Stirling Fessenden），被請到法租界和法國警察頭子及黑道大老大耳杜——杜月笙——見面。

杜月笙向法國人要求五千枝長槍。他也向費信淳要求，允許其利用公共租界為基地，藉以伏襲共產黨據點。法國人提供武器，而費信淳也允許黑幫自由通行於公共租界。日後，費信淳告訴記者約翰．鮑威爾，他是「在百般無奈之下鋌而走險」，因為他深信，必須不計代價地避免上海市落入共產黨手中。

四月十二日，國民革命軍和黑道敢死隊動手打擊共產黨。數百人被殺，另有數百人被捕，更有數千人逃出上海。費信淳不是唯一參與血腥鎮壓的美國人。宋子文在美孚石油公司的夥伴也介入行動。在一九二七年二月風雨欲來之際，美孚石油上海分公司先墊付三十五萬美元給蔣介石手下。當蔣介石部隊開始剷除總工會的激進份子（他們協助共產黨控制上海）時，美孚石油派在漢口的代表柯尼希（A. C. Cornish）將共產黨幹部名單交給蔣介石部隊。一九二七年底，美孚石油華北及華中業務總管亨利．艾維渥（Henry Everall）向紐約總部報告，公司因合作而剷除共產黨，使得美孚比起其他在華外國公司居於更有利的地位。他說，清算共產黨工運組織者，對「穩定」局勢做出了重大貢獻。

上海清共令共產黨大為吃驚，不僅因為手段殘暴，更因其動作迅疾。史達林曾指示鮑羅廷，應將蔣介石「利用到最後，像擠檸檬一般擠乾，然後才丟掉」。但他們沒料想到，蔣介石先發制人。

七月十四日，彭瑞娜登出宋慶齡的《告中國人民書》，指控蔣介石放棄她丈夫的原則。彭瑞娜寫道，宋慶齡渴望真正的革命，「不只是政府更迭」。四天後，宋慶齡和彭瑞娜搭乘舢舨逃出漢口。再隔兩週，鮑羅廷也逃之夭夭。不久，他們全都坐上專列火車，投奔莫斯科。

一九二七年十一月二十日在莫斯科，彭瑞娜腦血管爆裂，當晚就過世了。告別式上，她對中國革命無私的奉獻受到讚揚。悼客稱頌她，彭瑞娜．普洛姆之於中國，就如約翰．里德（John Reed）對蘇聯的貢獻。有一個人稱許她是中國的拉法葉。一九三五年，記者文森．希恩（Vincent Sheean）將一本暢銷的回憶錄《個人史》（*Personal History*）獻給彭瑞娜，稱頌她是「一道不凡的純淨火焰」——然後，彭瑞娜就被世人遺忘了。

蔣介石想統一中國，光憑黑社會幫派的相助還不夠。他需要中國菁英的支持。宋靄齡居中牽線，提出三個條件，以讓上海的豪門支持他。第一，他要派她丈夫孔祥熙為行政院長；第二，要派她弟弟宋子文為財政部長；第三，要娶她小妹宋美齡為妻。一九二七年三月十九日，蔣介石通通答應，並告訴他當時的妻子陳潔如，他需要這段「政治婚姻」才能拯救中國。他把她送到美國；陳潔如一度企圖自殺，還寫了一本抱怨連連的回憶錄，在她和蔣介石雙雙過世後出版。

一九二七年十二月一日，蔣介石和宋美齡結婚，先在宋家宅邸按基督教儀式私下舉行婚禮，然後又在大華飯店（Majestic Hotel）舉行盛大的中式婚禮。蔣介石宣稱：「余二人今日之結婚，實為建築余二人革命事業之基礎。」宋美齡有一些特質是蔣介石成功所必需的——她熱情奔放、活力充沛、有魅力，還有她的美國風格。從宋美齡的角度來看，蔣介石是她實現老美啟示夢想的途徑。她寫道，內心「熊熊熱火希望為國家效力。這是我的機會。」蔣介石和一位虔誠的美以美會信徒結婚，在近來已對中國失去信心的傳教士圈中，又點燃了新一波的期許。在華府，共和黨籍的國會眾議院外交關係委員會主席史蒂芬．波特（Stephen Porter）領銜通過一項決議，要求以「公平及平等相待」為基礎，與中國發展新關係。波特主張，美國應片面同意放棄在中國的特權，作為全世界的表率。

美國新聞界討好蔣、宋夫婦。他們訂婚的消息轟動全美國。有人對蔣介石不光彩的過去，以及他前妻住在美國竊竊私議。但等到他們真正結婚了，美國人對他們夫婦倆只有讚揚，而別無其他評論。總部設在紐約的「國際新聞通訊社」（International News Service）駐上海特派員愛寶愛蓮（Edna Lee Booker）報導，婚禮「兼具東、西風味，令人印象深刻；非常美麗，又有點異國風味」。中國迎來了其領袖。

譯註

1. 美國獨立戰爭期間，大陸議會在英軍攻占費城之前，於一七七七年九月撤走，而華盛頓率領一萬二千名部隊，則死守不到二十英里之外的佛吉谷約半年，重新整頓。從一七七七年十二月至次年六月的這段期間，因為補給困難且士兵營養不良、患病而死者將近二千人。

附註

宋美齡的生平故事，許多文章和書籍都有詳盡的報導，其中一本是李台珊（Laura Tyson Li）的《宋美齡：走在蔣介石前頭的女人》（*Madame Chiang Kai-shek: China's Eternal First Lady*）。宋子文的生平，中國歷史學者吳景平和郭岱君都有詳盡記載。除了愛麗絲·狄斯岱爾·賀巴特在《哈潑月刊》上的報導之外，當時的報紙對南京事件也有報導。賀巴特的小說《中國採油記》（*Oil for the Lamps of China*）深受她這段期間的中國經驗影響。美國記者蜜莉·班納特的作品，由譚·戈倫夫（Tom Grunfeld）編輯，描繪美國人對中國左翼人士的看重。美國人介入蔣介石上海清共事件的故事，詳見約翰·鮑威爾的回憶錄《我在中國的二十五年》（*My Twenty-Five Years in China*）。

第十五章 機會或威脅

一九二〇年代末期，中國共產黨和國民黨之間的意識型態鬥爭日趨激烈，政治暗殺、綁架和失蹤變得司空見慣。但中國政治光譜的兩個極端對一件事情的見解倒是一致：他們都將美國視為威脅。

中國政客的問題在於，儘管在凡爾賽及其他地方遭逢政治挫折，而且反帝國主義的鼓聲隆隆，中國人還是十分容易受美國人影響，不僅限於教育方面。美國文化在中國十分盛行，尤其是在中國最大的城市上海。

上海「東方巴黎」的綽號，其實是個誤稱；上海雖是亞洲語言最多元的都會，但其實更像曼哈頓和邊疆繁榮城鎮的混合。雖然上海大部分的經濟由英國人主導，但美國人卻擁有電力公司和電話公司，並經營第一流的學校，主導娛樂業和藝文界。根據一九二八年遷居上海的記者艾德加．史諾（Edgar Snow）報導，上海有「無線電台和爵士樂隊，雞尾酒和函授學校，夜總會和歌舞表演的餐廳，霓虹燈和摩天大樓，口香糖和別克（Buick）汽車，寬管褲和長裙，美以美會傳教士和救世軍。」美國人在上海產生相當深刻的影響。史諾遷入那年，人口逾兩百萬人的上海，全市美國僑民勉強有兩千人。但這不能阻止史諾宣稱上海「已變得美國化」。

一九三四年十二月，貝比．魯斯（Babe Ruth）率領一支巡迴表演團前往上海。美國冒險家、騙子藝術家、紈褲子弟和運動員、戲劇團和馬戲團、電影明星和音樂家，無不絡繹前來中國。到了一九三〇年代初期的黃浦江畔，上海灘成排新古典主義的英式建築，逐漸變成美式風格的裝潢藝術宮殿。道格拉斯・費爾班克（Douglas Fairbanks）、查理・卓別林（Charlie Chaplin）和基石警察（Keystone Cops）主演的電影，風靡程度遠甚於歐洲作品。一九三五年，有三百五十多部新、舊美國電影在中國上映——占所有電影的九成以上。（作為對比，今天的中國每年只准三十四部外國電影入境。）中國人拍攝多部山寨電影，包括：中式西部片、中式羅曼史電影、中式鬧劇。中國導演無可避免地讓功夫武打明星戴上西部牛仔帽。好萊塢深刻影響了中國人的幽默感以及羅曼蒂克的意涵。

一九二〇年代，艾靈頓公爵（Duke Ellington）的唱片輸入上海，立即引爆美國音樂的熱潮，而類似的音樂「大同世界，更結合了美國爵士樂和中國民謠。美國黑人樂師成為上海夜總會必備的人才。美國國內的經濟大蕭條（Great Depression）仍方興未艾，於是美國的爵士樂隊跨越太平洋，前來中國發展。小號手巴克・克萊頓（Buck Clayton）寫道，到上海工作「比在美國熱狗攤找份工作、討口飯吃」好多了。一九三五年一整年，巴克・克萊頓都率領他的樂隊「巴克・克萊頓與哈林紳士」（Buck Clayton and the Harlem Gentlemen），在時髦的逸園大舞廳（Canidrome Ballroom）表演。巴克・克萊頓和中國音樂家黎錦暉合作，將爵士風帶進中國民謠，其所創造的「時代曲」大受歡迎。對於黎錦暉所編寫的「羅曼蒂克內容」，左、右翼批評者都抨擊其顯然缺乏革命意識，國、共兩黨都指責時代曲是靡靡之音。即使如此，中、西音樂的結合卻深入中國人腦海，為中國的現代流行音樂——也就是粵語流行音樂和國語流行音樂——奠定基礎。一九六七年文化大革命期間，紅衛兵把黎錦暉貼上「敗壞公共道德者」的標籤；同年，他遭受批鬥時心臟病發、倒地而亡。

美國價值讓蔣介石忐忑不安。雖然他效仿華府建設新都南京，但他並不像孫逸仙那麼醉心於美國思想。面對軍閥和共產黨的挑戰，美式的個人自由或民主政治的概念對他都無甚幫助。他最重視效忠領袖。

蔣介石對美國的觀感有部分與毛澤東相似，毛澤東對於許多中國人佩服美國也同感不以為然。一九二六年，蔣介石在和美國記者路易斯・甘奈特（Lewis Gannett）談話時提起：「凡是有思想的中國人都是仇美猶勝過仇日。」日本與中國講話全是一副最後通牒的口吻。蔣介石說：「她坦白表明要特殊權利。我們明白，也知道如何對付。」他說，但美國人「面帶笑容、口氣友善，找上門來」，卻毫無幫助中國的動作。蔣介石說：「因為我們被你們的同情論調騙了，我們變得最痛恨你們。」

孫逸仙顯然蒙受林肯啟發，創建了「三民主義」；蔣介石則將這些觀念連結到孔子身上。他宣稱，「歐美政治思想中，沒有任何東西超越」儒家經典。蔣介石以同等的強度批判自由主義和共產主義。

共產黨也同樣盯住美國的自由主義。中共創黨元老陳獨秀一度稱讚威爾遜總統是「世界上第一個好人」，之後卻對美國方式失去熱情。當他獲悉美國移民官員在美國邊境扣押一群中國學生時，他十分興奮，並嘲笑說就讓這些中國學生嚐嚐苦頭，因為「大家都知道，幾乎每個留美學生都反對革命、崇拜金錢，以美國為偶像。這種中國人愈少愈好。」

一九二二年中國共產黨建黨以後，一連串黨代表大會都將美國視為中國革命的主要敵人之一。但中共也指出，美國是強大的對手、不容小覷，因為熱切親美的中國人如此之多。中共費盡心思，試圖說服中國人，別被美國的承諾矇騙。一九二九年，有份中國共產黨的政策文件指控美國的傳教、醫療和教育活動「只是自由主義的一種偽裝」。陳獨秀說：任何人若對此懷疑，就是「叛徒」。

年輕時代的毛澤東一度把玩美國理想，而這已成為過去式。一九二〇年代，他曾為引爆美國人恐共情緒的一連串美國恐怖炸彈案喝采。他認為美國的自由主義是「極端有害的傾向」，「擾亂統一、破壞團結、製造糾紛」。

這種思想轉變不只發生在政治層面。在一九三〇年代的中國人身上，也出現較為批判美國文化的觀點。美國女性受到格外嚴苛的檢視。從前她們被奉為理想，現在卻被視為過分極端。一九三〇年代，中國最暢銷的女性週刊《玲瓏雜誌》——兼具美國《居家與庭園》（*House and Garden*）與《柯夢波丹》（*Cosmopolitan*）的風格——便凸顯了此一轉變。這本雜誌的娛樂版刊登明星、影劇等一般消息。但最引人注目的，莫過於有關美國過於放蕩的故事。

一九三一年，《玲瓏》第二期刊登有關女星克拉拉・包（Clara Bow）——一九三一年的萬人迷——的照片。圖片說明是：「即使不著寸縷，她依然火熱。」但在克拉拉・包旁邊，編輯登出上海美女周敏的照片。周敏端莊地坐在椅子上，除了臉與手之外，渾身上下包得密密實實的。箇中信息相當清楚：美國這個國家雖先進，但實在是傷風敗俗、缺乏道德。

中國已開始現代化，問題是應該跑多快？作家兼詩人陳衡哲是胡適的朋友，早年躲過父母安排的婚事、到美國瓦薩女子學院（Vassar College）就讀。她提到，人們對於社會變遷「太快、太大」的普遍焦慮，正威脅著中國文化的基礎。對於美國，中國作家開闢出新的敘事軸線：美國太自由、太鬆懈、太野性。一九三四年有則報導提到，美國舉辦熱吻比賽；得勝的男女擁吻三小時又兩分鐘。《玲瓏》的編輯評論：「美國人的怪異在此充分顯示。」這篇文章強調，中國人的親嘴應該「適可而止」。

胡適批評這股反美的傾向。一九三〇年，他撰文呼籲中國青年，「不曾出國門的愚人鼓起喉嚨對你們喊道：『往東走！往東走！西方的這一套把戲是行不通的了！』」，千萬別他們的。他寫道：唯有中國人承認「自己百事不如人，不但物質機械上不如人，不但政治制度不伽人，並且道德不如人，知識不如人，文學不如人，音樂不如人，藝術不如人，身體不如人」，中國才會有希望。（譯按：引自胡適〈介紹我自己的思想〉一文。）批評胡適的人痛斥他為賣國賊。一九三三年，留美的中國政治學家陳序經附和胡適的主張，也熱切呼籲中國社會「全盤西化」，但這也讓他遭受抨擊。

毛澤東、蔣介石和一些人都畏懼美國的自由主義，因為這就和美國文化的其他方方面面一樣，太受歡迎。雖然中國的自由派遭到中國現代史塗銷，事實上，從一九二〇年代至一九四〇年代，一群數百名的男女，其中許多留美歸國，成為中國的良知；他們反對共產黨和國民黨的專制意識型態、反對日本帝國主義且擁護民主。有些中國最偉大的作家和思想家擁抱美式民主的應許，林語堂就是其中之一。

林語堂出生在福建農村一個貧窮的基督徒家庭，中學就讀於上海美國人經營的聖約翰學院，他學業成績出眾，贏得半額獎學金並到哈佛深造。林語堂一度追隨晏陽初到歐洲教導華工識字，後來他回到中國，以寫作為一生事業。在一九二四年的一篇文章中，取英文字「humor」之音，創造出中文的「幽默」一詞。

林語堂推動這個新詞，試圖開闢出一個空間，讓中國人可以笑著辯論中國的未來。當面臨政治光譜時，左、右兩翼都日益激烈地要求意識型態純化時，林語堂則提倡「寬容」這個革命性動作。他的雜誌（他先後涉及六本以上的雜誌）歡迎各種類型的作者——社會主義者、馬克思主義者、無政府主義者、自由主義者、儒家學者、他最堅貞的支持者，以及對他批評最力的人士——只要他們保持文明就行。讓共產黨和國民黨都很懊惱的是，這些雜誌都很受歡迎。

一九二四年，林語堂在〈徵譯散文並提倡「幽默」〉這篇文章中提到，中國文學和文化裡並非沒有笑話，只是長期被邊緣化、不受到欣賞。他寫道，在中國，「正經話太正經，不正經話太無禮統。」他創辦中國最早的兩本幽默雜誌：《論語半月刊》和《人間世》。

林語堂在中國菁英應如何效勞國家的激烈論戰中，創辦了他的雜誌。他和胡適一樣，都認為中國應採取西方自由主義的價值觀。林語堂不同意為「為救國而奮鬥」的觀念——共產黨和國民黨都聲稱，要積極「救國」就必須犧牲個人權利或公民社會。

他嘲笑共產黨的正統主義，也譏諷國民黨的新聞檢查。他形容自己是「走鋼索的人」。他如此舉動的風險很高。當他指責某軍閥將領涉及鴉片走私買賣時，還遭到特務人員跟蹤。林語堂和同僚創立「中國民權保障同盟」[1]，國民黨特務暗殺了其中兩位發起人。

中國共產黨控制的「中國左翼作家聯盟」（League of Chinese Left-Wing Writers）也抨擊林語堂。一名左翼作家堅稱，他的問題出在，他的雜誌鼓勵人們思考，但鑒於中國的艱苦處境，各種出版品應鼓勵人們仇恨才對。這位作家聲稱，文章「必須是匕首、長矛，必須能殺人才是。」就左翼文藝批評家的胡風而言，林語堂是「中國的尼祿（Nero），國家起火了，他還在彈琴」。（共產黨革命之後，胡風因質疑毛澤東，被下放到共產黨的古拉格集中營，改造長達三十五年之久。）一九三六年，林語堂離開中國，前往美國。

林語堂到美國後，連寫了兩本有關祖國的暢銷書。一九三五年出版的《吾土吾民》（*My Country and My People*）是第一本中國人所寫、關於中國的通俗非小說英文著作。兩年後推出的《生活的藝術》（*The Importance of Living*）則是美國最早教人自我拯救之道的書籍，為針對一九三〇年代美國令人眼花撩亂的節奏之一道詼諧解藥。

林語堂推許中國人是全球的模範少數民族。他描繪出一個討人喜歡、不具威脅性的民族圖象，具有不同於西方悠久和偉大的文化，但也值得尊敬。他的語氣近似於辯解。他看待白人的恐懼和偏見，猶如兩者都是是理性思考的產物。他引據中國的文學、藝術和哲學傳統，暗示中國優於西方，而且中國人比其他族裔群體更聰明，但因為他以溫和的方式表達，美國讀者也不以為忤。他批評美國人的種族歧視，也批評中國人缺乏「公民意識」。他指出，孔夫子的教條導致中國人重視家庭，但卻危害到整體社會，因為「家庭成為深溝高壘的城堡，外面的一切都可以合法地去搶奪」。

話題拉回到中國，另有別人高擎他的火炬。一九一九年五四運動期間，羅隆基這位在庚子賠款獎學金支持下就讀清華大學的學生帶頭抗議，導致三位院長辭職下台。羅隆基後來赴美留學，拿到哥倫比亞大學的政治學博士學位。回中國後，他和胡適、林語堂等人合辦《新月》雜誌。羅隆基挑戰國民黨和共產黨的專斷，因為兩黨都要求基於更大的公益，應犧牲個人的自由。他反駁道，自由的社會永遠比壓制言論的社會更強大。

一九三〇、一九四〇年代，羅隆基成為蔣介石和毛澤東之外中國最活躍的政治人物。他編輯報紙、組織抗議、成立政黨；並在獲得允許時參與全國會議；在不見容於當道時，則要躲避殺手暗殺。他提出的問題——包括：如果中國限制自由，其能否恢復偉大的地位——迄今仍困擾著中國的領導人。

羅隆基左批共產黨、右打國民黨。一九二九年九月，他抨擊國民黨違背孫逸仙的理想。他質問，為什麼希望中國頒訂憲法——中國此時還未制訂憲法——會被視為「叛亂」？為什麼討論人權——中國也沒有人權——要被視為「掩護邪惡陰謀」？由於這番大膽言論，他被抓去坐了幾個月的牢。

次年，羅隆基談論共產黨時問道：「共產黨有什麼魔法，使得人人完全不自私？」與大多數留美歸國人士一樣，羅隆基偏好艱鉅的演進過程，不喜革命的燦爛火焰。他真正希望的是，蔣介石擁抱改革，創造有別於共產黨之有吸引力的替代選擇。他認為，第一步就是允許思想自由，結束國民黨的一黨專政。羅隆基同意梁啟超及其他思想家提出的論點，即中國需要「新人民」。但他不能接受蔣介石和毛澤東都倡導的論點——也就是，唯有在獨裁專制下，才能推行此一改造。

蔣介石或許不情願地擁抱美國的理想，但到了一九二〇年代末期，他日益有興趣爭取美國的支持。自孫逸仙去世後，國民黨對美國的信心一直都不足，於是德國成為國民政府首要支持者。

但在一九二八年五月，蔣介石的北伐部隊由長江三角洲向北挺進時，他們在山東省會的濟南與日軍發生衝突。五月三日，日軍屠殺數千名中國老百姓，又處決一組中國交涉代表。蔣介石在日記裡寫道——日本很快將成為中國的首要敵人。這個領悟迫使中國領導人遵循前人的腳步，恢復尋求與美國建立特殊關係。蔣介石一連派遣多位外交官和政客前往華府，力圖改善關係。

國民政府發現，一九二三年華倫·哈定總統猝逝後繼任的凱文·柯立芝（Calvin Coolidge）總統也有意交好。一九二七年南京事件後，英國官員要求槍斃司令官及其手下師長，作為六名外國人死亡的懲罰。駐北京的美國公使約翰·馬慕瑞也認同此項主張。但在華府，柯立芝的國務卿法蘭克·凱洛格（Frank Kellogg）指出蔣介石已經道歉。凱洛格說，蔣介石「顯然是個溫和派領袖」，他應受到鼓勵而非責難。柯立芝總統同意他的見解，並向記者們表示，革命進行中，出意外在所難免。

一九二八年六月四日，奉系軍閥張作霖的專列火車途經東北時，遭日軍密謀暗殺。此時，張作霖已即將宣布效忠國民政府，而日軍最不希望看到的就是中國統一。國民政府重新加強在美國的遊說活動。國民黨內各派人士都到華府爭取金援、力圖改進雙方關係，或尋求美國人出點子。一年內，在南京政府聘請的六十多名外國顧問中有三十二位美國人，但只有兩位日本人。

一九二八年六月，蔣介石的部隊開進北京。這往日的帝都已經易幟，國民政府通電全國：中國已經統一，現在，政府希望從西方列強及日本手中取回淪喪逾七十年的關稅自主權。國務卿凱洛格指示駐北京的馬慕瑞與國民政府談判新條約，但馬穆瑞反對這項主張。

長期以來，馬慕瑞反對國民黨，深怕國民黨鼓勵他所謂的「狂熱的反外情緒」。他認為，對付中國民族主義的上策不外乎派出砲艇震懾。反之，凱洛格則希望美國交好中國的國民政府。他認為，新條約是讓中國恢復對美國信心的途徑，而且能封殺「蘇聯啟發的共產黨活動」。他也想搶在英國人之前，爭取中國傾向美國。

七月間，國民政府的財政部長宋子文來到北京，與不情願的馬慕瑞議定好美中關稅新約。一九二八年七月二十五日，美國不但成為第一個承認國民政府的大國，也是第一個同意歸還關稅自主權的國家。一年內，有十一個國家相繼跟進。

一九二八年，赫伯特．胡佛（Herbert Hoover）當選第三十一任美國總統，他是首位在入主白宮前到過中國的美國總統。一八九九年，二十五歲的胡佛應聘到中國，在一家英資礦場擔任工程師。他成為天津附近龐大的開平煤礦經理。一年後，義和拳之亂爆發，當美軍陸戰隊為天津外僑解圍時，胡佛志願為其帶路。亂事過後，中國政府擔心德、俄、日強占重要資產作為賠償，於是設法將其轉移至英國或美國的公司名下。胡佛將開平煤礦的所有權轉移給他的雇主墨林公司（Bewick, Moreing and Company）。但當中國政府要討回煤礦場時，英國人卻不肯交還。這筆交易使胡佛後來成為百萬富翁；不過，當中國政府提出訴訟、揭露此一事實時，也讓他日後相當難堪。使得美中兩國人民的命運交織在一起的，還有另一段故事：胡佛善用在中國的獲利進行投資，一九一九年首度捐款五萬美元給史丹福大學。這筆捐款為成立「胡佛戰爭革命暨和平研究所」（Hoover Institution on War, Revolution and Peace）奠立基礎，至今仍是美國最重要的保守派智庫。

比起胡佛本人，他的國務卿亨利．史汀生（Henry Stimson）更加親中。史汀生和他前任的凱洛格一樣，認為美國應成為第一個待中國如獨立國家的西方大國。一九二九年，當國民政府宣布希望終結不平等條約時，史汀生認為時機到了。馬慕瑞再度從北平提議，美國應派海軍嚇唬中國人、逼其就範；因而，他被美國新聞界稱為「美國的砲艦公使」。史汀生發電文給馬慕瑞表示，採取此類行動的「時機可能已經過了」。一九二九年十月，馬慕瑞辭職。

到了一九二〇年代末期，國民政府已控制全中國二十八省中的十一省。蔣介石期盼統一全國的作戰能夠持續；既對抗軍閥和共產黨，也設法讓日本別再蠢蠢欲動。地面上，德國及蘇聯軍官訓練中國的陸軍，但教導中國人飛行的，卻是經濟大蕭條時的一支雜牌軍——由美國特技飛行員、工程師和業務員組成。雖然華府官方支持中國的立場不時搖擺，而且不願刺激日本，但非官方的美國人則站在蔣介石這邊介入作戰。

當時中國最著名的飛行員是張惠長。他曾在美國學習飛行，一九二八年買了一架和查爾斯·林白「聖路易精神號」（Charles Lindbergh's Spirit of St. Louis）同款的飛機，並將之運回中國。一九二八年秋天，他自命為「中國的林白」，駕著「廣州精神號」，在全國各地巡迴表演。就身陷政治亂局的中國而言，張惠長的飛行——從廣州直飛漢口（九小時飛行六百英里），以及從北平直飛南京（十小時飛行六百六十英里）——是很受歡迎的轉移注意力之道。（林白本人也偕妻子安妮來到中國，一九三一年九月十九日，他們的洛克希德八型「天狼星」式水上飛機（Lockheed Sirius 8）降落在南京蓮花湖的正中央。）

張惠長在國民政府新成立的空軍部晉升高位。他渴望建立一支現代化的空軍部隊用來剿共——一九二七年上海清共之後，共產黨已逃入福建省和江西省山區。一九二九年九月，張惠長接洽錢斯·渥特公司（Chance Vought Company）簽訂合同，以約一百萬美元的黃金買下十二架海盜式（Corsair）戰鬥轟炸機——其最高時速一百五十八英里，為當時最現代化的機種。

中方提出要求的時機恰到好處。經濟大蕭條席捲全美，導致工廠關閉、數百萬人失業，商務部歡迎任何可以拯救就業機會的交易。但國務院同意銷售案的附帶條件則是，所有武器，諸如：機關槍和砲彈架都必須卸除。國務院官員擔心，出售武器給中國會危及美國與日本的關係。

既已陷入僵局，美國官僚便把皮球踢給白宮的胡佛總統裁決。胡佛核准包括武器在內的銷售案——有了這條先例，防洪門就此打開。一年內，中國從美國進口的武器增為三倍。從一九三〇年到一九三四年，中國買了四百七十八噸無煙火藥——多由德拉瓦州的杜邦公司（DuPont Company）供應。另外，聯合飛機出口公司（United Aircraft Exports Company）出售一百萬發子彈、炸彈和其他機上器械給中國。接下來十年，中國將是美國飛機製造業者最大的外國買主。

軍火銷售凸顯美國轉趨支持國民政府。但胡佛的立場也很清楚；當東京試圖擴大對滿洲的控制時，美國不會向日本提出異議。胡佛說，日本在中國東北的所作所為不會傷害美國人民的「自由」、「經濟」或「道德前途」。當時，威廉・蘭道夫・赫斯特（William Randolph Hearst）報系的社論就寫道：「我們同情。但這不是我們的事。」

其實美國人不只出售軍機給中國，美國還是中國第一代航空革命的主角。一九三一年的聖派翠克節（St. Patrick's Day），有位蓄著小鬍髭、灰藍眼珠的美國營建工程師抵達上海的港口，開始他長達十年打造中國航空事業的努力。三十七歲的威廉・蘭霍恩・龐德（William Langhorne Bond）曾經參與第一次世界大戰，蹲過壕溝、打過拉鋸戰。他當時的工作是在美國南部興建公路。與絕大多數的美國人一樣，他迷戀上一九二七年林白跨越大西洋的飛行冒險。龐德受喬治・康拉德・韋斯特維特（George Conrad Westervelt）慫恿而來到中國；韋斯特維特是龐德的表姊夫，也是美國飛機製造業者柯蒂斯—萊特公司（Curtiss-Wright）和中國政府合資的「中國航空公司」（China National Aviation Corporation, CNAC）負責人。第一次世界大戰期間，韋斯特維特負責監工，為美國海軍建造一千五百多架飛機。一九三〇年十二月，他來到中國考察其民航事業。這是與美國國土一樣廣袤的新領域，顯然亟需飛機、機場和飛行員。龐德抵達時，柯蒂斯—萊特公司已投入五十萬美元，取得中國航空公司百分之四十五的股權。中國航空公司已經開辦從上海飛往南京，再延伸至漢口的航班服務。

但中國航空公司虧損累累。根據作家格雷戈里・克勞奇（Gregory Crouch）的說法，趾高氣昂的美國經理人惹惱了多數中國員工。韋斯特維特和龐德在此刻到職。他們其中一個首要動作就是開除中國航空公司的營運經理哈利．史密斯（Harry Smith）；史密斯出了名的鄙視中國人。龐德則接任營運經理。龐德第一天和中國航空公司美籍同仁開會就直率地表示，吃喝嫖賭一律禁止，美籍員工和中國同仁之間必須以尊重相待。

龐德聘請北京出生、麻省理工學院畢業的王助擔任總工程師。一九一六年，王助為比爾．波音（Bill Boeing）設計第一架商用飛機，即C型水上飛機，幫助創建了一家航空巨頭公司。王助的C型飛機拯救了波音公司的業務，這是美中之間來回互相影響的另一例。《西雅圖時報》稱譽王助是「技藝精湛的鳥人」（a proficient birdman）及機械天才。王助離開美國、返回中國時，波音只開給他一張五十美元的支票。

中國航空公司的機師群中，三山五嶽的人馬都有，有些是美國的特技飛行員，其中還有一位德國人，曾在一戰期間和馮．李希特霍芬男爵（Baron von Richthofen）[2]一起執勤，另外還有幾位華人機師，譬如陳文寬。一九一三年，他出生於澳門附近農村的一間泥土屋，但在美國巴爾的摩長大。他和龐德一樣，也非常關注林白的種種飛行事蹟。在馬里蘭州，他的父母為他繳學費，送他上飛行學校。大蕭條來襲時，陳文寬回中國找工作。日後，他成為美國歷史上獲頒最多勳章的民航飛行員之一。

一九三三年三月，泛美航空公司（Pan Am）買下柯蒂斯—萊特公司在中國航空公司的股權，宣布開闢舊金山與上海航線的計畫。有了一支道格拉斯DC-2（Douglas DC-2）機隊後，中國航空公司終於開始轉虧為盈。一九三五年，中國航空公司載客近兩萬人次，是一九二九年全年載客量的五十多倍。

接下來的一九三五年十一月二十二日，「中國飛船號」（China Clipper）從阿拉米達島（Alameda Island）的外海起飛，這是首度跨太平洋的商務航班，從金門（Golden Gate）跳島，經夏威夷、中途島（Midway）、威克島（Wake）和關島，來到馬尼拉灣。二十二位乘客花費六百七十五美元購買一張機票；貨艙裡載著十萬封信。隔幾天，又有兩架四引擎飛機——「菲律賓飛船號」（Philippine Clipper）和「夏威夷飛船號」（Hawaii Clipper）——加入機隊。一個月內，泛美每週都有班機飛越太平洋。泛美從馬尼拉出發，經香港和廣州，將中國和外面的世界連結起來。世界剛開始變小，而中國則為令人垂涎的誘餌。

一八八九年，佛洛伊德．舒馬克（Floyd Shumaker）在內布拉斯加州出生，後來成為美國陸軍航空隊早期的飛行員。一九二九年，他以美國航空公司（Aviation Corporation of America）代表的身分抵達中國；這是加州聖塔蒙尼卡市道格拉斯飛機公司（Douglas Aircraft Company）的子公司。舒馬克寫了一份一百三十三頁的報告，建議國民政府依循美國規制重新組建空軍。他也建議蔣介石，在首都南京附近興建一連串機場，他的空軍從這些機場起飛，幾可攻打中國境內的每個地方。舒馬克當然推薦採用道格拉斯公司所製造的轟炸機；這款轟炸機裝滿一缸汽油後，可以持續飛行八小時。

到了一九三〇年二月，舒馬克已經出任國民政府顧問。當年稍後，國民革命軍北上討伐頑強的軍閥，而舒馬克則在前線指揮國軍的空中作戰。七月間，天津美國領事館的一份報告指出，「有個姓舒馬克的美國人」，投擲炸彈、轟炸黃河上的一座鐵路鐵橋。舒馬克轟炸鐵橋的理由和許多美國民間人士相同：他們想助國民黨一臂之力。中國人很難找到能做這些事的自己人。

另一位美國人羅伯．蕭特（Robert M. Short），則以波音公司代表的身分來到中國，也被國民政府聘為顧問。一九三一年春天，蕭特為國民政府「剿匪作戰」的任務，培訓了一批飛行員。一九三一年九月，日本皇軍跨過朝鮮邊境，從旅順港奪占中國東北的大半地區。

對此，國務卿史汀生主張強硬處置，包括祭出經濟制裁；但胡佛總統不肯。此時，美國對日貿易僅次於加拿大及歐洲，居於第三，攸關美國經濟。胡佛指出，更何況，若空有經濟制裁而無動武支持制裁的意志，不啻是「拿針扎老虎」。華爾街也支持日本政府。一九二〇年代初期及一九三〇年代，J.P. 摩根投資約一億美元的日本公債，使東京能放手發動軍事冒險。摩根公司的董事長湯瑪斯．拉蒙德（Thomas Lamont）認為，日本在滿洲的投資最後也會注入中國。

美國國內的政客也設想，東京和華府之間將達成默契。《一九二四年移民法》（1924 Immigration Act）已不准所有亞洲人歸化為美國公民，關閉數十年來日本人移民到美國的大門。但過去五十年來，日本人人口倍增。有些美國官員明白日本人口需要輸出。這個思維認為，讓他們流向滿洲總比來到美國西岸好。

一九三二年一月七日，史汀生向日本和中國發表了所謂「史汀生主義」（Stimson Doctrine）。他照會中、日雙方，美國不承認動武造成的國際領土變更。同時在任何情況下，美國都不會派部隊保衛中國領土。史汀生鼓勵國際聯盟制裁日本，但當他被問到，美國是否會出聲支持國際聯盟的任何行動時，他又噤口不語，深怕「中國寶寶」會被丟到美國懷裡。

一九三二年一月二十八日，即史汀生發表不承認主義的三週後，日本轟炸機進襲上海，除了公共租界外無處不炸，殺害了數百位平民。年輕的中國空軍無力保衛上海。一九三二年二月十八日，日本宣布在其占領的中國東北領土建立新國家——「滿洲國」。一九三三年三月二十七日，日本正式退出國際聯盟，外相松岡洋右宣稱，這是「日本將世界帶往建立真正和平之道的一天」。往後，日本軍隊增強攻勢，持續進攻華北各地國民政府軍隊陣地。

這次，美國新聞界支持中國人。《紐約前鋒論壇報》（*New York Herald Tribune*）記者維克多．奇恩（Victor Keen）從擠滿受傷中國婦孺的醫院發出報導，指控日本皇軍「不負責任的歇斯底里、或無情的種族仇恨」。胡佛總統派遣美軍陸戰隊前往上海，但任務僅限於保護美國人的性命和財產。他最在意的是，美國絕對不能幫助任何一方。美國記者不同意他的做法。《芝加哥每日新聞》（*Chicago Daily News*）記者芮吉納．史威蘭（Reginald Sweetland）寫道：「在來自加州、德州和維吉尼亞州陸戰隊包圍下，我看著日軍，向這手無寸鐵的城市投擲炸彈。」美國記者們堅持，美國應該有所作為。

一九三二年二月二十日，日軍攻打上海已經數週，羅伯．蕭特單獨駕駛美國最新的雙翼戰鬥機、一種波音218P-12原型機飛行於上海上空。他預備目睹日機空襲。但當他發現三架日本戰鬥機準備掃射上海一處不設防的地區時，蕭特發動攻擊，打下了一架日機、殺死其飛行員，也迫使其他兩機逃跑。二月二十二日，蕭特再度出勤。在戰鬥機護航下，日本轟炸機飛往蘇州火車站；此刻，來自上海的一列難民火車剛開到蘇州。蕭特衝進轟炸機的編隊中，打死轟炸機長機的飛行員。日軍於是掉頭。但正當蕭特迴轉、預備展開第二輪攻擊時，日本戰鬥機團團圍住他，對他開火。就在火車站難民睽睽眾目下，蕭特的波音機爆炸成一團火焰、墜地燃燒。中國宣布蕭特為國家英雄，邀請他母親伊莉莎白（Elizabeth）和兄弟愛德蒙（Edmund）從華盛頓州塔科瑪（Tacoma）來中國參加葬禮。上海街頭湧現逾百萬名悼唁民眾。宋子文稱，蕭特的勇氣和犧牲讓中國人民「觸了電」。

在美國的協助下，國民政府成立一所中央航空學校，啟動自身的航空工業。一九三二年，國民政府自海軍的經費移撥一千一百萬美元組建空軍。同年春天，宋子文要求美國派團培訓中國飛行員。但美國國務院反對這項計畫，戰爭部也通過特別命令，禁止軍事人員前往中國提供顧問服務。因此，宋子文和國民政府顧問亞瑟．楊格提出另一項方案，由志願人員組織非官方代表團主持訓練。商務部贊成此案，因為這等同於保證可以多賣一些飛機給中國。後來，國務院同意派一個「民間」代表團前來，並由陸軍航空隊（Army Air Corps）訓練指揮官裘以德（John Jouett）上校出任團長。商務部官員悄悄同意中方要求，讓飛行員學習投彈、開砲、觀測照相和近空支援——這可不是一般民航飛行學校的課程。一九三二年七月八日，裘以德一行十四人抵達杭州的中央航空學校。到了九月，第一期五十名學員報到開訓。一九三六年裘以德離開中國時，中央航校已培訓出近四百名飛行員。他們成為中國空軍的核心骨幹。

裘以德的任務只是美國商務部確保中國市場計畫的一環。一九三三年，美國商務部派出著名特技飛行員吉米．杜立德（Jimmy Doolittle）前往上海，展示新型的雙翼戰鬥機——柯蒂斯鷹式二型（Curtsis Hawk II）。杜立德駕駛著七百匹馬力的萊特旋風式引擎（Wright Cyclone engine）飛機，以時速兩百英里之速飛越上海市上空，讓上海市民看得目瞪口呆。在杜立德這番震撼人心的表演後，中方訂購七十二架鷹式飛機。到了一九三五年年中，國民政府空軍有五百架飛機，而且絕大部分為美製。此時，財政部長宋子文想到了一個主意，那就是中國若能自己造飛機，豈非能省下數百萬經費。於是，他再次向美國求助。

一九三三年四月，柯蒂斯—萊特、道格拉斯和波音三家公司合資成立中央杭州飛機製造廠（Central Aircraft

Manufacturing Company of China），工廠設於杭州中央航空學校附近，並由愛耍帥的美國佬威廉・鮑雷（William Pawley）主持這家工廠。鮑雷生於南卡羅萊納州，並在古巴長大，在他一九三三年來中國之前，已歷經過大起大落，賺過大錢，也散盡了家當。他賣過水果，曾在邁阿密土地景氣絕佳時炒過地皮，然後選定航空業為其致富捷徑。他成立古巴第一家民航公司，並在一九三〇年於邁阿密市立機場創辦「全美空中競賽」（All-American Air Races）。美國海軍情報官員詹姆斯・麥修（James McHugh）形容鮑雷這個人「迅捷如幽靈」（Shifty as the devil）。

鮑雷在中國參與開辦中國航空公司，但泛美航空買下了柯蒂斯—萊特公司的股權後，他就離開了。他刻意交好宋靄齡及其夫婿孔祥熙。藉著讓宋靄齡抽佣，鮑雷成為將百分之九十的美國飛機賣給中國的中間掮客。將美國飛機拆解成零件、運到中國組裝，比全機交貨來得便宜。杭州工廠為中國省下了不少錢，鮑雷也賺得飽飽的。往後十年，中央杭州飛機製造廠建造和修理價值約三千萬美元的中國飛機，而鮑雷平均每年進帳百萬美元。

一九三四年四月十七日，日本情報首長天羽英二[3]發表日後被稱為「天羽聲明」（Amau Doctrine）的宣示。日本宣布將展開反共「聖戰」（holy war），而且此後，外國援助中國的任何動作都得經過日本允許。天羽英二直批美國人「供應中國軍機、在中國興建機場，又派遣軍事教官或軍事顧問前往中國」。依此聲明，中國淪為日本的「保護國」，不得藉助外援抵禦日本；歐美各國亦被禁止插手中國事務，並需承認日本為東亞唯一霸主。因此，「天羽聲明」被稱為「亞洲門羅主義」。

十月間，日本首相廣田弘毅又提出更多要求：要中國放棄以夷制夷的政策；日本與國民政府成立反共同盟；要中國政府承認，日本在中國東北扶植成立的滿洲國傀儡政府。

美國國務院亞洲事務專家史丹利・洪貝克（Stanley Hornbeck）向新任國務卿柯迪爾・赫爾（Cordell Hull）建議，美國最好不要觸怒東京。法蘭克林・狄拉諾・羅斯福總統就職剛滿一年，美國仍深陷經濟大蕭條，極其不願傷害與日本獲利的可觀貿易。洪貝克主張，應命令美國公民不再協助中國軍隊。對華軍售也應停止。洪貝克寫道，中國應該

「自立自強」。於是乎美國飛行員退出中國。裘以德的教官團結束，甚至，宋美齡專機的美籍飛行員也必須打包回美國。

正當日本人侵占滿洲，美國人還舉棋不定、不知如何反應時，美國發布一道法令，其傷害中國的程度不亞於日本皇軍。一九三四年六月十九日，羅斯福總統簽署生效《美國購銀法》（American Silver Purchase Act），指示美國財政部購入白銀，直到價格漲為三倍為止。這項默默無聞的法令早被人遺忘，對飽受經濟蕭條震撼的美國經濟也起不了任何作用。美國白銀的年生產量僅值三千兩百萬美元，連花生和馬鈴薯都比它重要。但羅斯福需要產銀的各州——內華達、猶他和蒙他拿——國會參、眾議員的政治支持。羅斯福以數百萬美元補貼美國礦業利益，以此換來他們支持他的「新政」（New Deal）。但這道法令卻傷害了中國。

來自內華達州的民主黨籍資深參議員基．皮特曼（Key Pittman）認為，提升銀價會使中國貨幣和美國對華出口雙雙提升。他的民主黨籍同僚——猶他州聯邦參議員威廉．金恩（William King）認為，銀價彈升後，將釋出「巨大的中國市場」。

在美國，白銀只是一種商品，但在中國則是現金。中國採行銀本位有數百年之久。這也是為何一八七〇年代美國鑄造貿易用銀元的原因——企圖提升對中國的貿易，但未成功。

《購銀法》一通過，白銀就大量流出中國，迭創紀錄。兩年內，六億四千五百萬盎司白銀——約為中國持有量的一半——流出中國，其中大部分流向美國。一年內，銀價上升一倍，中國通貨的價值也隨之上升。但美國對華輸出卻毫無動靜。

中國方面，授信緊縮、利率漲為三倍，工商業皆趨於緩和，破產成風。生絲是中國最大的現金商品，出口量大跌。半數以上的中國棉紡廠紛紛關門。意在提振美國國內一小撮利益團體的一道法律，卻害得中國經濟走上崩潰邊緣。

更慘的是，美國的白銀政策有利於日本。法律一頒布，日本銀行便開始私運大量白銀離開中國，賣到美國套利，再把這些暴利用來支援在日本建設海軍——這套原本要讓美國和中國雙雙獲利的計畫卻適得其反。日本手上鈔票多多，並於一九三四年宣告，將廢止一九二二年在華府談判通過的海軍武器控制條約。

宋子文、孔祥熙和他們的長期經濟顧問楊格向美國聲請救助。他們繞過國務院，在美國財政部找到了一位朋友。財政部長亨利・摩根索擔心對中國經濟造成的傷害，於是便對同僚表示，覺得自己就像「一位日本特務」。摩根索的財政部力促美國採取國務卿赫爾及其顧問反對的行動。摩根索是羅斯福總統內閣中唯一一位猶太裔閣員，他相信民主國家注定要和德國及日本的法西斯作戰，因此，美國最好增強中國等前線國家的力量。

一九三四年底，中國接觸華府，希望派宋子文到美國首都談判，如何讓中國自白銀亂局脫困。國務院反對他前來；宋子文公開反日，東京肯定會抗議。摩根索氣憤地寫道：「這當然是典型的國務院哲學。千萬別做可能得罪任何人的任何事。」

對於如何處理此事，國務院和財政部僵持不下，於是中國採取主動。一九三五年十一月三日，國民政府宣布幣制改革計畫，中國捨棄銀本位制。這是一項大膽的行動，也是證明美國的決策如何強迫中國改變的又一例。新計畫要求民眾將所有白銀交給政府的貨幣儲備委員會。於是，中國現代史上首次全國發行唯一的通用貨幣——法幣——由中央銀行負責管理。

日本視中國此一幣制改革為威脅。若改革成功，這將是中國走向財政獨立的重大一步。日本在華銀行拒絕交出白銀，東京則要求中國立刻停止幣制改革。

十一月十三日，中國駐華府公使施肇基趕赴摩根索辦公室告知，日本的橫濱正金銀行（Yokohama Specie Bank）在中國大量蒐購美元，等於是攻擊法幣的支撐基礎。中國需賣給美國一億盎司白銀來握有美元，穩定剛剛發行的法幣。這項危機使得摩根索有機會運作。他送走施肇基後，立刻打電話到白宮向羅斯福總統報告：「中國人陷入危機了。」財政部能否向中國買下五千萬盎司白銀？羅斯福答應了。後來摩根索告訴施肇基：「美國會這麼做的唯一原因，是所有人似乎都在和中國作對。」

美國買下了中國白銀，導致中國外匯準備倍增。摩根索建議孔祥熙或宋子文前來華府，討論白銀問題的更多細節。國民政府向國務院的關切讓步，改派主要銀行家、華頓商學院畢業的陳光甫代表出席。一年內，中國將以白銀和美國交換，拿到近一億美元。美國購買白銀，補充了中國的外匯準備、穩定了法幣，也協助中國熬過經濟風暴。摩根索買進中國白銀，促使了美國政府承諾支持南京政府最重要的一項改革得以成功，也使得華府比過往更深刻地介入東亞局勢。其代表美國政府對中國及日本的看法有了轉變。自第一次世界大戰以來，美國首次認識到在東亞的不干涉主義，正導致美國的影響力式微，並加速日本的崛起。國務院避免和日本衝突的策略會失敗，是因為東京宰制中國的願望永無止境。即使是國務院首席中國事務專家洪貝克也開始改變——他支持羅斯福總統大規模發展海軍的倡議。當時，摩根索在日記中反省：「五十年後中國沒被日本吞噬，以及再度成為強國這件事，或許是今天我們在這裡所做最重要的事。」他恐怕言之過早了。

一九三〇年代初期，即使中國社會繼續受到美國啟發，其兩個主要政黨卻脫離了美國的理想。共產黨和國民黨都不認為美式自由能在建設新中國上扮演任何角色。同時，日本兼併更多中國領土，也攻擊中國的城市。中國的政府和過去一樣，盼望美國及美國人施出援手。再一次地，美國人再一次試圖同情中國的感情，與不願被捲入戰爭的兩條路之間走出一條路。

譯註

1. 一九三一年六月，共產國際潛伏在中國的秘密工作人員牛蘭（Hilaire Noulens）夫婦在上海公共租界被捕，宋慶齡、楊杏佛等人發動拯救運動。嗣後，一九三二年十二月，成立「中國民權保障同盟」，宋慶齡擔任主席，蔡元培擔任副主席，楊杏佛為總幹事，林語堂為宣傳主任。一九三三年六月，楊杏佛在上海遭暗殺身亡，同盟形同解散。

2. 曼佛瑞德・馮・李希特霍芬男爵（Baron Manfred von Richthofen）出身德國貴族世家，是一戰期間的空戰英雄，締造擊落八十架敵機的空前絕後紀錄，綽號「紅男爵」（Red Baron）。

3. 一九三一年九一八事變後，國內局勢仍然四分五裂，國民政府積極爭取歐美國家協助。一九三四年四月十七日，日本外務省情報部長天羽英二宣布：「中國如果採取利用別國排斥日本、違反東亞和平的措施，或採取以夷制夷的排斥政策，日本就不得不加以反對。」歐美各國，不管是給中國「名義是財政或技術方面的援助」，還是「提供武器、軍用飛機，派遣軍事教官，發起政治借款等等」，都「將產生離間中國和日本以及其他各國的關係，反對維持遠東和平與秩序的結果」。那麼「日本不能置之不理」。此即所謂「天羽聲明」。

附註

美國爵士樂和中國民謠音樂的故事，參見巴克・克萊頓的自傳。毛澤東對美國的觀點，參見《毛澤東選集》及劉亞偉（Liu Yawei）的博士論文〈毛澤東眼中的美國：一八九三至一九七六年的美中關係〉（The United States According to Mao Zedong: Chinese-American Relations, 1893-1976）。中國對美國女性觀點的演進，詳見李木蘭（Louise Edwards）在《玲瓏雜誌》上的學術文章〈現代上海女性的美國夢：想像美國的墮落形象，製造中國的「折衷現代性」〉（The Shanghai Modern Woman's American Dreams: Imagining America's Depravity to Produce China's 'Moderate Modernity'）。中國學者錢鎖橋（Qian Suoqiao）對於林語堂扮演中國溫和派人士的角色，以及他和支持中國共產黨之美國人的恩怨瓜葛，有詳盡的討論。威廉・李瑞（William Leary）在《太平洋歷史評論》（*Pacific Historical Review*）中提到一九二〇年代美國派人協助中國空軍的故事。美國教官團教導中國飛行員的故事，參見格雷戈里・克勞奇（Gregory Crouch）的《中國之翼：飛行在戰爭、謊言、羅曼史和大冒險的黃金時代》（*China's Wings: War, Intrigue, Romance, and Adventure in the Middle Kingdom During the Golden Age of Flight*）。美國購銀政策的故事，參見麥可・布雷恩・羅素（Michael Blaine Russell）的博士論文〈美國的白銀政策與中國〉（American Silver Policy and China）。

第十六章
紅星

和中國早期領導人袁世凱、孫逸仙相同的是，中國共產黨也期待美國人講述他們的故事——訴說對象不僅限於世界其他地方，也包括中國人自己。鑒於中國對美國持久且有時頗令人費解的尊敬，對一九二〇、一九三〇年代的共產黨來說，再也沒有比老美掛保證褒揚更大的貢獻了。

在中國內部，中國共產黨繼續堅稱美國是敵人，甚至是比日本人更邪惡的那種。一九三一年日本強占滿洲之後，中共中央聲稱，美國陰謀派遣十萬大軍占領長江流域及福建省。一九三三年一月，中共中央指控美國企圖奴役亞洲。很詭異的是，在日本節節進逼下，中共中央卻說美國是最惡劣的帝國主義侵略者。

話雖如此，共產黨毫不猶豫地利用美國作家為自己造勢。為確保能控制所要傳遞的信息，共產黨具備忠心的代理人先為他們篩選美國人。其中一位主要代理人是來自密蘇里州的記者艾格妮絲·史沫特萊（Agnes Smedley）。

史沫特萊生於一八九二年，她在半自傳小說《大地之女》（*Daughter of Earth*）中自稱出身貧窮家庭，而且備受欺壓。這並非事實。史沫特萊雖為流浪農民和煤礦工人之女，但和許多支持中國革命的美國熱心人士一樣，家裡並不窮。年輕的史沫特萊在美國接受激進的政治思想薰陶。第一次世界大戰期間，她為德國政府工作，並企圖在英屬印度鼓動叛變。一九二八年，史沫特萊由蘇聯穿過邊境進入滿洲，根據她的傳記作家露絲·普萊士（Ruth Price）的說法，她在這年被共產國際情報單位國際聯絡部吸收。接下來八年，她為共產國際及蘇聯軍事情報單位總參謀部情報總局（GRU）工作。她也兼差為《新共和》（*New Republic*）和《國家》（*Nation*）雜誌撰稿。

史沫特萊的新聞報導吻合蘇聯路線。蔣介石在上海清共之後，蘇聯就處心積慮想破壞國民黨，企圖扶植共產黨政府取而代之。她以生花妙筆刻畫國民政府的貪瀆腐敗和唯利是圖，並宣揚共產黨普遍獲得民眾支持。蘇聯策劃在華南掀起暴動失敗後（譯按：南昌暴動與長沙暴動），她遷居上海；她的公寓變成蘇聯特務的棲地——信差的安全屋、沖洗秘密材料微影片的暗房，另外藏了一部可和莫斯科通訊的無線電發報機。

雖然史沫特萊和她的同志譴責治外法權，她的美國籍身分則保護她不受國民政府起訴。從一九三〇年到一九三四年，史沫特萊是著名蘇聯特務理查．佐爾格（Richard Sorge）的愛人及重要助手。她暱稱他是「英俊的海克力斯」（Handsome Hercules），並成為其間諜網最成功的召募員。這段期間，她寫了兩本有關共產黨的書，稱讚他們斯巴達式的生活方式及不貪瀆。其中有本書《中國紅軍向前進》（*China's Red Army Marches*）以小說體記述一九三〇年代初期，毛澤東和他的軍隊司令朱德在江西省建立的革命政府——即使史沫特萊根本沒到過當地。《中國紅軍向前進》遭到國民政府取締。共產黨將這本書翻譯成中文，拿到大學校園散播，當成吸收黨員的工具。許多人問道：如果美國人都豎起大拇指讚揚了，共產黨怎麼會是危險的毒素？

史沫特萊和孫逸仙遺孀宋慶齡合作，爭取美國作家的認同，灌輸他們共產主義路線的合乎正義。伊羅生（Harold Isaacs）是被她們吸收的作家之一。伊羅生為紐約房地產大亨之子，一九三〇年來到上海。他充滿活力和熱情，年歲尚輕的宋慶齡喜歡上他——她日後也喜歡其他年輕的美國男性作家。伊羅生經常出入宋慶齡在上海莫里哀路（Rue Molière）的寓所。

伊羅生起先在約翰．鮑威爾底下工作，但不久後，宋慶齡和史沫特萊即安排他擔任英文《中國論壇》（*China Forum*）雜誌編輯，該雜誌在上海法租界出版，以躲避國民政府的新聞檢查。共產國際出資贊助《中國論壇》，而共產黨特務也不時饗以伊羅生獨家內幕。伊羅生專門以硬漢之姿撰文揭露上海的黑暗面，雜誌社內員工都是共產黨地下黨員。

一九三一年二月二十一日夜裡，伊羅生的消息來源交給他一則獨家新聞。二十四名共產黨人被帶出國民黨轄下的上海龍華監獄，被迫自掘墳墓。有些人遭到槍斃，有些則慘遭活埋。其中有五人是作家。伊羅生刊登故事之後，史沫特萊發動宣傳攻勢，追悼龍華烈士。她起草一份請願書，找到一些知名美國作家——如詹姆斯．瑟爾伯（James Thurber）、辛克萊．劉易士（Sinclair Lewis）和藍斯頓．休斯（Langston Hughes）等人簽與聯署，這是西方知識份子首次批評蔣介石政府的「白色恐怖」。

對伊羅生而言，這則故事太棒了，以致不及查核事實他就寫道，他相信國民政府的凶殘，「或許除了四、五世紀匈奴人的侵略和屠殺之外，歷史上無人堪可比擬」。他和浸信會傳教士羅孝全一樣，已經找到中國的魔鬼，並決心將其剷除。

問題出在，這則故事只有一半的真實性。國民黨的確處決了共產黨員，但其實是幫共產黨內的另一派系動手行兇。所謂龍華烈士在上海公共租界一家旅館秘密開會，討論如何另立一批共產黨領導人，來取代史達林冊立的領導層。史達林的特務風聞此一秘密會議，就向租界英國警察檢舉，因為他們知道英國警司會將與會者交給國民黨。看起來顯然是侵犯人權的案子，但其實是派系鬥爭搞出來的把戲。

史沫特萊在龍華烈士案的操弄相當成功，使中國成為美國甫誕生之人權運動關注的第一個海外國家。羅傑．包德溫（Roger Baldwin）因蘇聯迫害作家而大感震驚，他在一九二〇年成立「美國公民自由聯盟」（American Civil Liberties Union，簡稱ＡＣＬＵ）。但他為身陷史達林古拉格集中營的俄國人聲張權益的努力，卻遭到美國左翼親蘇聯人士抵制。然而，當蔣介石政府開始處決左翼政治異議人士時，包德溫和史沫特萊發現，煽動各界仇視國民政府變得容易多了。

美國國際人權運動最早關注的樣板人物是中國女性作家丁玲。一九三三年春，史沫特萊向包德溫報告，丁玲在上海失蹤，據信已被國民政府逮捕。包德溫認為丁玲案是絕佳機會，可讓美國公民自由聯盟的關注範圍擴張到海外。

包德溫在紐約、舊金山和芝加哥組織集會，聲援丁玲，並在華府策劃大遊行，由美國知名作家出頭呼籲伸援。史沫特萊幫忙將丁玲的作品《莎菲女士的日記》和揭露國民黨鎮壓異議份子內幕的《夜》翻譯成英文；包德溫設法讓《國家》雜誌、《新共和》和《工人日報》（*Daily Worker*）等刊物刊載這兩部作品的譯文。

美國公民自由聯盟內部為丁玲案展開激烈辯論。公民權利應像紡織品一樣，也跨越國境，從東方到西方皆然嗎？民主和言論自由是國家理想，還是普世理想？有些人，如小說家狄奧多·德萊賽（Theodore Dreiser）主張，美國人不僅有權利，也有責任堅持中國——及其他國家——依據美國價值對待其公民。其他人，如擁護言論自由的諾曼·哈普固德（Norman Hapgood）則說，他們不希望將美國想法強加於中國或其他任何地方。

一九三七年，國民政府在國際壓力下釋放丁玲，她逃到西北的共產黨邊區。五年內，她因質疑馬列主義文藝要為革命服務的信條而失寵於毛澤東。一九五七年，共產黨政府宣布丁玲是「右派份子」，迫害她好幾十年，直到一九七八年才從勞改營釋放。但丁玲在「赤區」失蹤後，美國左翼人士卻不再有人關心她的遭遇。

共產黨向蔣介石開戰，吸收到最偉大的外國戰士當推艾德加·史諾（Edgar Snow）。史諾書寫中國社會及中國共產黨的作品，影響了好幾世代的美國人，同樣重要的是，也影響好幾世代的中國人。若說法蘭克·古德諾是幫袁世凱漂白形象的關鍵人物，史諾對共產黨的貢獻則更重大——他將毛澤東從土匪山大王塑造成為他所謂「林肯風味的人物」，是「可能變得非常偉大的人物」。

史諾早早就鼓吹中國共產革命無法避免的想法，其實中共崛起並非日本人數十年侵略造成的結果。他強烈主張中國共產黨不如其蘇聯兄弟黨那麼極權專制的主張。而且他幫忙打造對毛澤東的個人崇拜，不僅在中國，也在美國，在「偉大的舵手」最需要的時刻，將他描繪成羅賓漢，對抗中國的「約翰親王」（Prince John）蔣介石。

史諾筆下的毛澤東是個有志業的叛徒。清教徒似的共產黨員禁止吸菸，毛澤東卻是菸一根接一根的老菸槍。他們注重體育活動，因此人人身材筆挺，但毛澤東老是佝僂著身子。中共黨員一律強制剪平頭；毛澤東卻長髮及肩。史諾覺得毛澤東像個阿帕契族的印第安酋長，儼然哲君再世。

一九〇五年史諾在堪薩斯市出生，父親是名印刷商，他喜愛讀書，常在印刷機的嘈雜聲中背誦莎士比亞的詩句。史諾幼時在教會聖壇唱詩，又是鷹級童子軍（Eagle Scout），他受到馬克．吐溫（Mark Twain）和傑克．倫敦（Jack London）作品的啟發，自幼即懷抱文學野心。他進入密蘇里大學新聞學院就讀，然後在紐約的一家廣告公司任職。一九二八年年初，他在過熱的股市中賺了八百美元，賣掉持股後，他在夏威夷上了一艘貨船、偷渡前往上海。他預計逗留九個月，並寫信告知父母：「我要歷險！我要經驗！」

與許多密蘇里的同學一樣，史諾最初寄居上海，為約翰．鮑威爾的《中國每週評論》（*The China Weekly Review*，譯按：原名《密勒氏遠東評論》，一九二三年創辦人密勒去世後才改名）工作。他和鮑威爾後來成為摯交好友，但倆人對於該支持哪位中國人，意見卻截然不同。鮑威爾支持蔣介石，史諾則選擇毛澤東。一九二八年史諾才剛到中國不久，就得到一個難得的機會。擔任中國鐵路總督辦的孫科（孫逸仙的兒子）提供他免費搭火車巡迴採訪。史諾在滿洲逗留一個月，撰寫日本人的工業建設，正確地預測到不久後，日本將發動戰爭。他在華北親臨饑荒現場採訪，發現在地的市場有販賣人肉。

史諾在《中國每週評論》上抨擊，英國人的建築物不准中國人搭乘白人電梯的政策；他要求上海西方人經營的商店歡迎中國顧客。英國秘密警察為他開立一個檔案，收集他的材料。他前往東南亞和印度，同情反殖民領袖、閱讀馬克思作品，並得到一個結論，認為社會主義是診治中國弊病的藥方。

《芝加哥論壇報》（*Chicago Tribune*）聘史諾為特約記者。不久，他為五十家美國報紙和《星期六晚郵報》撰稿。一九三一年，他結識一位美國新秀作家，人稱佩格（Peg）的海倫．佛斯特（Helen Foster）。佛斯特受到史諾文章的啟發，來到上海親自嘗試新聞寫作。史諾開始和她約會。

史諾在家書裡提到，他發覺中國「很可憐」，需要有支「十字軍」出來拯救。他寫道：「惡臭和腐爛、悽慘和苦難，以及全國的痛苦」吶喊著需要「偉大的救世主」。史諾已開始受到共產黨誘惑。他告訴父親，他們具有「活力和熱情」，這會使他們得勝。史諾和他之前的許多人一樣，傾倒於宋慶齡的魅力之下。一九三二年，他在《前鋒論壇報》上介紹她。宋慶齡接受採訪時，譴責蔣介石違背她已逝丈夫孫逸仙的遺訓。公共租界中心區的「巧克力屋」（Chocolate Shop）是美國人流連的一家店鋪，宋慶齡常在此與史諾會面。她介紹史諾認識魯迅和史沫特萊等作家。史諾寫到，他拜訪宋慶齡莫里哀路的寓所時，形容說「我遇見了中國第一流的思想和感情」。

宋慶齡利用這個和氣的美國人宣揚她的觀點。他則運用她的話建構自己的信念，認為只有共產黨擁有中國需要的專心致志。一九三二年九月，他在一則報導引述她的話：國民黨已經成為「行將就木、奄奄一息的組織」。史諾寫道，宋慶齡認為「中國共產黨是今天中國唯一真正的革命力量」。

宋慶齡祝福史諾和佛斯特的戀情。一九三二年聖誕節兩人結婚時，宋慶齡送給這對新人一組美國咖啡過濾器，還為他們辦了一場中式囍宴。一九三四年年初，史諾和佩格遷居到北平。史諾寫作，同時在資深傳教士司徒雷登主持的燕京大學教授新聞學。一九三〇年代的北平對這對穩定寫作和教書的美國夫婦而言，太平淡了。史諾和佩格常在北京飯店（Grand Hotel de Pékin）的屋頂舉辦派對，他們養了一匹蒙古賽馬和一隻名叫「戈壁」的白色灰狗。

日後，燕京大學學生蕭乾成為著名的戰地新聞記者，以觀察敏銳、文筆優美著稱。他記得，史諾與其他西方教授大不相同。蕭乾寫道，史諾不採取「老師說、學生聽」的教學方式。史諾沒有「白人天生高人一等」的氣息，而且對中國的前途展現出不尋常的樂觀。蕭乾認為，「這類型的洋人在中國很罕見」。日後蕭乾在共產黨政府治下，因為與美國人交好而遭到整肅。

課堂上，史諾講述法西斯主義的威脅在歐洲和日本萌興。他告訴學生，法西斯主義和共產主義都反民主。但共產黨人可以被原諒，因為他們以建立沒有階級區別的社會的目標，是光榮的理念。史諾宣稱，無產階級專政只是路上短暫的邪惡。

地下共產黨員在燕京大學較為活躍，因為該校是一所美國人辦的學校，可免於受到國民黨秘密警察入侵。他們已注意到史諾夫婦及其進步的觀點。愛國學生團體在史諾夫婦北平西北郊寬敞的四合院住所聚會，史諾也開始為他們和宋慶齡居中傳遞訊息。

一九三五年春天，史諾、佩格夫婦建議學生在五四運動週年紀念日組織遊行活動。他們保證一定撰寫報導。佩格為學生們寫出反法西斯的詩歌和小冊子。五月四日，數百名學生遊行時，史諾和佛斯特也加入遊行行列。史諾為此陶醉，因一個來自密蘇里的美國仔，竟可參與締造歷史。他寫道：「現在我明白了，為什麼過去像密勒和其他記者等人會介入中國內政事務。」「中國是一塊畫布，美國人可在上頭自由揮灑。

隔月，日本官員試圖強迫中國除滿洲國以外再承認華北另一個傀儡政府。史諾的學生則在北京各大學進行串連；共產黨地下黨員姚依林和黃華（日後都成為共產黨政府高級官員）在史諾家中集會，並被推舉為抗議活動領袖，另一位共產國際年輕特務俞啟威（譯按：即黃敬早年的化名）在中共建國後成為第一任天津市市長。

對共產黨而言，日本侵略行動的時機實在太好。在華南，紅軍被蔣介石部隊趕出江西根據地，已近乎滅亡。紅軍才剛完成傳奇的長征——長達八千英里的大撤退，有逾九成的參與者喪生或被國民黨部隊狙殺。一九三五年十月，毛澤東率領數千名殘部退到西北的陝西省。同時，蔣介石正準備再次展開剿匪大作戰，而共產黨則努力尋求突破。此時，莫斯科派來的信使，給中國共產黨帶來了新希望。他帶來了共產國際新政策的消息。莫斯科方面，史達林正承受德國希特勒崛起的強大壓力，決定現今的法西斯主義才是頭號敵人，而非西方的資本主義。一九三五年十二月，中國共產黨領導人在陝北瓦窯堡開會，接受史達林的指示。毛澤東的新政策要求與國民黨建立統一戰線，共同對抗日本，並與美國結盟。前幾年，美國還是中共的頭號大敵。

一九三五年十二月九日，史諾夫婦又幫忙策劃在北平市政府機關區舉辦的數千人大遊行。三天後，另一場大型示威活動爆發，抗議怒潮迅速傳遍全國，要求撤銷日本在華北主導的另一個自治政府，也要求建立統一戰線、共同抗日（譯按：所謂「自治政府」即冀東防共自治政府，但此一傀儡政府後來被宋哲元主持的「冀察政務委員會」取代，減低了不少日方控制的色彩）。面對巨大的反抗壓力，日本退卻了，這也讓共產黨贏得巨大的道德勝利，壓過國民黨的對手。史諾宣稱：「我們點燃了起義的火星。」日後佩格也寫道：「這實在是很有趣的諷刺，日本面對兩個反法西斯的小老美，卻不得不退卻；這兩個美國人每個月只賺五十美元，但他們卻掌握真理，並以其作為武器。」

史諾的服務帶動了共產黨一項最成功的宣傳戰役，並使其名氣大增。在被徵詢推薦哪位外國記者前往陝北根據地、報導中共的故事時，宋慶齡推薦史諾為不二人選。一九三六年六月中旬的某天夜裡，史諾搭乘午夜的火車前往西安——絲路傳奇的起點。

七月初，史諾和馬海德（George Hatem）溜出西安，前往中共根據地。馬海德是一位生於水牛城、充滿理想主義的美國醫生，在上海專為染上性病的妓女診病。歷經兩天步行、穿越戰場前線後，兩人抵達保安城——未來的共產黨著名根據地延安北邊。在保安，蓄著大鬍子的東路軍指揮官周恩來歡迎史諾這位「對中國人民友好」、「可靠的」記者。其他共產黨領導人也簇擁上來。號角響起，群眾圍上來高呼：「歡迎美國記者考察中華蘇維埃！」不久後，史諾將花上許多時間和毛澤東在窯洞中促膝長談。史諾記下毛澤東的故事，而如此高度美化的記錄，迄今仍是中國共產黨正式核可的毛澤東生平歷史根據——由此可證，中國共產黨迄今仍深刻尊重美國人文筆的力量。

史諾完全被共產黨征服。他在日記中記載道：赤黨「四處走動重建世界，有如大學生去參加足球比賽」，「每戶人家夜裡都在唱歌、歡笑。」共產黨員具有的「個人尊嚴」，為史諾過去在中國不曾見過，或許，只有他和宋慶齡在上海「巧克力屋」閒聊時才有過這類經驗。他們「開朗、高興、充滿活力且忠誠——驚人的、青年運動的活潑精神」。史諾報導，這些是「更好」的中國人。和許多美國人一樣，史諾發現一個他可以相信的中國，而且他的期許永無止盡。相較於國統區（譯按：國民黨控制地區，又稱白區），蘇區（蘇維埃地區）「截然不同，形成死與生的對比，死沉沉力量和活潑力量的對比，一個是老舊、幻滅、疲憊和患病的社會，另一個是年輕和成長中的未來。」

我們可以理解，共產黨為何能讓來自美國內陸的史諾如此感動。雖然中共嚴格來說堅信無神論、強烈反對傳教士，但他們卻採用基督徒運動為指南。共產黨和美國傳教士一樣，也利用街頭劇團傳播信息。溫和改革派、基督徒晏陽初啟發其文學運動。他們從洛克斐勒基金會抄來「赤腳醫生」的概念。毛澤東則強調，革命改造源自於新教徒的信念，並認為精神復興是中國唯一的希望。

當然，站在此番情景中心舞台上的正是毛澤東本人——這名四十三歲的革命者。據傳，毛澤東不願透露他個人的生活細節。史諾則說服他打開話匣子，請他注意圍繞著喬治·華盛頓之許多令人感動的故事。事實上，史諾正在推開一道已經打開了的門。他採訪這名共產黨領導人時，中共正在史達林的蘇聯奴才幫助下，將毛澤東放到神壇上。史諾很認真地記載下一切。據其描繪，描繪毛澤東是一名腳踏實地、有血有肉的人。毛澤東「說話平實、生活平實」。他有「中國農民的樸素和自然」，也是一位古典詩人和哲學家。一九三六年七月，毛澤東與史諾的這場會晤，是毛澤東首次與美國人有長時間的接觸，而史諾指出，毛澤東從頭到尾都表達了「對美國的最熱烈的好奇心。」毛澤東研究過美國獨立戰爭和南北內戰，他想知道，美國是否已成熟到共產主義革命可以出現。

毛澤東對史諾述說他的早年生活，他與專制父親之間的父子不睦，與母親的關係則相當親密。年輕的毛澤東決定接受馬列主義之前，曾遊走於種種不同的政治意識型態之間——包括民主主義和無政府主義。他告訴史諾，發生在江西蘇區和長征途中的英勇故事。他拿有利於自己的、關於黨內鬥爭與他上台的故事，來為自己與史諾的交談作結。

史諾接受毛澤東的說法——中國共產黨獨立於蘇聯之外——後來這個謊言對美國人產生的影響極大。事實上，毛澤東和他的蘇聯主子刻意淡化彼此的關係，藉此吸引自由派的中國人和西方人（如史諾）的支持。史諾引述毛澤東的一句話：「我們為了解放中國而戰，但當然不是要把國家交給莫斯科！」

採訪過毛澤東後，史諾跟隨紅軍出發。他注意到紅軍不同於國民黨軍隊，他們的士兵不搶劫、不破壞、不強姦。史諾報導，女性「將士兵當作朋友和保護者」。來到一個城鎮門口時，當史諾正要穿過巨大的城門，號角響起了。紅軍在街上列隊，向他敬禮。史諾寫道：「我感覺像個大元帥。」共產黨利用史諾到訪來提振士氣。走過一站又一站，大標語標示著：「我們不孤立，我們有國際友人支持！」這指的就是史諾。

回到保安後，史諾也採訪其他共產黨領導人。他和共產國際代表李德（Otto Braun）打網球，教導革命領導人的妻子們如何調配杜松子酒。他在周恩來的窯洞吃飯，享用周妻鄧穎超親手做的菜。史諾告辭時，共產黨與之以同志相稱。有位指揮官和他話別時，眼眶已泛淚水。十月十二日他走出保安城時，紅軍大學正舉行露天演講。學員們一致挺立，並高喊：「史諾同志萬歲！」史諾寫道：「我感到自己不是要回家，而是要離家。」

史諾的獨家報導轟動一時，吸引到美中人士的一致注意。鮑威爾在上海的《每週評論》刊登他的第一篇報導；《前鋒論壇報》則連載了三十篇。他在美國駐北平使館舉行記者會。《生活雜誌》（*Life*）付他一千美元的稿費，買下七十五張照片。然後，史諾寫成了一本書。他思索書名時，一度想用《我到紅色中國去》（*I Went to Red China*）。但佩格說服他，故事主角應該是毛澤東，不是艾德加．史諾。她告訴他，這好比從喬治．華盛頓的佛吉谷（Valley Forge），報導美國大革命的故事。她說：「這是經典之作，無價之寶。」

一九三七年，《紅星照耀中國》（*Red Sear over over China*）出版，是一本文學想像鉅作——是在神奇、禁忌之地旅行後的遊記，揉合了約瑟夫．洛克（Josedph Rock）和《熾熱的百合》（*The Incandescent Lily*）的風格，同時又蘊含真實世界的影響。歷史學家查爾斯．海福德（Charles Hayford）在《童年》（*Boy's Life*）一書中，描述中國蘇區時指出，《紅星照耀中國》就像美國人熟悉的哈克貝利．芬恩（Huckleberry Finn）[1]一樣，以一首散文長詩描述從前大家不熟悉的中國共產黨。史諾讓這個對比更加明顯，他引用馬克．吐溫的話來形容毛澤東，「彷彿握有四張A王牌的基督徒，信心滿滿」。在史諾眼中，赤區是每位美國人都能理解之處，絲毫不見政治清算、處決和意識型態的僵固。在燕京大學教授經濟學的朋友哈利．普萊士（Harry Price）讀了初稿後表示：「老史，這太詩情畫意了。」史諾回答：「我講出我所見到的一切。」

然而，史諾的確在意別人的看法，當他的共產黨朋友質疑他的結論時，他勉為其難地進行了改寫。美國共產黨拒絕在自己的書店販賣史諾的第一版著作，並聲稱他誇大了毛澤東從史達林路線獨立出來的部分。美共派駐莫斯科共產國際的代表派特．屠伊（Pat Toohey）是一名死硬派史達林主義者，宣稱此書是「托派大毒草」。史諾為此道歉，並懇請美共取消禁售決定。他寫信告訴屠伊：「我會銷毀本書的第三篇全文，並在未來的版本中改寫到讓美國共產黨滿意。」周恩來也要求此書刪減。史諾在此書第一版稱讚溫和改革派的晏陽初，後來改寫時則通通刪去。史諾持續改寫；最後到了第三版，才平息共產黨各個派系的不滿。

在中國讀者眼中，《紅星照耀中國》的影響力超越賽珍珠的《大地》。此書還以不同的書名問世，諸如：《西行漫記》、《外國記者西北見聞》等；這本書洛陽紙貴，在大學校園裡特別熱門。最攸關其影響力的，是作者主張中國會轉變為共產國家，是符合歷史邏輯的。早於史諾來到中國的美國人預測有朝一日，中國會成為基督教國家；史諾則很有信心地預測道，共產主義的進展有其「動態的必要性」。就中國人而言，此項預測更為可靠，因為預測者是一位熱血的中西部老美。

《紅星照耀中國》讓許多中國城市裡的青年和知識份子首次認識到毛澤東及中國共產黨，啟發了大批青年知識份子從城市湧向共產黨的革命根據地。當時的一位學生李茂才形容此書「像一把火點燃了發電機」。她在《華美》雜誌上撰文表示，她和同學讀完《紅星照耀中國》後，「我所見的可說是奇蹟：在深藍色的夜空中，飛矢吹響了真理的號角。」她說，史諾的文章「就是我們國家的繁花！」周恩來就共產黨對《紅星照耀中國》這本書及史諾其人的感想作結：「對我們而言，史諾是最偉大的外國作家，也是我們最好的外國友人。」史諾了解自己的角色。他寫道，自己是身為媒介，而毛澤東透過他，「第一次有機會向世界——更重要的是，向中國——發聲。」

譯註

1. 馬克・吐溫著有兩本著名兒童文學作品《湯姆歷險記》（*The Adventures of Tom Sawyer*）和《哈克歷險記》（*The Adventures of Huckleberry Finn*），書中的兩位主人翁——湯姆・索亞和哈克貝克・芬恩，都是美國家喻戶曉的小說人物。

附註

關於史沫特萊多重面貌的生活，參見露絲・普萊士勇敢撰寫的傳記。她舉證史沫萊是蘇聯間諜。在《紅星照耀中國》中，史諾以羅曼蒂克的筆調寫下毛澤東的故事。

第十七章 新生活

到了一九三〇年代中期，中國終於首見一九一一年清朝覆亡以來的部分統一。軍閥時期已經成為過去。儘管全世界陷於大蕭條，出口和外援崩塌，又有破紀錄的乾旱和洪澇，中國仍有相當成就。公允來說，對外日本強鄰壓境，對內共產黨等迭生叛亂，震撼了國家基礎。龐大的軍事預算排擠掉教育、基礎設施、醫藥衛生和經濟發展的資源。但經濟正在成長，中國也經歷一段空前的自由——儘管蔣介石的秘密警察偶有恐怖行動。外交事務方面，民國時期的外交官表現非凡。絕大部分留美的中國外交官說服全世界承認，這個舊帝國是個國家。鄂圖曼帝國和奧匈帝國大約在這時期覆亡，與此相比，同為舊帝國的中國成就不凡。民國時期是中國懷抱遠大希望的時期，讓全世界及中國人民看到，中國現代化及更自由的可能面貌。打從一開始，美國人及美國思想都扮演著重要角色。

在國民政府的新首都南京，蔣夫人宋美齡為女權發聲；她遊說國會修訂《民法》，保護已婚婦女不用再忍受丈夫在外尋花問柳。《民法》亦訂定最低適婚年齡。宋美齡反對治外法權，以她優雅的南方腔英語辯稱，在中國的西方人能逃避中國法律，但卻要求國外的中國人遵守西方法律，這是不公平的。

她成為丈夫的首席翻譯員及顧問。她教他英語。不過他鬧了笑話後，就很少公開講英語了。有一回，他本意要說「早安」，卻向英國大使冒出「親我一下」的英語。一九二九年八月底，宋美齡顯然歷經了流產，從此終生不孕。長期在中國任職的美國外交官高思（Clarence E. Gauss）曾表示：「她坐在委員長旁邊，告訴他該怎麼做，然後他就照做。她下達指示，底下的人都遵行。」

雖然他繼續反對西方的影響，蔣介石政府部會裡卻有不少美國顧問：亞瑟．楊格在財政部，裘以德上校在空軍。加州柏克萊市警察局長和麥（August Vollmer）培養出一個世代的中國警察。哥倫比亞大學師範學院的孟祿（Paul Monroe），幾乎單槍匹馬改造了中國的小學教育。美國科學家和博士在許多不同的學科領域都展現影響力。

全美報紙大肆報導，一九三〇年十月二十三日蔣介石受洗為美以美會信徒。《芝加哥每日論壇報》（Chicago Daily Tribune）歸功宋美齡，打造出一位敬畏上帝的全新領導人。《紐約前鋒論壇報》在頭版刊登了這則新聞，報導指稱：蔣委員長受洗代表他相信「基督教信仰包含許多原則，其攸關中華民族的復興。」

牧恩波（George Shepherd）出生時並非美國人。一八九四年他在紐西蘭出生，並於家鄉從事販賣五金的生意，後來他到美國去，成為福音派基督徒。他進入芝加哥穆迪聖經學院（Moody's Bible Institute）研修，於一九一七年前往中國，為基本教義派的普利茅斯兄弟會（Plymouth Brethren）傳教。一九二一年，牧恩波和一位美國醫生克拉拉．薩金特（Clara Sargent）結婚。從密西根大學畢業的薩金特說服他別再拯救靈魂，改以拯救中國為職志。一九二五年，牧恩波加入致力推動中國現代化的美國公理會中國差會（即美部會）；然後到哈佛念了一年書，再回到中國福建的農村任職。在福建的他，成為天天面對共產黨挑戰的首批美國人之一。

逃竄到西北邊區前，共產黨曾在福建鄰省的江西山區建立一個叛亂政府。一九二〇年代末期至一九三〇年代初期，共產黨進攻四次，將牧恩波趕出福建山區邵武村的教區。過程中，牧恩波演化為一種新型態的美國福音派。牧恩波和晏陽初一起，熱切遊說教會當局，別再擔心中國的城市，要把注意力轉移到農村地區。

一九三一年，牧恩波在教會刊物《教務雜誌》（*Chinese Recorder*）發表文章〈未解決的農村挑戰〉（The Unmet Rural Challenge）之時，就主張中國農村的貧困和土地分配不均，遲早會弄垮國民政府。他提出警告，在中國，共產革命若要成功，一定要靠農村貧民的支持。牧恩波責備美國的教會及「基督教組織培養之，城市為重的觀點」。他質問，為什麼教會在中國會失敗？那是因為教會忽視了四億靈魂居大多數的中國人民，也就是那些每天在稻田、麥田辛苦工作的農民。

牧恩波和張福良密切合作，在邵武地區反抗共產主義。張福良出生上海，是一位鐵匠之子，擁有耶魯大學林業學院的碩士學位。他娶了許海麗（Harriet Huie）為妻；晏陽初的妻子許雅麗正是許海麗的姊姊。一九二九年，中華全國基督教協進會（National Christian Council）任命張福良為農村部總幹事。受連襟晏陽初在定縣工作的啟發，張福良促請中國基督徒和西方教會協助改善中國農民的生活水平。他一再於教會刊物撰文呼籲：「走向農村去！」

牧、張兩人將中國農村的挑戰視為教會的巨大機會。有一次，牧恩波躲過共產黨的攻擊、再回到邵武後，發現他的教堂被燒毀，他的檔案記錄也全被毀掉。他寫道，在他和其他美國人看來，這種破壞代表著，西方與中國的關係已走入新時代的開端。特別保護西方人的時代已經過去了。教會需與中國人開啟新型態的關係——平等的關係。張福良也認同這個觀點。

與許多第一線對抗共產黨的美國傳教士一樣，牧恩波對共產黨推行的計畫愛恨交織。他痛恨他們闖入他的教區，更憎惡他們的殘暴。但他欽佩他們的堅忍不拔，也認可他們平等主義的目標。一九三二年，他在寫給捐獻人和中華全國基督教協進會的年度報告書中問道，基督教義是否具有可與共產主義競爭的力量，「對抗長期以來的社會邪惡」。一年後，逃離另一次共產黨攻擊、又回到教區後，牧恩波注意到許多基督徒都加入共產黨運動。儘管日本的威脅日益上升，牧恩波了解到，莫斯科才是更深沉的挑戰。牧恩波寫道：「我們再也不能忽視莫斯科，就好比我們不能忽視太陽和月亮。基督會贏，還是馬克思會贏？」

張福良和牧恩波擬訂了一項閩江流域農村復興的五點計畫。閩江由福建省會福州一路迤邐至閩贛省界。他們選定閩贛交界山區的小縣黎川作為總部。晏陽初也替他們出主意。牧恩波訪問定縣後，對晏陽初的工作印象深刻，稱其是「針對還未出現之共產主義的唯一答案」。一九三三年十一月，牧恩波和張福良成立江西基督教農村服務聯合會。牧恩波請他妻子主持衛生部，並號召中國知識青年到本地協助。為了募款，牧、張兩人走遍長江流域，拜訪上海商人和銀行家，也到南京找國民政府官員陳情。牧恩波已有七年之久沒前往長江流域。他寫道，目前本區域的城市欣欣向榮，公路將各座城市連結了起來，政府與基督教會也通力合作，將建設「和平、繁榮的農村」。

在江西省方面，蔣介石部隊歷經四次剿匪作戰，採取德國顧問的一項計畫，終於成功將共產黨勢力趕出牧恩波的教區。到了一九三四年秋天，國民黨動員上百萬部隊，逼得紅軍踏上長征之路，撤退到大西北。江西和福建肅清共產黨，但兩省亟需關注與開發。

蔣介石將共產黨趕出江西後，便立即宣布重建中國精神和革命的一項大計畫。日後，「新生活運動」遭批評有法西斯色彩，是個愚蠢的運動；其目標是消滅果蠅、防治蛀牙，包山包海，真可謂無所不管。但根本上，這個運動源自蔣介石和宋美齡所體認到的，中國的共和革命被標誌為亟需注入西方的——尤其是美國——靈感。《時代周刊》稱此運動是「一大劑清教徒篦麻油」。

一九三四年蔣介石宣布，中國需要「一股統合的力量」。在英國和美國，教會扮演此一角色。在蘇聯和義大利，則是「主宰的政黨」扮演此一角色。他又說，中國的問題出在國民黨身為主政政黨，卻「失去民眾的尊重」。那麼誰能取代國民黨？他提出讓基督教領袖來領導，因為他們「已經符合新生活運動的標準」。

蔣介石命令，教師、學生、軍官和警察都要研究美國新教徒教會（American Protestant church）的組織策略和現代化宗旨，特別是以基督教青年會（YMCA）為榜樣。他說：「我們也應該好好利用在我們當中的西方教會領袖。他們對生活的態度是理智、正確的。」他指出，他不是要大家「洋化，吃洋飯、穿洋衣、住洋房，而是要過（新生活）運動及其原則所號召的理智的生活」。

「新生活運動」強調，即使已失望了數十年之久，許多中國人仍相信西方社會值得仿效。或許不需美式的民主就可以做到，但中國需要美國的價值觀。蔣介石認為，在所有組織中，基督教青年會能修復中國碎裂的社會，這正是他對美國存在莫大期望的例證。牧恩波形容，蔣介石提倡的運動「相當驚人」。他寫信告訴美國的教會夥伴：「你想想看，中國的領導人已經從共產主義和蘇聯移轉到基督教會了。」牧恩波問道，教會要讓中國失望嗎？

共產黨剛被趕出江西省不久，蔣介石就選在江西省會南昌宣布，發起「新生活運動」。他提議，撥出大片剛從共產黨收復的地區給基督教會進行重建。美國教會對於是否接受，相當緩慢才有回應。聖公會（Episcopal Church）在紐約的理事會拒絕允許教會裡一位重要的中國籍牧師領導此項計畫。牧恩波批評，此一決定形同「自殺」。這些美國人究竟了不了解歷史？孫逸仙在美國和英國袖手旁觀、不支持他，他才轉向鮑羅廷求助，牧恩波寫道：「我不需贅述，此一謬誤的代價有多大。」

儘管牧恩波提出警告，但黎川方面的進展仍遲緩。一九三五年四月，教會清點成績：種了一萬棵樹、引進新型態蔬菜，並展開鄉村工業的研究，但學校的就學率很低。即使嬰兒夭折率很高，只有兩個家庭在生育時，向教會的醫生求助。也沒有人改信基督教。

中國志工來了，卻沒留下來。牧恩波和張福良駭然發現，許多接受在華美國學校教育的中國人，似乎瞧不起在農村的生活。眾多教會領袖發言表態支持，但被要求在黎川實際做事時，中國教會的主要組織反應卻很微弱。牧恩波設法讓當局強迫地主降低租金，或出售土地給農民團體。但國民黨從來沒支持過此一計畫，因地主仍是支持國民政府統治的主力。

「新生活運動」在全國各地展開的同時，又陷入基督教義和儒家思想的窠臼。此運動擁抱基督教的觀念，但社會改變是要從個人的逐一改變累積而成。運動的座右銘是「從內拯救」。宋美齡說，十字架一直在「新生活運動的背後」。與此同時，有個組織——模仿希特勒褐衫隊的藍衣社（譯按：褐衫隊即納粹衝鋒隊，後來遭希特勒肅清）——為了執行新生活運動的規矩，而在中國各座城市動輒暴力恐嚇。有些地方禁打麻將；有些地方禁止跳舞和喝酒。還有些地方禁止公開表達感情。有些地方禁止葬禮樂隊高聲播音樂。宋美齡也必須放棄在公開場合抽淡菸的習慣。

一九三五年年底，蔣介石和宋美齡邀請牧恩波到他們的鄉下別墅度週末。這次訪問時，蔣介石邀請牧恩波領導整個運動。牧恩波受寵若驚。他寫信向在美國的同僚報告：「『新生活運動』是解決現代中國之需的答案，而他們竟要求一位基督教傳教士參與核心。」他表示這個擔子太沉重了；蔣介石夫婦要他別擔心。宋美齡說：「你了解我們人民的需要。」牧恩波的思緒自然轉到另一名也想改變中國的西方人身上——共產國際特務鮑羅廷。他心想：「鮑羅廷若碰上這樣的機會，他會怎麼做？」

一九三六年三月，牧恩波搬到南京，出任「新生活運動」的顧問。雖然美國人所啟發的基督教精神和運動其法西斯主義的傾向導致緊張的關係，使這個運動有瓦解之虞，但他的任務仍是為運動貫注新生命。牧恩波的職責是將「新生活運動」推到農村地區，但他也被期許強化國民政府和基督徒社群的關係。當蔣介石準備抗日，他亟需力結西方善緣。

一九三六年秋天，是國民黨內充滿信心及團結的時期。蔣介石的抗日態度轉趨強硬，個人聲望如日中天。十一月間，約翰·鮑威爾的《中國每週評論》報導：「我們很高興，終於找到了我們的領袖。」

史達林對中國的政策也改變了，致使蔣介石的聲勢更加上漲。一九二〇年代，史達林誓言要將蔣介石「像檸檬一樣擠乾」後丟掉，現在卻蛻變為國民黨的朋友。他指示躲到中國大西北的共產黨開始與蔣介石談判，成立抗日統一戰線。不過，蔣介石仍執著於徹底剿滅共產黨的可能性。

一九三六年，蔣介石派遣一九三一年日本侵占滿洲之前統治東北的前軍閥，花花公子、鴉片煙槍張學良到西安，準備再次進剿共產黨。十二月，蔣介石赴西安視察最後的準備情形。但十二月十一日他抵達西安時，張學良劫持他，要求他結束國共內戰、共同抗日。此刻毛澤東則在保安歡慶蔣介石被劫持。十二月十三日，中共中央政治局要求處死蔣介石。但史達林駁回他中國同志們的要求。他命令中國共產黨留蔣介石一命。

毛澤東派他的親信副手周恩來到西安協助談判。接下來十三天，蔣介石的性命和中國的命運似乎都危如累卵。宋美齡趕到西安救夫，到了聖誕節當天，蔣介石重獲自由，舉國歡騰。蔣介石其實已和史達林秘密談判一年多，他相信史達林會支持中國抗日作戰，因此同意和中國共產黨組成統一戰線。史諾不得不承認，全國歡慶蔣介石獲釋，證明他的地位超過「現代中國史上任何一位領袖」。

西安事變躍上國的頭版新聞。從東岸到西岸，美國報紙鉅細無遺地報導事件經過：有人說蔣介石已經喪生，又有人說他還活著；然後又傳說他死了，接著又說沒死。關於蔣介石遭劫持之事，《紐約時報》上有十四篇報導，其中七篇上了頭版。《舊金山紀事報》（*San Francisco Chronicle*）有二十一篇報導。這齣大戲的主角是宋美齡；在美國媒體的想像中，她是《波士頓環球日報》（*Boston Daily Globe*）記者筆下那位「洋娃娃般的美麗妻子」，也是《紐約時報》所謂的「實權人物」。

蔣介石恢復自由後，將張學良軟禁超過五十年；後來張學良遷居夏威夷，在二〇〇一年過世。蔣介石兌現諾言，結束他和共產黨的戰爭。他開始每個月撥款數千美元給共產黨，也允許他們恢復貿易、電報和郵政服務。蔣介石身陷統一戰線的困境。他已經花下多年功夫，試圖剿滅共產黨，但他迫切需要軍事援助，而在一九三五年，蘇聯因對反法西斯主義的新政策，成了唯一援助他的國家。他在日記中表示，俄國和日本都是惡魔，但自己畢竟還是選了前者。

有了蔣介石國庫的美元和莫斯科共產國際的資金挹注，中國共產黨買了一隊美國巴士和卡車，開啟從西安到陝北根據地的巴士服務，也為數以千計青年男女投入革命抗日開啟了道路。共產黨發表秘密公告，預測統一戰線策略將使該黨影響力增加「千倍之上」。這說得一點也不錯。

雖然當時許多美國人認為，蔣介石從西安蒙難歸來，是他被奉為神的開端，其實這也是他勢力下墜的開端。蔣介石寫道，這代表他必須等到以後才能消滅共產黨。只是機會稍縱即逝，他再也沒有機會了。

西安事變使得牧恩波產生新的效忠和急迫意識：效忠蔣介石，因為中國面臨日本、共產黨及國民黨內法西斯份子的三重威脅，他是唯一能幫忙解危的領導人；迫切感是事不宜遲，現在是善心的美國人與其中國友人並肩奮鬥的時刻了。牧恩波寫道，捨棄蔣介石只會導致「天下大亂」——數十年來，許多美國人都用這個字眼來合理化其支持中國各個政府的根據。

一九三七年春天，更多美國基督徒挺身支持蔣介石。蔣介石在基督蒙難日前夕（Good Friday）向美以美會信徒演說，強調《聖經》、信念和祈禱扮演重要的角色，幫他挺過劫持危機。美國傳教運動的重要刊物《教務雜誌》（*Chinese Recorder*）稱許這樣的態度，「二十多年前，這是無法想像的。」該雜誌表示，這顯示出美國教會仍與中國命運相繫，「基督教信仰有冒險犯難的精神，符合冒險進取民族的需要」。

時機對中國、基督教會來說都相當有利。不同教派的基督教團體重新檢討原先對蔣介石及「新生活運動」的保留態度。一九三七年五月，《教務雜誌》以全期篇幅討論此一運動。牧恩波親筆寫了一篇文章熱切表示，這代表一個世代的大好良機。他寫道：「願教會注意，不負『新生活運動』！」

其他美國傳教士也開始集合起來支持蔣介石。基督教青年會駐南京代表費吳生（George A. Fitch）相當震驚，史諾和史沫特萊等美國作家竟如此強烈批評國民黨。他在西安事變落幕後不久撰文寫道：「我們那些一流的報紙一再聲稱，蔣介石是獨裁者，他能崛起是因為殘暴屠殺無數的共產黨。」費吳生認為這「不公平且荒謬」。美國人對中國的意見分歧，這對日後兩國關係的影響十分重大。

一九三七年七月七日，駐屯北平北郊的日本軍隊發動搜尋一名自基地走失的日本士兵。日軍和國民政府軍在有十一個橋拱的盧溝橋（西方人稱之為馬可波羅橋）周圍發生衝突。儘管失蹤的士兵現身了，日軍仍持續擴大攻擊。到了月底，他們占領北平。蔣介石在日記中表示，此乃安危絕續之交。

八月十四日，卡爾．克羅坐在上海辦公室寫報告給高露潔牙膏公司（Colgate toothpaste company）呈報同業，雖然競爭激烈，高露潔價位也高，但營業額激增了百分之六十。他看好中國市場。這個國家比他一九一一年，首次抵達時變化更快了。這時，他的辦公室爆炸了。

克羅自遭炸破的窗子往外望去，街上慘象映入眼簾。泊於上海灘邊的日本巡弋艦「出雲號」上的大砲，轟掉了上海的華人地界。黑色星期六於焉開始。砲火告一段落前，已有數千名民眾喪生，其中不少是被中方打不準的砲彈誤殺。克羅後來寫道：「往常快樂的上海市已經成為死城，街上屍橫遍地，棺木卻不足。」克羅和密勒、鮑威爾一樣，堅定反對日本帝國主義。意識到在上海待不下去時，他立刻關閉辦公室，「身著一身西裝、拎一隻行李箱和一件大衣」，飄然離開上海。原本他冀望自己能成為中國商業繁榮的第一推手，但這時他的美夢已然報銷。

到了一九三七年十月，也就是一九〇四至一九〇五年日俄戰爭以來，亞洲最慘烈的這場戰爭後，克羅的上海已從亞洲最大的都會變為焦土廢墟；城裡野狗成群，而且因啃噬人肉而癡肥。日本毀滅性的攻擊，耗掉蔣介石德籍顧問培訓的、好幾個師的精銳部隊；中國傷亡人數估計有三十萬人。

戰爭爆發時，醫生傳教士石美玉和康成都在上海，繼克羅之後，她們也到了美國。她們原本夢想著中國成為基督教國家，並與西方並駕齊驅，但這美夢也一併遭粉碎了。他們前往加州帕莎迪納（Pasadena），安靜度過餘年，直到一九五〇年代去世。在河北定縣，日本皇軍橫掃晏陽初的農村重建站。晏陽初躲到湖南省長沙市。共產黨和國民黨爭相表現誰最愛國，但晏陽初擔心，兩方都會草菅人命。他警告：「新暴政不能取代舊暴政。」

日本的侵略戰爭，斷送了中國以美國為師的現代化計畫。一九三七年上半年，中國的貿易較之一九三六年上半年，跳升了百分之四十。到了一九三七年，中國已償付積欠西方的百分之八十債務。國民政府擴建鐵路線、疏濬港灣、改善內河航行、增強防洪控制、開發空中交通，並建造了六萬英里的公路。企業界開始投資製造業。一九三七年春天，甫於前一年晉升為美國駐華大使的尼爾遜．詹森（Nelson Johnson）指出，蔣介石政府「在各方面推動經濟重建計畫……由於深怕日本蠶食，顯然加速進行中。」但蠶食終將變成大舉入侵。

日本的侵略為共產黨奪取政權鋪路，沒有任何比這件事更攸關中國的命運了。中國人將和美國人並肩對日作戰。許多中國人和過去一樣，再度仰望美國伸出援手，同時，美國人則期待中國更努力保護自己。雙方都將大大失望。

許多民國時期的建設，都是留美歸國學生的貢獻。他們協助建立新的價值體系和新的世界觀。中國共產黨花了數十年功夫，試圖抹殺這些成績，連同所有成績締造者的故事也一起抹去。但留美歸國學生的影響力卻持久不退。

附註

牧恩波的故事載於在中國出生的詹姆斯．湯森（James C. Thomson Jr.）之著作《民國時期的中國如何面對西方：一九二八至三七年之間在中國的美國改革家群像》（*While China Faced West: American Reformers in Nationalist China, 1928-1937*）。當時的報紙，無不以顯著篇幅報導蔣介石遭劫持的故事。

第十八章
〈血腥星期六〉

一九三五年，國務院請一九三三年重返外交工作的前任駐華公使馬慕瑞建言，提出應付日本在亞洲大舉侵略的上好策略。這位「美國砲艦公使」將他的想法寫成一份歷史性的備忘錄——〈影響美國遠東政策的發展〉（Developments Affecting American Policy in the Far East）。檢討東亞的場景後，馬慕瑞找到了罪魁禍首：中國。他認為，中國堅持企圖擺脫不平等條約、重建其領土主權、拿回對其稅收的控制權，撼動了太平洋並掀起戰爭風險。馬慕瑞宣稱，中國人受其「種族自尊高升後的歇斯底里」驅使，自己招致了危機。

馬慕瑞預測，美國若不寬待東京的利益，必將與日本發生衝突。滿洲是日本不能分割的一部分，至於中國的主權，就美國而言「幾乎是微不足道的因素」。他建議美國從中國撤離駐軍，別介入這個區域的問題。他承認，鑒於美國對於自身和中國的關係「有相對羅曼蒂克的想法」，這麼做會相當困難。

馬慕瑞也預測，如果美國為了中國與日本爆發戰爭，「或許除了蘇聯之外，其他人都不會從我們的勝利獲得利益。」這是美國外交史上最有先見之明的判斷之一。他宣稱，蘇聯將填補日本潰敗留下的權力真空，追求「主宰東方」。

同樣重要的是，馬慕瑞看到了與中國合作希望渺小。他寫道，美國若能從日本手中「解救」中國，或許可以「在其人民心中成為『第一號』國家」，但也將在中國政府心中，成為「最不能信賴的國家」。他寫道，中國領導人「不會為任何事感謝我們」。

國務院官員立刻將馬慕瑞這份備忘錄列為機密文件，直到第二次世界大戰之後才公諸於世，獲得美國著名外交官喬治·肯楠（George Kennan）贊譽其「預言甚準」。馬慕瑞的分析反映出，對於美國在亞洲的選項，一種斷然的、不浪漫的觀點。根據馬慕瑞的見解，中國呈現的機會言過其實，美國和中國的關係感性多於理性，中國的領導人絕不會真正擁抱美國的價值或友誼。馬慕瑞寫道，期待與一個想法相近的中國共享未來是種幻想。他提問：中國必須是「太陽」，而美國在亞洲的所有關係中都只是「行星」嗎？直到今天，這個問題都沒有定論。

一九三〇年代，日本對中國逐漸施加壓力時，為了對抗馬慕瑞的現實主義，許多美中人士透過公關活動、秘密作業和正式計畫將美中兩國結合得更緊密。許多努力專注於將中國描繪成一個含苞待放的民主國家，一名值得美國援助的盟友。這些活動試圖說服美國人，中國渴望借助美國的知識、武器和思想，改造成一個年輕版本的美國。這些活動促成了美中兩國自一七八四年首度遭遇以來，一些最複雜、最引人注目的合作案例。這些案例使美國對中國懷抱過高的期許，而中國對美國的期待也達到史無前例的水平。

一九三七年八月十三日，一位躍躍欲試的四十三歲德州佬出現在南京中央軍校。此時，蔣介石、宋美齡正和一群中國將領研商在上海的抗日計畫。宋美齡哽咽地說：「他們正在殺害我們的同胞！」綽號「老皮臉」（Old Leather-Face）的這位德州佬陳納德（Claire Lee Chennault）問她：「你們打算怎麼辦？」她堅定地回答：「我們抗戰到底。」

美國陸軍航空隊特技飛行員出身的陳納德建議，轟炸泊靠在黃浦江的日本軍艦。當下，蔣介石便委派這位美國人領導反攻。為了規劃次日的行動計畫，陳納德忙到半夜四點。陳納德在回憶錄中寫道：「我們不知道，自己竟為上海著名的『黑色星期六』（Black Saturday）準備舞台。」上午六點，陳納德已飛臨上海上空檢閱防務部署。他的計畫很快就出了錯。中國飛行員投擲的炸彈沒打到日本驅逐艦「出雲號」，反而打到人口稠密的市區。有一枚炸彈炸死了數百名無辜民眾。

「黑色星期六」代表美中合作故事的災難性開端。就像一八六二年，華飛烈（不須英文）領導中、外人士組成的「常勝軍」對抗太平軍；現在，陳納德率領一群中、外人士對抗國民政府的宿敵。起先，陳納德得不到太多美國的幫助來對抗日本；美國外交官威脅要逮捕他，美國軍事官員也不理睬他的建議。後來，他成為舉世聞名之「美國志願兵團」（American Volunteer Group，綽號「飛虎隊」）的創始人，聚集了一群技藝不凡的飛行員，締造輝煌的抗日紀錄。

陳納德前往中國的旅程可追溯至一九三六年一月，邁阿密冷峭的冬天。陳納德、約翰．路克．威廉生（John Luke Williamson）和比利．麥唐納（Billy McDonald）這「飛行鞦韆三劍客」在全美飛行大賽中，以高超的飛行技術驚豔在場觀眾。觀眾之一是中國上校軍官毛邦初。飛機製造商威廉．鮑雷（William Pawley）安排毛邦初前往美國，協助他為中國剛起步的空軍招募訓練教官，以遞補裘以德上校帶隊返美之後的遺缺。鮑雷在邁阿密港租了一艘遊艇開派對，介紹毛邦初認識三劍客。毛邦初提議，他們若到中國服務，拿取美軍支付的雙倍薪餉。麥唐納和威廉生同意受聘。但陳納德的夢想是改造美國陸軍航空隊，因此他未接受聘請。

當時，美國的空權戰略家認為可以投彈轟炸，將敵人打到告饒投降。官階不高的上尉陳納德，卻主張另一種方法，他想利用戰鬥機在早期警報地面情報系統支援下，殲滅轟炸機隊。在邁阿密表演的前一年，陳納德出版了《守勢追擊的角色》（*The Role of Defensive Pursuit*）這本書，批評當時的亨利．阿諾德（Henry "Hap" Arnold）准准將提倡的理論：執行轟炸任務時不用派戰鬥機隊護衛。阿諾德大怒：「陳納德這傢伙是何許人物？」他使勁讓陸軍航空隊上上下下都不採納這名德州佬的意見。

一則是受上級壓制，再則是健康出問題（他一耳聾了，又因為每天抽三包菸而飽受支氣管炎之苦），一九三六年年底，陳納德被陸軍航空隊醫官禁飛。同時，他的戰友從中國來信勸說，若陳納德想試驗他的新理論，中國是最理想的地方。中方將薪酬提高到年薪一萬二千美元，陳納德接受了。一九三七年五月一日上午，辦妥退役手續不到幾個小時，他已出發前往遠東，展開八年的冒險生涯。

蔣介石決定在華中沿海的上海迎戰日本，而非在華北平原求戰，反映出自一九三四年以來，培訓中國軍隊之德國軍事顧問的影響力。華北非常適合日本的坦克和大砲作戰。上海的地形是溪圳交錯，抵銷掉日軍的優勢。蔣介石選擇上海還有另一個原因：上海是一個國際都會，英、美有公共租界，而法國也有法租界。在上海交戰可讓西方人看到戰事的進行，他們會將中國的故事傳播到全世界。

一九三七年八月第二週，淞滬戰爭爆發。公共租界裡，西方人的生活作息如常：他們呆呆望著戰事展開。記者艾德加·史諾寫道，時髦的國際飯店（Park Hotel）裡，英、美住客坐在頂樓餐廳，從窗子望出去，「一面滿足地啜飲他們的咖啡」，一面評論「日本火砲的準確度」。

蔣介石的部隊英勇作戰，美國記者們都站在中國這一邊。來自南達科塔州的無線電台記者卡洛·阿科特（Carroll Alcott）不顧日軍彈如雨下，前往前線採訪中國士兵。他發現他們一點都不害怕地躲在散兵坑中，照常用煤炭爐燒飯做菜。

作家和攝影記者不避諱誇大故事，以求效果。一九三七年八月二十八日，綽號「新聞紀錄片」的王小亭（H.S. "Newsreel" Wong，譯按：原名王海升）在日機剛空襲轟炸上海南車站後，拍下一張渾身烏黑的中國小孩照片。編輯把這張照片命名為〈血腥星期六〉，成為象徵中、日衝突最著名的圖像。中國如同小貓般無助地喵喵叫，渴望西方救世主出面援救。當另一張照片出現，畫面中一名可能是王小亭助手的男子抱著嬰兒；有人便質疑起這個圖像的真實性，懷疑是王小亭策劃拍出這樣的鏡頭。

這都沒關係。到了十月間，超過五千萬美國人從電影院的新聞短片、八百多家報紙以及《生活》雜誌上看到了〈血腥星期六〉。反日情緒在美國上升。即使美國的孤立主義者，如內布拉斯加州聯邦參議員喬治·諾里斯（George W. Norris）都抨擊日本人「可恥、無知、野蠻和殘忍」。規模雖小，但日益增長的親中遊說團體將這張照片用在募款文宣品上。日本皇軍氣得懸賞五萬美元，要取王小亭的項上人頭。（到了一九八一年，他才在台灣家中安詳去世。）

然而，美國人仍不願與日本發生戰爭。赫爾國務卿提議，禁止國民政府雇用美國飛行員。美國駐華官員強迫陳納德的四名美國助手回國。美國駐上海總領事高思則想逮捕陳納德。但南京的尼爾遜．詹森大使則視若無睹。每當華府上級逼問陳納德的下落時，詹森就說，這個德州佬在「內地某個地方」，其實陳納德和詹森常一起吃午飯。國民政府官員抱怨美國阻撓中國的抗戰能力。宋美齡告訴詹森，中國空軍有高達九成的飛機是美國製造，美國卻禁止中國聘用飛行教官，美國根本就不是中立的。到了一九三七年九月，赫爾的態度稍為軟化，他決定美國人可當中國的顧問，但不能參加作戰。陳納德根本不甩這些規定，（他聲稱）擊落了三十七架日本飛機。

中國災情不斷，日本又貪得無饜，不斷覬覦中國領土，令美國總統相當擔心。法蘭克林．狄拉諾．羅斯福出身於一個因前往中國做生意而致富的家庭。他的外祖父華倫．狄拉諾在廣州經商多年，透過以鴉片換取茶葉和絲綢而發跡。羅斯福的母親莎拉．狄拉諾（Sara Delano）幾度旅居於香港的大宅「玫瑰山」（Rose Hill）。羅斯福成長於紐約州海德柏克鎮（Hyde Park）的宅邸，周圍全是中國家具和藍白瓷器；家裡有一組一八六三年買來的銅鑼，用來敲打、召集全家大小開飯。

羅斯福展開其政治生涯時，相信美國需擴張其帝國，但他逐漸變得反對帝國主義。他特別反對列強侵入中國。一九一三年他在威爾遜總統的政府擔任海軍部助理部長時，草擬對付日本的戰爭計畫。他接受威爾遜的理念，認為不應允許日本主宰中國。一九三二年，羅斯福當選總統後的隔年，他告訴顧問，廢除美國對華的所有不平等條約，但國務院的專家包括馬慕瑞在內都說服他別太躁進。

但中國一直是羅斯福二戰之後，建立世界新秩序這項大計畫的一環。羅斯福相信，一個強大、民主的中國將可穩定太平洋、反制崛起的日本，並壓抑蘇聯在亞洲的擴張主義。民主的中國可啟發亞洲殖民地，追求獨立並擁抱自由貿易。中國將和美國、英國、蘇聯共同擔任「四大警察」，保障世界的永久和平。

羅斯福的計畫帶有美國派駐清廷首任公使蒲安臣的色彩。羅斯福和蒲安臣一樣，承認中國有其缺陷；他說中國「仍停留在十八世紀」。但誠如羅斯福喜愛的一部電影《大地》（*The Good Earth*）所言，中國是具有「巨大應許」（vast promise）的國度。美國的援助可提供中國所需的助力。羅斯福告訴一位他最親信的外交政策顧問桑能・威爾斯（Sumner Welles），以同儕之姿對待中國，是避免「日後西方和東方之間出現根本分裂」的最佳辦法。

羅斯福面臨的，是與當年胡佛總統的國務卿史汀生相同的挑戰：他能保護中國，而不致與日本交戰嗎？一九三〇年代初期，日本一直是美國最大的亞洲市場。飛機、武器和可生產彈片的廢鐵，不斷從美國西岸流向日升之國。

到了一九三七年秋天，日本派遣軍已占領上海。在半個地球之外，班尼托・墨索里尼（Benito Mussolini）的義大利軍隊也兼併了衣索比亞。德國方面，阿多夫・希特勒（Adolf Hitler）《凡爾賽條約》，重新將德國部隊予以武裝的動作未曾停歇。日本和德國簽訂《反共產國際條約》（Anti-Comintern Pact），誓言反共到底。法西斯主義連連勝利，迫使羅斯福決定挑戰美國國內強大的孤立主義。一九三七年十月五日，他在芝加哥發表演講，呼籲美國人挺身對抗「世界不法失序的傳染病」。他提出警告，中立保護不了美國，並主張「對侵略國家實施國際檢疫隔離」。前國務卿史汀生繼羅斯福演講之後投書《紐約時報》，主張禁運作戰物資到日本。這成了頭版大新聞，而且史汀生又聲稱，中國正為美國在東亞的利益而戰。

美國傳媒界的社論主筆紛紛抨擊羅斯福的演講和史汀生的主張。美國海外戰爭退伍軍人協會（Veterans of Foreign Wars）和其他孤立主義團體收集到兩千五百萬人的反對戰爭連署。國會出現彈劾羅斯福的聲音。羅斯福感嘆：「真的很可怕，你想領導眾人向前走，回頭一看，竟然沒有人跟上來。」

一九三七年十月在布魯塞爾的「九國公約會議」（Nine-Power Treaty Conference）上，美國代表諾曼・戴維斯（Norman Davis）告訴英、法代表，美國無意對日本攻擊中國做出反應。已轉任中國駐法大使的顧維鈞要求制裁日本，但美方提醒顧維鈞，《九國公約》沒有執行條款。當日本拒絕就其侵略中國的行為接受調停時，十五年前在「華盛頓海軍會議」（Washington Naval Conference）上建立的此一外交機制遂告崩潰。

就在美國舉棋不定時，其他國家卻介入了。一九三七年八月二十一日，蘇聯和中國簽訂互不侵犯條約，再度打開了蘇聯軍援國民黨的大門。鑒於日本與德國成立反共同盟，史達林對於中國能牽制住日軍非常高興，這讓蘇聯東翼免於遭到攻擊。接下來三年，根據「澤特作戰方案」（Operation Zet），蘇聯提供中國價值數百萬美元的戰鬥機、轟炸機、坦克、高射砲、彈藥和卡車。蘇聯飛行員在中國上空和日軍交戰。直到珍珠港事變，來自莫斯科的財務援助都占了中國所有外援的逾百分之八十。

一九三七年八月，日軍占領北平。在鄰近的天津，日軍轟炸機將哥倫比亞大學畢業校友張伯苓仿效美國建立的南開大學炸得稀巴爛。十一月九日，在上海周圍折損約二十萬大軍的蔣介石決定撤軍，以固守位於長江更上游的首都南京。

日軍集結近五十萬大軍、兩百輛坦克，又有似乎源源不絕的空軍支援，從三方面圍住南京。因此，十二月七日清晨四點蔣介石起床、做完禱告，帶著宋美齡逃出即將淪陷的首都，飛到長江中游的工業重鎮漢口。政府各部會已撤退到更西邊的四川省重慶，這個建立於長江和嘉陵江畔的山城。蔣介石在日記中表示，此刻他實已傷心欲絕。他誓言，南京守軍將戰到最後一兵一卒。但這個作戰計畫崩潰了，數以千計的中國士兵從上海撤退、經過首都，造成南京守軍也棄城逃亡。

一九三七年十一月十七日，十五名西方傳教士、商人和教育家組成南京安全區國際委員會。德國商人約翰・拉貝（John Rabe）被推為主席。委員會裡美國人占多數，他們考量到拉貝納粹黨員的身分，而日本方才與希特勒締結反共同盟，希望他或許能對侵略者有點影響力。

十二月十二日晚間，第一波日軍近撲南京，中國守軍司令官溜出城，將全城的命運交付到國際委員會手中。生於蘇州的美國人，南京基督教青年會負責人費吳生，被推為首都西北角難民區的首席行政官。拉貝向日軍陳情，別攻擊難民區;日軍答應了,條件是不得容留中國士兵。委員會劃定一個難民中心專收婦孺;此中心位於金陵女子大學,由美國女老師明妮.魏特琳(Minnie Vautrin)領導。

後來,魏特琳被譽為中國的觀世音菩薩。一八八六年,她出生於伊利諾州賽可鎮(Secor)一個貧困的農家。魏特琳六歲喪母,協助當鐵匠的父親帶大弟弟。她在校成績優異,兼差過各種工作,包括沿門推銷《大英百科全書》賺取學費,以念完高中和厄巴納——香檳校區的伊利諾大學(University of Illinois Champaign- Urbana)。在伊大,她和數千名中西部青年一樣加入「學生志願運動海外宣教團」(Student Volunteer Movement for Foreign Missions),擁抱透過社會工作和教育拯救世界的理想。一九一二年畢業時,她志願到中國當傳教士,並被派到華中偏僻的合肥。她在此地建立本區第一所女子學校。她將自己的漢名取為「華群」。

在中國待了六年後,魏特琳回到美國,在哥倫比亞大學師範學院(Columbia Teachers College)修得碩士學位,又在一九一九年回到中國,擔任南京金陵女子大學代理校長。新工作迫使她在婚姻和中國之間做出抉擇。她和許多投身傳教事業的美國女性一樣,選擇中國、中斷婚約,此後終生未嫁。魏特琳相信,美國人對中國有道義責任,應引導中國走向和平、穩定和正義。她鼓勵金陵女生走出象牙塔,立志當窮人的導師,對國家有所貢獻。

一九二〇年代中期,中國政府下令所有學校都應由中國人主持。魏特琳交卸校長職務,在吳懿芳底下工作。吳懿芳是金陵女子大學第一屆畢業生,也是中國所有大學的第一位女性校長。一九二七年三月國民革命軍攻打南京時,魏特琳與一群洋人躲在閣樓間。南京事件後,她和其他西方人離開,但不久就回來,不理會美國領事要求美國公民勿入南京的禁令。一年後,魏特琳年邁多病的老父求她回家照顧他。她再次選擇了金陵。

在金陵擔任學務長的魏特琳,是出了名的嚴厲。晚上她會在校園巡行,打斷來訪男生和金陵女生約會的親熱之舉。一九三七年七月盧溝橋事變發生時,她正在青島海濱度假,準備再次回美國。她取消休假,立刻趕回南京。她在日記中寫道:「處於危險之境,男人不應棄船,女人不應拋棄子女。」八月十五日,日軍開始轟炸南京,美國大使館下令所有僑民離開。魏特琳再度留下,照顧用棚車後送進城的中國傷兵。

當日軍逼近，魏特琳說服吳懿芳離開南京，到遠離日軍砲火的四川省另闢金陵校園。魏特琳在日記中預測，日軍會放過南京。一九二七年她住進南京城後，更關心中國散兵游勇可能劫掠。她寫道：「讓我們拭目以待，我想的是否正確。」她在金陵校園掛上美國國旗，相信那可確保難民們平安。十二月八日，南京日軍空襲使全城陷入火海。十二月八日，南京燒成廢墟，金陵收下第一批難民。魏特琳在日記中寫道：「今晚我相貌像六十，感覺卻像八十老嫗。」其實她只有五十二歲。

十二月十二日，國軍最後殘部也逃出南京。同一天，日本轟炸機攻擊停在長江邊、載滿難民的美國海軍軍艦「潘納伊號」（Panay）。三名美國士兵和數十名中國平民喪生。雖然日本人聲稱這項攻擊是無心之過，向華府正式道歉，也賠償二百二十萬美元，但美國電碼解密員攔截到日方的電訊，清楚聽到飛行員奉令擊沉美國軍艦。但羅斯福總統不願讓東京知道，日方通訊已遭解碼，於是接受日方道歉。

「潘納伊號」遭攻擊次日，日軍在天剛破曉時進入南京城，魏特琳和其他西方人士開始聽到各種關於暴行的消息。日軍搜索金陵校園，找到四名男子。魏特琳寫道：「日軍把他們帶到校園西山，我聽見槍聲。」其他士兵則搜索婦女及女孩，強姦她們：年紀最小的女童只有十一歲，婦人最老為六十歲。十二月十六日，魏特琳寫道，全市至少發生了一千起強暴事件。她在日記中寫道：「這些日本人獸性大發、無惡不作；他們想殺人就殺；想強暴就強暴。」當天夜裡，金陵收容四千名難民；原本規劃收容的人數只有二千人。十二月十八日，日軍以槍逼迫，命令魏特琳離開校園。她拒絕了。她說：「這是我的家，我不能走。」

魏特琳向日本領事館陳情，籲請管束軍隊。日本領事館派憲兵到金陵校園，但憲兵也強暴婦女。聖誕夜的金陵校園擠滿九千名婦孺，整個安全區也湧入二十五萬名難民。一個日本軍官來到學校，要求找出中國妓女服務日軍。魏特琳在日記寫道，日軍的目的是「開辦正常的特許處所解決士兵的性欲需求，以免他們侵擾無辜良家婦女」。魏特琳找到二十一名妓女。日軍要求一百人。魏特琳寫道，女性難民懇求魏特琳，別讓日軍從其他「良家婦女」中強拉其他七十九人。

魏特琳的中國同事既崇拜她，也痛恨她。真不懂為什麼中國人的安全居然要靠一個美國女人來維護。十二月十六日，一組日軍代表來到金陵，魏特琳請他們喝茶、吃點心。程瑞芳在日記中寫道：「我痛恨魏特琳小姐以為善待士兵就會讓他們行為良好。她愈是抱怨，他們就幹更多壞事。」當難民開始稱呼魏特琳為大慈大悲的「觀音菩薩」時，程瑞芳感到嫉妒。不過她還是語氣酸酸地承認：「如果沒有魏特琳小姐，可能辦不了事。」

南京人數不多的外僑社區，持續阻擋日軍四處掠奪。拿過羅德獎學金（Rhodes scholar）的南京大學行政人員貝德士（Miner Searle Bates）追問一名失蹤學生的下落，卻被日本士兵推倒、跌下樓梯。貝德士寫下他所目睹的無數暴行。他說這是「在地獄的聖誕節」。

南京基督教青年會負責人費吳生宣稱：「上千名婦女跪在你面前，歇斯底里地哭喊，乞求你拯救她們、不被禽獸侵害，你必須堅定不移，這是我從未想像過的地獄景象。」費吳生和其他人開始記錄下日軍的戰爭罪行。冬至那天，美國醫生韋如柏（Robert Wilson）寫道：「這是一年裡白日最短的一天，但還是二十四小時長……我可以一連數頁，敘述強暴案件及超乎想像的各種暴行。」

南京大屠殺開始時，有四名美國記者人在城裡。阿奇．史提爾（Arch Steele）最先發出報導。十二月十五日他溜到長江邊，登上美國軍艦「歐胡號」（USS Oahu），發電訊給《芝加哥每日新聞》，報社以「日軍殺害數千人」（Japanese Troops Kill Thousands）的標題刊出報導。史提爾觀察到，日軍可以不發一槍一彈就占領南京；但「他們選擇系統性殲滅這條路線」。他報導自己離開南京時所見的最後一幕——三百名左右的中國人在城牆邊遭到集體處決。他寫道：「彷彿宰殺羊隻。」（

史提爾的報導以及美聯社的查爾斯．葉慈．麥丹尼爾（Charles Yates McDaniel）、派拉蒙新聞社（Paramount News）的亞瑟．范．布瑞森．孟肯（Arthur von Briesen Menken）、《紐約時報》的竇奠安（Frank Tillman Durdin）的報導，震撼了美國民眾。竇奠安認為，日軍的殘暴與「中古黑暗時期歐洲的大破壞」一樣令人髮指。在真正的大屠殺開始前，這些記者已自南京撤離。

到了一九三八年一月底，日本占領軍命令關閉難民營，但魏特琳和其他人辯稱南京城還不夠安全。魏特琳教導女性難民手工藝，也開班授課教小孩子。她在三月十七日的日記中寫道：「悲劇每天在我們身上發生。我祈禱，我不會變得鐵石心腸和漠不關心。」

到了一九三八年五月，金陵校園的難民已經散去。但魏特琳還是不願離開。她自覺責任未了。最後，金陵校董會命令她回美國。她心中洋溢罪惡感，黯然登上開往溫哥華的一艘郵輪。在茫茫太平洋的途中，她心中升起縱身躍入大海、了卻餘生的念頭。回美國後，她住進愛荷華州立大學精神病醫院，以注射激素和一種會導致癲癇發作的抗憂鬱藥 Metrazol 治療。

魏特琳自覺辜負了中國。她寫信告訴同事：「在整個世界陷入如此苦難和痛苦的時刻，我很遺憾站在旁邊，無力幫助、成為負擔。」一九四一年五月十四日，她獨自在印第安那波利斯市（Indianapolis）一位朋友的公寓中，打開廚房瓦斯爐自殺身亡，享年五十五歲。聯合基督會差會（United Christian Missionary Society）稱魏特琳是「戰爭傷亡者」。魏特琳安葬於老家伊利諾州的賽可鎮。她的墓碑刻了四個中文字「金陵永生」。

一九三八年一月三日，即南京淪陷後不到幾週，當時美國最有影響力的新聞媒體《時代週刊》宣布，蔣介石和宋美齡被選為「年度風雲夫婦」。雜誌封面上的蔣介石拿著一頂軟呢帽，宋美齡身穿一件樸素的洋裝，兩人散發尊嚴且堅毅的氣息。《時代週刊》熱情洋溢地寫道：「整個一九三七年，中國人一直受到一位最高領袖及其出色妻子的領導。過去，中國有數以百萬計的人很少使用『中國』一詞，但如今在這位領袖和妻子的領導下，傳統上不知團結的中國人也慢慢開始幫『中國』一詞賦予民族意識了。」《時代週刊》預測，這對夫妻會寫出「偉大的歷史篇章」。中國的抗日戰爭則是頭版新聞。

《時代週刊》封面故事的背後推手，也將成為蔣介石最大的支持者之一，他是美中關係最有影響力的聲音之一——媒體大王亨利．魯斯（Henry R. Luce），也是雜誌的共同創辦人。一八九八年魯斯出生於中國山東省，他的傳教士父親路思義（Henry W. Luce）在登州文會館（Tengchow Boy's School）教書。路思義剛從耶魯畢業，他和妻子伊莉莎白・路特（Elizabeth Root）相信，中國需要的是西式教育，而不是福音。極力主張在中國推廣教育，也是登州文會館創辦人的傳教士狄考文（Calvin Mateer）為他們的長子施洗，小孩自幼被叫做哈利（Harry）。

魯斯和其他傳教士小孩就在教會圍牆後長大。與他同時代的賽珍珠還有一些中國朋友，但魯斯連半個朋友都沒有，也從不說中國話。不過，他仍是個早熟的學習者。四歲就在教會庭院裡佈道了。十歲時，他母親已經傾囊相授，再無餘力教他，因此將他送到英國寄宿學校上學。到了十四歲時，他回美國就讀康乃狄克州菁英的哈奇科斯學校（Hotchkiss School），同學給他取了個綽號「清客」（Chink）。

優秀學生魯斯在哈奇科斯創辦刊物，就讀耶魯大學後又加入《耶魯日報》（*Yale Daily News*），以及一般學生難以加入的大學部秘密社團骷髏社（Skull And Bones）。他在校園裡得到最強烈的反共名聲。雖然在遠離美國的異域長大，魯斯卻異常愛國。自八歲第一次回國起，他就迷戀上美國。一九二〇年，魯斯獲得耶魯大學的狄佛瑞斯特演說獎（DeForest Prize for oration）。他的題目——〈美國的世界責任〉（The Global Responsibilities of the United States）——預示了日後他和他的刊物所謂的「美國世紀」（American Century）。他說：「美國是個雄踞全地球的大國。」

耶魯畢業後，魯斯任職於巴爾的摩一家報社。白天他跑本市新聞；夜裡則和他耶魯的同學布里頓・海登（Briton Hadden）一起規劃開辦一份新聞雜誌。到了一九二二年年底，兩人利用海登的人脈關係，募集到約十萬美元資金。至於刊物名稱，他們想過「真相」（Facts）、「什麼是什麼」（What's What）和「命運」（Destiny）等，直到魯斯突然發現了「時代」這個名字。創刊號出版於一九二三年三月三日，一個出版帝國於焉誕生。

到了一九三七年，儘管大蕭條的烏雲罩頂，《時代週刊》的發行量卻突破六十萬冊。到了一九四一年，美國有近乎四百萬戶家庭閱讀《時代週刊》及其姊妹刊物《生活》、《財星》（*Fortune*）——這是美國媒體史上最大的發行量。

魯斯的雜誌一向報導中國事務，但通常將中國描述為落後混亂之處，而非充滿機會的國度。《時代週刊》報導一九三〇年代初期日本侵略滿洲的消息，並將此事件視為日本帝國主義者和中國軍閥兩個暴政之間的爭端。《時代週刊》指稱蔣介石為「獨裁者蔣氏」（Dictator Chiang），並將他在西安遭劫持之事，解釋為足證中國陷入混亂。其中一篇文章寫道：「混亂和失序在中國是『常態』。」（直到一九三九年六月二十六日，《時代週刊》仍指稱在中國的戰爭無關緊要，就是「黃種人殺害黃種人那麼一回事」。）

一九三二年，魯斯在離開中國二十年後首度歸返。他在共和革命展開時離開出生之地，錯過了一九二〇年代反基督徒的暴亂和抗議風潮。現在，他和其他許多基督徒一樣，重新發現一個充滿希望的中國。他佩服宋子文，相信他有關經濟和政治重大進展的預測。魯斯覺得，宋子文的預言是實現他父親將中國帶進現代世界美夢的好兆頭。蔣介石給魯斯的印象是，他是完成此一夢想的不二人選。日後，蔣介石共登上了十次《時代週刊》封面，比羅斯福、史達林或邱吉爾都還多，而與毛澤東則與其次數相等。

隨著《時代週刊》蒸蒸日上，一九二九年合夥人海登英年早逝，魯斯從一位民間企業家一變而為公眾人物。他半開玩笑地說，他只相信上帝、美國和共和黨，但三者的排名有時會改變。不過，他仍是個不可預測的保守派。他強勁的智力驅使他支持「自由派」的思想，尤其是種族融合——賽珍珠也鍾愛此一目標。

與許多中國通一樣，賽珍珠和魯斯對於如何整合美中關係意見不一。魯斯相信，通往現代中國的路要經過美國。他也相信大同世界，中國和美國最後將會結合起來，但他的融合是要依美國的條件進行。他相信，中國注定要成為亞洲的美國、一個美國的學生。

賽珍珠的大同觀則是未來要建立在合作、耐心和政治溫和的基礎上，不是由美國人來指示中國人如何過日子。賽珍珠以魯斯為原型，創造出她小說《上帝的子民》（*God's Men*）裡的角色威廉·連恩（William Lane）。連恩堪稱她所有作品中最邪惡的人物，一個想控制世界的大惡魔雜誌大亨。魯斯命令他手下記者再也不准在文章裡提賽珍珠多好多棒。原本稱讚她小說的《時代週刊》，現在則譏笑她「文字黏糊糊的」。

一九三八年四月二十九日是日本天皇裕仁三十七歲生日。為了對他祝壽致敬，日軍計劃攻打漢口。迄今為止，陳納德和俄國人、中國人合作良好；中國飛行員在南京上空就打下了四十多架日軍轟炸機。

陳納德為日本人布下一個陷阱。在裕仁天皇生日前一天，中、俄飛行員佯裝撤離漢口，在全城上空飛了一陣子、讓人人都看得見。果然，日本特務呈報機隊撤退，卻沒注意到天黑之後，飛機悄悄貼著樹梢飛回來。次晨，日軍發動大規模空襲，但俄國和中國飛機卻突然出擊。等煙硝一落，日本派出的三十九架軍機被打下三十六架，這是第二次世界大戰正式爆發前，空戰史上最大的損失紀錄。

陳納德繼續試驗作戰技巧。他注意到，自己空手就能撕破日本軍機的鋁片壁板，他說服手下在空中衝撞日機、折斷其機翼——後來在二次大戰中，這個戰術被俄國人用來對付德國空軍。

一九三八年十月二十七日，漢口淪陷。國民政府部隊折損二十五萬五千人，但也造成日本皇軍傷亡十萬七千人，擋住日軍向內陸推進。宋美齡派陳納德前往大後方西南的昆明。她要他在當地建立一個中國空軍訓練學校。「老皮臉」陳納德從此不再親自參與作戰飛行，但是他將締造歷史。

一九三八年九月，中國情報首腦戴笠的手下蕭勃少校在紐約市皇后區街上，接觸一位頭頂已禿的男子赫伯特·雅德賚（Herbert Yardley）。雅德賚是現代美國密碼學之父，曾在一九二二年華府海軍會議期間破解日方電訊密碼。一九二九年美國政府關閉密碼局（Cipher Bureau）[1]，雅德賚就此失業。後來雅德賚寫了回憶錄《美國密室》（*The American Black Chamber*），透露美國曾破解其他十九個國家的電訊密碼。雅德賚可謂他那個時代的愛德華·史諾登（Edward Snowden）。[1]密碼局俗稱「黑房」（Black Chamber），成立於一九一九年，是美國第一個和平時期專司破解其他國家密碼，尤其是外交電文的機關。密碼局是美國國家安全局（National Security Agency，簡稱ＮＳＡ）的前身。

雅德賚回憶錄的盜版翻譯本出現在中國，引起戴笠手下間諜的注意。戴笠為國民政府主持的情報機關是軍事委員會調查統計局，簡稱「軍統」。這個機關專司暗殺、地下工作和破壞行動，以支持蔣介石政府。蕭勃是軍統派在華府的代表，他表示出有心聘用雅德賚的誠意。一九三八年十一月，雅德賚化名「赫伯特·奧斯朋」（Herbert Osborn），以「動物皮貨出口商」的名義來到重慶。

一九三九年中期，雅德賚和中國密碼專家合作、破解了日本空軍電訊密碼。這些破解的信息，加上陳納德設立的地面偵測單位，提供陳納德的飛虎隊擊落日本飛機所需的情報，也構成一流的空襲警報系統基礎，可以對付日軍對中國城市無情的空襲。

雅德賚與太平天國時期的「常勝軍」華飛烈一樣，是一名美國冒險家。戴笠最高興的，是他不愛宣教傳道，不搞傳教士和「老派中國通」（Old China Hands）那套。在一九三九年的一場宴席上，雅德賚慷慨激昂地為暗殺手段辯護，戴笠樂得頻呼「乾杯！」但雅德賚也給中國人帶來其他麻煩。他喜歡搞狂歡派對，也金屋藏嬌、包養情婦。他又將自己坐落於一座老鼠肆虐佛寺的宿舍，提供給需隱私，又好色狎玩的外交官和記者使用。他寫道：「我想知道在性生活方面，有多少外國人是騙子。」

在重慶，和雅德賚鬼混的都是一些歐亞混血兒、西方人士、留學歸國中國學生、新聞記者和間諜。他特別欣賞一位二十三歲的美國記者白修德（Theodore White），教他打撲克牌。雅德賚後來寫了一本暢銷的撲克牌經。白修德也永遠感念雅德賚教他的另一課：「如何在空襲下行動。」

當一九三九年五月五日至六日，日本轟炸機對重慶狂轟猛炸、造成死傷枕藉時，雅德賚人已在重慶。他目睹民眾被熊熊怒火活活燒死，房子倒塌壓死孕婦。他寫道：「這裡的水溝有嬰兒的頭顱，那裡又是斷臂殘肢。」他剛好碰見一名老者坐在路邊哀號。雅德賚問翻譯員：「他在說什麼？」她回答：「他說他想回家。」老者勉強站起來。他整個左半身已被撕開，露出還在顫動的心臟。雅德賚寫道：「他走了一步，就仆倒氣絕。」雅德賚在一九四〇年初離開中國。在他的協助下，國民政府設立兩百座無線電台，在戰爭期間攔截逾二十萬封日軍秘密電訊。

雅德賚、魯斯、魏特琳和陳納德，代表日本對中國展開的九年無情侵略下，美國在中國的使命。中國是冒險家、創業家、真實信徒和有志人士伸展手腳的地方。但中國還需要更多。自鴉片戰爭以來，中國就爭取美國政府全力支持，以對付強敵。在這場抗日的殊死鬥爭中，中國必須再次爭取美國的全力支援。

附註

飛虎隊的故事可參見：史丹福大學胡佛研究所蒐藏的宋子文文件、陳納德的自傳《陳納德將軍與中國》（*Way of a Fighter*），當時的報紙以及丹尼爾・福特（Daniel Ford）為這個單位所寫的專書《飛虎隊：陳納德和他的美國志願者》（*Claire Chennault and His American Volunteers, 1941-1942*）。魏特琳的故事可參見：胡華玲的《南京大屠殺中的美國活菩薩》（*American Goddess at the Rape of Nanking: The Courage of Minnie Vautrin*），以及魏特琳和她同事程瑞芳的日記。雅德賽在他的《中國黑室：鮮為人知的中日諜報戰》（*The Black Chinese Chamber: An Adventure in Espionage*）一書中，詳述自己的中國經歷，我極力推薦。

第十九章
小美國

一九三六年十月三十一日，日本侵略中國的前數月，顏雅清坐在上海龍華機場的貴賓席看臺上，參加蔣介石五十歲生日慶祝活動。兩年前，顏雅清剛放下上海社交界名媛及兩個孩子媽媽的生活，到中國駐莫斯科大使館擔任女主人，協助她伯父顏惠慶大使。後來她轉往日內瓦，成為中國第一位出席國際聯盟的女性代表，為童工問題奮鬥。現在，顏雅清回中國尋找機會，這裡也真的有機會在等著她。

頂上的天空，一名特技飛行員進行了一連串絕妙的飛行特技，一路飛向高空，然後往看臺全力俯衝。看臺上的上海名流，驚喜交織地屏息觀看。距離這些仕紳名媛的頭頂不遠處，飛行員把飛機拉起，轟然衝向藍天。群眾為之瘋狂。當飛機終於在機場停了下來，駕駛艙一打開，一名女子出現了。她是轉行當飛行員的電影明星李霞卿。那一刻，顏雅清決定也要學飛行。

顏雅清和李霞卿很快就成為好朋友。她倆有許多共同點：兩人都剛離婚，而身為現代中國女性，生活上也迭經艱苦，而且又得在東、西方的夾縫中摸索尋路。李霞卿自小演戲，曾在第一部改編自中國女戰士花木蘭故事的電影中扮演女主角。她拿到飛行員執照後，曾志願加入中國空軍接受戰鬥訓練，但遭到軍方婉拒。

一九三七年日本發動戰爭後，李霞卿前往加州，鼓吹支援中國。顏雅清已在東岸的飛行學校接受訓練。兩人保持著聯繫。她倆想起，除了橫跨全美國、轟轟烈烈的巡迴之外，還有什麼更好的方法能引起各界注意到中國的困境？

兩位中國女士會構思這樣的計畫，顯示出中國人對美國人抱持著信心。身為勇敢的鬥士，兩位女士在抗日戰火激烈時投入中國發起之爭取美國民心的戰鬥。當國、共兩黨競相爭取美國菁英的支持，顏雅清和李霞卿聯合其他人，直接向美國人民訴求，籲請其支持中國。

美國傳教士、中國留美學生和美國新聞媒體，提供給美國人一連串的影像，設法說服他們，中國社會正效法美國，故應得到美國的援助。孫逸仙被描繪為「中國的華盛頓」，蔣介石是「中國的林肯」，財金首長宋子文是亞歷山大・漢彌爾頓（Alexander Hamilton）。一支在全美各地電影院播出的新聞影片說道：「就和我們的美國一樣，中國是個巨大的美麗國家……我們的共同奮鬥已使其人民貼近我們的心。」

即使前幾年，令傳教士牧恩波及其同僚煩惱的中國共產黨，現在也值得誇獎。反共的《世界傳教士評論》（*Missionary Review of the World*）如今承認，他們的社會改革「可和所有進步人士的意願相容。」長久以來，提防赤色威脅的《天主教世界》（*Catholic World*）則發布一篇評論表示，毛澤東的共產黨融合「中國人的常識和中國人的個人主義」，並嘉許他們保護言論、集會和宗教的自由。

重慶方面，國民黨成立國際新聞部，聘請美國人講述中國的故事。剛從哈佛大學畢業，拿到中國研究學位的白修德（Theodore White）的第一份差事，就是為中華民國撰寫文宣品。白修德最大的創作，是一個中國亞馬遜的傳奇故事。他在中文報紙上看到一則報導，關於有名女子向電影院投擲手榴彈、殺死了幾名日本人。白修德據以發揮，將她描寫成一名游擊隊領袖。她的中文名字是「黃花」，但白修德將其改為更動聽的「金花」。美國報紙要求提供這位女英雄的照片時，國際新聞部發布了一名中國女子拿槍的照片。她因此成了「女槍俠金花妹」。幾年後，白修德已轉任《時代週刊》記者，他被要求重談這個故事。此時，他才「承認我正是這則假新聞之父」。

中國人也用其他方法打動美國人的心弦。經由美國探險家露絲・哈克尼斯（Ruth Harkness）的安排，一九三六年第一隻熊貓抵達美國，宋美齡理解這隻可愛動物的魅力，因此又送了潘弟（Pan-dee）和潘達（Pan-dah）兩隻熊貓到布朗克士動物園（Bronx Zoo），自此展開了為期數十年的熊貓外交。

在支持左翼中國學生爭取美國進步人士聲援中國方面，共產黨也參了一腳。他們成立「放開中國」（Hands Off China）、「全美反帝同盟」（All-American Anti-Imperialist League）和「美國中國人民之友」（American Friends of the Chinese People）等組織，接受莫斯科的現金和指令。到了一九三〇年代，至少有五十名中國留學生加入美國共產黨。

一九三八年五月，國民黨也成立日後膾炙人口的遊說組織「中國遊說團」（China Lobby），由前傳教士法蘭克・普萊士（Frank Price）和國民政府財金顧問哈利・普萊士（Harry Price）兩兄弟出面組織「不參與日本侵略美國委員會」（American Committee for Non-Participation in Japanese Aggression）。參與這個組織的成員有共產黨特務、作家畢恩來（T.A. Bisson），也包括前任美國國務卿亨利・史汀生。這個組織的主要目標是推動對日本貿易禁運，認為此舉可以終結戰爭。

為了文宣作業之需，國民黨派哥倫比亞大學畢業的戲劇專家張彭春前往紐約。張彭春曾將花木蘭的故事改編為英文劇本，在百老匯劇場演出。張彭春是將中華文化調配得適合西方人口味的大師。一九三〇年，他規劃京戲名伶梅蘭芳赴美巡迴演出，大為轟動。距此僅僅數年之前，有位美國現場的觀眾將京戲形容為「喧天價響、令人難受」，「觀眾奪門而出，夜空下，震痛的大腦冷靜下來。」但張彭春降低噪音，加上更多舞步動作。梅蘭芳在洛杉磯演出時一票難求，好萊塢對他大肆吹捧。國民黨也找來合眾通訊社（United Press）攝影記者厄爾・利夫（Earl Leaf）幫忙。後來，利夫成為世界第一代狗仔記者之一，以拍攝瑪麗蓮・夢露（Marilyn Monroe）聞名。在華府的中方促使美國傳教士湧至國會山莊，為了中國而向議員們陳情。一九三八年三月二十二日，基督教青年會傳教士費吳生在眾議院外交事務委員會播放南京大屠殺的影片。

這些活動的經費來自國民政府。即使一九三八年六月國會通過《外國代理人登記法》（Foreign Agent Registration Act），規定代表外國政府的遊說人需向國務院登記，但國民政府繼續將未登記的經費，源源不斷地提供給這些美國友人。一九三九年十月，日本承認在美國有二十三名代理人；雖然國民政府出錢支持數十名代理人，卻一個都不承認。其他美國人也協助將數十年來對中國文化的逐漸接受，轉化為一種政治力量。最扣人心弦的一個團體是「推動中國工業合作國際委員會」（International Committee for the Promotion of Chinese Industrial Cooperatives），出自艾德加．史諾的妻子佩格．史諾（Peg Snow）的構想。

一九三八年，佩格．史諾提出一個構想：中國若要取代遭戰火炸毀的工業，需建立一個合作社網絡。由於其散布全國各地太分散了，日本人無法將其剷除。此網絡將由工人擁有，提供中國許多戰爭必需品，或許最重要的是，可教導中國人自立和民主的美德。史諾夫婦加上他們的紐西蘭朋友路易．艾黎（Rewi Alley），糾合其他一些中外友人組織「中國工業合作協會」（Chinese Industrial Cooperatives），中文簡稱「工合」，英文簡稱 Indusco。上海的老朋友宋慶齡和作家林語堂都同意領銜募款。

藉著宋子文提撥的兩百萬美元種子貸款，工合發展成一股中國改革的力量。一九四〇年代初的全盛時期，工合在全國，號稱擁有三千多個合作社，雇用逾三十萬名工人兼所有者。據一九四〇年四月《時代週刊》的報導，工合生產「手套、帽子、大衣、棉袍、紗布、帳篷和野戰床」。

史諾夫婦和過去的美國人一樣，認為抗戰是改造中國的機會。工合的方法，是從基層做起，從而改造中國社會。艾德加．史諾寫道：「勞倫斯帶給阿拉伯人游擊戰爭的破壞技術，但工合帶給中國游擊工業的建設技術。」《時代週刊》預測：「要是中國在變得真正民主上能夠成功，那將是因為工合這一類機構扮演發動器的角色，帶動了民主的機軸。」

美國的中國支持者為工合募集了數百萬美元。史諾找上好萊塢募款，延攬影星約翰．賈斐爾德（John Garfield）出面號召捐獻。工合的中文字也有「工人合作」之意。但英文簡稱 Indusco，則象徵全心全意專注於一項目標。太平洋戰爭時期，「工合」這個字在美軍陸戰隊中流行起來，後來轉變為美國俚語（譯按：即"gung ho"有熱忱、賣力之意）。

工合也成為中國共產黨經費的重要來源。戰爭初期住在美國的共產黨特務陳翰笙在回憶錄中估計，潛伏在工合的共產黨特務，移轉了兩千萬美元給中共，很大一筆錢並未投入工業開發，而是用於購買武器。

一九三七年十二月，顏雅清抵達美國，一方面在長島的羅斯福機場接受飛行訓練，一方面常跑華府的中國大使館。她在切維蔡斯市（Chevy Chase）的婦女俱樂部、「美國支持和平民主同盟」（American League for Peace and Democracy）及其他社團演講，介紹中國的悲慘狀況。一九三八年一月《華盛頓郵報》報導，顏雅清「走到任何地方都引人注目」。一九三八年十一月十日，她拿到飛行員執照。一個月後，李霞卿抵達舊金山。

一九三九年新年元旦，顏雅清和李霞卿在紐約會合，預備各駕駛一架飛機，遍訪數十座城市，為中國抗戰募款，並籲請美國停止和日本貿易。她們計劃的最後一站是回到紐約的世界博覽會會合。美國新聞界稱李霞卿為「中國第一位空中英雌」，顏雅清是「中國的愛蜜莉亞·艾爾哈特（Amelia Earhart）」。（這個比喻有點失當，因為兩年前艾爾哈特在太平洋上空失蹤。）海倫·凱勒（Helen Keller）、愛蓮諾·羅斯福（Eleanor Roosevelt）和伊莉莎白·雅登（Elizabeth Arden）等名流都簽署表態支持。

一九三九年三月二十三日，顏雅清和李霞卿從紐約牙買加灣的佛洛伊德·班奈特機場（Floyd Bennett Field）一起起飛，駕著一架機翼漆上「新中國精神」（Spirit of New China）字樣的史汀生·瑞連特（Stinson Reliant SR-9B）單引擎機升空。她們降落在費城的坎登機場（Camden Airfield）時，已有大批媒體守候。次日她們飛往華府，群眾為她們獻上玫瑰花，又在聯合車站附近的中國花燈（Chinese Lantern）餐廳設宴慶祝。

四月三日，顏雅清拿到自己的飛機——一架波特斐德型（Porterfield 35-W）雙人座單引擎飛機——兩人在此分手。顏雅清在美國南部各州活動，向擠爆教堂及改裝舞廳的聽眾演講。五月一日星期一，她從阿拉巴馬州的莫比爾（Mobile）要飛到伯明罕（Birmingham）時卻迷了路。她循著火車鐵軌，試圖飛到州治蒙哥馬利（Montgomery）時，卻飛過了機場，降落在燕麥田。她試圖再度起飛，卻飛進一排樹中，轟然一聲、機鼻插入地中。她當場昏了過去，臉部也被割傷。

顏雅清墜機，反而使她聲名大噪，轟動東、西兩岸。電報和電話從全美各地湧進，甚至還有人透過才建置四年的跨太平洋無線電話，每分鐘付費十三美元，從中國致電問候。阿拉巴馬州州長法蘭克·狄克森（Frank M. Dixon）親自到普拉特維爾總醫院（Prattville General Hospital）探視。攝影記者報導她的一舉一動。十天後出院時，她已是家喻戶曉的女英雄。

同一時期，李霞卿穿梭東、西兩岸。三個月內，她拜訪了四十二座城市。在邁阿密海灘（Miami Beach），她留下足蹬高跟鞋的泳裝倩影。在洛杉磯，她簽約參與一部電影的演出。她和幾位美式足球明星混得很熟，也參與名流權貴的宴會派對。國民政府駐洛杉磯總領事張紫常出面為她主持募款晚會。雖然早年張紫常對於華人女性在銀幕上扮演性感小野貓頗不以為然，也曾出面反對美麗的黃柳霜演出重要角色，但他卻勸李霞卿多露點腿，以她的性感魅力為中國爭取捐款。

紐約的世界博覽，是顏雅清和李霞卿美國巡迴募款的終點站，大會將中國的國慶日、雙十節宣布為「中國日」（China Day）。接下來幾週，全美國有六百座城市為中國難民及戰爭傷患舉辦募款餐會。爵士樂團團長亞蒂・蕭（Artie Shaw）為中華民國國歌特別編了曲；學童參加以中國苦難為題的作文比賽。十一月九日，「民間救濟中國聯合委員會」（United Council for Civilian Relief in China）包下紐約皮耶大飯店（Hotel Pierre）舉行募款晚會。日本侵略中國後又流行起來的中式服裝，成為當晚許多來賓選擇的服飾。在全美各地的許多家庭，父母親都告誡子女，不要暴殄天物，要將餐盤裡的食物吃光，因為中國還有很多人正餓著。

一九三八年夏天，蔣介石指派留美學人胡適為中國駐華府大使。其實，這位中國著名的自由派知識份子出任大使是勉為其難。他花了數十年批評國民政府。但現在，日本正在肢解中國。胡適告訴好友韋蓮司，他將這份工作當作「接受徵召服役」。

胡適的任務與上述兩位女飛行員一樣，將美國日益同情中國的心理轉化為具體行動。他奔走全美各地，為祖國發聲演講。他告訴某個美國團體：「中國現在就在佛吉谷，但我希望她很快能抵達約克鎮（Yorktown）！」[1]胡適的演講內容不限於戰爭。他談論哲學、藝術和教育。他和著名校友一起唱康乃爾大學老歌，也和重要記者交好。著名法學家費利克斯・法蘭克福特（Felix Frankfurter）和路易・布蘭岱斯（Louis Brandeis）都是他的好朋友。

根據歷史學者陳毓賢和周質平的研究，胡適到華府履任時，私生活陷入一片混亂。他將妻子和長子留在中國，在美國繼續與韋蓮司維持戀情。他也與另一位美國女子發展戀情，此女同時又與他的老師杜威交往。從中國，第三位情人寫信告訴他，既然胡適「到西方去」——意即捨棄她，與美國情人來往——她打算出家為尼。就任三個月後，胡適心臟病發作；他也和他的護士有染。

胡適住在華府市中心克里夫蘭公園（Cleveland Park）附近的雙橡園，面積十八英畝，不下於白宮。他可謂經管一個名副其實的地球村。胡適的管家是比利時人，五名傭人全是來自歐洲的難民。即使食物也是歐洲大陸的風味。大使館的女主人是個從美國大學畢業的中國人，幫胡適打點待客。

國民政府在華府的首要目標之一是爭取更多財務援助。胡適答應接任大使的唯一條件，是他不必交涉財政援助。因此一九三八年夏天，財政部長摩根索建議中國派他的老友，華頓商學院畢業的銀行家陳光甫再到美國討論，美國可以如何幫忙。

赫爾領導的國務院仍擔心太支持中國會觸怒日本。但摩根索不理國務院的關切，拼湊出一份援助中國的方案。他再度等候赫爾國務卿坐船出國訪問、無法聯繫的機會簽訂協議。整體而言，摩根索安排給中國四次貸款，合計一億七千萬美元。胡適稱之為「救命的注射」。但這四批貸款不只是金援而已，背後的意義更為深遠：這意味著美國這個世界大國的政府已開始傾向支持中國，儘管速度仍嫌緩慢。

胡適向重慶當局回報，建議要有耐心。胡適寫信給蔣介石：「雖然他們在面臨危機時經常拖拖拉拉，當我們陷入最嚴重的困境時，美國人總會伸出援手。」

儘管得到美國的這些貸款，美國持續與日本貿易往來則讓中國相當失望。從一九三七年到一九三九年，美國輸出價值逾四億三千七百萬美元的棉花、石油、廢鐵和其他戰略物資，幫助日本的戰爭機器——是美國出售到中國金額的三倍以上。一九三八年醫生傳教士周以德（Walter Judd）回到美國，他在敘述如何從中國老百姓嚴重撕裂的身體取出美製彈片的演講中，讓美國人注意到，美國人做生意和中國人的流血，二者之間的弔詭關聯。

宋美齡對於美國不能停止銷售武器給日本也十分失望。她在〈致美國婦女的公開信〉（Message to the Women of America）中提問，美國在中國的不作為是否代表「西方道德的優越性響起喪鐘」？她寫道，美國「面對如此的大屠殺」卻保持緘默，並不吻合「文明勝利的跡象」。

一九三八年七月一日，華府踏出削減對日出售武器的第一步。國務院通知美國飛機製造商，反對銷售用來攻擊平民的飛機與航空器材。一九三九年年初，羅斯福政府宣布，有意廢止一九一一年簽訂的《美日通商條約》，為全面禁運預做安排。

蔣介石還是對美國人及他的大使胡適感到不耐煩。十二月，他決定派宋美齡的大哥宋子文以他個人代表的身分赴美推動。蔣介石宣稱，胡適的表現「不及格」。

宋子文銜命赴美，代表中國對美的做法丕變。蔣介石和他的大舅子認為，中國在爭取大砲、金錢和對日本的禁運上，不能再持續以往的溫良恭儉讓。不能盡信華府會如胡適所言做對的事，而美國在遭到逼迫時才會有所改變。胡適一度將國民黨六萬美元的遊說經費交還給黨部，而宋子文則像華府的圈內人一樣，在美國京城廣結善緣。他設法拿到美國官方的機密電文，延攬羅斯福的親友拿中國薪水辦事。宋子文責備胡適：「你演講太多，荒廢正事。」關於美國人，宋子文則誇口：「我可以搞定這些笨蛋。」

宋子文在他的寓邸動員妻子張樂怡和三名美國化的女兒，不斷設宴招待華府名流要人——譬如聯邦最高法院大法官法蘭克福特（Felix Frankfurter）、海軍將領、遊說人員，以及羅斯福的親戚、專欄作家約瑟夫·艾索浦（Joseph Alsop）。他是名撲克牌牌藝高手，懂得如何放水、輸得不露痕跡，讓華府達官貴人願意再度光臨。他寫信向蔣介石報告：「最初六個月，我在華府一點都施展不開，但過去兩個月，我開始抓到訣竅了。」他將成為有史以來最成功的遊說者之一。

一九四〇年七月，史汀生宣誓接任戰爭部長，並與摩根索聯手，主張全面切斷和日本的貿易。但政府裡出現異議聲音。海軍作戰部長哈洛德·史塔克上將（Harold Stark）認為，封殺日本購買美國石油，會逼使日本攻打荷屬東印度或甚至美國。國務卿赫爾和陸軍參謀長喬治·馬歇爾將軍（George Marshall）認同此一評估。雖然美國已展開全速重新武裝，其兵力規模在全世界仍只排名十九，介於葡萄牙和保加利亞之間。

將場景拉回到中國。就在美國官員爭議未定之際，情勢已壞到無以復加。同樣是一九四〇年七月，不列顛之戰在英格蘭南部上空打得不可開交時，日本要求倫敦當局關閉滇緬公路，這是從仰光港直抵中國大西南雲南省的重要補給走廊。邱吉爾不希望冒上英國的亞洲據點同時也遭受攻擊的風險，斷然關閉滇緬公路。

一九四〇年九月二十三日，日軍開進印度支那，阻止法國進入中國的鐵路運輸。現在，中國與外界唯一的連結是透過蘇聯。但俄國人擔心自家遭日本攻打，不准任何物資借道進入中國。

九月二十五日晚間，羅斯福核准給中國之另一筆二千五百萬美元的貸款。十月中旬，蔣介石告訴詹森大使，他對於美國竟同意允許英國關閉滇緬公路氣憤無比。他提出警告，美國若不提供貸款，中國就單獨與日本談和——抗戰期間，他一再重複此一威脅。

詹森同情中國的困境。他提到日本轟炸機猛炸長江流域之事時表示：「這件事的殘暴超越言語所能形容。」但他也認同美國在亞洲的利益不大，還不值得犧牲美軍子弟的鮮血，為中國主權而戰。詹森認為，美國該做的是遵守承諾。他指出，蔣介石和國民政府其他領導人悲憤地重複美國的口號：「除了開戰，一切援助都可」，質疑美援究竟在哪。他提出警告，「美國若是不能……及時援助」蔣介石，「結局可能是共產黨在中國崛起」。

到了一九四〇年夏天，史達林將注意力轉到歐洲，而絕大部分蘇聯軍事顧問和飛行員離開中國。蔣介石只剩不到四十架戰鬥機和四十架轟炸機，要對付日本近一千架軍機的空軍。蔣介石告訴詹森大使：「日本轟炸機如入無人之境，人民心中充滿不安。」甚至在一九三九年日本和蘇聯一度短暫激戰之後，竟談妥了一項中立條約——並於一九四一年簽訂——使得日本能將全部的注意力轉移到中國和東南亞。

蔣介石需要美國伸援的不只是資金。他也需要武器。一九四〇年秋天，他派陳納德到華府爭取軍火援助。陳納德很高興能從中國脫身，獲得喘息機會。一九四〇年十月，日軍空襲昆明，將他的住家炸得稀巴爛；他勉強開車逃生。

回美國後，陳納德和宋子文規劃了一項「特別空軍單位」的秘密計畫，準備在必要關頭保護中國。一群人擠在宋子文華府郊區切維蔡斯市的住家，以及國民政府財政顧問亞瑟．楊格華府的公寓密謀大計。本來應是靜悄悄地展開秘密研究。但大部分的討論卻在幾近咆哮的情況下進行——因陳納德近乎聾了。

這群人擬訂出一份採購清單：三百五十架戰鬥機、一百五十架轟炸機、十架運輸機以及三百五十名美國「飛行教官」。十一月二十五日，宋子文將清單交給羅斯福。摩根索也在幕後支持這項計畫，不斷背著十分小心的赫爾國務卿向羅斯福上報告。白宮方面，羅斯福的顧問居里（Lauchlin Carrie）也支持這項計畫。

十一月三十日，日本在南京扶立一個傀儡政府。蔣介石再度向羅斯福陳情，也再次威脅要投降。十二月初，羅斯福批准此項特別空軍計畫。美國第一個海外秘密軍事作業——飛虎隊——就此誕生。

十二月稍晚，陳納德在水牛城的柯蒂斯飛機公司製造廠找到一百架 P-40 戰鬥機。這批飛機原本要運給英國，但英國認為飛機太舊而拒收。宋子文指示陳納德：「買下你需要的一切，帳單交給我處理。」這批飛機拆卸分解後，送到緬甸一家工廠重新拼組；這間工廠由飛機投資商威廉．鮑雷（William Pawley）主持，這筆交易讓他賺了五十萬美元。

接下來，陳納德和鮑雷必須傷腦筋的是，設法迴避美國禁止美國人為其他國家打仗的法令。戰爭部長史汀生必須向陳納德的死對頭阿諾德將軍——現已出任陸軍航空隊（Army Air Corps）司令——施加壓力，要他讓陳納德私下召募陸軍飛行員和機械師。海軍部長法蘭克．諾克斯（Frank Knox）較願意支持。鮑雷同意用他名下的一家公司「洲際公司」（Intercontinent）發薪水給這批人。這是史上第一次美國在並非交戰方的情況下，卻借用一家民間公司的名義來執行戰爭政策。這也成為日後中央情報局作業的模式——鮑雷和陳納德將會涉及其中幾項業務。

飛虎隊能成軍，甚至包括那傳奇的名字，相當程度應歸功於宋子文。戰後，宋子文在給友人的一封信中提到，他知道需要為「此一美中合作項目取個意義重大的標誌」。他認為老鷹太美國味，龍太中國味。於是，他想到一句中國成語「如虎添翼」，那不就是飛虎嗎？華特迪士尼公司的美術人員負責設計商標——一隻背上有翼的大貓伏在一個V字型上，V代表勝利。

一九四一年一月，羅斯福派出第一位特使來到中國——此後還有多位特使相繼來華。依照美國外交官約翰·派頓·戴維斯（John Paton Davies）的描述，白宮顧問居里是「一個行動敏捷、矮個子、戴無框眼鏡的哈佛經濟學者，被羅斯福延攬為特別助理」。居里完全不懂中國事務，是戴維斯典型所謂「羅斯福政府裡雜亂無章的人物」。他將在亞洲事務上扮演要角。

羅斯福要居里評估蔣介石的作戰實力。居里在重慶逗留三週，與蔣介石會談二十七個小時，也見了蔣介石的內閣及將領、留美學生，並在英國大使館與中共駐重慶代表周恩來密會。居里帶著滿滿的中國問題回美國去。中國的經濟一團亂、國民政府壓制異議人士，而且他報告，親西方的中國知識份子普遍感到「失望、不滿和沮喪」。當居里轉達羅斯福期盼國、共合作抗日的訊息時，蔣介石辯稱，共產黨只聽蘇聯的話，不能代表中國人民。居里給蔣介石留下不安的感覺，認為美國雖有心擊敗法西斯主義，卻不將中國共產黨當作可能的敵人，而是潛在的朋友。對中國共產黨的看法歧異至此，在整個戰爭期間，一直困擾著蔣介石和美國的關係。

居里在呈給總統的報告中，建議羅斯福在建構其對華政策時，要「以目前對待英國的相同條件」看待中國——英國是美國維持最長久、深刻關係的盟國。他建議，要以「平等或盟友」之禮對待蔣介石。他也建議，在戰爭結束前，別對美援附加太多條件。他也呼應基督教傳教士的主張，認為美國應「指導中國在戰後發展為大國」。

居里的建議和馬慕瑞主張美國不介入東亞大陸完全相反。居里主張，不僅要支持中國的抗日戰爭，也要廣派美國專家到中國協助其經濟、政治、交通和軍事的改進。居里說，在最上端還需要一位「自由派顧問」引導蔣介石。

按居里的看法，美國支持中國的目標，不僅是利用中國牽制住日本皇軍。那是戰爭部希望的目標。居里為美國訂下更宏偉的目標：讓中國更強大地展開「政治、社會和經濟改革」。又有一位美國人認為，亞洲的戰爭是打開中國門戶、擴大美國影響力的機會。居里的期望——羅斯福也認同——是中國從戰爭中，蛻變為美國的盟國和友邦。居里寫道：「中國站在十字路口，可以發展為軍事獨裁或真正民主的國家。如果我們明智運用我們的影響力，或許能讓天平傾向後者。」

但就和許多情況一樣，白宮大言皇皇，實際行動卻有限。以政治顧問這個人選而言，蔣介石屬意將出任駐法國大使的威廉・蒲立德（William Bullitt），他和羅斯福交情十足，可保證蔣介石直達天聽，連結到美國政府的最高階層。但他得到的卻是歐文・拉鐵摩爾（Owen Lattimore），一位在中國出生的學者，對蒙古的了解遠勝於對華府麻薩諸塞大道（Massachusetts Avenue）的了解。更糟的是，拉鐵摩爾不是共產黨員，卻同情共產黨的主張。後來，他發表了參訪蘇聯勞改營的精彩報導。

居里的計畫，充滿羅斯福對於美國可在中國扮演角色的羅曼蒂克色彩——在中國走向現代化的路上，美國可當他的老大哥。問題在於，雖然羅斯福和居里都認同，將中國提升至世界大國地位的目標，其他許多人卻認為這是個白日夢。邱吉爾形容，羅斯福對中國懷抱的長期希望是「美國的大幻想」，因此向他的外交大臣安東尼・艾登（Anthony Eden）痛斥，美國「矯揉造作，把中國偽裝成大國」。當羅斯福提醒邱吉爾，不應忽視四億二千五百萬個中國人時，邱吉爾嗤之以鼻地說，也不過是「四億二千五百萬個留長辮的傢伙」。

居里的職責之一是研究如何補給供應中國，因此他向威廉・蘭霍恩・龐德（William Langhorne Bond）請教。龐德留任中國航空公司的主持人，雖受戰爭影響，公司仍在營運，不過已不太活躍。一九三八年，一架日本的戰鬥機打下中國航空公司一架飛機，機上十五名乘客全部喪生；這是史上首次有軍機對民航機進行攻擊。日本轟炸機也炸毀中國航空公司地面上的飛機。中國航空公司機械師從一架 DC-2 拆下機翼，裝到一架受損的 DC-3 上，並稱之為「DC-2

又二分之一」。

日本將國民政府擠迫到四川省山區，龐德明白，東京打算切斷中國和外在世界的連結。他預測，有朝一日滇緬公路會被切斷，香港也會淪陷。龐德告訴居里，唯有美國幫助中國，建立通往印度的空中橋梁，中國才能生存。

從印度東北部飛入中國西南部，被公認為全世界最艱險的飛行。喜馬拉雅山西側的懸崖海拔兩萬三千英尺，隔開中、印兩國。這塊長年冰封的地區有三條河，山溝深達一萬英尺。這個區域不時出現狂風、暴雨和濃霧。不穩定的氣流經常吹翻飛機。依美國陸軍的說法，底下還有日本人、「野蠻部落」和「會獵人頭的野人」。龐德提議，在這塊令人望之生畏之處——通稱駝峰（Hump）——利用中國航空公司的飛機開通一條通往中國的生命線。回白宮後，居里力薦龐德的計畫。

又一位美國民間人士的蠻勁和他手下美中飛行員的才智，將駝峰轉化為中國的生命線。一九四二年四月，中國航空公司展開在駝峰的飛行。美國陸軍航空隊在極度不情願下，也被扯進來參加作業。但在一九四三年到一九四五年底的這近兩年間，駝峰飛行提供國民政府百分之八十的補給供應。與美國在中國的許多努力一樣，駝峰飛行成為未來冒險犯難的模範。一九四八年，管理駝峰飛行的這批人在蘇聯封鎖柏林時，又出面主持突圍作業。

一九四一年三月十五日，羅斯福總統在華府韋拉德飯店（Willard Hotel）的白宮記者協會餐會上發表談話，誓言美國將作為「民主國家的兵工廠」，以對抗威脅世界的專制獨裁政府。四天前，他剛簽署《增強美國國防法案》（Bill Further to Promote the Defense of the United States）。這項法律啟動的「租借法案計畫」（Lend-Lease program），讓華府可以提供糧食、石油、軍艦、軍機和彈藥給盟國。

羅斯福接受居里的建議，挑出兩個抗敵格外英勇的國家：英國和中國。羅斯福宣布：「中國透過蔣介石委員長向我們求助。美國已經表示，中國將得到我們的援助。」羅斯福的演說將中國和英國擺在美國人心中同等的地位。但現實證明並非如此。美國按「租借法案」提供盟國逾五百億美元的補給供應（依今天美元幣值，約超過八千億美元），英國拿到逾百分之六十，中國拿到百分之三，此時蘇聯還未被提到，其所得到的補給是中國的六倍以上。中國人相信美國承諾的數字，但美國實際提供的支援往往落差太大，這成為往後數十年兩國發生破壞性摩擦的主因。

一九四一年三月三十一日，宋子文交給白宮第一份中國軍事需求清單。中國希望裝備一支現代化空軍和三十個步兵師，興建一條連結中國和緬甸的鐵路，擴建既有的滇緬公路，提供運輸機，以打開龐德建議的空中橋梁。宋子文保證，如果這些都要求實現，中國可在兩年內和日本作戰。次日，宋子文成立新公司「中國國防供應公司」（China Defense Supplies），負責從美國運送軍事器械到中國。宋子文不愧是精通華府政壇真味的高手，他禮聘羅斯福的舅舅，在香港出生的佛瑞德里克・狄拉諾（Frederic Delano）出任名譽董事長；羅斯福總統親信顧問湯米・柯克蘭（Tommy "Cork" Corcoran）的兄弟大衛・柯克蘭（David Corcoran）為執行長；從法國回來的蒲立德及專欄作家艾索浦（Joseph Alsop）為顧問。這些人沒一個有依法註冊，登記為外國政府代理人。

當「租借法案」援助的點點滴滴送抵中國時，美國顧問也浩浩蕩蕩地來到重慶。丹尼爾・阿恩斯坦（Daniel Arnstein）來到中國，負責督導經滇緬公路輸送的援助物資。阿恩斯坦在紐約市經營第二大的計程車隊，以突破罷工及打擊罷工者聞名。他認為自己的蠻牛作風在中國也行得通。他預備從美國出發時聲稱，所有國家都需要一點美國人的創意。他告訴一位記者：「這和ＡＢＣ一樣簡單。我只要到某處把美式運貨方法建立起來……只要在那裡能順利運作，到了緬甸也一定行得通。」

「租借法案」的物資先由船運送到緬甸南部，也就是印度洋岸的仰光（Rangoon）。再從仰光由鐵路往內陸運送，抵達緬甸東北部的臘戍（Lashio），然後從火車上卸下，裝到卡車和騾車隊上，沿著長達七百三十六英里的蜿蜒公路，送到中國西南部的昆明。所謂的滇緬公路，穿過全世界最險阻的叢林之一，在一些地段只能勉強稱得上小徑。有段約四十英里長的路，上下起伏一萬英尺。從空中眺望就像一條蜷蛇；在這條蛇形的路上，司機能看到的地方不會超過前方兩百公尺。在五月至九月的雨季，路床變成瘧疾猖獗的泥濘路。乾季時節塵土飛揚，卡車引擎和司機的肺都受不了。

但最難克服的障礙卻是人為障礙。在仰光，英國殖民政府海關官員對於運往中國的貨品課徵重稅。一旦貨物穿過臘戍、靠近中國邊境，有十六個政府機關可以管理這條通道。沒有任何機關保留記錄。甲貨運公司的卡車不能由乙貨運公司的機械師傅代修。中國政府擁有約三千輛美國通用汽車（General Motors）製造的卡車，只有不到一半能運作。卡車未配備千斤頂，萬一爆胎，換輪胎就要一天。離開仰光港口的貨物，每三噸只有一噸真正送到重慶，其他三分之二流入黑市。

阿恩斯坦對於滇緬公路有份三十五頁的報告，最常見的形容詞是「不可容忍」（intolerable）。一九四二年，《紐約客》（*New Yorker*）雜誌分兩期進行介紹。他對記者說：「把他媽的工作辦好的唯一他媽的辦法，就是炸出一條他媽的路。」《紐約客》報導，蔣介石採納阿恩斯坦建議的修正辦法——二十四小時作業的海關、清楚的管轄權限——之後，滇緬公路的運量增為四倍。蔣介石請阿恩斯坦留在中國，願將滇緬公路交給他當成民間特許事業經營。但阿恩斯坦需回去照顧自己的計程車事業。阿恩斯坦告訴《紐約客》：「如果我有時間，我會免費幫委員長和夫人的忙。她是個甜心。」

一九四一年七月，陸軍參謀長馬歇爾同意居里的建議，派一組軍官到重慶，協助國民政府決定他們的作戰需求。英國人自己可以規劃其防務，馬歇爾認為中國需要有個美國人告訴他們該怎麼做。馬歇爾挑選約翰．馬格魯德（John M. Magruder）准將擔任駐華美國軍事代表團（American Military Mission to China）團長；這是美國正式派駐到別國的第一個軍事顧問單位。馬格魯德曾參與第一次世界大戰前線作戰，一九二〇年代兩度以武官身分派駐中國服務。

馬格魯德對中國軍隊的評價很低。一九三一年四月，他認為中國人不能打仗。他在《外交事務》（*Foreign Affairs*）上的一篇文章評論：「中國人沒有值得科學研究的軍事史。」他認為，他們本質上是和平主義者，「是一流的藝術家和演員、而非士兵。」他說，他可以把兩萬名土耳其人調教成「一流的作戰機器」，但中國人就沒辦法。他歎息道：「老鷹可以從雛鷹成長起來，但……鴿子變不了老鷹。」

一九四一年十月十日，馬格魯德率領五十名軍官抵達中國，他呈給戰爭部的報告反映出他的偏見。他認為，蔣介石囤積美國供應的器械，準備打共產黨，而非抗日。他認為國軍在上海、長沙和其他地方英勇抗戰的故事「毫無根據」，即使事實上，國軍陣亡了數十萬人，日軍也死了相當多人。隨著時序進展，馬格魯德毫無根據的這些觀點，從美國軍方傳布到美國記者、外交官和歷史學者身上。法國在納粹發動第一波攻擊，不到六週後就投降了，但法國人從沒被指稱是軟腳蝦，但中國「以空間換取時間」，對抗日本機械化作戰機器的策略，卻被用來指證為國民黨的根本缺陷。

馬格魯德建請上級，利用美援的承諾強迫中國遵守美國的指令。陸軍參謀長馬歇爾支持他，但白宮不覺得有此需要。一九四一年秋天，居里致函馬歇爾表示，中國人太依賴美國，「因此可以預見的是，應該不會出現中國方面不願合作的滯礙難行狀況」。這兩種截然不同的看法代表美國對華政策的決策陣營內部存在著重大歧異。美國到底是應強迫中國遵守其規則？或者應該以身作則，希望中國跟進？

總而言之，運交給中國的武器相當少。一九四一年十月，羅斯福宣布「租借法案」計畫的六個月後，美國連一把槍都未交付給中國。飛虎隊的一百架 P-40 飛機，是取自於「租借法案」計畫之外，中國自己付錢購得。後來訂購的六十六架轟炸機和兩百六十九架戰鬥機在一九四一年七月獲准，但從未交貨。當大批武器終於由美國軍艦「土爾沙號」（USS Tulsa）運到仰光、預備轉運到中國時，卻被英軍強制徵收。馬歇爾也不讓中國參與英國、荷蘭和美國對太平洋防務及安全的討論。蔣介石的顧問拉鐵摩爾向華府報告，蔣覺得「民主國家視（中國）為下等人，不值得被當成是盟國」。他說得對極了。

一九四一年年初，飛虎隊有了正式的名稱「美國志願兵團」（American Volunteer Group）。威廉．鮑雷和召募人員跑遍全美各地的空軍基地招兵買馬，開給飛行員的條件是：月薪六百美元（是當時大多數飛行員的三倍月薪），官階相當於中尉，另有一萬美元人壽保險；每打下一架日本軍機都另有獎金，萬一陣亡，可領取相當於六個月薪餉的撫卹金。到了一九四一年年中，召募人員為飛虎隊第一中隊物色到一百名飛行員；其中九十九人前往中國報到。

這些合約隻字不提「作戰」，甚至在機械師的合約上看不到「飛機」（aircraft）這個字詞。在這些志願人員當中，有些人是要躲避婚姻不諧，有些人想拋開不愉快的過去。但大多數人的理由像法蘭克．羅桑斯基（Frank Losonsky）

一樣。這名二十歲的機械師填寫他想到中國的理由是：「待遇不錯，補貼我錢到東方一遊，還能冒險」。一九四一年六月，第一批人員集合出發時，他們的護照記錄全是假職業——農民、無線電播音員、雜技演員。陳納德的頭銜為「高階主管」，最接近事實。

美國志願兵團在仰光東北一百三十英里的英國殖民據點東固（Toungoo）成立第一個訓練營，因為在那裡可以就近取得船隻運到緬甸港的飛機和器械。鮑雷將中央飛機製造廠從（已淪陷為日本的）漢口遷移到緬甸的壘允（Loiwing）。[2] 鮑雷在遠離文明的這片緬甸叢林，建立一家飛機裝配廠，雇了一千名中國工人，並由美國經理人督導，廠區供應電力、自來水，還配備一座九個洞的高爾夫球場。

陳納德在東固告訴他的手下，忘掉在美國所學的一切。這些人有些是一流的飛行員，有些是菜鳥。有名飛行員在第一週就摔壞三架飛機。一九四一年九月八日，飛虎隊第一位飛行員喪生——練習空中纏鬥，不幸卻在空中擦撞失事。一九四一年十二月，飛虎隊已有六十名結訓的美國飛行員和六十架可上戰場作戰的飛機。中國人將美國志願兵團的英文縮寫AVG說成「美國很棒」（America, Very Good）。

一九四一年七月二十四日，日軍部隊搶占法屬印度支那金蘭灣（Cam Ranh Bay）的機場和海軍基地，並向西貢挺進。兩天後，羅斯福宣布對東京實施石油禁運，並凍結日本在美國的資產。日本原先有百分之八十的石油來自美國。英國也跟進，對日本實行貿易制裁。

蔣介石深知，東京和華府在幕後談判，試圖避免開戰。一九四一年十一月日本提議，美國若取消針對日本的貿易禁運，日本便可以降低在印度支那的兵力。日方暗示，他們計劃在「一段合適的期間」內占領大片中國的土地，意即可能長達二十五年。華府方面，赫爾國務卿將這項提議給胡適大使及英國、澳洲和荷蘭代表看。只有胡適表示反對。蔣介石向美方抱怨，甚至說服邱吉爾出面為中國講話。

十一月二十六日，胡適前往白宮拜訪，要求若與日本達成任何協議，一定要包括日軍完全退出中國。幾週後，《生活雜誌》報導：「據說，這位言語溫和的學者在他的外交生涯中首次發脾氣。他提醒總統，美國曾對中國做過的許多保證。」在胡適的拜訪加上邱吉爾的介入後，美方拒絕日本的提議。

美、日談判失敗，兩週後的一九四一年十二月七日，日軍轟炸機攻擊珍珠港美國海軍基地；攻擊行動不到兩個小時，卻造成美軍逾兩千四百多人死亡；十八艘軍艦和三百多架飛機全毀。攻擊的當天上午，胡適才剛見過羅斯福。他剛回到中國大使館就接到電話。羅斯福總統說：「胡適，日本人剛轟炸珍珠港。我希望你是第一個知道的人。」

許多人紛紛發聲，認為中國是盟國，美國應提供援助。傳教士、留美中國學人、政客、作家、電影製片人和記者，全都幫忙創造形象：中國有許多誠懇人士，他們希望過美式生活，也正在為美國作戰。這些努力的反面就是妖魔化日本，尤其是日本偷襲珍珠港，更是引起公憤。如果中國是美國疼愛的盟國，日本就是最邪惡的敵人。當羅斯福向國會提到美國盟友時，「勇敢的中國人民」永遠吸引最響亮的喝采。一九四二年二月的一項民意調查顯示，百分之六十二的美國人贊成集中力量對付日本，只有百分之二十五贊成全力對付希特勒。

數十年來，美國對中國存有的幻想不斷擴大，因此足以支撐美化中國的這些動作，而這些動作最後終於出現了效果。美國人期待政府能支持中國抗戰到底。許多人反對先專注歐洲戰場的決定。隨著時序流轉，這種感覺日益尖銳，迫使羅斯福和他的將領想設法顯得有在援助中國，而不需實際流血、花錢幫助中國抗日。最後，羅斯福政府決定找一位著名的美國將領出來代打。

譯註

1. 一七七六年美國獨立戰爭爆發，美方禁受不起英軍壓力，撤出臨時首都費城，一七七七年十二月至次年六月，華盛頓率領部隊駐屯佛吉谷整軍經武。胡適以此比喻中國抗戰陷入困境。一七八一年約克鎮戰役，華盛頓領導的美法聯軍歷經多次海陸交火，英軍司令查爾斯・康瓦利（Charles Cornwallis）終於投降。戰役之後，英國開始認真和美方談判，美方正式獨立。

2. 據悉，抗戰爆發後，原本設在杭州的中央飛機製造廠撤退到漢口，再撤退到壘允。壘允是隸屬於雲南省瑞麗市的一個小地方，中共建政後，將壘允改名為雷允。但中央飛機製造廠曾在緬甸八莫（Bhamo）設置發電機分廠，在仰光設置臨時裝配車間。

附註

顏雅清和李霞卿的故事，參見：派蒂．葛利（Patti Gully）為她們寫的傳記《飛天名媛：中國第一代女飛行家三人傳》（*Sisters of Heaven: China's Barnstorming Aviatrixes: Modernity, Feminism, and Popular Imagination in Asia and the West*）。白修德在回憶錄《追尋歷史：一個記者和他的二十世紀》（*In Search of History: A Personal Adventure*）敘述他自身的經歷。陳翰笙的中文自傳《四個時代的我：陳翰笙回憶錄》交待了自己的生平故事。飛虎隊的故事來自陳納德的自傳，史丹福大學胡佛研究所蒐藏的宋子文文件，以及丹尼爾．福特為飛虎隊寫的傳記。

第二十章 緬甸歲月

一九四一年十二月八日凌晨一點，副官叫醒了蔣介石，報告美國遭到攻擊的消息。睡眼惺忪的蔣介石口述一封致羅斯福的信：「在我們新的共同戰鬥中，我們將竭盡全力，與您站在一起，直到太平洋和世界擺脫暴力和無盡魔咒的詛咒。」日記裡，蔣介石稱美國參戰是「千載難逢的機會」，並在湖南省會長沙以軍事猛攻迎接日軍。

珍珠港事變後，蔣介石史無前例地承認美國對中國的重要性。雖然他指派宋子文為中國的外交部長，卻仍令他留在美國首都。蔣介石在電文裡告訴他：「無論如何，我們與美國堅守在一起。」

宋子文在美國又停留了兩年，胡適大使則奉召回國。《紐約時報》認為，胡適離任是不智之舉。宋子文的強硬作風在華府結下不少仇家，即使他不承認，胡適的溫和作風則幫了他不少忙。胡適寫信給朋友韋蓮司：「能重返自由之身，解脫了，至少能睡得安穩！」

到了美國參戰之時，中國已經兵疲馬乏。作戰仍在繼續，數十萬人持續死亡，但蔣介石的政府已無力可像美、英、蘇那樣強力作戰。蔣介石即使在他勢力鼎盛時也從未完全控制中國。現在，半壁江山被日本人占領，而且大西北的共產黨叛軍勢力日益茁壯。

但是，羅斯福仍然堅持迷思，認為中國將成為一個強國，而蔣介石將堅強的當家。問題在於，要實現這個夢想的唯一之路是讓中國成為戰爭的決戰戰場，打造國民政府部隊，派出數十萬美國大軍登陸中國，從日軍手中奪回失土，有如美國在歐洲對抗納粹一般。然而在盟國初期的會議中，這項策略雖曾被提出來討論，卻很快就放棄了，在太平洋改採「跳島戰略」（island-hopping strategy）。

在中國仍非主戲之時，贊成不切實際構想、堅持天真觀點的美國人，對美國的政策施加了極大影響力。戰時的美國，涉及中國事務的有二十個不同的官僚機構，就和籠中眾鼠一樣，這些機構拚命爭搶戰爭部丟出的零星食物。美國陸軍、陸軍航空隊、海軍和英國人，全都互不相讓地爭搶經費和物資。國務院官員不僅彼此內鬥，也和所有軍種較勁。美國剛組建的情報機關——戰略情報局（Office of Strategic Services）和中國海軍組（Naval Group China）——花了偌大精力內鬥後，還有和日本人交戰的餘力也真不簡單。抗戰期間，任職於重慶的美國外交官麥爾比（John Melby）觀察到，「大使館內的每派意見，都在往不同的方向拉扯，這些派別之間的敵意變得非常強烈。」難怪羅斯福成立來跟日本作戰的「中緬印戰場」（China-Burma-India Theater）被戲稱為「內部吵不停」（Constant Bickering Inside），因為兩者的英文縮寫都是ＣＢＩ。一九四三年十月，羅斯福在談到他的中國政策時表示：「每件事似乎都不對勁。但最糟的是，我們每次的承諾都不能兌現。我們從未完成任何承諾。」

追本溯源，問題出在羅斯福的政治目標和軍事戰略根本大相牴觸：前者是想把中國提升為四大警察之一，後者卻是要先贏得歐洲戰事，再透過亞洲和太平洋來全面贏得戰爭。羅斯福夢想利用戰爭打造一個強大的中國，但一碰上激烈爭搶資源時，美國只能讓國民政府勉強維繫性命。這種勉強保命的狀態，讓中國牽制住五十萬以上的日本大軍。但美國從不曾再給中國更多援助。

當美國在其他地方追求勝利時，蔣介石拚命利用此「千載難逢的機會」讓中國富強，並持續讓自己處於中國政治金字塔的高峰。他要這麼做，亟需美國支持他抗日，但他從未盼到過援助。中國部隊派上用場，卻是到中國境外的緬甸為盟國作戰。

戰爭初起時，國民政府和英國處境相似。為了生存，必須與一個強大一點的國家結盟。邱吉爾將美國扳成吻合他的戰略需求。不幸地，蔣介石在這方面失敗了。

珍珠港事變後不到幾週，美國和英國在華府召開阿凱迪亞會議（Arcadia Conference），訂定盟國作戰計畫。會議違逆蔣介石的希望和美國民意（美國民眾對於日本的偷襲十分憤慨），決定優先解放歐洲。盟國成立「聯合參謀首長團」（Combined Chiefs of Staff）及「美國國家軍需品控制委員會」（National Munitions Control Board），由這兩個單位訂定戰爭目標並分配武器，以達目標。雖然蔣介石以為中國會參加這兩個組織，卻一直未等到邀請函。

蔣介石觀察到，盟國將中國視為「只用於分散日本的軍事力量」。不過他還是自責期望過高。他在日記中寫道：「國際間本是利害為主，決無為人犧牲之國，若以此為怪或為愧，則癡矣。」

在阿凱迪亞會議期間，羅斯福總統為亞洲大陸設置一個特別戰區，並提名蔣介石為此戰區的最高統帥。他指示戰爭部選派一名美國高階將領擔任蔣介石的參謀長，領導戰區內的美軍部隊，同時監督中國「租借法案」的補給供應。

戰爭部屬意的第一人選是休・杜蘭姆中將（Hugh A. Drum）。六十二歲的杜蘭姆是一名戰功彪炳的老將，參加過美西戰爭和第一次世界大戰。但杜蘭姆察覺到，美國無意派遣作戰部隊到中國，他婉謝此一任務。陸軍參謀長馬歇爾轉而找上他的老朋友約瑟夫・史迪威（Joseph Stilwell）。兩人曾經一同於駐天津的第十五步兵團（Fifteenth Infantry Regiment）服役；馬歇爾發動陸軍戰術革命時，他找史迪威出任喬治亞州班寧堡（Fort Benning）的基地司令。（譯按：班寧堡是美國陸軍步兵訓練基地營區。）馬歇爾稱贊史迪威「非常聰明」。全美四十七名少將中，戰爭部將他評比為第一名。他也能說中國話。

自史迪威抵達中國的那一刻起，他就成了英雄。不過，高捧史迪威只是華府為了不想被綁在中國而使出的花招。光憑史迪威一人，美國就證明了自己對中國有所承諾，儘管美國絕大部分兵員和物資事實上都流向別的地方。

史迪威接下了一項不可能的任務。白宮認為，他的任務是促進中國崛起，戰爭部門可沒這麼宏大的目標，只想維持將中國留在戰局的現狀。啟程前，史迪威接受任務簡報，戰爭部長史汀生暗示，中國將被用作進攻日本的跳板，而這也暗示史迪威會得到一些地面部隊。然而，馬歇爾卻否決了這個想法。未來四年，史迪威一直懇求撥給他美軍地面部隊，以和中國戰場的日軍作戰。但馬歇爾沒有地面部隊可撥調給他。於是，史迪威在日記中寫道，感覺自己就像「在獻祭中犧牲的羔羊」。

儘管他個人十分英勇，史迪威卻極不適任這份工作。雖然他在美國實兵演習時，因速度、突襲和精神表現優秀，前往中國履任前，他只有軍旅生涯早期指揮過實際參戰的部隊，最後一次是在他擔任排長時；他的專長是情報和教練。戰時一直和他是同事的陸軍將領海登·包特納（Haydon L. Boatner）寫道：「史迪威從沒當過連長、營長或團長。他根本沒受過參謀和高階指揮官的訓練，也不具備高階司令官需要的宏觀軍事觀點。」

甚且，史迪威還要負責細膩的外交任務，以確保美、中、英的部隊目標一致。這對他來說實在太難了。他瞧不起中國人，也瞧不起英國人。有位英國軍官寫道，他好像「在打『美國』獨立戰爭。」史迪威的綽號「酸醋喬」（Vinegar Joe）並非毫無道理。他的言談是出了名的尖酸刻薄。

史迪威已在中國服務過三次。一九一一至一二年辛亥革命時，他已在中國服役；一九二〇年代中期，他回中國學中文；然後在一九三〇年代中期擔任軍事武官。雖然他以軍事情報官的身分走遍中國各地，卻在北京過著備受嬌寵的西方人生活。他蒐藏象牙摺扇和一件慈禧太后穿過的袍子；在北京住的大宅院，是前清某位總督的府邸。代表中國和摩根索談判貸款的留美銀行家陳光甫觀察到，「北京頹廢生活的舒適和奢華」讓史迪威與像他一樣的人產生一種比中國人高等的優越感，特別比中國知識份子優秀。陳光甫對史迪威及其同僚的評語是：「當中國人顯露出，痛恨這種令人難以忍受的西方優越意識時，他們很快就會生氣，然後強烈的反中。」史迪威堅稱，他喜愛「中國人民」，但陳光甫說，其實史迪威指的是「唯命是從、討好他的中國人民」。

一九二九年史迪威演講時，談論了「東方心理學」，他指控當時狼吞虎嚥接受西方思想的中國人，具有「保守心態……惰性非常大」。他特別痛恨國民黨和蔣介石。一九三七年國民黨展開淞滬保衛戰前夕，他預測國軍絕對不會出戰。一旦國軍開始抗戰，他就宣稱他們根深蒂固地「不喜攻勢戰鬥」。他認為中國人需要美國人領導，並將中國軍隊鍛鍊成能夠進攻的軍隊。他就是這號領導人物。

史迪威尖銳地批評國民黨，卻將中國共產黨理想化為唯一能挺直腰桿抗日的部隊。這就好像將史迪威的偏見全放在國民黨身上，將他的夢想通通寄託到共產黨身上。他完全不顧實際的證據：共產黨部隊只是象徵性地敷衍抗日；其實二次大戰期間，中國戰場的國軍傷亡人數高達占百分之九十，而且在上海、武漢和長沙的多次保衛戰，都展現無比的英勇。一九三〇年代史迪威寫道：「這些紅軍或老蔣口中的土匪，但他們精於游擊戰。」

太平洋戰爭的頭一週，日本飛機和軍艦擊沉了英、美海軍百分之八十的海軍戰力。十二月二十三日，關島和威克島（Wake）在日軍進攻下淪陷。香港於聖誕節投降。一九四二年一月二日，日軍進撲馬尼拉。英國海軍艦隊主力艦「反擊號」（HMS Repulse）和「威爾斯親王號」（HMS Prince of Wales）相繼沉沒後，二月十五日新加坡的英國守軍投降。不久後，爪哇落入日軍手裡，使得大英帝國的「白人骨牌」（white dominions，即澳洲和紐西蘭兩地）暴露於日軍的火網下。對渴望前線好消息的美國人而言，唯一的亮點就是中國。

一九四一年十二月二十日，十架日本重型轟炸機空襲昆明，陳納德的飛虎隊升空迎戰。交戰結束，硝煙散去後，四架日本轟炸機在空中遭殲滅；美聯社的《快報》形容，這是「迅捷、決定性的交戰」。三天後，日軍轉而轟炸仰光，雖然飛虎隊受到英國當局不准在地面設置情報網的限制，仍擊落了六架日本轟炸機。聖誕夜，日本轟炸機又來攻擊仰光。陳納德手下一個中隊的飛行員爬升到轟炸機隊上頭，幹掉了十五架轟炸機和九架戰鬥機，而且本身只折損兩架 P-40 戰鬥機。中隊長詹姆斯・霍華德（James Howard）是在中國出生的傳教士之子，他興奮地說：「好像在打鴨子耶！」

作家丹尼爾・福特（Daniel Ford）估計，接下來六個月，飛虎隊在仰光、華東和越南上空，共擊落一百一十五架日機，導致四百名日本飛行人員死亡。陳納德證明那些不同意他戰術的人都錯了。他在遠離祖國、數千英里之外的異域為外國服務，證明強勢的追擊戰術可以壓制敵軍的轟炸隊形。中國再次成為美國人的實驗場。陳納德要求手下，每次出動後都重新刷漆機鼻以混淆敵軍，讓日本人以為飛虎隊飛機眾多。日本的廣播估計，飛虎隊有五百架飛機；其實此刻他們只有不到五十架。

陳納德的名氣吸引了一流的飛行員投效，羅伯・史考特（Robert L. Scott）是其中一位。一九一二年，四歲的史考特在喬治亞州梅肯（Macon）的一場空中展示會上，親眼目睹某名特技飛行員失事慘死。當時他拉著媽媽的手，看著駕駛艙裡的死者發愣。他回憶道，從那一刻起，自己矢志翱翔天空。史考特十三歲就擁有一架飛機，後來進入西點軍校；三十四歲時他加入飛虎隊。《生活》雜誌稱譽他，同僚口中的「史考弟」（Scotty）很快就贏得了「一人空軍」的聲名。他締造擊落十三架日機的紀錄。他出版於一九四四年的自傳《上帝是我的副駕駛》（*God Is My Co-Pilot*）不僅成為暢銷書，還翻拍成電影。

緬甸是二戰時一個意外的戰場。日本沒有征服緬甸的計畫，而蔣介石擔心日軍從印度支那攻進華南，遠大於擔心來自西南方的進擊。英國將部隊集中在新加坡，使得仰光形同沒有防衛。直到一九四二年二月九日，日本帝國大本營被勝利沖昏了頭，才下令日軍攻打緬甸叢林。十二月間，日本地面部隊從馬來亞可拉半島（Kra Peninsula）北進泰國。他們穿著球鞋和短褲，背著大背包，將重型武器拆解分裝，沿著叢林小徑潛入緬甸，伏擊了守在主要幹道上的英國殖民部隊。

華府方面則十分擔心英國在緬甸的軍事失利，深怕中國對外的連結會被切斷。宋子文和蔣介石遊說美國提供更多援助，要求美國和英國貸款十億美元。美國願給出五億美元。財政部長摩根索試圖設定條件，提議這筆錢要用來支付中國部隊的薪餉，「以便戰士作戰，就有錢拿；不作戰，就沒錢拿。」但宋子文向白宮申訴，拿掉限制條件。二月三日，戰爭部長史汀生告訴眾議院外交事務委員會，這筆貸款是「在遠東下最大賭注」的機會，「如果我國不願下注，就不配贏得這場戰爭」。貸款案未經辯論就獲得批准。後來，這筆錢在兩國之間惹出極大的麻煩。

二月九日，史迪威晉見羅斯福，詢問總統是否有口信要給蔣介石。羅斯福說：「告訴他，這件事我們管定了。我們預備打到中國收復全部失土為止。」史迪威的傳記作者芭芭拉．塔克曼（Barbara Tuchman）指出，通常一個國家不會承諾幫盟國贏回他們的失土，但羅斯福覺得美國對中國有這項義務。

二月十三日史迪威離開美國，歷時兩週才抵達中國。半路來到開羅的他，有鑒於盟國頻頻失利，於是掏筆寫道：「世界正在崩潰。」三月七日，日軍攻陷仰光。次日，史迪威在重慶見蔣介石。兩人第一次會面時，史迪威便強調可以進擊日軍、拯救緬甸；蔣介石回答，仰光既失守，國軍缺乏大砲，坦克、汽油不足，通訊線太長都會使攻勢失敗。蔣介石提議採取「縱深防禦」策略，將中、英部隊撤退到緬北的曼德勒（Mandalay，譯按：華僑通稱瓦城），守住橫跨全國的一條東西防線，並從印度闢建一條公路，作為中國的補給路線。他提醒史迪威：「目前在緬甸，以不宜採取攻勢為指導原則。」英國人同意這項提議。仰光一淪陷，倫敦的優先目標便改為防衛印度。

史迪威堅持發動攻勢。但沒人知道日本在緬甸有多少部隊。美國陸軍少校法蘭克．梅瑞爾（Frank Merrill）形容當地的戰略情勢是：「沒有計畫、沒有偵察、沒有安全、沒有情報、沒有俘虜。」蔣介石問，既不知道日軍在哪裡，或是否增援其兵力，國軍部隊怎麼進攻？史迪威回答：「讓我們搶在他們增援之前動手。」

史迪威命令蔣介石麾下兩個師的勁旅南進東固，以攻擊日軍。他在日記中寫道：「我有個直覺，小日本很弱。」他的直覺錯了。日軍迅速包圍蔣介石的部隊，堵住他們退回中國的路徑。接下來日軍大舉進攻，並在四月二十九日攻陷臘戍（滇緬公路於緬甸這頭的最後一站），也拿下了曼德勒。現在，日本皇軍和中國大西南的軟肋之間，只剩一道障礙——薩爾溫江（譯按：上游即中國境內的怒江）。如果日軍能強渡薩爾溫江，痛擊國民政府在昆明的補給中心，中國隨時可能落入日本之手。

陳納德和他的飛虎隊趕來救援。滇緬公路已經變成日軍的停車場：卡車、坦克、補給車、步兵和難民，塞滿九英尺寬的這條彎曲道路。陳納德發現機不可失。他下令手下的機械師重新配置 P-40 戰鬥機，以載運炸彈、轟炸公路上方的崖壁，讓成噸的砂土倒塌。從一九四二年四月至五月的連續十二天，飛虎隊掃射日軍，將他們困在路上。

緬甸亂成了一團。接下來輪到蔣介石犯錯。數萬名中國部隊已被切斷退回中國之路，史迪威下令向西邊撤退進入印度。國軍第五軍軍長杜聿明不同意，認為國軍會被犧牲來保護也在撤退的英軍。蔣介石希望將他的精銳部隊撤回中國，因此支持杜聿明的決定。但杜聿明和其他指揮官無法讓他們的部隊衝破日軍防線。數千名官兵餓死、發高燒而死，或被日軍打死，傷亡人數超過史迪威指揮不當所損失的兵力。

史迪威未好好規劃大軍撤退事宜，反而決定親身步行，從緬甸退往印度。從五月六日至二十日，史迪威率領一支約百人的雜牌軍，有美國士兵、英國突擊隊、印度人和馬來人伙夫、緬甸籍護士和一個英國貴格教會的救護車小組穿越雨林。國軍的兩個師跟隨他退往印度。人在重慶的蔣介石大吃一驚，他這位美籍指揮官可以搭機飛離戰場，督導撤退事宜，卻選擇步行穿越叢林。蔣介石在日記中寫下：「史迪威擅自令我第五軍赴印度邊境之龐炳，而彼且離開隊伍，先自赴印，並無一電請示，此種軍人，殊非預想所及，豈彼或為戰事失敗，神經不安之故乎？可歎！」（譯按：蔣是指史迪威莫非打仗打到腦袋壞掉。）

美國方面，渴望前線傳來捷報的官員將史迪威的慘敗編造成大勝。有則新聞的標題是「日軍侵犯，遭史迪威粉碎」。五月二十四日史迪威來到新德里，被捧上了天。記者傑克·貝爾登（Jack Belden）跟著史迪威行軍撤退，並在《時代週刊》撰文讚美他，一年後又出版了《跟隨史迪威撤退》（*Retreat with Stilwell*）一書來歌頌他，《生活》雜誌也以史迪威為封面人物。五月二十四日，史迪威在記者會上說：「我要說，我們被打慘了。我們被趕出緬甸，這實在丟臉透了。我認為我們應該找出原因，回過頭去光復緬甸。」

美國報紙異口同聲稱讚這位直言不諱的將軍。依白修德的話來說，史迪威「全心全意支持民主，對貪腐、表裡不一或外交詞令毫不容忍」。這話或許一點都沒錯，但強調史迪威的個人經歷，也轉移了美國承諾協助中國作戰的話題。在緬甸作戰的最高潮，陸軍參謀長馬歇爾不允許駐紮在印度的美國第十航空隊採取行動，為印度的防務需求保護緬甸。

史迪威上報告給華府，將敗仗怪罪到蔣介石和英國人身上。他開始在日記裡稱蔣介石是「花生米」，這是他不尊敬名義上長官的另一跡象。（得了小兒麻痺症的羅斯福也被史迪威稱為「橡皮腿」。）史迪威將在緬甸的失敗歸咎於中國人的性格缺陷。他寫道：「透過愚蠢、畏懼和防衛的態度，我們失去在東固（Toungoo）反擊日本人的大好機會。」

事實上，史迪威在緬甸初試啼聲就吃癟，證明他的魯莽和自我膨脹，而這又源於他自視甚高，認為白人比異教徒優異。他把最重要的決定——攻擊——擺在「直覺」認為日軍兵力弱，而毫無有關敵軍意向或部隊實力的情報。接下來，眼見已快打敗仗，他若能把撤退行動指揮得井然有序，就可拯救更多蔣介石的部隊——不料，史迪威卻消失在叢林中。

蔣介石將這場災難怪罪到史迪威身上。他提到，自己和美國結盟的代價是，「我被迫向美國讓步。」蔣介石日益意識到，中國只不過是盟國的小棋子，中國戰事的重要性是提振美國國內的民心士氣，大過於增強亞洲的戰事。隨著緬甸戰事繼續進行，另一樁事件又增強了這個觀點。

四月二十七日，日軍占領臘戍的前兩天，杜立德率領十六架美國陸軍航空隊 B-25B 米契爾中型轟炸機（Mitchell medium bombers）又來到中國。機隊從位於西太平洋某處的美國航空母艦「大黃蜂號」（USS Hornet）上起飛，轟炸東京等城市，這是美國首次空襲轟炸日本。轟炸機太笨重、無法飛降在「大黃蜂號」上（起飛時已經很勉強），於是這批行動遲緩的飛機，搖搖晃晃地奔向中國。美國官員只提前一週通知蔣介石這項計畫。

蔣介石反對此一空襲計畫，擔心此舉會刺激日本攻打他的機場，而且他的精銳部隊還陷在緬甸叢林。他請求先打完緬甸戰役再說，但美方不能等了。為了安撫蔣介石，他們答應任務完成後，中國可以擁有這些轟炸機。

杜立德的空襲任務非常成功——起碼可以幫美國挽回一些自尊。這項攻擊行動躍登全美各大報。羅斯福頒給杜立德榮譽勳章。但就蔣介石而言，美國的承諾又是口惠而實不至。這批飛機降落時，沒有一架完好無傷。十五架迫降在中國，一架飛到俄國境內。八十名機組人員中，八人被日軍俘虜。除了迫降在俄國的那組人，包括杜立德本人都被中國人救了。

接下來，日軍瘋狂展開報復。逾二十萬名日軍發動了一九三九年以來，規模最大且最持久的攻勢，猛烈攻擊華東

第二次世界大戰期間的緬甸
N
不丹
雷多
往印度藍迦爾
密支那
英帕爾
昆明
印度
畹允
中國
臘戍
曼德勒
滇緬公路
印度支那
東固
泰國
孟加拉灣
仰光
毛淡棉
0 Miles
200
0 Kilometers
200
©2016 Jeffrey L. Ward

的諸多城鎮。蔣介石在此區投入三十萬大軍，拚命保衛其空軍基地和人民。日軍則力挫國軍部隊，殺死了三萬名官兵及約二十五萬名民眾。蔣介石在給馬歇爾的信中提到：「日軍殺光此區的每個男女老少。」他更深刻地感受到，美國並不珍惜他的國家及其犧牲。

史迪威從印度向華府戰爭部提出警告，指出不派美軍地面部隊到中國，是一項戰略錯誤。他說，必須在中國戰場決戰、打敗日軍。因此光復緬甸成為他的懸念。他在一九四二年六月寫道，光復緬甸，他就可以供應及訓練中國部隊，並且打開海岸讓美軍登陸，屆時美軍可以將日軍趕出亞洲大陸，並且逼日本本土投降。史迪威也建議在印度設立一個訓練營，培訓撤退到印度的兩個師中國部隊。

史迪威的上司，包括馬歇爾在內，並不認同他的觀點。美國聯合情報委員會（US Joint Alliance Committee）六月的一份報告，貶抑中國的戰略重要性，指出中國部隊「固有的弱點太多，不可能發動重大攻勢」。不過，馬歇爾核准訓練計畫，因為不需要美國投入許多部隊。而且在印度已經有四萬五千噸租借法案物資，預定交給中國，可以撥給訓練基地使用。更重要的是，這也代表更大數量的另一批物資（多達十四萬五千噸）可以轉移到其他戰場。馬歇爾認為，在印度訓練中國部隊是最符合成本效益的方法，可以顯示美國承諾支援中國抗戰。

在緬甸作戰失利對國民政府構成重大的打擊，甚至可謂導致國府最後的覆亡。蔣介石損失逾三分之一西式訓練的精銳部隊，又賠上他們的輜重裝備。日後證明，還要花上兩年半，飛越駝峰的空中運補數量才趕得上一九四一年年底，自滇緬公路點點滴滴進入中國的數量。

更廣泛地來說，緬甸失利替史迪威、美國政府和美國記者聯手推動之對國民政府的新觀感定了調。根據此派論述，美國人急公好義地要拯救中國，但他們的好心好意卻被蔣介石的不願作戰所辜負。史迪威兜售這個觀點以掩飾他的缺失，美國新聞界也接受了，因這可免除美國英雄的任何過失。羅斯福政府也鼓勵此一觀點，因為華府忽略中國的政策可以藉此獲得合理化。

蔣介石心知肚明，因此特別生氣。自珍珠港事變到一九四二年七月二十二日的這段期間，國軍傷亡八萬人；全球美軍的傷亡人數則不到這個數字的一半。這怎麼能說他不願作戰？蔣介石對史迪威周遭的美軍軍官下了評語，表示那些人「蔑視我們、汙衊我們。他們勉強幫助我們。每思至此，悲痛莫名。」

對蔣介石而言，他的美國夢在一次次挫敗中破滅了：國軍的精銳部隊折損於他本來就頗有疑慮的緬甸戰場，又眼看著美國只顧著維持在印度的空軍兵力，而杜立德的空襲則只是導致日本人對華東展開報復性攻擊。他在日記中如此寫道：「今而及知此所謂同盟與互助皆為虛妄之語，美國亦不能外此例乎」。然而，他仍繼續期待，明天會更好。

附註

數十年來，美國人對於二戰期間美中關係的歷史觀點，深受芭芭拉·塔克曼《史迪威與美國在中國的經驗 1911-1945》（*Stilwell and the American Experience in China, 1911-1945*）一書的影響。但過去幾年，其他學者已經採取更寬廣、更詳盡的角度看待這場戰爭，不只依賴美國的資料來源，也依賴來自前蘇聯、日本，當然還有中國的資料來源。關於戰爭期間的故事，我個人非常依賴方德萬（Hans Van de Ven）、陳兼、陶涵（Jay Taylor）、楊奎松和其他人的研究。胡佛戰爭革命暨和平研究所有關蔣介石、宋子文、史迪威和孔祥熙的檔案，對我的研究來說也十分重要。

第二十一章
危險的連結

中國共產黨對美國的觀感也有起伏變化的週期，大半隨著莫斯科的路線連動。一九三〇年代初期，中共中央發出通告，宣稱美國是敵人，認為美國助紂為虐幫日本人。

一九三五年年底史達林改變路線，宣布法西斯主義是最大威脅時，毛澤東立刻追隨，呼籲與蔣介石組成統一戰線，共同抗日。身為中國共產黨其中一位主要領導人的劉少奇，甚至承認美國正在幫助中國抗日。但史達林試圖交好希特勒時，中共又立刻改變立場。一九三九年八月，毛澤東支持蘇聯與德國簽訂互不侵犯條約，並指控羅斯福沒比日本首相東條英機好到哪裡去。中共再次抨擊美國密謀將中國交給日本。

一九四一年四月，日本與蘇聯簽訂了一分不侵犯條約，毛澤東私下稱讚這分條約，因為這代表日本將投注更多部隊粉碎蔣介石，因此可為共產黨在中國的勝利鋪路。一九四一年三月十五日，羅斯福誓言，將把美國轉化為「民主國家的軍火庫」，並援助中國抗日作戰。中共報紙將他貼上了「戰爭販子」的標籤。

一九四一年六月二十二日，德國進攻蘇聯，蘇聯政府命令中國共產黨與國民黨合作，停止批評美國。四月時還是「戰爭販子」的羅斯福，到了六月竟搖身一變成為「開明的資產階級政客」。

此後，毛澤東指示他的追隨者接觸美國人，告訴他們中共版本的故事。中共派駐重慶代表周恩來告訴約翰・派頓・戴維斯（John Paton Davies，國務院安排在史迪威麾下的外交官），共產黨部隊若能追隨史迪威，將感到無比光榮；一九四二年八月，他要求美國派一個正式代表團前往共產黨西北邊區。周恩來也寫信給居里，要求平均分享「租借法案」的物資。現在，前往中國訪問的美國貴賓固定會在中共黨報《解放日報》上受到讚許。

然而，中共內部的文件清楚顯示，這些讚美只是戰術性質。一九四二年年底發出的一份指示：來自美、英的援助需「盡可能利用到最大程度」，但只有蘇聯才是真正的盟友。毛澤東在他最重要的論文之一〈新民主主義論〉（On New Democracy）中提到，「所有帝國主義都是我們的敵人」，只有蘇聯才值得信賴。

戰火席捲中國之下，一群新的中國學者和作家前往美國參訪，再次尋找改造祖國的靈感。一九四三年和一九四四年人類學家費孝通訪問美國，將美國稱為「樂園」。他寫道：「上有天堂，下有美國。」費孝通專注觀察的特色，讓往後的中國人也始終感到著迷：美國創新改造的能力。一九三〇年代訪問美國的中國人，看到的美國已經跪在地上，不僅經濟沉淪，而且自信動搖。但費孝通發現美國正在復興。他認為美國自立自強的傳統孕育出改革的文化。他寫道，美國人民不怕失敗，使他們有工具得以克服困難。

一九四五年，費孝通在中國出版一本談論其訪美心得的著作。他在書中探討中國作家反覆再三的問題。美國是如何創新的？宗教信仰為什麼重要？美國怎麼能夠融合那麼多文化，並將之冶為一爐？費孝通認為，中國需擁抱美國精神才能進入現代世界。他寫道，中國人的生活有如船上旅客。他們要去控制船才對。中國人的價值是接受而非創造。他寫道：他寫道，中華民族中毒已深，有如癱瘓，還沒死，但也不像活著。

在美國的費孝通，積極為中國的社會科學研究爭取經費。他爭取補助經費，還有和美國、中國學者的合作計畫。他自稱「推動者」，也宣布自己具有美國的創新精神。一九四三年，他宣稱：「我是中國人，但實際上更像美國人。這樣的個性〔在中國〕……往往招來很多麻煩。」和胡適一樣，費孝通也很有美國女人緣。他寫道，他喜歡這些女性「母愛的照顧」，在對他的溫柔中，她們似乎反映出美國人將中國視為需愛護之孩童的本能。

費孝通讚美美國人支持抗戰，反之許多中國人卻逃避徵兵。他驚佩美國女性的勤勉，男丁入伍服役之下，女子則走進工廠。中國的左、右翼人士都抨擊費孝通的著作美化了美國人。有位西方人士讚賞費孝通「沒有民族偏見和民族仇恨」，共產黨卻以這番言論為證據，指控他是外國間諜。

不過，美國持續不斷追求新事物，也讓費孝通疲於追趕。他嘆息美國老年人的生活。他寫道，美國的父母將子女扶養成年卻看著他們像燕群一樣飛走，實在太殘酷。他同情「美國人住在連鬼都沒有的世界裡」。他成長的故居大宅，已經習慣已逝老祖母的幽魂在家中進出。他寫道，美國人沒有鬼故事；但他們有的是超人。他們不活在過去，而是活在未來。

既然白宮不能在軍事上支援中國，於是就發動支持中國的政治動作。一九四二年十月，羅斯福政府宣布美國將廢除治外法權。英國並不願意，但勉強跟進。不過，當羅斯福建議英國在戰後將殖民地香港交還中國時，邱吉爾可就按捺不住了。

在中國，新聞宣布十月十日為雙十國慶日，國、共兩黨雙雙歡呼。中國作家將中國辛苦走來、好不容易恢復的主權，拿來與美國大革命相比擬。共產黨《新華日報》稱讚年輕的美國「集合全世界愛好自由的人民」。蔣介石頒令全國放假三天，以示慶祝，並製作了一首題名索然無味的紀念歌曲——〈廢除不平等條約〉（Abrogating the Unequal Treaties）。

一個月後，蔣夫人從中國到美國去。一九一七年後她就不曾到美國了。飛機在長島的米契爾空軍基地（Mitchel Field）降落時，羅斯福特派親信顧問哈利·霍浦金斯（Harry Hopkins）前往接機。在進入紐約市區的車上，她大談在全球大戰上，為何需優先注重亞洲戰場。

《芝加哥每日新聞》（*Chicago Daily News*）記者阿奇·史提爾（Arch Steele）認為，蔣夫人在美國的各項活動，為中國的國民政府帶來「一段不真實的夢幻般時期」。當她向人群揮揮手、親吻嬰兒和在國會演講時，宋美齡發現美國已被中國和中國人迷住。在紐約的長老會醫院（Presbyterian Hospital）停留一段時期，治療各種疾病後，一九四三年二月十七日她來到華盛頓。打從一開始，美國媒體就很興奮。《華盛頓郵報》讚嘆，她「就像攝影師展示的那樣具有吸引力」。

二月十八日，宋美齡成為第一位在美國國會演講的平民婦女。（譯按：第一位在美國國會演講的女性是荷蘭女王。）在眾議院議事堂裡，德州眾議員山姆．雷朋（Sam Rayburn）介紹她是「地球上最傑出的女性之一」。她告訴全場聽眾，中國人和美國人正為相同的目標而戰。她說，擊敗日本至少與戰勝納粹同等重要。宋美齡的信息，凸顯一個多世紀以來中國人對美國的期望。她說，別再說你們喜歡我們，請開始證明給我們看。她對美國人提出了給予更多援助的挑戰。

羅斯福夫人愛蓮諾（Eleanor Roosevelt）在日記中寫下，眼看著宋美齡在一群高大白人政治人物的陪同下，走下參議院的走道，她「不禁為自己身為女性感到十分驕傲」。這就是美國和中國緊密相連的一個深刻證明——一位在上海和美國南方長大的中國女子，在新英格蘭受教育，在戰爭時期的重慶淬鍊堅強，現在則重返美國，激勵著美國女性。美英聯合參謀本部（Combined Chiefs）也被美齡的論述震動，深怕她可能破壞他們「歐洲優先」的戰略。《時代週刊》則寫道：「連硬漢都為之融化了。」

但羅斯福政府官員卻對她的口才起了戒心。在二月十九日的共同記者會上，宋美齡責備羅斯福未能遵守諾言，支持中國抗日。她說：「我們不能赤手空拳作戰。」有個故事寫道，記者會後羅斯福轉頭低聲向助理說：「趕快把這婆娘給送走。」

離開華府後，宋美齡到訪五座城市。她在紐約市的麥迪遜廣場花園和洛杉磯的好萊塢露天劇場（Hollywood Bowl）向數千人演講。每到一處，報導都很熱切。報社舉辦詩歌寫作比賽；小學生的來函如潮水般湧至。她在全美各地旅行的十八天內，紐約、波士頓、芝加哥、舊金山和洛杉磯的主要報紙共發出一百七十八則報導，其中四十五則刊登在頭版，而且她在每座城市的演講稿也都全文刊出。

她結合智慧、性感於一身，而且還兼具國際魅力和亞洲人的精緻，因此發揮極大的力量。三月三十一日《洛杉磯時報》宣稱，美國人從她身上發現「一個活生生的人證，證明東方和西方的意識型態並非不能調和，也沒有巨大分歧。」美國新聞界稱她為中國的皇后。若蔣介石是委員長（Generalissimo）或一般人通稱的「委座」（Gissimo），《生活雜誌》則稱她為「女委座」（Missimo）。（譯按：Gissimo 是 Generalissimo 的簡稱，義大利文原意是「大元帥」，與中文的「委員長」對應。）

外交官謝偉志（John Service）寫道，居里向他抱怨，蔣夫人「跳過總統，向國會直接訴求，激生出對援助中國的同情心理，實實在在抨擊了整個戰爭戰略。」居里表示，他要「建立一道火線」來對付蔣夫人的訊息，因此安排謝偉志和《華盛頓郵報》專欄作家德魯·皮爾生（Drew Pearson）會面，讓皮爾生開始質疑華府和重慶之間的「勉強結合的婚姻」。多年後，謝偉志告訴《紐約客》的編輯卡恩（E.J. Kahn）：「我是居里指定的放話人。」

居里蒐集蔣夫人主持的慈善事業情資，聯邦調查局也針對宋氏家庭貪瀆的傳聞展開調查。居里也鼓勵美國其他記者開始質疑國民黨。一九四三年年初，原先密切涉及打造國民政府形象的《時代週刊》記者白修德，獨家報導河南省大饑荒的消息，指控國民黨胡整、亂搞賑災活動。日後白修德在回憶錄中寫道：「我到處幾近發瘋地吶喊：『有人快死了！有人快死了！』」

重慶方面，蔣介石擔心其政府和美國的關係正在惡化。他在日記中預測，妻子訪問白宮後，美國只會想在政策上利用中國，毫無誠信可言。蔣介石的直覺沒錯。華府對國民政府的關係正在轉壞。雖然國民黨的中國遊說團在華府操縱政局普遍受到注意，但中國共產黨的實際成績更可觀。共產黨特務扮演著重要角色，說服美國決策者相信，國民黨內部相當腐敗。其中一位特務就是冀朝鼎。

山西銀行世家出身的冀朝鼎和宋子文一樣，也是一名數字專家。他從芝加哥大學畢業，一九二〇年代獲得哥倫比亞大學經濟學博士學位；在歐洲結識周恩來後，他加入美國共產黨。冀朝鼎能說完美的英語。共產革命成功後，在中國居住數十年之久的美國共產黨員李敦白（Sidney Rittenberg），稱他是「最上乘的革命宣傳家」。一九三〇年代，冀朝鼎任職於紐約的「太平洋國際學會」（Institute of Pacific Relations），這是洛克斐勒贊助的一個智庫。冀朝鼎和美國學者拉鐵摩爾（Owen Lattimore）共同擔任學會極富影響力的刊物《太平洋事務》（*Pacific Affairs*）的編輯。冀朝鼎以筆名發表文章抨擊國民黨，並另外用本名進行中國經濟的研究。

冀朝鼎透過他在芝加哥大學同班同學柯福蘭（Frank Coe）接觸到羅斯福政府。一九三〇年代柯福蘭任職於聯邦財政部，他介紹冀朝鼎認識財政部長摩根索、羅斯福的主要財政顧問哈利·狄克斯特·懷特（Harry Dexter White），以及另一位財政部官員所羅門·阿德勒（Solomon Adler）。美國攔截到之發自蘇聯大使館的通訊，顯示出戰時，懷特、阿德勒和柯與蘇聯的情報機關一直有合作。歷史學家史蒂芬·麥金農（Stephen MacKinnon）認為，摩根索對中國的觀感日益變差，應該是受到冀朝鼎的影響。

冀朝鼎和許多美國記者交好，並影響他們的工作。其中之一是曾經在中國傳教的畢恩來。一九四三年七月，畢恩來在《遠東評論》（*Far Eastern Review*）上發表一篇影響重大的文章，認為實際上存在兩個中國。一個是「封建中國」（Feudal China），向後看、腐敗，面對日本人相當消極。這就是國民政府的中國。另一個是「民主中國」，積極抗日、現代化，並預備領導國家走向未來。這就是共產黨的中國。畢恩來稱毛澤東不是馬列主義者，他在西北邊區達成「資產階級民主的本質」。畢恩來其實也不盡然是名記者。從戰後解碼的蘇聯大使館電訊裡可見，他是美國政府機密報告的消息來源。主流刊物刊載畢恩來供應的訊息。《紐約時報》軍事記者漢森·鮑德文（Hanson Baldwin）摒棄當時盛行的觀點，不認為國軍部隊有能力，也不認為國軍士兵夠勇敢。鮑德文在《讀者文摘》上寫道，「國軍統帥無方，士兵不會使用現代武器。」他說：「傳教士、戰時救濟活動、幹練的大使和電影，帶給我們失真的中國」。

一九四三年一月華府正式廢除治外法權後，賽珍珠率領一個運動，要終結美國對中國移民的禁令。她和死對頭亨利·魯斯（Henry Luce）成立「廢除排華法案公民委員會」（Citizen's Committee to Repeal the Chinese Exclusion Act）。可預料到的是，工會以及傳統上反華裔美國人的人士都反對任何改變。但這一次維繫中國留在戰局的需要勝過反華的種族主義。《華盛頓郵報》的社論認為，若未廢除《排華法案》，只會有助於「日本的宣傳」。一九四三年五月二十日，賽珍珠在國會聽證會上主張，政府應允許中國人進入美國。她宣稱，中國人關注家庭和土地，代表一種「天生的民主」，開國先賢湯瑪斯．傑佛遜（Thomas Jefferson）應該能理解。俄亥俄州共和黨籍國會眾議員佛蘭西絲．波頓（Frances Bolton）認為，華人是「全世界最個人主義的種族」。《紐約時報》刊登的一幅廣告寫道：「中國有句成語『四海之內皆兄弟』。我們的說法是『人生而自由與平等』（all men are created free and equal）。讓我們以行動證明，我們所言不虛。」

因為擔心引起反彈，賽珍珠刻意不安排華人在國會作證。賽珍珠反映出與當年蒲安臣代表滿清與國務卿西華德談判條約的一套相同思維，自認足以妥適代表華人的利益。為了取得足夠票數廢除《排華法案》，眾議員華倫．麥格努森（Warren G. Magnuson）起草的新法案規定，每年只允許一〇五位中國移民來美國。美國人對於這樣的折衷似乎滿意：民調顯示，百分之六十的受訪者支持廢除《排華法案》，但有百分之七十五表示，他們仍希望對中國移民設立上限。

中國印度遠征軍在加爾各答（Calcutta）北方九百英里的山區小鎮藍伽爾（Ram garh）安頓下來。借用一戰期間的一座戰俘營改建，二百五十名美國軍官率領五百名義務役士兵，在此培訓三個師的國軍部隊逾一年。美國教官教他們每件事：從投擲手榴彈到刺刀作戰，從引擎維修到坦克駕駛。史迪威委派包特納准將主持這個營區。根據美國軍方一份出版品的說法，美國的目標是「建立一支現代化作戰部隊，能與日軍對抗，將其擊敗以取得勝利」。對大多數中國士兵而言，這是他們生平第一次可以盡情吃飽肚子。每名士兵的體重平均增加二十英磅。有名士兵寫道：三餐熱飯和一張行軍床，形同「天上掉下來的大餅」。

包特納在哈佛大學修了個中國史碩士，而且說一口流利的中國話。他認為若未細膩地處理，文化差異會破壞整個作業。他告訴手下的美國教官：「各位負責的，是非常、非常艱鉅的任務。接下來你們必須發揮主動、獨創、機智和合作精神。」為了避免出問題，包特納定下三項簡單的原則：「告訴中國人實話，只有實話，除了實話，絕無廢話。堅持美式作風，但又不能太過美式作風；讓中國人保持中國作風，但也不能太過中國作風。絕不能當著別人的面，對中國軍官發脾氣。」包特納注意到史迪威所忽略的一些重點。中國人已經和日本鬼子打了十年戰爭，因此，美國人必須證明自己值得效仿。

美國軍官對於干涉什麼事必須有所選擇。當中國軍官體罰部屬時，他們不去干涉。但碰到財務問題時，包特納堅守立場。傳統上，中國指揮官分配薪餉給手下，但會扣下一部分，擺進自己的口袋。包特納決定，在印度，由美國人來管錢，直接發餉給中國士兵。營區裡有位中國指揮官不肯配合，包特納便將他開除。

中國人回應美國人的態度，持續到了今天。士官邱風認為，美國人「開放、不耍心眼」。二等兵鄧述義認為，他們「不那麼複雜……而且容易相處」。新兵周文星記得，美國人教開槍打靶，與他中國排長的教法不同。他寫道，美國人不挑剔姿勢，「只要你能開槍打中就行！」美國人教中國人打棒球、跳踢踏舞、組織橋牌比賽。中國人發現，他們玩起來就像小孩子。

讓中國士兵印象最深刻的則是美國女性，他們的回憶充滿對美國護士的讚頌。二等兵胡冬生回憶道，和來自西雅圖的護士珍妮有「一段難忘的遭遇」，珍妮試著與他說中國話。另一位士兵劉樹瀛寫道：「我腦海裡常常出現護士美麗的倩影。」（譯按：以上中國老兵名字皆引自《在同一面戰旗下：中國二戰老兵回憶錄》一書。）

但是，中國境內的美國人和中國人卻處不好。美國人抱怨中國人的生活習慣不好，譬如大聲清喉嚨、隨地小便。美國外交官愛德華．萊斯（Edward Rice）從西安發出報告指出，他認得的每個美國士兵幾乎都「痛批中國和中國人」。中國人對美國人的印象也一樣欠佳。戰時陳光甫寫下的筆記就表示，中國人和美國人彼此不欣賞。他接著寫道，中國同胞怨恨美國人，希望他們不要繼續手握大權，偏偏中國人獨自面對美國人時又害怕他們。陳光甫提醒自己必須警覺：在美國不斷聲稱要支持中國的當下，很多中國人的腦子被一些甜蜜的談話麻木了，認為每個美國人都是中國的朋友，但其實很多美國人是不可靠的。

在作戰層面上，史迪威很清楚怎麼運用中國部隊。他希望訓練兩支新軍來光復緬甸——X部隊從印度，Y部隊從中國兩面夾擊。問題是，華府承諾的支援永遠不足。關鍵原因是，一九四二年起，美國海軍在離重慶五千英里以外的南太平洋戰場進展順利。

一九四二年五月，美國海軍在珊瑚海之役（Battle of the Coral Sea）首度制止日軍推進。一個月後，在中途島之役（Battle of Midway），六個月前參與偷襲珍珠港的六艘日本海軍航空母艦中，有四艘被美軍擊沉。自中途島之役起，盟國展開跳島攻擊戰略，並於八月發動第一次瓜達卡納爾島戰役（Guadalcanal Campaign）。到了一九四三年年初，美國陸軍、海軍和陸戰隊已經打開北伐日本的大路。

美軍在太平洋的告捷，終止了美軍在中國沿海登陸的計畫。不過，儘管中國的戰術重要性萎縮，羅斯福卻堅持將中國留在戰局裡。因此軍事規劃人員提出另一個主意——把中國當作盟國巨大的空軍基地，並從中國攻擊日本。一九四二年十二月七日，即珍珠港事變一週年時，陸軍參謀長馬歇爾提出一份備忘錄，支持解除中國被包圍的構想，但不如史迪威所想的，是要幫助中國軍隊。他的計畫是運用中國來支持盟軍在太平洋的戰略。馬歇爾以飛虎隊陳納德的成績為榜樣提出，「在美國傷亡非常輕微的情況下，轟炸攻擊已經造成所動員飛機數不成比例的重大損害。」計畫的重點不是在中國之內和日本人作戰，而是從中國與日本人作戰。

這個新戰略對國民政府的影響極大。大量資源投入到中國興建空軍基地，侷限了可用作中國防務的資材。華府戰略家的目光放在以最快的方法得勝，但這卻將導致國軍陷入困境。

華府轉而以空軍力量為中國戰場的解決方式，這樣的決定有利於陳納德。史迪威成了輸家。「酸醋喬」主張，中國需要的是以訓練有素的陸軍部隊擊退日軍、搶回失土。根據報導，史迪威曾說：「要由壕溝裡的士兵贏得戰爭。」針對這句話，陳納德則回嗆：「天殺的，史迪威，壕溝裡沒有人！」在這場爭論中，蔣介石贊成陳納德的意見。蔣介石和許多中國人一樣，讚嘆美國科技的神奇。對他來說，步兵部隊遭軍閥和只會紙上談兵的人主宰，難以率領，彷彿陷入泥淖，而空軍的力量剛好可以擺脫這困局。

史迪威在戰場和官僚體制中雙雙吃癟，但他拒絕和陳納德合作，在和蔣介石會面時口氣也日益不遜。他促請華府的上司對蔣介石說話「口氣更硬點」。一九四三年三月八日，羅斯福給馬歇爾寫了封信，信中提到史迪威和蔣介石打交道的「方法完全不對」。羅斯福不同意透過威脅，或對美國援助蔣介石附加條件。羅斯福寫道：「我們都要記得，委員長很不容易才成為四億人民無可爭議的領袖。他是行政首長，又是三軍統帥，我們不能對這樣的人硬綁綁地講話，或要求他像摩洛哥的蘇丹那樣一定要許諾。」

然而，史迪威繼續抗拒應讓陳納德脫離其節制、另立司令部的主意，也不認同空軍力量可能嘉惠中國的想法。最後，陳納德和史迪威都在一九四三年春天被召回華府開會，因為羅斯福和邱吉爾要再度碰面，為下一階段的戰爭訂定策略。

回到美國後，實際上已互不講話的史迪威和陳納德都被民眾捧為英雄。《紐約時報》四月三十日的社論提到，史迪威「無與倫比的適任現職」。《紐約時報》寫道：「史迪威沒犯過錯……他和中國人平起平坐：從委員長以下，他們全都喜歡他。」《紐約時報》預祝他「如願以償」。

但史迪威並不能順心如意。當他被要求說明建立中國新軍的必要性，以及陳納德的空軍計畫為何不可行時，史迪威訥訥難言。羅斯福還以為他病了。馬歇爾說他這位好朋友「抱著腦袋低頭，喃喃自語，蔣介石不肯打仗！」其實史迪威有個很務實的論據。他在報告中提到了滿招損，陳納德可能因為太成功而招禍。陳納德率領的飛虎隊，近來獲得「十四航空大隊」的新番號，飛虎隊十分擅長騷擾日本人。史迪威擔心日本人會發動大規模地面攻勢，來摧毀陳納德散布各地的空軍基地。

羅斯福支持陳納德，於是下令「十四航空大隊」的各項需求優先於史迪威的陸軍培訓計畫。盟國也同意收復緬甸，但對於如何作戰沒有共識。蔣介石答應讓自己的部隊進入緬甸作戰，但條件是英、美都派兩棲部隊登陸作戰，以重新打開仰光港。

史迪威不肯認輸。在他的政治事務助理約翰・派頓・戴維斯協助下，他找新聞界透露中國的情況，包括前往《華盛頓郵報》大老闆尤金．邁耶（Eugene Meyer）家裡投訴。他將蔣介石形容成無能的人，又說共產黨才是真正的中國愛國份子。歷史學者陶涵寫道，一名美軍將領和他的國務院助理如此汙衊戰時盟友，還真是史無前例。

隨著一九四三年的時序進展，羅斯福對「酸醋喬」愈來愈沒好感。他對白宮助理霍浦金斯表示，史迪威「仇視」中國人。蔣介石的外交部長宋子文也遊說換掉史迪威；到了十月，在霍浦金斯進言下，羅斯福同意換人。宋子文和霍浦金斯也洽商好一項計畫——將大半中國軍隊中的老將領換成受過西方訓練的新人。此外，這項計畫也打算安排讓每個層級幾乎都有個美國軍官輔佐中國軍官。

羅斯福和邱吉爾再次於魁北克舉行「四分儀會議」（Quadrant Conference），擬訂「諾曼第登陸」的作戰計畫。蔣介石仍未獲邀參與大計。會議也更詳細地規劃，盟國將以中國作為大型空軍基地。自一九三九年起，波音飛機公司便開始研發長程的 B-29 超級堡壘轟炸機。美國空軍戰略家遵循長期以來，利用中國做實驗的傳統，支持讓 B-29 進駐中國，進而轟炸日本的計畫。

盟國在魁北克的會議決議，於亞洲新成立一個「東南亞戰區司令部」（South East Asia Command），由英國路易．蒙巴頓勛爵（Lord Louis Mountbatten）主持。邱吉爾決心讓英國對於亞洲的未來仍有置喙的餘地。美國軍官開玩笑表示，東南亞戰區司令部的英文縮寫 SEAC 代表「拯救英國的亞洲殖民地」（Save England's Asian Colonies）。

中國方面，蔣介石對此起了戒心。他懊惱自己又沒被邀請參加戰略會議，痛批「國際社會」的「不平等」。十月間，蒙巴頓來到重慶，蔣介石的無力感更重了。蒙巴頓已聽聞宋子文正策劃換掉史迪威。蒙巴頓告訴蔣介石，若無史迪威，中國在印度的遠征軍將歸英國人指揮調度。這更增強了蔣介石的擔心，深怕英國計畫利用他的部隊去拯救大英帝國。蔣介石因此推翻了換掉史迪威的決定。「酸醋喬」或許不適任，但至少他不是英國人。

宋子文回國後，對於易人計畫出現如此大轉彎感到非常不快。他痛斥蔣介石：「難道你是非洲部落的酋長，可以這麼反覆無常？」由於他的頂撞，加上蔣介石忌憚宋子文有心取代他，於是蔣介石將他軟禁在家，直到一九四四年年初才解凍。

一九四三年年底，蔣介石終於受邀參加十一月舉行於埃及的戰略會議。開羅會議（Cairo Conference）將是第一次，也是唯一一次會議讓一位亞洲領導人和羅斯福及邱吉爾平起平坐。

一九四三年十一月二十一日黎明，蔣介石、宋美齡夫婦抵達開羅。次日，會議舉行於開窗即可見到金字塔的梅納賓館大飯店（Mena House Hotel）。宋美齡是出席會議的唯一一位女性。英軍元帥艾蘭布洛克勛爵（Lord Alanbrooke）注意到，當她移動長袍下的美腿時，他手下青年軍官們「壓抑不住的嘆息」。對於蔣介石受邀與會英方頗為不悅，邱吉爾建議安排蔣氏夫婦參觀金字塔。但羅斯福堅持，蔣介石和宋美齡全程參加會議。

從一開始，英方就明白表示，不喜歡在緬甸發動兩棲作戰的主張。蒙巴頓勛爵提出一個計畫，將作戰侷限在緬甸北部。然而，羅斯福要求必須打開仰光港。

感恩節當天，羅斯福悄悄告訴蔣介石，邱吉爾「最讓他頭痛」。羅斯福說，英國人「根本不希望見到中國成為大國」。羅斯福再度承諾在緬甸發動兩棲作戰，也答應為國軍裝備九十個師的部隊。蔣介石答應讓B-29轟炸機進駐中國。他也向羅斯福的要求讓步，在兩個條件下與共產黨成立聯合政府：美國要確保蘇聯不占領滿洲，以及英國交回香港。蔣介石表示，他對會議的進行感到甚為滿意，而且羅斯福待他有如老朋友。《開羅宣言》承諾「日本得自中國的所有領土都應歸還給中國」，也讓他很高興。

蔣介石稱《開羅會議》是他一生革命事業的重要成就。他寫道，困擾中國數十年的問題似乎就此一筆勾消。盟國同意將滿洲、台灣和澎湖交還給中國。朝鮮將獲得獨立；其含意是，該國將再度回到中國的勢力範圍內。蔣介石也將他的意見表達得很清楚：中國會在其國境之外參加另一場大戰，條件是盟國要履行承諾。他不要單槍匹馬作戰。中國現已加入了俱樂部，而羅斯福的確也安排妥當，以這次會議象徵中國的崛起。蔣介石在日記中稱讚宋美齡；她每天工作十二個小時，在重要協定中發揮中國式魅力。蔣介石甚至認為，她已經取得羅斯福的同意，提供國民政府十億美元的貸款，雖然這項承諾最後化為煙雲。

即使如此，史迪威繼續密謀反蔣。在開羅，羅斯福和史迪威單獨會面，談了二十分鐘。史迪威向他抱怨蔣介石，後來又向人聲稱，羅斯福暗示，不反對暗殺蔣介石。史迪威回到中國後，便指示部屬擬訂可行的暗殺計畫。有個劇本是假裝飛機引擎在空中故障，並提供蔣介石一個不靈光的降落傘。幾個月後史迪威在日記中寫道：「要治中國之弊，就得剷除蔣介石。」這是美國官員首次密謀暗殺一位第三世界領袖，而且之後還層出不窮。

羅斯福和邱吉爾從開羅前往德黑蘭和史達林會面。但在德黑蘭，盟國卻對蔣介石背信。史達林要求，美國和英國專心投入資源在歐洲的諾曼第登陸戰。盟國必須先對付希特勒。作為交換條件，史達林答應在擊敗希特勒的三個月後，對在中國的日軍發動攻擊。對於羅斯福倡議的聯合國，史達林也表示支持。

史達林的保證，使中國的戰略價值又跌到空前低谷。羅斯福和邱吉爾承諾全面進攻法國灘頭的這項「大君作戰計畫」（Operation Overlord），意味著在緬甸不會有兩棲登陸作戰。當史達林承諾紅軍全力進攻滿洲時，中國對抗日戰爭有什麼貢獻，已經無關緊要了。

十二月七日，也就是珍珠港事變兩週年當天，羅斯福和邱吉爾照會蔣介石，取消在緬甸發動兩棲登陸作戰。羅斯福給他兩個選擇：一是接受在緬北發動有限度的戰役；另一是再等一年，才能談海上攻勢。蔣介石在日記中寫道，會有此一轉變，是英國人背信失義。

蔣介石以典型的方式回應。他以威脅口吻對羅斯福表示，整個中國前線恐怕會突然崩潰；他也要求給他十億美元的貸款（最後美國終究沒給他）。蔣介石要求一千架飛機，飛越駝峰的補給噸數加倍。否則他可能會投降。蔣介石也注意到，羅斯福、邱吉爾和史達林在德黑蘭的宣言只提到德國。蔣介石提出警告，從這裡，日本人會以為東亞大陸不再於盟國戰略中占有重要地位，他們可能被引誘發動攻勢。蔣介石告訴盟國，日本大軍已在滿洲集結，並往南開拔。史迪威指控蔣介石大叫狼來了。但「酸醋喬」又錯了，代號「一號作戰」（Operation Ichigo）的另一場災難即將爆發。

附註

毛澤東對美國的看法，參見他的公開文章及亞歷山大・潘佐夫（Alexander Pantsov）和梁思文（Steven Levine）所寫的傳記《毛澤東：真實的故事》（*Mao: The Real Story*）。關於費孝通的見解，歐達偉（David Arkush）的《費孝通傳》（*Fei Xiaotong and Sociology in Revolutionary China*）非常有用，也可參見費孝通本人的著作。陶涵所寫的傳記《蔣介石與現代中國的奮鬥》（*The Generalissimo: Chiang Kai-shek and the Struggle for Modern China*）敘述蔣介石對美國日益失望的故事。

第二十二章 水稻田裡的海軍

一九四二年年底，美國海軍上校梅樂斯（Milton E. Miles）召募志願人員，和國民政府間諜及游擊隊合作時，主要條件之一是不了解中國情勢。他寫道：「我們召募的人員對中國愈不了解，就愈不需去除已經了解的東西。」梅樂斯希望他的手下「略為瘋狂」，他寫道，他不要任何「老中國通」。

梅樂斯避免以老方法看待中國——以及他支持國民政府——使他成為第二次世界大戰期間，群聚在重慶的美國人異類。也因此，戰時兩國政府間最惡名昭彰的合作項目，就是他領導的組織「中美技術合作所」（Sino-American Cooperative Organization，簡稱ＳＡＣＯ——唸起來感覺還挺厲害的，像是在說「棒透了」！）

梅樂斯的單位最後成長到兩千五百多人，分別來自各軍種、聯邦緝毒局（US Narcotics Bureau）、聯邦調查局、矯正署、財政部、特勤局（Secret Service）和紐約州警察廳。這些人員訓練數萬名中國游擊隊隊員去破壞日軍的補給供應和彈藥庫，並建立攸關美國海軍在太平洋作戰的一個氣象站網絡。來自中國的氣象報告，對於規劃硫磺島和沖繩的攻擊時，發揮無比的重大作用，而且這些氣象站預報的暴風雨消息，使數百架美國轟炸機能在日方未察覺的情況下起飛，大舉空襲東京。

中美技術合作所的蛙人在廈門港爆破日本貨輪，而且美中人員主持華南沿海一連串的海岸偵察站。中美技術合作所的長江突擊隊在一名美國海軍軍官的率領下，穿著中國農民服裝，橫行於洞庭湖，他們炸毀日本船隻、破壞鐵路橋梁。

但依照國務院顧問、歷史學者赫伯特・費斯（Herbert Feis）的說法，若說戰時美國在重慶的作業是「六個以上不同單位的馬戲表演」，被稱為「水稻田裡的海軍」（rice paddy navy）的梅樂斯部門則更是馬戲團的主秀，就像怪胎表演。即使是美國海軍的官方歷史，也說這個部門「最為光怪陸離」。梅樂斯與蔣介石手下特務頭子戴笠合作，牽涉許多暗殺行動，刑求嫌犯更如家常便飯，這些人打擊共產主義及西方自由主義的熱忱，常高於抗日作戰。

美國在中國有許許多多的作業，中美技術合作所恐怕是好惡評論最為見仁見智的單位。海軍歷史專家奧斯卡・費滋傑羅（Oscar P. Fitzgerald）寫道：「比起在遠東的其他部隊，中美技術合作所游擊隊以規模最小的人事及補給經費，殺了更多日本人，而且破壞更多敵軍物資。」反之，一九四四年戰略服務處的第一任處長威廉・唐諾文（William "Wild Bill" Donovan）呈給羅斯福總統的報告則寫道：「中美技術合作所從來沒什麼重大情報或作業建樹。」不過，若以中國作為美國新倡議的實驗室這項傳統而言，梅樂斯的作業成為冷戰時期美國與全球各國情治機關的合作範本。美國官員為了與共同敵人作戰，完全不忌諱黑道幫派手法和高壓手段。中美技術合作所也成為美國對中國觀點的試金石。梅樂斯和戴笠聯手詆毀美國自由派和左翼人士。史迪威稱戴笠為「中國的希姆萊」（China's Himmler，希姆萊為納粹德國內政部長、全國黨衛隊領袖）。中國共產黨則以中美技術合作所的故事為其幾十多年來，反美運動的主要證據。

第一次世界大戰開始那年，年僅十七歲的梅樂斯投效海軍，後來在一九二〇年代及一九三〇年代兩度上船，奉派到中國服役。默片電影有位女明星名叫瑪麗・梅樂斯・敏德（Mary Miles Minter），因此他的同僚為他取了「瑪麗」的綽號。一九三九年梅樂斯第一次當船長，主管海軍軍艦「約翰・愛德華茲號」（USS John D. Edwards），隸屬的部隊是一八五四年起，就奉命巡弋中國內河的長江巡邏隊。他的同僚海軍少校查爾斯・杜賓斯（Charles G. Dobbins）寫道，遠離華府的密切監管，他發展為「一個喜歡把『書本』丟出窗外，把事情辦好的軍官」（譯按：意思是不會照章辦事）。

在「愛德華茲號」上，梅樂斯目睹日本人在中國橫行霸道。有次，一艘日本海軍船艦命令梅樂斯退出交戰區，梅樂斯升起一面旗子，上面寫著「去你的」，並畫出「???!!***」的記號，後來成為中美技術合作所的徽記。

梅樂斯成為國民政府的忠實支持者。他擔心蘇聯對中國心存不軌。梅樂斯代表美國的一派思想，為中國設身處地考慮。他十分同情國民政府的革命，以寬容之心看待國府的過當行為。梅樂斯也擔心英國伸張勢力。與十九世紀的美國人一樣，他也認為美國在中國有巨大的機會，只要能好好羈束其他列強。

一九四〇年代初期，梅樂斯回到華府，加入一個對中國感興趣的軍官團體，其中有些是海軍高階規劃官員。召募破解密碼專家赫伯特・雅德賚（Herbert Yardley）到中國的中國情報官員蕭信如上校，讀到梅樂斯在中國歷險的相關採訪後，設法找到他，也和這個團體接上線。

日本在珍珠港突襲美軍艦隊時，海軍作戰部部長厄尼斯特・金恩上將（Admiral Ernest King）命令梅樂斯回到中國。當時，海軍規劃人員正考慮美軍在中國沿海兩棲登陸的主意。金恩指示他：「與此同時，盡你所能地協助海軍並阻撓日軍。」蕭信如建議中美情報合作，並得到金恩和羅斯福的贊同。戴笠將是梅樂斯的夥伴，他們的聯合作業代號是「友好計畫」。

一九四二年四月，日本已完全占領緬甸，而梅樂斯則飛越駝峰來到重慶。幾天後，他和戴笠會面。這位中國特務頭子身高五呎七吋，一笑就露出滿口金牙，但讓梅樂斯印象最深刻的是「他那對黑眼珠炯炯有神，似乎看穿了人」。

戴笠將梅樂斯安頓在一棟華廈，這是重慶市長的舊住所，名為「神仙洞」。這棟房子有防空洞，另外有幾名中國特務擔任梅樂斯的翻譯，其實也奉戴笠之命監視他的一舉一動。梅樂斯這個中文名字也是戴笠取的。

梅樂斯要求親赴中國沿海各地考察，還需潛入日軍控制的地區。五月二十六日，梅樂斯率領戰略服務處的無線電報務員艾爾・魯西（Al R. Lusey）和十二名中國特務出發，花了五十二天走遍華南四個省份。一行人坐卡車、睡舢舨，令梅樂斯印象深刻，戴笠的人馬輕鬆自如地穿越日軍控制的地區。這趟考察讓梅樂斯信心大增，認為他有充足的機會「阻撓」日本人。他寫道，他開始思考「早先進入我腦子的一些更廣泛的計畫」。在福建西北角的莆城，梅樂斯這隊人馬和戴笠會合。六月九日上午，日軍轟炸機攻擊縣城。戴笠和梅樂斯躲在稻田裡，他轉頭向梅樂斯問道：「梅先生，為什麼美國不幫我武裝和訓練五萬名游擊隊？」梅樂斯後來寫道：「竟然是在這種情勢下提議。」他到中國才一個多月，卻與中國間諜頭子藏身稻田躲空襲，而這位老中竟提議合作訓練五萬大軍。戴笠伸出手，梅樂斯和他握了手，兩人一言為定。

戴笠和梅樂斯達成的協議是，軍統幫助美國海軍在中國各地設立觀測站。美國則提供軍統訓練和器械，譬如無線電台和輕機關槍。戴笠希望訓練重點擺在破壞技術和間諜工作，這兩者和內部治安的關聯似乎大於對日抗戰之需。報務員艾爾．魯西提醒梅樂斯，這種大事應上呈華府請示，但梅樂斯根本不在意。他寫道：「海軍軍官應該自己做決定。他們遇上暴風雨，不會請示華府該怎麼辦；也不會請示是否攻擊敵人。」不到一年，美國的經費、武器和人員不斷流進戴笠設在重慶郊外快活谷的總部。

對於梅樂斯竟同意讓中方掌控、運作這項任務，美國大使館官員頗感不悅。但梅樂斯認為，讓中方主導是合理的。梅樂斯寫道：「這是他們的國家。這也是他們的特務機關。」梅樂斯和金恩上將經常通信，討論對待盟國的妥當方法，特別像是輕視中國人這種敏感議題。美國陸軍人員和國務院官員則對梅樂斯的做法非常不以為然。

綽號「瑪麗」的梅樂斯也延續了美國人在中國自行行動的傳統。身為一名軍官，嚴格來說他在應受史迪威指揮，但史迪威對於梅樂斯究竟在做什麼，所知也不多。史迪威的政治助手，也是外交官的約翰．派頓．戴維斯指出，在沒有真正直屬主管的環境裡，梅樂斯「適度地緊閉口風，扮演著神秘人物的角色」。

美國人為中國海軍組（Naval Group China）興建營區的工程很快就展開了，竣工後的營區包括可容納八百人的營房、辦公大樓、演講廳、可容納六百人的教室、倉庫、車庫、實驗室、狗屋，以及可容一百隻信鴿的鴿舍。中美技術合作所在全國各地設立九個訓練營地，也在戈壁沙漠設立氣象站。其他營區專門教授工業爆破、游擊戰和間諜技術。中美技術合作所訓練總計有近十萬名中國戰士。於一九四四年中期，開始與美國顧問展開聯合作戰。

中美技術合作所的部隊與陳納德的「第十四航空大隊」合作，在中國沿海海港和河流布雷。梅樂斯提供水雷給陳納德的飛行員，用飛機空投到水裡。水雷擊沉了七十四艘日本船隻。為了躲避水雷，日本商船必須離海岸遠一點、進入太平洋中航行，但美國海軍出沒太平洋水域，又可將其生吞活剝。一九四三年十月，美國水雷在印度支那海防港（Haiphong）炸沉一艘貨輪，使得港口直到戰爭結束都被封堵。

梅樂斯最引起爭議的訓練營是第九營區，成立於一九四四年，由美國財政部緝毒官員出身的查爾斯・江士頓（Charles Johnston）主持。江士頓集合一群美國治安機關人員，專長五花八門，從刑事鑑證到偵訊技巧都包括在內。江士頓透過駝峰空運，運來了摩托車、手紋機器、武器、彈藥和醫藥補給。美國大使館官員指稱，現在的美國涉及助紂為虐，強化國民黨內部的安全機關。梅樂斯對於這類批評甚為憤怒，他向約翰・派頓・戴維斯暗示，若再繼續中傷他，有人會發現背後有刀子。他說：「中國常有人會失蹤。」

戴維斯寫道，他不知道梅樂斯的許多故事哪些是真的。至少有一項，梅樂斯聲稱中美技術合作所提供情報，導致一九四五年一月二十三日三艘日本船隻在中國某港口沉沒，純屬虛構不實。

中美技術合作所並非在中國運作的唯一一個美國情報機關。戰略情報局也在中國設立間諜網，但不讓國民黨插手控制。一九四三年十一月，戰略服務處處長唐諾文訪問中國時告訴戴笠，戰略情報局打算在中國單獨作業。戴笠警告他，任何一個美國情報人員若不在中美技術合作所統轄下單獨作業，他會把他們槍斃。唐諾文一拳捶到桌上，咆哮：「你若殺了我手下一名間諜，我就幹掉一個國軍將領！」唐諾文成立好幾個秘密單位，其中之一利用陳納德的「十四航空大隊」為掩護。

一九四四年十月中旬，美軍陸戰隊准將萊爾・米勒（Lyle Miller）奉命來華，調停戰略情報局和美國海軍及國民政府之間的爭論不合。米勒和戴笠會談，似乎相談甚歡。然後十月二十二日晚間，戴笠設宴款待米勒。米勒起身敬酒時，卻滿口胡言亂語。他要求中方找些歌舞女郎來作伴。他又以蔣介石最近有女友這件事來開玩笑，還說中國是「五、六等的國家」，甚至說若不是美國人拔刀相助，中國早被日本統治了。米勒指著一名不勝酒力、醉倒一側的賓客說道：「你們中國佬必須睜開眼睛，別再像那邊那個蠢蛋一樣昏睡。」戰略情報局向華府報告，只敢提米勒差堪入耳的獨白，然後說這已「引起非常嚴重的外交問題」。更糟的是，米勒沒有喝醉，他並非酒後失言。

要將米勒的長篇大論解釋成老美酒後失言不算太難，但米勒其實說出了一九四〇年代中期許多在中國的美國人心聲。支持和仇視蔣介石的兩派美國人，彼此的分裂相當深。處於中國對華府重要性日益低落的大環境下，瞧不起國民黨的一派漸居上風。

一九四二年十二月，史迪威開始實現他光復緬甸的夢想。從印度東北部一條鐵路支線終點站的雷多（Ledo）開始，由大多數非裔美國人組成的數千名部隊，開始將一條古老的泥土步道闢為通往中國邊境之二七一英里長、兩線道的全天候公路。根據盟軍規劃者的奇思異想，一夕之間緬甸的戰略重要性出現大翻轉。現在，光復緬甸得以確保成都的B-29轟炸機基地能取得制服日本所需的物資。要越過被稱為水蛭祖居地、年降雨量高達兩百英吋，又有瘧疾肆虐、日本戰機轟炸和掃射的這片地形，美國工兵部隊在陽光穿透不了的這片濃密叢林，開動推土機和卸土卡車。

到了一九四三年一月二十日，工程以二十四小時的步調全面搶建。美國的一個工兵營清除森林，後面另一營負責穩固地基。二月二十八日，工程已推進到緬甸邊境，離雷多四十英里。部隊掛出標記寫道：「前進東京之路」。

三月間，雨季開始了。英國人撤走印度建築工人，認為美國人也會放棄。但即使重型器械困在泥濘中數週無法動彈，老美照樣埋頭苦幹。當山壁崩塌、釋放數千磅重巨岩，或濃霧不散、無法空投糧食補給時，他們依賴又乾又硬的配給口糧和汙穢不堪的臭水生存下來。非裔美國士兵工作和睡覺，都無法脫下發霉的衣服。靴子和制服在潮濕的環境中都腐爛了。

中國印度遠征軍提供美國黑人工兵保護。當他們深入緬甸時，每碰到水洞，必發現數百具人骨——那是一九四二年深陷緬甸、逃脫不成之中國同袍的遺骸。遠征軍得到的情報是當地並無日軍，因此向前挺進。根據美國軍方對這場戰役的官方歷史記載，史迪威的情報單位告訴中國指揮官，敵人的陣地「微不足道」。

但就和一九四二年的東固一樣，史迪威又搞錯了。日本部署了五個師團守在叢林裡。一九四三年十月二十日，一個國軍的連遭到敵軍砲火屠殺。而且這支敵軍非同小可；這支軍隊是日本皇軍第十八師團，攻占新加坡的勁旅。美軍官方歷史對此事輕描淡寫地說：「情報與偵察失敗。」

日軍的攻擊迫使史迪威加快他收復緬甸的計畫，但此時他的夥伴們卻躑躅不前。對於盟軍決定取消對仰光的兩棲登陸攻擊，蔣介石感到痛心，他還不肯同意從中國派軍進入緬甸。英國人也有疑慮。一九四四年一月，東南亞戰場總司令蒙巴頓勛爵提議暫緩緬甸之役，等到諾曼第登陸後再說。蒙巴頓派他的美國參謀長艾伯特．魏德邁將軍（Albert Wedemeyer）前往華府說明：即使史迪威在緬甸的造路工程成功連結中國與印度，雷多公路要到一九四六年才能通車，因此對戰事的貢獻可能不大。

史迪威派中國印度遠征軍參謀長包特納准將，及外交官約翰．派頓．戴維斯赴華府，代表他前往遊說。戴維斯和包特納回到美國首都後，餵消息給《時代週刊》，給蒙巴頓栽上史迪威指控蔣介石的同樣罪名——不願與日本人作戰。史迪威在背後捅刀的詭計惹惱了英國，於是英國要求將他免職。蒙巴頓宣稱，將盟軍意見不一致外洩，等於「洩露我方戰略」。最後是因為倫敦顧慮公關因素，史迪威才保住工作。邱吉爾駐華府代表約翰．狄爾（John Dill）指出：「史迪威在美國媒體塑造下，已是個英雄人物。」如果美國英雄遭到罷官，美國民眾會責怪英國。

與此同時，在緬甸的史迪威正度過許多個月以來，最快樂的一段時光。他寫信給妻子溫妃瑞德（Winifred），語帶興奮地表示：「我們進到老虎和大象的國度。」對於中國人和英國人，他說：「叢林是躲開他們兩者的好所在，我把鏟糞的工作交給底下弟兄去做。」的確，從一九四三年十二月二十日到一九四四年九月六日的整整九個月，史迪威只在重慶住了四天。

但前線的事件開始轉為對史迪威不利。自二月起，日軍沿著印度邊境發動兩次反攻。和一九四二年一樣，日軍攻勢對於切斷史迪威部隊與基地的連結有所威脅。日軍在印度邊境的英帕爾（Imphal）包圍住六萬英國大軍。史迪威又被耍了，他在日記中抱怨：「這可能毀了一切，讓前功盡棄。」

現在史迪威迫切需要蔣介石從中國出兵、進入緬甸，以緩解他倉促發動攻勢所遭受的壓力。三月二十七日，蔣介石致函羅斯福，表示他不會派兵從雲南跨過薩爾溫江。他說中國需要這些部隊，因為日軍正規劃在中國境內發動另一次會戰。一週後，羅斯福回信了，並宣稱如果蔣介石不派兵進入緬甸作戰，美國就沒有道理繼續援助中國。四月十三日，馬歇爾命令史迪威停止撥運「租借法案」的物資給雲南的國軍部隊，將物資轉交成都的 B-29 超級堡壘部隊使用。如此一來，蔣介石只好屈服。四月十四日，兩個師的中國部隊開進緬甸。在陳納德機隊提供密集的空中掩護下，Y 部隊艱苦地向西推進，要和中國的印度遠征軍會師。

這時，史迪威與駐印遠征軍受困於胡康河谷（Hukawng Valley）。史迪威明白，如果他無法在雨季開始前推進到相隔一重山脈、一百五十英里之外的密支那（Myitkyina），那麼解放緬甸的心願就得再等一年。因此史迪威決定強硬行軍、撲向日軍在緬北最重要的據點密支那。他這麼做，犯下了以前自己責怪蔣介石的一切錯誤。

史迪威派他的親人——親生兒子——擔任最重要的情報部門主管。他的部隊不斷驚異於日軍的地點與規模。他只供應部隊生存所需的一部分糧食。他向盟軍——蒙巴頓和蔣介石——兩方隱瞞自己的計畫。他又派裝備不足的部隊前往作戰；日軍屠殺了一整個連的美軍，這些人在接受完基本訓練後就沒碰過武器。

為了搶攻密支那，史迪威選派唯一一支派遣到中國戰場的美軍作戰部隊擔負任務——這支相當於一個團的三千名兵力由美國志願兵組成，正式番號是五三〇七（臨時）混合大隊（5307th Composite Unit, Provisional），因為大隊長名叫法蘭克・梅瑞爾（Frank Merrill），故通稱「梅瑞爾突擊隊」。這支大隊已經展開作戰，並穿越五百英里的叢林小徑，自二月初，就靠著配給口糧裹腹。大部分官兵都得了痢疾，而且因為緬甸特有之一隻手掌大小的水蛭肆虐，導致全身潰爛長瘡。史迪威可不管這些，四月二十七日他命令他們再次進入叢林作戰。經歷十八天行軍、穿過庫蒙山脈（Kumon Mountains）後，梅瑞爾突擊隊竟在一九四四年五月十七日攻克密支那機場。

史迪威發布新聞，宣稱已攻克密支那，再度彰顯他是美國英雄的形象。但這項消息發布得太早，其實美軍只攻下機場，城鎮仍由日軍據守。但日軍只剩下七百人——史迪威差勁的情報工作並不知情。英國表示，願派一個師完成占領任務，史迪威婉謝了，他要將功勞留給美軍。當他從醫院及後勤營隊尋找美國士兵以投入進攻時，五千名日本援軍已經趕到布防。

這時，梅瑞爾突擊隊已在叢林待了三個多月。他們從三月份以來只吃過一頓熱湯熱飯，完全收不到家書。英國醫護兵飛到密支那機場，宣布百分之九十的官兵不適合作戰。日軍固守至八月三日才撤退，倒不是史迪威的克敵奏效，而是因為威廉·史林姆少將（William Slim）率領的英軍已從英帕爾的西邊突圍而出。

在緬甸服役的非裔美國人十分同情大多數為白人的梅瑞爾突擊隊之際遇。士兵克萊德·布魯（Clyde Blue）是來自芝加哥的卡車司機，他回憶道：「我們已經處於桶子的最底下，他們終於也來到了最底下。」一九四四年五月二十七日，梅瑞爾突擊隊的作戰官，也是美國陸軍上校查爾斯·杭特（Charles N. Hunter）上書抱怨在史迪威底下遭受窮兇極惡的待遇時，史迪威唯一的答覆是，杭特這封信措詞太強烈了。陸軍歷史學家史考特·麥馬克（Scott R. McMichael）寫到史迪威在緬甸的作戰時寫道：「很少有美國士兵受到如此無情的待遇。」任務結束時，幾千名梅瑞爾突擊隊士兵只剩兩百人還能挺身站立。外交官約翰·派頓·戴維斯寫道，其他人不是「陣亡，就是住進雷多醫院或休養，以及幾近兵變」。

史迪威在緬甸作戰時，日軍在中國發動「一號作戰」，這是整場大戰中日軍規模最大的地面攻勢。航運遭美國海軍封殺的日本想從中國闢出一條陸上走廊，把在印度支那占領區的商品、石油和糧食運送到本土列島。皇軍也希望粉碎陳納德的基地。一九四三年十月，陳納德手下擊沉五千噸的日本船貨。到了十一月，戰果變為三倍。一九四三年感恩節當天，陳納德策劃突襲日本殖民地臺灣，十二分鐘內摧毀了四十二架飛機。

一九四四年四月十七日，五十萬日本大軍發動兩波攻擊中的第一波攻勢，跨過黃河、穿越河南省麥田。五月中旬，日軍進撲黃河河岸的交通重鎮洛陽。蔣介石要求史迪威派出已在成都的 B-29 超級堡壘轟炸機對付日軍，但史迪威不肯。

洛陽淪陷，國軍折損兩萬一千名部隊。陳納德也央求史迪威出動長程轟炸機，轟炸日軍載兵的火車和橋梁。這次他也吃了閉門羹，但他是遭戰爭部拒絕。史迪威答覆陸軍航空隊司令阿諾德將軍：「指令敬悉。我正希望如此辦理。」國務院方面，五月十五日中國科官員范宣德（John Carter Vincent）指責國民政府的新聞單位，誇大日軍攻擊的規模。當時范宣德表示：「還不清楚中國整體戰略地位將受到重大影響。」

六月五日，蔣介石請求撥付「租借法案」的物資用於中國防務。六月七日，馬歇爾命令史迪威，未經參謀長聯席會議的核准，不可將供 B-29 使用的物資移撥其他用途。馬歇爾強調，「早日轟炸日本對中國戰局的好處，將遠大於移轉這些庫存給陳納德作戰。」美國的戰略很清楚：中國的防務並非優先事項。利用中國作為進攻日本的跳板，才是優先目標。

六月底，日軍攻進漢口之南的湖北省，並向湖南省會長沙挺進。在此之前，日軍兩度搶攻長沙，全都鎩羽而歸。日軍其他單位也在廣州南方作戰，並向河內挺進。陳納德設於江西省和廣西省的空軍基地都受到威脅。陳納德的「十四航空大隊」負責一千英里長的防線，這時已相當吃力。陳納德號稱有五百架飛機，但其中三百五十架在保護成都的 B-29 空軍基地，或在緬甸戰場為史迪威作戰。華東方面，陳納德的飛行員一天要出四次任務。不到幾週，他三個中隊的將近一半飛行員已經陣亡或被俘。陳納德也請求史迪威支援一位聲譽卓著的中國將領（譯按：負責長沙保衛戰的薛岳）。史迪威再度峻拒，而且在日記中寫道：「就讓他燒成烤肉吧！」

美軍要利用中國為轟炸日本基地的計畫，代號是「馬特洪作戰計畫」（Operation Matterhorn）。從一開始，「馬特洪作戰計畫」就欠缺飛機；波音公司建造的第一批九十七架 B-29 只有十七架能飛。更糟的是，決定將任務本部設在成都，使「馬特洪作戰計畫」位於一萬二千英里後勤鐵道的末梢。

史迪威和陳納德都不歡迎「馬特洪作戰計畫」。陳納德曾要求將 B-29 交給他統轄，主要用來轟炸中國境內的日軍。他的建議被拒絕了。對於中國境內 B-29 的指揮調度，仍由地球另一端的華府遙控。

羅斯福希望能在一九四四年一月開始轟炸日本本土，但瓶頸的出現，導致第一梯次的轟炸足足拖了半年之久。一九四四年六月五日，終於盼到B-29第一次出動。超級堡壘找到了目標——泰國境內的一條鐵路——因被濃霧阻擋而未傷損及目標。六月十五日，B-29第一次轟炸日本。六十八架飛機起飛，前往九州的島帝國鋼鐵廠（Imperial Iron and Steel Works）執行任務。只有一顆炸彈落得靠近目標。鋼鐵廠則毫毛不損。即使如此，美國國內媒體讚譽這是「歷史性的行動」。六月十六日的《紐約時報》頭版新聞寫道：「八幡製鐵廠（Yawata Industry）受到重創；日本『匹茲堡』遭到準確轟炸。」

但戰爭部部再怎麼編織美麗的謊言，仍改變不了事實。「馬特洪作戰計畫」是個失敗。整體而言，B-29從成都基地起飛，只參加十次攻擊任務。這項計畫導致中國防務付出沉痛的代價。當日軍搶占中國大片領土時，器械和汽油都要移轉給馬特洪作戰計畫使用。戰後，美國戰略轟炸調查團（US Strategic Bombing Survey）認為：「B-29使用的航空汽油和補給供應，若讓『第十四航空大隊』用於擴大戰術和反航運作戰，或許會有更有利的收穫。」換句話說，陳納德的表現會更優異。一九四四年十二月，參謀長聯席會議命令B-29機隊調往已被美軍攻克的馬里亞納群島（Mariana Islands）。

一九四四年七月四日，在日軍頻頻告捷下，馬歇爾研判國民政府隨時會崩潰。馬歇爾宣稱時間已經到了，盟國必須在中國採取激烈行動。他提議，「中國境內所有軍事力量都必須集中於一人之手」。此人是約瑟夫．華倫．史迪威。兩天後，羅斯福致函蔣介石，要求他將所有的部隊交給「酸醋喬」統轄指揮。

蔣介石愣住了。原則上，他接受羅斯福的要求，但主張細節猶待詳議，尤其是美方希望，史迪威不僅指揮國軍部隊，還要調度共產黨部隊。派美國人指揮中國軍隊的風險相當大。國民政府建政的基礎，就是中國絕不再向西方屈膝臣服。現在，美國卻擺了個西方人，令其擔任中國最高軍事統帥。日本人和共產黨的宣傳機器都同聲抨擊，指責蔣介石是白人的傀儡。有些人認為這個構想根本不可行。約翰．派頓．戴維斯指責羅斯福「天真的樂觀」，竟以為中國人會聽命於外國人。戴維斯寫道，這就彷彿要華盛頓去找個華飛烈代為作戰。

為了幫史迪威壯大聲勢，馬歇爾做出不尋常的決定，提拔史迪威晉升為四星上將，使他成為全美僅僅五位的四星上將之一。史迪威的英雄形象對華府極具戰略重要性。授予他第四顆將星，足資向美國人及中國人證明，美國竭盡全力支持中國。蔣介石很不情願地接受羅斯福的最後通牒。在他迫切需要外援的時刻，冒不起和美國決裂的風險。但美方的援助還是不來，八月八日，湖南第二大城衡陽淪陷於日本。

蔣介石告訴華府，他必須將國軍部隊撤出緬甸，以保護自己的戰略後方。日軍「一號作戰」已逼近桂林的美國空軍基地，蔣介石擔心萬一桂林失守，日軍可以一路突破、進逼雲南省，再攻下昆明。史迪威和蔣介石會面，為戰略吵了起來。「酸醋喬」寫道，他「大吃一驚」，蔣介石竟考慮從緬甸撤軍、以保衛他自己的國家。會後，史迪威發電報給馬歇爾，指責蔣介石是「瘋狂的小混蛋」。史迪威聲稱，蔣介石將完全搞翻緬甸的這盤棋。事實上，根本沒這麼一回事。

馬歇爾代表羅斯福總統擬了一封信。這封信遠比以前寫給蔣介石的任何信件更加盛氣凌人，九月十九日上午，羅斯福的信抵達重慶。史迪威讀了信，認為此信「如鞭炮一樣火燙」，當天下午他坐上吉普車，趕到蔣介石在重慶市郊的官邸。蔣介石已經和羅斯福另一名特使派垂克・赫爾利（Patrick Hurley）及已復出任官的宋子文開會。桌上的文件顯示，蔣介石正和他們討論，指派史迪威統領中國軍隊的事。

史迪威要求先和赫爾利單獨談話，並把信交給他看。日後赫爾利回憶道，他告訴史迪威：「沒有任何國家元首能吞忍這封信中的侮辱。他力勸史迪威：「老喬，你已經贏了這場球賽。」就別再向蔣介石宣讀這封電報了。但史迪威鐵了心。他親自遞交電報給蔣介石，並要求一名中國軍官宣讀中文譯本。羅斯福劈頭就寫道：「最近幾個月，我一直勸你採取激烈行動，對付臨近中國及你的災難。」羅斯福要求蔣介石將國軍部隊留在緬甸，並交給史迪威「不受限制、你所指揮的所有部隊」。羅斯福警告，如果蔣介石拒絕，那就再也不會有陸路連通中國，甚至連駝峰的運補也會停止。羅斯福又說：「對此，閣下必須有接受後果的準備。」這封信雖有憐惜之意，但也帶著侮辱的口吻。史迪威得意洋洋地寫道，他看著「魚叉射中這個小王八蛋的太陽穴，刺穿了他」。蔣介石宣布會議結束，只留下宋子文。蔣介石潸然落淚，他在日記中寫道：「這是我一生最大的奇恥大辱。」

史迪威這所謂的中國通，卻違犯他的同志、有時與他相槓的梅樂斯所奉行的金科玉律：他當著部屬的面侮辱中國高階軍官。蔣介石再也不允許史迪威留在中國了。宋子文以為，史迪威故意策劃這幕戲，讓自己免於成為總司令，因為他深知自己承擔不了這份重責大任。

赫爾利告訴史迪威，蔣介石很生氣、深受傷害時，史迪威笑開懷了。他寫給妻子一首詩，慶祝自己的勝利：

我等了很久要報復
終於被我等到機會
我正看著花生米的眼睛
朝他褲襠踹了一腳

這首詩足足有五段長。

蔣介石要求美方將史迪威調離中國。他將中國碰上的困難怪罪到史迪威執意要在緬甸作戰。他指出，毀約背信的不是他，而是美國和英國，原先答應在仰光發動兩棲登陸作戰，卻食言而肥。他說，在回應他要求增援武器、以擊退「一號作戰」時，史迪威只給他「六十門山砲、三百二十門高射砲和五百零六具火箭筒」。在緬甸的兩場戰役，消耗掉國軍的精銳部隊。他寫信告訴羅斯福：「我們攻下密支那，卻幾乎丟掉整個華東。在這方面，史迪威將軍難辭其咎。」蔣介石告訴美方，他願接受另一位美國人擔任他的「敵前總指揮」。但羅斯福對此已經不感興趣。戰爭部指派魏德邁遞補史迪威的遺缺，出任蔣介石的其中一名參謀長。魏德邁曾參與規劃「諾曼第登陸」作戰計畫，此時則是蒙巴頓勛爵在東南亞戰場的二把手。

羅斯福決定和蔣介石保持距離。此時的羅斯福正在打艱鉅的選戰，而蓋洛普民意調查的預測是選情膠著，雙方勝負相差不大。羅斯福可不能被指責在中國戰場失敗，尤其是現在歐洲戰場陷入膠著，而日軍在太平洋戰場的作戰則甚為凶猛。

戰爭部將史迪威奉召回國，只發表了一則簡短新聞稿，並強調史迪威將軍「沒有公開聲明要發表」。但「酸醋喬」在重慶找來一票美國記者大吐苦水，其中包括《紐約時報》記者愛金生（Brooks Atkinson）。一九四四年十月三十一日，《紐約時報》頭版新聞的標題是「蔣不肯全力抗戰，史迪威與蔣決裂」（Stilwell Break Stems From Chiang Refusal to Press War Fully）。愛金生寫道，史迪威去職，「代表只關心維持政治優勢、不想將日本趕出中國之一個垂死、貪腐政權的政治勝利」。《紐約時報》聲稱蔣介石不願作戰，史迪威才被迫去職。羅斯福本人核可了這則新聞見報。十一月七日，他史無前例贏得第四度選戰，連任總統成功。

十一月稍後，桂林及其美軍空軍基地落入日軍手中。但就東京而言，「一號作戰」算不上大勝。日本人只從印度支那向北運送若干列火車的物資到滿洲去，但陳納德的空軍繼續搗蛋，炸毀橋梁和鐵路交會的樞紐。

事實上，「一號作戰」的主要受惠人是毛澤東。在日軍將國民政府趕出華東之際，共產黨趁機向南發展，深入原本由蔣介石控制的地區。到了日本攻勢停止時，共產黨的地盤已擴大幾十萬平方英里。這就是「一號作戰」的遺緒，而利用中國作為不沉的航母，並以之轟炸日本的戰略也胎死腹中。

附註

在《另一種戰爭：中美合作所的故事》（*A Different Kind of War*）一書中，梅樂斯有敘述自己的故事。琳達·庫許（Linda Kush）的著作《稻田裡的海軍》（*The Rice Paddy Navy*）也描述了梅樂斯的事蹟。與他同時代的約翰·派頓·戴維斯的自傳，則對梅樂斯有不同角度的評價。關於史迪威在緬甸作戰失利的細節，參見：查爾斯·羅曼納斯（Charles Romanus）、萊利·桑德蘭（Riley Sunderland）合著的《史迪威：問題叢生的統帥》（*Stilwell's Command Problems*）。史迪威和蒙巴頓勛爵的交手，在約翰·派頓·戴維斯的自傳裡有部分說明。若要了解美國各個情報機關彼此德競爭角力，余茂春（Maochun Yu）的《美國間諜在中國》（*OSS in China*）則是必讀的一本書，其中也提到陸戰隊准將萊爾·米勒口出狂言的經過。

第二十三章 東方紅

自一九四二年起，蔣介石的國民政府開始輸掉爭取美國民心支持的戰爭。是年二月，當財政部長摩根索貸款五億美元給中國時，中國的財政部長孔祥熙撥出近半數的錢購買中國貨幣，藉以控制高達百分之百的通貨膨脹率。但孔祥熙發行美元儲蓄憑證（Dollar Savings Certificates）和同盟勝利美金公債（Allied Victory US Dollar Bonds）的計畫，卻演變成圖利自己及持有美元親友的一項詭計。國民政府的財政顧問亞瑟．楊格說：中國就此「錯失了機會」。這句話恐怕說得太客氣了。一九四二年十二月十八日，摩根索只能承認，這筆貸款根本未抑制物價；他告訴羅斯福總統，唯一的受惠人是「內圈人士、投機客和囤積居奇者」。孔祥熙的把戲使他失去在美國政府裡的最好朋友。

中國不願調整法幣兌換美元的匯率，也讓摩根索非常不痛快。黑市中，中國法幣對美元的匯率一直貶值，但國民政府堅守二十元法幣兌一美元的匯率，迫使美軍依照政府官價付費。亞瑟．楊格在日記中寫道：中國似乎不了解，「八十美元買一張普通的椅子並不合理。」

最瘋狂的價錢出現在一九四三年，三十七萬五千名中國工人在四川省會成都附近，為B-29超級堡壘建造八條跑道。工人赤手空拳蓋出跑道，實在是工程史上了不起的成績。但帳單也令人瞠目結舌：一億五千萬美元，以今天的幣值計算，所費超過二十億美元。

蔣介石的意識型態也讓美國人不敢領教。一九四三年，蔣介石發表《中國之命運》一書，這是他對新中國的前瞻。此書以文白夾雜的文體寫成，規定為國民黨全體黨員必讀作品，各級學校和大學都需背誦，並取代孫逸仙的作品成為全民聖經。

蔣介石在書中責備西方人害中國鬧饑荒、股票市場發生恐慌、中國家庭解紐、自私和吸毒。即使他是美以美會信徒，他還是譴責基督教思想；即使蔣夫人留學美國，他也抨擊西式教育。為了完成現代化中國的工作，蔣介石在另一本著作《中國經濟學說》中提倡國營經濟。他批評資本主義和個人主義，提倡以儒家道德為治癒中國弊病的藥方。他建議「以古為師」。

蔣介石的書在能讀中文的美國中國問題觀察家之間未得到好評。（直到一九四七年才出版英文譯本。）當時，哈佛學者費正清（John K. Fairbank）在戰略情報局擔任分析師，他提出警告，美國若支持蔣介石，會「自找麻煩」。住在紐約的中國問題觀察家菲力浦・賈斐（Philip Jaffe）則稱之為中文版的《我的奮鬥》（*Main Kampf*）。（譯按：這本書是希特勒自傳，藉此暗批蔣介石是中國希特勒。）

許多美國讀者拿蔣介石的宣示和一九四〇年共產黨領導人毛澤東所發表的文章〈新民主主義論〉相比，都認為後者高明。毛澤東以胡適提倡的白話文作文章，誓言創造新國家和新文化。由於許多美國人深信中國需要一種與過去斷絕關係的宗教式覺醒，毛的這套言論打動了他們的心坎。甚且，蔣介石排斥市場經濟，毛澤東和他不同，誓言他的新中國會容忍資本家。毛澤東真正怎麼規劃是另一回事；他懂得將他的馬克思主義搞得人人能接受。

一九四四年，蔣介石的爪牙強化對自由派政客的打壓，將幾十人打入了大牢。四月間，美國新聞界傳出國民政府在美國監視中國留學生的報導。《紐約時報》稱這種行動是「極權作風」。國民政府有位發言人出面辯護，卻幫了倒忙。他宣稱國民政府並未硬要灌輸人民教條，只是教他們餐桌禮儀。美國媒體難以置信地哄堂大笑。

連長期以來身為美國新聞界寵兒的宋美齡也遭到冷落。一九四四年她到美國治病，美國報章一再議論她婚姻不諧。她拜訪白宮，被描述為一個悲傷的懇求者登門拜會，而不再被奉承為中國的「女皇」。

許多有影響力的美國人對國民政府印象轉壞，以致一九四四年五月，裴斐（Nathaniel Peffer）在《紐約時報雜誌》估計，「大多數人贊成我們將支持重慶改為支持共產黨」。毛澤東的傳記作者史諾，利用他在《星期六晚郵報》的專欄主張對中國採取新政策。史諾一九四四年六月的這篇文章，標題是〈失去的六千萬個盟友〉（Sixty Million Lost Allies）。他希望美國擁抱紅軍、捨棄蔣介石。史諾為赤區描繪了一幅烏托邦圖像——民主、免費的普及教育、快樂的農民，而國民政府治下的中國則有如地獄，不僅貪瀆橫行，而且官吏無能。

贊同共產黨的不只新聞記者。早在一九四三年一月二十三日，美國駐重慶大使館的二等秘書謝偉志就向國務院申請訪問延安共產黨根據地。謝偉志這封具爭議性的電文指責國民政府違背和共產黨統一戰線的條件，也質疑美國持續援助蔣介石的邏輯。他指控國民黨囤積美援軍事器械，以便日後用來對付共產黨。

謝偉志建議美國政府，承認共產黨是抗日戰爭的夥伴。他提議將美援物資以「合乎比例的配額」給共產黨，也提議美國派一位代表前往共產黨控制地區，理想人選應為通曉中文的外交官。對此他也毛遂自薦。

兩週後，國務院高階官員史丹利．霍恩貝克（Stanley Hornbeck）提出警告：美國若正式派代表訪問赤區，將傷害美國與國民政府的關係。他寫道，他認為國共雙方無可避免地會爆發內戰，而同時支持雙方是「既狠毒、又愚蠢」。他建議，對共產黨從事抗日作戰的報導保持「合理的懷疑」。

二次大戰期間，中國共產黨的實際抗日程度頗有爭論。人民解放軍的官方歷史聲稱，中共游擊隊持續不斷抗日。然而，一九四〇年一月周恩來告訴史達林，中國傷亡人數逾百萬人，其中四萬人，即約百分之四為共產黨人。其餘則為國軍部隊。毛澤東只核准一次重大抗日戰役，即一九四〇年秋天的「百團大戰」，而且還吃了敗仗。

孫平（Petr Parfenovich Vladimirov）是一名蘇聯通訊社記者，也在毛澤東的總部兼任顧問。他在戰時日記中寫道，每次蔣介石戰敗，毛澤東就高興地慶祝。他寫道，中共「長期以來，即缺席積極及消極的抗戰行動」。

然而，史迪威幕下的美國人卻相信共產黨有在抗日。一九四四年一月，約翰．派頓．戴維斯寫道，共產黨在中國維持「最有凝聚力、最有紀律和最勇猛的抗日」。即使史迪威是共和黨人，他也迷戀共產黨，稱他們是「在苛捐雜稅、軍隊濫權和戴笠的蓋世太保肆虐下，唯一顯然可以放心的希望」。

到了一九四四年，華府官員一般都認為，美國應和共產黨接觸。當年六月底，副總統亨利．華萊士（Henry Wallace）訪問重慶，促請蔣介石允許美國派代表團到延安根據地。蔣介石勉強同意。蔣介石在日中記寫道：「嗚呼，二十年來共匪與俄國合以謀我，已不勝其痛苦，而今復即英美亦與共匪沆瀣一氣，是世界帝國主義皆向余一人圍攻矣。」

由一批軍官、士兵和兩名外交官（包括謝偉志）組成的美國代表團，前往共產黨控制的地區。團長包瑞德（David B. Barrett）上校通曉中文，是一名派在重慶大使館、圓圓胖胖的助理武官。代表團正式名稱是「美國延安觀察組」（United States Army Observation Group to Yanan），但一般人稱其為「狄克西代表團」（Dixie Mission）；畢竟赤區還是叛黨國度。

一九四四年七月二十二日，包瑞德率領第一批人員搭機抵達陝北不見樹木的山谷裡，沉靜的延安。中共黨主席毛澤東和紅軍總司令朱德親莅機場迎接。毛澤東在《解放日報》上稱「狄克西代表團」的到訪是抗日戰爭爆發以來最振奮人心的一件事。以前，中國共產黨只是蔣介石國內的芒刺。現在，美國飛機緩緩停在延安機場，中國共產黨已經成為對蔣介石政府的國際級挑戰。

根據蘇聯政治顧問孫平的報告，毛澤東和美方會談的目標是爭取和美國建立外交關係，並盡可能從美國爭取最多武器。他寫道，毛澤東向他保證：「無論我們和美國人有什麼形式的接觸，我們的革命終究還是要反帝國主義。」孫平在報告中指出，毛澤東把會談視為反蔣計謀的一部分，而非抗日之因應。他還表示毛澤東的「盤算很單純，只要蔣介石失敗，『共產黨』邊區就會受益。」

毛澤東討好老美，暗示中美貿易前途無量，也極力壓低蘇聯的影響力。一九四四年八月，他和謝偉志大話天下大勢時強調：「中、美利益相連且相似。兩者在經濟上和政治上都很契合。我們可以合作，也必須合作。」毛澤東促請謝偉志說服美國提供武器給中共，保證共產黨將是比蔣介石更好的盟友。他表示中共將會全心全意服從某位美國將領的領導，因為這是中共對美國有好感的表現。毛澤東抱怨俄國人。他說，史達林不肯支持中國共產黨。他把希望寄託在美國身上。

「狄克西代表團」來到延安時，中共黨內剛經歷一場血雨腥風的鬥爭，數百人喪生，毛澤東也鞏固了他在黨內的最高地位。美國人根本不知道他們錯失了什麼。美國對共產黨的情報認識相當可笑。直到一九四五年六月，戰略情報局還一直認為毛澤東手下心狠手辣的特務頭子康生是個「知識份子」。康生穿著俄國製長筒靴、牽著一隻大狗，在延安昂首闊步；但美國人完全看不到他。他們以為康生主持的部門「中共中央社會部」負責主辦舞會。（譯按：該部門實為中共中央情報部。）他們也以為，農業部只管糧食穀物；殊不知，該部還兼管連結延安和莫斯科的無線電台。

包瑞德的團隊對共產黨的活力和受歡迎程度印象格外深刻。謝偉志負責大部分的政治報告，宣稱中共領導人「現代」、「西化」，與重慶當局相比高明許多。謝偉志很認真看待毛澤東的表述：「中國最需要的是民主，不是社會主義」，以及戰後中國必須歡迎外國資本。謝偉志並不知道，毛澤東的笑臉攻勢是和史達林精心策劃，一搭一唱掩飾共產黨的激進意圖，以吸引中國自由派人士、甚至美國政府的支持。雖然毛澤東公開宣示，需舉行「真正自由的大選」，其實他忙著打壓異己並培養個人崇拜。謝偉志問毛澤東是否害怕民主。毛澤東嗤之以鼻地說：「日本人占領半個中國領土，我們都不怕了，怎麼會害怕美國民主的影響。」

毛澤東指示黨的宣傳機關改變對美國的稱謂，從「美帝」變成「友邦」。一九四四年七月四日，中共的喉舌《解放日報》由毛澤東的意識型態巫師胡喬木執筆，發表社論，慶祝美國獨立紀念日。胡喬木寫道，七月四日是「自由民主的偉大鬥爭日」。他盛讚華盛頓、傑佛遜和林肯等歷任總統，讚美戰時美國的「不朽事功」，結尾更高唱「民主的美國萬歲！」

史達林在這齣戲裡也有他的角色，他盡量淡化自己與中國共產黨的關係，即使每個月都撥付美元和黃金補助延安。一九四四年六月，史達林和美國駐莫斯科大使艾維瑞爾．哈里曼（Averell Harriman）談話時，形容毛澤東那伙人是「人造奶油的共產黨人」。美國外交官聽信這一套。史迪威的政治顧問約翰．派頓．戴維斯在電文報告中寫道：「政治上，中國共產黨或許有過於親近蘇聯的傾向，而這似乎都成為過去。」

一九四四年八月十八日，中國共產黨發布一道秘密指令〈中共中央關於外交工作的指示〉，稱許「狄克西代表團」來訪是該黨爭奪中國政權之戰的勝利。毛澤東提醒黨員，蘇聯是中國最可靠的朋友。他說，拉攏美國的目標不是結盟，而是在即將到來的國共內戰中，「中立」美國扮演的角色。

個人的層次方面，毛澤東利用「狄克西代表團」滿足他長久以來對美國的迷戀。美軍補給軍機載來幾十部美國電影到延安，毛澤東在譯員陪伴下看得津津有味。他記住亨利．方達（Henry Fonda）、貝蒂．葛萊寶（Betty Grable）、查理．卓別林（Charlie Chaplin）等許多電影明星的名字。毛澤東許多部屬也和主席一樣，對美國充滿了好奇心。李敦白是來自南卡羅萊納州的美國人，加入延安共產黨革命的行列。中共黨員問他：「美國人人都有汽車嗎？」英國籍無線電報務員麥可．林賽（Michael Lindsay）的華人妻子李效黎（Hsiao Li Lindsay）回憶時表示，美國人在社交晚會上停不下來、一直被邀舞。她寫道：「我覺得是美國人感到不好意思，而年輕的中國女郎可不害臊。」不過，當一名美國大兵追求一名女孩時，周恩來則出面制止。

謝偉志曾誓言不被「中國共產黨的甜言蜜語」所迷惑，不過這實在很難抵抗。共產黨奉承他，誇他是「中國通」。在延安，謝偉志感覺他彷彿「來到一個不同的國家」。他注意到，在重慶人人不斷抱怨蔣介石；這裡可不一樣，「大家談到毛澤東和其他領導人都充滿敬意」。他認為這是中國共產黨普遍獲得民心支持的跡象，並非黨剛經歷兩年清算鬥爭、膽敢有異議者早被嚇壞的結果。謝偉志寫道：「在此沒有受限制或受壓迫的感覺，大家也毫不遲疑地承認失敗。」他宣稱，邊區的計畫「就是民主……形式上和精神上，美國風味大過俄國風味」。

延安沒有乞丐、沒有赤貧，也不像「重慶的公園或小街上，常見男女談情說愛」。在謝偉志看來，這個美麗新世界是令人欣喜的改變，不是日後毛澤東將對世界四分之一人類實施極權統治的可怕先兆。謝偉志的確注意到人們思想的「一致性」，但他對此未感到不安。他的看法和孫平南轅北轍；這位俄國顧問寫道，中共的清算鬥爭導致了「高壓、窒息的氛圍」。

謝偉志相信，共產黨了解資本主義將對中國有利。他相信美國而非蘇聯，才是能幫助中國現代化的「唯一國家」。抱持這種觀點的不只有他一人。「所謂共產黨」這個用詞，開始日趨常態性地出現在重慶大使館發回國務院的報告裡。

謝偉志是一流的中國通。一九〇九年出生於來華傳教的傳教士家庭，經常表達對中國的愛，也堅信別人若肯聽他的話，他是可以改造中國的老美之一。他在未出版的回憶錄中寫道：「我感到一種特殊的連結和認識。這是否為傲慢自大的種籽？可能是吧！」戰時，他的美國妻子返美居住，謝偉志則愛上了一位中國女演員。他日後寫道：「我愛上中國，也對我年輕的知識份子朋友懷抱希望。我會愛上中國女郎，或許並不令人意外。」

謝偉志對赤區的反應，彷彿視其為百年來外國傳教士精神上重振中國美夢的實現。寫到共產黨時，他宣稱：「同樣的樂觀主義，啟發了先父。」他也寫道，毛澤東「是一名傳教士，深信其使命的價值及其必定成功」。延安讓他想起美國教會的復興營，具有同樣「自鳴得意、自以為有意識的團隊感」的氛圍。在他看來，延安是「中國最現代的地方」。

一九四四年十月，約翰·派頓·戴維斯來到延安，與毛澤東及中共其他領導人進行會談。戴維斯比謝偉志大一歲，也出生在四川省一個傳教士家庭。他認為，中國不可避免地會爆發內戰，而美國必須交好共產黨，因為他們即將勝利。訪問延安的幾週後，他寫道：「共產黨將在中國存活下來，中國的命運不在蔣介石身上，而在他們身上。」戴維斯押了寶，他認為美國如果援助共產黨，可以把強硬路線的馬列主義者變為美國的友人。

戴維斯如此押注是因為他相信，赤色份子並沒有那麼赤色；他稱他們為務實主義者和意識型態的「變節者」。他也相信，他們和其他所有中國人一樣，不能對美國說不。這兩點他都想錯了。戴維斯晚年時承認：「顯然我低估了當年中國共產黨對意識型態的堅貞，以及毛澤東等人的操縱技巧。」

「狄克西代表團」團長包瑞德抵達延安後不到幾週，就建議美國供應軍火及設備給共產黨。他提出警告，否則，「內戰的機遇將大增，而毛澤東將回到與蘇聯的密切同盟」。戰略情報局也派了人參加「狄克西代表團」，他們也贊成合作，並開始將無線電台空運進來。最後，美國有一萬四千磅無線電器材送進延安。

當然，供應共產黨也有實務需要，其中一樣主要原因是，需拯救在共產黨控制地區上空，遭日軍擊落的美國飛行員。許多飛行員——共六十人——被通稱為「八路軍」的共產黨部隊所救。

美國大使高思（Gauss）自重慶把謝偉志和包瑞德過度樂觀的報告轉呈給華府，但加了附註：「最近中國共產黨宣稱的抗日軍事成績似乎相當誇大。」孫平說得更不堪。一九四四年七月十九日毛澤東發電報到莫斯科聲稱，共產黨抗日有一連串作戰告捷，孫平則向莫斯科報告：毛澤東誇大了數字。他的報告寫道：「其實自一九四一年起，八路軍和新四軍即無軍事行動。」多年後，包瑞德承認他「對共產黨的印象好到過了頭」。他承認自己「天真」。

許多美國人對中國共產黨的好感源自許多地方，但將中國共產黨包裝得精緻可口、投美國所好的大師是周恩來。當時擔任美國陸軍軍官、與中國共產黨交手的經驗極為豐富的亨利・拜羅德（Henry Byroade）回憶道：「他是全世界最滑溜的撒謊騙子之一，但你會情不自禁地喜歡這樣的人物。」抗戰期間，周恩來長期派駐重慶，他帶著美麗的女助手龔澎進行全世界最成功的公關作業。

一八九八年，周恩來生於一個書香世家。他在天津就讀留美回國的張伯苓創辦的南開中學，擔任校刊編輯，參加學生劇團演出——許多是由留學美國的張彭春執導——畢業時在班上名列前茅。周恩來出洋留學，先到日本，後來轉到法國，並在當地加入共產黨。國共第一次合作期間，二十六歲的周恩來被派為蔣介石擔任校長的黃埔軍校政治部副主任。後來他領導共產黨的秘密警察單位「特科」，這個單位以手法殘暴、肅清共產黨叛徒和國民黨間諜著稱（譯按：即中共中央特別行動科）。美國記者佩姬・竇爾汀（Peggy Durdin）寫道，國民黨方面沒有人在「說服力和知性魅力能趕上周恩來」。

龔澎就是受史諾報導之毛澤東故事所感召的中國菁英活例子。龔澎出生在安徽一個基督徒家庭，一九三〇年代在北平求學時，結識艾德加．史諾夫婦。史諾從赤區訪問歸來後，播放了些幻燈片，而她深受感動。龔澎幫忙翻譯一部分《紅星照耀中國》，並在同學之間傳閱。一九三八年她投奔延安；到了一九四〇年，她在重慶工作，擔任周恩來與西方新聞記者的聯絡窗口。佩姬．竇爾汀稱她為「我生平所見，最了不起的公關人物。」

周恩來的說服力堪稱傳奇。《時代週刊》的記者白修德將他和史迪威、約翰．甘迺迪（John F. Kennedy）並列為「我所見過的三大偉人……無論他們說什麼我幾乎完全相信」。白修德稱龔澎是他見過最美麗的中國女郎，一位真實、活生生的「女槍俠金花妹」（Pistol Packing Miss Golden Flowers）。因此，在「狄克西代表團」抵達延安後幾個月，一群美國記者接著來訪，也就傾向對共產黨抱持好評。

對這群記者中的許多人而言，前往延安是一種近乎宗教朝聖的經驗。美聯社記者約翰．羅德里克（John Roderick）形容，毛澤東的妻子江青（她自己後來也成為二十世紀大暴君之一）是「極度樸實無華的普通女性」，並將她樸實無華的衣服拿來和宋美齡妖媚的旗袍相比。《時代》雜誌記者愛金生稱讚共產黨的戲劇，攝影記者哈里遜．傅爾曼（Harrison Forman）甚且找出方法，稱讚毛澤東要求他的追隨者嚴守文化教條。傅爾曼在他的專書《來自紅色中國的報導》（*Report from Red China*）中提起：「共產黨非常嚴肅地看待他們的文化。」他寫道，戰前的上海，詩人、畫家、劇作家和小說家愛怎麼寫就怎麼寫，為藝術而藝術，但「高瞻遠矚的毛澤東注意到這點，覺得這樣不好」。《前鋒論壇報》記者阿奇．史提爾提出一個宗教式的譬喻：「從重慶到延安」有如「從地獄到天堂」。左派美國人相信共產黨提供了中國一個解答，這種想法吻合美國傳教士的傳統。和一八六〇年代中期的太平天國一樣，共產黨應許「閃電歸主」，但現在不是信仰基督，而是接受社會主義現代化。

針對這股拋棄蔣介石政府、投向共產黨的浪潮，有一位中國最偉大的自由派知識份子跳出來抗戰，他是林語堂。一九三七年林語堂遷居美國後，一九四三年第二次回到中國。在中國，林語堂發現他支持國民政府，並原諒蔣介石大多數的罪愆。回美國後，他將他的思想寫成《枕戈待旦》（*The Vigil of a Nation*）這本書。賽珍珠的第二任丈夫理查．

華許是他的編輯，夫婦倆提醒他，親國民黨的立場不利於書籍銷售。華許寫道：「人們會懷疑你，因為你現在全心全意支持以前批評甚力的政府。」

一九四五年年底出版的《枕戈待旦》，同情蔣介石正領導一個分裂的國家，外有日本侵略，內有共產黨叛亂。林語堂稱讚蔣介石是有遠見的「人文主義者」，呼籲各方對國民黨要有耐心。他嘲笑共產黨，詳述毛澤東的血腥清算、恐怖統治和特務，「包裝普選的鬧劇」以及黨全面的主宰思想。他認為赤區是「極權主義專政」，專搞階級鬥爭、反宗教、家庭和傳統的運動。他形容在美國，為共產主義辯護的人形同白癡。

有些美國人嘲笑林語堂的這本書。資深蘇聯間諜艾格妮絲．史沫特萊——林語堂和她，都是中國民權保障同盟的共同發起人——現身國家廣播公司的《空中美國城鄉會議》（American Town Meeting of the Air）節目，質問林語堂為什麼不乾脆承認「收了中國政府一張美元大支票」。海倫．史諾（Helen Snow）指責他蓄意掀起內戰。左翼《美亞雜誌》（*Amerasia*）編輯賈斐將一九四五年三月號的整本雜誌版面都用來抨擊這本書，譴責林語堂是「為中國政府辯護」，而且這本書具有「危險挑釁」的意味。

林語堂的老友艾德加．史諾在《國家》雜誌上發表書評，似乎想表示客觀，稱讚共產黨是在中國最民主的政府。史諾暗示，林語堂沒有權利代表中國發言——這份工作最好交給比較客觀的美國白人來做。史諾寫道，林語堂寫這本書「其民族信心出乎意料地如此之小，充滿了調侃，而且缺乏尊嚴和自豪」。

林語堂在下一期《國家》雜誌登出辯駁文字，標題是「中國及其批評者」（China and its Critics）。林語堂承認，美國民意沒站在他這一邊。中國共產黨已經變成「美國的聖牛」。長期以來，他批評國民政府政治高壓，但相較於赤區要求的刻板思想，蔣介石的掠奪只能算是花園派對。林語堂指出，抗戰期間，左派報紙可以在國民黨統治地區發行，書籍和雜誌例行性地抨擊蔣介石，共產黨和其他政黨所策劃的示威活動還不時地受到寬容。

林語堂有段話直接打中了美國「中國通」的要害。雖然他們大都會說中國話，卻沒多少人能讀中文。他們從未查核共產黨的文件，反而依賴「共產黨⋯⋯在事先規劃好的行程上對外國人所說的話」。當毛澤東展開「延安整風運動」時，像史諾這些記者，根本沒去[illegible]他的著作。林語堂宣稱：「研究過去幾年的中國事務卻不讀中文著作，等於是蒙上眼睛。」

林語堂曾自稱走鋼索的人，一邊是極權主[illegible]另一邊是專制主義。現在他跳下來，選擇了蔣介石。他明白國共內戰遲早會爆發，呼籲美國提供蔣介石贏得內戰所[illegible]的武器。他說，任何欲以調停來將中國拼組起來之舉，都很「天真」。

早年的胡適質疑過古德諾，林語堂也質問他的美國老友[illegible]為什麼中國人不配享有自由？他寫信給賽珍珠：「自由之於美國人，是他們的生命之血，但對中國人而言，現在什麼才重要？將五億人丟進極權統治之下，竟然不起波瀾……我已無家可歸。我想，史諾和史沫特萊會笑我是傻瓜，竟然不跳進共產黨的天堂。」

中國共產黨成功說服了國務院大多數的外交官僚，相信中共愛國、溫和且願意抗日，這對於中國內戰的結果影響相當大。中共削弱了對國民黨的支持，鼓勵美國人相信，共產黨是蔣介石之外，另一個可接受的選項。隨著二次大戰即將結束，愈來愈多人以為共產黨在聯合政府中，將是負責的成員，而不會於日後致力奪取絕對權力。

附註

孔祥熙抑制通貨膨脹不成功的經過，詳見：亞瑟．楊格的《中國和援助之手》(*China and the Helping Hand*)。蔣介石的哲學在《中國之命運》和《中國經濟學說》中有所表述。孫平對中國共產黨的觀察，參見他的延安日記。關於狄克西代表團的故事，詳見：包瑞德的回憶、國務院文件和謝偉志、戴維斯等人的報告。美國記者對中國共產黨的印象，尤其是對周恩來和龔澎的印象，參見：白修德、傅爾曼和費正清等人所寫的回憶錄。林語堂和史諾的論戰參見《國家》雜誌。

這幅油畫〈1825至1835年間的廣州十三行景觀〉（View of the Hongs at Canton, 1825-35）的作者是西方人稱呼為「林官」（Lam Qua）的清朝油畫家關喬昌，大約在1835年完成。「廣州十三行」是珠江河岸的一處貿易特區，面積不大。據清廷規定，包括美國在內的西方列強商人只能在此與中國人進行交易。（圖片來源：東京大學東洋文化研究所，編號：M3793）

關喬昌繪製的油畫〈1825至1950年間的浩官〉（Portrait of Houqua, 1825-50）。伍秉鑑的商號「浩官」（Howqua或Houqua），西方商人也以此通稱他。他經商有道，主業為茶葉與借貸，也做少量鴉片生意，在十九世紀初年堪稱世界首富。〔圖片來源：皮博迪埃塞克斯博物館，編號：M23228，馬克・塞克斯頓（Mark Sexton）拍攝〕

美國商人華倫・德拉諾（Warren Delano）在1862年1月前拍攝的照片。德拉諾在中國經商，富蘭克林・德拉諾・羅斯福總統即其外孫。（圖片來源：富蘭克林・羅斯福總統圖書館與博物館）

美國作家布瑞特．哈特打油詩〈誠實詹姆斯講老實話〉反映出許多華人在美國遭受的種族歧視。透過這張於 1870 年前後印製的傳單，我們可以看出他的詩甚至被配上樂曲，改編成賣座的百老匯劇作。（圖片來源：萊斯特．列維所收藏的樂譜，目前由約翰．霍普金斯大學謝里登圖書館典藏）

容閎是最早被送往美國接受教育的中國人之一，後來在清廷支持下，他負責推動所謂的「幼童出洋肄業」計畫，送中國學生赴美留學。這照片大約是在 1900 年前後拍攝。（圖片來源：康乃狄克州歷史學會）

這是唯一確定為王清福本人的照片，攝於 1870 年代初。他是第一批在美國為同胞爭取人權的華人，而且「美國華人」一詞即為他最先開始公開使用。（感謝賓州路易斯堡巴克奈爾大學柏川圖書館檔案室特藏組允許複製此照片）

昌和恩．班克是來自暹羅的華人雙胞胎，因為在美國參與馬戲團怪胎秀演出而致富。他們在美國南方購置一處莊園，娶了莎拉．葉慈與艾黛拉蒂．葉慈姊妹倆，生下二十一名子女。兩對夫妻與他們生的其中兩個孩子大約在 1865 年留下這張照片。〔圖片來源：〈昌、恩兄弟與家人留影〉，來自於隆納德．貝克（Ronald G. Becker）收藏的查爾斯．艾森曼（Charles Eisenmann）攝影作品集，雪城大學特藏研究中心典藏〕

出身教會家庭的石美玉和康成於 1890 年代前往密西根大學醫學院就讀，返回中國後以美以美會傳教士的身分行醫。（圖片來源：德魯大學聯合衛理公會檔案資料）

1900 年前後，南方衛理公會傳教士林樂知（圖中）與兩位同事的合照。林樂知赴華傳教後為中國人帶來現代教育與科學，引領了一場重要運動。（圖片來源：林樂知文件與史都華・羅斯手稿，埃默里大學珍本圖書館典藏）

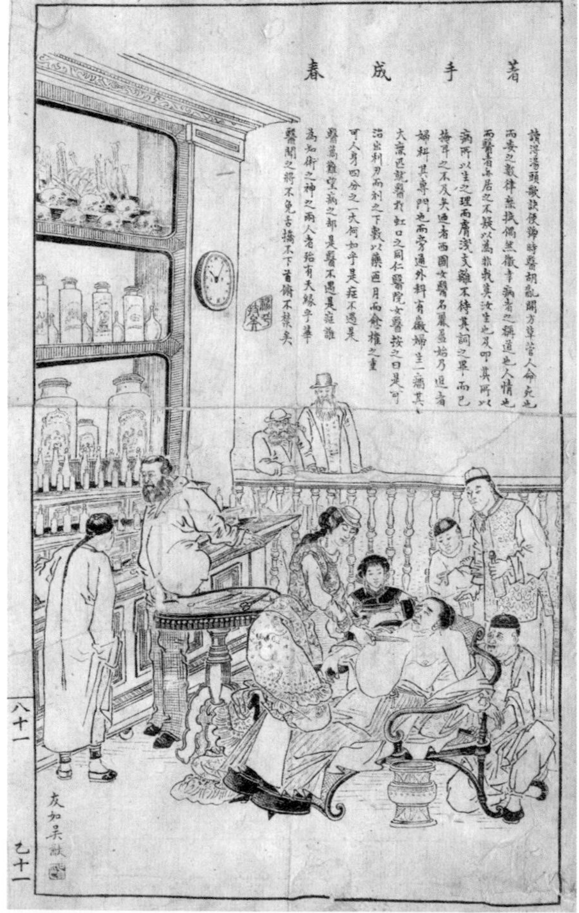

美國女性來到中國後，獲得的機會比在祖國的時候還多。圖中是來華傳教與行醫的黎施德（Elizabeth Reifsnyder），正在為病人割除巨大腫瘤，時間為 1885 年前後。（圖片來源：哈佛大學法蘭西斯・康特威醫學圖書的波士頓醫學圖書室）

美國總統格蘭特卸任後於 1879 年造訪中國，由時任直隸總督的李鴻章接待。李鴻章並請求格蘭特代表中國與日本協商。（圖片來源：美國國會圖書館）

這幅漫畫於 1899 年 8 月 23 日刊登在《調皮精靈》（*Puck*）雜誌，畫中象徵美國的山姆大叔「出手阻攔」歐洲列強瓜分中國。（圖片來源：美國國會圖書館）

在這幅漫畫裡，工人黨伸出大腳猛踩中國移民。該黨在十九世紀末於美國西部地區成為重要的政治勢力。（圖片來源：賓州歷史學會）

小名「尼爾」的孔尼流士·范德爾·史塔爾在中國創立了他的第一家保險公司，這是他與一位中國顧客在 1922 年的留影。後來他的公司拓展為全球保險巨擘「美國國際集團」（AIG）。（圖片來源：哥倫比亞大學史塔爾亞洲圖書館，感謝史塔爾基金會允許本書使用）

1902 年前後的荷馬李。他是孫逸仙的軍事顧問，曾試圖於美國招兵買馬，組織一個推翻滿清的部隊。（圖片來源：荷馬李研究中心）

孫逸仙是打破美中兩國隔閡的中國政治領袖。這張照片攝於 1924 年，不久前他才剛與美國撕破臉。（圖片來源：美國國會圖書館）

在 1930 年代中國甚有影響力的爵士小號手巴克·克萊頓與中國音樂家黎錦暉合作，把充滿現代感的爵士風帶進中國民謠。（圖片來源：肯尼斯·拉巴德教授特藏資料，密蘇里州堪薩斯市大學圖書館典藏）

1920 年代，英美菸草公司引領著一股為中國婦女塑造出性感形象的風潮。（圖片來源：艾格妮絲·塔巴的收藏）

華裔美國女演員黃柳霜是第一位在美國成為明星的非白種人，其風采迷倒了全世界的觀眾。（圖片來源：美國國會圖書館）

ORPHANED BY JAPANESE BOMBS

我民何辜

遭此慘禍

HELPLESS!!

BLEEDING, CRYING . . . . . .
. . . . . . ALONE AND ALIVE . . . UNTIL THE NEXT BOMBARDMENT.

On August 28, 1937 . . . Japanese planes deliberately dropped eight bombs into this South Station of the Shanghai-Ningpo Railway, bringing death to hundreds of innocent civilians, all refugees awaiting transportation to places of safety.

Japanese claimed that the station was a concentration point for Chinese troops. This statement was refuted by impartial foreign correspondents who were at the scene immediately after the bombing.

在海報上這張名為〈血腥星期六〉的照片裡，我們看到日軍空襲上海期間一名嬰兒的慘狀。〈血腥星期六〉成為最具代表性的二戰中國照片，被許多為中國募款的活動屢屢使用，這張募款海報即是一個例子。（圖片來源：美國國會圖書館）

1936年蔣介石在西安事變中遭綁架，歷劫歸來後與宋氏姊妹合影，由左至右分別為其妻美齡、大姨子靄齡與小姨子慶齡。（圖片來源：美國國會圖書館）

美國記者兼作家艾德加・史諾於1936年跟毛澤東（圖右）的合影。史諾的龐大影響力在於他把毛塑造成一位溫和的改革家。〔圖片來源：艾德加・史諾文件，密蘇里州堪薩斯市大學大學檔案館典藏，感謝史諾夫人（Lois Wheeler Snow）允許本書使用〕

賽珍珠拍攝於1932年的照片。在以中國為主題寫作的作家中，迄今她仍是最重要的。（圖片來源：美國國會圖書館）

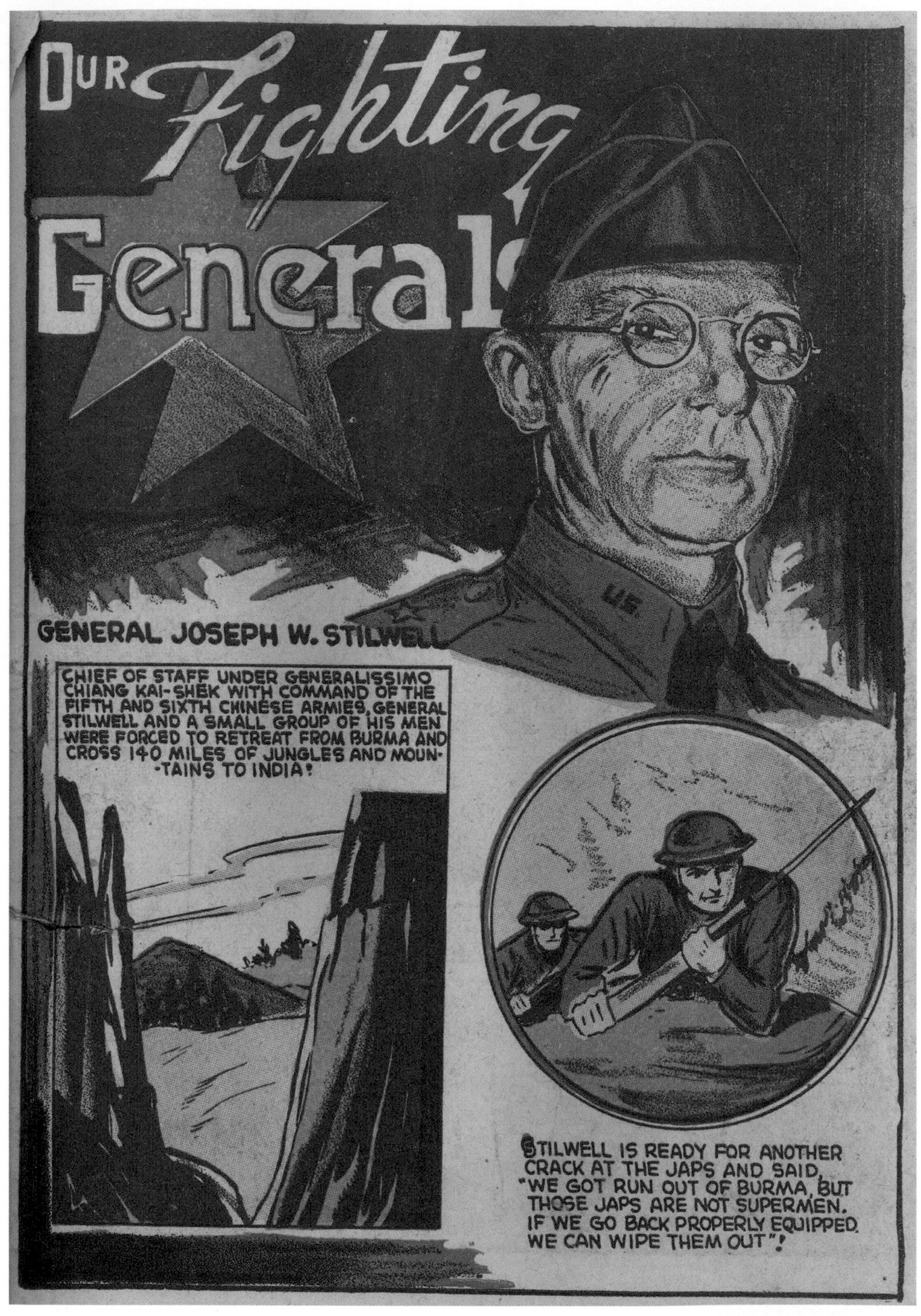

為了向美國民眾述說美軍在二戰期間於中國所採取的種種行動，史迪威將軍是這故事中不可或缺的英雄角色。這幅漫畫取自 1942 年 10 月號的《貓人》（*Cat-Man*）漫畫。（圖片來源：布萊恩・浩斯收藏）

抗戰期間，美國「飛虎隊」為中國的對日空戰出力，這是該隊指揮官陳納德將軍在 1944 年拍攝的照片。（圖片來源：美國空軍）

1939 年中國女性飛行家李霞卿開飛機巡迴美國，為中國募款。（圖片來源：美國史密斯森研究協會所屬美國國家航空太空博物館的檔案室）

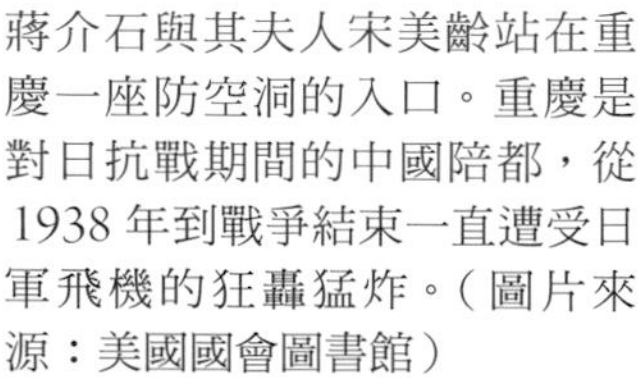

蔣介石與其夫人宋美齡站在重慶一座防空洞的入口。重慶是對日抗戰期間的中國陪都，從 1938 年到戰爭結束一直遭受日軍飛機的狂轟猛炸。（圖片來源：美國國會圖書館）

陶藝家黃玉雪的自傳《華女阿五》於 1950 年出版，讓我們見識到華裔美國人已經開始展現出自信。（圖片來源：黃玉雪女士後人）

1960 年，艾森豪總統訪台時受到盛大歡迎。他是史上第一位於在任期間造訪中國的美國總統。（圖片來源：美聯社）

美國甘迺迪總統遇刺後，中國的官媒紛紛做出幸災樂禍的報導。圖為 1963 年 11 月《工人日報》刊載的漫畫，上面寫著：「肯尼迪，啃泥地！」（圖片來源：作者收藏）

中國革命啟發了許多非裔美國社運人士，包括羅伯·威廉斯。照片中為威廉斯與妻子梅寶於 1964 年造訪中國的景況。（圖片來源：密西根大學班特利圖書館收藏的羅伯·威廉斯檔案，編號：HS1104）

1943 年 11 月開羅會議期間，蔣介石、羅斯福總統、邱吉爾首相與宋美齡夫人。（圖片來源：富蘭克林．羅斯福總統圖書館與博物館）

1944 年 10 月，美國外交官約翰．派頓．戴維斯與毛澤東的合照，他深信二戰期間美國應該全力支持中共。從左至右：周恩來、朱德、戴維斯、毛澤東、葉劍英。（圖片來源：杜魯門總統圖書館與博物館）

1950 年韓戰爆發後，中共致力於將美國塑造成中國人民的敵人。這張海報上面寫著：「堅決斬斷美國侵略者撒佈細菌的罪惡之手！」（圖片來源：斯蒂芬．蘭茲伯格收藏，目前由阿姆斯特丹國際社會史研究所典藏）

1989 年中國六四民運最具代表性的畫面就是這張於 6 月 5 日拍攝的照片。擋在坦克部隊前面的抗議人士後來被取名為「坦克人」，事後下落不明，生死未卜。（圖片來源：美聯社記者傑夫・韋德納（Jeff Widener）拍攝）

1999 年貝爾格勒中國大使館遭北約部隊轟炸後，大批中國民眾前往北京的美國大使館抗議。事後，美國大使尚慕傑從遭人破壞的窗戶往外看。（圖片來源：范德比爾特大學特藏部與檔案室收藏的尚慕傑文件）

2001 年，中國人民解放軍海軍飛行員王偉在國際空域與一架美軍偵察機發生撞機事件，王偉於跳傘後殉職。這次意外發生前，王偉就曾有故意把機身往美軍偵察機靠過去的數次危險飛行紀錄。在這張由美國國防部官員提供的照片中，可以看見他向一架美軍偵察機的機組員展示自己的信箱帳號。（圖片來源：美聯社／美聯社電視新聞署，以及美國國防部）

1972 年尼克森總統造訪中國，為美中關係史寫下新頁。尼克森右手邊是設國宴款待他的中國總理周恩來。（圖片來源：尼克森總統圖書館與博物館）

1979 年美國與中華人民共和國建交，中共領導人鄧小平特意赴美訪問，以示慶祝。（圖片來源：美聯社）

李小龍是史上最知名的華裔美國演員。圖為他在 1972 年拍攝電影《死亡遊戲》的現場，與客串演出的美國職籃明星賈霸對戲。賈霸是中國功夫的愛好者，曾向李小龍學藝。（圖片來源：美聯社）

許多華裔人士為民主黨提供政治獻金的醜聞爆發後，1997 年 3 月《國家評論》半月刊的封面用斗大標題寫著「滿洲候選人」，這反映出美國民眾對於中國的崛起確實感到不安。但克林頓、高爾與希拉蕊三人的造型也讓不少人批評《國家評論》有種族歧視之嫌，認為不該再拿這種中國人的刻板印象來做文章。（圖片來源：羅曼．根恩為《國家評論》畫的封面）

在 2015 年 9 月的白宮國宴上，臉書執行長馬克．祖克伯與中國國家主席習近平會面，祖克伯請求中國官員解除對於臉書的禁令。（圖片來源：美聯社記者泰德．華倫拍攝）

赴北京就任前，美國駐中國大使駱家輝自己在西雅圖機場的星巴克咖啡店購買咖啡。駱家輝平易近人的照片傳到中國後引發熱議，民眾紛紛批評中國官員實在太過貪腐，官威十足。（圖片來源：艾德思奇科技公司執行長唐朝暉）

2013 年，歐巴馬總統與中國國家主席習近平於加州合影。自從美中關係正常化以來，歐巴馬是第一位公開表示中國令他惱怒的美國總統。（圖片來源：白宮首席攝影官彼得．蘇沙拍攝）

第二十四章
通往王國的鑰匙

接替史迪威中國戰區參謀長職位的魏德邁中將，不同意「酸醋喬」對蔣介石及其部隊的基本假設。魏德邁寫道，蔣介石和國軍部隊「絕非不願作戰」，相較於英國和蘇聯，他們只拿到「一點點援助」，卻展現出「令人驚佩的堅韌和耐力抗日」。

一九四四年十一月魏德邁接篆後，就拋棄史迪威「不照我意思做，大家就打架」的作風，與所有夥伴——中國人、英國人及華府各級將領——尋求妥協。蔣介石希望所有的國軍部隊撤出緬甸，以保衛重慶和昆明，但魏德邁說服他留下一半部隊在緬甸。魏德邁甚至半哄半騙地讓華府動用 B-29 超級堡壘轟炸長江沿線的日本運兵火車。到了一九四四年十二月，日本轟轟烈烈發動的「一號作戰」已經悄然結束。

魏德邁被選來替代史迪威，其實是頗具諷刺意味的選擇。他擬訂的「勝利計畫」是第二次世界大戰「歐洲優先」戰略的基礎。他是「諾曼第登陸戰」的其中一位設計師，一九三〇年代在德國進修，是全世界對德國軍事戰術最有研究的專家之一。但一九四三年，邱吉爾耍了心眼，將他調離歐洲，這是為了懲罰他迫使英國人半被強迫地接受「諾曼第登陸計畫」。他堪稱美國陸軍對德國戰術作業最了解的權威，這時偏偏被派到錫蘭，成為東南亞戰區總司令蒙巴頓勛爵的二把手。

一八九七年魏德邁出生於內布拉斯加州，說話輕聲輕氣，是一流的外交官，頗以深具戰略眼光自豪。史迪威說他是「全世界最臭屁的人」。中國人就客氣多了。在銀行家陳光甫眼中，不同於史迪威，也曾服役於美國陸軍第十五步兵團的魏德邁，「頭腦清楚，知道該說什麼話，不該說什麼話」。不過，魏德邁說過的話卻有損於自己的形象。他的回憶錄《魏德邁報到！》（*Wedemeyer Reports!*）出版於一九五八年，正是關於「誰丟掉大陸」的論戰仍十分熾烈時，一部憤忿恨不平之人的作品。

魏德邁採低調的做法與中國人相處，對於蔣介石則扮演心腹親信的角色。就任後不久，他寫信給馬歇爾：「我非常小心地安撫他的自我意識，把自己置於顧問的地位，不讓他沒面子。」他對蔣介石坦率進言，絕不在其他中國人能聽見的場合說話。

魏德邁寫道，史迪威手下的參謀，一向躲開每週四上午中國軍方舉行的會議，認為那些會議是「喝茶、浪費時間的鬧劇」。但魏德邁將其轉變為聯合參謀會議。起初，中方人員不太願意發表意見，但他們很快就開始表述意見。蔣介石也開始出席，不到幾週，一場場軍事會議就形成了現代的戰情室。

魏德邁延續史迪威將國軍部隊現代化的練兵計畫。到了一九四五年，已有三千多名美國軍官、飛行員及各軍種官兵，散布於國軍三十六個師的團級以上單位。中國部隊作戰時，美國人與他們一起上戰場並提供戰術意見，也召喚空軍和砲兵援助，並確保傷兵受到救治以及士兵都有飯吃。

魏德邁明白，對中國風俗習慣敏感雖有其道理，但假扮成中國人絕非明智之舉。他接任後不久，便和Y部隊的司令官衛立煌會面，請他進軍緬甸，並和中國駐印遠征軍會師。衛立煌拒絕了。魏德邁指出，他和蔣介石已經談好，衛立煌必須作戰；他提出警告：如果不肯出兵，衛立煌所屬部隊的美國裝備就會遭沒收。然後，他掉頭走出衛立煌的帳篷。史迪威最親信的副手法蘭克．竇恩（Frank Dorn）准將陪魏德邁一起去見衛立煌。但竇恩卻像個中國儒者，躬身倒退地退出帳篷。竇恩告訴魏德邁，他轉身背對衛立煌退出，已然冒犯到衛立煌。魏德邁回答，他以前不是沒住過中國，「如果打躬作揖、抱拳、倒退而出這套行得通，我也不會奉派來中國代替史迪威了。」魏德邁命令竇恩，以後別再搞這套；美國人寵壞了中國人。衛立煌後來出兵了，一九四五年一月二十八日，國軍搶通雷多公路，《紐約時報》聲稱，「到此時，中國的第一次真正攻勢才算是來到了戰事的最高潮。」

魏德邁和中國戰區的許多英、美軍官一樣，認為史迪威執著興建雷多公路是浪費資源。他正確地預測到，雷多公路搶通時已經無用武之地。他答對了。一九四五年七月，第二次世界大戰最後一個完整的月份，只有六千噸物資從陸路運送到中國，同時，飛越駝峰運補的物資則為七萬一千噸。史迪威指揮的中國遠征軍在緬甸完成的唯一大功，是為英國贏回失去的殖民地。

一直到戰後，魏德邁才公開批評史迪威。魏德邁從中國寫信給岳父史丹利・鄧巴・恩比克（Stanley Dunbar Embick）中將，私底下抱怨史迪威貽誤正事，花太多時間在緬甸「指揮幾個營」，忽略他身為戰區司令官的職責。他說，史迪威從來沒對陳納德下達任何指示，以致空軍和地面部隊的聯繫協調完全中斷。他也沒控制美國許多官僚部門，包括聽任諜報機關相互內鬥。魏德邁在他接任後許久才寫道：「當我想判斷中國的美軍配置到底在哪裡、究竟在做什麼時，即使到今天，資訊仍然一團亂。我還未收到報告。」

不過，美國顧問和中國火力結合後，仍頗有成就。一九四五年六月，日本投入八個師團在湖南省西部，目標是一路打到重慶。中國動員約二十個師、加上陳納德「十四航空大隊」的兩百架轟炸機，制止了攻勢。與往常一樣，蔣介石又想繞過配屬在國軍部隊的美國顧問、插手指揮調度，若是史迪威，就會和蔣介石打架，但魏德邁說服他別插手。魏德邁寫道：「我用蜂蜜，不用酸醋。我發現蔣先生很願意參加規劃，然後不插手。」保衛戰成功後，魏德邁和他的中國同僚開始規劃反攻——而這次是國軍往華東海岸推進。

支持中國統一的想法深植於美國戰略專家、企業界和傳教士心中。一個穩定、主權獨立的中國，吻合美國最佳經濟和戰略利益的概念，在一八〇〇年代即已生根。現在，第二次世界大戰打得如火如荼，美國人特別努力地避免中國爆發內戰，以保持中國的完整。

一九四四年十一月，美國駐中國大使克萊倫斯・高思（Clarence Gauss）退休，並由還留在重慶的羅斯福總統特使派垂克・赫爾利接任。一九四四年七月，羅斯福派赫爾利來華時，總統交給他的一項任務是改善史迪威和蔣介石的關係。他失敗了。但羅斯福晉升他，而且拍發電報對赫爾利表示：「就軍事及外交觀點來說，你嫻熟當地情勢……足資適任駐中國大使」。若羅斯福刻意破壞自己的中國政策，赫爾利絕對是上上之選。

國務院官員認為，赫爾利老邁、無知和膚淺。他搞不清中國人的姓名。譬如，他稱蔣介石為「石先生」（Mr. Shek），毛澤東是「木思東」（Moose Dung，譯按：意思是麋鹿糞便）。外交官約翰・派頓・戴維斯寫道，赫爾利認為，湊合共產黨和國民黨，「和在國家危機下，說服共和黨及民主黨接受兩黨和衷共濟沒什麼不同」。他即將遭遇猛烈震盪。

赫爾利天生就是個樂觀主義者。他和初來乍到中國的許多美國人一樣，以為自己可以完成任何事，包括搓合蔣介石和毛澤東，使二者達成和平協議。他也相信俄國方面的說法——有次，赫爾利途經莫斯科時，蘇聯外交部長維亞切斯拉夫・莫洛托夫（Vyacheslav Molotov）向他保證，中國赤色份子「事實上並非共產黨」。

一九四四年十一月七日，赫爾利飛往延安，前往和毛澤東交涉。飛機降落後，赫爾利站在機門口，吼出喬克托族（Choctaw）印第安人的戰吼——戴維斯將之形容為「拉長聲音的吼叫」——讓前來接機的周恩來及其他共產黨官員都覺得好笑。赫爾利後來寫道，和毛澤東經過一番「拉拉扯扯」後，雙方達成五點協議，讓國民黨和共產黨站在平等的法律立足點上組織聯合政府，也允許共產黨保留他們的軍隊完整無缺。美國的軍事補給則由國共雙方分享。毛澤東拿到這麼多不尋常的收穫，只需承諾向蔣介石宣誓效忠。

中共只需做個保證，就拿到他們所要的一切。赫爾利很滿意自己的成就，和毛澤東簽訂了協議——而且還簽了兩次。此外，他還把《美國權利法案》（American Bill of Rights，譯按：《美國憲法》的前十條修正案）附加在協議書末尾，並向毛澤東保證，美國政府也會完全支持這項協議。

宋子文大吃一驚。赫爾利回重慶後，宋子文對他說：「共產黨賣了一批爛貨給你！」（譯按：意思是赫爾利遭訛騙了）赫爾利不明白，蔣介石顫巍巍地居於一堆相互競雄的軍閥及機會主義者之上，一旦引進西式民主就存活不了。戴維斯寫道，特別是中國共產黨一加進來，一定會利用聯合政府爭奪全面權力。

蔣介石的回應是，共產黨若交出部隊、併入國軍，他可以將共產黨合法化。毛澤東必須先交出兵權。赫爾利將蔣介石的方案交給周恩來，周恩來當下就拒絕了。十二月八日，赫爾利派包瑞德上校到延安與毛澤東談判。毛澤東語帶威脅表示，要將先前協議的內容向新聞界公布。赫爾利大怒，毛澤東也很生氣。

美國大使館官員對於他們防止國共內戰爆發的能力，感到日益悲觀。十一月十五日，戴維斯再度促請華府，試圖「在政治上抓住」共產黨，別「聽任他們全面倒向俄國人」。一九四五年一月四日，戴維斯又提出警告，「亞洲和西太平洋未來的權力平衡」已經岌岌可危。戴維斯和他的同僚開始瞞著赫爾利，悄悄拉攏共產黨。有一次到延安，戴維斯和幾位美國軍官與周恩來見面，談到由戰略情報局贊助，美國、中共組成「聯合破壞作業」抗日的構想。美方提議成立一所學校，專門教授各項破壞技巧，並提供足夠裝備兩萬五千名游擊隊的器械，在華北各地建立一個無線電網絡，以及供應十萬支伍爾沃斯牌（Woolworth）的單發子彈手槍。赫爾利聽聞相關談判的風聲，要求說清楚、講明白。戴維斯說這攸關軍事機密，他不能回答。日後赫爾利寫道，聽到這句話時，他的言詞「就變得有點難聽」。

一九四五年一月十日，曾任《華爾街日報》記者的戰略情報局官員雷伊．克朗利（Ray Cromley）交給魏德邁一封電報並告知，毛澤東和周恩來提議，由他們兩人都去、或兩人之一親赴美國，和羅斯福總統共商結盟抗日大計。毛澤東從沒出過國，而今他願意到美國去。周恩來要求，不能讓赫爾利知道這件事。周恩來說：「我不相信他能審慎處理。」

魏德邁還是將電文交給赫爾利過目，赫爾利勃然大怒。一月十四日，赫爾利向羅斯福上報告，抱怨背著他進行的秘密談判，破壞了他這方的努力。這份報告加上魏德邁後續的另一封電文，震撼了華府。魏德邁在電文中承認：「我手下一批軍官派歸誠摯的赫爾利將軍調遣，但他們未經授權就隨意進行討論，可能會導致將軍難以解決問題。」

二月初，重慶美國大使館發生公然抗命的行動。趁著赫爾利和魏德邁一起回華府開會，政治組官員起草了一份報告，聲稱美國推動中國統一的政策「未必就表示，中國應統一於蔣委員長之下」。謝偉志在電文中指控，赫爾利呈報回去的中國觀點「不完整和不客觀」，並且，他篩選過濾了從重慶發回去的報告。謝偉志再度主張供應武器給共產黨，認為這樣會有雙重效益，既能打擊日本，又可迫使國共團結。他寫道，這可以「保住共產黨站在我們這一邊，而不是將他們拋進蘇聯的懷抱」。大使館政治組全體官員連署這份文件。通常謹守規矩的代辦喬治．艾契生（George Atcheson）笑道：「他們會說我們全是叛徒，貓不在家、老鼠就作怪。」

大使館這批「中國通」算好了時間，當他們將電文送到國務院時，正是赫爾利抵達華府之時。他痛罵這簡直是背信忘義，也預言若採行其建議，將肇致國民政府被推翻。但是，國務院中國科官員范宣德（John Carter Vincent）支持這群造反的外交官，當赫爾利造訪國務院時，發現他的觀點「被丟在地毯上」。赫爾利手上握著一張王牌：他可以直達天聽，向總統進言。羅斯福宣布，若不取得蔣介石同意，武器不能運交給中國共產黨。後來，赫爾利將所有與他意見不合的「中國通」都趕出了重慶大使館。

赫爾利與其重慶大使館部屬的不和，預示著美國外交政策史上，意見最分歧的一項政治鬥爭——「誰丟掉了中國？」的大論戰。赫爾利將他未能團結中國的責任全推到戴維斯、謝偉志和其他美國外交官身上，聲稱他們破壞他促成和平的努力。赫爾利說，是美國的背信棄義導致「失去」中國。

赫爾利或許可以聲稱，部屬破壞了他團結中國的努力，但在一九四五年二月一個更為不祥的重大障礙出現了。羅斯福、邱吉爾和史達林在蘇聯克里米亞半島、黑海之濱的港口展開「雅爾達會談」，這是開戰以來，「三巨頭」的第二次碰頭。雖然會議主題是歐洲事務，羅斯福卻要求史達林，正式承諾進攻日本並加入聯合國。

羅斯福談到史達林時有個盲點，他把史達林當成盟友，似乎不了解「喬大叔」詭計多端。羅斯福告訴邱吉爾：「我認為，若按照君子協議，把能給的全給了他，又不要求回報，他應該不會兼併任何一片土地，和我合作，致力於世界民主與和平。」直到溘然長逝，羅斯福始終堅持這個信念。

對於要他攻打日本，史達林開出的價碼極高。他要求取回四十年前，經由羅斯福的堂親狄奧多．羅斯福總統斡旋的《朴資茅斯條約》——蘇聯失去的東亞勢力範圍。史達林也要求租借中國遼東半島南端的旅順軍港，還有中東鐵路和南滿鐵路歸蘇聯所有，並堅持外蒙古維持「獨立」——換言之，成為俄國控制的附庸。他說，戰後俄軍應占領半個朝鮮。他也要求羅斯福說服蔣介石。除了進攻滿洲的日軍，史達林答應與國民政府簽訂一項條約，增強蔣介石的地位。

與過去一樣，中國領導人沒被邀請前來討論攸關中國命運的議題。蔣介石為此甚為擔心。尚未得知會議結果，他就在日記中憂心忡忡地表示：「羅、邱史、會議宣言尚未發表，未知其結果究竟如何。惟此會於我國之影響必大，羅或不致與英俄協以謀我乎。」這種可能性使他非常憂慮。一九四五年二月十一日秘密洽談的「雅爾達協定」，允許俄羅斯取代日本在東北亞的地位。一週內，羅斯福和邱吉爾將中國花了十五年從日本手中恢復的權利，通通轉給了史達林。蘇聯因而得以改變中國革命的方向及朝鮮的未來。

羅斯福會和史達林達成這樣的協議，是因為他有個錯誤的假設：他以為，戰後蘇聯會和美國合作，不會像個帝制強權、建立帝國。總統的演講稿撰述秘書羅伯．薛伍德（Robert Sherwood）深知，羅斯福在雅爾達已毀棄他在開羅向蔣介石許下的一切承諾，但他替羅斯福辯護，表示他「太累了，急於避免繼續爭辯下去」。薛伍德寫道，羅斯福希望「當必須通知中方時，他能搞定整件事」。

「雅爾達協定」不能簡單地解釋成美國背信棄義，或共產黨大陰謀的結果。重病在身的羅斯福試圖拯救美國子弟的性命。馬歇爾將軍和麥克阿瑟將軍堅持要求蘇聯投入亞洲戰場，因為他們相信，美國必須進攻日本本土，預計美軍陣亡人數將高達三十五萬人。沒人知道研發原子彈的曼哈頓計畫（Manhattan Project）是否會成功。對蔣介石而言，雅爾達的條件很難吞得下去。戰爭從頭到尾，他都懇請盟國派一百萬西方地面部隊進入中國。他希望美軍進來；現在卻盼到了俄國人。中國自此命運全非。

二月三日，也就是他進入會議室和邱吉爾、羅斯福握手的前一天，史達林告訴毛澤東，紅軍隨時會回到中國。這時，已應赫爾利之邀前往重慶進一步談判的周恩來接獲毛澤東之命，要他停止談判。

來自雅爾達的消息，令毛澤東膽氣大壯。幾週前他還提議赴美國研商抗日大計，現在卻下令共產黨員準備和美國及蔣介石浴血作戰。他擬出「蔣美」這個詞。這是黨的新敵人。毛澤東告訴黨員，蘇聯的大規模援助即將到來。他宣稱：「如果不來，你可以砍了我腦袋。」他強調蘇聯將在中國革命扮演的主要角色。雖然中國共產黨必須嚴守機密，毛澤東提醒大家：「可別搞錯了，我們的領袖是史達林。」

當年春天，中國共產黨召開「第七次全國代表大會」，會中，毛澤東展現他對「喬大叔」極權主義制度的忠誠。他包攬黨的一切治理機構主席職位，集所有權力於一身。新黨綱奉「毛澤東思想」為最高指導原則。因此，即使他向美國外交官表示支持民主，其實在他的共產黨同志群中，毛澤東已經採取行動，將自己打造為活神。

羅斯福並不認為有必要告知蔣介石，他在雅爾達做了什麼決定。蔣介石和赫爾利必須自己去發現。回到華府後，赫爾利費了好大的勁才發現秘密協議的梗概；他晉見羅斯福兩次，總統才向他吐露全盤安排。赫爾利聽了差點昏倒。這些讓步違反《大西洋憲章》（Atlantic Charter）的原則，因為這憲章的條文規定，領土變更需吻合受影響人民的意願。

羅斯福的團隊其實已對《雅爾達協定》躑躅不前。史達林已在波蘭冊立傀儡政權，不久後，又違反在當地舉行大選的承諾。在莫斯科，哈里曼（Averell Harriman）大使宣稱史達林的目標是「建立極權主義」。不過，雖然美國官員明白史達林企圖掌握歐洲，他們卻很慢才意識到，他對亞洲具有同樣的野心。

華府方面，赫爾利才剛展開始和「中國通」的鬥爭。一九四五年四月二日和羅斯福會面後，他召開記者會，宣布美國將只支持中國的中央政府。雖然所有證據都指向反面，但他宣稱自己非常樂觀，國共雙方的關係已經「拉得更加親近」。然後，他利用羅斯福的信任票，將「中國通」們掃出大使館。戴維斯很幸運，調到了莫斯科。謝偉志等人奉調回華府，改派其他工作。

赫爾利飛到倫敦和莫斯科，試圖爭取邱吉爾和史達林同意，戰後放棄對中國領土的野心。他在和邱吉爾會談時提起，若英國保留香港，蘇聯就會堅持占有滿洲。邱吉爾聽不進去，認為華府的中國政策是「美國的大幻想」。史達林也拒絕放棄他在滿洲的特權。但他重申支持蔣介石政府，承諾不支持「那些紅皮白心的蘿蔔」——他如此稱呼延安的中共。駐莫斯科的美國外交官試圖警告赫爾利，別被史達林騙了。喬治．肯楠指出：「對他有相當多的建言，但他聽不進去。」

赫爾利回到中國後，將《雅爾達密約》的內容告訴蔣介石。蔣介石在聽完簡報後寫道：中國被「出賣」了，抗戰全「白打」了。中國主權再度被割讓出去，這分明就是侮辱。一九四五年四月十二日，在所有這些密室交易的協商過程中，羅斯福去世了。前一週，他還發出一連串電報給蔣介石，促請他和共產黨和談，顯然希望能在蘇聯進軍滿洲前把問題解決。

美國巨人溘然長逝，讓蔣介石相當擔憂。羅斯福雖然有些怪癖、好高騖遠，而且承諾善變，卻和蔣介石抱持共同的遠見——強大的中國要和美國結為盟國。他的繼任人哈利．杜魯門（Harry Truman）卻是個未知數。今後，美國會更受英國影響嗎？英國人似乎有意讓中國繼續積弱不振。或受到美國左翼人士影響？他們幻想毛澤東的共產黨比蔣介石及國民黨好。蔣介石也想問的是，杜魯門「真誠」嗎？

附註

在《魏德邁報到！》一書中，魏德邁交待了他的說法，不過因為魏德邁想面面俱到，因此部分內容有些疑問。赫爾利的故事參見當時的外交電文及約翰．派頓．戴維斯的自傳。蔣介石對《雅爾達密約》的看法，參見胡佛研究所保存的《蔣介石日記》，以及陶涵的《蔣介石與現代中國的奮鬥》。

第二十五章
結局的開端

一九四五年四月十二日謝偉志回到華府，正是羅斯福去世當天。謝偉志的家人住在加州，喜歡熱鬧的他經常和對亞洲事務有興趣的新聞記者一起攪和。他常和關注遠東事務的《美亞雜誌》烏克蘭裔編輯菲利浦·賈斐（Philip Jaffe）來往。和賈斐的其他消息來源一樣，謝偉志提供機密文件給《美亞雜誌》。

一九四五年一月，《美亞雜誌》幾乎逐字地刊登戰略情報局有關英國在東南亞政策的一份機密報告內容後，戰略情報局和聯邦調查局相繼監視賈斐。戰略情報局潛入《美亞雜誌》在曼哈頓的辦公室，找到一大堆政府文件，包括謝偉志執筆的報告。聯邦調查局竊聽賈斐的辦公室，也派人盯梢、跟蹤他。謝偉志在華府某旅館告訴賈斐「非常機密」的軍事情報——可能提供致命武器給中國共產黨的計畫——遭到竊聽，因此也遭到調查。

賈斐和許多左翼人士來往，包括蘇聯官員及美國共產黨總書記厄爾·白勞德（Earl Browder）。雜誌社的幾位同仁都是蘇聯地下黨員或美國共產黨員，其中冀朝鼎甚至娶了賈斐的表妹。

一九四五年六月六日，聯邦調查局丟出一枚炸彈，逮捕了六個人，罪名是未經許可，保有及傳遞政府文件。被捕的六人包括謝偉志在內。《紐約時報》的標題為〈聯調局逮捕六名間諜，兩人任職國務院〉（FBI Seizes Six as Spies, Two in State Department）。《時代週刊》稱之為「戰時最大的國家機密案件」。多年後謝偉志回顧案情，宣稱自己「集羞辱於一身」。冷戰正逐漸逼近。蘇聯已宣布計畫占領三分之一個德國。在美國，追緝共產黨間諜的任務也已經展開。

謝偉志辯稱，政府官員洩露報告給記者作為背景資料是常態行為。而且，他獲得白宮顧問居里的核准才這麼做——居里正是羅斯福白宮，主管中國事務的尖兵。因此，擔心被牽連的居里，找上了羅斯福的老朋友，在華府專門為人排難解紛的湯米·柯克蘭（Tommy Corcoran）幫忙。柯克蘭找來已被提名出任司法部長的湯姆·克拉克（Tom C. Clark）關照。根據歷史學家羅納德·拉多什（Ronald Radosh）和哈維·柯列爾（Harvey Klehr）的說法，就出任司法部長一事，柯克蘭表示可以幫他順利通過參議院的人事認命聽證會，但拜託克拉克別對謝偉志案窮追猛打。

八月間，對於謝偉志有任何不當行為一案，大陪審團以二十票對零票不起訴謝偉志。同案被捕的六人中，有三人遭到起訴。賈斐對「陰謀侵占、偷竊」政府財產罪名認罪，繳付二千五百美元罰款，逃過牢獄之災。謝偉志獲得美國新聞界的同情對待。德魯·皮爾生（Drew Pearson）在《華盛頓郵報》稱謝偉志被捕是「美國版德瑞福斯案」——就像被控是間諜的十九世紀法國軍隊猶太裔上尉德瑞福斯（Dreyfus），謝偉志也是冤枉的。皮爾生解讀，謝偉志涉案是「國共之間激烈的割喉戰」衍生的案件。皮爾生寫道：「美國在中國押錯馬了。」

《美亞雜誌》事件是美國介入戰時中國痛苦後續發展的第一章。約瑟夫·麥卡錫（Joseph McCarthy）和派特·麥卡蘭（Pat McCarran）兩位參議員高舉反共大旗，要揪出「誰丟掉了中國」，三十五歲的外交官謝偉志成為他們祭旗下的犧牲品。中共《解放日報》抨擊華府逮捕謝偉志，聲稱此事凸顯美國「承認中國人民偉大民主力量」的這派人士，和美國反動派的深刻分裂。《解放日報》指名批鬥赫爾利，罵他是「傀儡操縱師」，而蔣介石就是那個傀儡。這篇社論也是中共對美國調性改變的又一跡象。現在史達林伸出援手，毛澤東不需再與美國虛以委蛇。

謝偉志被捕的幾週前，即一九四五年五月二十八日，戰略情報局一組五人跳傘，進入河北省阜平縣的日軍防線後方。以其中一名隊員愛犬命名的「獵犬任務」（Spaniel Mission），意在針對日軍執行破壞任務。不料，共產黨部隊不但沒歡迎他們，還把這幾個老美抓起來。

這幾個美國人踩到了共產黨的重大秘密。共產黨部隊和日本扶植的偽政府部隊彼此勾結，沒在廣大的中國作戰。

戰略情報局人員在事件後的報告提到：「『共產黨』實際作戰的數量被嚴重誇大。」共產黨的政策是「不要積極抗日或與偽軍交戰」。共產黨關了「獵犬任務」的隊員四個月，讓魏德邁和戰略情報局局長唐諾文對這組同仁的命運擔心至極。

戰略情報局的其他任務也讓共產黨相當擔心。其中一項任務的主管米幹神父（Thomas Megan）來自愛荷華州，嗜酒如命，一九二六年就到中國傳教，綽號是「戰鬥主教」。梅岡手下的間諜被稱為「聖約翰的小兄弟」，揭發了八名日本雙面間諜，也掀出日本部隊的調動細節，讓陳納德的「十四航空大隊」得以迎頭重殲日軍。

只有中共能夠無礙地進出華北日軍占領區，是該黨對美國談判的最大籌碼，但這一點遭米幹的綿密諜報網削弱了。此一情報網也挑戰共產黨的謊言：米幹和他的農民夥伴，的確在和日本人作戰，而共產黨卻一槍不發。這也難怪，一九四〇年抗日戰爭打得如火如荼時，共產黨逮捕並刑求米幹的前任領導人雷鳴遠（Vincent Lebbe）。雷鳴遠是比利時籍神父，他在獲釋後不久即去世。

一九四五年七月七日，共產黨下達指示，調查其所謂的「阜平事件」，並要求杯葛和美國的合作，下令紅軍單位阻止美國人接近前線：「只要『美軍』進入我們的地界，你就必須解除他們的武裝，封鎖他們的通訊。」中共點名米幹的遊擊隊對黨構成威脅。

當毛澤東知道蘇聯援助即將到來，便核准手下的宣傳機構再度抨擊美國。《解放日報》寫道，直到一九四五年，「中國共產黨終於深信，美國是懷有敵意的帝國主義國家。」

一九四五年八月六日，美國在廣島投擲一枚原子彈。八月八日，即一架 B-29 超級堡壘在長崎投下第二枚原子彈的前一天，蘇聯百萬紅軍發動閃電攻勢，打進滿洲，粉碎日本的支那駐屯軍。華府為蘇聯出兵而歡呼。杜魯門總統寫信告訴妻子貝絲（Bess）：「這下我們有許許多多子弟不會喪生了！」八月十五日，日本投降。

太平洋戰爭的結束打斷了中國的作戰計畫。原本準備揮軍直撲華東沿海的魏德邁將軍，煩惱國民政府還未做好準備迎接勝利。他手下的戰略情報局中國首長理查．賀普納（Richard Heppner）上校對此說得簡明扼要：「我們來不及穿好褲子，事情就發生了。」當中國舉國歡騰時，蔣介石卻很煩惱。他在日記中寫道，舉國上下皆以為榮耀之日，唯獨他深覺羞恥與哀傷，他擔心史達林和毛澤東會讓中國陷入混亂和無政府狀態。他承認，如果國民政府採軍事手段解決共產黨問題，則中國前景暗淡，因為俄國人會介入衝突，為毛澤東撐腰。但他也自問還有其他選擇嗎？

蔣介石派他的兒子蔣經國和宋子文到莫斯科，依據「雅爾達協議」談判中蘇條約。對於杜魯門政府不肯在壓制蘇聯的條件上讓步，蔣介石相當氣憤。他在日記中寫道：「可說侮辱已極。余對雅爾達會議並未承認，並未參加，毫無責任，何有執行之義務。彼誠視中國為附庸矣。」

八月十四日，即日本投降前一天，中國和蘇聯簽訂條約。蘇聯接管外蒙古。一九〇五年沙皇在日俄戰爭戰敗，如今把在中國輸給日本的滿洲特權通通恢復。莫斯科承諾，任何援助將「全部交給中國中央政府：國民政府。」然而，人人都很清楚：雖然史達林同意只承認蔣介石政府，但這只是一支空心蘆葦，怎能維持中國的穩定？美國一份情報報告指出：「條約中，沒有隻字片語講明，蘇聯有責任排除中國共產黨進入滿洲。」

的確，中國共產黨「第八十八國際旅部隊」在蘇聯軍官率領下，穿上蘇聯紅十字會人員的制服，引領蘇聯部隊衝進東北。然後蘇聯紅軍視若無睹，讓十萬多名中國共產黨戰士從南邊溜進東北。八月十二日，毛澤東寫道，蘇聯出兵的「政治影響……超乎想像」。兩天後，他回絕蔣介石邀他到重慶和談的請柬。毛澤東自認很快就能席捲中國——至少可以控制戰略地位重要的東北。

通貨膨脹飛騰也是造成國民政府垮臺的原因之一。當戰爭即將結束時，每個月上升百分之十的物價更有如脫韁野馬。長期擔任國民政府財經顧問的亞瑟．楊格講了一個故事：有對中國夫妻胼手胝足、省吃儉用為兒子存教育經費，等到兒子年滿十八歲時，這些錢卻只夠給他買塊蛋糕。

美國財政部長摩根索對蔣介石的政府相當不滿——他並非沒有道理。中國財政部長孔祥熙顯然無能。加上摩根索又受到三位中國事務最親信顧問的意見影響。這三人是哈利．狄克斯特．懷特、柯福蘭和所羅門．阿德勒。一九五〇年代，麥卡錫參議員和他的追隨者指控，這三人陰謀阻止美國協助國民政府抑制通貨膨脹，造成中國經濟崩潰，共產黨趁勢崛起。到了一九八〇年代，美國歷史學者辯稱這些指控不實。後來，蘇聯駐美大使館電訊經解碼後顯示，懷特、柯福蘭和阿德勒三人的確勾結俄國人。俄國人分別給這三人取了不同代號──法學家（Jurist）、高峰（Peak）和薩克斯（Sachs）──而他們也與蘇聯特務分享情報。

懷特是摩根索的高階副手，也是國際貨幣基金（International Monetary Fund，簡稱ＩＭＦ）和世界銀行（World Bank）的設計師之一。一九四〇年代他任職財政部時，雇了十一個人，後來事實證明他們都為蘇聯工作；其中包括戰時財政部駐中國的代表阿德勒，以及財政部貨幣研究分部（Division of Monetary Research）的部長柯福蘭。懷特也幫共產黨地下間諜冀朝鼎在中國財政部找到工作，擔任部長孔祥熙的機要秘書。

麥卡錫對懷特、柯福蘭和阿德勒三人的指控，涉及兩億美元的黃金，美國本來答應將之提供給國民黨，幫助中國平抑通貨膨脹。一九四三年七月，摩根索答應提供這批黃金給中國。但懷特等三人和冀朝鼎反對撥交。他們主張，國民政府內部貪瀆橫行，又未能實行金融改革，就算交付這批黃金也無助於控制物價。

摩根索同意暫緩撥交黃金。戰爭部也主張暫緩運交黃金。戰爭部此時專注在完成B-29的「馬特洪作戰計畫」，不希望有太重的東西──包括黃金──占用飛越駝峰運補的空間。因此到了一九四五年七月，離摩根索批准運交兩億美元黃金給中國已過了兩年，只有兩千九百萬美元的黃金送到重慶。超級通膨已經形成，每年物價上升率超過百分之一千！此時，摩根索感覺到自己被顧問們誤導，於是推翻前案，告訴懷特等人：「你們害我處於絕對不光榮的地位，我認為這是不可原諒的。」

不過，麥卡錫指控懷特等三人操縱美國政策也是言過其實。包括摩根索本人及戰爭部，其他許多人也難辭其咎。但顯然，這三人是減弱對國民政府財政支持的主要因素。

就在麥卡錫追打美國共產黨人時，阿德勒和柯離開美國，最後都到了中國──一九五〇年代末期柯進入中國，一九六二年阿德勒也前往中國。懷特遭指控是蘇聯間諜，被傳到眾議院「非美活動調查委員會」（House Committee on Un-American Activities）出席聽證；一九四八年八月，他在聽證會上否認與共產黨有瓜葛，三天後猝然去世。阿德勒堅稱他搬到北京，是因為對「社會主義大業具有不可撼動的信心」；在北京，他幫忙英譯毛澤東的著作。柯福蘭則在中共某情報機關工作，撰寫文宣，為惹出大災禍的「大躍進」擦脂抹粉，頌揚其成功，還有解析西方的政治發展。一九八〇年和一九九四年，柯福蘭和阿德勒先後在北京去世。

第二次世界大戰接近尾聲時，美國對中國市場的富饒再度恢復信心。在一九四四年第三十一屆全國對外貿易大會（Thirty-first National Foreign Trade Convention）上，官員預測中國的經濟代表著「全世界未來可能性最大的區域」。戰爭結束時，一九四三年成立的中美工商協會（Sino-American Industrial and Commercial Association）已有近四百位會員。這個工商團體向國務院遊說，主張中國的國營事業全面私有化，以及降低關稅，尤其是對美國商品要降稅。

美國商務部估計，中國的國際貿易將達到十億美元，美國占其中的四分之一。藍道爾．高爾德（Randall Gould）等作家力促美國政府將上海變成一座美國城市，有如香港成為一座英國城市般。在一九四五年八月，對美國企業領袖進行的一項調查中發現，許多人渴望恢復在中國的生意。一位大通銀行（Chase National Bank）的高階主管說：「我們都被繩子繫住，蓄勢待發。」

美國官員也力促曾住在中國商業首都上海的美國人，包括戰時被日本人關進集中營的美國人，回去恢復舊業。承接凱萊布．顧盛一八四四年的構想，美國人現在又兜售另一個想法：美國終於可以取代英國，成為太平洋最強大的商業大國。

魏德邁將軍鼓勵美國人，善加利用和平賦予的機會。他說服蔣介石下令，一九四六年元月一日起，所有汽車一律靠右行駛。表面上的理由是安全考量；美國軍車肇事，壓死中國行人的案件持續上升。但這道命令的結果，保證美國製的汽車有更大的市場。魏德邁說服蔣介石不接受英國代為建設中國海軍的提議，並運用他的影響力，取消英國計劃銷售飛機機身給國軍空軍的方案。

魏德邁主張，美國大規模提供財務及軍事援助給中國。根據他的計畫，中國未和美國諮商，不得向其他外國購買武器，而且美國代表將監督「中國民航、通訊和導航系統的發展」。美國的影響力將穩若金石。

海軍部、戰爭部和國務院為魏德邁的提議起了辯論。國務院官員范宣德抨擊這個構想。他主張，唯有中國變成「統一、民主」之時，美國才應介入。魏德邁不同意他的見解。魏德邁和之前好幾世代的美國人都認為，中國需要有位強人領導，他在一九四五年八月十七日發給戰爭部的電文中寫道，「一名行仁政的專制者或一名軍事獨裁者」皆可，他也寫道，國民黨或共產黨都不是天使，但蔣介石是最不壞的一位。國務院不理睬他的建言。

一九四五年十一月，魏德邁將中國戰區總部遷至上海。數以千計的美國大兵、海軍士兵和商船船員在上海川流不息地出入。在江灣匯豐銀行（Hong Kong and Shanghai Bank）大樓、華懋飯店（Cathay Hotel）及其他英國殖民印記的標記影子下，有個簡簡單單的木棚，凸顯美國人硬是擠入英國的地盤。木棚的招牌寫著「美國海軍漢堡攤」（US Navy Hamburger Stand）。當年秋天某一天，上海港灣停泊著九十艘船隻，其中八十五艘是美國船。一九四五年十一月二十六日的《時代週刊》刊出一位老美商人興奮地說道：「我的天！上海將成為歷史上最繁榮的大城。」到了當年年底，美國已經成為中國最大的貿易夥伴。美國商品占中國進口的近百分之六十，而中國百分之四十的出口商品都送到美國去。

然而，這一切並不代表蔣介石的政府已做好準備歡迎美國資本主義。在《中國之命運》一書中，蔣介石誓言中國不會走美國模式或蘇聯模式。中國的經濟將是混合經濟，政府控制關鍵產業，其餘則交給民營企業（譯按：發達國家資本，節制私人資本）。蔣介石寫道，西方的經濟「以慾望為基礎」。他的中國將以是否造福國家、而非造福個人，作為衡量經濟成功與否的尺標。

到了後來，美國企業界將看到他們的中國市場夢，像晨霧碰到烈日般化散。蔣介石的政府期待大量美國資金和技術注入，卻發現資金與技術都沒有來。再一次地，雙方都感到失望。

原因之一是美國的訊息混亂。自從洛克斐勒基金會到中國以來，有些美國經濟學家就主張，中國應實行計畫經濟。一九四三年宋子文告訴羅斯福，中國在戰後的計畫將是支持「強大的社會主義」經濟時，羅斯福回答：「我非常高興聽到這番話。」一九四四年，羅斯福派美國戰時生產委員會（American War Production Board）前任主席唐納・尼爾森（Donald Nelson）前往中國，協助國民政府提振生產；尼爾森及其助理都認同，中國政府應控制大部分的經濟大餅。

尼爾森提倡類似「新政」的田納西河谷管理局（Tennessee Valley Authority）此一大型政府主導項目。在他建議之下，美國聯邦政府內政部墾務局（Bureau of Reclamation）派工程師草擬長江治水計畫，六十年後，美國人播下的種籽由三峽大壩開花結果。但與此同時，國務院官員主張減少政府參與經濟。尼爾森擁護國家控制的經濟，鼓舞了蔣介石的顧問對國務院說不。因此，譬如美中共同開採石油的計畫擱淺，原因是中方不准美方擁有這個項目過半數的股權。蔣介石的經濟顧問宣布，能源、礦業和鐵路等許多經濟部門要受到保護，不接受美國投資。

《美中友好通商通航條約暨議定書》（Friendship Commerce and Navigation Treaty and Protocol between the United States of America and China）的談判拖了三年，才在一九四六年十一月正式簽訂。從文件上來看，這項條約歡迎美國資本，但美國的企業主持人卻不願投資。泛世通輪胎和橡膠公司（Firestone Tire and Rubber）總裁桑繆爾・布洛爾（Samuel Broers）很猶豫是否到中國投資，因為他沒把握泛世通是否能控制在中國的生意。國際電話電報公司（ITT Corporation）的高階主管詹姆斯・傅蘭（James Fullam）擔心，國民政府官僚會關掉公司擁有的上海電話公司。

抗戰一結束，國民政府便將更多經濟部門納入政府控制。到了一九四七年，主管國營事業的官僚機構「行政院國家資源委員會」控制全國三分之一的礦業、將近一半的水泥生產、三分之二的發電量、百分之九十鐵、鋼和糖的生產，以及中國全部的油井。這些理應在自由市場上和美國合作的夥伴。

政策混淆不明，也不僅限於經濟領域。日本戰敗後，蘇聯部隊散布於滿洲各地、也歡迎中共進入關外，這時杜魯門政府卻採取一連串矛盾的做法，充分反映出美國對華政策的混淆不明。

一九四五年八月十一日，杜魯門總統宣布，停止對中國的「一切軍事援助，除非是支持接收任務所需」。杜魯門裁示，所有「只用來強化中國軍隊」的計畫都將關閉。六天後，已奉派出任太平洋盟軍最高統帥的麥克阿瑟將軍，頒布第一號總命令指示，除了滿洲由蘇聯掌控，中國戰場上的日軍只向國軍部隊投降。

繼麥克阿瑟的命令之後，參謀長聯席會議指示魏德邁將蔣介石的部隊——絕大部分在中國西南部——搬移到南京和上海，以便由美國海軍運送到華北。魏德邁稱之為「世界史上最大規模的空運部隊移動」。他一點都沒有誇大其詞。

國共內戰烏雲密布，如此大規模的海、空運兵行動，讓美國站在國民政府這一邊。美國也提供蔣介石另外的支援，調遣兩個師的美軍陸戰隊接收華北主要城市、鐵路樞紐和港口。但與此同時，參謀長聯席會議警告魏德邁，別「破壞美國不支持中國中央政府手足相殘戰爭的基本原則」。

魏德邁被這些命令搞得莫知所從。他必須協助國軍部隊恢復對中國的控制。但美國政府又禁止他涉入國共內戰。魏德邁抱怨道：「在目前的情況下，不可能避免涉入政治鬥爭或兄弟鬩牆之戰。但我收到指令了，不得這麼做。」杜魯門找魏德邁回華府述職後，在一九四五年秋天改變政策，同意組訓及裝備三十九個師的國軍地面部隊和十五個空軍中隊，並在中國成立美國軍事顧問團。但他又附帶條件：一旦內戰爆發，國軍需協助時，這項援助就要叫停。

魏德邁力促華府，專心注意中國。八月十四日，他告訴參謀長聯席會議，他認為亞洲「是個大鍋，熱水滾燙」。若華府不能掌握主動，這個熱鍋的蒸氣「可能會撲熄過去幾年，盟國犧牲贏得的優勢」。他相信，維持亞洲安定的鑰匙在華府和莫斯科。美國和蘇聯必須就中國問題取得協議。史達林和杜魯門共同施壓，是「避免共產黨和中央政府部隊內戰及其爆炸性後果的唯一確切方法」。

對於魏德邁的建言，華府的反應是向蔣介石施壓，要他就組織聯合政府展開談判。八月初，蔣介石已經邀請毛澤東到重慶一談，毛澤東兩度拒絕；現在史達林駕馭他的弟子，命令他參加和談。

毛澤東的俄文譯員師哲在他的回憶錄中寫道，對於須前往重慶一事，毛澤東「很苦惱、甚至生氣」。但史達林在莫斯科接見了毛澤東的副手劉少奇，向劉少奇解釋他的想法。他說前往重慶談判是個煙幕彈，好讓中國共產黨有時間動員部隊。

一九四五年八月二十七日，赫爾利飛到延安，陪伴五十二歲才第一次坐飛機的這位共產黨頭子前往重慶。毛澤東前腳才剛赴重慶，蘇聯紅軍中國東北總司令羅迪翁．馬林諾夫斯基（Rodion Malinovsky）將軍的代表就到了延安。狄米崔．貝洛魯索夫（Dmitri Belorussov）中校告訴中共同志，如果中共部隊脫掉制服上的臂章標記，占領還未被史達林部隊占領的地區，東北的蘇聯部隊會故意視若無睹。中共紅軍總司令朱德認為對共產黨大業而言，這是「很獨特的機會」。八路軍的命令指出，「只要我們不引起外交困難，蘇聯對我們在東北的活動採取放任態度」。

與此同時，魏德邁向蔣介石提出一連串建議。他向蔣介石進言，「對於言論和寫作自由，要抱持開放的政策」。他告訴蔣介石，國軍部隊應開進華北，但不宜進入滿洲。魏德邁提出警告，若蔣介石的部隊挺進到長城以北，他們將被切斷後路。至於滿洲，他告訴蔣介石和華府，最好的方法是交付託管——由蘇聯、美國和英國三國共同巡守。

魏德邁擔心蔣介石「不了解」守住中國東北的困難。蔣介石急著收復東北，派去接收的部隊都不及準備冬衣。魏德邁最起碼擋住了一支部隊的調動，等候美軍將剩餘物資裝備從阿拉斯加送過來。魏德邁主張，蔣介石該做的是收復長城以南的華北，增強在華南的部署。魏德邁在呈給杜魯門的報告中談到，他相信未來幾年內，蔣介石還不能統一中國。魏德邁思索著中國劃地分治的可能性並提出，或許這是與中國共產黨談判最好的方法。但這個想法卻違背一百多年來，美國人的思想——中國要統一。

很自然地，魏德邁的構想在杜魯門政府中並不受重視；蔣介石也不能接受託管的主張，因為身為民族主義者，他希望外國人不再干涉中國事務。情勢日趨緊張之下，蔣介石調動部隊、更加深入東北。

一九四五年八月二十日，戰略情報局上尉軍官約翰．柏奇（John Birch）率領十三位弟兄進入山東省。這幾名老美的任務是探勘空軍可能降落的跑道，以便運回被日軍關在中國戰俘營的美軍戰俘。終戰數週後，盟軍在中國發現數以千計的戰俘，許多人幾乎快活活餓死。

一九四〇年，約翰・柏奇獲得世界基本教義派浸信會傳教獎學金（World Fundamentalist Baptist Missionary Fellowship）而來到中國，在杭州傳教，直到杭州被日軍占領。當日軍席捲長江三角洲城鎮時，他逃向了內地。一九四二年四月，杜立德（Jimmy Doolittle）及其隊友轟炸東京後迫降中國，柏奇協助引領他們脫險。杜立德告訴陳納德關於柏奇的英勇事跡，陳納德將柏奇收納為「第十四航空隊」中尉。柏奇在黃河到北平設立了十二個情報小組，他被美國軍方稱譽為「我們組織中最傑出的情報員之一」。

中共部隊在山東發現柏奇這隊人馬，要求他們交出武器。柏奇不肯，還問道：「全世界都恢復和平了，你們這裡卻還有問題。為什麼？」在共軍環伺下，柏奇要求和領導幹部談話，但沒人挺身出來說話。最後，有位共軍幹部命令老美交出武器。陪伴柏奇一行的國軍軍官董慶生準備交出武器，共軍卻開槍射傷他的腳，接著又朝柏奇開槍。後來，人們在一處鐵路修護站的煤渣堆中尋獲柏奇的屍骸，他的手腳都被綁住了。為了掩飾他的身分，共軍把他的臉刮花。美國陸軍的報告寫道：「他們做得很徹底，只剩骨頭。」美方宣稱，一九四五年八月二十五日共軍的所作所為就是「謀殺」。

柏奇遇害讓魏德邁總部大為震驚。雖然有些西方歷史學者沒什麼說服力地主張，柏奇遇害是一個孤立事件，但已故中國學者任東來引述中共內部文件指出，自阜平事件以來，中共已終止和美國的一切合作，而且對美軍在中國的一切活動採取敵視政策。

魏德邁為了保持與共產黨的工作關係，壓下柏奇遇害的消息。美國沒有一家大報報導這則新聞。柏奇的雙親只被告知，他們兒子遭「共軍流彈誤射而死」，因此他拿不到紫心勛章（Purple Heart）。直到一九五〇年九月，參議院為「誰丟掉中國」展開大論戰時，他的死因才公諸於世。

約翰・柏奇被追念為冷戰第一個陣亡官兵。他遇害十三年後，美國一群反共人士成立約翰・柏奇社（John Birch Society），日後發展成美國最有影響力的保守派團體之一。這是美中兩國神秘連結的又一例證，在中國遇害的一名傳教士、間諜，啟發了一項美國的政治運動。

一九四五年八月，毛澤東在重慶住了相當長一段時間，與蔣介石折衝談判。然而，最根本的問題——共產黨部隊由誰掌握——根本無解。

當兩個宿敵在重慶虛以委蛇，他們的部隊則積極備戰。重慶會談開始兩天後，魏德邁的運輸機把國軍部隊空運至南京和上海。從上海，美國海軍將國軍送往北方。但滿洲的蘇聯軍隊不准美國軍艦停靠大連港。五百名國民政府官員抵達長春時，俄方將其圍困在城裡，不准離去。毛澤東指出，蘇聯占領東北是「千載難逢的黃金機會」。

九月十八日，毛澤東宣布：「我們必須停止內戰，各黨各派都應團結在蔣主席的領導下，以建設現代中國。」蔣介石也表露善意。雙方發表含糊的聲明表示，要建立民主及統一的軍隊；但毛澤東一回延安就告訴同志，「那只是一張紙頭」。他對蘇聯代表坦承，內戰「實際上無法避免」。十月十九日，中共中央決定「盡全力控制整個東北」。

十一月十二日，中共部隊從蘇聯手中接管滿洲的長春。八天後，延安指示其東北部隊「假裝中國共產黨和蘇聯沒有關聯」。此一指令表示，這樣做的目的是「中立美國」，以確保美國不會支持蔣介石。

一九四五年十一月二十八日，共產黨的〈中央關於對美、蔣鬥爭策略的指示〉訂出未來四年毛澤東的戰術：共產黨和蘇聯處於同一陣線，但為了瞞過美國及中國的溫和派，他們必須在「表面上」與蘇聯同志保持距離，「實質上」相互合作。

第二次世界大戰拯救了中國共產黨。一九三七年抗戰爆發時，中共萎縮到只剩四萬名黨員，只控制一點點根據地。到了二戰結束時，中共號稱有逾百萬名黨員、九十多萬人的部隊，控制的地域跨越三分之一個中國。中共最大的靠山蘇聯，已占領戰略地位重要的中國東北，並源源不斷地供應其武器和金錢。

中國共產黨最大的挑戰是，如何確保美國不介入內戰、支持蔣介石。毛澤東、周恩來與中共其他高階領導人極力拉攏美國，給美國外交官的印象是：他們的新中國將歡迎美國投資、美國的思想和影響力。數十年來，有些美國學者聲稱毛澤東是真心的，一九四五年，美國錯失了與中共交好的機會。但近年來的研究，如歷史學者陳兼的著作卻完全粉碎了此派說法。在走向冷戰的一路上，毛澤東始終堅守和蘇聯同一陣線，根本沒有美國在中國錯失機會這回事。

弔詭的是，對蔣介石而言，日本若能支撐得更久，國民政府或許會得救。日本投降時，蔣介石的部隊還未做好準備迎接勝利。當美國持續天真地盼望中國和平時，毛澤東、蔣介石和史達林都摩拳擦掌、準備放手一戰。

附註

《美亞雜誌》涉及間諜活動的故事，詳見哈維・柯列爾和羅納德・拉多什的著作。中國共產黨在東北坐大的故事，參見中國歷史學者楊奎松的作品。所羅門・阿德勒和柯福蘭的故事，參見布魯斯・克雷格（R. Bruce Craig）的《叛國的疑慮》（*Treasonable Doubt: The Harry Dexter White Spy Case*）。哈維・柯列爾和約翰・厄爾・海尼斯（John Earl Haynes）的《維諾那計劃：顛覆蘇聯在美國的諜報活動》（*Venona: Decoding Soviet Espionage in America*）也有更深入的分析。余茂春在《美國間諜在中國》（*OSS in China*）一書敘述了中共滲透美國在華情報作業的內幕。羅斯福和宋子文為中國未來經濟路線的討論，參見史丹福大學胡佛研究所蒐藏的宋子文文件。余茂春的著作也有敘述中共謀殺約翰・柏奇的經過。

第二十六章 不可能的任務

一九四五年十一月二十六日，一個鐘頭前才向杜魯門總統保證，將回到中國任所的赫爾利大使突然宣布辭職，還在「全國記者俱樂部」（National Press Club）宣讀一份聲明，指控國務院官員「與共產主義武裝黨派勾結，有時也與帝國主義集團勾結，反對美國政策」。

在當天的內閣會議上，杜魯門氣得七竅冒煙，說道：「你們瞧瞧那王八蛋怎麼整我的。」為了回應赫爾利及其他知名共和黨人關於共產黨員滲透美國聯邦政府的指控，杜魯門下令對聯邦職員展開調查，導致政府各機關普遍成立「忠誠度審查委員會」（Loyalty Boards）。杜魯門也要求甫從陸軍參謀長退役六天的馬歇爾將軍，「回去完成赫爾利在中國未竟的任務」。

一九四五年十一月時，二戰盟軍勝利的設計師喬治・凱特雷特・馬歇爾（George Catlett Marshall）是一位五星上將、全國英雄的偶像。杜魯門稱頌這位六十五歲的英雄是「當代最偉大的人物」。一九四五年十二月二十日，馬歇爾的飛機抵達上海。在此五天前，杜魯門發表聲明，說明美國的目標是「一個強大、統一和民主的中國」。這需要國民黨停止壟斷權力，及建立「廣泛的代議政府」。共產黨應被允許加入政府，條件是將他們的軍隊併入國軍體系。杜魯門會相信，憑著馬歇爾單槍匹馬、無強大幕僚、對中國的有限認知，又沒有軍隊，就能制止蔣介石和毛澤東纏鬥數十年的政治鬥爭，這實在令人驚訝。但美國人一向認為，他們對中國人特別有辦法，而命運多舛的馬歇爾調停完全吻合美國人對中國「閃電歸主」的期望——這次是接受多黨制民主，有言論自由、獨立司法機關和統一的軍隊。事實上，馬歇爾的調停從一開始就注定不會成功；他是要打造一個民主政府，但這個民主政府不能危及蔣介石的統治。蔣介石對美國外交官及其計畫有如下觀察心得：「他們說的多、但真正做的少，甚至會虎頭蛇尾。」聽聞馬歇爾即將來華調停，國民黨人都很擔心。抱持自由派思想的軍閥閻錫山預測，馬歇爾的調停只會讓共產黨有時間坐大。至於毛澤東和周恩來則很興奮，而情勢果如閻錫山分析，迎來可藉此機會準備內戰的結果。

共產黨極盡能事，讓馬歇爾對他們有好印象，以為他們誠心合作。共產黨特務編造假情報，讓美國人以為他們認真追求和平。一九四六年，共產黨特務滲透到上海總領事館內，一名戰略情報員官員的辦公室。根據一九八二年中共上海市前情報頭子張執一發表的回憶錄，共諜餵給美方假情報，聲稱中共熱愛和平。美國分析人員很認真看待這些報告。張執一寫道：「我們的假情報策略相當成功，為我們爭取半年的時間，讓武裝部隊可以受訓及準備。」

與史迪威一樣，馬歇爾也在中國服役過，一九二〇年代在天津擔任第十五步兵團團長。馬歇爾從史迪威那裡繼承了不喜歡蔣介石，及共產黨真的有在抗日的印象。伊凡．葉敦（Ivan Yeaton）上校接替包瑞德上校，出任狄克西代表團團長，也將長魏德邁麾下情報處長的工作。他回憶自己對馬歇爾簡報中國共產黨的近況，強調內容與國務院大多數的報告大相逕庭，中共不是「農民改革派」，而是「純種的馬克思、列寧和毛澤東」。馬歇爾似乎並不感興趣。葉敦在回憶錄中寫道：「如果他曾聽進我說的話，他可沒顯示出來。」

許多馬歇爾的同代人認為，他接下了傻瓜的差事。馬歇爾抵達上海當天，魏德邁陪他走進下榻的華懋飯店，並向老友提起，沒有任何事可以制止內戰。馬歇爾很生氣地回答：「我來這裡是要完成使命，你得幫我。」

若說馬歇爾的目標——一個和平、統一、民主的中國——是空中幻影，國民黨和共產黨可就務實得多。蔣介石將馬歇爾來華調停視為一個必須容忍的老美幻想，只要美國繼續提供他足夠的錢和武器剿共就行。共產黨則認為調停給予他們許多機會。他們可利用此調停進入聯合政府，與國民黨平起平坐，再伺機奪取全部權力。或者，他們可藉機積極備戰。馬歇爾來華調停，沒有為和平奠定基礎。

日本戰敗讓許多中國人心中又激生另一波親美之情，並相信美國有能力解決中國的問題。美軍陸戰隊船艦駛入天津港，受到樂隊、笑容的歡迎，民眾還掛出「向光榮的盟友致敬」的標語。北平市民說「辦美事」——「以美國方式辦事」——意指以正確的方式辦事。《大公報》歡迎馬歇爾來華，標題簡單俐落：「晨旭即將升起」。

頭幾週，馬歇爾的進展相當順利。到了一九四六年一月，他說服蔣介石取消在華北的一項攻勢，這項攻勢原本是要切斷東北共軍部隊與長城以南關內部隊的聯繫。停火將於一九四六年一月十日生效。同一天，國民黨、共產黨及其他小黨派代表在重慶集會。蔣介石在會中承諾，保護民權自由、釋放政治犯、取消新聞檢查、開放黨禁。代表們以美國《憲法》為範本，起草新憲法；全國為之歡慶。這是一九一三年以來第一次，中國所有政黨共聚一堂開會。在中國大陸，這也將是最後一次。

一九四六年二月，國共雙方就部隊整編方案達成初步協議。美國大使館內，原本的懷疑派開始相信。大使館官員麥爾比回憶道：「當他搞定沒人真正認為他辦得到的停火時，我們突然懷抱瘋狂的希望，或許這位偉人能夠成功。」

馬歇爾提給杜魯門一份報告，主張派來中國接受日本投降的美國陸戰隊師團應撤軍回國，才能逼迫蘇聯也撤軍。一九四六年二月九日，他告訴杜魯門：「我們在這裡應盡快洗淨我們的手。」但美軍陸戰隊將大約四百萬名日本軍民全部自中國遣返回日本時，滿洲的蘇聯紅軍卻將武器交給中共。中國歷史學者楊奎松估計，蘇聯所提供的武器足夠裝備數十萬共軍部隊。楊奎松說，紅軍如此大方地施惠，使東北勢力均衡丕變。

三月，馬歇爾挾著他的初步成果，回華府向杜魯門總統報告。梅爾貝指出，此時，「我們全都認為，他一走，整個事情就會炸開。」的確，整件事砸鍋了。蘇聯紅軍從東北撤軍，已拖延近六個月，但在一九四六年三月，俄國人加快撤軍。美國情報官員估計，蘇聯軍隊從東北拆卸了價值九億美元的各式工業設備。美國陸軍軍官亨利・拜羅德

（Henry Byroade）目睹紅軍搶劫後的情景，他回憶道：「他們連電燈開關都卸走。」紅軍前腳剛走，中共部隊後腳跟進。史達林將瀋陽交給了中共；到了一九四六年四月，又把中國最北邊的大城哈爾濱交給他們。同時，在南滿，國軍匆匆趕至，補上俄國撤軍後的真空。

三月五日，邱吉爾來到密蘇里州富爾敦（Fulton）拜訪杜魯門總統，發表著名的演說，警告「鐵幕」（iron curtain）正在分隔歐洲，號召英、美組織同盟，反抗蘇聯的擴張主義。杜魯門指示國務卿詹姆斯．伯恩斯（James Byrnes）不再與史達林「妥協」。現在，他要美國「重建中國，建立一個強大的中央政府」。

莫斯科指使中國共產黨放手大幹。中共中央指示周恩來從重慶回延安，不再與國民黨談判。三月十五日中共提到，「在滿洲，戰事……現在將開始」。馬歇爾四月十八日回到中國時，全面內戰已經爆發。四月二十日《紐約時報》的標題就是「馬歇爾調停失敗。」

七月間，馬歇爾舉薦司徒雷登遞補赫爾利遺缺，出任美國駐華大使。馬歇爾捨魏德邁、取司徒雷登，因為他想找個熟悉國、共兩黨的人士。司徒雷登出生於浙江省一個傳教士家庭，能以浙江方言和蔣介石及周恩來溝通。從一九一九年到一九四一年，他主持北平燕京大學，將這所大學辦成中國最好的一流大學。多年來，他教過、保護過中共地下黨員。日本占領北平後，司徒雷登拒絕在燕京大學校園升起日本國旗，曾被日軍關進集中營近四年之久。

司徒雷登是中國最完美的朋友。一九二〇年代，他和基本教義派的基督徒搏鬥，主張美國人應著重教育工作，少向中國人傳教講經。美國的長老教會當局指控他離經叛道，但他打敗了此一指控。司徒雷登很早就主張，廢除與中國的不平等條約，於一九二五年呼籲美國，帶頭「積極展示善意」。他很早就支持國民革命，並與蔣介石發展出交情。美國政府希望司徒雷登的文化認同意識及他和國共雙方人士的親密交情，可以帶來奇蹟。

麥爾比是美國大使館的共黨事務專家，對司徒雷登有近身的觀察，發現他像中國人的成分大過於他是個美國人。梅爾貝寫道：「司徒博士完全不清楚也不在意美國政府如何運作，他對美國的一般情況也不太了解。」梅爾貝寫道：國共雙方的內戰日益激烈，司徒雷登眼睜睜看著「一生的心血付諸流水」。

接下來兩年，國共雙方為戰略地位重要的東北展開生死鬥。馬歇爾一再警告蔣介石，即使國軍部隊似乎占上風，但以數百英里的鐵路和破敗的公路為補給線，路途實在太長，使他的部隊有被切斷後路之虞。

不過，其他美國人一直很樂意伸出援手。一九四六年，陳納德糾合傳奇的排難解紛高手湯米．柯克蘭，成立一家新的航空公司，承攬聯合國善後救濟總署在中國的救濟物資空運工作。很快地，這家「民航運輸公司」（Civil Air Transport）不只運送救濟物資，也把國軍援軍和彈藥運往遭到共軍部隊包圍的城市。幾年後，中央情報局出價兩百萬美元買下「民航公司」，改名為「美國航空公司」（Air America），以其在亞洲各地從事秘密任務。

對於蔣介石日益危險的處境，美國官方的反應還是一樣很混亂。一九四五年十二月，杜魯門曾告訴馬歇爾，談判若失敗，美國將支持蔣介石。但一九四六年七月二日，代理國務卿狄恩．艾奇遜（Dean Acheson）告訴馬歇爾，如果國共全面內戰爆發，美國將停止支持國民政府，並撤出中國。他完全沒提到早些時候杜魯門對蔣介石的承諾。一九四六年夏天，杜魯門政府同意轉移價值數百萬美元的軍事器械給國軍部隊。但七月二十九日，馬歇爾決定對國民政府實施軍火禁運，這一禁就是十個月。被搞得莫名其妙的蔣介石，的確值得原諒。他抱怨道：「即使我們表示願意出錢買美國武器，他們的國務院仍拒絕簽發出口許可。」

一九四七年一月，馬歇爾結束在華調停的工作，回國出任國務卿。回國前，馬歇爾發表公開聲明，將失敗歸咎於國共雙方。但司徒雷登不同意這樣的說法。馬歇爾即將離開前，司徒雷登會見他。司徒雷登告訴馬歇爾，美國應該「要嘛就給國民政府充分援助……要嘛就應該退出。」但美國人卻選擇「遲疑不決、三心兩意地持續援助」，如此一來也就保證了蔣介石的敗亡。

絕大部分的傳記作家將馬歇爾調停失敗當成他一生豐功偉業的短暫挫折。但馬歇爾在中國鎩羽，對他日後在歐洲推行「馬歇爾計畫」（Marshall Plan）的工作，以及制訂圍堵共產主義的戰略影響極深。他再也不贊成透過談判，與一個共產黨政府分享權力。他和外交官喬治．肯楠（George Kennan）規劃出圍堵戰略，提供大規模援助給反共政府；這個策略持續了三十多年。

隨著馬歇爾調停失敗，中國共產黨極力對美國口誅筆伐。毛澤東和蔣介石一樣，對美國相當失望。他曾希望美國能以和平手段協助他的革命。現在他了解，必須拚死一戰，爭取革命成功。一九四七年當國共內戰打得如火如荼時，他對黨員說：「我們在前一時期的工作犯下錯誤。那是我們第一次與美帝打交道……我們再也不會被騙上當。」

派到中國受理日本投降的美軍陸戰隊成為箭靶子。共產黨報紙聲稱，美軍陸戰隊是外國新占領的前鋒。自一九四六年六月起，設於全國各大學的共黨組織奉命抗議美軍在中國駐軍。全國學生團體風起雲湧地響應，籌劃「美軍滾出中國週」的活動。

其實，美軍陸戰隊也想離開中國。他們曾被歡呼為英雄，但待得太久，已變得惹人厭。美國大兵在餐廳吵架、毆打黃包車伕和兌換美元的小商人，甚至和中國警察打架。在上海，從一九四五年九月至一九四六年一月，涉及美軍軍車的車禍就有四百起。第七艦隊司令查爾斯．柯克（Charles M. Cooke）將軍哀嘆他的部屬不守法，抱怨「幫派暴力犯罪」。美軍《星條旗報》（*Stars and Stripes*）報導：「即使我們的朋友，也認為我們遊手好閒、是惡霸和地痞流氓。」美軍自覺遭到國民黨和共產黨夾擊，將怨氣發洩到無辜的中國人身上。陸戰隊中尉理查．肯納德（Richard C. Kennard）原本很佩服中國的「真實文明」，很快就覺得，他和同僚「在爛泥裡攪和」，「這裡的居民過得像豬一樣」。共產黨部隊對他的陣地濫射，國軍卻「袖手旁觀」，一副事不關己的模樣。《華北陸戰隊報》（*North China Marine*）說出人人的心聲：「我們什麼時候可以回家？」

共產黨對美國的指控既誇張、又狂熱，而未來近半世紀的反美宣傳都是這個調性。共產黨編造故事，指控美國陸軍航空隊在東北開槍掃射共軍陣地，又指控美國海軍陰謀永久奪占青島。一九四六年七月二十九日，一個美軍陸戰隊的車隊載救濟物資前往北平，途經天津西北方五十英里的安平縣，遭共軍部隊伏襲，造成陸戰隊隊員三死十一傷。《解放日報》聲稱，美軍陸戰隊先開槍，要求美方道歉及賠償。然而，中共內部報告則承認，他們的人布下陷阱。報告寫道：「七月二十九日，美軍車隊出現，我軍先開火，但在談判時，我們不應承認。」

一九四六年九月，全國各地校園又爆發一週示威活動。九月二十九日，中共中央發布命令給地下黨員：「這次運動應轉向新方向，開始宣傳美軍暴行。」因此，全國湧現「反美暴行運動」。共產黨報紙揑造事實，宣稱六萬美軍留駐中國，其實真正人數不到一萬人。

然後，到了一九四六年聖誕夜，共產黨終於等到他們企盼已久的暴行。十九歲的北京大學女生沈崇在北平鬧區，遭兩名美軍陸戰隊隊員綁架，其中之一的威廉．皮爾森（William G. Pierson）下士涉嫌強姦她。十二月三十日，北平八千名學生走上街遊行，抗議這項罪行。一天後，中共中央下令地下黨組織掌控這個議題，不僅要求懲辦犯人，還要求美軍撤軍。上海復旦大學數千名示威群眾高喊：「滾回去！」有一則標語寫道：「日本人再壞也沒有你們壞。」美國軍事法庭判決皮爾森有罪，判處十五年有期徒刑、不名譽退役。但他回到美國後，判決遭到推翻。

沈崇事件授予共產黨火藥，將輿論導向反美。一九四六年年初，《雅爾達密約》的內容在中國正式公布時，學生的抗議集中在蘇聯侵奪東北。經過中共操縱後，反美運動取代了反蘇怒火。毛澤東欣喜若狂。他說，「全國反帝、反封建的鬥爭」取得了偉大進展。

附註

馬歇爾來華調停，詳見當時的報紙報導，以及後來美國國務院和白宮公布的文件。梅爾貝對馬歇爾調停的觀察，參見他的回憶錄《天命：國共內戰紀實》（*The Mandate of Heaven: Record of a civil war, China 1945-49*）。沈崇案在西方學界從沒得到過應有的重視。西方學者普遍忽略此事對中國共產黨及其將美國趕出中國運動的重要性。中國共產黨歷史學者王佩璉的報導，強調此案子導致中國人民轉為反美的重要性。

第二十七章 第三勢力

一九四七年二月，英國告訴美國人，他們已無力援助希臘皇家政府抵抗共產黨奪權。而土耳其也瀕臨淪為蘇聯附庸的危機。三月十二日，杜魯門挺身而出向國會報告，美國需援助「自由人民抵抗企圖征服他們的行動」。除了提供軍事援助和顧問，美國還提出重建歐洲的大規模方案——即「馬歇爾計畫」。

杜魯門的宣言點燃蔣介石的希望，盼望美國對他伸出援手，也希望現在杜魯門總統將中國內戰視為美、蘇全球對抗的一環。蔣介石的駐美大使、元老外交官顧維鈞在美國國會極力遊說，主張中國應和希臘、土耳其一樣獲得軍事援助。他懇請亨利・魯斯及國民政府的其他友人，多多報導國民黨的正面消息。

然而，國務卿馬歇爾在二月二十日告訴國會，美國若要扭轉共產黨在中國的強大勢力，「美國必須接管中國政府」。這個擔子太大了。當馬歇爾被問到共產中國對美國有什麼影響時，他回答共產中國還太弱，成不了氣候，構成不了威脅。他的國務院同僚也同意如此評價。艾奇遜和范宣德有項聯合電文預測，若非共產主義在中國崛起，還會出現新的軍閥混戰時期。

就杜魯門政府而言，「杜魯門主義」（Truman Doctrine）——美國承諾援助全世界反共政權——不適用於中國。一九四七年三月，杜魯門總統告訴內閣，提供中國更多援助將有如「向鼠穴倒砂子」。但蔣介石在美國仍有朋友。一九四七年五月，國會施壓，迫使馬歇爾取消他九個月前，對蔣介石政府實施的軍火禁運。不過，美國兩黨都認為，不該為了制止中國共產黨的崛起而再讓美國子弟流血犧牲。

一九四七年七月，馬歇爾派遣一九四六年四月離任回國的魏德邁再赴中國，考察當地局勢。這是一項精明之舉；馬歇爾盤算，魏德邁堅決反共，但也會同意蔣介石氣數已盡，因此可幫他抵擋「中國遊說團」的壓力。

一九四七年八月二十二日，魏德邁拜會數十位官員、走訪許多城市後，在南京向行政院及國民黨其他黨政要員的聯席會議發表意見。麥爾比寫道，魏德邁「痛斥國民黨犯下的、一切已公開及未揭露的惡行」。一位國民政府高級官員聽了這番批評後潸然落淚。魏德邁呼籲國民政府，實施「激烈、廣泛」的改革。他說：「空口承諾已經不夠，絕對需要實際表現。」回美國後，魏德邁卻並不如馬歇爾預期，反而主張中華民國若亡了，將直接威脅到美國的安全，因此華府必須更加支持蔣介石。他主張大規模援助，以挽救國民政府，重申他過去所提，將東北（現在幾乎完全被共產黨控制）轉由國際託管的建議。這個做法等於將中國切割成兩塊，華北由共產黨控制，南方由蔣介石當政。國務院壓下了他的建議方案。

不過，華府的風向正轉往國民政府這邊。一九四七年秋天，共和黨總統參選人湯瑪斯・杜威（Thomas Dewey）抨擊杜魯門的中國政策。已於一九四六年期中選舉掌控國會多數席次的共和黨人威脅道，除非杜魯門幫蔣介石，否則他們將阻止杜魯門對西歐的援助方案。一九四八年二月，杜魯門勉強批准提供中國四億多美元的經濟援助，和一億二千五百萬美元的軍事援助。國務院還是倒擋下了共和黨的提議：仿照在希臘的範例，派遣美軍顧問進駐國軍作戰單位、協助作戰。該單位也在援助方面動了手腳。一直要到十一月十六日，依據《援華法案》（China Aid Act）的首批物資才開始送達中國。

《援華法案》通過後，顧維鈞變得稍為樂觀。他在日記中寫道，中國五千年歷史曾有過許多比這次更嚴重的危機。他認為，一九四八年不會比一九三八年惡化；人們需要「信心」。但國民政府裡的「信心」大缺貨。共軍憑藉從華北取得日軍、美軍和蘇軍的形形色色武器，贏得節節勝利。

第二次世界大戰結束，迫使中國留美歸國的自由派知識份子，在兩個完全不知自由為何物的政黨之間做出艱鉅選擇。多年來，中國的「第三勢力」赤手空拳對抗國、共兩個武裝團體，力主自由社會將使中國更強大。「第三勢力」由數千個大多數為留美歸國的知識份子組成，承擔起國家良知的角色，力求蔣、毛能夠和解。

二戰期間，「第三勢力」集中在昆明。中國三間主要大學——美國出資辦的清華大學、美國留學歸國的張伯苓創辦的南開大學，以及北京大學——皆遷校至此（譯按：三校成立西南聯大）。第三勢力於此風景優美，但十分窮苦的城市蓄勢待發。

然而抗戰勝利後，蔣介石並未好好培養中國的良知，反而壓迫他們。一九四五年十月，他罷黜雲南軍閥龍雲，使自由派人士失去靠山。接下來，他極端保守的顧問陳立夫手下特務開始出動。十二月，陳立夫的殺手涉嫌在昆明一項反內戰的示威活動中殺害四名學生。次年六月，國民黨打手毆打前往南京為和平請願的一批學生和知識份子。一九四六年七月十一日晚間，昆明軍人擊殺自由派「民主同盟」的主要成員李公樸。四天後，詩人聞一多剛為亡友致完悼詞，也被槍殺。

杜魯門大吃一驚，他告訴蔣介石，美國人以為國民黨顯然更有意依賴「武力、軍隊或秘密警察、而非民主程序」治理中國。美國新聞界也群起批評國民政府。

多年來，白修德為《時代週刊》從中國發出報導；受到亨利．魯斯影響，報導一向都很正面。現在白修德決定實話實說。一九四六年，他和另一位記者賈安娜（Annalee Jacoby）合著出版的《中國驚雷》（*Thunder out of China*）洛陽紙貴。他們寫道，國民黨之過在於，「領導人貪腐、秘密警察無情、承諾信口雌黃，犧牲中國人民的血淚。」一九四七年六月，普立茲獎得主喬治．韋勒（George Weller）在《星期六晚郵報》說道：「讓我們別在中國事務上欺騙自己。」他認為國民黨已經沒救了。

當然，國民政府雖有種種不堪的專制高壓，與日後中國知識份子遭毛澤東凌虐，仍是望塵莫及。整個抗戰期間，「第三勢力」的大多數成員都可暢所欲言。共產黨報紙在國民黨控制地區發行，對蔣介石放言批評。即使如此，國民黨的取締和暗殺行動仍被中共揪住辮子。毛澤東將共產黨打扮成人權的保護者、民主的保證人。毛澤東告訴《基督教科學箴言報》（*Christian Science Monitor*）：「中國最需要的是民主——不是社會主義。」

一九四五年十二月，共產黨和民主同盟——中國最大自由派團體的結合——同意合作推翻蔣介石。雙方達成協議的核心人物羅隆基曾留學美國，長期主張民主政治，此時擔任民主同盟秘書長。哥倫比亞大學博士羅隆基從一九一〇年代就讀清華大學期間，就是主張美式民主的人物，此番決定和中共合作，可說是拼命一搏。

國民政府加強箝制自由派異議份子，讓羅隆基相當失望。國民黨打手兩次試圖暗殺他不成。他家遭安置炸彈。他的好友聞一多被暗殺。美國外交官安排羅隆基躲進上海一家醫院。羅隆基遊說美國大使館切斷對蔣介石的支持，認為共產黨會停止內戰，和平解決可望達成。不過，羅隆基對於民主同盟決定押寶在共產黨身上，不是沒有猶疑。他告訴美國外交官梅爾貝，共產黨比國民黨更不能寬容自由，但他相信，共產黨比蔣介石岌岌可危的政權能更快餵飽人民。美國外交官盧登（Raymond Ludden）指出，「共產黨可能勝利一事」讓羅隆基感到「驚駭莫名」。即使如此，共產黨終於贏得內戰時，羅隆基選擇留在中國。

一九四五年四月，來自五十個國家的代表在舊金山出席聯合國成立大會。強調全世界對納粹的集中營十分震驚，對於與蘇聯的冷戰節節升高也深表憂心，美國國務院說服其他國家在《聯合國憲章》規定設置人權委員會。國民政府雖為聯合國創始國，卻在該組織誕生時扮演消極的角色。中國外交官出席所有會議，但一般來說都不受重視。聯合國由十八個會員國派代表組成人權委員會時，國民政府派了非國民黨黨員的張彭春出任委員會副主席。

一九四〇年代初期，戲劇教授張彭春奉派到美國，主持中國爭取美國民意支持的工作，自此他的一生出現預期不到的重大轉折。他加入國民政府外交部，曾任駐智利及土耳其大使。

但張彭春參與草擬《聯合國世界人權宣言》（Universal Declaration of Human Rights）的工作，使這位在中國出生、到美國留學的外交官，成就一生功業。結合西方人以個人為重的信念及中國人關切大我公義的哲學，張彭春代表了中國和美國的「大同」夢想。

起草《人權宣言》的兩年間，張彭春比其他任何一位代表都更認真促使委員會，讓宣言真正普世化。他促請同僚研究儒家思想，將其精髓納入文件。聯合國秘書處人權部門（UN Secretariat's Division on Human Rights）第一任部長約翰．韓福瑞（John Humphrey）寫道：「在知識高度上，他高出委員會的所有委員。」但張彭春也深諳外交藝術。韓福瑞寫道，他是「妥協藝術的大師」。

在張彭春、黎巴嫩基督徒查爾斯．馬立克（Charles Malik）和印度女權運動家漢莎．梅塔（Hansa Mehta）努力下，日後流行於亞洲，而且受中國共產黨強烈支持的錯誤觀念遭到卸除。這個觀念認為，《世界人權宣言》代表西方的政治價值與世界其他地區的價值扞格不入。

一九四六年年初，張彭春在倫敦參加聯合國人權委員會第一次會議，主席是艾蓮諾．羅斯福。一九四六年春天，羅斯福總統這位六十二歲的遺孀將張彭春、馬立克和韓福瑞帶回紐約市，他們在她位於華盛頓廣場（Washington Square）的寓所，及紐約成功湖（Lake Success）一座陳舊的陀螺儀工廠——當時是聯合國臨時總部——頻頻開會。

張彭春和馬立克極不相容。馬立克出身剛獨立的黎巴嫩。他是一名基督徒哲學家，上帝是他道德世界的中心。張彭春是一名世俗的人文主義者，不重視神學。從一開始，馬立克就堅持將「上帝」（God）或「自然」（nature）放進文件，以示有個更高的力量賦予人類權利。張彭春認為，中國有許多人的「理想和傳統，迥異基督教西方世界」。因此，「上帝」和「自然」沒有納入宣言文本。

張彭春提議，將儒家「仁」的概念放進宣言。中國字的仁，是人加上數字二，代表人類是社群動物。「仁」出現在宣言第一條，英譯為"brotherhood"。張彭春認為，真正的普世人權原則基礎，介於儒家思想和歐洲啟蒙思想之間。他認為，《人權宣言》不只牽涉個人權利，也涉及身為社群動物，個人對社會的責任。張彭春同時堅持個人權利及個人責任，這使得他在訂定這份歷史文件時，有異乎常人的聲音。

由於國民黨內外交困，張彭春的努力完全沒有得到國民政府的指示。一九四八年十二月十日，他在巴黎召開的聯合國大會第三次會議上發言。面對毛澤東的強大勢力和國軍節節敗退，張彭春慨嘆，武力正在決定中國未來的命運，他批評共產黨「強加標準化思想和單一生活方式的傾向」。同一天，聯合國通過《世界人權宣言》。

張彭春在聯合國人權委員會繼續任職到一九五二年退休為止。來自蘇聯集團的外交官抨擊他是美國的跟屁蟲。他們痛恨《人權宣言》，因此一宣言讓國際組織有正當權利干預其內政事務——中國迄今仍堅持不接受外界干預其內政。張彭春認為，《人權宣言》應用於「增進人類生活，不只是懲罰違反人權的國家」。他告訴人權委員會：「各掃門前雪，莫管他人瓦上霜。」因為心臟病，張彭春在一九五七年去世。就像中國許多偉大的自由派人士，他這個人及他融合東、西傳統的事功，在中國大陸已被人遺忘。

一九四八年杜魯門當選連任，對押寶杜威得勝的蔣介石而言是個大震撼。（所謂「押寶」，包括國民政府秘密捐款給共和黨。）

蔣介石發出幾封電報給杜魯門總統，責怪蘇聯干預國共內戰，懇求美方施援。他在十一月九日寫道：「如果我們現在不能制止他們前進，民主國家將失去整個中國。」

那一個月，蔣介石派宋美齡再度赴美。這是她十年內第三次訪問美國，但今非昔比，情況比一九四四年訪美更受冷落。美國新聞界待她有如不速之客。《洛杉磯時報》報導：「各界認為蔣夫人此行是個錯誤。」華府方面在她抵達時，沒有一個重量級人物出面接機。

杜魯門終於接見她時，安排與總統夫人及女兒喝茶——換言之，是社交拜訪，不是接待「女委員長」之禮。十二月十一日《芝加哥每日論壇報》報導：「沒有一位主要友好國家的特使或領袖，受到像中國委員長嬌小可親的夫人如此冷落的接待。」

一九四九年一月，杜魯門選派艾奇遜接替馬歇爾出任國務卿。艾奇遜對亞洲沒興趣。狄恩・魯斯克（Dean Rusk）曾在中國戰區的史迪威幕下服務，後來加入國務院。魯斯克說：艾奇遜「根本不甩世界各地那些紅、黃、黑人小個子。」擔任國務卿期間，艾奇遜去過歐洲十一次，但從沒跨過太平洋。杜魯門和艾奇遜一樣不重視亞洲。在他的回憶錄中，沒有一頁提到一九四九年的中國情勢。不過，他們兩人都在亞洲面臨一生中最大的挑戰。

國軍部隊敗的敗、叛逃的叛逃，一九四九年一月二十一日，蔣介石宣告下野，交出中華民國總統職位，並由軍閥出身的副總統李宗仁代理總統。國共展開和談，但李宗仁拒絕毛澤東全面投降的要求時，共產黨恢復攻勢。一九四九年四月，共軍攻克首都南京。四月二十五日，毛澤東的士兵攻擊南京的美國大使館，在上午六點半衝進司徒雷登大使臥房，宣布從今天起，「這一切屬於人民所有」。

國民政府從南京遷到廣州，再回到戰時的陪都重慶，然後又轉到成都。在幕後，蔣介石和李宗仁爭奪剩下的國民政府資產控制權。蔣介石的兒子蔣經國負責將價值兩億美元的黃金從上海運到台灣——一九四五年十月，美國將台灣還給國民政府。兩百多萬軍民及政府職員也從大陸逃到台灣。

與此同時，中國共產黨開始扣押西方外交官。一九四八年十一月，共產黨特務監禁美國駐瀋陽領事安格斯・華德（Angus Ward），以制止他報告蘇聯支持毛澤東部隊的詳情。歷經一個寒冬和酷暑，沒有電力、暖氣或自來水的情況下，華德和部下靠著蟑螂爬過的麵包和偶爾分到的伏特加酒苦撐待變。共產黨極力壓制中國人民對華德及其部下的天生友好，華德回憶道，「經過的行人和我們揮手招呼，都會被捕。」他們被關了十三個月才獲釋；放人之前，共產黨還起訴華德「反革命、反世界和平」。

共產黨內部文件顯示，華德遭監禁及其他美國外交官遭到毆打、騷擾，並不是地方過激份子的偶發行為。那是從中國領土趕走美國人，並掃除美國影響力的政策內容。共產黨控制的一份上海晚報寫道：「我們中國人不需你們這些惡棍。帝國主義注意了。你們再也不會有好日子過了。」

一九四八年十一月十日，共產黨下令，凡在共產黨控制地區的西方外交官，一律免除其優惠地位，視同一般外國人對待。毛澤東宣布，中共將廢除中國一切國際協定，關閉外國人擁有的報紙和廣播電台，並接管國際貿易。消除美國影響力，攸關建立毛澤東的「人民專政」。保證黨成功的唯一一條路，就是趕走美國人，擁抱自己設定的孤立，讓他的革命發揮作用。安納斯塔斯·米高揚（Anastas Mikoyan）為一亞美尼亞裔馬克思主義者，一九四九年一月，史達林派他拜訪河北省西柏坡的毛澤東新總部。毛澤東宣稱：美國有意與他的政府來往，只是因為「想從內部顛覆新秩序。美國和西方其他國家愈晚承認我們愈好，因為我們的家還很髒亂，我們清掃乾淨後才好接待客人。」共產黨的確派人到華府試探，但從中國和蘇聯檔案的文件證據顯示，這只是共產黨想「中立」美國的策略，其手法是鼓勵美國人相信，共產中國將歡迎美國的友誼及投資。

然而，共產黨的試探卻增強了國務卿艾奇遜的信念，以為美國可能擺脫出蔣介石的懷抱，與毛澤東找出新安排。他拜託蔣介石的美國友人，勸委員長出國流亡。艾奇遜和國務院其他官員盼望美國對中國的磁吸影響力，會誘導毛澤東成為「中國的狄托」（Josip Broz Tito），寄望他將會像極具獨立意識的南斯拉夫革命領袖狄托那樣，努力與莫斯科保持距離。

如何鼓勵毛澤東是個問題，國務院促請美國企業界和教育工作者留在中國。當其他國家的大使館跟著國民政府遷到廣州時，司徒雷登奉命留在南京，與共產黨維持開放的管道。

一九四九年二月三日，國家安全會議開會，艾奇遜要求停止對國民政府的一切援助。三週後，他和國會的共和黨領袖會面，並提出一個比喻，有間房子半倒了，合適的做法應為：「等要垮的東西垮了」，才進去收拾。共和黨人氣得退席抗議。國會兩院一片痛斥之聲，責怪杜魯門、艾奇遜和國務院官員背棄蔣介石。重量級的密西根州共和黨籍聯邦參議員亞瑟·范登堡（Arthur H. Vandenberg）宣稱：「我們手上不應沾上這些血。」范登堡提出警告：若杜魯門現在停止軍事援助，等於是美國「將中國推進災難」。在政府內部，艾奇遜也遭遇困難。參謀長聯席會議和國防部長路易斯·強生（Louis Johnson）並不特別喜歡蔣介石，但他們希望維持台灣，別讓台灣落入共產黨的手中。杜魯門決定，不要正式停止對蔣介石的軍事援助，但他指示艾奇遜「不要有正式行動」，但延擱援助。

針對美國對華政策的批評日益升高，但國民政府也搖搖欲墜。艾奇遜接受部屬一個建議了數月的點子。為何不公布戰時美國援助中國的記錄，藉此說服那些批評政府的人士，讓他們相信共產黨勢必得勝，繼續支持蔣介石無濟於事？梅爾貝奉派主筆這份報告；他認為其目標是「停止中國遊說團的吠叫」。

八月五日，即司徒雷登告別中國的三天後，杜魯門政府發布一份名為《美國對華關係：聚焦一九四四年到一九四九年》（*United States Relations with China: With Special Reference to the Period of 1944-1949*）的報告。這份報告通稱為《白皮書》（White Paper），包含一千多頁的分析及國務院文件，還伴隨一封十四頁的信，此信件內容後來成為報告中最有爭議的一部分。《白皮書》的基本立論是，儘管數十年來，美國對中國及蔣介石抱持善意，但國民政府的「無能」和失去「作戰意志」導致蔣介石政府的敗亡。雖然美國「極力提供」援助給國民黨，但現在蔣介石頹勢已定，唯有美國「大規模」地全面「投入我們的軍隊」，才可能救得了中國。雖然共產黨的勝利還未正式公布，但該黨是「中國內部勢力的產物」。美國只是火車失事現場的無辜旁觀者。《白皮書》唯一堪稱告慰的希望是，預測有朝一日，「中國民主的個人主義」將再度出現，屆時美國會做好準備迎接。

「中國遊說團」戳破《白皮書》自稱收錄國務院對華關係完全記錄的說法，另外發表了文件，顯示國務院和共產黨眉來眼去。其他人也指出，《白皮書》掩飾多年來，美國不守承諾的行徑。《紐約時報》稱之為「律師的看法」，將美國的對華政策視為「本意良善，卻犯了錯的遺憾記錄」。一九四九年九月，專欄作家華德·李普曼（Walter Lippmann）以連載三天的長文質問：若蔣介石如此不堪，華府為何還要給他三十億美元的援助？

《白皮書》顯然是要為甩掉蔣介石鋪路，藉此才能夠與毛澤東改善關係，但終究沒有成功。《白皮書》公布十一天後，國務院宣布，無意撤銷對國民政府的承認，理由之一是因為國會風起雲湧地支持蔣介石。

在中國，《白皮書》引爆了共產黨媒體的歇斯底里。在美國，這份報告被抨擊為美國做得太少、沒有積極拯救蔣介石；在北平，卻被引為證據，證明美國介入太深。反美檄文無處不在，鬧了好幾週，包括毛澤東五度發表意見，其中最有名的，就是他那篇文章名為〈別了，司徒雷登〉的文章。

毛澤東寫道，《白皮書》是「一桶冷水」，可讓「那些相信美國樣樣都好、希望中國仿效美國的人士」清醒過來。這代表激發反美情緒的另一次機會，也攸關共產革命的成功。鑒於許多中國人仍對美國懷抱好感，毛澤東面臨艱鉅的挑戰。但艾奇遜誇耀「民主的個人主義」提供毛澤東一個口實，可用來號召追隨者剷除美國「在中國境內的第五縱隊」，消滅「短視、糊塗的自由派人士」。

隨著美國軍事干預的危險日減，毛澤東利用《白皮書》誇大美國這名「不拿槍的敵人」領導的「精神侵略」威脅。持續與西方——尤其是美國——鬥爭，將成為毛澤東新國家的支柱。美國原本是中國最好的朋友，現在搖身一變，成為中國最壞的敵人。

一九四九年六月三十日，毛澤東宣布，中國將與蘇聯締結同盟，向蘇聯「一面倒」。北平和莫斯科之間需要一份協定，用來摧毀中國人與美國友誼深厚的感覺，以及對美國有所期望的幻覺。

一九四九年十月一日，中華人民共和國正式宣告建政，再次震盪了因蘇聯在九月試爆原子彈成功而震撼的美國。十一月間，美國對涉嫌為蘇聯擔任間諜的艾爾格．希斯（Alger Hiss）展開第二次審訊。十二月，毛澤東訪問莫斯科；這是他這輩子第一次出國。一九五〇年二月，毛澤東簽訂《中蘇友好同盟互助條約》，中國正式加入蘇聯集團。

通常，一個外國政府的垮台根本不會在美國政壇掀起波瀾。但美國對中國的期許加上其日益反共，還有共和黨亟需一個問題大作文章，都導致上述因素結合成爆炸性的大事。一九四八年，杜威於總統大選意外落敗後，共和黨抓住共產黨的滲透顛覆，並以其為揮向杜魯門的巨棒。蔣介石既被推翻，他們抓到了民主黨敵人表裡不一、罪證確鑿的事例。

「中國遊說團」的組成相當奇特，有些成員如亨利．魯斯，熱切地相信美國在中國的使命。他告戒梅爾貝、傳教士及其子弟，「我們對於在中國促進基督教信仰，已做出終生承諾……但現在你們卻要求我們表示，我們的一生全都荒廢了」。其他人則認為，中國的內戰是反蘇聯的代理人戰爭。蔣介石的潰敗是個悲劇，原因不在於這將四億五千萬中國人關進「竹幕」，而是因為其潰敗強化了莫斯科的地位。這也是為什麼台灣很重要。台灣居於中國外海的重要位置，根據中央情報局官員李潔明（James Lilley）的說法，台灣是「酒瓶上的軟木塞」，堵住中國進入西太平洋。不過，也有一些人士，如紐約金融家桑尼．法索利斯（Sonny Fassoulis），是為了金錢利益而來。法索利斯靠著與蔣介石政府打交道賺了不少錢。在往後的二十年裡，這些組合確保了蔣介石會持續得到援助，美國也不會承認中華人民共和國，或允許其加入聯合國。

一部分是因為「中國遊說團」的運作，美國決策者不知該如何處理中國問題。一九四九年十月，杜魯門在白宮公開與蔣介石行將崩潰的政府保持距離，新成立的中央情報局卻透過陳納德的「民航運輸公司」，將大量的現金——有時裝滿幾大箱——交付給在華南的反共部隊。中央情報局的官方歷史記載，中國人總是被告知，這些錢來自「富有的美國利益團體」，而非美國政府。

與此同時，艾奇遜深信此時是美國該甩掉蔣介石的時候了。就在毛澤東宣告建立中華人民共和國幾週後，他召集他認為最優秀的中國問題專家開會，制訂應對毛澤東革命的政策。這些專家壓倒性地主張與毛澤東和解。哈佛大學教授費正清促請政府承認中國，並與他所謂亞洲的未來勢力結盟。費正清呼應幾十年前古德諾的主張，認為民主和自由是一般中國人不敢奢想之物。他在一九四六年九月號的《大西洋月刊》撰文寫道：「一個人想到言論自由之前，會先想吃飽肚子。共產黨在美國或許是壞東西，在中國可能是好東西。」其他參與討論的專家更離譜。仍擔任國務院顧問的拉鐵摩爾主張，美國也應將朝鮮交給俄國人。

會議中，司徒雷登感到討論「令人氣餒且不安」。他對於共產黨在中國得勝相當難過，現在覺得美國政府接受「天真、不知懷疑的」美國外交官及學者建議，準備將國民政府丟下巴士。華府方面，國務院不准他和新聞界說話。美國官員也檢查他向新教教會發表的演講。後來在一九四九年十一月三十日，司徒雷登前往辛辛納提市訪友、哀悼中國的命運後，搭火車回華府，卻被人發現昏倒在男廁並失去意識。他突然中風。司徒雷登住院一整年，爾後再也不能工作。司徒雷登搬進他長期秘書傅涇波（Philip Fugh）家中；傅涇波照料他到一九六二年，他過世為止。

一九四九年十二月，蔣介石和他兒子蔣經國在成都，試圖組織防務、對抗進逼而來的共軍部隊。十二月十日上午，父子倆搭上「美齡號」專機飛向台灣。這時，代總統李宗仁已前往美國治病，並在美國發表聲明，譴責蔣介石是「獨裁者」和「僭位者」。一九五〇年三月，蔣介石宣布復行視事。此後，他再也沒回到中國大陸。

美國方面，反對放棄國民政府的人士並不限於司徒雷登和國會的共和黨人。早在一九四八年冬天，國務院政策規劃辦公室（State Department's Policy Planning）主任肯楠的團隊為白宮起草一份重要文件，非常準確地分析美中關係的未來走向。此一文件主張，基於現代化的需求，勢必迫使中國尋求與西方建立經濟關係。雖然中國仍會「懷疑」甚至「敵視」美國，北京方面總有一天會和蘇聯保持距離，因為俄國人將退回到傳統帝國主義掠奪者的角色。肯楠建議保持耐心，也建議美國和日本、中國通商，「在中共政權和克里姆林宮之間，培養摩擦的細菌」。

但肯楠也了解到，若台灣落到共產黨手裡，將傷害美國在亞洲的地位。中央情報局和參謀長聯席會議認為，聽任共產黨取得介於日本和菲律賓這兩個美國盟友之間的台灣，將讓共產黨有個欺近美國海軍的平台。同時，不讓台灣淪落毛澤東之手，也會阻礙與中國大陸改善關係的可能。

杜魯門總統在拉攏毛澤東和拯救台灣之間難以取捨，造成政府內部爭執不決。一九五〇年一月五日，杜魯門宣布美國「沒有欲望取得特別權利或特權，在福爾摩沙『台灣』建立軍事基地，或使福爾摩沙脫離中國」。他說，美國將不再提供「中國內戰」援助。一月十二日，艾奇遜在「全國記者俱樂部」發表演講，將台灣和韓國畫在美國防衛半徑之外。但幾週內就遭遇美國軍方反彈。一九五〇年一月二十五日，參謀長聯席會議主席奧瑪・布萊德雷（Omar Bradley）在參議院外交委員會上做了不列入記錄的聽證，討論共產黨接管台灣的危險。

一九五〇年二月九日，時年四十一歲、正面臨艱鉅連任選戰的威斯康辛州資淺參議員約瑟夫・麥卡錫，在西維吉尼亞州惠靈市（Wheeling）向一群共和黨人宣稱，他手中握有一份名單，載明國務院潛伏數十名共產黨特務。麥卡錫又聲稱，中國不是因為蔣介石的無能而丟失，而是因為潛伏在美國政府之相當高層的間諜幫毛澤東崛起。麥卡錫的指控，促成參議院舉行聽證會；被麥卡錫點名的人包括約翰・謝偉志和歐文・拉鐵摩爾，後者還被麥卡錫荒謬地扣上帽子，指稱他雖是「我國遠東政策的設計師」，但也兼任「莫斯科的高級間諜」。在這一場揪出「共黨同路人」的獵巫行動中，麥卡錫把中國擺在中心位置。利用失去中國來刺激對新黃禍的恐懼感，麥卡錫掀起了美國現代史上，傷害最大的一場政治運動。

拉鐵摩爾和麥卡錫槓上了。他發明「麥卡錫主義」（McCarthyism）這個人人朗朗上口的詞彙，又在他的回憶錄《受詆毀煎熬》（*Ordeal by Slander*）中宣稱，當時凡是被指控為共黨份子的，肯定都是無辜的受害人。拉鐵摩爾宣稱：「一股恐懼浪潮橫掃華府，破壞了國家的自由。」

雖然馬里蘭州民主黨籍聯邦參議員密勒．泰定斯（Millard Tydings）主持的參議院聽證會也認為，謝偉志將文件交給《美亞雜誌》（以及他的華人情婦）是「極端輕率」的行為，但委員會還謝偉志和拉鐵摩爾清白，不認為他們對國家不忠。泰定斯說，麥卡錫幹了「這個共和國有史以來，堪稱最邪惡之半真實且不真實的活動」。但麥卡錫不甘罷休。

就在麥卡錫痛打艾奇遜手下的「中國通」時，國務卿趕緊與共和黨人修補關係。艾奇遜拿國務院遠東事務處（Division of Far Eastern Affairs）處長白德華（Walton Butterworth）是第一個犧牲品，換魯斯克出任。魯斯克出身喬治亞州一個佃農家庭，得過羅德獎學金，與國會兩黨人士都有良好交情。魯斯克引進著名共和黨人約翰．佛斯特．杜勒斯（John Foster Dulles）擔任特別顧問；杜勒斯的外祖父約翰．佛斯特曾為滿清政府擔任遊說工作。

第二次世界大戰期間，魯斯克曾在史迪威幕下服務，繼承了史迪威對蔣介石的蔑視。但他覺得聽任台灣落入共產黨手中，招惹來的民意反彈，肯定大於麥卡錫正在掀起的風波。

魯斯克和杜勒斯展開了要更支持台灣的聯手遊說。魯斯克向艾奇遜提出許多報告，陳述撤退到台灣的國民政府，絕非如中情局所研判，處於崩潰邊緣。杜勒斯強調，美國若將七百萬人交給共產黨統治，將會良心不安。

在台灣，「中國遊說團」也悄悄採取行動，協助退守台灣的蔣介石。一九四九年一月，華府研究停止援助國民黨之時，兩位美國情報官員在亞洲最高軍事指揮官麥克阿瑟將軍默許下來到台北，調查台灣的雷達需求。然後二月初，麥克阿瑟安排前任第七艦隊司令查爾斯．柯克訪問台灣。

柯克以國際通訊社（International News Service）記者的身分來到台北，另外還要推銷肥料。很快地，他就出入蔣介石的內書房，建議他雇用退役美國軍官擔任國軍顧問。三月間，柯克和蔣介石成立「特種技術方案」（Special Technician Program）。不久，三十多名美國退役軍官進駐蔣介石的陸、海、空軍總部。中國再度物色到一大群「華飛烈」。接下來六個月，柯克將價值數百萬美元的軍事武器，如飛機零件、砲彈和裝甲車等，運交給國民黨。

中國的共產革命對美國產生極大的影響，是美國決定在二戰後重新武裝的重要因素。這激起了美國擔心「新黃禍」的心理，也直接促成麥卡錫主義的興起。前幾年，美國還將中國當成美國保護的對象，如今卻如同資深駐中國特派員傑克·貝爾登（Jack Belden）在他一九四九年的著作《中國撼動世界》（*China Shakes the World*）中所言：「他們就在那裡，充滿活力，生氣蓬勃……這股新力量，是古代世界強悍的力量。」

美國應為中華民國的潰敗負責任嗎？答案勢必然是否定的。因為中國不是美國的，美國談不上丟掉中國。一九五四年《華盛頓郵報》的一篇社論寫道：「中國是從中國人的手中失去，丟給了其他中國人。」但美國在蔣介石的垮台上扮演了其角色。華府決定在太平洋戰爭中將中國當作配角，而導致戰後蔣介石的部隊得不到確保國家安危所需的訓練和物資。戰後，美國支持聯合政府是個錯誤。這個錯誤根植於，美國政府不願認真考慮中國分治，而這又是因為一個多世紀以來，美國始終深信，統一的中國才符合美國的最佳利益；還有美國懷抱錯誤的觀念，認為中國共產黨不是馬列主義者。

許多美國人認為，毛澤東叫囂著「不斷革命」，使得中國成為持續的威脅。毛澤東強調，受壓迫的非西方國家其「中間地帶」是歷史的支點，將美國的冷戰主戰場從歐洲移轉到亞洲。一九四九年六月至八月，毛澤東的副手劉少奇在莫斯科訪問。他和史達林一致認為，亞洲的「革命情勢」已經成熟，可以開發利用。劉少奇宣稱，中國的職責是煽動「東方革命」。因此到了一九五〇年年中，美中兩國對峙之下，星星之火即可燎原。

附註

蔣介石打壓中國自由派人士的情形，詳見當時美國的外交電文。張彭春參與《聯合國世界人權宣言》的故事，部分參見瑪麗・安・格蘭登（Mary Ann Glendon）的《美麗新世界：愛蓮娜・羅斯福與〈世界人權宣言〉的誕生》（*A World Made New: Eleanor Roosevelt and the Universal Declaration of Human Rights*）。注意到張彭春事功的中國文獻並不多。毛澤東和蘇聯代表米高揚的對話，詳見潘佐夫和梁思文合著的《毛澤東：真實的故事》。國務院《白皮書》的故事及毛澤東的反應，詳見當時的報章雜誌，以及毛澤東針對此所撰寫的五篇文章。私底下，美國對台灣蔣介石提供軍援的詳細經過，參見林孝庭的《意外的國度：蔣介石、美國、與近代台灣的形塑》（*Accidental State: Chiang Kai-shek, the United States and the Making of Taiwan*）。

第二十八章 仇美

一九五〇年六月二十五日清晨四點，砲火沿著朝鮮半島北緯三十八度線全面響起，打破黎明前的寧靜。成千上萬的北韓人民軍部隊配備蘇聯武器，在T34坦克掩護下進犯南韓。到了當月月底，共產黨部隊攻陷漢城。到了七月，他們更已占領南韓大部分地區。

第一槍槍響三十六小時後，杜魯門總統下令調遣美軍進入南韓。美國促成聯合國安全理事會迅速通過兩項決議案，譴責北韓進侵犯並對之實施制裁。杜魯門也下令第七艦隊進入台灣海峽，打翻共產黨進攻台灣的計畫。幾天後，八架C-47運輸機飛越太平洋，將首批軍事援助物資運交給中南半島的法國部隊（後來累積到價值十億美元）。杜魯門避免稱朝鮮半島戰事為一場戰爭。他向白宮記者團表示，這是一項「警察行動」。

六月三十日，一支不到六百人的「美國陸軍第二十四步兵師輕武裝特遣隊」趕到南韓，但很快就寡不敵眾、抵擋不住。二戰之後，美國以閃電之速讓部隊復員。美軍兵力從戰時巔峰的一千二百萬人，縮水到一百五十萬人。曾率軍攻打德國的參謀首長聯席會議主席奧馬・布萊德雷（Omar Bradley）將軍感嘆：「美軍連衝出紙袋包圍的作戰能力都沒有。」北韓部隊將十多萬名美國、南韓及其他盟國的部隊，圍困在半島東南端的釜山市周圍。美軍指揮官對屬下下達「堅決固守、誓死不退」的命令。

一九五〇年六月二十九日，中國共產黨中央委員會對全國宣傳機關下達一道指示，將美軍介入韓戰描述為「一點都不可怕，反而有利於中國人民覺醒」。七月初，毛澤東成立「東北邊防軍」，將他集結來準備攻打台灣的部隊調至東北。中國也增加對中南半島共產黨的援助，悄悄提供顧問和大砲給越盟（Viet Minh）。

八月四日，中共最高決策機關政治局在北京開會，毛澤東認為，中國別無選擇，需支持北韓領導人金日成。他提出警告：北韓若輸了，美國會變得「更傲慢、對我們的威脅更大」。到了八月中旬，即美軍突破包圍的前一個月，中共決定中國必須參戰。根據歷史學家陳兼的研究，周恩來告訴中央軍事委員會，中國需表現出自己是出於自衛才參戰。只有這樣，才能確保他和毛澤東所規劃的，伴隨中國參戰之極重要政治戰的成功。一九五〇年八月二十二日，「東北邊防軍」已在中、朝的界河鴨綠江畔，部署三十萬大軍。

接下來於九月十五日，麥克阿瑟將軍發動現代軍事史上最偉大的一場側翼攻擊，七萬五千名部隊在朝鮮半島西海岸的仁川登陸。當時的仁川位於北韓防線後方。兩週內，美軍光復漢城，切斷北韓部隊的退路。麥克阿瑟奇襲奏功次日，史達林要求毛澤東派軍進入北韓。毛澤東回答，美軍越過三十八度線時，中國就會有所反應。

杜魯門知道，若不追求全面勝利，他的政府將遭到更兇猛的指控，責備他面對共產主義太過軟弱。期中選舉日正在逼近，共和黨要以擊退共產黨大作文章，而約翰．佛斯特．杜勒斯也要求「廢除」三十八度線。他和其他人都主張，要逼退共產主義需從朝鮮半島開始。

華府對麥克阿瑟下達含糊不清的命令。只要蘇聯或中國共產黨部隊人數不多，他可以跨過三十八度線。美軍奉令，不能進入與中國直接毗鄰的省份。也不得對東北或蘇聯領土發動海、空作戰。但誠如美國外交官艾維瑞爾．哈里曼（Averill Harriman）觀察：「心理上，幾乎不可能不一路打下去，畢其功於一役。」九月三十日，第一支南韓部隊跨過三十八度線。十月七日，「美國陸軍第一騎兵師」（US Army's First Cavalry Division）跟進。

中國已委託印度第一任駐共產中國大使潘尼嘉（K. M. Panikkar）傳話，警告美軍別跨線進入北韓。從九月底到十月初，中國官員告訴潘尼嘉，美軍部隊若進犯北韓，中國將被迫介入。中央情報局研判中國在咋唬。國務卿狄恩．艾奇遜認為，這項警告「只是驚慌的潘尼嘉在誇大其詞」。華府有些人則建議小心。資深外交官喬治·肯楠敦促美國將北韓逼出南韓，然後退出朝鮮半島，也從法國在中南半島的「爛攤子」中脫身。但美國人的狂傲、渴望勝利，以及國內政治的交互影響，使得美國步步深入，落到了中國的陷阱中。

二戰期間，馬修·李奇威（Matthew Ridgway）將軍曾在歐洲領導空降作戰，他注意到麥克阿瑟一心一意要在韓戰中求勝，「根本閉上耳朵」、不聽中共部隊於朝鮮現身的情報。李奇威寫道，麥克阿瑟就像在小大角之役（Little Big Horn）的卡士達將軍（Custer）一樣，「充耳不聞，也視若無睹那些可能阻止他快速達標的情資」。麥克阿瑟的情報首長查爾斯·魏洛比（Charles Willoughby）少將剛愎自用，瞧不起中國部隊，也誤了大事。魏洛比認為，沒有「支那人」膽敢挑戰美國裝甲騎兵師機械化的作戰能力。

毛澤東選派一九三〇年代就和他並肩作戰的紅軍將領彭德懷率軍進入朝鮮作戰。在曾追隨孫逸仙的教育家黃炎培建議下，彭德懷的部隊打出「中國人民志願軍」的旗號。黃炎培認為，「志願軍」這種非官方的設計，可降低與美國發生正式戰爭的風險。十月十九日，中國人民志願軍渡過鴨綠江、進入北韓。同日，美軍攻陷北韓的首都平壤。

一九五〇年十月十五日，即中國部隊渡過鴨綠江的四天前，杜魯門總統和麥克阿瑟將軍在太平洋中部的威克島（Wake Island）會面。期中選舉將至，杜魯門的政治顧問認為，總統和仁川登陸戰英雄會面（杜魯門推崇麥克阿瑟是「上帝的左膀右臂」）有助於拔掉共和黨右派的利齒攻擊。杜魯門對於中國即將參戰表示關心；但麥克阿瑟向他保證，中國不會參戰。這名七十一歲的老將宣稱：「中國人若妄想向平壤推進，將發生人類史上最大的屠殺。」麥克阿瑟預測，北韓的抵抗會在感恩節之前瓦解，第八軍團子弟在耶誕節前就可以班師回國。麥克阿瑟估計，中方在北韓可補給五萬名部隊。（結果真正來的比他的預估多三十倍。）仁川大捷後，麥克阿瑟很快就會犯下已故作家大衛·哈伯斯坦（David Halberstam）所說的，二十世紀最糟的軍事誤判。

十一月二十一日，美軍不理會華府不接近毗鄰中國省份的命令，攻到了鴨綠江畔。第七步兵師師長大衛·巴爾

（David Barr）和X軍團司令愛德華．阿蒙德（Edward Almond）朝江水拉下了一泡尿。美軍估計，中國在北韓的部隊人數不到十萬——其實數量卻是三倍之多。

十一月二十五日，中國部隊全線發動搶攻，美國和南韓部隊趕緊後退。同日，當美軍猛力抵抗時，另一個糾纏美中命運的故事發生了——美軍空襲彭德懷總部，炸死毛澤東長子毛岸英。我們再也無從知道，但這個事件說不定導致美國在中國最久遠的影響，打斷毛澤東在中國建立紅色王朝的計畫；需知道，北韓金氏政權迄今傳了三代。毛澤東獲悉兒子的死訊後，一連多日茶飯不思、夜不成眠。毛澤東下令將毛岸英下葬在北韓。一月四日，漢城再次淪陷，而這次換成中國人民志願軍入城。

十二月二十三日，華頓．華克（Walton Walker）將軍車禍身亡，李奇威繼任第八軍團司令。聖誕節後他趕赴韓國，發現美軍潰敗撤退。李奇威和麥克阿瑟不同，他不輕敵。他研究中國的戰術，發現美國有個優勢：科技。李奇威的作戰結合砲兵、緊密的空中支援和空中偵察情報。他的部屬稱之為「絞肉機」。現在，輪到毛澤東狂傲了。他要求彭德懷率志願軍深入南韓。彭德懷向北京示警，提醒不能抱持「不切實際的樂觀」。糧食成了問題，旋即，燃料也不夠了。到了一月二十五日，彭德懷的攻擊受阻——汽油用盡。

一九五〇年十月，中國人民志願軍渡過鴨綠江時，中國共產黨等於跨過了另一條盧比孔河（Rubicon River，譯按：西元前四十九年凱薩遠征高盧時跨越了盧比孔河，因此這象徵破釜沈舟之舉），發動全國反美的政治運動。仇美成為共產黨革命的重要支柱，直到今天，還是中共革命最惱人的遺產之一。

從這場取名為「抗美援朝戰爭」的鬥爭，以及「保家衛國，痛打美國傲慢」的口號就看得出來，美國就是共產黨直接攻擊的目標。

共產黨以這場戰爭為正當理由，清除美國在大學、慈善團體、企業、教會、科研機構、電影，以及最重要的——中國人民心靈的影響。中共下達指示，將崇美、敬美的感情重新導向「仇美、輕美」，目標是「鼓勵全民自信自尊」——將仇美的「陰」和愛中的「陽」永遠結合起來。毛澤東要求運動深入到全國每個家庭、工廠和農場，治癒「恐美病、崇美病、媚美病」三大病。

共產黨的宣傳機關推出無數誇大攻擊。《南方日報》寫道，美國「徹底黑暗、徹底腐敗、徹底殘忍」。此報還宣稱美國是「超過任何地獄十倍、百倍、千倍的活地獄，任何作家的筆墨都難以形容」。海報將杜魯門和麥克阿瑟描繪成連續強姦犯、嗜血兇手和野蠻的禽獸。

少數還留在中國的美國傳教士，自然成了共產黨的目標；他們拿出一八六〇年代《辟邪紀實》指控傳教士的罪名，再扣到他們頭上。一九五一年三月，《人民日報》聲稱，美國教會在南京主持的一家孤兒院殺害數百名院童。四月間，該報又指控廣州「那些心狠手辣的（美國）惡鬼」，謀殺了四千名孤兒。一九一八年起，生於布魯克林區的六十歲主教福爾德（Francis Xavier Ford）就住在中國，二戰期間也始終支持中國游擊隊，結果遭中共指控從事間諜工作，並於一九五二年二月二十一日遭活活打死。幾番毆打下，廣州監獄的黨棍強迫福爾德在他的助手，來自瑪利諾外方傳教會（Maryknoll）的修女瓊安．瑪麗．雷恩（Joan Marie Ryan）面前脫光衣服，坐實共產黨扣上的帽子：傳教士專搞血腥的狂歡會——這手法也同樣來自《辟邪紀實》。雷恩修女被迫簽訂一份文件，內容是福爾德因年事已高而身故。

在高度西化的上海，共產黨嚴打市民的最愛——美國電影。一九五〇年十一月，上海《文匯報》刊載系列文章，由讀者敘述好萊塢如何毀了他一生。家庭主婦王瑞雲嘆息道：「如果不是因為美國電影，我就不會有這麼可怕的婚姻。」王瑞雲寫道，革命前，她每天打扮得像明星，「痛恨我家竟然沒有過著奢華的美式生活」。她對中國男生不感興趣。她幻想與美國人戀愛。她寫道：「他必須英俊瀟灑如埃洛．佛林（Errol Flynn），而且非常、非常富有。」最後，她認命地嫁給一個上海商人，但他卻賠光了錢。她說，「解放」之後，她看到光明。「我終於了解到，我中了美國電影的毒。美國電影毀了我，我抗議！」

一九五〇年秋天，中共關閉上海六百六十所美國人出資的慈善機構。全市的咖啡館、舞廳、賭攤和賭場全部關鞋，突然間還覺得頭髮太長了。」

在四川接受美國人訓練，此時剛從住了兩年的澳洲回到中國，覺得自己像個外國人，「穿西裝、打領帶，腳穿皮閉。現代人標準的西裝和領帶，換成沉悶的藍、綠色革命服裝。日後，因擔任毛澤東私人醫師而成名的李志綏，曾

中共告知人民，南韓在美國撐腰下發動韓戰。（直至今天，中國學校的教科書仍一口咬定這個說法。）美國也被誣指，在鴉片戰爭期間支持英國。中國國有新聞描述，美國人贊助的北京協和醫院，作為美國醫生就中國婦孺進行可怕實驗的實驗室。二戰之後，聯合國的糧食援助計畫贈送無數美國穀物，幫助數以百萬計的中國人活命，現在卻被說成是美國汙染中國穀物的陰謀。

朝鮮半島戰事陷入僵持，使得國內反美運動更加積極。中國人已經習慣敗在強敵手下，但現在竟與一個大國打成平手。李志綏寫道，這是「一個多世紀以來，第一次中國和外國打戰沒丟人現眼」。

美國思想中，最需摒除的就是約翰．杜威（John Dewey）的實證主義（pragmatism）。杜威漸進、和平地向現代化及民主演進的概念，直接挑戰共產黨的統治。毛澤東鼓吹的是暴力和階級鬥爭、處決和不斷革命。杜威自命為「零售」進步理論的鼓吹者，他相信和平。

要打杜威，共產黨先打他的中國學生。其中最著名的就是胡適。一九四八年十二月十五日，蔣介石派最後一班專機到北京撤退著名知識份子胡適。胡適帶著妻子江冬秀離城，但他們的小兒子胡思杜（紀念杜威而得名）卻不肯走。

一九五〇年九月二十二日，胡思杜出面譴責他父親，宣布他已被美國文化「征服」，變成「臭資產階級」。胡思杜告訴《大公報》的讀者，胡適逃出中國，選擇過著「白華」的生活。中共的御用文人寫了逾三百萬字——以書籍、雜誌和報導的形式——抨擊美國實用主義的邪惡影響，要剷除所謂「胡適的幽靈」。人在紐約市的胡適無安全之虞，他提出回應：這場運動反而讓他「感到安慰和鼓勵——覺得杜威在中國的兩年兩個月，並沒有完全徒勞無功」。

一九四九年共產黨席捲全國時，農村改革家晏陽初和他妻子許雅麗正在美國。晏陽初帶著兩名女兒前往美國，留

下三名兒子建設新中國。兒子們答應在共產黨當家後將他們的照片寄給父母，如果照片中有人站著，就代表他和新政府之間出現問題了。照片寄到美國時，晏家三個兒子全都站著。（後來其中之一被迫自殺。）

黨的主要目標是西化的中國自由派人士，譬如晏陽初一家人。現在中國已經「解放」，毛澤東爭取來推翻蔣介石的這些思想獨立自主的人物，變成了對共產黨統治的威脅。因此他們遭到殘暴壓迫。

毛澤東利用民主同盟領導仇美運動。一九四八年十月，毛澤東勝利前不久，民盟主席羅隆基建議中國採行議會制，擁抱對美、蘇的「和諧外交」政策。羅隆基希望民盟被承認為合法的反對黨。但和美國爆發戰爭，致使毛澤東有藉口否定羅隆基的主張。

共產黨認為，將中國的自由派人士貶為黨的工具和走狗，是打破美國思想影響最有效的方法。韓戰爆發後，羅隆基被任命為中國人民保衛世界和平委員會的宣傳部部長，被迫發表反美文章以示愛國。其中一篇文章表示：「美國是個無藥可治的有病國家，終將毀滅，只是時間早晚的問題。」羅隆基寫道，美國都是假自由。民盟刊物《光明日報》刊出一些教授及其他知識份子的感言，宣稱他們看到共產主義的光明在望。

哥倫比亞大學博士，也是著名哲學家金岳霖宣稱，自己是「美國文化侵略的工具」，跌進「資本家階級墮落哲學的無底深淵」。金岳霖是將西方邏輯學概念引進中國的先驅之一。另一位哲學家馮友蘭也畢業自哥倫比亞大學，宣布他的作品構成「反人民大罪」。往後三十年，他改寫了原本相當精彩的中國哲學史，但無論如何努力，都無法吻合毛派思想的最新演繹。另一位學者羅常培留美多年，是中國語言學研究先驅，他接受再教育改造後，宣稱「我恨我自己。」

一九四八年冬天，共軍部隊逼近北平，費孝通自忖，「未來我們不知道還有沒有自由思考的機會。」但一九四八年十二月十六日，紅軍開進清華大學校園時，費孝通留下來沒走。革命後，費孝通發表一連串親共文章。其中一篇寫道：「我們喜愛我們今天的生活。我們已經了解生命的意義，了解以我們的雙手和大腦，我們可以創造真正的幸福……朋友們！我真的像被踐踏的蠕蟲嗎？」共產黨將其調整人們思想的方法，稱之為「洗腦」。

一九五一年十月，周恩來將三千位教師和教授（其中有許多是留美歸國）召到北京紫禁城附近的中共中央權力核心中南海，在懷仁堂聽取七小時的演講。他提出警告：中國的知識份子是「資產階級錯誤思想」的受害人。聽眾中的巫寧坤曾先後在美國印第安那州的曼徹斯特大學和芝加哥大學攻讀英美文學。甫於六週前回到中國的他，放棄撰寫有關艾略特（T. S. Eliot）的博士論文，追求參與建設新中國的行列。他離開美國時，一位念物理學的朋友李政道陪他前往碼頭。巫寧坤問李政道，為什麼不回中國？李政道回答，他不想被洗腦。在此之前，巫寧坤從沒聽過這個詞彙，但他坐在台下聽周恩來說話時，李政道的這幾句話立刻浮現他腦海。巫寧坤寫道：「當時我不知道，這七小時的報告就是未來四十年，對知識份子思想和人格宣戰的發軔。」

許多人假裝效忠毛澤東的運動。胡思杜雖公開摒棄胡適，卻私下寫信給母親江冬秀，請她好好照顧他父親。一九五二年三月二日《大公報》也承認，留美回國的中國人仍「無法產生仇美意識」。面對黨的猛烈攻擊，他們對美國的「夢想」仍然不滅。

在上海，中共發動的反美國電影運動遭遇強烈反抗，以致共產黨派任的市長陳毅向北京當局陳情，要求准許上海有更多時間剷除好萊塢的影響。雖然一九五〇年，美國電影已在全國各地禁演，在上海卻仍持續播映多年。一九五〇年二月十五日，陳毅在一場會議上討論此議題時，對幹部說：「讓道學家去叫罵吧！」這項運動在首都北京也遭遇挑戰。一九五〇年十一月，北京市委發表備忘錄，承認參與運動的許多人「仍然深刻崇美、畏美」。一份共青團的報告提出觀察：即使在反美運動最高潮時，學生仍認為「美國教育中國的工作，是美國對華友誼的例證」。工人們也表達同樣的感覺。北京市總工會的一項報告表示，美國製造的機器品質好、襪子耐用，為什麼中國人要瞧不起美國？總工會又寫道：「在農村，大家仇恨日本，但仇美就沒那麼嚴重。」

即使黨的宣傳幹部也掩藏不了對美國的驚佩之情。一九五一年四月出版的《從大牢歸來》（*Return from the Big Jail*），是官方傳媒推出數以百計反美的文宣小冊之一，出版的目標就是要拆除中國人對美國的「幻想」。曼哈頓「六十層樓高的摩天大樓擋住陽光」。華爾道夫亞士都飯店「富麗堂皇」，華爾街的「交易記錄器不斷地響，控制美國和整個資本主義世界的命運」。這不就是中國人嚮往的東西嗎?即使中國的工業設計師也擺脫不了老美的影響。一九五五年出廠的中國第一款國產豪華汽車「紅旗轎車」,就是模仿克萊斯勒汽車。

杜魯門政府完全想像不到,與美國開戰極度有利於毛澤東。韓戰前,毛澤東已控制中國共產黨的中央委員會。韓戰後,毛澤東將牢牢控制整個中國,並在全世界被譽為革命英雄。韓戰讓毛澤東有個開口,可汙汙衊美國及其在中國的許多友人,也讓他把革命帶上了不歸路。運動展開時,周恩來寫道:「抗美援朝運動產生巨大結果。沒有這樣一個大敵,我們沒能動員這麼大的力量。」不過仇美還是有其極限。周恩來告訴蘇聯大使帕維爾・尤金(Pavel Yudin)說,要讓老百姓唾棄美國,這是中共從未遇過且最困難的事之一。未來四十年,中國一再浮現親美傾向,彷彿中國人精神DNA裡的壞基因,讓中共十分苦惱。

附註

關於韓戰的詳情,取材自大衛・哈伯斯坦(David Halberstam)的《最寒冷的冬天:韓戰真相解密》(*The Coldest Winter: America and Korean War*),以及陳兼(Jian Chen)的《毛澤東的中國與冷戰》(*Mao's China and the Cold War*)。關於各種反美運動的詳情,參見勞勃・洛(Robert Loh)的《逃離赤色中國》(*Escape from Red China*),以及巫寧坤的《一滴淚:從肅反到文革的回憶》(*A Single Tear*)。關於共產黨推動反美運動時遭遇的種種困難,取材自何慧在華東師範大學冷戰國際史研究中心刊物《冷戰國際史研究》上發表的研究。關於上海如何取得特別豁免以播映美國電影的詳情,參見汪朝光在中文學術刊物《世紀》上發表的論文。

第二十九章
仇中

在中國猛烈攻擊美國人的同時，美國同樣也發作了：該愛或恨、該庇護或恐懼中國人？對有些美國人而言，「黃禍」又來了，這次配備著坦克、大砲及顯然非美國的意識型態。一九五〇年十一月《生活》雜誌報導：「侵略的中國成為威脅。」一九五二年，美國陸軍談到中國作戰方法的報告就題為「紅色中國的作戰群體」，這篇報導寫道，與共產中國作戰，「有如對付一大群瘋子」。與此同時，美國主流社會卻比以前任何時候都更歡迎中國人。在美華人人數倍增，受過良好教育的華人進到了美國社會的最高層。

韓戰的爆發讓麥卡錫參議員獵殺紅色份子之舉有了新的可信度。北韓揮師南犯後，他指控國務院裡「位居高職紅色官員」的建言，「比朝鮮半島的紅色機槍手更致命」。接下來，韓戰才剛爆發三週，朱利斯和伊瑟．羅森堡（Julius and Ethel Rosenberg）夫婦即被逮捕，罪名是將原子彈的機密洩露給蘇聯。麥卡錫聲譽鵲起。

同時，在韓國方面，麥克阿瑟非常不滿華府對其部隊設下的限制。他不能轟炸中國境內目標。無論遊說封鎖中國海岸，或「釋放」蔣介石國軍部隊、進攻華南都被否決。即使如此，對付中國部隊時，李奇威將軍的「絞肉機」作戰方式經證明相當奏效。一九五一年三月十四日，盟軍再度光復漢城。一週後，杜魯門和艾奇遜正準備籲請中國共產黨談判以結束戰爭時，麥克阿瑟卻打翻他們的布局，要求中國自朝鮮半島撤軍，否則「軍事崩潰迫在眉睫」。麥克阿瑟又致函國會眾議院議長喬・馬丁（Joe Martin），向這位麻薩諸塞州眾議員痛斥，杜魯門和艾奇遜不了解美國若輸掉韓戰，歐洲就會淪落俄國人手中。他強而有力地說：「勝利沒有替代品。」

麥克阿瑟和他之前的大多數美國人一樣，反對派美軍地面部隊進入中國。但他希望利用韓戰遏制共產主義在亞洲泛濫。李奇威寫道，他相信「中國民眾準備歡迎蔣介石回來」。杜魯門擔心麥克阿瑟會招惹蘇聯介入戰局，屆時可能引爆核子衝突和蘇聯入侵歐洲。杜魯門說：「以最簡單的話來說，我們在韓國的所做所為，是為了——我們試圖防止第三次世界大戰爆發。」

四月五日，眾議院議長馬丁向新聞界公布麥克阿瑟來函。自美國南北戰爭以來，從沒有一位美國將領如此挑戰美國總統。四月十一日，杜魯門將麥克阿瑟解職。十萬封電報如雪片般飛來、淹沒白宮，幾乎全部反對總統此一決定。

麥克阿瑟遭到罷黜，卻給了麥卡錫添油加柴之機。一九五一年六月十四日，他的攻擊矛頭指向喬治・馬歇爾。麥卡錫在參議院院會指控馬歇爾和艾奇遜面對共產黨席捲中國，卻「懦弱、呻吟求和」，並責怪馬歇爾赴中國調處導致美國失敗。麥卡錫大聲疾呼，馬歇爾的行動「肯定是一項大陰謀的產品，這項陰謀的規模之大，令從前人類史上的任何陰謀都自嘆弗如。」

這段話猶如擲下了炸彈。麥卡錫老家威斯康辛州的主要報紙《密爾瓦基日報》（*Milwaukee Journal*）斥之為「垃圾」。原本同情麥卡錫鬥臭紅色份子的《時代週刊》發行人亨利・魯斯，也不耐煩他杯弓蛇影、處處都有共產黨人潛伏的指控。他告訴他的編輯們，該是打倒麥卡錫的時候了。

不過，麥卡錫照樣奮勇前進。內華達州民主黨籍聯邦參議員派特・麥卡蘭（Pat McCarran）加入了他的獵巫行列，要求更多國務院官員出席聽證會作證。一九五一年七月，麥卡蘭傳喚歐文・拉鐵摩爾回參議院為自己辯白。拉鐵摩爾很快就因他就主持智庫「太平洋國際學會」（Institute of Pacific Relations）所做的證詞遭到七項偽證罪起訴。他將一一擊敗這些控訴。

麥卡錫繼續調查，也抨擊杜魯門、國務院和其他敵人——包括真的及想像的敵人。一九五二年七月四日，他在共和黨全國代表大會上演講，並在十一月間當選連任參議員。但當一九五三年共和黨候選人、當選總統的二戰英雄艾森豪入主白宮後，麥卡錫於共和黨內的價值減退。身為黨立下汗馬功勞，他的表現為攻擊手，但他不適合擔任領導人。艾森豪認為麥卡錫丟人現眼。一九五一年十月，魯斯將他放上《時代週刊》封面，題為「煽風點火的麥卡錫」（Demagogue McCarthy），認為他的「杜魯門–艾奇遜的外交政策出了錯，但他的小丑動作卻讓各界無法好好檢討政策」。

魯斯的話不是沒道理。在將拉鐵摩爾和其他人打成烈士時，麥卡錫排除了冷靜檢討蘇聯和中國滲透美國政府，及中國共產黨成功影響美國政策的機會。拉鐵摩爾主持的太平洋國際學會一度雇用不下八名蘇共及中共份子，在塑造美國人對中國的輿論上，扮演極重要的角色。拉鐵摩爾主編的太平洋國際學會出版品，揭露國民政府的貪腐，又主張共產中國將是美國更好的夥伴。

拉鐵摩爾受到迫害時，一些美國著名的自由派人士雖被麥卡錫的伎倆打壓，但卻未對國務院的「中國通」及其同情共產黨的言行表示關切。作家戴安娜．崔林（Diana Trilling）是著名的紐約知識份子和文學評論家；她告訴《黨派評論》（*Partisan Review*）的讀者，她發現拉鐵摩爾比間諜更可怕，因為他是真誠的獨立思考者，「他的理想主義湊巧契合俄國人的理想主義」。崔林認為，拉鐵摩爾構成了兩難。她強調，你不能禁止這種思想，但你必須了解他信仰的東西，如此一來你才能反制。

麥卡錫濫加攻擊的貽害不小，讓美國的反共中國事務觀察家揹上惡名。當時，理查．華克（Richard Walker）還是個年輕的中國事務學者，他指出，這「產生意想不到的結果，將涉及中國議題的重心」大幅轉向左翼。「中國通」們被趕出政府機關，轉至美國各大學尋找棲身之所。但華克認為，這些機構冒出來之過分寬恕共產中國的觀點，讓美國的漢學研究的「基本面常犯重大錯誤」。譬如，當華克研究一九五〇年代末期，毛澤東的「大躍進」政策造成大饑荒時，依逃到香港的難民訪談分析，也曾受到麥卡錫困擾的哈佛歷史學者費正清估計，一至二百萬人餓死太過

「極端」。但事實上，死者超過三千萬人。「中國通」們培養出如下觀念，認為美國政府和毛澤東關係不睦，而這該歸咎於美方，而且對中國來說，毛澤東的革命是最好的事。一旦一九七〇年代美中關係恢復，這種觀念還衍生出一種意識，認為美國欠共產中國一個公道。

一九五一年七月十日，當事各方於高麗王國古都開城，展開結束韓戰的談判。美國海軍將領譚納．喬伊（C. Turner Joy）代表聯合國部隊。中國人民志願軍的高階軍官率領中國及北韓代表團與會。中方預期很快就會有結果，於是將他們的冬天大衣留在北京。結果經過兩年五百七十五次會議的交涉，雙方才簽訂停火協議。

美國人一開始落棋時就犯了錯。李奇威指出，美軍一收復漢城，杜魯門就下令「在紅軍可能預備求和的第一跡象出現時」就停火。杜魯門取消大規模戰鬥，令美軍停止往三十八度線推進，對此決定，李奇威在回憶錄中感嘆萬分。李奇威表示，目標不是多占領一些土地，而是向中國施壓、逼中國結束戰爭。李奇威希望讓中國二選一：戰敗或同意恢復戰前原狀。喬伊同意他的見解。喬伊表示：「為了表現我們的善意，我們喪失了主動，此後再也沒搶回來。」

毛澤東將美國所有的善意行動——特別是停止大規模作戰行動——視為老美的弱點，他的繼承人也承續如此觀點。因此，當美國人停止攻勢時，他們反而丟掉促使毛澤東停止戰爭的誘因。毛澤東也承認，他之所以同意和談，首要目標是讓共軍部隊在李奇威將軍的「絞肉機」戰術下有喘息空間。當雙方預備談判時，毛澤東一再急電史達林，要求蘇聯提供更多武器和顧問，他才好準備另一場進攻。

雙方在開城和板門店先後談判時，中方將美國人安排在會議桌南邊，而他們安然端坐北邊席位；按中國傳統治術，敗軍之將坐南朝北。喬伊是名高頭大馬、身材魁梧的將領，共方給他安排了一張小椅子，逼得他必須像個小學生一樣仰望敵人。喬伊帶著一小面聯合國旗幟出席談判；共方則亮出一面巨大的北韓國旗，讓美方不禁懷疑，莫非他們將豎立全世界最高的旗桿？

談判會場外的較勁也不遑多讓。喬伊搭乘美軍配發的雪佛蘭轎車抵達會場，共方代表則乘坐俘獲來的美製克萊斯勒亮相。日後，喬伊寫了一本語調尖酸但頗有見地的著作《共產黨談判術》(*How Communists Negotiate*)，書中提到：「我們搬出直升機，他們就沒得比了。」

使雙方談判陷入僵局的爭議就是戰俘的處理問題。一九五二年一月，美方提議讓所有戰俘選擇回家或移居其他國家。中國指控美國違背《日內瓦公約》(Geneva Convention)有關所有戰俘皆應遣返的規定。

美國人估計，在十七萬名中國和北韓戰俘中，百分之十左右會拒絕遣返——共方應可忍受這個數字。但當國際紅十字總會斷定，逾半數戰俘希望留在自由世界時，中國和北韓便不能接受這麼多人集體摒棄共產制度。

共方情急下，亟欲轉移全世界對戰俘問題的注意力。中國不斷提出申訴，指控美軍犯下種種暴行。一九五二年四月，北京指控美軍對中國發動細菌戰。他們說，美國空軍飛機向中國境內空投帶病菌的蒼蠅、蚊子、蜘蛛、螞蟻、臭蟲、蝨子、跳蚤、蜻蜓和蜈蚣。北京推出幾名遭俘的美軍飛行員，他們承認這些指控——其實他們已遭刑求並屈打成招。

蘇聯操縱的「世界和平理事會」(World Peace Council)成立一個國際委員會調查這些指控。英國著名生化學家李約瑟(Joseph Needham)向來親共，並以研究中國科學發展聞名學界。果如預期，他主持的這個委員會證實了中方指控。如此一來，嚇得許多中國人紛紛戴上口罩；雖然原因不同，但這個習慣延續到了今天。然而，這些指控純屬捏造。根據蘇聯檔案館的材料，當時的蘇聯情報首腦拉福倫提・貝利亞(Lavrenty Beria)提到，中國人製造「假疫區」，將一般埋葬描繪為細菌戰受害人的墳地。一九五三年五月二日，蘇聯部長會議主席團指稱，這些指控通通「虛構不實」，建議毛澤東別再拿這些來指控美方。二〇一三年，中國人民志願軍首席醫官吳之理也承認，這些指控完全作假，當年他奉命編造證據。

戰俘問題拖了十七個月才解決。最後，毛澤東被迫讓步。停戰協定簽字時，六千七百名中國戰俘回到中國，一萬四千人不回去，絕大部分選擇前往台灣。約三千六百名美國戰俘回國；不過仍有二十一名美軍留在中國。

一九五二年十一月美國大選，共和黨候選人艾森豪和三十九歲的搭檔尼克森當選正副總統，使莫斯科和北京都緊張起來。艾森豪的「新前瞻」策略（New Look）強調更倚重核武，而這隱含威脅：艾森豪願考慮在亞洲動用原子彈。一九五三年二月二日，艾森豪總統首度發表國情咨文演說，宣布第七艦隊將撤離台灣海峽，暗示他預備讓蔣介石在中國開闢新戰場。朝鮮半島方面，美國升高空襲作戰，也與南韓展開防禦條約的談判。

艾森豪發表國情咨文演說一個月後，史達林去世。蘇聯新領導人希望與西方改善關係。莫斯科已經減縮流向中國的武器，這時更向北京表示，希望維持和平。七月二十七日，美國陸軍中將海立勝（William Harrison）與北韓將領南日在板門店簽訂停戰協議。十分鐘的簽字儀式中，沒有任何人發表談話。海立勝拒穿正式軍服面對敵人，他輕蔑地認為，對方是「一般罪犯」。在停戰協議上，他簽上自己的中文名字「海立勝」。

毛澤東在開戰之初所訂下的目標都未達成。停戰線定在兩軍的接觸線，而不是他要求的北緯三十八度線（譯按：這條停戰線大致上以北緯三十八度線為基準，但並非緊貼著三十八度線）。美軍沒有撤離朝鮮半島；迄今仍有三萬人左右駐留，而且雙方也沒有討論台灣的命運，或聯合國中國代表權等議題。

但毛澤東在政治上戰勝了，他從這場戰爭崛起為英雄，並與史達林齊名，成為國際共產主義運動的領導人。毛澤東與全世界最強大的國家打成平手，導致美國官方得被迫接受中共作為其勢均力敵的對手。韓戰開啟了一條路，讓中華人民共和國崛起為一不可小覷的力量。於是，中國得以在一九五四年的「日內瓦會議」（Geneva Conference）及隔年印尼的「萬隆會議」（Bandung Conference）扮演主要角色。

韓戰是美中互動如何改變美國和世界史的一個強烈例證。這場戰爭促成了美國必須就《舊金山條約》（San Francisco Treaty）中，其結束對日本的太平洋戰爭條件進行修改。在此之前，美國政府曾考慮將日本一度占領的南海若干小島——南沙群島和西沙群島——交給中國。美國也曾考慮將台灣交給中國。

一九五一年九月八日，四十九個國家在舊金山簽訂的這份和約，將南海各島的地位擱置不議，也不讓台灣落入中國大陸之手，另又保持美國對沖繩和尖閣群島（此為日方名稱，即中文世界一般所謂「釣魚台列島」）的行政控制權，美方將後者作為軍事演習訓練之用。數十年後，這些地域的所有權歸屬，仍是亞洲情勢緊張的源頭之一。

韓戰也產生了主導未來數十年美國外交政策的一個觀念——骨牌理論。據此理論，一個國家落入共產黨手中，其他國家也將傾覆。為了防止骨牌傾倒，美國簽訂了一連串條約。一九五一年，華府和澳洲、紐西蘭訂定《美澳紐公約》（ANZUS Pact）。一年後又簽訂《美日安保條約》（US-Japan Security Treaty）。一九五四年，創立東南亞公約組織（Southeast Asia Treaty Organization）。韓戰也被當作美國介入瓜地馬拉、伊朗，當然還有越南的理由。

戰俘遣返議題應該算美國得勝，但二十一名美軍變節投向中國，卻打中了美國民眾的痛處。這一小撮人投共，否定了成千上萬北韓和中國戰俘選擇投奔自由應有的勝利感。

美國人苦思這些人為何變節，得出一個答案：洗腦。那些狡猾的中國人找到扭轉人類思想的方法。新聞記者愛德華・韓德（Edward Hunter）心想，否則這些美國人怎會捨棄「全世界最高的生活水準」，甘願選擇「極端落後、可怕赤貧的國家」？

二戰期間，韓德曾經擔任情報工作，並被公認是「洗腦」（brainwashing）這個英文字的發明人。他將這個過程比擬為「巫術、帶有咒語、恍惚失神、蠱毒和藥水」。他寫道，這是「心理戰，其規模不可估量地大於過去任何軍國主義者所能想像」。葛萊德文・希爾（Gladwin Hill）在《大西洋月刊》撰文表示，中國的洗腦術「是一種新型秘密武器」。中國人相當樂於炒作美國人的恐懼心理。於是毛澤東左右手林彪寫道，「什麼是最好的武器？……不是原子彈，最好的武器是毛澤東思想。」

蒙受共產黨擺布美國子弟心理的想法驚嚇，中情局也開始研究思想控制，並不時導致要命的後果。一九五三年，中情局發動一項研究案，代號MKULTRA，中情局研究人員在美國人身上測試LSD[1]和其他精神興奮劑。中情局局長艾倫・杜勒斯（Allen Dulles，譯按：國務卿杜勒斯之弟，兩人皆為艾森豪總統麾下的首長）稱之為「大腦戰爭」。

一九五三年四月，美中雙方交換第一批戰俘時，美國國防部擔心中國會親挑一些戰俘，回來後在美國散布共產主義毒素思想。這些歸國戰俘先被送到賓夕法尼亞州鳳凰鎮（Phoenixville）的佛吉谷陸軍醫院看管，國防部還為他們進行「政治精神治療」，以之對付中國的黑暗魔法。

長島《每日新聞》（*Newsday*）記者維珍妮亞・帕斯雷（Virginia Paisley）寫了《二十一位留在中國的美國人》（*21 Stayed*）這本書，探討變節留在中國的美軍戰俘問題。她指出，這些人不願回國的原因，不外乎家庭有問題、不上教堂、貧窮等等，而來自田納西州孟斐斯市（Memphis）的非裔士官克萊倫斯・亞當斯（Clarence Adams）則是不滿美國國內的種族歧視。帕斯雷認為，美國未對年輕人灌輸愛國主義，才使他們無法抗拒共產主義的誘惑。中方占了優勢。他們遵守一黨專制的路線；他們是「藍螞蟻」（automatons），或以當時的用語來形容，是「中共」（ChiCom）。這種想法最先出現在一世紀前的加州產金地區，認為美國人缺乏抵抗中國人的內在力量，現在這種想法以新的形式再現。面對中國的「大腦戰爭」，《紐約客》雜誌的作者尤金・金奇德（Eugene Kinkead）認為，比起其他衝突，韓戰期間有更多美國戰俘因為得了「心死病」而投向敵人。

一些美國人也從中華人民共和國現身，他們譴責美國、讚揚中國，但他們卻被普遍認為，這是不幸遭到洗腦所致。密海瑞（Harriet Mills）是一位傅爾布萊特學人，一九五〇年身陷北京，中國不准她出境，並以間諜罪名起訴她。中國當局經常限制其人生自由、將她隔離禁錮，並透過冗長的偵訊讓密海瑞對於身為在華傳教士女兒、過著比別人優渥的生活抱持罪惡感，進而讓她質疑起自己過去的認同和價值觀。一九五五年，她在坐牢四年多後獲釋，對美國新聞界自稱為美國的「間諜特務」，並指控美國人是「戰爭販子」。後來，到了一九五九年，密海瑞在《大西洋月刊》發表文章，宣稱中國政府正進行「人類史上最大的運動，要改造人類思想」。

對於中國人有能力改變戰俘思想的焦慮，充分反映於冷戰時期，一本精彩小說《滿洲候選人》（*The Manchurian Candidate*）的情節。小說先於一九五九年問世，並在三年後翻拍成電影。故事內容是一名遭遇洗腦的美軍戰俘獲釋回國後，共方操縱他暗殺總統候選人，以便副總統候選人之妻（一名共產黨間諜）可在先生繼位後，躲在幕後操控白宮。電影中的角色嚴洛醫生（Dr. Yen Lo）是個卑鄙傀儡操縱者，集傳滿洲的奸狡和毛主席的意識型態於一身。主角雷蒙・蕭（Raymond Shaw）對於中國人有這麼一句話：「他們可以讓我幹任何事。」

戰俘通敵或遭洗腦的種種繪聲繪影之說，其實都不是事實。空軍社會學家艾伯特・畢德曼（Albert Biderman）主持一項國防部的正式調查，認為韓戰中的美國戰俘相較於其他戰爭中的戰俘，沒有比較不愛國。一九五七年，他寫下自己發現「嶄新、令人驚嘆的」證據，中國的方法沒有比較「嶄新或令人驚嘆」。他寫道，為了突破戰俘心防，中方對他們用刑、剝奪其睡眠、令其暴露於嚴寒天氣之下，還有強迫他們長時間維持令人費解的痛苦姿勢。一陣子後，這些人大都挺不住，中方要他們做什麼、說什麼，通通言聽計從，只求能免於刑求。

中、美關係有個極端諷刺的轉折如下：韓戰期間，中國用來對付美國戰俘的一些手法，成為二〇〇一年九一一事變後，美軍偵訊人犯的標準做法。在美國國防部發給美軍處理恐怖份子嫌犯的指南中，所列的方法竟逐字逐句抄自一九五七年畢德曼所寫的一篇報告《共產黨屈打成招方法大全》（Communist Coercive Methods for Eliciting Individual Compliance），只是將標題改變而已。

一九四九年十月二十一日，即毛澤東宣布中華人民共和國建政的二十天後，王安在美國申請一項發明專利，這對於科技革命的重大意義，就好比毛澤東建立人民共和國的政治意義。王安發現了現代電腦記憶晶片內部的根本製程。王安是二戰結束時國民政府送至美國研究工業的數千名留學生之一。戰時，他拼湊各式零件，並製造軍用無線電設備給國軍使用。獲到獎學金後，他前往哈佛大學攻讀博士學位。

一九四八年，完成博士班學業的王安，任職於電腦開發先驅之一霍華德・艾金（Howard Aiken）主持的哈佛電子計算實驗室（Harvard Computation Laboratory）。王安的雙親已逝，因此他免除了留在美國或回國侍親的掙扎糾結。他在回憶錄中表示，自己「無法在極權的共產主義體制下發揮所長」。他希望掌握自己的生命，他也了解這種想法在毛澤東治下的中國無異於緣木求魚。

一九四九年，王安申請到一項磁芯記憶體的專利，在一九七〇年代半導體晶片問世前，成為計算機工業的基礎。

一九五一年他創業時，公司「既無訂單、也無合同，甚至連辦公室傢具都付諸闕如」。王安將自己的公司取名為「王安實驗室」（Wang Laboratories），他寫道，因為「他要證明給大家看，中國人不是只會開餐館和洗衣店，做別的事也會有一流成績」。他設計了一項機器設備，用來協助新興的美國工業——確認核電廠輻射性廢棄物的衰退率；還有另一項機器可計算白血球數量。最後，王安實驗室首開先河，其製造的電腦可進行文字處理。

王安實驗室引爆電腦業沿著波士頓附近的一二八號公路（Route 128）發展起來。王安心心念念超越IBM，實際上也幾乎實現目標——就一個江蘇省英語教師的兒子而言，這是非常了不起的成就。但由於王安犯了所有華人創業者都會犯的錯，將公司傳給兒子接棒。不幸的是，公司就這樣垮了。

和大多數受美國教育的華人一樣，王安並不認同毛澤東的激進政治。他對美國有段評語如下：「作為一個國家，我們不是一直能夠實現理想，但我們有一個結構，允許我們不需革命就能糾正錯誤。」他的妻子邱文藹（Lorraine Chiu）是中國第一代留美學生容閎的遠親。一九五五年，王安夫婦倆歸化為美國公民。

王安夫婦在美國華人社群的空前成長期入籍為美國人。一九四三年《排華法案》廢止後頭幾年，不到一百個中國人移民美國。但從一九四五年起，美國國會開始制訂法律，《戰爭新娘法案》（War Brides Act）、《允許公民華妻到美國法案》（Chinese Alien Wives of American Citizens Act）和《一九五七年難民法》（Refugee Act of 1957）等，大幅改造了華裔美國的面貌。

二戰期間有七千名中國女子嫁給美國人，其中最著名的就是中央通訊社記者陳香梅嫁給「飛虎將軍」克萊爾．陳納德（Claire Chennault），美國人只知道她的英文名字安娜．陳納德（Anna Chennault）。新娘大批抵達美國，唐人街的光棍社會逐漸變成家室組合的社群。一九〇〇年，美國華人的男女比為十九比一；到了一九五〇年則大幅降為二比一。一九五〇年，全美有十一萬華人人口，是一八八〇年以來的最高記錄。

美國培育中國人的原始用意，是希望他們學得一身美式技術和價值，然後將其送回中國。但隨著思想冷戰的展開，美國人開始視中國人的思想為美國篝火的點燃者。百年前，中國人以身體勞力協助興建大西部。現在的中國則是腦力擔當。中國的男女菁英（包括王安；他的江蘇同鄉、建築師貝聿銘；諾貝爾獎得主楊振寧和李政道；還有許多作家和企業家們）——給予美國巨大的回報。華裔美國人跟著美國人及來自全球各地、天資聰穎的其他外籍人士，成了美國高等工業經濟的扛霸子。

一九五〇年，美國國務院開始為因共產革命而困在美國的約五千名中國留學生和學人找工作。接下來幾年，國務院提撥一千萬美元給三千六百位男女菁英，幫助他們在美國定居。同時，面臨每年十萬多名華人，雪崩似地從香港和其他地方申請來美簽證，於是，在美國的中國友人成立了「援助中國知識人士協會」（Aid Refugee Chinese Intellectuals Incorporated）。從一九五二年到一九五九年，此團體協助申請簽證、提供包機、貸放款項、代覓工作，幫助數千名中國菁英移民美國。

明尼蘇達州共和黨籍國會眾議員周以德（Walter Judd）是這個團體的領導人。周以德曾在中國行醫兼傳教六年，他鼓勵中國人赴美留學，再回來建設新中國。現在，他試圖協助資質優秀的中國人離開中國，協助建設美國。周以德的同僚吉拉婷．費契（Geraldine Fitch）自傳教士轉行為新聞記者，她認為美國物色中國菁英赴美是在「揀便宜」。

人口激增五成、機會又大增，讓美國華人自信倍增。一九四三年，從史丹福大學和哈佛商學院畢業的劉裔昌（Pardee Lowe）寫了第一本在美出生的華人自傳。劉裔昌的《父親與光榮的子裔》（*Father and the Glorious Descendant*）記載他一輩子都在努力追求融入美國的白人主流社會。他拿中國的名字開玩笑——「Sing High, Sing Low, Wun Long Hop」，聽起來都沒兩樣——也描繪華人喊他中文名字時所感受到的「不舒服」。

僅僅七年之後，當一九五〇年黃玉雪（Jade Snow Wong）發表第一本華裔美國女子自傳時，不再以低頭的姿態出場。在黃的這本《華女阿五》（*Fifth Chinese Daughter*），中國文化是一種資產，而非該被粉飾、抹除之物。黃的自傳坐穩暢銷書排行榜長達四個月，入選為「每月一書俱樂部」（Book of the Month Club）選書，贏得「聯邦俱樂部」（Commonwealth Club）非小說類獎章，並譯為數十種語言，狂銷五十萬冊。這是直到一九七六年的四分之一個世紀以來，作家湯婷婷（Maxine Hong Kingston）的《女戰士》（*The Woman Warrior*）問世前，最被廣泛閱讀的第二代華裔著作。

而湯婷婷也認為黃玉雪激勵了她寫作。

一九二二年，黃玉雪生於舊金山。她雙親經營一家血汗工廠，下班後又兼做縫衣工。黃家人住在唐人街某棟擁擠的地下室公寓。黃玉雪的兄弟比家裡的女生受寵，不僅有自己的房間，還養了一隻德國牧羊犬為寵物，父母甚至給他請了中文家教。高中畢業後，父母還為他付學雜費、送他去念大學。黃玉雪卻必須自己賺錢上學。為了賺取學費，黃玉雪在一個白人家庭幫傭、燒飯。她在大部分是白人學生的學校裡，遭遇種族歧視的霸凌，雇主偶爾也會給她臉色看。但她進入初級學院，然後轉入舊金山灣區的著名女子大學米爾斯學院（Mills College）。在校期間，她不避諱自己的族裔背景。她寫道，她發現「女生們都很好奇」她的華人背景。也發現只要寫到華人主題，分數就會比別人高。她有一篇文章談論《金瓶梅》，可能也有助於此。這是一本明朝時期的小說，也是全世界最著名的情色小說傑作之一。

黃玉雪為了人生計畫與父親不睦多年。最後她放棄了，不打算再改變他的想法。只要踏進黃家，她絕不還嘴，只扮演溫馴女兒的尋常角色。但一出家門，她便結合中國美學與美式企業家的狂放，開啟了新的航道。黃玉雪頗有製陶和推銷天分，她在舊金山的格蘭特街（Grant Avenue）開店；透過櫥窗，路人可以看到她的工作室。她身穿製陶服、纏上髮辮，讓塑台轆轤轉動起來，導致路人爭相圍睹——交通也為之堵塞。

黃玉雪寫道：「唐人街步調很快。」「窗內那個女人，雙腿跨著一個製陶的輪子，髮上纏著辮子，手部始終沾著黏稠的加利福尼亞黏土，她的成品就像中國使用的那種稚拙器具；一個保守家庭的女兒，獨自經營，這樣的組合肯定失敗！」事實並非如此。黃玉雪的陶器獲獎了，並由二十多家博物館收藏，其中包括大都會藝術博物館，而她的藝術作品還被譽為長期追求大同之道的典範，是中國融入美國主流文化的典範。

美國國務院從黃玉雪的書看到了機會，可向充滿民族主義、渴望擺脫殖民主義主宰的亞洲人展現一名華裔美國人的成功故事。一九五三年，該院安排這本書的中譯及其他幾種亞洲文字的翻譯，也安排她和丈夫前往亞洲巡迴演講四個月。黃玉雪向聽眾坦承，美國社會潛伏著種族歧視。但她也告訴他們，她很高興自己的父親決定不留在中國，而到美國闖天下。她宣稱：「黃玉雪若出生在太平洋另一邊，絕對得不到她的教育、學不會她的藝術，更無法開創事業。」批評者後來因她的政治不正確而蹙眉，但其實她說的一點都沒錯。

雖然在《圖書館期刊》（*Library Journal*）中，劉裔昌等人的書被作家海倫．波爾曼（Helen P. Bolman）撰文稱讚為美國「忠誠少數民族」的象徵，但其他美國的中國人卻被視作威脅。有些人被當成間諜和左翼份子，遭驅逐出境。也有些人被貼上危險份子的標籤，美國禁止他們返回家鄉。政府引用一九一八年一條沒什麼名氣的法令，表示當局有權阻止敵國公民離開美國，把中國學者從預備駛往亞洲的船上拉下來，以免他們回去幫中國打韓戰。當局共發出一百七十五份類似的羈押令。一九五一年三月，《紐約時報》記者詹姆斯．芮士頓（James Reston）報導關於如何處理在美華人的爭議，導致「華府各部會之間一連串的鬥爭。」

在加州理工學院（California Institute of Technology），聯邦調查局和移民歸化局針對世界最頂尖的火箭專家錢學森展開多年調查，最後將他驅逐出境。加州理工學院校長李．杜布里奇（Lee Dubridge）就錢學森案寫信給一位美國官員：「這實在有夠荒謬，一位全國最偉大的火箭和噴射推動力專家，不僅被否決了在他選擇的專業領域工作的機會，經此否決，還被迫回到已被占領的中國，將其才智貢獻給當地共產政權。」

在伊利諾大學，美國當局下令十六位中國留學生離開美國。伊大外籍學生學監亞瑟．漢彌爾頓（Arthur Hamilton）投書《紐約時報》表示，我們將熟諳美國專業知識、學有專精的技術人員奉送給敵人，也就是目前的中國政府。」《紐約時報》將這些遣返命令痛斥為「犯罪行為」。

一九五七年十月四日，蘇聯宣布成功發射了世界第一顆人造衛星。這顆名為史普尼克號（Sputnik）、直徑二十三英寸的鐵球，繞著地球軌道運行，嗶嗶地傳回訊號，也在美國國內引爆了全國危機。

才過了一個月，兩位在美國實驗室工作的華人科學家就出手援救。楊振寧和李政道因為證明了一項量子力學的基本原理「宇稱守恆」（the conservation of parity），在基本粒子的弱交互作用內被打破，而榮獲一九五七年諾貝爾物理學獎。此次得獎——是華裔科學家首獲此殊榮——讓擔心西方輸掉科技領域冷戰的美國人信心大增。

一九五七年一月，當楊振寧和李政道的實驗結果首先公開，並於稍後由任職於哥倫比亞大學的華裔女性研究人員吳健雄證實其研究結果時，美國新聞界對他們根本不重視。當時，楊振寧和李政道被稱為「中國出生的理論家」，吳健雄則是「另一位華裔教授」。

一直要到蘇聯的史普尼克號人造衛星發射，他們才成為英雄。《時代》週刊配上他們家人及中產階級住家的照片，報導他們的生平故事。《新聞週刊》的專文標題是「這些華人做出選擇」，強調楊、李兩人決定留在美國發展。《新聞週刊》又報導，美國官員擔心，楊振寧或李政道會利用到瑞典領獎的機會，溜回竹幕之後。《新聞週刊》指出，這兩位諾貝爾獎得主是「任何國家亟思網羅的要角」。

但《新聞週刊》報導，前往斯德哥爾摩的楊振寧「立場十分堅定」。他在受獎演說中感謝美國教育他，他說：「我以我的中國傳統與背景為榮，我也專心致志現代科學。」兩人都回到美國，也都成為美國公民。不過他們所認同的這個國家卻舉棋不定，不知該擁抱或排斥他們。當楊振寧受邀掌管自己的實驗室，進而決定搬到紐約州石溪（Stony Brook）時，沒有人願意賣房子給華人。

就在美國主流掌握中國革命的脈動時，中文報紙建議讀者，對白人要有禮，並試圖不要理會偏執。舊金山的《中國論壇報》（*China Forum*）建議：「和白人團體維持密切聯繫，依賴自由派的友好支持。」曾在肯塔基州路易維爾（Louisville）念研究所的田長霖回憶道，很多華人在公開場合「不敢說中國話」。田長霖的白人教授稱他為「支那人」（Chinaman）。後來他成為加州柏克萊大學校長，是第一位主掌美國知名大學的亞裔美國人。田長霖回憶道，一九五〇年代的美國華人保持緘默，「在寒冬中噤若寒蟬。」

韓戰給中國人上了嚴峻的一課，見識到現代機械化戰爭的期限。雖然中國從未公布其實際陣亡人數的統計數字，據估計，中國人民志願軍的陣亡人數是美軍的十倍。戰爭增強了共產黨內主張擁有先進武器、提升科技水準，以及最後要取得核子彈這派人士的力量。雖然毛澤東繼續稱美國為「紙老虎」，卻再也沒有讓解放軍和美國部隊直接對抗。

戰爭在美國留下了混亂的遺緒。這是美國首次打有限戰爭。美國的目標因深怕核子大戰爆發而受限。另一方面，韓戰也終結了美國對中國人的感傷依戀，至少在一段時間內是如此。

與中國軍隊實際交戰後對美國所造成的創傷很嚴重，這絕非誇大之詞。美國官員向來認為美中之間存在著一種特殊關係，韓戰後卻開始從本質否定中國。國務卿艾奇遜稱中國為「斯拉夫人的滿洲國」，暗指中國人變成了俄國人。他聲稱：北京政府「不是中國的政府，在第一關就過不了，北京政府不是中國人的政府」。

譯註

1. 根據維基百科，麥角酸二乙醯胺（德語：*Lysergsäurediethylamid*），簡稱為LSD，是一種強烈的半人工致幻劑和精神興奮劑，由麥角酸中合成，對氧氣、紫外線和氯十分敏感（尤其是當LSD處於液態時）。純淨的LSD是一種無色、無氣味、，味道微苦的固體。LSD的一次典型劑量只有一百微克，重量僅相當於一粒沙子重量的十分之一，就能造成使用者六至到十二小時的感官、感覺、記憶和自我意識的強烈化與變化，可作為化學武器使用。

附註

關於參議員約瑟夫・麥卡錫（Joseph McCarthy）追打美國政府內部共產黨人的活動，取材自哈維・柯列爾、約翰・厄爾・海尼斯合著的《維諾納計畫：顛覆蘇聯在美國的諜報活動》（*Venona: Decoding Soviet Espionage in America*），以及亞瑟・赫曼（Arthur Herman）所寫的約瑟夫・麥卡錫傳記。關於歐文・拉鐵摩爾（Owen Lattimore）遭調查的詳情，參見黛安娜・崔林（Diana Trilling）收錄於《黨派評論》（*Partisan Review*）季刊上的文章。關於一九五〇年代，美國對華政策的詳情，取材自唐耐心（Nancy Bernkopf Tucker）的《來自中國的威脅：一九五〇年代的記憶、迷思與實情》（*The China Threat: Memories, Myth, and Realities in the 1950s*）。王安與黃玉雪的生平事蹟都取材自他們的自傳。

第三十章 冷戰

艾森豪總統和他的國務卿約翰．佛斯特．杜勒斯痛恨共產主義。艾森豪認為，共產主義是他那個時代的頭號敵人。

自幼，約翰．佛斯特．杜勒斯和弟弟艾倫就經常出入外祖父約翰．佛斯特（John W. Foster）位於杜邦圓環的宅邸。日後，艾倫．杜勒斯擔任艾森豪總統首位文官出身的中情局局長。他們外祖父家裡，布滿許多為大清皇帝擔任說客留下的紀念品。但兩兄弟都未發展出對遠東的濃厚興趣。一九二七年，艾倫，不願接受外放北京的職位，辭職後離開國務院。杜魯門總統有意派約翰．佛斯特．杜勒斯出任駐日本大使時，杜勒斯以形同「流放」亞洲之詞婉謝受任。

約翰．佛斯特．杜勒斯身為虔誠的長老教會信徒，心中對無神論的中共黨人保有特殊見解。他確保美國政府徹底執行對北京的經濟制裁，比針對莫斯科的制裁規定執行得更加嚴格。後來，這項政策被稱為「對中國有所差別待遇」。雖然美國公民可前往蘇聯自由行，杜勒斯卻竭力切斷和赤色中國的一切接觸。他阻擋美國一所動物園進口中國熊貓，並威脅記者，若前往中國，便會起訴他們；同時，也批准起訴一位出售共產中國郵票的郵票商。艾森豪和他的國務卿一樣非常不喜歡中國，曾八次揚言動用核武殲滅毛澤東政權。

一九五〇年代，美國政府拋棄了一項美國堅持逾百年的信念，不再認為統一、主權獨立的中國吻合美國的最佳利益。事實上，艾森豪和杜勒斯將共產革命的成功歸因於美國戰略家不願考量中國分治。杜勒斯認為，國共內戰期間，蔣介石棄守東北、讓部隊集中在長城以南才是上策。杜勒斯曾對一位同僚提起：「堅持中國領土完整根本就食古不化。我們最後是得到了一個領土完整的中國——但對誰有利？是共產黨！」

在中情局的艾倫・杜勒斯幫助下，艾森豪政府發動一連串秘密作業，破壞北京對其領土的控制。美國展開對越南長達數十年的介入。台灣也成為美國在西太平洋「不沉的航空母艦」（unsinkable aircraft carrier）。分裂而非團結中國，變成了美國的目標。

然而，艾森豪和杜勒斯絕不只是盲目的冷戰鬥士。他們對赤色中國及當時所謂「自由中國」台灣的做法，遠較一般所知複雜。譬如，艾森豪威脅動用核武對付中國，相當大的成分是在咋唬。一九五八年九月台灣危機的高峰時（譯按：指八二三炮戰，有時英文以「金門危機」稱之），美國戰略空軍司令部（ＳＡＣ）派可攜帶具廣島級威力核彈B-47轟炸機進駐關島，此時艾森豪對手下將領說：「你們瘋了。我們不能用這些可怕的東西再次對付亞洲人。」

艾森豪和他的國務卿對於如何分化北京和莫斯科也相當焦慮。他們的目標一致，只是對於實施方法有不同意見。早於一九七〇年代的美國政策多年，艾森豪已經認為，與西方貿易會降低北京對莫斯科的依賴，也可藉以「把民主理念滲透」進入中國。杜勒斯的想法相反，他認為中國愈是被迫依賴蘇聯，莫斯科的血就流得愈多。因此，就在杜勒斯努力不讓美國與中共貿易往來時，艾森豪致力於允許中國與其他國家貿易。艾森豪放鬆了一項日本與中國貿易的協定。當一九五八年，英國宣布也不再遵守美國定下的限制時，美國國防部建議，就英國對美國的出口商品課徵特別關稅，艾森豪批駁了此一建議。

最後，艾森豪和杜勒斯對中國的彈性雙雙受限，倒不是因為他們是絕不退讓的冷戰戰士，而是因為中國在美國國內仍是燙手的政治議題。「中國遊說團」仍相當強大，美國民眾仍對赤色份子深惡痛絕。一九五三年，從「中國遊說團」分支出來的團體「百萬人委員會」（Committee of One Million），號召到百萬人聯署，反對中國進入聯合國。三

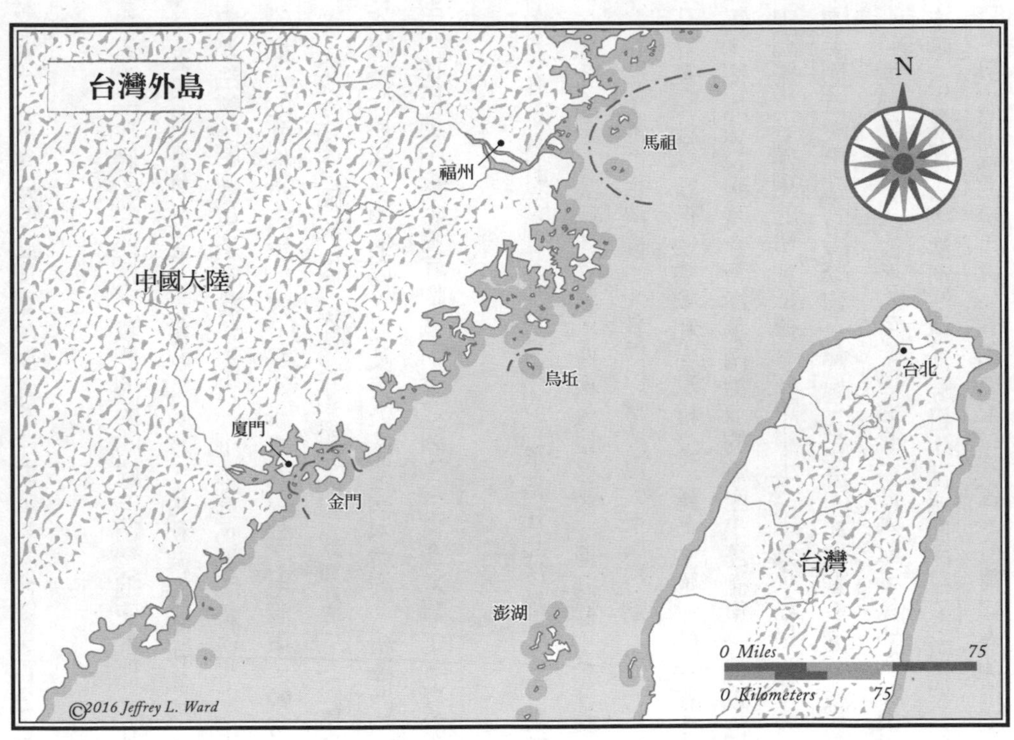
台灣外島
N
馬祖
福州
中國大陸
烏坵
廈門
金門
台北
台灣
澎湖
0 Miles 75
0 Kilometers 75
©2016 Jeffrey L. Ward

年後，全國民調顯示，百分之九十二的美國受訪民眾反對允許中共進入聯合國，百分之六十一不支持與中華人民共和國貿易往來。

艾森豪在國家安全會議埋怨道：「我們的問題是，我們國內的政治情勢迫使我們『在貿易及其他領域』採取絕對僵硬的政策。」然而，對中國態度強硬卻賦予艾森豪政治資本，可和蘇聯的新領導人尼基塔・赫魯雪夫（Nikita Khrushchev）追求和解。若華府無法誘使毛澤東遠離赫魯雪夫，不妨嘗試誘使赫魯雪夫遠離毛澤東。

艾森豪的對台政策並非一般描述的那樣是鐵板一塊。好比二次大戰救了毛澤東，韓戰也救了蔣介石。北韓人民軍越過三十八度線南侵之後，美國決定支持國民黨。美軍將領率領的正式單位「美國軍援顧問團」很快就取代查爾斯・柯克將軍協助台灣軍方的臨時性作業。中情局人員及美製武器湧入台灣。紐澤西州共和黨籍聯邦參議員亞歷山大・史密斯（H. Alexander Smith）在日記中寫下看好韓戰前景之語：「實在太棒了，等於是回應了祈禱。福爾摩沙獲救顯然是天意。」

一九五四年，艾森豪政府與蔣介石簽訂一項共同防禦條約，承諾在此後數十年，美國對台灣提供軍事、經濟援助。條約目的不在於掀起而是阻止戰爭。美國不希望毛澤東入侵台灣，但同樣不希望蔣介石反攻大陸。作為締約條件，艾森豪和杜勒斯迫使蔣介石給予他們否決權，使其得以掌控重大軍事行動。

避免戰爭的意向，也導致艾森豪和杜勒斯促使中國和台灣接受「兩個中國」的存在——好比東西德並立、南北韓分治。總統和國務卿花了數年，都無法說服蔣介石從華南沿海的幾座小島撤軍。就政治面而言，金門、馬祖和大陳等外島是蔣介石宣稱他是全中國統治者僅剩的法理依據。在軍事上，這些小島是火藥庫。

一九五四年四月，共產中國參加首次出席的國際和平會議，在日內瓦和美、英、法、蘇代表共同研商朝鮮及中南半島問題。會議期間，法國在越南奠邊府（Dien Bien Phu）遭遇歷史性大敗，為他們在東南亞的殖民帝國敲響喪鐘。

中國方面，周恩來率領一支兩百人的代表團浩浩蕩蕩進駐日內瓦。他們住進盧梭（Jean-Jacques Rousseau）住過的一座莊園，舉辦第一次接待會時，還端出威士忌、苦艾酒和魚子醬待客，但美國人卻拒絕出席。

數十年來，太平洋兩岸的歷史學者爭議著以下話題：據說會議期間某天，國務卿約翰．佛斯特．杜勒斯和中國外交部長周恩來相遇，周恩來伸出他的手，但杜勒斯拒絕握手。這個小插曲成為美中關係故事的其中一則基本神話。據說杜勒斯故作姿態、拒絕握手，代表美國再次失去改善雙方關係的機會，也暗示華府和北京關係不佳，咎在美方。依此故事，假如杜勒斯和艾森豪總統之間的敵意不那麼深重，對華政策應該會比較理智。

周恩來對這則故事也有推波助瀾之嫌。一九五七年，他抱怨美國不肯與他的政府妥協時說：「只有雙方都往前踏出一步，才能握手，但美國這邊則是，即使我們伸出了手，他們也不肯握。」尼克森總統追記，一九七二年二月二十一日於北京機場下機，和周恩來首次見面時，是如何努力彌補杜勒斯「錯失的握手機會」。整個過程都充滿了美國感到抱歉的氣氛。

但在日內瓦的實際狀況，我們並不清楚。兩名中方高級官員都表示沒這回事。王炳南在整場會議期間，從頭到尾陪在周恩來旁邊，熊向暉是周恩來在日內瓦的新聞秘書（另具情報人員的身分），兩人都說根本沒有周、杜不握手這回事。美方高階外交官艾歷西斯．強生（U. Alexis Johnson）和周恩來助理、曾在哈佛念求學的浦山告訴歷史學者唐耐心，確實有這件事。

連握手與否都眾說紛紜，這凸顯了一九五〇年代美中關係的重點──雙方敵意深重，雙方對冷戰都難辭其咎。

在日內瓦，杜勒斯力促英國參加在越南的共產主義抗戰。美國人認為，中國的威脅隱隱作怪，使得在越南的反殖民戰爭成為攸關全球的重要鬥爭。但英國人沒興趣。英國不同於美國，已承認中華人民共和國為中國合法政府。當情勢變得很清楚，和會阻擋不了越共領導人胡志明崛起時，杜勒斯退出了；這是美國史上唯一一次，國務卿在大國會議未結束時退出。對此，英國相當震驚。邱吉爾對這位美國國務卿的評語是「沉悶、沒想像力、缺乏理解力。」

「日內瓦和會」就中南半島達成協議。根據協議，越南以北緯十七度線為界，劃分為南、北兩部分。胡志明據河內，統治北部；法國及其盟友在西貢成立親西方政府。當事各方都同意在一九五六年七月，全國統一舉行投票。

在艾森豪同意之下，杜勒斯和他弟弟艾倫著手破壞此項協議。中情局在南越擴大活動，支持曾任職於法國殖民政府的吳廷琰（Ngo Dinh Diem），美國拱他擔任南越領導人。

華府日益關心，並畏懼中國對越南所造成的直接影響。當美國增強和南越合作時，也加強對毛澤東中國的抑制。七月間，日內瓦和會舉步維艱地即將達成協定時，華府宣布將和蔣介石簽訂《共同防禦條約》。接著美國成立東南亞公約組織（Southeast Asia Treaty Organization，簡稱SEATO），集合亞洲八個國家組成一個反共集團。

一九五四年九月三日，當外交官員前往馬尼拉簽訂「東南亞公約組織」的條約時，毛澤東部隊猛烈砲轟離福建省廈門僅一英里的外島金門國民黨守軍。十一月，毛澤東又下令，砲打駐守浙江省外海大陳的國軍。十二月二日，美國和中華民國簽訂《共同防禦條約》。一九五五年一月，人民解放軍登陸大陳群島的一座小島（譯按：一江山）。這時，杜勒斯說服蔣介石撤軍，理由是大陳離台灣太遠，不易保衛。整個春天，毛澤東都不斷施壓，相信自己會讓華府嚇得拋棄蔣介石。

一九五五年三月十日，毛澤東部隊繼續砲轟外島，杜勒斯威脅要對中國發動核子戰爭。六天後，艾森豪加碼威脅，親口宣布：「我們會用原子彈，就和你用槍彈一樣。」國際社會為此騷動，北約組織的外交部長們紛紛警告，不宜調遣部署任何核武。不過直到月底，和中國開戰仍是熱門話題。美國海軍作戰部長羅伯．卡尼（Robert Carney）上將告訴記者們，艾森豪計劃「摧毀赤色中國的軍事潛力」。他預測，戰爭將在四月份爆發。

艾森豪總統派參謀首長聯席會議主席亞瑟．雷德福（Arthur Radford）上將前往台灣，向蔣介石提議：若蔣介石願從所有外島撤軍，美國會在中國海岸布下一道五百英里的封鎖線，直到中國同意放棄武力對台為止。蔣介石拒絕這項提議。他在日記中寫道，美國不會堅守到底。他認為美國人完全在騙人，竟然如此天真、無知，認為他會陷入他們的詭計。北京方面，毛澤東也警告他的副手們，要有打核子戰爭的準備。另外，他指示周恩來設法脫困。

一九五五年四月中旬，周恩來前往印尼出席「萬隆會議」（Bandung Conference）——印尼總統蘇卡諾（Sukarno）形容，這次會議是「人類史上首次有色人種」的大集會。一架印度航空公司（Air India）的包機載著中國代表團赴會，卻在太平洋上空爆炸，乘客和機組人員全部喪生。周恩來本來也要搭乘這架飛機，卻在最後一刻改變行程、躲過一劫。國民黨特務在飛機上裝了炸彈。周恩來躲過死神召喚，但在會議上興風作浪。

「萬隆會議」的新聞躍登美國報紙版面時，美國的民權運動也鬧得沸沸揚揚。一九五四年，聯邦最高法院裁決種族分離違憲。非裔國會眾議員亞當・克萊頓・鮑威爾（Adam Clayton Powell, Jr.）認為，「萬隆會議」賜給美國一個機會，得以宣傳美國制度是取代共產主義的另一選擇。鮑威爾力促杜勒斯邀集白人、黑人及亞裔男女，組成一個觀察團與會，向全世界展示美國多元的力量。杜勒斯沒接受這項建議，鮑爾認為，杜勒斯的決定代表美國的「愚蠢」，但他還是毅然赴會。

美國未派正式代表團與會，讓周恩來搶盡風光。美國新聞界對他借居的寓邸——「一位華僑富商的房子」——他的演講，甚至他的情緒，全都鉅細無遺地報導。曾稱譽周恩來是當今風度翩翩之最的《紐約時報》記者佩姬・竇爾汀（Peggy Durdin），現在形容他「強悍、身段又柔軟」。她告訴《時報》讀者，中共黨人「仇恨我們」。

周恩來善於掌握全局，強調中國和開發中世界的反殖民主義鬥爭結合在一起，並拿中國支持各國獨立運動與美國差勁的民權紀錄相比。會議最後一天時，周恩來突如其來丟下了一顆炸彈。他提議就台灣議題與美國談判。周恩來宣稱：「中國人民對美國人民很友善。中國人民不希望與美利堅合眾國開戰。」一九五五年四月二十四日，《紐約時報》頭版以跨頁大標題報導他的提議，形容「此一提議的謙和非常可佩」。一週後，毛澤東部隊停止砲轟金門。

杜勒斯同意和中國談判，於是指派艾歷西斯・強生為談判代表。強生是一名資深外交官，二戰期間曾在滿洲被日本人監禁。中方指派周恩來的長期副手王炳南為代表。接下來十六年，美中雙方代表在日內瓦和華沙開會一百三十六次，直到一九七一年，亨利・季辛吉（Henry Kissinger）訪問中國才停止此一雙邊接觸。許多歷史學者和美國官員都貶抑此雙邊會談：那只不過是互相叫陣的罵戰。華沙會談進行的場地被各國間諜安裝許多監聽器，有位英國外交官聲稱，自己曾透過汽車上的收音機偷聽談判經過。即使此一持續多年的雙邊對話起起落落，卻有好幾次，在關鍵重大的關頭降低戰爭風險。

歷經所謂的「第一次台海危機」後（譯按：指共軍進攻大陳與一江山），毛澤東和蔣介石的聲勢都更加壯大。大陸方面，毛澤東利用此事，尤其是艾森豪動用核武的威脅來哄騙蘇聯，承諾協助中國發展自己的核子彈。他也迫使美國再次承認中華人民共和國。

蔣介石則得到一份《共同防禦條約》和美國在往後數年提供援助的承諾，但蔣介石仍不滿意。諷刺的是，簽訂《共同防禦條約》反而終結了他「光復大陸」的美夢。原本他為艾森豪當選總統感到興奮，如今卻在日記中寫道，艾森豪缺乏「常識」。國民黨官員在艾森豪宣布將「鬆綁」蔣介石部隊時相信了他，現在希望幻滅，認為這位美國總統訂了一道「拘束皮帶」的政策。

即使如此，《共同防禦條約》仍象徵美國更深的承諾——在台灣的成功及面對蔣介石政府方面。美國原本計畫換掉或暗殺蔣介石的計畫，現已拋諸九霄，向他施壓要求民主化，也同樣化作一縷輕煙。當蔣介石指派兒子蔣經國出任情治機關首腦時，美方也沒反對蔣經國的鐵腕措施。相較於毛澤東的秘密警察在中國大陸的暴行，蔣經國的做法根本小巫見大巫。一九五三年一月，美國駐台北大使卡爾．藍欽（Karl Rankin）在其呈報華府的電文中寫道：「我們試圖在這座島上發展力量，唯在他們承諾提升整體力量的前提下，才應促進改革或西式民主概念。」

在經濟方面，美國也不再施壓，要求自由中國經濟私有化。到了一九五三年，國民黨擁有台灣百分之八十的工業。美國人支持台灣維持高關稅，以保護台灣企業的政策，即使這妨礙了自由貿易。台灣第一期「四年經濟計畫」，是在美方施壓下擬訂。雖然美國的台灣友人是老美資本主義者，他們支持的蔣氏政府本質卻是社會主義。

美中專家透過簡稱「農復會」的台灣農村復興聯合委員會（Joint Commission on Rural Reconstruction，簡稱ＪＣＲＲ），並運用農村改革家、留學美國的基督徒晏陽初的構想，推動亞洲史上最成功的土地改革。毛澤東的黨徒在中國大陸雷厲風行，處決了約兩百萬名地主，國民黨在台灣重新分配土地，但沒有人在過程中喪命。

留美歸國的財金專家也克服了通貨膨脹。蔣介石甚至控制住軍事預算。當然，從一九四五年到一九六五年，美國提供台灣逾四十億美元的軍事和經濟援助，助益不小。以當時來說，這是最大的人均美援數額。但不同於其他許多國家，台灣沒有浪費這些美援，而是藉此經費將自己打造成一個全球出口巨人。從一九五二年到一九八二年，台灣的年均經濟成長率高達百分之九，原本在一九五〇年只有寥寥數條柏油路的這個島國創造了「台灣奇蹟」。

與美國一樣，共產中國也從接受美國教育的公民身上受惠良多。一九五五年九月十七日，火箭科學家錢學森及其妻子、兒子錢永剛、女兒錢永真搭船從美國前往香港。錢學森在碼頭上對記者說，他永遠不回美國了。他表示，儘管美國政府對他有種種行動，他「不怨恨美國人民」。他說：「我的目標是追求和平與幸福。」

回中國後，錢學森領導中國的「戰略火箭計畫」。另兩位「海歸派」——普度大學博士鄧稼先和密西根大學博士朱光亞，成為中國打造原子彈的主要設計師。一九五一年在夏威夷被拉下船的謝家麟，則是粒子物理學權威。在日本，想歸國卻被攔下的趙忠堯，後來帶著價值五萬美元的零件回到中國，設計出第一部線型加速器，另一位歸國研究人員則帶回一具美國先進的示波器，連東歐國家的科學家都為之著迷。

從美國留學歸國的中國人，打造出中國第一座人造衛星，設計出中國第一顆洲際彈道飛彈和第一顆巡弋飛彈，並在中國建立核子物理學的專業學門，包括研究宇宙射線、粒子和高能物理學以及氣泡室等。從一九四九年到一九五六年，共一百二十九位中國留美學生和學人回到中國，投入中國科學院的工作，占高階職位逾四分之一——當時當家熱門的，是蘇聯的科學原理。

這些美國培訓的男女菁英扮演重要角色，鼓舞毛澤東膽敢對莫斯科採取更獨立的政策。錢學森被拔擢出任機械研究所所長，擠下一位留俄歸國的科學家。他對中國擺脫蘇聯控制的貢獻極大，以致一九七〇年代，一份蘇聯刊物出現了一個理論指稱，他能回國是中國「與『美國』帝國主義者秘密交易」對付蘇聯的部分陰謀。周恩來被問到，他對一九五〇年代言不及義的美中會談有何評論時，他很坦白地說：「我們贏回錢學森。光是這點，會談就很值得了。」毛澤東盼望能擁有核子的嚇阻力量，而留美歸國科學家加上歐洲歸國科學家，也共同努力達成使命。

儘管錢學森對美國的熱情幻滅，他還是忠於美國科學教育的原理。一九五八年，他參與籌辦菁英的中國科技大學，模仿母校加州理工學院的模式。錢學森的教學很嚴格，他要求學生要有原創思維、不能光是默寫強背。即使在中國共產革命最紅色的時刻，中國對待科學、技術和創新的態度仍堅持美式作風。

一九五六年八月，中國政府邀請美國十五個新聞機構派記者前往中國參訪一個月。「萬隆會議」落幕後，中國修正其惡毒反美的立場，想改善中國在美國的形象。

然而，國務卿杜勒斯卻宣布，美國政府不准美國記者前往中國，理由是中國政府計畫綁架他們。他揚言，任何人若違反禁令，便作廢他們的護照。這是很荒謬的說法，也是很嚴重的威脅。但這道禁令的確導致大多數的記者卻步，除了三個人例外，他們是《展望》雜誌的艾德蒙・史帝文斯（Edmund Stevens）和菲利浦・哈靈頓（Phillip Harrington），以及《巴爾的摩非裔美國人報》（*Baltimore Afro-American*）的威廉・沃西（William Worthy）。

沃西是美國第一代偉大的非裔駐外記者之一。二戰期間，他是一名良心反戰者，採訪過韓戰，後來又在美國民俗文化方面占有一席之地，因他不顧禁令前往古巴。菲爾・歐克斯（Phil Ochs）將他這段故事編入一九六四年的一首民歌〈威廉沃西之歌〉（Ballad of William Worthy）之中。

一九五六年，沃西於聖誕夜從香港穿過邊境、進入中國。他從竹幕後發出的報導，經美國各地報紙廣泛披露。他質問：為何禁止美國人到中國旅行？為何美國不承認全世界人口最多的國家？一九五七年一月二十九日，他在刊登於《巴爾的摩非裔美國人報》的文章裡請讀者反思這個問題：「之所以有這樣的政策，會不會是因為有些人惱羞成怒，覺得那原本處處被動的『小個子黃種人』國家，怎麼可以起身抵抗西方？」

但沃西絕非看不清共產主義方向的笨蛋。藉由採訪保羅・麥肯森（Paul J. Mackensen Jr.），他暴露出這個共產國家歐威爾式的本質。麥肯森為來自巴爾的摩的基督教路德會傳教士，一九五二年起就遭到中國監禁，而且一再遭到刑訊。中國已徹底摧毀這名年輕人的意志，對於中方列出的美國種種罪行一概承認，只求中方饒了他。

沃西訪問中國，引爆美國對中國產生激烈辯論。《華盛頓郵報》認為，艾森豪政府禁止美國記者赴中國採訪「愚蠢且適得其反」。一篇《郵報》的社論題為〈不報導邪惡〉（Report No Evil），引述沃西破天荒的報導為例證指出，「認為美國記者從中國發出報導必有利於北平（北京）政府，乃是幻覺。」一九五七年蓋洛普發表一項民意調查顯示，雖有壓倒性多數的美國人仍反對讓中華人民共和國進入聯合國，但過半數的民眾贊成允許美國記者訪問中國。

沃西的訪問與後來的反響顯示，反對與中國大陸接觸的大廈已出現裂痕。即使是杜勒斯的態度也有所改變。他私下告訴助理，時機到了，美國必須以對待蘇聯的方法對待中國。一九五七年八月，國務院同意，允許美國新聞機構派記者到中國。但杜勒斯不准中國有相對的權利派記者來美國。北京《人民日報》抨擊杜勒斯此舉是另一項不平等條約，並諷刺地寫道：「『自由世界』的中心並不自由。」

多年來，美中許多歷史學家一致認為，一九五〇年代美中關係不睦，咎在美國。艾森豪和杜勒斯在其中的角色當然無可否認。但這種過於單純的評價，完全忽略了敵視美國對毛澤東政權有多大用處。一九五五年一月八日，毛澤東告訴蘇聯大使巴維爾·尤金（Pavel Yudin）：「中國對於得到美國承認，並沒太大興趣。」他又說，孤立「使我們有機會更自由地教育老百姓反美精神。」

附註

有關艾森豪和約翰·佛斯特·杜勒斯威脅要對中國動用核武器，詳見唐唐耐心（Nancy Bernkopf Tucker）的《來自中國的威脅：一九五〇年代的記憶、迷思與實情》（*The China Threat: Memories, Myths, and Realities in the 1950s*）。周恩來出席日內瓦會議和萬隆會議的情形，參見當時的新聞報導。關於美中大使級會談的詳情，參見：烏拉爾·詹森（U. Alexis Johnson）的回憶錄《總統的右手》（*The Right Hand of Power*）；至於約翰·佛斯特·杜勒斯不與周恩來握手的爭議，除了U. Alexis Johnson的著作，也可參見王炳南的回憶錄。台灣經濟成長的故事，詳見林孝庭的《意外的國度：蔣介石、美國與近代台灣的形塑》）。錢學森的故事，詳見張純如（Iris Chang）的《中國飛彈之父：錢學森之謎》（*Thread of the Silkworm*）。中國發展核武的詳情，參見：約翰·威爾遜·路易斯（John Wilson Lewis）與薛理泰合著的《中國原子彈的製造》（*China Builds the Bomb*）。關於承認中國捏造證據、誣攀美國發動細菌戰的詳情，參見吳之理發表於中文刊物《炎黃春秋》二〇一三年十一月號的文章。

第三十一章
百花凋零

一九四九年革命後，羅隆基過著舒適的生活。他和許多留美回國知識份子不同，沒有被迫進行羞辱性的自我批判。韓戰期間，這位中國首席自由派人士領導民主同盟的夥伴，同聲譴責美國。共產黨承認他的用處，也不管他完全不懂林業，就派他擔任森林工業部部長。

但到了一九五五年，羅隆基的自由派信念又開始抬頭。其他許多人也是。毛澤東發動一連串政治運動攻擊中國知識份子，讓許多人感到不滿。羅隆基認為，可將中國菁英份子的不滿導引為正面的力量。他向民盟的同志保證，多年來擔任中國自由派良心的第三勢力並沒有死亡。

有些共產黨領導人也覺得，在鎮壓他們所謂中國的「腦力工作者」方面，中共可能有點過火。一九五五年年底的中華人民共和國，處於完成過渡到社會主義的邊緣。工業已收歸國有，私有財產幾乎廢除。若要繼續往前走，中國需要知識份子，但他們已被嚇壞。一九五六年五月二日毛澤東宣布，在藝術和科學方面，採取更自由的政策。他在最高國務會議第七次會議上發表談話，宣布展開「百家爭鳴、百花齊放」運動。三週後，中央宣傳部部長陸定一進一步闡釋，並宣布黨現在贊成獨立思考。但他也強調，這有其限制。他誓言，黨中央會提防「美國的月亮比中國月亮圓」的心態——這是一九四七年胡適講過的一句話。陸定一說，這種觀點會被當作「蒼蠅、蚊子、蝗蟲和偷吃穀子的麻雀」除掉。一九五七年二月二十七日，中國共產黨發表一篇毛澤東的演講稿〈關於正確處理人民內部矛盾的問題〉，要求人民表達他們真正的想法。

知識份子動起來了。三月間，羅隆基在一項政府會議中演講，抨擊黨浪費留美歸國中國人的生命，竟派給他們到街角賣香菸這種工作。他說，這比清朝對待容閎教育團的回國留學生還不如。

很快地，似乎就變成人人都在批評中國共產黨。北京大學學生豎立「民主牆」。知識份子——許多是留美歸國者——紛紛發表文章、張貼大字報或在公開集會上抗議無止境的仇美運動、卑賤尊崇蘇聯的模式、對西方文學的禁止，以及黨內要員享受特權。西方留學歸國人士編輯的報紙，散播這些批評到全國各地。

留美歸國的巫寧坤在北京教授英國文學。據他回憶：「我們感覺，像是百花開始綻放。」在某個同事家吃午飯時，巫寧坤稱讚羅斯福的四大自由——言論自由、宗教自由、免於匱乏的自由、免於恐懼的自由。他感慨道：「直到你活在一個動輒遭威脅剝奪這些自由的環境，否則你從不會感到自由有多重要。」

一九四〇年代去過美國的人類學者費孝通也出聲贊成，公開辯論中國的前程怎麼走。他認為史達林是個獨裁者，要求允許受西方教育的科學家參與政治決策，也主張取消對科學研究的所有限制。他向他的許多讀者保證，可以信賴共產黨會寬容異議份子。

一九五七年春天，羅隆基針對中央統戰部的演講，質疑毛澤東血腥政治運動的理由，要求黨就其過火的做法道歉。民主同盟共同創辦人、留德歸國的章伯鈞主張，共產黨應讓第三勢力在決策上發聲。這原本是一個禁區。羅隆基和章伯鈞等於是主張拆除共產黨壟斷的權力。

一九五七年六月十一日，《光明日報》總編輯儲安平以〈黨天下〉這篇文章，綜合了自由派對中國政局的看法。他寫道：「領導國家並不等於這個國家即為黨所有。」人人都心領神會他的意思。三十年前，羅隆基曾以「黨天下」批評過國民黨。

毛澤東驚覺情況不對。短短數月間，他的革命根基竟然在他腳底下撼動起來。共產主義在國外也遭到攻擊。一九五六年十月，匈牙利學生和工人起事、反對蘇聯統治，毛澤東曾勸蘇聯派兵進入匈牙利彈壓。現在，他自己國內的親美知識份子，竟提出和匈牙利人一模一樣的主張。

一九五七年六月八日，毛澤東宣布結束「百花運動」，號召黨「組織力量、反擊右派份子的猖狂進攻」。[1]他大發雷霆，必須讓掀起「中國漫天烏雲」的羅隆基和章伯鈞消音。接下來，就是所謂「反右運動」的大規模鎮壓行動。毛澤東哀嘆，中國菁英革命意識鬆動。他向蘇聯大使尤金（Pavel Yudin）表示：「他們仍受到資產階級意識型態的影響，特別是美國人意識型態的影響。」毛澤東將「反右運動」交給一位忠心的助手負責，這名矮個子革命派名叫鄧小平。

羅隆基和章伯鈞被按上「反黨、反人民、反社會主義」首腦的罪名。章伯鈞被迫發表冗長的自我批判。費孝通為了自保，發言抨擊羅隆基，羅隆基的一名女友也舉發他。七月十五日，羅隆基在全國人民代表大會上發言，自稱「中華人民共和國的罪人」，旋即被剝除一切職位。

「反右運動」的目標，再度鎖定美國思想對中國知識份子心態的顛覆性影響。在北京大學，巫寧坤被拉到「群眾大會」上亮相，揪出他午餐閒聊的內容。他被貼上「毒草」的標籤，此後二十年進出各地勞改營，為其親美罪行付出代價。

總計共有三十萬名男女被貼上右派標籤。許多人被打進勞改營，而死於營養不良和疾病者有數萬人。毛澤東未將羅隆基、章伯鈞或費孝通送去勞改。他逼他們消音，但留他們活命，以作為思想偏差的可憐人樣板。羅隆基在一九六五年十二月，即文革爆發前去世；一場文革，又使數千名親美知識份子斷送性命。一九六九年章伯鈞去世。費孝通則活得相當久，但自一九五七年到一九七九年，除了一篇討論在中國當老人比在美國好很多的文章外，雖然他曾被讚譽為世界最偉大人類學者之一，但卻始終未發表任何文章。

一九五六年二月，西藏人開始反抗共產黨在四川和青海省的治理。中國官員逼迫不情願的遊牧民族硬吞共產主義，又以散布「落後」信仰為名關閉寺廟。藏人在青海殺了一名漢族軍人，在四川攻打漢族公安局和軍營。解放軍則出動飛機和大砲反擊。

一九五六年夏天，中情局官員在印度、美國與西藏代表接觸。中情局在代號「馬戲團行動」（Project Circus）的計畫中，同意培訓藏人游擊作戰和無線電通訊技能。首批的六人被送到西太平洋的塞班島受訓，並在一九五七年空投回中國。

西藏是特別適合中情局施力的地方。美國官方對此區的迷戀，可上溯至柔克義（William Woodville Rockhill）的時代。一九〇八年，這位身高六呎四吋的外交官曾建議第十三世達賴喇嘛接受漢人主權。現在美國人卻鼓勵西藏自立門戶。

一九四二年，美國人和本名丹增嘉措、時年七歲的十四世達賴喇嘛首次接觸。那年夏天，美國政府派出戰略情報局的兩位情報官員前往西藏，勘察進入中國的陸路通道，以突破日本包圍。這兩位情報官員布魯克・鐸蘭（Brooke Dolan）和伊利亞・托爾斯泰（Ilia Tolstoy，俄國大文豪托爾斯泰之孫）帶了一封羅斯福總統給這位西藏領袖的信，是為美國總統和達賴喇嘛的首次通訊。雖然他倆沒有達成找出新通路的使命，羅斯福卻一直很關注他們的任務進展。羅斯福和其他美國人一樣，因為約瑟夫・洛克（Joseph Rock）在《國家地理雜誌》上的報導，以及詹姆斯・希爾頓（James Hilton）的小說《失落的地平線》（*Lost Horizon*），而對「世界屋脊」充滿憧憬。羅斯福對西藏的興趣濃郁，以致他將馬里蘭州的卡托克丁山脈（Catoctin Mountains）的總統度假之地命名為「香格里拉」——即今天的大衛營（Camp David）。

自一九一一年辛亥革命以來，西藏表面上一直獨立，不受中國控制。但一九五〇年十月七日，數萬名解放軍開進西藏。六個月後，第十四世達賴喇嘛的顧問委派兩名西方人士，前往新德里美國大使館拜會洛伊・韓德生（Loy Henderson）大使。《時代週刊》特派員詹姆斯・伯克（James Burke）和奧地利籍滑雪冠軍、登山專家海因里希・哈勒（Heinrich Harrer）告訴韓德生，達賴喇嘛已經逃脫共產黨攻擊，躲在藏南一個離印度邊境僅數英里的村落。海因里希·哈勒在他的回憶錄《西藏七年》（*Seven Years in Tibet*）中寫道，達賴喇嘛面臨艱鉅選擇。他該流亡，還是回到拉薩接受漢人統治，並努力保護其人民？根據國務院的對話記錄，哈勒表示：「達賴喇嘛不知該何去何從。」

韓德生大使使用沒有信頭、沒有簽名、無法追蹤出處的印度信紙，打字寫出與當年柔克義意見完全相反的一些建議。韓德生說，達賴喇嘛應該出亡。美國官方保證，華府將歡迎達賴喇嘛，他不僅是宗教領袖，也是「西藏自治國」領導人。

一九五一年五月二十六日中方宣布，達賴喇嘛的代表已在北京簽署協定，准許中國占領西藏。其實，達賴喇嘛根本沒授權任何代表做這種事。根據這項協定，西藏政府將防務和外交政策的控制權讓渡給中國。中國共產黨承諾，達賴喇嘛若留在西藏，他可以保有對西藏內部事務的控制權。達賴喇嘛採信，若留在西藏可多照顧其人民的說法，婉謝美方提議，並回到拉薩面對中國人。五年後，藏人全面抗拒共產黨，而美國再度介入。

一九五八年，美國將培訓藏族游擊隊的工作先移至維吉尼亞州某地，後再遷到科羅拉多山區的一處美國陸軍基地黑爾營區（Camp Hale）。為避免閒雜人等窺伺，中情局故布疑雲，讓地方報紙報導，政府似乎在此進行核子測試。中情局在黑爾營區訓練約兩百六十名游擊隊。陳納德的民航運輸公司從泰國、印度和尼泊爾的基地出發，空投逾五百噸武器、彈藥、藥品、糧食和器材設備給西藏鬥士，數量足夠一萬四千人使用。

一九五九年春天，西藏亂事又告升高。三月間，達賴喇嘛深怕被中國當局逮捕，再度逃出拉薩。這位戴眼鏡的僧人喬裝成藏人士兵，帶著少數隨從潛逃出城。一出拉薩，中情局訓練的游擊隊即引導一行人逃到安全處。來到藏南後，達賴喇嘛宣布成立西藏獨立政府。一九五九年三月三十日，印度總理尼赫魯（Jawaharlal Nehru）提供達賴喇嘛及數以千計的西藏難民政治庇護。

美國官員對達賴喇嘛流亡出國非常振奮。國務院預測，「西藏事件的發展在亞洲的衝擊，將遠超過俄國人介入匈牙利。」總統委派的一個委員會認為，西藏抗暴運動是「上天賜給美國的意外收穫」，要求「盡可能長久地維持住叛亂局勢」。

中國軍隊為敉平叛亂，殺了數千名藏人。美國訓練的藏族游擊隊往往在空投進入西藏不到幾小時後就被逮捕。但在中國境外，中情局出錢支持西藏流亡政府，直到一九六〇年代末期，尼克森總統決定與北京改善關係才告終止。達賴喇嘛的哥哥嘉樂頓珠是中情局長期支持的「資產」，他在二〇一五年發表回憶錄提到，自己很後悔鼓勵西藏人投入反共作戰。他寫道：「我若知道中情局的支持如此微不足道，絕不會派這些年輕人前去受訓。毛澤東不是唯一一個欺騙西藏人的人。中情局也辜負了西藏人。」負責培訓西藏游擊隊的中情局官員肯尼斯・諾斯（Kenneth Knaus）說得很貼切，他們是「冷戰的孤兒」。

一九五〇年代初期的國務院中國事務負責人狄恩・魯斯克（Dean Rusk）寫道，美國支持西藏是一九五〇年代，「盡全部可能阻擋中國共產黨」政策的一部分。從杜魯門政府起，中情局沿著中國邊境發動一連串作業。一九五〇年代初期，陳納德的民航運輸公司空投二百一十二名國軍特務進入中國；一半被殺、另一半被捕。此一政策供應武器與金錢給從中國撤退到緬甸的一萬二千名國軍部隊。然而，這批國軍部隊沒去騷擾共產黨，反而騷擾緬甸人，而且還種植鴉片、販賣毒品。

一九五八年一月毛澤東宣布，計畫在「技術領域發動革命」。他誓言，中國經濟很快就會「超英、趕美」。「大躍進」一揭幕，毛澤東的爪牙便急遽加快土地的集體化，將人民趕進設置公共食堂的公社。結果糧食生產大幅下跌，數千萬人挨餓。

美國竟也在「大躍進」中扮演關鍵角色。美國不僅被中國作為衡量本身成績的標竿，還被毛澤東用作激勵中國人民革命狂熱的大敵。毛澤東需要有一個危機來掀起民眾支持他激烈改造中國社會的計畫。因此在八月二十三日，毛澤東的部隊再次展開砲轟金門的攻勢。

毛澤東的挑釁行為驚動了他的蘇聯盟友。八二三砲戰一開始，蘇聯外交部長安德烈・葛羅米柯（Andrei Gromyko）立即趕到北京，深怕中國將引爆與美國交戰。周恩來勸他不用擔心。周恩來向葛羅米柯保證，砲轟金門的目的是

「提振『中國人』作戰精神」。葛羅米柯和蘇聯領導人尼基塔．赫魯雪夫擔心毛澤東已不聽使喚。僅僅一年前，毛澤東出席莫斯科「布爾什維克革命」四十週年慶時發表演講，言之鑿鑿地歡迎來場核子大決戰。毛澤東宣稱，若來場核子大戰，「半數人類」會死，但共產主義將會勝利。與會各國代表聞言，紛紛目瞪口呆。不過，涉及美國時，毛澤東還是知道要小心。八月間，就在他下令砲打金門前，他指示福建解放軍司令員葉飛，避免傷害美國人。葉飛問，若美國軍艦開火，他該怎麼辦？毛澤東重複了三次：「你不能還手。」

對於毛澤東最新的挑釁，艾森豪立即強硬回應。美國海軍立刻動員美國歷史上最大的艦隊，集結六艘航空母艦、四十艘驅逐艦、三艘重型巡航艦和二十艘其他軍艦。在台灣島，美國空軍讓國民黨空軍裝備最新式的響尾蛇空對空飛彈（Sidewinder air-to-air missiles）。美軍戰略空軍司令部（SAC）下令，關島B-47轟炸機待命戒備，隨時可能發動核子攻擊。

在一九五八年八月的一次內閣會議上，空軍高階官員提議動用核子彈攻擊廈門附近的目標。當時，空軍上將特丁寧（Nathan Twining）擔任參謀首長聯席會議主席。他丟出核子攻擊可遠至上海的想法。九月四日，艾森豪和杜勒斯發表「新港聲明」（Newport Declaration），宣布外島攸關台灣防務安全。對蔣介石而言，這代表著重大勝利。接下來，艾森豪第八次，也是最後一次威脅動用原子彈攻打共產中國。

在莫斯科，毛澤東對核子戰爭的大無畏態度嚇壞了他的共產主義同志，同樣的，艾森豪第八次威脅動用核武，也讓北約組織和日本大驚。美國駐東京大使館向華府提出警告，若美國向中國投擲原子彈，日本會將美軍通通趕走。艾森豪和杜勒斯也在幕後發動努力，再次試圖說服蔣介石放棄外島。他們希望中國和台灣永久分裂。兩個中國總比戰爭來得好。

然而，這次蔣介石在抗拒美國時有了一名盟友。這可能是十年來，眾多怪事中最詭異的一次；一九五八年，蔣介石和他的宿敵毛澤東竟攜手封殺美國分裂中國大陸和台灣之舉。透過一位香港記者擔任密使的幕後接觸，毛澤東向蔣介石保證，他不會真正入侵外島，勸蔣介石稍安勿躁。

十月初，毛澤東告訴中央政治局，必須讓蔣介石的部隊留在金門和馬祖。他說：「如有必要，我們可以砲轟他們，需要緊張時就收緊絞索，需要放鬆就鬆開絞索。」他又說：若解放軍拿下外島，「就會出現實質上有兩個中國的局勢」。根據歷史學者陳兼的說法，毛澤東了解，只要台灣和金門、馬祖綁在一起，台灣就會和中國綁在一起。十月五日，毛澤東下令解放軍停火兩天。他發表《告台灣同胞書》，強調共產黨和國民黨至少在一件事情上有共識——天底下只有一個中國。接下來毛澤東宣布停火，讓國軍可以對外島運補。後來他向同志們解釋，從軍事上來看，「這可能顯得像開玩笑……但這是政治戰。」他堅稱，必須擊敗老美製造兩個中國的計畫。

當月稍晚，杜勒斯前往台北，試圖說服蔣介石棄守外島。杜勒斯抵達當天，毛澤東下令砲兵恢復砲轟金門。毛澤東告訴他的秘書林克，此舉是在「幫蔣介石」抗拒杜勒斯的要求。的確，在毛澤東凌厲轟炸的炮火之下，杜勒斯怎能要求蔣介石撤軍？這位美國國務卿被迫同意發表聯合公報，宣示保衛外島與保衛台灣「密切相關」。十月二十一日起，毛澤東下令解放軍對外島「單打、雙不打」——單數日才開砲。毛澤東告訴林克，「我們砲打金門，不是要解放金門」，而是蔣介石需要外島遭到砲轟。

一九五九年十一月，毛澤東交代林克找出杜勒斯最近三次的演講稿。演講稿內容涉及美國一項政策：鼓勵共產國家「和平演變」（peaceful evolution）成為西方可接受的政府。美國的做法包括支持反對派運動、文化交流和散布資訊。毛澤東對此深感憂慮。「和平演變」格外適合美國的對華政策。畢竟各種流派主張的美國人，已在中國施展類似策略逾一世紀了。除了「和平演變」之外，約翰．杜威還主張什麼？

毛澤東認為，赫魯雪夫擁抱與西方和平共存，證明了美國的政策在莫斯科起了效用。一九五九年稍早，當中國和印度部隊在邊境發生衝突時，蘇聯保持中立。一九五九年十月，赫魯雪夫剛結束與艾森豪的大衛營會談就抵達北京訪問。他帶來一則新聞：由於與美國關係已有改善，蘇聯必須撕毀協助中國發展核子彈的協議。赫魯雪夫還要求毛澤東釋放五名美國人——其中兩位是中情局人員理查．費克圖（Richard Fecteau）和約翰．唐尼（John Downey），他們是在韓戰期間，於中國東北被逮捕。毛澤東氣炸了，蘇聯竟試圖討好美國。

自從一九五三年史達林去世，赫魯雪夫批判史達林作風殘暴以來，毛澤東和赫魯雪夫的關係就始終緊繃。毛澤東覺得，能繼承領導世界革命衣缽的，應該是他而非赫魯雪夫；而且全世界舊殖民屬地革命都應該以他那一套以農民為基礎的激進派革命觀為範本。毛澤東反對拆解對史達林的個人崇拜，在赫魯雪夫與艾森豪舉行高峰會議後，他擔心莫斯科已開始和華府密謀對付自己。

一九五九年十月二日，雙方衝突檯面化。毛澤東的外交部長陳毅對赫魯雪夫大為不滿，甚至氣得朝他吐口水。赫魯雪夫反唇相譏：「你不該站在元帥的高位吐口水；你口水不夠多。」兩天後，赫魯雪夫離開北京。一九六〇年七月，數千名蘇聯專家撤退回國。中、蘇分裂加劇下，邊境旋即爆發衝突。

毛澤東擔心「和平演變」會汙染中國。一九五九年七月，國防部長彭德懷犯了不可原諒的大忌，指出「大躍進」導致大量民眾餓死，毛澤東的政策失敗了。更糟的是，中共在設法克服饑荒時，高階領導人劉少奇強調，需研究「全世界所有的先進思想，包括美國思想」。劉少奇傾向美國使用科技以提高農產量。毛澤東面臨四面楚歌，內外勢力正聯手反對他。

一九五九年秋天，毛澤東在杭州一小群黨內領導人的會談中，定出對杜勒斯「和平演變」策略的回應。根據毛澤東親信薄一波的回憶錄，毛澤東告訴與會眾人，美國已開始汙衊蘇聯，很快就會把目標對準中國。毛澤東告訴他的同志：「美國已採取更進一步的詐騙手法，進行侵略和擴張。」他說，美國「想以和平演變腐化我們」。杭州會議是毛澤東首次提到「和平演變」。日後幾年，他將一再回到這個主題。「和平演變」就是他想在國內對付之弊病的國際版。毛澤東將他對「和平演變」的畏懼心理遺傳給其接班人。雖然他們拋棄毛澤東的經濟模式，但直到今天，持續提防美國的影響力仍是黨的政策焦點。

一九六〇年六月艾森豪訪問台北。《紐約時報》報導，逾五十萬民眾夾道歡迎，給予他「一輩子見過最熱烈的接待」。毛澤東也歡迎他，於是下令砲兵朝金門、馬祖猛烈開火。艾森豪到台北，是為了促使蔣介石退出外島。但現在艾森豪總統和一九五八年十月到訪的杜勒斯一樣，被迫向蔣介石及台灣人民保證，美國保護他們的決心「絲毫沒有鬆懈」。

然而，美國民眾已經厭倦台灣。數千封信湧進白宮，要求艾森豪退出台北和北京之間無止盡的纏鬥。報界升高之於美國對華政策的批評。一九五八年，美國有部暢銷小說《醜陋的美國人》（*The Ugly American*），虛擬亞洲有個國家很擅長操縱美國。這讓許多美國人聯想到，蔣介石牽著美國的鼻子在花園走路。

已失去白宮寶座八年的民主黨人圍繞台灣問題大做文章。艾奇遜因涉及「失去中國」的風波，已遭冷落多年。他砲轟艾森豪政府，並警告：「不論是出於迷糊或漠不關心，我們似乎正邁向與中國開戰。」他宣稱，金門、馬祖等外島「根本不值得美國的任何人為其犧牲性命」。

「中國遊說團」的要角也開始輸掉國會席次。一九五八年，夙有「來自福爾摩沙的參議員」之稱的加州共和黨籍聯邦參議員威廉．諾蘭（William F. Knowland），敗給了主張要有全新中國政策的民主黨人克萊爾．恩格爾（Clair Engle）。「中國遊說團」的活動曝光，並陷入守勢。羅斯．寇恩（Ross Y. Koen）的著作《美國政壇的中國遊說團》（*The China Lobby in American Politics*）極具煽動力，逼得蔣介石在美國的代理人向麥米倫出版社（Macmillan）施壓，令其不得出版。供預評的版本已流出市面，而寇恩的指控很難駁斥——譬如，蔣介石的盟友從緬甸走私海洛因。

一九五九年十一月，參議院外交委員會發表一份有關美國亞洲政策的研究報告，主張不只要與北京建立關係，也要承認國民政府改組成立的「台灣共和國」（Republic of Taiwan）。報告指出，愈來愈多美國官員私下承認，蔣介石嘴裡的「共匪」不會消失。

中國問題再次於總統大選中扮演重要角色。一九六〇年十月七日，共和黨候選人副總統尼克森和民主黨候選人，也就是連參議員首任任期都未做滿的麻薩諸塞州聯邦參議員約翰．甘迺迪（John F. Kennedy）進行第二次辯論。甘迺迪譏笑尼克森是「愛扣扳機的共和黨人」，因他顯然樂於派美國子弟去為外島作戰。甘迺迪宣稱，金門和馬祖「不是保衛福爾摩沙所需」。

尼克森反擊。他強調：不論這些外島的面積多小，都是位於「自由地區」。他向觀眾保證，若當選總統，「絕不會將自由世界的寸土交付給共產黨」。雖然這番言論鏗鏘有力，卻沒幫上尼克森太大的忙。甘迺迪的魅力不是「狡猾的狄克」所能抵擋的。

譯註

1. 儲文發表於六月一日，題目是〈向毛主席和周總理提些意見〉，通稱〈黨天下〉。據胡喬木（曾任中共中央宣傳部副部長）的兒子表示，儲文發表後，毛澤東一連幾天睡不著覺，才會在六月八日下達〈組織力量、反擊右派份子的猖狂進攻的指示〉，正式發動「反右運動」。

附註

羅隆基的故事，詳見：李涇（Jing Li）的《中國眼中的美國：一九〇〇至二〇〇〇年》（*China's America: The Chinese View of the United States, 1900-2000*）。巫寧坤在自傳裡描述自己在鳴放運動時的經歷。關於西藏抗暴的詳情，取材自約翰·肯尼思·諾斯（John Kenneth Knaus）的《冷戰孤兒：美國與掙扎求生的西藏》（*Orphans of the Cold War: America and the Tibetan Struggle for Survival*）一書，以及嘉樂頓珠的自傳《噶倫堡的製麵師：達賴喇嘛二哥回憶錄：不為人知的圖博奮鬥故事》（*The Noodle Maker of Kalimpong: The Untold Story of My Struggle for Tibet*）。關於毛澤東擔心和平演變的詳情，參見：翟強（Qiang Zhai）的論文〈毛澤東與杜勒斯的「和平演變」策略：薄一波回憶錄帶來的啟示〉（Mao Zedong and Dulles's 'Peaceful Evolution' Strategy: Revelations from Bo Yibo's Memoirs），刊登於《國際冷戰史研究計畫公報》（*Cold War International History Project Bulletin*）。

第三十二章 血腥瑪麗

甘迺迪剛就任不久，這位新總統就召集團隊，討論當前重大議題。當他們談到中國時，甘迺迪對妻子說：「賈姬，現在我們要來杯血腥瑪麗了。」

涉及中國的兩件事傷透了腦筋，導致甘迺迪必須喝上一杯。比起艾森豪和杜勒斯，甘迺迪更將毛澤東的農民民族主義視為對美國的威脅。甘迺迪研究毛澤東談論戰略的精心傑作《論持久戰》，建議顧問群也仔細讀一讀。他認為，在東南亞及第三世界其他各地方興未艾的戰爭，是受中國的意識型態啟發。第二個因素更可嚇人：中國正在研發核子彈。

甘迺迪的顧問們發現他迷上了中國。甘迺迪的長期助理，白宮顧問泰德・索倫森（Ted Sorensen）寫道：「他廢寢忘食地閱讀有關中國的材料。」索倫森提到，甘迺迪喜歡引用中國成語，甚至連無關情勢的也要來上一段。為設法對抗中國在第三世界的影響力，總統提出他所謂「新邊疆戰略」（Strategy of New Frontier），包括採用秘密作戰、清鄉靖邊、直升機作戰、和平團和綠扁帽特戰部隊（Green Berets）來對戰馬列主義。一九六一年六月，甘迺迪告訴《紐約時報》記者詹姆斯．芮士頓，美國必須選定一個地方站定腳跟，「以示我們的堅定」。他說，這個地方就是越南。越南和中國已經密不可分纏繞在總統的思想裡。他提到，如果南越淪陷，「會給人一個印象，以為東南亞未來之浪潮是中國」。一九六一年甘迺迪就任時，美國在越南有一千名部隊。到了一九六三年十一月他遇刺身亡時，已經達到一萬六千人。

另一個讓甘迺迪不安的是年逾七十的蔣介石。「大躍進」造成「大饑荒」的消息逐漸傳出鐵幕時，蔣介石認為有機可乘。蔣介石一再糾纏甘迺迪，「秘密、間接」地支持他反攻大陸。一九六二年三月，蔣介石下令調集大兵到外島。雖然他夢想引爆兵燹，以便率領王師北伐回大陸，但到頭來，蔣介石卻促使美國和他的大敵紅色中國，至少有段期間變得更加親密。

一九六二年五月，周恩來命令返國休假的王炳南儘速回到華沙任所，因為「蔣介石似乎正準備啟動戰事」。他指示手下這位資深大使，立刻接觸美方代表——現已換上約翰．卡波特（John Cabot）擔任駐波蘭大使。周恩來表示：「我們應設法讓美國人遏阻蔣介石的軍事行動。」中共領導人會如此說，的確相當罕見。前幾年，北京才和台灣聯手封殺美國將中國分裂為二的計畫。現在，中國卻想利用華府來讓台灣稍安勿躁。

蔣介石也讓美國人起了戒心。六月二十二日，助理國務卿哈里曼要求英國和蘇聯大使幫忙傳話給北京。他否認美方支持蔣介石冒險，並建議北京保持鎮靜。次日，卡波特和王炳南在華沙見面，保證美國會「清楚地不涉入」任何攻擊行動。卡波特說，即使蔣介石派兵啟動戰事，美國希望美中的大使級會談持續進行。王炳南也向卡波特保證，北京不會尋求以武力解決台灣問題。雙方在輕鬆的氣氛下結束談話。王炳南在回憶錄中寫道，他的報告「起了很大作用，並影響國內決策，黨中央也很滿意」。

這段話恐怕說得太謙虛了。「華沙會談」是美中兩大交惡國關係的分水嶺。一九五〇年以來，中國堅持美國退出台灣。認為讓美國人退出，台灣問題就會自行解決。現在，中共恢復了早先和美國打交道的傳統——這是二次大戰以前的事了。美國可誘導幫忙共產黨。這個教訓在未來世代也都不會被遺忘。

一九六二年六月二十七日，甘迺迪告訴記者，美國反對任何一方在台灣海峽動用武力。蔣介石吃了一驚，透過新任駐台灣大使柯爾克（Alan G. Kirk），傳遞給美方一個哀怨的要求：「美國最起碼別做出可被中共利用的公開聲明？」

甘迺迪召開記者會次日，中國外交部長陳毅就拜託一位英國官員向美方致謝，宣稱北京將「耐心期盼與美國的關係逐漸改善」。

美中關係並未逐漸改善。一九六二年秋天，中國在一場短促的邊境戰爭中擊敗印度，讓美國人又視中國為威脅。國務卿狄恩．魯斯克宣稱，「共產中國對印度邊境的公然侵略有極大的歷史意義。」那年秋天，由於蘇聯同意拆除其在古巴部署的飛彈，中國譴責蘇聯向美國「投降」。甘迺迪政府提議撥運穀物以緩解大陸饑荒，也遭中國拒絕。越南方面，中國力促其共產黨同志攻擊西貢政府。

僅僅一年前，毛澤東才建議北越全力搞經濟開發，別有太多顛覆南越的動作。但到了一九六二年，中國捐贈九萬支步槍給南越游擊隊；到了隔年三月，中國高階官員劉少奇訪問河內，保證提供更多軍事援助。他告訴越南同志：「我們和你們站在一起。」

美國官員認為，中國構成的威脅已逐漸大過蘇聯。一九六三年六月，美國主管遠東事務的助理國務卿羅傑．希爾斯曼（Roger Hilsman）觀察到，比起鐵幕，太平洋的「竹幕」更讓美國人嚇壞了。希爾斯曼說：「在亞洲，之於各個獨立國家最大的危險是來自共產中國。」中國比蘇聯更需提防的這個想法，是因為甘迺迪掌握到一項情報，指出中國正在製造核子武器。甘迺迪和他的顧問們擔心，中國若有了核子彈，那若以中情局派在國家安全會議聯絡官切斯特．古柏（Chester Cooper）的話來說，將變得「更狂躁，比現在更難對付」。

甘迺迪曾對《紐約時報》表示，一旦中國成為核子武裝國家，「骨牌理論」恐怕守不住，因為整個東南亞在毛派大屠殺的威脅下，自然會倒向共產黨。根據索倫森的說法，甘迺迪表示：「這些中國人很強悍。倒不是他們怎麼說我們，而是他們對俄國人的那套說法。有必要的話，他們……似乎將不惜犧牲三億條人命，只求能夠宰制亞洲。」

一九六三年年初，甘迺迪交代他的政府，研究遏制中國威脅的兩項方案。第一，片面轟炸中國的核設施，使其計畫倒退，同時與蘇聯合作，破壞中國的進展。第二，與北京改善關係，解除這個共產政權的殺傷力。一月份，甘迺迪將研究這些做法的任務交代給哈里曼及另兩名官員：一位是希爾斯曼，另一位是在中國出生的國家安全會議專家詹姆斯．湯生（James Thomson）。

鑒於中蘇分裂的局面現已不可能回頭，甘迺迪和哈里曼傾向與蘇聯聯手、對付更為極端的中國。一九六三年春天，哈里曼會見赫魯雪夫，丟出美蘇聯手軍事行動，或莫斯科默許美國片面對付中國核設施的構想。赫魯雪夫對二者都不表贊同，於是哈里曼建議美、英、蘇三國最起碼能一致同意停止在大氣層、外太空和水面下進行核子試爆，並在中國準備首次核子試爆之際，以此進一步孤立中國。一九六三年七月，赫魯雪夫接受《部分禁止核試驗條約》。雖然簽訂條約的公開原因是關切輻射性落塵，但甘迺迪在白宮國家安全會議中明言：「禁止核試驗條約有個很重要的原因：中共。」

七月底，中情局提出一份重要報告，認為美國擔心危險、不負責任的中國擁有核子彈，恐怕失之過當。中情局預測，情勢相反，中國雖會維持煽動的言詞，但會謹慎行事。這份報告讓哈里曼膽氣大壯，開始推動甘迺迪的B計畫——探討與中華人民共和國改善關係的可能性。

中、蘇分裂有助於甘迺迪的助手們相信，美國可能與北京達成某種安排。湯生回憶道，有次出席國務院的簡報，專家們激辯中蘇是否真的分裂。湯生寫道：「你幾乎可以聽到，冰凍的頭腦在快速融化時的劈啪作響。因為，若我們面對的不再是一個龐大的集團，那政策的後果在世界各地都將極大化。」湯生記得，這些機會相當令人振奮，但要讓許多人認為已經氣絕的關係又復活過來，過程十分艱鉅。日後，湯生寫道：「復活的原因紛雜無章，甚至帶點陰謀感。」等到這關係真正復活，已是多年後了。

希爾斯曼建議以下做法：交換記者採訪，重新評估貿易禁運，讓中華人民共和國參加日內瓦裁軍的談判，也讓中華人民共和國進入聯合國，以及說服蔣介石從外島撤軍。以前曾提過這些構想，但這是第一次美國總統親信助理同時考量這些構想。希爾斯曼認為，打開和中國交往的管道，將影響中華人民共和國內部的政治，即使中國拒絕美國的示好，美國也可予人負責任的好印象。畢竟，美國的中國政策已淪為西方世界的笑柄。即使死硬派反共的法國總統查爾斯．戴高樂（Charles de Gaulle）都已在一九六三年十月批准向北京開放。

正當希爾斯曼和湯生埋頭撰寫一份演講稿，預備公布政府的新思維時，十一月十四日甘迺迪在記者會中宣布：「我們沒有非與紅色中國敵對不可的政策。」八天後的一九六三年十一月二十二日，甘迺迪在達拉斯遇刺身亡。希爾斯曼和湯生硬著頭皮完成演講稿。國務卿魯斯克遲到了，急著搭機趕赴歐洲的他只匆匆一瞥，白宮則因總統過世而陷入混亂，因此核准了講稿的發表。湯生說，演講稿能過關可謂「官僚政治的一場意外」。

一九六三年十二月十三日，希爾斯曼在舊金山「聯邦俱樂部」（Commonwealth Club）發表此一演說。今天回顧起來，這是一份文字拙劣的文件，充滿對北京情勢的陳述和冷戰的陳腔濫調。但以一九六三年而言，此文件很特殊，代表美國政府首度公開承認共產中國的國力日盛，而可能必須接納中國。

希爾斯曼的演講詞充滿示好意味，但美國人還是有其底線。希爾斯曼表示，只要北京堅持，以「摧毀」美國的對台關係作為改善關係的先決條件，「這種改善就不可能發生」。他宣布，中國必須放棄以武力作為解決中國和台灣爭議的手段。幾年後，美國和中國展開新關係時，卻丟掉了這些原則。

湯生將希爾斯曼的這份演講稿分發給新聞媒體、中國問題專家、國會參、眾議員和時事評論人。南達科塔州民主黨籍聯邦參議員喬治．麥高文（George McGovern）予以稱讚，但「中國遊說團」的反應聲量卻很弱。這篇演講稿標誌著一個重大轉折點。現在，主流政客和政府官員可以公開討論與中國改善關係，不必擔心項上人頭。要求改變的壓力日益上升。由於牽扯「失去中國」而噤口的學界人士再度出來說話。一小撮美國人開始悄悄進入中國，向廣大的民眾帶回二十年來的首次目擊報導。希爾斯曼的演講稿是個試探汽球，而且還真的飛了起來。

新任總統林登．詹森（Lyndon B. Johnson）不喜歡希爾斯曼。二戰期間，希爾斯曼曾在緬甸叢林作戰，他一再表示，美國不知道在越南會面臨什麼狀況。國務卿魯斯克不喜歡他，而軍方也是。一九六四年三月，希爾斯曼去職的消息躍上《紐約時報》頭版。詹森總統派威廉．彭岱（William Bundy）接替他的職位；威廉．彭岱為一名死硬派的反共人士，也是國家安全顧問麥克喬治．彭岱（McGeorge Bundy）的兄長。很快地，哈里曼也面臨職務調動，不再接觸中國事務。一九六四年，詹森的中國政策轉趨強硬。由於越南和華府的對中觀點始終息息相關，不久之後，美軍開始大量進入中南半島。

在一九六〇年代，對中國武器和思想的憂懼，始終驅動著美國的政策。美國升高在越南的介入，是因為擔心越南和中國交織在一起。關切中國擁有核子彈，促使美國思考先制攻擊來對付中國，甚至向俄國人建議，美蘇聯手對付中華人民共和國。最後，這些擔心造成美國的轉向，走往令人吃驚的、對北京重修修好的路線。中國實在太大了，大到不容忽視。

附註

關於甘迺迪總統喝血腥瑪麗、關切中國議題的種種故事，引自亞瑟·史列辛格二世的《甘迺迪在白宮的一千天》（*A Thousand Days*）。美國和中國華沙會談的經過，來自王炳南的回憶錄。國務院官員試圖擬訂對華新政策的經過，參見一九七二年詹姆斯·湯生刊登在劍橋大學《中國季刊》（*The China Quarterly*）上的回憶文章。

第三十三章
毛主席的圖像

甘迺迪（譯按：中國譯為肯尼迪）總統遭暗殺後的那個週日，馬車載著覆蓋國旗的靈柩前往國會山莊，以便全國民眾瞻仰致敬；這天，中國的《工人日報》登出一張這位美國總統倒臥血泊的漫畫。中文圖片說明還押韻：「肯尼迪，啃泥地！」

至少在表面上，紅色中國竊竊私喜這位年輕總統之死。美國是「紙老虎」，外強中乾。一九四五年，這個綽號首次貼到美國身上，至此時已有一、二十年之久，而美國體系已走向滅亡的論調也唱了一、二十年。毛澤東對美國歷史的此一誤導評價信以為真，但他不是唯一深信不已的人。直到今天，只要美國在經濟危機或軍事挫敗後又站了起來，都會讓中國政府許多人感到驚訝。

中國的國營媒體宣稱，美國是「一座即將爆炸的火山」，「美國已日薄西山」。美國「爛到核心」。一九六五年十一月九日，美國七州大停電，《中國青年報》大力唱衰：「這暴露了美國的衰危」。

一九六三年起，北京對北越提供的支援驟升。根據歷史學者陳兼的說法，有逾三十二萬名中國軍人在越南工作。中國的紀錄宣稱，解放軍的高射砲部隊打下了一七〇七架美軍飛機、另打傷了一六〇八架。中國的工兵部隊負責興建鐵路、公路、橋梁、隧道和機場，騰出數十萬可投入戰場的越南兵力。美國情報機關估計，僅四萬名中國部隊涉及戰爭。這一來一去的差距是八倍。

對毛澤東而言，讓美軍子弟流血並非重點，戰爭——以及美國又恢復威脅——有利於他的革命大業。「大躍進」的失敗戳穿了毛澤東「永遠正確」的神話。一九五九年，他交出國家主席職位，劉少奇和鄧小平接管經濟大權。但一九六二年，毛澤東開始推動更激進的新路線，號召他的追隨者「別忘了階級鬥爭」。他利用美軍滾雪球般的介入越戰，在國內推動更多尚武政策。

一九六四年八月，北越魚雷快艇在東京灣攻擊美國海軍船艦，詹森總統在國會贏得決議，授權他使用武力及下令轟炸北越境內的目標，「滾雷行動」（Operation Rolling Thunder）自此展開。毛澤東的回應是，派遣空軍及高射砲部隊進入越南，並發動「抗美援越運動」。中國共產黨將美國「侵略」越南視同「侵略中國」。與一九五〇年代的仇美運動一樣，「抗美援越」將成為全國多年的主旋律。

一九六四年八月，毛澤東發表演講，宣稱因美國發動侵略戰爭，中國經濟有必要進行重大調整。他也預言第三次世界大戰即將爆發。中國的工業集中在華東沿海各省，容易遭老美空襲，必須遷往內陸。接下來十五年，中國將其基礎設施投資預算的百分之四十花在所謂「第三線建設」上，這項龐大計畫將數以千計的工廠、研究設施和鋼廠遷往華西山區。數以百萬計的工人隨廠搬遷，許多家庭被迫分隔兩地。人命和金錢的耗費咋舌——初期的藉口是美國威脅到中國。

毛澤東知道，某種程度的國際緊張有助於革命，但也可能失控。因此，即使他在中國國內鼓動仇美、畏美，他的副手則設法讓美國了解中國的底線。從越戰初期，中國官員就公開強調這是越南的戰爭，不是中國的戰爭。一九六五年四月二日，周恩來告訴計劃赴華府訪問的巴基斯坦總統穆罕穆德．阿育汗（Mohammad Ayub Khan），除非遭到攻擊，否則中國不會挑激、擴大衝突。一聽說阿育汗的行程延後，中國趕緊向別人重複這則訊息。他們說，唯有在美國對北越發動地面入侵、北越政府崩潰，或直接攻擊中國，北京才會直接介入戰鬥。

一九六四年十月十六日，中國核子試爆成功，導致美國人對中國的畏懼擴大。一九五〇年代的「黃禍」再現，可謂傅滿洲式的洗腦伎倆。現在中國有了核子武器！詹森總統透過電台、電視發表談話，指美、蘇、英、法這四個擁有核武的國家是「冷靜、嚴肅的國家」。但中國？根本不及格。

美國為擁有核武的中國描繪出一個鮮明畫面。一九六五年，哈佛學者莫頓·哈培林（Morton Halperin）的大作《中國與核彈》（*China and the Bomb*）預言，中國核子的突破象徵「中國走向世界大國之路的里程碑」。就在中國的人均國內生產毛額（GDP）不滿一百美元、美國超過四千美元時，哈培林提出警告，核彈預示中國「終將勝過美國」。《紐約時報》記者哈里遜·沙茲伯里（Harrison Salisbury）宣稱，中國人可能「危害世界」。一九六七年，沙茲伯里在他的專書《中國的軌道》（*Orbit of China*）寫道，中國不只是個擁有核武的國家，而且是人口眾多的核武裝的國家。他預言，「有一天，二十億中國人將遍布全球，而美國人口卻不到三億」。沙伯里認為，中國將接管全世界。

中國的核彈加上共產主義的威脅，是詹森政府大幅升高美軍在越南作戰的主要因素。一九六五年十一月三日，詹森的國防部長羅伯·麥納瑪拉（Robert McNamara）向他報告「唯有他們支持美國長期圍堵共產中國的政策」時，粉碎北越及投入數十萬美軍的決定「才有意義」。一九六五年四月七日，詹森在約翰霍普金斯大學演講時如此解釋為何而戰：「這場戰爭——在整個亞洲——還有另一個現實：共產中國的強烈陰影。」

詹森總統有項宏偉的國內施政計畫，向貧窮、實踐民權、推動醫療保險和聯邦醫療補助宣戰。毛澤東是以美國構成威脅為藉口來強化他在國內的革命；而對中國共產主義展現強硬的態度，則讓詹森有空間追求他的「大社會」（Great Society）國內施政計畫。與此同時，深怕戰事擴大也侷限住美國對參與越戰的看法。美國共和、民主兩黨都不想重蹈韓戰的覆轍。因此白宮選擇轟炸目標時相當注意中國的反應，而摒棄了攻入北越的主張。

一九六五年十一月二日，巴爾的摩市一名貴格派教友諾曼·莫里森（Norman Morrison）在國防部長麥納瑪拉的五角大廈辦公室外，往自己身上澆煤油並點火自焚，以抗議越戰。「美國退出越南」（US Out of Vietnam）成為連接種族與性別平等、民權及反對美國海外佣兵等形形色色主張與團體的黏膠。紅色中國始終是背後陰影。

與一九三〇年代一樣，中國成為美國左翼人士希望的寄託。毛澤東願以眼還眼、以牙還牙，成為黑豹黨（Black Panthers）等黑人民族主義團體最大的啟示。他們在美國各座城市街頭手拿「小紅書」募款。歷史學者羅蘋・凱利（Robin D. G. Kelly）和貝絲・伊斯奇（Betsy Esch）回憶道，一九六〇年代和一九七〇年代的哈林區（Harlem），似乎人人都有一本《毛語錄》。

北京鋪出紅毯，歡迎一連串非裔美國人領袖。一九五九年，著名黑人民族主義者杜博依斯（W.E.B.Dubois）九十歲生日，毛澤東在北京幫他慶生。一九六〇年代初期，美軍陸戰隊退役軍人羅伯・威廉斯（Robert Williams）成立「革命行動運動」（Revolutionary Action Movement），成為最先主張以暴力對付白人至上主義的黑人領袖之一，他奉毛澤東為偶像。威廉斯在美國遭起訴後，先逃亡到古巴，然後在一九六五年轉赴北京。

中國人將威廉斯及其家人安置在前義大利大使館的一處廂房，提供他們一位廚子、女傭及一輛汽車。他們夫妻被稱為「美國人民的代表，羅伯・威廉斯先生及其夫人」，奉若皇家貴族。威廉斯上了中國短波電台的一項談話節目，稱中國是「被壓迫人民的新希望」。一九七一年，黑豹黨創辦人休伊・牛頓（Huey Newton）訪問中國時宣稱：「我這輩子第一次感受到絕對的自由，在我同胞中完全自由。」當然，鑒於中國人對黑皮膚的歧視，這些中國幻想比起一九三〇年代更加虛幻不實。但非裔美國人與其他許多美國人一樣，忽略了紅色中國的事實，只看見其應許。這就是一九六〇年代形式的軟實力。

克里斯・米爾頓（Chris Milton）是一位出身加州的白人青少年，將他對左派的熱情全都投注在毛澤東及其思想上，認為毛澤東當時的革命部隊「紅衛兵」非常「酷」。身為一名美籍英文老師之子，文革期間，米爾頓在北京讀了三年中學。一九六九年回美國後，他接受波士頓一家反文化雜誌《運動》（*Movement*）的專訪，暢談「北京大學的情景」。米爾頓在描述一位紅衛兵頭子時，彷彿在背誦「俳句」一樣：「漂亮的貓、十九歲、堅若磐石的叛逆。」

當時美國重要的學運團體「學生爭取民主社會」（Students for a Democratic Society）首任會長陶德・吉特林（Todd

Gitlin）在回憶錄中提到，一九六〇年代就讀哈佛時，「對毛澤東和周恩來充滿羅曼蒂克的想法」。在耶魯大學，著名中國歷史學者史景遷（Jonathan Spence）告訴班上學生，毛澤東在文革期間所做的事情，就類似關閉所有美國的學校，發給全部學生一張免費火車票，告訴他們可以雲遊四海、解決美國的沉痾痼疾。他的學生全都歡呼起來。另一位「學生爭取民主社會」的領袖湯姆．海登（Tom Hayden）則引述毛澤東的格言「敢鬥、敢贏」來鼓勵追隨者。女權運動者也從這名「偉大舵手」的格言「女人撐起半邊天」找到了靈感——即使毛澤東毫不留情甩掉了三任妻子。

一九六〇年代初期起，中國開始精挑細選一些效忠共產主義思想的美國作家，向他們披露新中國景象。艾德加．史諾當然是首選之一。二戰後，史諾也被懷疑是共產黨員，因而遭到聯邦調查局調查。他和佩格離婚後再娶，於一九五九年遷居瑞士。一年後他接到邀請函，請他回中國參觀。史諾盼能重啟一九三六年，「發現」中國共產黨的往日光輝；他在大陸逗留五個月，拜訪舊友、採訪周恩來和毛澤東，也走遍半個中國。他發現比起一九三〇年代，中國已大有進步。昆明的孩童不再吸塗鴉片的甘蔗；他們現在改吃冰棒。在重慶，容易滋生瘧疾的陽溝現已加上蓋子。人民的平均壽命也從四十歲激升至五十七歲。但史諾一直受到監視。中國服務人員監視他的採訪。他在日記中寫道：「我受到親切的接待，嚴格來說得到一切很正確的合作。但建立不起親密的感情，也建立不起溫暖的人際火花。」然而，離開中國後，史諾放下一切不適，在一九六二年出版厚達八百多頁的《大河彼岸：今日的紅色中國》（*The Other Side of the River: Red China Today*）。他的重點是，他一直都沒看錯。共產革命是中國最好的一件事。史諾認為，自己重新扮演一九三〇年代曾扮演過的角色，是中國共產主義運動的美國詮釋人，可以和緩美國和中國之間的歧異。

史諾並未提到那些被送進勞改營、失蹤的朋友。對於批評家指責之，破壞家庭親情的人民公社制度，他則寫道，那「事實上，可能更接近古代的理想家庭」。即使候選人都由黨選定，他仍稱讚農民參加選舉。而且他壓抑中國遭遇饑荒的報導。他堅稱：「我在中國沒看到人們餓肚子。」他宣稱：「中國在過去的政權下，幾乎每年都會發生大饑荒，如今則未再發生。」史諾再次想證明，自己仍是中國共產黨最有用的工具。然而，這次他對黨沒太大貢獻。

《大河彼岸》的銷路不好。有人質疑史諾的客觀性；其他如《紐約客》對他所提到的事實感到麻木、無感。史諾已經沒有讀者，但中國共產黨卻未注意到。

並非只有美國左派人士才關心，美國對中國的政策若改變，會對美國有何影響。即使越戰節節升高，美國政治家和企業領袖都逐漸傾向，必須設法將中國拉回國際社會的想法。一九六五年三月，民主黨籍議員克里門・查布羅斯基（Clement Zablocki）擔任主席的一個眾議院小組委員會，建議與中國「有限度的直接接觸」。查布羅斯基是來自密爾瓦基（Milwaukee）的反共天主教徒。一年後，相當有影響力的阿肯色州民主黨籍聯邦參議員威廉・傅爾布萊特（J. William Fulbright），召開中國問題聽證會。

一九六六年三月八日聽證會第一天，上海出生的哥倫比亞大學政治學教授鮑大可（A. Doak Barnett）發言支持他所謂「圍堵而不孤立」的新政策，傅爾布萊特的聽證會就開始十分轟動。其他十一位中國問題專家相繼發言支持鮑大可，認為美國應允許和中國通商及旅行。當支持蔣介石的共和黨人指責，傅爾布萊特找來的證人有偏見時，他邀請他們前來作證。然而，他們的論據沒太多效果。傅爾布萊特批評華府的中國政策僵硬、缺乏彈性，隨即有一萬兩千封信如雪片般飛進他的辦公室，其中三分之二支持他的觀點。

大約就在聽證會期間，兩百位著名亞洲事務專家在《紐約時報》、《華盛頓郵報》和《舊金山紀事報》刊登全版廣告，呼籲與中國正式建交。著名政客也宣布他們贊成和解交好。紐約州共和黨籍聯邦參議員賈可布・賈維茨（Jacob Javits）是支持國民黨的「百萬人委員會」（Committee of One Million）成員，他退出委員會，主張與北京改善關係。傅爾布萊特的聽證已對輿論產生立即影響。一九六五年十二月，美國百分之六十七的人民反對中國進入聯合國。聽證會三個月後，反對者跌至不到百分之五十。《星期六晚郵報》認為中國不再是「內政炸彈」。哥倫比亞廣播公司播出一小時的節目談論美中關係，其中包括周恩來的訪談。學術界、宗教界和企業界的領袖組織，如「美中關係全國委員會」（National Committee on US-China Relations）和「美國人支持重新評估遠東政策委員會」（Americans for

總統赫伯特・韓福瑞（Hubert Humphrey）上電視節目《會見新聞界》（*Meet the Press*）時，也公開表態贊成與中國改善關係。

Reappraisal of Far Eastern Policy）等團體，推動與中國建立關係。一九六六年二月，「全國教會理事會」（National Council of Churches）也表態支持與中國建立關係。

在詹森政府內部，外頭的種種議論，讓一群多年來想改善美中關係的官員膽氣大壯。一九六六年春天，國務院政策計劃局官員亨利．歐文（Henry D. Owen）促請總統，對中國要有更寬宏的思考。國家安全會議官員艾佛瑞德．任金斯（Alfred Jenkins）指出，聽任繼續中國孤立「太危險」。他的同僚，在中國出生的詹姆斯．湯生也持續努力不懈。一九六七年，詹森政府採取首批措施，放鬆不准前往中國旅行的禁令。後來湯生寫道，詹森似乎在「摸索某種跨太平洋的總統政策，盼望這些政策或能掩蓋和消除在越南的種種不快。」

一九六六年七月十二日，詹森透過全國電視廣播發表演講，成為第一位表示願與共產政權修好的總統。自杜魯門曾思考承認毛澤東的中國以來，沒有一位美國總統會在言詞上表達對中華人民共和國的善意。詹森說，他和中國來往的目標是「合作而非敵意」、「和解」、「思想、人員和貨品的自由流動」。華府甚至不再用國民政府的稱謂「北平」來稱呼中國首都，而改用共產黨的名稱「北京」。好萊塢也動起來了，一九六六年推出一部電影《聖保羅砲艇》（*The Sand Pebbles*）。這部頗受好評的劇情片敘述的是美國海軍在長江巡邏的故事。雖然史蒂夫．麥昆（Steve McQueen）主演的此片故事背景設定在一九二五年，但電影卻描繪出一個需要美國支持的中國。

賈維茨並非唯一改變調子的共和黨人。一九六〇年代，亨利．魯斯漸入暮年，他的思想又回到自幼長大的中國大陸。魯斯在全國各地演講時，擁抱東、西方大和諧的概念。一九六五年，他在舊金山聯邦俱樂部演講，宣稱就全球的未來而言，溝通亞洲與西方的歧異，遠比解決共產主義和資本主義之間的矛盾更重要。他說，重擔落在美國肩上，美國應接觸中國，踏出第一步以求建立「普世文明」。一九六七年二月一日，魯斯來到加州大學聖塔芭芭拉分校演講，更進一步預言，他的「美國世紀」（American Century）將讓位給東、西方的融合。三週後，魯斯溘然長逝。

魯斯一向是尼克森的幕後支持者；而尼克森也歷經轉變。早年尼克森政壇得意，是因和反共群眾站在一起。但尼克森是名複雜的政客、務實派，絕非狂熱的「中國遊說團」成員。他在美國外交政策上一貫堅持，亞洲和歐洲應等量齊觀。

一九六七年十月，尼克森將他多年的思考心得整合成一篇重要文章，發表在《外交事務》雜誌上，題為〈越戰之後的亞洲〉（Asia After Viet Nam）。他慨嘆，小小的越南「竟盤據我們的視界，扭曲了我們對亞洲的了解」。他抨擊吉卜林式的觀念；這派人士以為亞洲人和美國人不同，只能將其擺在周邊考量上。他抨擊與歐洲及蘇聯結盟，以對抗中國的主張。他寫道，這形同全球性的種族歧視。他要求美國必須「迫切地掌握中國的現實」。

尼克森寫道，美國有責任將中國帶回「國際家庭」；聽任中國「滋長幻想、珍惜仇恨和威脅鄰國」太危險了。尼克森寫道：「在中國改變之前，世界不會安全。」他認為，美國有責任重複十九世紀即開始流行的口號——「誘發改變」。他說，做法是說服中國，「無法滿足其帝國野心」——意即富國強兵——卻不處理好國內問題。尼克森和約翰·杜威、林樂知及許許多多其他美國人一樣，建議中國先發展經濟。

尼克森還加上一項非常重要的警告。在重開中國門戶與外界接觸的過程中，不應急切承認中華人民共和國、允許其進入聯合國或「強力爭取與其通商」。據他觀察，這只會「使其統治者更堅守目前的路線」。不，美國應採取「堅定設限、不以利誘，而透過創意的反制壓力」的政策，說服中國「只接受國際文明的基本規則」，才吻合其利益。

國會聽證會、詹森總統的演講、尼克森的文章，以及白宮國家安全團隊過半的支持，都顯示一九七一年美國對中國的開放，並非如一般人想像，為突然引爆之，具有巨大政治風險的炸彈性決定。「尼克森前往中國」進入美國的語彙，只是適得其人與其時的一種發展。推動此項迷思的主要人物，正是尼克森和他的國家安全顧問季辛吉。季辛吉向周恩來擔保：「可以想像，能做出我正與你討論之事的唯一一位總統是尼克森總統。」

事實上，自一九五〇年代末期起，美國便開始領悟到：美國需要與這個全世界人口最多的國家建立某種關係。教會組織和企業團體為此奔走。學界人士撰寫文章鼓吹。甚至一九六三年，演員法蘭克·辛納屈（Frank Sinatra）接受《花花公子》（*Playboy*）雜誌專訪時也表態主張，應讓「紅色中國」在聯合國有一席之地。他說：「我不認為可以將八億中國人踢到地毯底下，簡單假裝他們不存在。」一九六七年十一月，連保守派的《華爾街日報》言論版也轉而主張，美國應「推動未來世代的中國領導人走向溫和。」

或許美國已經做好準備，但中國卻沒有。一九六六年起，美國駐華沙大使注意到，中國代表的言談變得比以前更尖銳。替換王炳南出任駐華沙大使的王國權甚至戲劇化地以手指指著他人咆哮。約翰．卡波特形容，他「聲嘶力竭地喊出自己的指控」。王國權非得如此表演不可，因為中國已開始進入所謂「無產階級文化大革命」的瘋狂階段。

一九六六年十月二十七日，中國試射第一顆彈道飛彈，這是加州理工學院校友錢學森的重大突破。一九六七年六月十七日，中國試爆氫彈。毛澤東的意識型態和美國科技的此一強力結合，在白宮引起更大的恐慌。氫彈試爆九天後，詹森總統和將赴北京訪問的羅馬尼亞總理伊安．喬治．毛瑞爾（Ion Gheorghe Maurer）會面。詹森告訴毛瑞爾，美國無意改變中國或其政府，但他想討論，核武不擴散及避免核子戰爭的規則。在華沙，王國權對卡波特揮拳叫囂，指稱詹森「扯謊」。

一九六八年，中國中止「華沙會談」，也敬謝不敏白宮邀請中國記者來美採訪總統大選的好意。日後王國權回憶道，若一九六六年中國不走錯方向，美中雙方可能在一九六八年就大和解了。白宮官員任金斯認為，中國領導人是一批「偏執狂、鄉巴佬，又喜愛預測未來的狂熱者」。目前美國所能做的最好的事，就是「稍安勿躁，待中國大陸的內亂平靜下來」。

附註

關於毛澤東支持越南，以及他日益反美的政策，詳見：陳兼《毛澤東與冷戰》（*Mao's China and the Cold War*）。中國在一九六〇年代，美國反戰抗議者心中的想像角色，出現在當時許多報紙和公開文件當中。非裔美國激進份子對毛澤東的崇拜，詳見：羅賓．凱利（Robin Kelley）與伊莉莎白．艾許（Betsy Esche）合著，刊登在《黑人靈魂季刊》（*Souls*）上的〈與毛澤東一樣黑〉（Black Like Mao）一文。

第三十四章 壞事也能結出好果

一九六六年七月八日，毛澤東寫信給妻子江青，揚言掀起「天下大亂」。往後十年，他將率領國家進入混亂與緊接而來的癱瘓，只因他試圖剷除「走資本主義路線這一派」，他認為這些「走資派」預備破壞他的革命。毛澤東目睹他蘇聯的昔日同志貶抑獨裁者史達林，又將赫魯雪夫趕下台。他擔心自己也會遭遇相同的命運，因此在七旬之年發動無產階級文化大革命，欲剷除所有覬覦他寶座的人。

接下來十年，除了少數忠心部屬，毛澤東剷除所有人。他不准醫生診治中國國家主席劉少奇，害他在一九六九年十一月十二日死於華中的某座監獄。他聽任最忠心的追隨者之一鄧小平被兩度清算罷官。他利用江青和另外三位極端激進的革命派，即所謂「四人幫」為咬人瘋狗，將國家帶到與蘇聯兵戎相見的邊緣。

流竄四方的學生團體自稱「紅衛兵」，迫害數以百萬計的公民。歷史巨輪再次轉動；中國的菁英份子，尤其是受過西方教育者，再次成為毛澤東派激情的攻擊對象。數十萬名中國知識份子遭公開羞辱、坐牢、刑求和殺害。在美國念過書的男男女女被關進牛棚豬舍、從大樓樓頂丟下、打得痛昏過去，或被迫戴上尖帽遊街示眾，並在數千人參加的公開「鬥爭大會」上亮相。為了逃避這些，許多被攻擊的對象吞安眠藥自殺、跳下大橋或吊在樹上自盡。

若有任何人可以代表中國和美國之間的大同關係，則非蕭光琰莫屬。蕭光琰出生在中國，獲得芝加哥大學化學博士學位，並擔任美孚石油公司研究員。然後一九五〇年，他和妻子甄素輝（Piao Suhui，一位華裔美人）決定回國，幫忙建設新中國。蕭光琰在東北大連市找到一份研究工作，妻子則在大連海運學院教英文。他們有個女兒蕭洛蓮。一九六八年十月五日，蕭光琰遭指控為美國間諜，並被捕入獄。紅衛兵一度以皮帶鞭打他數日。十二月十日蕭光琰跳樓自殺。四天後，甄素輝先餵女兒吃安眠藥，然後自己也喝下一大瓶，和女兒一起自殺。在上海，紅衛兵抓到黎錦暉，幾十年前他曾與上海的美國爵士樂手巴克．克萊頓合作，想創作現代中國流行音樂。共產黨指控黎錦暉是文革「三大惡魔」之一，因此紅衛兵殺了他。陳序經也遭殺害；他是留美歸國的社會學家，曾在一九三三年主張中國「全盤西化」。數十萬名中國人也因「資產階級意識」和「階級背景不對」而追隨他們赴九泉。

儘管如此，中國人仍受到美國吸引力的影響。在北京和其他城市的街頭，人稱「貓王」的艾維斯．普里斯萊（Elvis Presley）成為頹廢青年崇拜的偶像。傑克．凱魯亞克（Jack Kerouac）的《旅途上》（*On the Road*）和沙林傑（J.D. Salinger）的《麥田捕手》（*The Catcher in the Rye*）修刪過的中譯本也流傳開來，影響不熱衷政治的讀者。在北京，美國青少年克里斯．米爾頓（Chris Milton）指出，這座城市的青年文化不僅風靡於毛澤東的追隨者群。他回憶道，街上還是有「穿緊身褲的男子，你知道，總是有些人，他們並不慌張」。在上海，年輕人蜂擁至「地下」舞廳，甘願冒著被扣上「流氓行為」罪名逮捕的危險。在紅衛兵的監獄和牢房中，皈依基督教往往是臨終前，對如此瘋狂政權的反叛之舉。

一九六七年年底，毛澤東閱讀尼克森投書《外交事務》雜誌專文的譯本，認為尼克森若當選總統，將接觸中國。一九六八年十一月二十五日，距尼克森贏得白宮寶座不到幾週，周恩來暗示中國已做好準備恢復華沙大使級的會談。一九六九年一月二十日，尼克森在就職演說中間接提到自己在《外交事務》上的文章，宣布美國希望「未來的世界中，任何民族不分大小，都不會生活在憤怒的孤立狀態」。

雖然中國國家傳媒以可預料到的譏諷回應尼克森的談話，說他是「美國帝國主義神經緊張的酋長」，而且美國「國內、外俱深陷危機」，毛澤東了解箇中意義，下令將尼克森的講稿逐字譯出，並在中國的報紙上轉載。

就毛澤東而言，和美國建立某種型式的關係是合乎邏輯的想法。中、蘇關係已從緊張升高來到兵戎相見，因而中國需要保護。一九六九年三月，中、蘇軍隊在分隔東北和西伯利亞的界河烏蘇里江中的珍寶島發生衝突。中情局前任局長羅伯．蓋茨（Robert Gates）回憶道，美國的人造衛星照片顯示，「中方河岸被蘇聯砲彈打得稀巴爛，如月球表面」。

中國也從東歐聽到可信度不低的傳聞，稱蘇聯正考慮針對中國的核子設施發動外科手術式的攻擊。一九六九年八月，蘇聯情報機關格別烏（KGB）官員波里斯．大衛多夫（Boris N. Davydov）在華府和美國外交官威廉．史提爾曼（William Stearman）共進午餐時提到，當年甘迺迪總統有過攻擊中國核子設施的念頭。這次反對動武的是美方。史提爾曼回答道，美國會「相當關切」地看待此一行動。九月五日，國務次卿艾略特．李察遜（Elliot Richardson）將美國的反對意向公諸於世。他在巴爾的摩發表演講，明白宣示華府不會「讓蘇聯的憂慮阻止我們試圖將中國拉出其憤怒、疏遠的硬殼」。亨利．季辛吉指出，李察遜的演講是「革命性的一步」，美國首次公開警告莫斯科，不要霸凌北京。

面對蘇聯威脅，毛澤東指示一群高階將領，就中國的外交政策進行獨立檢討。陳毅、葉劍英、徐向前和聶榮臻號稱「四大元帥」，是共產革命的重要指揮官。毛澤東指示他們研究兩個問題：美國或蘇聯，誰是中國的主要敵人？中、蘇可能爆發戰爭嗎？他們也研究，中國是否能打「美國牌」來對付蘇聯，重複十九世紀中葉中國對付英、俄、日交相欺凌的故技。

表面上，中國共產黨的宣傳機構持續推出反美謾罵。譬如一九六九年七月，阿波羅登陸月球被中方報導為假新聞。但私底下，毛澤東和周恩來鼓勵老帥跳脫窠臼思考，保證他們不會受到懲處。

一九六九年六月至九月，老帥們提出一連串報告，建議若要避免蘇聯騷擾，毛澤東應尋求和美國和解。陳毅在口頭報告中提出了他所謂涉及美國的「瘋狂主意」。他指出，尼克森「希望爭取中國」，利用中國來對付蘇聯，因此他建議中國在與美國的關係上「尋求突破」，利用華府與莫斯科的緊張關係來嘉惠中國。中國應放棄長期以來，堅持美國應先撤出台灣的條件。

毛澤東政策的大轉向將震撼全國。毛澤東的御醫李志綏最先風聞此事。一九六九年八月，他聽到毛澤東說：「我們的老祖宗不是自古留下『遠交近攻』的明訓嗎？」李志綏以為他的病人瘋了。他寫道：「我大吃一驚。我們怎能與美國談判？」毛澤東旋即提出一個簡單的事實：「美國和蘇聯不一樣。美國從沒占領過中國領土。」

到了一九六九年秋天，毛澤東下令解散紅衛兵，派解放軍出面平靖不同派系之間的武鬥。紅衛兵介入文革，造成許多人命喪黃泉。接下來，毛澤東將一千七百萬名中國城市青年下放農村「向人民學習」。文革既已抑制下來，毛澤東開始對美國開放。

但尋找適當的時機、地點和華府恢復實際聯繫，卻是極大的挑戰。雙方已排訂一九六九年二月在華沙會談，但因美國提供一名中國叛逃外交官政治庇護，北京取消了會談。一九六九年，尼克森取消美國公民不得前往中國旅行的禁令，也取消在中國購物不得超過一百美元的命令，並允許美國公司的海外子公司與中國貿易。一年內，國務院發放五百五十六本前往中國旅行的護照，比過去十年的總量更多，但北京對於美國遊客的大舉入境並不熱切，只核發了少許簽證。一九六九年七月二十五日，尼克森首度以總統身分訪問亞洲，途經美國領地關島時發表「尼克森主義」（Nixon Doctrine），宣布美國不希望未來在亞洲打陸地戰爭，也不再「承擔自由世界國家的所有防務」。美國開始降低駐南韓的兵力。尼克森下令，第七艦隊驅逐艦不再巡邏台灣海峽，也開始從台灣撤軍。十一月十六日，周恩來寫道：「尼克森和季辛吉的行動方向值得注意。」但急歸急，卻不能顯得太猴急，因此北京暫時沒有動作。

一九六九年十二月三日，美國駐波蘭大使華德．史托賽爾（Walter Stoessel）在華沙南斯拉夫大使館主辦的一場時裝秀上，遇到中國代辦雷揚。史托賽爾趨前與他講話，雷揚卻轉身躲他。史托賽爾追不上，但他設法攔住雷揚的譯員，告訴他美國希望嚴肅對話。周恩來接到報告後，向毛澤東報告：「機會來了。」十二月七日，中國釋放二月間，因遊艇在香港附近闖入中國水域而被扣留的兩名美國人。

四天後，史托賽爾和雷揚在華沙中國大使館會面，展開非正式的閒談。史托賽爾原本表示，他可以走後門進入中國大使館，但雷揚告訴他，走前門「非常適合」。毛澤東要讓俄國人注意到這件事。一月八日，兩人於美國大使館再次碰面。《紐約時報》報導，雷揚「坐著波蘭最大、最長的一輛大黑轎車，車開到前門，保險桿上插著絲布做的中國五星國旗，尾燈形狀怪異，彷彿中式燈籠」。

但仍有些阻礙導致進度延擱。一九七〇年四月，尼克森下令美軍打進柬埔寨，清剿越共。五月二十日，毛澤東出席天安門廣場上的百萬群眾集會，抗議美軍入侵柬埔寨。毛澤東取消美中對話，抨擊尼克森的「法西斯暴行」。尼克森考慮，是否派第七艦隊回到中國沿海地區，但季辛吉說服他不要莽撞，聲稱毛澤東的說話「不足為奇」。其實不然。毛澤東對於是否向美國開放舉棋不定。他不確定是否繼續追求革命成功，或接受與中國頭號宿敵和解所帶來的保護和富裕。

六月十八日，美軍撤離柬埔寨。七月十日，中國釋放詹姆斯．華爾實（James Walsh）。自一九五八年以來，這位高齡七十九歲的天主教主教即被中方單獨禁閉。一九七〇年八月，毛澤東再次找來艾德加．史諾。毛澤東始終深信史諾和中情局有關（但這是錯誤資訊），以為找到史諾就等於接觸到美國。十月一日，中華人民共和國建政二十一週年，毛澤東和史諾站上天安門城樓，校閱天安門廣場上的國慶遊行。史諾是第一位享此殊榮的美國人。

但是，毛澤東讓史諾閒盪了近三個月才和他深談。這是他還未完全信服，是否該和美國修睦的另一跡象。十二月，毛澤東和史諾見面，「不經意地」提起歡迎尼克森以「總統或遊客」的身分到中國訪問、順便聊聊。耶誕節當天，他命令中國所有報紙刊登十月時他和史諾站在天安門城樓閱兵的照片。毛澤東做好準備了，但華府不解風情。季辛吉提到史諾時表示：「我們認為他是為共產黨搞宣傳的。我們不關注他。」接下來的一九七一年春天，一個機會讓全世界觸電了。

第三十一屆世界盃桌球錦標賽預定於四月間，在日本名古屋舉行，睽違六年的中國代表隊即將出賽。文革期間，中國的世界盃代表隊選手備受打擊，幾位好手自殺身亡；其他人則被下放「向群眾學習」，荒疏球技。

美國人原本是乒乓球高手，曾於一九三七年贏得世界盃冠軍。但一九五〇年代以來，乒乓球逐漸淪為在地下室或兄弟會房間擺張桌子的遊戲。人們仍然認為中國隊會被擊敗。此時，美國全球排名第二十三名。

比賽一開始，中國隊就覺得美國球員對他們十分好奇。送回北京的一份報告顯示：「昨天的接待會上，有些美國球員對我方球員十分友善，說了好多話。」比賽初期，美國隊總經理葛理翰．史汀賀芬（Graham B. Steenhoven）發現，英國隊和加拿大隊都受邀在賽後前往中國，他向中國代表隊表示，美國隊也願意到中國參訪。中國隊把消息帶回北京，但周恩來和毛澤東覺得時機還不成熟。

團體賽方面，中國隊實力強勁，締造十年內第四次奪冠的佳績。但男子單打決賽上場時，三度拿下世界盃冠軍的中國選手莊則棟卻因對手是柬埔寨選手而棄賽——當時美國才在柬埔寨策劃了一場政變。莊則棟宣稱，中國不與美國的走狗接觸。

發生在四月五日星期一上午的事件，至今仍眾說紛紜，沒有定論。這究竟是天意使然的巧合，或精心規劃預謀的一部分？葛林．柯萬（Glenn Cowan）是一名來自加州、蓄長髮、喜愛嗑了藥再打球的美國隊球員，據說他無意間坐上中國隊的巴士前往體育館。而日本共同新聞社（Kyodo News Service）則有另一說法：身穿美國隊夾克的柯萬，被中國隊邀請搭便車到會場。

不論何者為真，經過幾分鐘尷尬的沉默後，柯萬透過翻譯員向中國隊開口。他指著全身的嬉痞裝扮說：「我曉得，我的帽子、我的頭髮、我的衣服，你們一定覺得很可笑。但許許多多人的容貌和思維像我這樣。我們也曉得我們國內的高壓統治，但我們極力反抗。」中國隊明星球員莊則棟坐在巴士後方，悶聲不響。多年後，他在接受電視台訪問時表示：「巴士開了十五分鐘，我在車上猶豫了十分鐘。我生長在『打倒美帝』的口號中……我問自己：『和我們的頭號敵人打交道，好嗎？』」莊則棟終於站起來、走向前排，遞給柯萬一張畫了黃山山水的絲畫，並伸手相握。莊則棟告訴作家尼古拉．葛里芬（Nicholas Griffin）：「直到現在，我都忘不了他臉上天真的笑容。」巴士開到體育館後，攝影記者已守在哪兒；柯萬和莊則棟笑盈盈的照片傳遍了全世界。

當時，七十四歲的毛澤東經醫生確診，得了肌萎縮性脊髓側索硬化症（amyotrophic lateral sclerosis，簡稱ＡＬＳ），需服用許多安眠藥才能入睡。日後，他的護士吳旭君回憶道，當毛澤東聽到莊則棟和柯萬的這則消息，眼睛「突然發亮」。他說，莊則棟「不僅會打乒乓球，還懂得如何辦外交」。四月六日晚間，安眠藥藥效發作，毛澤東癱坐桌邊。他口齒不清地吩咐吳旭君告訴外交部，翻轉前令，改為邀請美國隊來北京參加友誼賽。吳旭君問道：「你服了安眠藥後說的話還算數嗎？」毛澤東揮揮手說：「是的，每句話都算數。快快去辦，否則就太遲了！」四月七日上午十點四十五分，一名中國隊職員發現美國隊行政官魯福德·哈理遜（Rufford Harrison）在名古屋的都飯店（Miyako Hotel）門前攔計程車。他問道：「如果邀請你們訪問中國，你會怎麼說？」後來哈理遜告訴美國國務院官員：「我在想的是，如何避免喜形於色。」

美國隊的飛機在香港落地前，中國對美國的乒乓外交已躍為全球最大頭條新聞。四月十日越過邊界、進入中國時，柯萬穿著紫色長褲、頭戴黃色軟盤帽，向集結邊境的西方媒體揮手。在《紐約時報》頭版上，他的照片和終結越戰的巴黎和談新聞並列。美國乒乓球代表隊共有九名球員、四名職員和兩名眷屬，是共產革命以來，第一個正式訪問中國的美國團體。四月十四日，周恩來總理在天安門廣場的人民大會堂設宴款待外國球隊。周恩來對美國隊的談話傳遍全球，他說：「你們的到訪，為美中人民關係史開啟了新篇章。」

當美國隊在上海結束友誼賽時，十九歲的球員約翰·譚尼希爾（John Tannehill）看穿了中國對美國反應的真相。他注意到，柯萬懶散的舉止讓中國觀眾覺得可笑。譚尼希爾認為，中國是個講求完美的社會，住著一些「清教徒……普利茅斯岩（Plymouth Rock）那樣的人」[1]。前幾天，他和加拿大《多倫多環球郵報》（*Toronto Globe and Mail*）特派員談話後躍上該報頭版。當時他說：「毛澤東是今天世界上最偉大的道德及知識領導人。」但讓中國人感到有趣的則是柯萬。譚尼希爾說：「柯萬是中國代表一切的反面人物，但不知為何他們喜歡他。」在譚尼希爾眼中，柯萬吸食迷幻藥、身穿嬉痞服飾，有如美國小丑。在中國人眼裡，他滑稽古怪——但自由自在。

邀請可笑的美國乒乓球隊到中國訪問，正好幫了毛澤東大忙，可向中國老百姓推銷和美國恢復交往。有時，中國球員故意放水輸美國人，讓訪客很有面子。中國展現能贏「美帝」又寬宏大量的一面，以證明中國的確高出美國一大截。不知不覺中，美國人扮起了配角；他們懇求允許到中國訪問，中國聽見了他們的籲求。日後，毛澤東也將尼克森的到訪布置成相同的框架——尼克森是美國總統！

美國歷史學家將中國描繪成美中共舞時消極被動的一方。他們往往責怪華府在一九五〇年代不理睬中國，將欲和中國來往歸功於一九七〇年代的覺醒。其實，當時的中國領導人需要美國，遠大於美國需要中國。原因多端，無論從地緣戰略的考量到生存的最根本需求都是。

美國握有中共領導人數十年來，苦思如何解決的四大問題之鑰。中國想要富國、強兵、受尊敬和統一。因此，毛澤東就和他的前人一樣，需向美國尋求解決方案。多年來，禍害連連的經濟、政治、社會和環境政策導致中國一片殘破。毛澤東的不斷革命是個大失敗。人口大增之下（從一九六〇年到二〇〇〇年，足足增加了一倍），中國在一九六〇年代末面臨了另一場饑荒的可能，而且恐怕比「大躍進」期間的那場饑荒更嚴重。各省紛紛上報，穀物儲備量已降至一九六〇年以來的最低點。但投入更多勞動力到田裡也無法增加產量。中國需要技術、肥料和農作機具。俄國人不肯幫忙，那就剩下美國。

其次，中國感到四面楚歌、遭到包圍。北邊的蘇聯威脅不容小覷。一九六八年，俄國揮師進入捷克，然後西伯利亞地區快速增派部隊，刺激毛澤東擔心，中、蘇終將一戰。一九六二年，南邊敗在中國手下的印度仍憤憤不平。台灣部隊仍繼續騷擾大陸。日本則在東方崛起，其經濟比台灣奇蹟更加突飛猛進。一九六八年周恩來說：「我們現在陷於孤立。沒人想和我們交朋友。」毛澤東知道，與美國改善關係可讓中國的敵人緩和敵意。因此，毛澤東向美國親善，可說是一七八三年美國貿易商的故技重演，當時他們利用中國，打破英國對剛獨立不久之美國的經濟封鎖。

國際方面，即使毛澤東效忠馬列主義，他依據美國標準來決定國政。「趕美」是他為中國定下的終極目標。因此，毛澤東以史達林主義啟動的激進主義，頗具諷刺的核心。一九四九年，他宣稱中國已經「站起來」，但中國歷史學者何迪觀察到，在美國承認這個事實前，毛澤東的革命尚未完成。

最後，在一九六〇年代末期，較之於一九四九年，毛澤東統一台灣的大夢沒有比此時更接近實現了。事實上，恐怕還更遠了。中華民國已堅實地與美國結盟，台灣的生活水準是亞洲第二高。毛澤東知道，他得和美國改善關係，藉此拉近與台灣的差距。兩岸統一之路要經過華府，而非台北。

一九七一年中國對美國的需求如何殷切，證據仍深鎖於共產黨的檔案中。但公開記錄給了我們一些線索。當中國準備展開政策大轉彎時，滿清時期就流行的口號「洋為中用」——借用西方科技，力求中國強大——又出現在全國各地的大字報上。一九七〇年十二月，史諾詢問毛澤東，為何要與美國對話？毛澤東說道，「美國的生產是全世界最大。」蘇聯已經失敗，不能做中國的模範。他說：「我寄望於美國人民。」這是很不尋常的承認：中國致富之路也需經過華府。毛澤東最大的問題是，他已經教導人民，仇視握有中國問題解方的這個國家。如何利用美國達成他的目標，又不讓美國在中國領土重播美國思想的種子，是毛澤東最大的挑戰。直到今天，這仍讓他的繼承人苦惱。

毛澤東和周恩來很聰明地把與美國之間的即將修好，包裝成為天朝仁政，是嘉惠花旗國的洋夷，賜予其溫暖關係。這是非常了不起的精緻手法。美國評論家幾乎立即風起雲湧地盛讚中國，將這個仍深陷十九世紀的赤貧國家，捧為美國該效仿的樣板——事實上，反過來才是事實。

一九六〇年代，中國發生文化大革命，美國社會也恰巧遭遇大震盪，這正是兩國關係機緣巧合的另一例證。這兩個劃時代的運動同時發生，就像在十九世紀中葉，美國南北戰爭和中國太平天國之亂同時爆發，產生了重大的後果。這兩場戰亂將東、西兩大國拉在一起，引發效果驚人的現代化，讓史上數量空前的人民脫貧。毛澤東說：「壞事也能出好果。」

譯註

1. 一六二〇年，威廉・布瑞德福（William Bradford）率領「五月花號」朝聖先輩在麻薩諸塞州普利茅斯岩的登陸，他們建立了普利茅斯殖民地。

附註

關於留美歸國的中國知識份子遭迫害、謀殺和自殺的詳情，來自許多不同的資料來源，包括一九八〇年代中國報紙和網頁上他們生活回憶的文字，當時還允許公開討論文革的禍患。關於毛澤東對美國觀點的演變，參見：陳兼《毛澤東的中國與冷戰》以及李志綏《毛澤東私人醫生回憶錄》（*The Private Life of Chairman Mao*）。美中乒乓外交的詳情，取自：尼可拉斯・格里芬（Nicholas Griffin）的《乒乓外交：那場球賽背後的秘史》（*Ping-Pong Diplomacy: The Secret History Behind the Game that Changed the World*）一書。

第三十五章 並非因為我們喜愛他們

一九七一年四月二十七日，美國乒乓球隊回國在洛杉磯蒙受喧鬧接待後才一週，白宮就接到另一項周恩來請美方派高階特使到北京一談的邀請。邀請函中，未提及美國先放棄台灣的要求。六月二日，周恩來再發出第二封電報，宣布毛澤東已批准國家安全顧問季辛吉秘訪大陸。當晚，季辛吉帶著這則新聞衝進橢圓形辦公室；他興奮地說，這封信是「二戰結束以來，美國總統收到最重要的通信。」他將在七月前往北京。

表面上，季辛吉的熱切源於美國多年來，在中南半島、中東和莫斯科處處碰壁，亟需一項外交政策的勝利。在美國，民意也轉向對紅色中國有利。一九七一年五月，蓋洛普民調發現，支持中華人民共和國加入聯合國的人首次超越反對者。季辛吉的熱中也由來於傳統上，美國對中國有很大的期望。季辛吉說：「如果我們能好好掌握這個過程，我們將可締造革命。」尼克森和季辛吉開了一瓶陳年白蘭地慶祝。

尼克森要和中國拉近關係的動機，就和毛澤東的動機一樣複雜而矛盾。以地緣政治層面而言，這涉及對抗蘇聯，以及美國自越戰泥淖脫身的大戰略。尼克森曾試圖安排一九七〇年與莫斯科舉行武器控制峰會，但蘇聯躑躅不前。尼克森押賭，美國和中國眉來眼去，會讓克里姆林宮改變主意。他也認為中國可以派上用場，推促北越同意結束戰爭。尼克森認為在北京協助下，可完成「光榮的和平」。

至於中國，尼克森寫道，美國一定要「善於交好中國」，確保中國不會成為「世界史上存在過最強大的敵人」。不過，總統仍持續在美國外交官亞歷西斯・強生（Alexis Johnson）所謂對中國的「狂喜情愫」及美國勢力插旗中國領土的渴望之間拉扯——即使所謂中國領土這時只是面積如馬里蘭州的台灣島。

季辛吉將在和中方的會談上做出極大承諾。他貶抑美國和日本的同盟，並暗示美國急欲拋棄蔣介石，以及大陸要吞下當時人口一千四百萬的台灣時，美國將袖手旁觀。但尼克森的情緒更加衝突交織。起先，尼克森遵循他在《外交事務》雜誌專文中的警告，提醒季辛吉，別顯得太急切要達成協議。他吩咐他的國家安全顧問：「在美國將做什麼方面，我們不能操之過急。」但隨著時序進展，尼克森被美中新關係的興奮氣氛帶動，忘了自己的建議。

尼克森的前後不一致，反映在他和美國駐中華民國大使馬康衛（Walter P. McConaughy Jr.）一場拉拉雜雜的對話上。一九七一年六月三十日，馬康衛在華府晉見總統，這正是季辛吉啟程赴北京前十天。尼克森同意馬康衛的立場：無論情勢如何發展，台灣與大陸統一，絕非明智之舉。馬康衛說，那將是「一場災難」。尼克森對此同意，但也強調，台灣領導人須做好準備接受美國與中國共產黨改善關係的震撼。他說：「不是因為我們喜愛他們，而是因為他們存在於那裡。」和許多加州人一樣，尼克森對華人的工作倫理和勤奮印象深刻。他告訴馬康衛：「你可以停下來想想，如果是擁有一套適當政府制度的人控制那塊大陸，會是什麼景況。我的意思是，八億中國人在一套適當的制度下努力工作——他們將成為全世界的領導人。」

在策劃與中國的和解時，尼克森和季辛吉都不認為，美國偏向中國應是永遠的事。季辛吉告訴尼克森：「我認為二十年後，你的後任若和你一樣聰明，他將靠向俄國人來對付中國人。」尼克森同意這個說法。

七月九日，季辛吉在巴基斯坦假裝拉肚子，白宮宣布他到山區的某間別墅休息。事實上，他正飛往中國。一到北京，季辛吉立刻和周恩來會面。周恩來貌似溫文儒雅，卻是當年下令屠殺共產黨秘勤單位叛逃負責人家屬的狠角色。季辛吉卻寫道，在周恩來身上找到了「心靈契合的夥伴」。季辛吉給中國總理帶來一份禮物——一九六九年，阿波羅十一號登陸月球帶回來的一塊岩石。往後多年美國人會說，他們到中國是跨星際的旅行。

在歷時兩天半、十七小時的會談中，季辛吉給了中方一個自認他們會狂愛之物——「戰略保證，緩解他們遭到敵國包圍的夢魘」。為展現誠意，季辛吉提供有關蘇聯軍事部署的情報。日後他還會提供更多情報，啟動美國帶禮物給北京，卻不求回報的傳統。

季辛吉在回憶錄中輕描淡寫中國對台灣的關切，說只是「中國共產黨行禮如儀」地提到。他甚至聲稱，會談中幾乎沒討論到台灣問題，周恩來也向他擔保，台灣地位的問題不會耽誤美中關係的改善。事實上，台灣在雙方討論上占了重要地位。台灣問題主宰了七月九日的第一輪會談，在四十六頁的會談記錄草稿中占了相當大的篇幅。他們碰面第一天，周恩來就告訴季辛吉：「台灣是最重大的議題。」

接下來幾天，季辛吉說了一連串驚人的話語和承諾，提高了中國對與美國交往將獲益的期待心理。首先，他將美國支持台灣定位為歷史錯誤，怪罪「當時的民意」，而不說是因為美國人認為，史達林和毛澤東計劃在東亞各地支持暴力革命。

季辛吉又宣布，美國有意退出西太平洋地區。他承諾美軍會撤離台灣。並在尼克森總統結束第二任任期前，裁減南韓境內的美軍兵力。他告訴中方，美國與日本維持同盟的主要原因是，為確保日本不再走上戰爭之路。周恩來提到，美軍一撤離台灣，兩岸即可望統一，季辛吉點頭認同。季辛吉說，台灣的「政治演進很可能朝著周恩來總理向我提到的方向發展」。甚且，季辛吉放棄美國數十年來的要求：即中國處理台灣問題時，要放棄以武力為威脅。

對於進行高峰會，尼克森談定的條件包括，中國要釋放遭其扣押監禁的所有美國人，以及北京向北越施壓，要越共政府同意和談。尼克森也要求，他必須是第一位到北京訪問的美國政治家。尼克森萬萬不能接受喬治．麥高文（George McGovern）或愛德華．甘迺迪（Edward Kennedy）等民主黨人物搶在他之前訪問北京。

中國配合做到的，只有最後一項條件。中國對北越的援助一直持續到一九七〇年代初期。毛澤東在季辛吉告辭後，拖了六個月才釋放中情局人員理查・費克圖。但他將費克圖的同伴約翰・唐尼——當時最後一位遭中方監禁的美國人——繼續關押到一九七三年三月十二日，離尼克森訪問中國返美已有相當時間。唐尼坐牢二十一年，成為美國史上被關最久的戰犯。

會談進入第二天，季辛吉又加碼退讓。他表示，美國不會援助蔣介石對大陸的一切攻擊行動。他另給了周恩來中國進入聯合國的詳細路徑圖。他說，美國會設法協助台灣保有席次，但只是暫時的。第二天會談結束時，周恩來和季辛吉敲定尼克森訪問北京的時間——「一九七二年五月前的適當時間」。

毛澤東聽到季辛吉承諾美軍將撤離台灣時，說了一句笑話，猴子要進化成人類，也得花上很長一段時間。他說，美國人現在處於猿猴階段，「雖然短了很多，但背後還是有個尾巴。」

一九七一年七月十五日，尼克森從聖克里門（San Clemente）總統住家，搭乘直升機來到波班克（Burbank）國家廣播公司的攝影棚，公布此一新聞。時間只有九十秒，但依合眾國際社記者海倫・湯瑪士（Helen Thomas）的說法，這則新聞「震動全室」。尼克森派季辛吉赴中國，他本人不久後也將前往訪問——此話出自政治生涯以反共起家的三軍統帥之口。美國人會怎麼想？

美國人認為太棒了。《生活》雜誌聲稱，這個消息是「近年來其中一顆最大的外交炸彈」。尼克森的政治盟友，像是共和黨黨鞭、密西根州聯邦參議員羅伯・葛里芬（Robert P. Griffin）發言支持；連民主黨對手、麥高文參議員也稱讚「總統的想像力和判斷」。當然也有少許異議聲音，像是「越南向勝利前進委員會」（Vietnam March for Victory Committee）主席、卡爾・麥金泰牧師（Reverend Carl McIntire）就抱怨：「這好比上帝與魔鬼舉行高層會談。」

尼克森此舉讓中國再度成為太陽，以致美國在亞洲的利益要圍著中國打轉。疏遠了美國在此區域的盟友，造成長達數十年的顧慮，深怕美國會為了交好中國拋棄友邦。尼克森政府事先未和在亞洲最親密的盟友日本打招呼，直到尼克森宣布前幾分鐘才告訴他們，季辛吉秘訪大陸回來了。日本首相佐藤榮作聞訊，不禁潸然落淚。他告訴一個澳洲代表團：「他們要求的我都照做，但他們辜負了我。」

台灣政府方面，大都透過新聞廣播才知道尼克森預備訪問大陸。當兩名美國外交官奉命到台北說明時，蔣介石拒絕接見，派兒子蔣經國代表接見。美國官員何志立（John Holdridge）寫道：「我們和他們的關係將會繼續，因為他們沒別的去處。」

就中共黨中央宣傳機關而言，讓中國民眾有心理準備、接受向美國開放可不是一件容易的事。毛澤東和他的黨羽已將美國徹底妖魔化。美國是「全世界反動勢力的大本營」，是讓中國在帝國主義時期遭受羞辱的罪人，也是讓中國在冷戰時期無從統一的罪人。但現在，這些觀點都必須修正──而且動作要快。

《參攷消息》（譯按：「攷」即「考」）是共產黨整理外國新聞報導的彙編，也是中國發行量最大的報紙之一。一九六九年起，之中有關美國的訊息大幅增加。一九六九年秋天，美國官員艾略特．李察遜警告蘇聯不得攻擊中國時，《參攷消息》做了報導。《紐約時報》爆料，國家安全會議一份機密報告指稱，中國已預備與美國改善關係，《參攷消息》也有報導。當各家通訊社紛紛報導尼克森欲與中國修好時，《參攷消息》以〈尼克森試圖討好我們〉為題，評論這些報導。

黨中央要傳遞的關鍵訊息是，美國急欲改善關係。毛澤東和周恩來一再強調，「美國人有所求於我們，不是我們有求於他們」，重複次數之多已如每日誦經。中共強調的是，美中修好可幫助中國對抗蘇聯，並贏回台灣。

邀請美國乒乓球隊到訪，是讓中國人民心理有準備，政策將有所改變的一大步。中國國營電視台、廣播電台將美國乒乓球隊的一舉一動視為如同人類登月漫步一樣地報導。中央電視台夜間新聞主播向數億觀眾說：「長期以來，美中人民一直存在友好關係。」影片顯示，美中球員手牽手走進體育館時，大量群眾笑著向美國球員揮手。

事實上，經過中國的每一個美國人──不論老左派、新左派、共產黨同路人、失落的靈魂和黑豹黨──《人民日報》都廣為報導。他們說些什麼、有什麼結果，沒人會去報導。重點是他們是美國人，中國人需要習慣他們。甚至連季辛吉也被用來當道具。在北京某個風雨交加的日子，中國人安排他在頤和園、昆明湖的一艘船上喝茶，招來數千名民眾圍觀。季辛吉寫道：「他們顯然一直在等船開，只有颶風才會阻擋好事。」

中共強調，與美國修好是中國追求富國強兵之長期目標的戰術運作。尼克森到訪前幾個月，中共強調美國仍是威脅。黨員奉指示研讀毛澤東在抗戰期間的一篇論文〈論政策〉，文中闡釋，為何需與蔣介石成立統一戰線、聯合抗日。其中的含義很清楚：和美國修好是「統一戰線」，要對付更大的威脅蘇聯。美國與當年的蔣介石並無不同，仍是敵人。

在全國各地，中共向黨員說明此一新政策。一九七一年八月，江蘇北部沛縣革命委員會進行學習，一位幹部孔熹向在座黨員保證，「我們推翻尼克森的目標一直沒變」。底下有人問，為什麼不趁尼克森來中國訪問時把他做了，領導幹部回答，中國打算做更厲害的事：我們要讓美國認為，我們是他們的朋友。

一九七〇年代初期，台灣逐步發展成為出口大國。十年內，台灣的整體貿易擴大為十倍。但當台灣生意人在全球商務的新世界大展鴻圖時，政府的外交決策人、特別是蔣介石，卻抱殘守缺、不肯改變。多年來，美國官員一再力勸蔣介石接受，有朝一日中國大陸會進入聯合國的想法，為台灣計，最好的辦法是交出安全理事會席位，保留在聯合國大會的地位。但蔣介石堅決不讓。

在台灣，人們對於美國要與大陸修睦的反應是憤怒又失望。抗議者攻擊台北的美國大使館，又在美國商業銀行（Bank of America）分行引爆炸彈。但「尼克森震撼」（Nixon Shock）並不能說服蔣介石政府，改變其對聯合國代表權議題的做法。台灣駐美大使沈劍虹在他的回憶錄《使美八年紀要》（*The U.S. and the Free China: How the U.S. Sold Out Its Alley*）中承認：「友邦政府問我們，希望他們怎麼投票，我們卻不知道怎麼說。」另也有重大的間接證據顯示，國民黨再次與他們在大陸的敵人協商其戰術。蔣介石和毛澤東都不希望聯合國出現兩個中國。他倆都擔心，允許兩個中國加入聯合國，會助長主張台灣獨立建國人士的氣焰。

尼克森政府對於聯合國中國代表權的問題，意見也相當分歧。國務院的許多官員，包括尼克森派任的駐聯合國大使喬治・布希（George H. W. Bush），支持維持台灣在聯合國大會席位的主張。但季辛吉認為，這是「本質上輸定了的後衛動作」。一九七一年秋天，在第二十六屆聯合國大會將就此一議題表決之際，季辛吉再度前往中國。十月二十一日，他在北京貶抑國務院想確保中國和台灣都在聯合國有一席地位的努力，說這是低階官員追求的「傳統政策」，因為他和尼克森總統「還未告訴他們討論的所有詳情」。

季辛吉還在中國時，談到周恩來關切之剛萌芽的台灣獨立運動。紐約和華府都出現支持台灣獨立的集會遊行，蔣介石認為，美國中情局在幕後支持這些團體。季辛吉要求周恩來，「凡有任何美國人，官員或非官員」支持台獨運動，請務必將消息傳給他們；他向周恩來表示：「我向你保證，此一運動會遭制止。」這可是極大的包攬保證。季辛吉還不以此為滿足。他又向周恩來擔保，不論中國是否推動和平統一台灣，「我們將繼續循著我指的方向走」——意即，美國將撤銷對台灣的承認，並與中國建交。這是很不尋常的一段話，等於是在暗示，中國若決定對台灣發動軍事占領，尼克森政府將視若無睹。

季辛吉在北京逗留四天內，進行了二十五小時的會談。他和周恩來敲定了尼克森訪問行程結束時，將發表「聯合公報草案」。此時季辛吉抱怨，中國最近又出現大量反美宣傳。周恩來採取了日後其後任都會採取的手法，告訴，國營媒體只是「放空砲彈」，並向季辛吉保證這不重要。但對共產黨而言，抨擊美國人顯然很重要；這是他們意識型態的中心，絕非只是「放空砲彈」。四十年後仍是如此。

一九七一年十月二十五日，聯合國大會通過二七五八號決議，承認中華人民共和國，驅逐「蔣介石代表在聯合國非法占據的地位」。《生活》雜誌稱此為美國「外交政策的大敗」。《紐約時報》頭版的跨版大標題為「聯合國迎北京、逐台北」（UN Seats Peking and Expels Taipei）。美國駐聯合國大使布希深表震怒，季辛吉竟然「告訴我，他對台灣票決的最後結果感到『失望』」，事實上，季辛吉根本沒攔阻中國。

聯大表決兩天後，季辛吉回到美國對記者說，他前往中國的時機和聯大表決純屬巧合，他沒和中方談論聯合國代表權的議題。季辛吉沒說真話。就尼克森和季辛吉而言，借用傳教士薛伍德．艾迪（Sherwood Eddy）的話來說，中國再度成為美國在亞洲政策的「北極星、目標」，重要性遠勝於其他地區或理想。

對於被逐出聯合國，台灣人表現得處變不驚。《遠東經濟評論》（*Far Eastern Economic Review*）報導，「聯合國表決當天，沒人顯得激動，生活如常」。《遠東經濟評論》的專欄作家寫道：「在遭受類似國民黨碰上的一連串逆轉後，『很少有其他國家』會如此不見流血、堅持不屈」。

對此重大挫敗，蔣介石採行的仍是美國屢次讓他失望時的對策：愈向華府靠攏。他繼續和美國分享有關中華人民共和國的情報，也命令屬下努力提振台灣經濟，以確保安定。

私底下，蔣介石被「尼克森震撼」傷得很重。召開軍政會議時，他公開抨擊尼克森。日記中，他稱尼克森為「尼丑」，相當於英文「狡猾的狄克」。鑒於尼克森多年來的反共健將紀錄，蔣介石深感遭到出賣。他對尼克森的不齒，遠勝於對史迪威的鄙夷。他在日記中寫道：「尼丑出賣中華民國。」

自此震撼，蔣介石的兒子蔣經國汲取了不同教訓。他不信美國會保護台灣，因此支持秘密發展核武。（美國徹底滲透台灣的軍事機關，偵知核武計畫，勒令其關閉。）蔣經國出任行政院長，力圖改善政府形象。他吸收台灣人加入國民黨。其中一位是剛從康乃爾大學拿到農業經濟博士學位的李登輝。蔣經國拔擢李登輝入閣，委派他負責農業。日後，李登輝將扮演歷史性的角色。蔣經國從關押數十名異議份子的情治機關首長轉身一變，雖然還不是確確實實的民主人士，但至少已體認到，比全世界其他任何華人社區都更富裕的台灣社會，如今需要更具代表性的政府。

美國官員支持蔣經國的「本土化」政策。在尼克森和季辛吉與中國談判期間，白宮國家安全會議官員艾佛瑞德．任金斯（Alfred Jenkins）始終是重要的襄贊官員。他說，「我們不需公然表示，美國預見台灣終將獨立的可能性」，但華府應支持這樣的改革。他頗有先見地提到，台灣的命運將大大有賴於蔣經國採行的路線。任金斯寫道，若蔣經國決定「緊縮小島」，台灣的命運將比他選擇「相對具有全民基礎的政府」還要更黑暗。「尼克森震撼」迫使國民政府更加開放。

從季辛吉和尼克森的視角來看，季辛吉對毛澤東的讓步可以理解。和坐上雅爾達會議桌的羅斯福總統一樣，尼克森和季辛吉認為，他們和中國交往的地緣政治意義勝過一切——包括台灣一千四百萬人的命運。他們的眼光放在與北京建立和平、有建設性的關係，以抗衡蘇聯，並促成美國退出越戰。

但季辛吉的承諾違背了尼克森自訂的限制，也打破季辛吉的黃金律。一九九四年，他對一位電台節目主持人說：「我們（美國人）喜歡先付錢以示誠意，但外交政策上，服務已經做了，而你從來收不到錢。」季辛吉在北京先付錢了，美國則沒拿回太多回報。

季辛吉的承諾也在中國引起巨大期望，但美國無力兌現。美國官員處理台灣問題時，常出現矛盾的做法——有人願意將台灣交給中國，有人則努力確保台灣維持自由——近十年後，台灣的美國友人動員起來保護台灣時，導致了一項危機。歷史學者唐耐心指出，此一與共產中國達成良好關係之值得嘉許的目標，其手段卻「深深有瑕疵」。這些手段破壞美國的可信度，在中國、台灣、日本和亞洲其他地方播下了不信任的種子。

附註

本章諸多內容依賴美國國務院史官辦公室（Office of the Historian）的解密檔案，以及其所保留的美國官員對話記錄，以及美國官員與中國官員交談的記錄。亞歷西斯．強生（Alexis Johnson）對於美國人對中國有「狂喜情愫」的看法，來自他的回憶錄。陳兼的《毛澤東的中國與冷戰》對本章也頗有助益。關於沛縣黨委的文件，是我多年來研究中國問題時蒐集的諸多文件之一。關於蔣經國在變動中台灣的角色，有賴於陶涵的《蔣經國傳：台灣現代化的推手》（*The Generalissimo's Son: Chiang Ching-kuo and the Revolutions in China and Taiwan*）。

第三十六章 心照不宣的盟國

一九七二年二月二十三日星期一，尼克森總統在夫人派特（Pat）的陪伴下，緩步走下降落於北京機場的總統專機。這個歡迎儀式相當詭異，既無旁觀者，也沒有女學童送花。周恩來笑盈盈地站在停機坪，背後約有二十來名官員；他們後面則是多年來首次匆匆集訓的儀隊。氣溫盤旋在冰點之上。樂隊演奏起美中國歌；星條旗和中華人民共和國的國旗旗桿各自飄揚。國家安全會議企畫幕僚溫士頓．羅德（Winston Lord）從飛機窗口望出去，感到非常失望，因為「中國的接待竟如此寒傖」。羅德寫道，美方「預期有幾千名歡呼的民眾」。

然而，尼克森總統未感到不悅。當他走下扶梯時，周恩來開始用他那中國共產黨的標準方式拍手，右手輕拍左手。尼克森寫道：「我也揮揮手回禮，然後我走下最後一階，向周恩來伸出手。當他碰觸我的手時，不僅是握手而已。我們都知道，這代表一個歷史的轉折點。」當年，周恩來拿杜勒斯冷落他、不肯和他握手的神話做文章，特別向尼克森強調：「你這一握手，跨過世界最大的海洋——二十五年從未溝通過。」才在不到一年前，共產黨的報紙還罵尼克森是「全世界最猙獰、殘暴的帝國主義酋長」。現在美中關係進入了新紀元。

美方代表團才剛抵達釣魚台國賓會館，周恩來就邀尼克森去見毛澤東。這位美國總統來中國前，完全不知道何時會見到毛澤東，甚至連是否會見到都說不準。這就是中國人行諸有年的詭計，讓蠻夷措手不及，而一旦真正見到最高領導人，就會感激涕零。現在，抵達北京不到一小時，尼克森就獲得召見。美方由此認知到，是毛澤東親自核准這次訪問。

尼克森訪問中國，是現代世紀最重要的一則故事。兩千多位記者申請隨行採訪。中國建議十個記者就好，但白宮設法說服中方，增加到八十七人。尼克森親自核批記者名單，剔除掉他不喜歡的記者。雀屏入選的有二十二家日報和十多家雜誌的記者。美國三大電視新聞網則王牌盡出：美國廣播公司（ＡＢＣ）的哈利・瑞森納（Harry Reasoner）、哥倫比亞廣播公司（ＣＢＳ）的華德・克朗凱（Walter Cronkite）和艾瑞克・席瓦瑞德（Eric Sevareid）、國家廣播公司（ＮＢＣ）的約翰・錢士樂（John Chancellor）和芭芭拉・華德斯（Barbara Walters）全部到齊。

記者們搜盡枯腸地描繪尼克森的訪問。有人以古喻今，形容尼克森和他的隊伍是「末日馬可波羅」。但大多數是向星球借靈感。太空時代已蒞臨人間，因此很多比喻是星際旅行。在尼克森下飛機的那一刻，美國廣播公司記者霍華德・史密斯（Howard K. Smith）如此播報：「一年前，我們從此刻螢幕上所見情景的可能性，似乎比尼爾・阿姆斯壯（Neil Armstrong）首度踏上月球更遙不可及。」即使尼克森本人似乎也被感染，因而一再拿此行和阿波羅十一號登月相比。

尼克森在準備和毛澤東的談話重點時，季辛吉建議了一些接近毛澤東的方法。根據尼克森的筆記，季辛吉鼓勵總統「待他如皇帝」，並強調他和毛澤東雖都出身寒門之家，卻皆臻偉大地位。尼克森寫下來提醒自己：「尼、毛出身平民之家」。他的筆記也指出，他和毛澤東都「與知識份子搞不來」。

季辛吉和尼克森屈服於這種單薄的道德比喻，為美中兩國領導人的接觸立下了不健康的典範。不倫不類之處包括，總統和他的國家安全顧問將毛澤東處決數萬名中國知識份子，與尼克森聲討赤色份子及任意竊聽相較。如此一來，傳達給中方的訊息是，美國人急欲與中國改善關係，甚至甘願將其價值丟一邊去。這讓美國人流露外強中乾之感。尼克森寫道，他到中國去，了解毛澤東會問他一個問題：「美國文化是強還弱？」但一到北京，他就將對自己的提醒通通拋掉。

一九七二年，毛澤東渾身是病。他抽了一輩子菸，毀了他的肺。他患有支氣管炎，導致痙攣性的咳嗽和充血性心力衰竭。他的身體非常臃腫，以致他必須穿更大的衣服才能與尼克森會面。會談進行中，李志綏醫師帶著稍早由美國捐贈的行動呼吸器守在門外。

毛澤東在他的書房接見尼克森。他的頭髮剛理，臉上鬍髭也刮得乾乾淨淨。尼克森在回憶錄中提到，毛澤東握著他的手將近一分鐘──這是中國老年人和年輕後輩互動的姿勢。會談原本排訂十五分鐘，但話匣子一打開，足足談了一個小時。毛澤東笑呵呵地告訴尼克森：「上次選舉，我投你一票哦。」他也說他喜歡「右派」。尼克森回答，在美國，至少右派是唯一能將事情辦好的人。

毛、尼對話其實不是談判。美方記者被毛澤東搞亂了，他一再從一個題目跳到另一題。他談到美中需合作反抗俄國人的勢力。毛澤東說，中國共產黨會繼續主張台灣是共產中國的一部分，但北京在收復台灣的時間上可有彈性。他也明白表示，中國不會放棄武力征台的選項，季辛吉寫道：「的確，預期有朝一日必須動用武力。」

美國外交官亞歷西斯·強生因心臟病住院，從病房電視關注在北京進行的峰會，事件的氛圍令他大為震驚，「尼克森坐在椅子邊邊，毛澤東則君王一般的斜倚在座椅上」。強生臆測，中國人「一定覺得占了上風。」

當晚，中方在人民大會堂福建廳設宴歡迎美方代表團。一行人落座要吃晚飯時，美國剛好是早上，透過美方帶到中國的人造衛星轉播，晚宴全程向美國觀眾直播。主桌上，周恩來指著一包熊貓牌香菸盒告訴尼克森夫人說，中國要送美國一對熊貓。尼克森夫人高興極了，玲玲和興興很快就在華府國家動物園引爆「熊貓大轟動」（pandamonium），恢復一九三六年蔣夫人宋美齡啟動的熊貓外交。（美國人送給北京動物園的一對麝香牛，就沒引起相同的騷動。一隻到了中國不久就死了，另一隻毛髮脫落。）攝影記者必須站到椅子上，搶拍尼克森和周恩來進餐的鏡頭。尼克森的幕僚長哈德曼（H. R. Haldeman）在日記中提到，記者們「高高興興地報導晚宴」。中國人也喜氣洋洋。次日，《人民日報》頭版以三張照片報導此一訪問。一般中國老百姓都明白此一訊息。當中國和蘇聯彼此還你儂我儂、彷彿唇齒相依時，赫魯雪夫也沒受到如此盛情款待。

美國記者抱怨沒有新聞。尼克森、毛澤東會談後，白宮發言人隆・齊格勒（Ron Ziegler）只有一句話奉告：「總統和毛主席今天下午會談了一個小時。」約翰・錢士樂（John Chancellor）透過電視直播表達其挫折感。他在黃金時段向全美觀眾報導：「美國人民根本未得到真正的資訊。」

尼克森和周恩來會談時，呈現自一九〇〇年門戶開放政策以來，美國對中國的觀點改變是多麼微小。尼克森希望繁榮的中國能使亞洲安定，並開放通商。尼克森告訴周恩來，美國持續在本區域駐軍將有助於中國，因其可在中國現代化的過程中保護北京。他說，美國與日本的安全保障條約可阻止東京重新武裝，也可制止東京發展核武。尼克森宣稱：「強大的中國有利於世界和平。強大的中國可在世界此一關鍵地區幫助勢力均衡……若中國成為第二個超強國，美國可降低其自身的軍備。」想到今天中國的崛起，對照當年的尼克森是如此吆喝鼓動，實在是一大諷刺。周恩來聽了大笑，而且不誠實地回答，中國沒有計劃成為超強國。

第二天的會談，季辛吉躲進一處中式大宅院，花了三小時向解放軍元帥葉劍英簡報蘇聯部隊部署的情報。季辛吉強調，白宮樂於提供這些情報，「不求回報」。這又是美方違反季辛吉所提，不要「先付錢」的警告之又一實例。雙方在交涉《上海公報》時，美方自覺給了中國太多，卻拿不回相對的反饋。美國提供中國無價的情報。尼克森已將中南半島的美軍部隊從逾五十萬人降至不足十萬人。第七艦隊不再巡邏台灣海峽。公報表明，美國「認知」、「沒有異議」，「台海兩岸的所有中國人都認為只有一個中國，台灣是中國的一部分」，華府已十分接近於表態支持台灣和大陸統一。中國只撤銷長期以來，反對以談判結束越戰的立場來為回報。但北京持續供應武器給北越，直到在一九七五年他們終於征服南越，而美國倉皇退出。

二月二十七日上海的晚宴上，尼克森敬酒時又回到門戶開放的主意。在英、法、日帝國主義者曾劃定租界的上海市，尼克森宣布，美國人民致力的原則是「外國主宰、外國占領都不應再度降臨本市或中國任何地方」。前幾個月，中國和美國還陣式分明、在亞洲對敵，現在美國總統卻暗示提供中國安全保障。尼克森和東道主張春橋（極左派的「四人幫」之一）——談話時，並未誇大其詞，的確「這是改變世界的一週」。

尼克森立刻感受到向中國開放的好處。他回華府時，民意支持度上升七個百分點。俄國人同意召開高峰會議，一九七二年五月尼克森前往莫斯科，簽訂延宕已久的《第一階段戰略限武條約》（Strategic Arms Limitation Treaty，簡稱SALT）。美國恢復轟炸北越之下，蘇共中央總書記布里茲涅夫（Leonid Brezhnev）還同意接待尼克森，乃是蘇聯決心恢復和解進程的跡象。

越南方面也有進展，只是相當緩慢。十月間，河內和美國達成停火協議。季辛吉宣布「和平在望」，化解掉民主黨總統候選人喬治．麥高文的競選攻勢。尼克森以壓倒性的大勝贏得連任。一九七三年一月，《巴黎和平協約》（Paris Peace Accords）簽訂。一個月後，季辛吉再訪北京，美中同意各自在對方首都設立聯絡辦事處。借用亞歷西斯．強生的話來說，季辛吉在給總統上報告時，充滿「狂喜的情愫」。季辛吉宣稱：「現在我們處於非常特殊的情勢，除了英國之外，在全球觀點上，中華人民共和國可能與我們最接近。其他世界的領袖都沒有毛、周這麼豐富的想像力，也沒能力和意志達成長期政策。」對於此次訪問，季辛吉總結並向總統報告：「我們已比任何人的預測或全世界的了解，進展地還深入且快速。簡言之，我們現已變成心照不宣的盟國。」

季辛吉不是唯一一個感受到狂喜情愫之人。中國熱席捲全美國。美國人穿毛裝、戴毛帽，用鐵鍋炒菜、用筷子吃飯。美國記者、作家、學者、演員、藝術家、詩人、金融家和生意人絡繹不絕地前往中國，帶回有關毛澤東革命和他天翻地覆改造的種種奇妙故事。尼克森返回華府後，尼克森夫人身穿中式晚禮服的照片，躍居《婦女家庭》雜誌（*Ladies' Home Journal*）封面。二月底某日，《紐約時報》的大標題是「中國，最夯且正流行」（It's the Latest Thing）。美國人對中國充滿善意的關懷和羞澀的歉疚。左翼學者聲稱，美國捨棄毛澤東、支持蔣介石錯了。和北京的冷戰？當然也是美國不對。

一九七一年，這股巨大風潮開始湧現。歷史學者芭芭拉．塔克曼發表新書《史迪威與美國在華經驗：一九一一年至一九四五年》（*Stilwell and the American Experience in China, 1911-1945*）。塔克曼這本關於史迪威的書榮獲普立茲歷史類著作獎，是一本權威著作，但行文敘事非常不公平。她指控蔣介石的國民黨從未抗日，其實他們十分努力抗日。「酸醋喬」史迪威再度成為美國告訴自己的、中國故事中的英雄人物。他證明了塔克曼所謂美國「在中國最大的努力」，也證明國民政府自作自受。史迪威再度成為有用的支柱，進步派的美國人用其來強調，現在終於到了捨棄在台灣的蔣介石其僵硬政權之時，轉為支持北京的紅色當權派。

美國終於拉攏中國共產黨，塔克曼和其他學者主張，原本就該如此。一九七二年十月，塔克曼在《外交事務》雜誌發表專文，主張華府若在第二次世界大戰終了時意識清醒，「我們可能就不必到越南（作戰）。」這個觀點有相當深刻的家父長意識，因其否定中國對自己的事務有任何責任。塔克曼無視毛澤東決定和蘇聯站在同一邊、並鼓動仇美意識。她堅稱，一切過錯都在美國。

塔克曼並非遭北京迷惑的唯一一人。從死硬派左翼份子、善意的自由派到堅定的右翼人士，美國人通通投向中國。自己的國家深陷越戰泥淖，又有毒品泛濫、世代差異和種族衝突之苦，美國人發現中國頗具啟發性。美國雖富有卻腐敗。中國雖貧窮卻高尚。美國雖自由卻分裂。中國雖搞共產，但卻一片和諧。美國人追求自由戀愛。中國人卻超越了性。美國人崇拜個人主義。中國卻珍視集體意識。美國人有法律。中國人有道德。

在中國身上，政治立場溫和的美國人看到新教徒工作倫理的活榜樣，美國似乎已丟失了這種精神。《紐約時報》的詹姆斯．芮士頓對於訪問期間感受到的「追求智慧及目標的工作氣氛」印象深刻。「美國友誼服務委員會」（American Friends Service Committee）對美國青年人的任性、放縱感到憂心，提到中國青年時，卻說他們展現出「全心致力」建設美好世界的志向。銀行家大衛．洛克斐勒（David Rockefeller）觀察到一種「全國和諧的意識」，提到犯罪已經消失。他寫道：「通常可以夜不閉戶。」加州大學柏克萊分校的中國事務專家夏偉（Orville Schell）認為，中國人選擇穿藍布衣，髮式不分男女，也不化妝打扮，已經重寫了自然律。他寫道：「中國人只是簡單地將物質的東西替換成某些革命特質之物，就徹底成功改變了吸引力的觀念。」一九七二年，費正清到中國短暫訪問後，聲稱毛澤東的革命構成了「影響深遠的道德十字軍運動，改變了中國人的天性，使其朝向自我犧牲、服務眾人的方向發展。」

費正清宣稱，共產革命「整體而言，是幾個世紀以來對中國人民最好的一件事」。他感慨地說，毛澤東主義「成效良好」。

一九七三年春天，影星莎莉．麥克琳（Shirley MacLaine）率領婦女代表團訪問中國三週。回國後她寫了一本書，並共同執導一部紀錄片《另外半邊天：中國回錄錄》（*The Other Half of Sky: A China Memoir*）。麥克琳在中國發現，她不再需要除臭劑、胭脂或假睫毛。她發現，中國人和老美不同，並不著迷或關心外表儀容。她寫道：「婦女不太需要或對皺褶的衣飾和化妝品這類膚淺東西有慾望。人際關係方面，似乎沒有嫉妒和婚外情。」中國人似乎也不會吵架。麥克琳的影片可說是寫給中國的情書，獲提名角逐一九七五年奧斯卡最佳紀錄片。每個鏡頭下，人人高高興興。即使扎了針灸，正歷經剖腹生產的婦人也笑咪咪的。

「快樂的中國」成為一個主題。社會學家露絲．賽德爾（Ruth Sidel）在自已的著作《中國的婦女和嬰幼照護：第一手報導》（*Women and Child Care in China: A Firsthand Report*）的自序中提到：「本書有多處可能顯得過分樂觀；展現出人們顯然難以相信的快樂。」但她向讀者保證，一切都是真的。一九七三年，中國問題專家麥克．奧森伯格（Michel Oksenberg）發表一篇文章，題為〈論向中國學習〉（On Learning from China）。他在文中主張，今天美國社會有許多弊病，中國可提供解方。後來，奧森伯格在卡特總統政府擔任國家安全會議亞洲事務主任。

一九七一年五月十日，植物學家亞瑟．賈爾斯東（Arthur Galston）和生物學家伊丹．辛格爾（Ethan Singer）成為美中科學界恢復交流的第一批科學家。他倆參觀了人民公社、工廠和研究機構，也和周恩來一道吃晚飯。賈爾斯東向中方要求見見老朋友羅士韋。一九四七年，羅士韋從哥倫比亞大學回中國時，已是世界聞名的植物生理學家。賈爾斯東被帶到上海見羅士韋。一九七二年一月七日，《科學》雜誌刊載賈爾斯東和辛格爾稱讚羅士韋在上海市郊某公社工作的一篇文章。他們稱讚中國，鼓勵科學家接近人民的需求。文章寫道，相較於講究菁英主義、充滿階級意識的美國，中國太先進、太有革命創意了。羅士韋是個快樂的人。

事實上，羅士韋在文革期間被共產黨幹部貶為「臭老九」。他遭到毆打凌辱、強迫去掃豬糞、不准做研究。中請簽證時，賈爾斯東填寫希望見到什麼人，當時羅士韋正在鄉下接受勞改。中共黨部將羅士韋調回上海，將他安置在早已充公的舊公寓。事後，他們又送他回農場勞改。一九七九年，羅士韋獲准前往美國。他見到賈爾斯東時，淚眼汪汪地告訴他真實的故事。賈爾斯東十分震驚，關於他朋友的事，共產黨竟如此騙他。

即使史丹利・卡諾（Stanley Karnow）這樣經驗老到的記者，也自覺被中國解除武裝。美國記者不找異議份子採訪，並迴避有關軍事的問題，而且似乎無窮盡地滿足於報導被布置來騙人的農村、公社、工廠、醫院和育幼院。一九七三年十月，卡諾在《大西洋月刊》上撰文表示：「潛意識裡，我們或許仍認為中國人是弱者，值得我們同情，因此我們極力保持禮貌。」

就中國而言，美中修睦的好處立即展現。尼克森才結束訪問，中國就和德州凱洛格公司（M. W. Kellogg）及其子公司簽訂協議，興建十六座肥料工廠。合約金額為三億九千二百萬美元，是這類生意最大一筆單一訂單。這些工廠的產量，將是中國全國肥料產量的兩倍以上。一九七四年，中國穀物收成終於超過一九五七年。到了一九八〇年代初期，小麥生產量增加百分之六十，玉米增加逾百分之五十。就北京而言，與美國改善關係不只是大戰略，還因為有餵飽八億中國人民的壓力。

毛澤東對美國開放，反映出黨內最高階層普遍了解到，中國必須擴大與資本主義國家的經濟關係。有一點很重要，我們必須了解，這個決定早於鄧小平復出掌權之前；長期以來，大家一直將中國邁向現代化的功勞劃歸在鄧小平身上。一九七一年，鄧小平政治命運未卜，他被下放勞改時，中國的燃料與化學工業部已推動「四三計畫」，將引進價值四十三億美元的設備和整廠輸入項目，而且大部分都來自西方國家。一九七〇年至一九七五年之間，中國對外貿易激增百分之兩百五十。一九七二年，中國首次允許美國商人參加一年一度的廣州進出口商展。

一九七〇年代，中國恢復與西方國家貿易關係的此一重大決定，可比擬為清朝初期，利用和歐洲列強通商以癒合中華帝國的決定。從許多方面來看，美中雙方也再續前緣。

尼克森離開中國才兩週，波音公司高階主管泰克斯・布里旺（Tex Boullioun）便飛到香港，再經陸路進入中國，交涉出售波音民航飛機給中國之事。尼克森搭乘波音七〇七型飛機前往中國，而中國人想要和空軍一號一模一樣的飛機。一九二〇年代，美國人曾教導中國人組裝飛機及飛行技術。一九七〇年代起，老美重新開課。

美中修睦後，一波又一波的國家承認北京——一九七二年就有十四國，隔年有十七國。一九七三年一月，美國與北越簽約、結束越戰，從中國近鄰撤走了十萬部隊。因此，當一九七三年二月季辛吉再訪中國時，毛澤東的期望更高了。二月十七日毛澤東和季辛吉見面，提議美中同盟對抗蘇聯的威脅。他告訴季辛吉：「過去我們是敵人，但現在已經是朋友……美國－日本－中國－巴基斯坦－伊朗－土耳其和歐洲拉成一條線，可一起對付那王八蛋。」毛澤東宣稱，美國和中國「在同一條戰壕裡」。

這次輪到美國躊躇不前。尼克森訪問莫斯科，布里茲涅夫也在一九七三年六月報聘訪問美國，這已讓美俄關係處於更堅實的地位。一九七三年初季辛吉告訴尼克森，美國人可以「繼續喝茅台、也可以喝伏特加」。毛澤東盼望利用美國打擊莫斯科的心願落空了。是華府在利用中國，而非中國在利用美國。毛澤東向季辛吉抱怨：美國人「踩在中國的肩膀上」，和莫斯科達成協議。

毛澤東對關係正常化的緩慢步調也感到失望。季辛吉和中方會談時，曾經承諾，一九七四年十一月期中選舉過後，將展開正常化的過程，並在「一九七六年中之前」全面恢復外交關係。由於水門醜聞愈鬧愈大，建交可能性大減。

十一月十七日，毛澤東召集周恩來及外交部其他官員開會。他提醒周恩來要提防美國人。他指出，中國和美國衝突時，往往過度反應，一旦和美國交好，中國又給得太多。他說：「我的意見是，基本上我們不該與他們有瓜葛。」毛澤東迫使周恩來在中央政治局上自我批評。十一月十八日，毛澤東指示妻子江青抨擊周恩來，指責他「辱國」、「向老美屈膝」。毛澤東提醒黨，中國和美國修睦是戰術需求。

在這樣的環境下，與美國人的互動也動輒得咎。一九七三年，機械製造部派了一個代表團到紐約州康寧玻璃公司

（Corning Glass Works）參訪，研究彩色電視機技術。公司送給中國人一隻迷你玻璃蝸牛當紀念品。毛妻江青指控中國官員，「盲目相信一切外國貨」，聲稱老美送蝸牛是不懷好心眼，嘲笑「我們中國人在地上爬行」。外交部經冗長調查，確認老美無意冒犯後，毛澤東才指示江青作罷。到了一九七四年二月，毛澤東放棄與美國結盟的構想。透過他的新代表鄧小平，在聯合國發表「三個世界」的理論。

身高五英尺的鄧小平（譯按：大約一百五十七公分），出生於四川，一九二〇年代曾前往法國和蘇聯學習，他是毛澤東的一位親密盟友。一九五七年，毛澤東指派鄧小平領導反右運動；中、蘇分裂時，鄧小平全力抨擊莫斯科。但「大躍進」之後，鄧小平和劉少奇搭檔，改正毛澤東的經濟錯誤，開始實驗市場導向的改革。因為這種「走資派」行徑，毛澤東放任劉少奇病死，也將鄧小平罷官。但一九七三年年初，毛澤東安排鄧小平復出，以制衡周恩來的勢力。文革期間，林彪躍為毛澤東的接班人，但因一九七一年九月政變未遂而逃亡出國，最後墜機死亡。林彪一死，周恩來的地位便日趨穩固，於是毛澤東起用鄧小平來壓抑周恩來。

一九七四年四月十日，鄧小平赴紐約的聯合國大會發表演講。他抨擊美國和蘇聯，指控他們陰謀控制全球，並壓迫開發中國家——他稱他們為「第三世界」。鄧小平說，美、蘇兩國是「今天國際上最大的剝削者和壓迫者」。週三才執行完革命任務後，到了週末鄧小平卻沉溺於修正主義傾向。他命令手下，安排他到華爾街參觀。當時，中國在聯合國總部最高階的官員唐明照提醒鄧小平，證券交易所週末不開張營業。鄧小平回答：「還是可以走走逛逛。」當鄧小平坐在車內，望著窗外美國企業權力的象徵時，他體會到金融是任何經濟體的核心。根據其翻譯員施燕華的回憶錄，鄧小平感慨地說：「人到了外國，才能了解外頭的世界。」他觀察到：「美國的歷史沒那麼久長；我們實在需要好好了解美國的發展史。」中國資深外交官員吳建民指出，鄧小平雖代表毛澤東到紐約發表談話，但在紐約的他對於中國未來該走什麼路，卻得到與毛澤東思想截然不同的啟示。

水門醜聞和尼克森的辭職，延遲了華府與中國關係正常化的計畫。一九七四年八月，吉拉德・福特（Gerald Ford）

接替尼克森出任總統後，他步步為營。為了治理國政，福特需要共和黨右翼人士的支持。亞利桑納州著名保守派健將巴瑞・高華德（Barry Goldwater）參議員向白宮發出警告，若政府企圖承認北京、拋棄台北，肯定會「遭遇一場大戰」。演員出身的加州州長隆納德・雷根（Ronald Reagan）已摩拳擦掌，要和福特爭取共和黨提名參選總統，而一九五〇年代起，雷根就是台灣的友人。

福特和已出任國務卿的季辛吉試圖倒退尼克森做出的若干承諾。福特不希望和台灣完全切斷關係。中國人氣壞了。一九七四年二月，阿肯色州民主黨籍聯邦參議員威廉・傅爾布萊特訪問中國時，外交部長喬冠華宣稱，不可能「和平統一」台灣。鄧小平接見美國報紙編輯人協會（American Society of Newspaper Editors）代表團時也揚言，武力「解放」台灣好比「用掃把掃地上的塵埃」。

一九七四年十一月，季辛吉第七度訪問中國，也是他最後一次和周恩來會面。周恩來罹患肝癌、已病入膏肓，在醫院的一會純粹為禮貌性拜訪。火炬已傳給鄧小平，但季辛吉瞧不起鄧小平，私底下稱他「那個討厭的小矮個子」。季辛吉低估了鄧小平。中方有關兩人對話的筆記顯示，鄧小平將季辛吉誘導至說出驚人之語，日後鄧小平可以其來榨取最大效果。十一月二十八日，鄧小平指控美國，「占領」台灣妨礙美中改善關係。令人驚訝的是，季辛吉竟同意也承認，在朝向全面恢復外交關係的進程中，美國將採取三個步驟——與台灣斷交、撤離美軍、廢除《共同防禦條約》——而不期待中國採取「任何互惠措施」。

在中方頑抗之下，福特的有利條件通通消失。甚且，季辛吉還稱讚中國的立場「最有智慧、慷慨和自我節制」。根據中方的筆記，季辛吉又說，「我也承認，鑒於這個問題的性質和我們過去的討論，我們的確對不起你們。」

季辛吉卑躬屈膝的談話，不得國務院中國問題專家的認同。在中國出生的資深外交官來天惠（William Gleysteen）指出，這是美國官方對中國領導人「噁心的友善、甚至幾近崇拜」的又一例。來天惠回憶道：「此舉貶低了美國的重要性，也違背了我的信念，其實中國人需要我們，不下於我們需要他們。」

為了償付美國的「債務」，季辛吉支持，提供中國更多軍事與情報合作的決定。他為此舉辯解的理由是，這可增強中國政府「溫和派」的力量，這些溫和派一直在謀求向外在世界開放。來天惠寫道，季辛吉和中方談判時貶抑日本，又說美國和蘇聯改善關係，只是「為了滿足我們國內及北約盟國中一些軟弱份子」的戰術。季辛吉貶抑盟國，又貶抑美蘇和解，使中國人驕矜自喜，以為美國需依賴他們才行。

季辛吉決定推動軍事暨安全關係，以償付美國對中國的「債務」，其效應可分為兩點。第一，這提升了美國人的希望，以為只要美國採取行動強化中國的力量，北京就會向華府傾斜。第二，可藉此鞏固中國在亞洲的地位，彷彿太陽，使美國的利益必須繞著中國發展。

在攸關原則的事項上，美國政府也屈從中國的要求。一九七四年年底，中華人民共和國首度送一些考古學的寶物到美國展覽。中方照會國務院官員，不允許與中國沒邦交國家的記者出席預定在會場——華府國家藝廊——舉行的記者會。國務院沒忽視中方的要求，乾脆取消記者會。此時，已轉任駐北京聯絡辦事處主任的喬治．布希（George H. W. Bush），對於國務院竟屈從中方的要求相當生氣。他寫道：「在如此根本的事情上，我們不能屈服。我們不能允許他們在美國為所欲為。」但事情硬是這麼辦了。

美國人圍繞著中國、小心翼翼地走動時，中國繼續砲打美國。對於中國持續痛批美國的帝國主義，布希非常困擾。他在一九七四年十一月十一日的日記中寫道，他和中國官員交談時，試圖「機巧地」表達他的意思，「中國必須決定罵我們時要兇到什麼程度，以及如何不罵我們。」布希試圖讓華府也關心這個問題。但他找不到人來呼應。美國官員相信中國的謾罵終究會淡化。其實中方的叫罵沒停過。

一九七五年四月五日晚間，中國人清明掃墓假日的最後一天，蔣介石心臟病發去世。蔣介石的逝世讓福特總統十分頭痛。依照禮儀，美國需派遣特使出席這位老友的告別式，但白宮忌憚中國會反彈，不知派誰擔任特使前往台北弔唁。福特委派農業部長厄爾．布茲（Earl Butz）為美國代表團團長。但布茲是個鐵桿子種族主義者，顯然並非恰當人選。最後，福特請不情願的副總統尼爾遜．洛克斐勒（Nelson Rockefeller）專程到台北。

福特主政時期，美蘇關係惡化。一九七三年中東爆發贖罪日戰爭（Yom Kippur War），緊張上升，差點將兩個超級大國捲入戰火。蘇聯也痛恨美國將兩國貿易和蘇聯放鬆移民出國的政策綁在一起處理。美國政府邊緣的一些冷戰鬥士開始活動，主張與中國加深軍事關係，以打擊北極熊。一九七五年九月，蘭德公司（Rand Corporation）分析師白邦瑞（Michael Pillsbury）在《外交政策》雜誌上發表文章，主張銷售武器給中國。他宣稱：「中國對我們的安全威脅，遠不如蘇聯來得大。」中情局也提出一份研究報告來呼應，報告的共同撰稿人是在中國出生的情報官員李潔明（James Lilley），其認為和中國增強軍事關係，可強化中共黨內親美的溫和派地位。這兩份報告都獲得美國傳媒的正面報導。《新聞周刊》（*Newsweek*）一九七五年九月九日那期的標題是「給北京大砲」（Guns for Peking）。

季辛吉已大幅提升分享給中國的情報品質與數量。一九七四年和一九七五年，國家安全會議幕僚羅伯．麥法蘭（Robert MacFarlane）陪同季辛吉到中國，向中方簡報相當廣泛的高度機密題目，包括蘇聯的核子理論、傳統兵力，以及蘇聯的軍援計畫。但是，一九七五年十月季辛吉再訪中國，為福特總統十二月的到訪預作準備，中方都很粗魯地對待他。毛澤東指名國防部長詹姆斯．史勒辛格（James Schlesinger）陪福特總統一道來。季辛吉含糊以對，但提到「我們曾嘗試向你建議，我們預備在某些這類的問題上，提供建議或協助」——意即中國的國防。毛澤東沒接受這個提議，談話到此為止。

福特的政治顧問建議他取消訪問北京的計畫。福特在共和黨初選的挑戰者，如雷根等人已在批評他的中國政策為姑息。福特還是去了，但將原定的行程削減三天，並加上訪問印尼和菲律賓，以示美國在亞洲不只關注中國。

一九七六年一月八日，周恩來肝癌去世。四月五日清明節，天安門廣場湧入大批民眾，抗議政府對周恩來去世之冷處理。廣場上，安全部隊和工人揮舞棍棒，造成好幾百名民眾頭破血流。毛妻江青周圍的激進派怪罪鄧小平鼓動抗議風潮，將他再次罷黜。

一九七六年九月九日，百病纏身的毛澤東也撒手人寰。十月間，他的繼承人華國鋒逮捕為毛澤東文化大革命當先鋒的江青等四人幫。十一月間，福特在總統大選中敗給喬治亞州的民主黨人吉米．卡特（Jimmy Carter）。到了一九七七年年中，鄧小平重登中國權力高峰，此後主政二十年才去世。

一九七二年，美國和中國對峙二十多年後，終止了彼此之間的冷戰。兩國相互交往，對於對方都抱持很高的期望。中國尋求美國幫助自己生存。美國寄望中國協助自己擊敗強敵。美國人恢復和中國好幾百年的關係時，總是心存愧疚，以為自己對不起中國。往後的年代，中國人將善加利用老美此一愧疚意識。

附註

尼克森總統訪問中國的故事，參見瑪格蕾特．麥克米蘭（Margaret MacMillan）的專書《尼克森在中國》（*Nixon in China*）；另外，當時人物的回憶錄、憶舊敘事、報章及電視報導，也都有詳細記錄。美中恢復科學交流關係的故事，參見舒喜樂（Sigrid Schmalzer）刊載於學術期刊《美國-東亞關係季刊》（*Journal of American-East Asian Relations*）的論文。關於中國需要美國技術的詳情，取材自瓦茲拉夫．史密爾（Vaclav Smil）的《中國的過去、中國的未來：能源、糧食與環境》（*China's Past, China's Future: Energy, Food, Environment*）一書。來天惠（William Henry Gleysteen, Jr.）批評美國的對中政策，見他接受外交研究暨訓練協會（Association for Diplomatic Studies and Training）口述歷史計畫之訪問記錄。布希擔心美國對中政策方向的細節，參見其派駐北京期間所撰寫的日記《老布希的中國日記：一位總統如何養成其放眼全球的視野》（*China Diary of George H. W. Bush: The Making of a Global President*）。

第三十七章
我們是很性感的人

卡特總統上台後，希望完成與中國正常化的歷程，但他也決心「不能像尼克森和季辛吉那樣，舔他們屁股」。在北京，根據作家孟捷慕（James Mann）的說法，新任美國聯絡辦事處主任李歐納德・伍考克（Leonard Woodcock）告訴同僚：「我們再也不能像亨利・季辛吉那樣對待中國人，讓自己在外國面前丟人現眼。」

但到了一九七七年年底，卡特政府和中方又再度陷入早先的模式。雙方關係又恢復軍事同盟對抗蘇聯的樣貌，由美國提供或促進軍事技術移轉給中國。中國也繼續受到特殊待遇。即使卡特總統自居以推動世界自由為己任，白宮對中國的人權問題也視若無睹。卡特競選時的政綱高唱反對秘密外交，等到和北京打交道時，竟也支持此一戰術。

卡特和威爾遜、小羅斯福、尼克森都一樣，也對中國問題有情感包袱。他在回憶錄提到，他對中國的興趣被點燃，「是一九三〇年代孩提階段，讀到浸信會傳教士」在中國傳教的故事。二戰期間，卡特是一名青年海軍軍官，曾經到過中國；他在二〇一三年的一次演講中提到，「他愛上了這個國家及其人民。」

即使如此，美國官僚內部對於尼克森和季辛吉擬訂的對待台灣方案仍不放心。一九七七年春天，美國官員又起草提升台灣地位的計畫。領導此事的國務卿范錫（Cyrus Vance）主張，在台北維持一個正式辦事處。范錫也希望中國公開承諾，和平解決台灣問題。他認為，華府的盟友會盯瞧著美國拋棄台灣，自然會懷疑美國在其他地方的承諾。

一九七七年八月，范錫帶著這些主張前往北京，但一再碰壁。八月二十四日，中國外交部長黃華指控美國「侵略中國」。當天稍後，范錫和鄧小平會面，鄧小平提醒他，季辛吉承認美國「占領」台灣，對不起中國。鄧小平嘲笑范錫，提議在台北設置低調的國務院辦事處，等於是「門口不掛招牌的大使館」。他將范錫的提議定調為「倒退」。范錫在北京碰壁，使得國家安全顧問布里辛斯基（Zbigniew Brzezinski）膽大氣壯，主動向總統請纓，要求派他到中國交涉。

布里辛斯基是一位波蘭外交官之子，因納粹占領波蘭而舉家流亡。如今，他對中國的立場有了一百八十度的轉變。在詹森總統時期，任職於國務院的他堅決反對任何對北京的開放；身為學者的他主張，美國與日本的關係比美國可能與中國的關係來得重要。但現在，這位堅貞的冷戰戰士卻看到，有機會利用北京作為對抗北極熊的巨棍。他和另一位歐洲移民季辛吉一樣，專注於中國如何有助於華府對抗莫斯科，卻淡化了美國支持北京，將影響美國在遠東地位的可能性。

布里辛斯基寫道：「在這個層面，蘇聯是一般人所謂『總想著它，卻永遠不去提它』的眾多考量之一。我就是經常思考它的人。」范錫反駁道，專注以中國為對付美國主要敵人的槓桿，會產生適得其反的效應。范錫認為，中國應放在亞洲大戰略之內來考量。總統起先聽從范錫的意見。但到了一九七八年春天，蘇聯助長在非洲之角、安哥拉和阿富汗等地的叛亂和政變，布里辛斯基打中國牌，其對付蘇聯的計畫壓過范錫的主張。

一九七八年五月二十日，布里辛斯基抵達北京。在討論中，他捨棄范錫主張在台灣設立美國正式辦事處的方案，也不要求中國承諾以和平手段解決台灣問題。他又回到尼克森和季辛吉的保證，尤其是——用他的話來說——「中國存在一些個別實體的狀況……將會結束」。他告訴中方，卡特已「拿定主意」，要按中方的公式展開關係正常化。

訪問期間，中國人很高興聽到他不時說些諷刺蘇聯的話。來到長城，他往北眺望並脫口而問：「蠻夷在哪兒？」《新聞周刊》關於他訪中的報導，標題是「北極熊的馴服者」（The Polar Bear Tamer）。布里辛斯基告訴中方，若西歐國家和以色列出售武器和軍事技術給中國，美國不會干預。他擴大季辛吉的軍事簡報，隨行的五角大廈官員揮舞著衛星偵拍的蘇聯軍事設施照片。其他官員也和中方進行研討會、分享科技知識。布里辛斯基提議建立正式的情報交流制度，以及在中國設立基地，針對蘇聯進行電子偵聽。

比起貴族氣息的范錫，鄧小平更樂意與這位強硬反蘇的波蘭裔美國人打交道。布里辛斯基離開北京之前，鄧小平同意，由伍考克和黃華就關係正常化進行最後一輪協商。雙方將正式建交的期限定在一九七九年一月。布里辛斯基在回憶錄中聲稱，他對中國沒有「特殊感情」，「腦子裡只關切大戰略」，但事實上他和季辛吉一樣，已經被擊倒了。當他的國家安全顧問從北京返國後，卡特寫道，布里辛斯基「已經被拐走」。

接下來幾個月，北京和華府忙成一團。國務院方面，范錫和亞洲通理查·郝爾布魯克（Richard Holbrooke）主張，向國會簡報關係正常化的談判進展，但卡特選擇保密，日後他寫道，對於談判過程公開接受檢驗抱持戒心，是因為深怕這麼做「仍有人認為『台灣才是中國』，他們會掀起反對風暴」。

一九七八年十一月底，鄧小平已架空了毛澤東的指定接班人華國鋒，接管國內外事務的決策大權。十二月十三日，他在人民大會堂江蘇廳接見伍考克。伍考克交給他一頁公布雙方恢復正式邦交的聯合公報草稿。鄧小平接受伍考克的邀請，同意在一月訪問美國。兩天後的後續會談，伍考克重申，美國將繼續銷售武器給台灣，鄧小平聞言大怒，但旋即只回答了一個字：「好。」這等於是承認，他不會讓美國人向他保證的「僅僅十年的同盟之中的一項瑣細問題」破壞雙方關係。伍考克又明白表示，美國政府認為統一台灣是無可避免的事。

華府時間十二月十五日晚上九點、北京時間十二月十六日上午九點，雙方發表一篇九個段落長的聲明，宣布將自一月一日起展開正式關係。上海的廣播電台播出歌手約翰·丹佛（John Denver）的歌〈帶我回家，鄉村小路〉（Take Me Home, Country Road）來慶祝建交。

台北時間十二月十六日凌晨兩點，距正式公布僅數小時，美國官員吵醒已經就寢的蔣經國，告訴他美國將與他的國家斷交。蔣經國聞訊後潸然落淚。十二月二十七日，美國官員抵達台北、說明決策經過，群眾攻擊他們的汽車，首先拿蕃茄擲、後來又以石塊擊破車窗。副國務卿華倫·克里斯多福（Warren Christopher）臉部遭到割傷。

中國的現代化和美中關係正常化兩者不可分割。一九七八年十二月十三日，就在鄧小平接見伍考克、接受訪美邀請的同一天，他在中央工作會議上發表一生最重要的演講，絕非偶然。毛澤東過世、四人幫下獄兩年後，才在北京錦西賓館召開的這項會議，掀起鄧小平「改革開放」政策的序幕，而這將永遠改變中國。鄧小平推動他所謂的「四個現代化」，追求改善中國的經濟、科技、農業和國防。

根據接觸共產黨檔案的歷史學者章百家，鄧小平在中央工作會議上將美中關係正常化和他的國內議程直接連繫起來。會中，鄧小平和其他支持改革的人士一再重複一句話：「世界上大多數的國家希望中國強大」——這是受到他們與美國官員互動的直接啟發。雖然中央宣傳部仍指示中國人民，美國意欲壓制中國，但黨內許多高階領導人都知道，反過來才是事實。和美國交好，可提供中國安全、技術和投資，進而富強。

北京大學外交史學者阮銘寫道：「總結而言，美國因素是中國現代化最全面的因素。」美國的科技可提升中國的水準；美國的教育制度可以傳授經營管理技能；美國的市場可消費中國的產品；美國的文化可啟發創新和仿冒生意；美國的海軍可保護中國的海洋。全世界的專家，尤其是美國和日本專家，受邀到中國參加會議、交流和合作，他們對中國崛起為全球經濟大國做出不可磨滅的貢獻。

鄧小平在中央工作會議上的談話，恢復約翰．杜威的思想和務實的概念，認為經濟必須靠一家家工廠、一條條鐵路和一個個創新之舉逐步建立起來，「實踐才是檢驗真理的唯一標準」。跳到杜威的政治、經濟改革需採取「零售」做法的理論，鄧小平呼籲：做實驗、要大膽。他稱之為「摸著石頭過河」。

演講之後的隔週，鄧小平的構想在著名的「十一屆三中全會」會議上正式拍板定案。鄧小平以國務院副總理的身分，將主導未來十多年的中國政壇。當時做出的決定，也代表歷史巨輪又轉向以美國作為中國現代化的參考範本。這可上溯至蔣介石、孫逸仙、梁啟超、李鴻章、徐繼畬，直到十九世紀廣州的官員，美國就是中國的嚮導和守護人。現在，故事即將重演。一九七九年一月一日，中華人民共和國和美國正式相互承認。

但是，美國的影響並非單單循著一條溪流流進中國。鄧小平在黨內權力走廊遊說以美國技術和資金推動現代化之同時，一群蠢蠢欲動的詩人、作家和思想家受到美國思想的啟發，走上街頭、籲求不一樣的改革。一九七八年十月，正當鄧小平還在爭取權力大位時，北京中心地帶的長安大街和西單的十字路口出現一面民主牆，貼出許多文章、詩詞和非官方的消息。十二月五日，一位電氣工人魏京生貼出大字報，提倡在黨提倡的「四個現代化」之外，也進行第五個現代化——民主。《紐約時報》早在一八八一年就指出，中國不能只選擇美國的科技、教育和資本，卻期待不受其他思想影響。「政治作亂的病毒」也進入中國。一九七九年三月，鄧小平下令逮捕魏京生，並將其判刑十五年。

一九七九年一月二十八日，鄧小平抵達美國，成為中華人民共和國首位前往美國進行國是訪問的官員。打從一開始，鄧小平就使出蔣介石的舊策略，利用美國威脅他的敵人——越南，以及為其撐腰的蘇聯。一個月前，越南派十五萬大軍打進柬埔寨，推翻赤棉政權。

在白宮的歡迎晚會上，鄧小平成為第一個嚇壞華爾街的現代中國領導人，他宣布「製造戰爭的因素明顯增長中」。一天後，他在華府國家藝廊的東廂，抨擊蘇聯有「稱霸世界的全球戰略」。一月三十日，他在白宮私下會談中告訴卡特：「中國必須給越南一個教訓。」卡特的回應是：他認為中國攻打越南將是「嚴重的錯誤」。但鄧小平要求美方，就柬埔寨情勢提供情報簡報，以及美國對柬埔寨叛軍和難民的支持時，美國點頭同意。美中關係正常化的一名美方設計師何志立寫道：「鄧小平得到他要的東西，美國默示支持，中國對越南發動軍事行動。」

鄧小平是四人幫被捕之後，中共黨內高層出現兩股勢力之最合適的調和人。在經濟議題上，他希望中國成長，也了解必須依賴美國才能成長。在前往美國的飛機上，新任外交部長黃華請教他，為何以中國領導人的身分第一次出訪，就選擇前往美國。鄧小平很簡短地回答他。美國的盟國全都相當富強。如果中國要富強，就需要美國。然而在意識型態上，鄧小平堅信，只有共產黨才有本錢領導中國走向未來，美國模式若導入中國，將會釀災。鄧小平和遠溯至清朝的許多中國菁英一樣，認為美國政治的紊亂失序及其政治結構不適合中國。他評論美國的三權分立為，「美國有三個政府。很難辦事。」鄧小平將美國的自由視為亂源。簡單來說，鄧小平給中國自由派人士希望，他們要的是中國採取市場經濟；但他也安撫保守派，他們認為政治上，中國政府必須遵守史達林主義的根源。

一九七九年一月，鄧小平抵達華府翌日，伊朗發生伊斯蘭革命，推翻巴勒維國王（Mohammad Reza Pahlavi）政權，巴勒維流亡國外。伊朗新政府關閉設在伊朗北部、偵測蘇聯試驗飛彈的美國情報蒐集站。鄧小平和布里辛斯基協商，要在中國西北建立一個聯合訊號情報站——代號「栗子行動」（Operation Chestnut）。由於這項協議，美國和中國邁出歷史性的一步，成為情報夥伴。

訪美期間，鄧小平向老美資本家招手。他承諾進口價值數十億美元的器材設備，也宣布中國需要另外數十億美元的投資。他希望取得貿易最惠國待遇，以便中國產品進入美國市場。一九七四年，美國國會通過一項通稱《傑克森—范尼克修正案》（Jackson-Vanik Amendment）的法令，意在迫使蘇聯允許猶太人離開蘇聯。該法規定，任何國家若不允許移民自由，就不得享有貿易最惠國待遇。當卡特總統問到，中國是否將允許人民自由出境時，鄧小平笑著說：「如果你要我放一千萬中國人來美國，我也樂於從命。」美國從此閉嘴，不再提議要讓《傑克森—范尼克修正案》適用中國，這又證明中國的確是特殊個案。

美國傳媒鉅細無遺地報導鄧小平的到訪。《紐約時報》、《華盛頓郵報》、《時代週刊》和《新聞週刊》共刊登了一百二十七則報導。《時代週刊》已將鄧小平選為一九七八年「年度風雲人物」，二月五日又以鄧小平為封面人物。《新聞週刊》以他愛吐痰而給他取了個綽號「大老粗」。但他訪美之行最膾炙人口的一張照片，是在德克薩斯州西蒙鎮（Simonton）參觀牛仔競技表演時，戴上一頂「十加侖的牛仔帽」、坐著驛馬車繞場一周。夏偉後來在他的著作《小心外國客人》（*Watch Out for the Foreign Guest!*）中解釋，鄧小平之所以願意頭戴牛仔帽，是暗示他已接受西方的價值觀。事實上，這只是高明的公關姿態。美國人覺得這個小矮個中國領導人很可愛。布里茲涅夫毫無幽默感、老扳著臉孔，可就成為最鮮明的對比了。有位德州佬就說：「我不以為小平這個傢伙是老共。」

當鄧小平未揮刀舞劍時，便會露出對美國科技魔力的興趣。他在亨利．福特三世（Henry Ford III）親自陪同下，參觀一家福特汽車公司的工廠。來到詹森太空中心（Lyndon B. Johnson Space Center）時，他兩度擠進狹窄的太空梭訓練機，操作模擬飛行。他到休士頓參觀鑽探石油的設備，也到西雅圖近郊參觀波音公司巨大的工廠。科技是鄧小平訪美之行的重心。兩國簽訂的第一份文件是美國協助中國提振科學的協定。

在回憶錄中，卡特總統形容鄧小平訪美是「我總統任內最愉快的一段經歷」。他寫道，他了解到「為什麼有人會說，中國人是世界上最文明的民族」。一般美國老百姓也對中國大有好感。一九七八年的蓋洛普民調顯示，百分之二十一的美國受訪者對中國有良好印象。到了一九八〇年更增為三倍多。

鄧小平回國後兩週，便下令二十萬大軍攻打越南。他們很快就被打敗。河內根本未派出精銳部隊應戰。但美國決定默示支持中國攻打越南，卻凸顯了美國亞洲政策的改變。美國介入越戰是為了制止共產中國擴張。而今，美國對共產中國攻打越南卻只眨眨眼、毫不作聲。

對於美國支持中國發動此一懲越戰爭，布里辛斯基很高興。他在戰爭打得不可開交時說服白宮，別取消財政部長麥可．布魯門梭（Michael Blumenthal）前往北京討論貿易議題的行程。他寫道：「我暗中希望，鄧小平也運用力量，影響一些美國的關鍵決策者。」

卡特政府未將和中國關係正常化的談判向國會領袖簡報，惹惱了一批參、眾議員。因此，共和黨人和民主黨人攜手保護台灣，其內容遠甚於卡特的白宮向中方透露的想法。

一九七八年十二月，前幾年被尼克森派為駐聯合國大使的喬治．布希宣稱，卡特沒要求中國承諾以和平方式解決台灣問題，是向共產黨「投降」。他投書《華盛頓郵報》表示：「我國史上第一次，和平時期的美國政府廢棄和一個盟國的條約，卻沒有原因或利益。」

幾位有影響力的參議員要求政府，《台美共同防禦條約》若有任何變動，必須讓國會知道。但白宮耍了他們。當時在國會擔任幕僚、日後出任高階外交官的陸士達（Stanley Roth）告訴歷史學者唐耐心，白宮似乎期待「台灣消失」。一九七九年二月，兩黨議員聯手對付白宮，提出《台灣關係法》草案。麻州聯邦參議員愛德華．甘迺迪領銜提出的這項法案，正顏告訴中國，中國若攻擊台灣，美國可能做出反應，並指示總統，提供防衛性武器和技術給台灣。中國抨擊《台灣關係法》，「無端干預」其內政事務。中方沒公開說出來的是，這項法律牴觸了兩任美國總統私下給予他們的一切保證——即最後，台灣將不再以個別國家的身分存在。現在美國再次介入，擋著共產黨，未任其奪取「聖杯」。一九七九年三月，國會兩院以總統無從否決的懸殊票數通過《台灣關係法》。卡特別無選擇，只能簽署使之成為正式法律。令北京難堪的是，透過財務上的花招，國會的台灣友人安排好讓台北保留雙橡園（Twin Oaks）——這座寬敞的華府宅邸，也就是一九三七年以來，中華民國駐美大使的官邸。

對雙方而言都很幸運的是，布里茲涅夫的蘇聯開始到處興風作浪，威脅西歐、干預拉丁美洲、非洲和中東，並持續在中國北方的邊界布置重兵。此時，奧森伯格任職於布里辛斯基主管的國家安全會議，他寫道，對於台灣議題的歧見「被擠到後頭邊邊去」。

部分原因是，卡特政府為了台灣問題要安撫中國，拋棄了所有假裝和蘇聯及中國保持同等友善關係的虛飾。卡特政府採取便利貿易的措施，允許出口設限的技術，也為中國加入世界銀行鋪路，促成中國得到數億美元的貸款。不過，為了台灣問題，中國仍相當不爽。

通常副總統出訪，不會有什麼重大歷史意義。一九七九年八月，華德．孟岱爾（Walter Mondale）訪問中國，看來也不會有例外。他受到制式接待，立刻就注意到中方的態度相當保留。他後來寫道：「沒有喜悅的氣氛。」但第二天，氣氛整個變了，因為孟岱爾提出，美國將提供中方二十億美元的融資、投入一項重大的水力發電項目，並宣布不久後，美國國會將通過賦予中國貿易最惠國待遇。這位副總統寫道：「這就好像，有人丟出了一個大變化球。」八月二十七日，孟岱爾告訴鄧小平，「我們開始把你們和蘇聯區分開來。」他說，美國和這個共產國家的關係已進入「灰色」地帶。

鄧小平要求孟岱爾增加高科技進口、加快批准貿易最惠國待遇，提供更詳細的衛星照片，讓中國了解靠近中國邊界的蘇聯境內有哪些設施，另外也首次要求美方提供武器。根據美國國務院公布的解密議事記錄，八月二十七日的會談中，鄧小平要求「類似 F-15 和 F-16 的」軍機。兩人同意，國防部長哈洛德・布朗（Harold Brown）將成為首位訪問中國的美國國防部長。

美國再次支持讓中國強大的構想。訪問期間孟岱爾告訴鄧小平：「我們已一再堅持，我也要再次表示，我們強烈相信強大中國的重要性。」一九八〇年一月二十四日，美國國會通過賦予中國貿易最惠國待遇，將中國商品的進口關稅降低至與美國友邦及盟國相同的稅率。原本貿易最惠國待遇僅提供給自由市場經濟體，以及有基本政治及公民權（包括移民出國權）的國家。一九八〇年的中國完全不符合這些條件，但卡特政府照樣推動，聲稱地緣政治和商業收穫將遠甚於美國法律的要求。

誠如學者趙文詞（Richard Madsen）所說，美方可能是在地緣政治和商業需求的重大考量下，才會賦予中國貿易最惠國待遇。但卡特政府卻以更高的目標來訴求給予中國的此一待遇。中國應享有貿易最惠國待遇，是因美國期許中國持續邁向市場經濟，並接受自由及公平的選舉。一九八〇年一月二十四日，卡特的支持者——阿肯色州國會眾議員比爾・亞歷山大（Bill Alexander）在眾議院表示，貿易最惠國待遇通過之日，「民主的種子便在中國滋長。」

一九七九年聖誕夜，蘇聯進兵阿富汗，提振了美中的安全關係。白宮宣布，停止將穀物售予蘇聯，也終止民航班機、技術轉移和領事關係。曾在北京美國聯絡辦事處上班的五角大廈官員卜勵德（Nicholas Platt）表示：「中國人難掩喜悅之情。」

一九八〇年一月八日，鄧小平告訴來訪的美國國防部長布朗，美國、日本、中國和歐洲應「團結」起來，對抗蘇聯的威脅。他說：「我們必須把阿富汗變成一個泥淖，讓蘇聯長久深陷於之中的游擊戰。」美國人頻頻點頭稱是。

卡特政府已將武器輸送至阿富汗大雜燴一般的叛軍團體。整個作業加入中國後，如滾雪球般激增為數十億美元的大計畫。中國和美國都退出一九八〇年，舉辦於莫斯科的夏季奧林匹克運動會。在聯合國安全理事會中，美國提出之每項關於阿富汗的決議案，中國都投贊成票或棄權票。

四十年來第二次，美國和中國再度聯手對付一個亞洲大國。一九四〇年代，他們聯手抗日。現在他們展開軍事、情報的夥伴關係以對付蘇聯。這次，兩國似乎處於完成非凡之舉的尖端——未對彼此失望。

一九八〇年，五角大廈和解放軍展開一連串交流活動，並於九月間威廉．培里（William Perry）訪問中國達到最高峰。培里原為加州理工學院數學教授，此時擔任主管研究和工程的國防部次長。培里很熱切地建議中方自助之道，他建議他們選派博士生到美國和西歐深造，還建議派一大批大學生專攻電腦科學。他們果真接受他的建議。後來培里告訴作家孟傑慕，他反對出售武器給中國。不過，同行的卜勵德卻有不同的回憶。卜勵德認為，培里此行「定出美國與中國軍事關係的發展方向」，其中包含了武器銷售。

儘管蘇聯入侵阿富汗，華府仍有少數聲音，反對與中國發展更親密的軍事關係。一九八〇年六月四日，美國駐蘇聯大使湯瑪斯．華生（Thomas Watson）在白宮開會時告訴卡特和布里辛斯基，偏向中國不是個好主意，他力促政府，處理蘇聯和中國時應保持「不偏不倚」的政策。華生提出警告：「我個人覺得，中國人有種到處換床伴的傾向。我認為我們應在有所行動前，確定他們被綁在我們床上，以免日後我們後悔。」布里辛斯基摒棄華生的顧慮，他告訴華生：「你必須記得，我們是很性感的人。」

卡特政府沒善加利用鄧小平急欲與美國關係正常化，為美國或台灣爭取更好的條件。卡特的幕僚人員，尤其是布里辛斯基只顧著對抗蘇聯，蒙蔽了他們的判斷。卡特在他的回憶錄中堅稱，美國「對台灣人民公平、誠實」。但卡特總統急急忙忙和中國建立正式外交關係，以及他堅持保密作業，製造出在中情局工作多年的李潔明所謂「一項笨拙的、妥協的協定」。李潔明認為，美國沒堅持北京放棄攻打台灣的威脅，不僅是辜負自己，也辜負了台灣人民。

李潔明寫道，這場協議中的真正輸家是美國在盟國之間的聲譽，甚至在中方心中的聲譽。李潔明問道：「如果我們是我們表現的那麼無能，或如果北京可以如此容易地操縱我們，任何一個中國人又怎能真正尊敬我們？」

美國人似乎不了解，鄧小平亟需美國的支持。一九七八年十一月，越南與莫斯科簽訂共同防禦條約，並投入蘇聯陣營，正與中國在柬埔寨的盟友波帕（Pol Pot）的部隊作戰。美國與蘇聯正在規劃一九七九年五月即將舉行的高峰會議，鄧小平希望在峰會之前，就與美國關係正常化。顯然，鄧小平需要美國在他的中國現代化計畫中扮演關鍵角色，卻看不到自己手裡有籌碼，或不願使用。中美關係正常化後不久，李潔明在一份備忘錄中寫下：「我們被詐賭了。」

美中關係正常化後，美國廣泛發起各種計畫，使美國政府的各部會連結中國的相應單位，目標是協助中國的現代化和成長。十九世紀時，美國人夢想中國安定、強大。二戰期間，小羅斯福總統欲將中國提升到世界大國之位。現在卡特總統接棒，將完成其未竟的志業。

附註

關於卡特和伍考克對尼克森處理美中關係的看法，取材自孟捷慕（James Mann）的《轉向：從尼克森到柯林頓美中關係揭秘》（*About Face: A History of America's Curious Relationship with China, from Nixon to Clinton*）。關於布里辛斯基推動美中關係正常化的盤算詳情，參見他的《權力與原則：一位國安顧問的回憶錄，一九七七至八一年》（*Power and Principle: Memoirs of the National Security Adviser, 1977-1981*）。關於鄧小平在華府與美國官員的對話內容，出自國務院歷史文獻辦公室（Office of the Historian）解密的談話記錄。

第三十八章
中國重新發現美國

尼克森訪問中國，釋出了美國人對中國長期壓抑的迷戀之情，同樣地，一九七九年鄧小平訪美，也釋出中國人對美國的傾慕。中國的國營媒體開始形容美國是個美麗的國度。《人民日報》上，中國駐華府聯絡辦事處主任黃鎮描述美國：「土地肥沃、風景優美、科技進步、工業發達和農業收穫量高」。中國人被吸引到專注於電視上美國宏偉的景象。中共高層領導人對於美國竟如此富裕相當震驚。《紐約時報》記者包德甫（Fox Butterfield）引述一位官員的感嘆道：「我們浪費了三十年。」官方認可的盛讚美國談話，如閃電般一波波強力襲來，連《華盛頓郵報》都擔心，中國已經走火入魔。

中國人再次轉向美國求學。中國最熱切地接待美國科學家、教育家到訪。一九七八年，卡特派他的科技顧問，也是地質學家法蘭克．普瑞斯（Frank Press）訪問中國時，鄧小平堅持，要他立刻打電話向卡特報告，要求准許中國學生到美國留學。半夜三點，白宮電話響起，卡特還以為是地質學家普瑞斯要向他報告，有座火山爆發了，但普瑞斯卻說，不，不是的；是鄧小平要求，准他派五千個學生到美國學習。卡特大叫一聲：「叫他派十萬個來好了。」然後倒頭又睡。

一九七八年十二月二十七日，美中正式建交前四天，五十二名三十二歲至四十九歲不等的中國學者從北京出發，到美國留學兩年。如同近十年前穿透美中隔閡的美國人一樣，現在，中國人也以星際旅行形容他們抵達美國。地質學家沈顯傑回憶道：「當時，我們對美國很陌生，好比對月球一無所知。」這些學者也不知道他們只是第一批太空人。到了一九八七年，中國留美學生已達十萬人，到了二〇一五年，更高達二十七萬五千人。整體而言，美國已培訓了兩百多萬名中國留學生。

第一批抵達的中國人，十分訝異於美國人如此快速的生活步調。新華社記者錢行寫道：「我一下飛機，立刻感受到生命的脈動加快起來。我到處都感受到速度的壓力。汽車跑得快，人們走路走得快，新聞報導快，說話快……彷彿什麼事都不能等……快一點、快一點。這是美國的口號。」

這些中國人從腳踏車的國家一腳踏進汽車的國度。中國詩人讚美美國的高速公路系統。小說家寫詩，讚嘆夜間的飛行，並被底下萬家燈火迷住。馮亦代曾將海明威（Ernest Hemingway）和史坦貝克（John Steinbeck）的作品翻譯成中文，然後被下放勞改二十年。他擔心，中國恐怕永遠追趕不上。他寫道：「邁向文明之路，我們走得太慢了。」傳遞回國的訊息很簡單：我們太落後了。

與之前的共產革命一樣，美國的價值觀再度啟發中國人。一九七九年五月十三日，張元春在《人民日報》上撰文，稱讚美國人「樂觀」和「務實」，是中國追求現代化所需的根本元素。作家錢寧以「浪潮」形容中國重新發現美國。「中國人民像從睡得糊里糊塗中突然醒來。他們看到外頭全新的世界。」

一九七九年春天，傳奇的中國人類學家費孝通重返美國兩個月，這是他二戰以來首度踏上美國國土。對費孝通而言，重回舊地真是酸甜兼具、百感交集。因他在最能發揮貢獻的壯年時代遭毛澤東封殺。費孝通在上海一份報紙上撰文，侃侃而談美國的成敗、科學和種族關係。他和過去一樣，拿美國作為中國的明鏡。他提到阿波羅登月計畫，也嘲笑中國共產黨竟否認登月之舉的存在。他問道：「這是個全球智慧大戰的時代，你怎麼可能不承認那件事真的發生過？」

一九八〇年的美國總統大選，是中國對美國重啟門戶以來第一次，國家控制的傳媒給人民好好上了一堂美國公民課。人人瘋狂學英文。一九八一年，進入美國大學念書前要考的托福測驗首次舉行。美國文化從禁果變成公開現象。一九八〇年，模仿好萊塢電影《決死突擊隊》（*Dirty Dozen*）的美劇《游擊英雄》（*Garrison's Gorillas*）[1]上映，風靡全中國。每週六晚上八點播出的這齣影集，劇情攸關從囚犯中徵集一群好手與德國人作戰。中國青年模仿劇中人投擲刀刃、留長髮——中國傳媒是這樣說的。還有十集未播，中國中央電視台就撤掉節目，理由是「傷風敗俗、對社會產生壞影響」。數千封抗議信飛進了央視。

美國文學被取締數十年後又捲土重來，並蔚為風氣。一整個世代的中國女子讀《飄》（*Gone with the Wind*）長大。一九八三年，作家王安憶前往愛荷華大學的國際寫作工作坊進修四個月，激烈改變了她對母國文化的觀點。回國後，她向上海復旦大學的一群學生提到，「美國的一切恰恰和中國相反。」她在美國的經歷，使她成為以正面角度描繪性愛的第一位當代中國作家。

西方風格、自由、文化、電視、電影和思想突然湧現，讓許多中國人醉心嚮往，但黨中央卻大感不安。一九八三年十月，中共十二屆二中全會上，鄧小平抨擊所謂來自西方的「精神汙染」。中國的知識份子正在散布有害的思想，如個人主義和自由主義。作家太專注於揭發社會主義的陰暗面。編劇家白樺寫了一齣劇本，用於講述流亡美國，而後回到中國之一位畫家的故事，他大膽提出一個離經叛道的問題：可以愛中國、卻不愛共產黨嗎？大學校園裡，不分男女的毛裝換成及肩的一頭亂髮、喇叭褲和薄薄的連衣裙。鄧小平向忠貞黨員發出警告，美國的影響力正在侵蝕中國的靈魂。

強硬派撥弄鄧小平的恐懼心理。著名的保守派陳雲說，「有些人在國外只看了幾眼摩天大樓和高速公路」就遽下結論，以為「社會主義比不上資本主義」。陳雲主張，對這種人只有施行「再教育」一途。《人民日報》拋棄親美論調，開始揭露美國生活的醜陋面。有篇文章敘述「迪士尼世界」剝削員工，並配上一幅漫畫，之中有個骨瘦如柴的美國人脫下米老鼠的化裝衣，漫畫說明寫著「天堂之淚」。幾年前，還滿口盛讚美國工作倫理和現代化的評論家，今改口抨擊美國的社會制度，有位作家認為其特色是「苦楚、自私、欺騙和貪婪」。在中國，作家、編輯、電影製片人、歌手、教授、畫家和小生意人，被公安局找去談話。書本被從圖書館下架。女人若被逮到有西方的男朋友，會被治以行為放蕩不檢之罪，並送去勞改。

然而，當保守派將視線轉到經濟改革時，鄧小平便駕馭住他們。中國很快又宣布，開放華東沿海十四座城市，歡迎外國投資。提出中國人所謂「沿海戰略」的，是國務院總理趙紫陽。

趙紫陽的父親是一名富有的地主，一九四〇年代就被共產黨殺害。但趙紫陽在他父親遇害前已參加革命，並於一九三八年正式入黨。即使在「大躍進」期間，趙紫陽仍是毛澤東的忠貞支持者。但當他親眼目睹大饑荒後，趙紫陽反對毛澤東的經濟做法，轉為追隨鄧小平。趙紫陽利用他廣東省委書記的身分，在一九八〇年代初期，實驗有限的市場導向改革。

在文革期間，紅衛兵批評趙紫陽是「走資派」。他被拔除所有政府職位，下放到一家機械工廠工作四年，才又復職。一九七五年，中共派他出任四川省黨委書記，此時，這個中國人口最多的省份正面臨饑荒危機。趙紫陽解散人民公社，允許農民自由耕作。結果四川一再豐收。一九八〇年，鄧小平拔擢趙紫陽為國務院總理。

一九八四年一月十一日，趙紫陽成為中華人民共和國第一位訪問美國的政府首長（譯按：鄧小平訪美時的身分是政府的副首長，他擔任包括中共中央副主席、全國政協主席、國務院副總理、中央軍委副主席等職務）。此舉象徵反精神汙染的運動落幕。《人民日報》報導，趙紫陽在安德魯空軍基地（Andrews Air Force Base）受到盛大的歡迎時，熱切談到美中熱絡關係的「極大潛力」。中國領導人訪美的消息報導，引發又一輪關於美國的狂熱報導。趙紫陽在殖民時期的城鎮威廉斯堡（Williamsburg）乘坐馬車遊街。他也在白宮的南草坪和雷根總統挽臂交談。

中國記者又開始發出正面的聲音。《人民日報》有位專欄作家問道：「所謂資本主義的生活型態，究竟是怎麼一回事？物質富裕的生活未必腐敗。」美國的科技再度成為中國的北極星，一九八四年五月，有八篇系列報導介紹美國矽谷正展開「新科技革命」。

一九八一年六月十八日夜裡，在菲律賓某座海邊城市，一位自稱「大衛兄弟」（Brother David）的美國人領導二十名各國傳教士，忙著往兩艘拖船搬運兩百三十二包用塑膠布團團包好的巨大包裹，每一包各一噸重，內容物是總計一百萬本的聖經。

幾小時後，在汕頭海濱（阿黛兒．費爾德過去教導出中國第一代「女傳道」的華南港市）這兩艘船和幾千名中國基督徒會合。他們卸貨，將這些黑色封面的小書散發到全國各地去。次日上午，一個解放軍巡邏隊來到港口，除了幾本泡濕了的聖經之外，一無所獲。這項「珍珠行動計畫」（Project Pearl）是賓夕法尼亞州出生的前任大學足球明星、後轉任傳教士的道格．蘇特芬（Doug Sutphen）策劃領導，至今這個計畫仍是歷史上規模最大的聖經走私活動。

中國對外開放，讓美國基督徒重啟希望，認為又有可以拯救中國靈魂的機會。但就與十九世紀一樣，美國教會還是分成兩派，一派認為要努力傳播福音，另一派主張從行善和教育下手。主流的新教教派如長老會（Presbytrians）和聖公會（Episcopalians），遵守共產黨禁止招收信徒的規定。他們專注於幫助中國現代化的工作。一九八〇年，亞洲基督高等教育聯合董事會（United Board for Christian Higher Education in Asia）從中國政府收到九百萬美元的補償金，補償共產黨革命後沒收的數以百計教堂、學校和大學。理事會未將這筆錢投入到擴大宗教研習，而是在中國大學院校設置獎學金，協助中國學生赴美國學習。當他們訪問中國時，這些主流新教傳教士只在官方承認、黨控制的新教徒教堂和經中國政府核准的中國教會接觸。

同時，一大批類似道格．蘇特芬的美國傳教士直接向人民接觸，遵循羅孝全早年的路線。他們鼓勵中國的地下教會運動，發放經費、《聖經》給排斥共產黨控制的團體，並提供指導。借用一位歷史學者的話來說，美國人過去的觀念認為：基督教信仰在中國「開頭就錯了，一切努力俱無效果」，現在這句話已被推翻。一九七〇年代起，這些美國傳教士和他們的中國信徒帶動中國歷史上最成功的傳教運動。傳教士的精力反映於，他們在美國的人數和力量不斷成長，這又得益於電視傳道大為盛行。一九八五年，三萬五千名美國傳教士在世界各地傳布福音，其中許多人在中國默默耕耘。

南卡羅萊納州的農村少年包德寧（Dennis Balcombe）在十六歲就受到上帝的感召，要他把耶穌基督的道理傳到中國去。八年後的一九六九年，他搬到香港、租了一間辦公室，創辦「香港基督教復興教會」（Hong Kong Revival Christian Church），開始傳福音。他很快發展為面積五千平方英尺的教會，並將目光投向中國。當中國開放美國人可以遊客的身分進入中國，包德寧就立刻到一世紀前擁抱太平天國起義的華南落後地區傳教。在看到西方人群眾會大驚小怪圍觀的地區，包德寧必須喬裝掩飾。有次他躺在棺材裡，被人偷偷帶進教堂。從一九八五年到一九八七年，他走上了數以千計在中國地下傳教的美國人曾走過的路，在廣州喬裝成英文老師，並以《聖經》為教科書。一九八五年，他遭逮捕並被警告不得傳教，但他仍繼續傳布福音。

中國政府不知如何應付民眾著迷於基督教義的風氣。美國人領先將《聖經》走私運進中國，迫使鄧小平兌現一九七九年對卡特的承諾，允許《聖經》在中國大量印製。然而，中國共產黨是建立在畏懼基督信仰的基礎上，因此其仇恨美國價值的感情旋即上升。

中國人的「宗教饑渴」，還是被包德寧注意到了。十九世紀、二十世紀初的信教率低得可憐，現在卻大幅提升。包德寧在廣州傳教的那兩年，個人就對三百名中國信徒施洗；一百年前，能有十個中國人信教就很了不起了。一九四九年共產革命前夕，全中國的新教教徒不及一百萬人。今天，新教徒是中國成長最快的宗教，信徒估計有四千萬至六千萬之多。

美國傳教士試圖說服中國當局，基督教信仰可作為推動現代化和開發的力量，重申一世紀前他們前輩的論調。包德寧告訴其中國信徒：「任何復興都需要上帝的意旨。」一九八八年，葛理翰（Billy Graham）牧師前往中國，與共產黨高階領導人見面，也和家庭教會領導人一起祈禱，他宣稱，基督信仰可幫助中國重拾偉大。他說：「中國的基督徒是中國社會的鹽和光。」

一九八二年，中國共產黨發布「第十九號文件」，迄今仍是共產中國境內宗教頒布的最權威指令。中共在文件中承認，宗教仍可在社會主義之下存在一段時候。幾個月後，中共修改了中國《憲法》，賦予信徒更多自由。但和平常一樣，中共預留了伏筆。中共宣布，只有該黨認定的「正常宗教活動」才受到保護，換言之，中共可以決定何為「異常」，並保有取締的權利。

西方學者經常認為，中國的「四個現代化」是要改善其經濟、科技、農業和國防，是中國百年來追求恢復往日榮光的大計畫一部分。但鄧小平推動「四個現代化」另有原因：他迫切需要國家動起來、有工作可做。一九六〇年代，中共處理城市失業問題的做法，是將一千七百萬名青年送到鄉下，和農民一起工作。但這個做法虛耗數十億美元，卻沒什麼收穫。當數百萬「下放」青年回到城市時，鄧小平轉向美國及已開發世界爭取投資，好讓失業青年離開街頭、進入工廠。

這時，鄧小平門戶開放政策最激烈的成分在於，促進外國資本直接投資或與中國國企合資。鄧小平知道，美國資金在東南亞、南韓和台灣起了作用，也知道進入美國市場得以嘉惠日本。他希望中國也能如此。美國的軍事力量提供中國所需的保護，方便中國在專注經濟的同時，也讓美國企業及其歐、亞夥伴提供資金和專業知識幫助中國成長。彷彿清朝伍秉鑑與新英格蘭商人密切合作的時期，中國在華南設立一連串出口區。現在，中國不賣茶葉和陶瓷，而是生產玩具、紡織品和家用商品。美國人如同十八、十九世紀之交，再度大買特買中國的所有東西。

一九八〇年秋天，布隆明岱爾百貨公司（Bloomingdale's department store）布置一場「來中國」（Come to China）的盛會，將曼哈頓旗艦店的八層樓，塞滿來自中華人民共和國的衣飾、食物和家俱。一九七二年起，布隆明岱爾的採購經理就常跑中國，蒐集《紐約時報》所謂「一家百貨公司所能蒐集到，最多彩多姿的中國商品」。從擺在一樓「人民商店」的無產階級熱門商品，到樓上仿明朝設計的螢石家具，《紐約時報》指出，「出奇地有品味」，但還是擺出最俗套的中國裝飾：一條二十英尺長的鋁製長龍。

「來中國」象徵中國工廠和美國消費者愛情故事的開端。從一九七二年的區區五百萬美元開始，到了一九七八年，美中雙向貿易已攀升至五億美元。一九七九年關係正常化之後，金額又翻了一番。一九八一年，中國出口到美國的商品超過美國出口到中國的商品，而且以後一直如此。此後，中國累積的對美貿易順差高達約四兆美元。美國消費者的錢包是中國崛起最重要的外來驅力。

美國企業也避免不了對中國「狂喜的情愫」。美國企業試圖以其和古代中國的悠久關係拓展商機。一九八三年Citibank在中國開幕營業時，採用「花旗銀行」為中文名字，這是一九〇〇年代初期其前身在中國所使用的名字。長期以來，美國對中貿易的表現都很差，但美國企業一向只看重中國的潛力，不是當下的現實。IBM董事長拉夫・菲佛（Ralph A. Pfeiffer, Jr.）活像一八四〇年代一位英國作家的現代版；這位英國作家認為，如果每個中國人都能被說服，「將他上衣的下襬延長一英尺」，蘭開夏（Lancashire）的紡織工廠就要「二十四小時不停趕工」。現在，菲佛的說詞稍有不同，他說：「如果我們能向每一百個中國人或每一千人、每一萬人賣出一台IBM個人電腦的話……」

中國能讓人人發財致富的想法再度冒出頭，成為老美的生意指標。一九八三年，連年虧損的「美國汽車公司」（American Motors Corporation）和中方簽訂合約，將在北京生產吉普車時，其股價暴漲四成。《底特律自由新聞》（*Detroit Free Press*）為這份合約歡欣鼓舞，就和一七八五年《紐約新聞電訊報》（*New York News Dispatch*）歡迎「中國皇后號」返回紐約港一模一樣，稱讚這是「十年來，最精明的工業標誌之一」。一九二〇年代，初出茅廬的阿曼德・漢默（Armand Hammer）因為和列寧（Vladimir Lenin）打交道、做生意而一砲成名。一九七九年鄧小平訪美期間，他使盡各種關係、弄到一張請帖見鄧小平。當漢默要自我介紹時，鄧小平說不用了。鄧小平說：「你就是俄國有難時，幫忙列寧的那位先生。現在你必須來中國幫我。」漢默欣然前往。

接下來的發展形成一個象徵——有段時間美中合作，雙方均可大獲其利。漢默的西方石油公司（Occidental Petroleum）和一家中國的國有企業達成協議，在山西省投資六億五千萬美元，經營一座煤礦。這是美國在中國最大的投資，而且將是全世界最大的煤礦之一。《商業週刊》的大標題是「阿曼德・漢默仍然在教他們如何做生意」。

中國重新開放的時機，湊巧趕上伊朗革命導致全球能源危機。和一九〇〇年代初年，約翰・洛克斐勒的美孚石油公司（Standard Oil）想法如出一轍，美國石油界大型公司押寶，結合美國的科技和中國人的勤奮工作，找到巨大的石油蘊藏。《新聞週刊》報導，「唯一肯定的一件事是，中國的石油蘊藏量極大。」美國鑽油工人、工程師和資金湧入華南尋找外海石油。與一八六〇年代的蒲安臣一樣，美國律師傳授國際商事法的微妙訣竅給中國同業，也傳授強硬的合約範本，要求外國公司支付所有探勘成本，並交出成果。在過去，從未有任何國家這麼做，但因為是中國，因此美國石油業者點頭接受。從一九七九年到一九八五年，美國主要石油公司在中國投資十七億美元。

但很快地，一樁又一樁生意碰到困難。首批中國製的奇洛基（Cherokee）吉普車因為其引擎不靈光，而必須撤出美國汽車公司在北京的裝配線。阿曼德·漢默的煤礦場也因為煤價太低、美國的設計有瑕疵、中國的基礎設施太陳舊而垮台。沒有任何一家大型石油公司找到重要的石油蘊藏。美國資金所支撐起的中國石油探勘業，今天卻成了世界巨擘。就ＩＢＭ而言，該公司在中國的個人電腦業務起飛了——不過這要等到二〇〇五年ＩＢＭ被中國的聯想電腦公司（Lenovo）收購以後。

美中恢復經貿往來，促成美國顧問諮商業大盛，這些人持有進入中國市場的金鑰——或令人以為他們持有金鑰。與一九二〇年代的卡爾·克羅一樣，這群美國人兜售他們和中國領導人的關係，以及自身對中國人想法的了解。美國公司聘用老邁的馬克思主義者李敦白[2]和艾培（Israel Epstein）[3]，幫忙克服中國的官僚手續。由傳教士叔父扶養長大的哈納德·胡斯（Harned Hoose）[4]，住在洛杉磯一棟原為名星葛麗泰·嘉寶（Greta Garbo）舊宅的華廈，主要提供東方的智慧。為保障這行的生計，顧問們將在中國的經商之道盡可能搞得像一般企業經營者一樣神秘難解，弄出「面子」（意即尊重）、「關係」（意即人脈）等一大堆名詞，成為美國企業界琅琅上口的新詞彙。

一九八〇年，喬治·布希成為雷根的副總統人選，他的長兄普瑞斯考·布希（Prescott Bush）便辭掉紐約的保險業工作，自立門戶，專門服務那些到中國爭取商機的美國企業。一家日本公司規劃在上海斥資一千八百萬美元、闢建一座高爾夫球場，讓給普瑞斯考·布希六百萬美元的持股，因他們以為，憑布希這個名字可以順利過關。喬治·布希在日記裡寫道：「他在中國的工作總讓我很擔心。」

很快地，不分共和黨或民主黨，數十名前任美國高官紛紛投入這行，絡繹往來於美中兩國。季辛吉、資深外交官郝爾布魯克、前任能源部長史勒辛吉（James Schlesinger），乃至一九九〇年代的喬治・布希本人，都收取巨額顧問費並提供服務。布希的服務費是一天二十五萬美元。這些官員無人承認，他們將個人生意和政府公職混在一起，影響到美國對中政策的方向。但這種令人質疑的公私混合現象，給予中國人一種印象，有如清朝派到美國的訪問團成員志剛所言，在美國，「敬愛上帝恐怕不會比愛錢來得真切」。

數十年來，中國共產黨的中心信條是要求自我犧牲。中共告知人民，必須「吃苦」，才能讓中國強大。向西方開放卻完全翻轉了這種想法。一九七九年，一般北京家庭根本談不上擁有什麼家電用品。到了一九八三年，半數以上擁有電風扇，四分之一擁有錄音機。彩色電視機和洗衣機很快普及了。自我犧牲全被拋諸腦後，物質主義當家掛帥。中國人開始擁抱速食和蘇打飲料、電視連續劇和汽車的美國夢。

一九七九年一月一日，美中關係正式正常化的那一天，共產革命以來的首批可口可樂進入中國市場。建立灘頭堡後兩年，可口可樂公司成立第一家裝瓶工廠，特地在北京人民大會堂舉辦盛會，邀請歌星艾瑞莎・法蘭克林（Aretha Franklin，譯按：有美國「靈魂歌后」之譽的非裔歌手）載歌載舞，歡唱「可樂增益生活情趣！」到了一九八九年，可口可樂公司已革命改造了中國的軟性飲料產業。各式各樣中國製的汽水遍布零售市場。中年中國人號稱，為了養生，只喝溫的可口可樂，年輕人則是愈冰愈好。

一九八七年十一月，美國速食業進軍中國，肯德基在天安門廣場邊、離毛澤東紀念館不遠處開設第一家店。開幕當天，賣了兩千兩百份炸雞盒餐，不久後，營業收入即打破肯德基全球連鎖系統的紀錄。中國人排隊享受乾淨的廁所和友善的服務——在一九八〇年代的北京，兩者都很稀罕。

與尼爾・史塔爾（Neil Starr）及其保險業務一樣，肯德基入境隨俗，將自己打造成中國公司。其首任經理是來自新加坡的華人。一九九〇年，漢堡巨擘麥當勞在中國的第一家店開設於深圳，賣的全是美式餐點。肯德基則不然，販賣豆漿、稀飯、辣味雞漢堡、珍珠奶茶。辣醬比美國的辣醬還辣，但價位平易近人、適合全家享用。

兩國之間的商務關係日益增長，卻讓美國官員感到驚訝。這倒很奇怪，一七八三年美國人要到中國，首要目標是做生意。現在，美國官員被地緣政治蒙住眼睛，他們並不了解，就中國人而言，他們有求於美國的遠大於安全保障，而現代化是他們的目標。卜勵德寫道：「涉及對中國開放的任何一人，從尼克森、季辛吉以降對此都未料到，更沒想像到最根本的經濟會成為我們關係的核心。」

鄧小平與十九世紀的中國領導人並無二致，他想要西方的科學、技術、資金和管理技能，但他忌憚西方的自由。他說：「打開窗戶呼吸新鮮空氣，但同時，蒼蠅、蟲子也飛進來了。」想要新鮮空氣的中國人，和擔心蒼蠅、蟲子的中國人，兩者之間的緊張關係讓美國一會兒是中國的最佳機遇、一會兒變成最糟的夢魘。隨著一九八〇年代即將結束，中共對美國的反應，激烈擺盪於焦慮失望和親切仰慕之間，這種緊張有增無減。

譯註

1. 一九六七年，《決死突擊隊》上映，李・馬文（Lee Marvin）飾演的約翰・萊士曼（John Reisman）少校從獄中挑選十二名被判死刑或無期徒刑的雞鳴狗盜高手組成突擊隊，潛入敵後，對付德國軍隊。劇中吊兒郎當投擲小刀的，就是查爾斯・布朗森（Charles Bronson）飾演的一名死囚。《蓋利森突擊隊》是美國廣播公司（ABC）仿效其劇情內容製作的二十六集電視連續劇，由影星隆・哈柏（Ron Harper）飾演突擊隊隊長克萊格・蓋利森（Craig Garrison）中尉。
2. 一九二〇年，李敦白生於美國南卡羅萊納州，二戰期間因學習中文而認識左翼作家安娜・露意絲・史特朗。一九四五年隨軍隊前往中國，處理美軍和中國民眾之間的事務。後經宋慶齡介紹而赴延安，在新華社工作，負責將中共領導人（包括毛澤東）的談話編譯為英文。他取得中國國籍，也是第一位加入中國共產黨的美國人。他長年住在中國，直到一九八〇年才回美國並開設顧問公司。
3. 艾培為波蘭裔猶太人，一九三〇年代來中國從事新聞工作。因為幫史諾校訂一本書而結識史諾，並和中國左翼人士熟識。一九三八年在香港參與宋慶齡組織「保衛中國同盟」的工作。他是正式加入中國共產黨的黨員，也是取得中華人民共和國國籍的少數外國人之一。
4. 哈納德・胡斯雙親在中國行醫兼傳教，一九三八年他回美國，進入南加州大學法學院唸書，旋即輟學從軍，回到中國戰場、在日軍占領區指揮一支海軍游擊隊。胡斯經尼克森派任，任職於國家安全會議，參與一九七二年尼克森訪問中國的幕僚作業。

附註

中國重新發現美國的詳情，散見中國人的回憶錄和新聞報導；錢寧的《留學美國》敘述新世代中國學生在美國的故事，也很有參考價值。關於中國人所寫的詩文，取材自楊玉聖的《中國人的美國觀》。

第三十九章
誰也不怕誰

雷根總統的中國政策其實很混亂。季辛吉稱之為「像是在研究幾乎無法理解的矛盾」。雷根角逐共和黨提名時宣布，一旦當選，他將恢復對台灣的正式關係。但一九八〇年十一月，他擊敗競選連任的卡特時，已經拋棄這個想法。

雷根是一名鐵桿的反共者，但他和他的政府繼續協助將中國打造為全球大國。雷根的助手——特別是保羅·伍佛維茨（Paul Wolfowitz）和理查·阿米塔吉（Richard Armitage）——反對將中國打造為美國的盟友，但仍負責督導與北京更密切的軍事合作，欲將蘇聯羈絆在阿富汗。

雷根政府時期，美國和中國簽署兩國之間的第三份公報，也是最有爭議的一份。表面上，美國承諾逐步降低對台軍售。事實上，公報都還未簽字，雷根就已向台灣的總統蔣經國保證，美國不會這麼做。在駐台名義方面，雷根指示非官方代表機構「美國在台協會」（American Institutein Taiwan，簡稱ＡＩＴ）處長李潔明向蔣經國保證，美國將繼續與台灣分享中國軍事發展的相關情報，同時承諾，華府不會強迫台灣和大陸談判等等。另外，雷根在國家安全會議檔案留下一份秘密備忘錄，宣稱美國的意向是維持「台灣具有相對於中華人民共和國的防衛能力」。此後，美國賣給台灣的武器金額動輒以數十億美元計。

蘇聯的惡劣行為，導致華府繼續和北京密切合作。一九八〇年起，美國政府採購價值二十億美元的中國武器——攻擊步槍、火箭推動榴彈、地對空飛彈，將其交給阿富汗聖戰士，用來對抗蘇聯軍隊。一九八六年，北京接受反共的保守派共和黨籍聯邦參議員歐林．哈契（Orrin Hatch）代表美方傳遞的要求，將美國的刺針飛彈（Stinger missiles）轉交給阿富汗叛軍。美中兩國也合作武裝五萬名反越南的游擊隊，包括搞種族滅絕暴行的赤棉部隊。美國也支持中國的計畫，若越南從柬埔寨撤出軍隊，就讓赤棉重掌政權。據新加坡外交官畢拉哈利．考斯甘（Bilahari Kausikan）的回憶，白宮視美中關係為「最高利益」，才會去「支持一個搞種族滅絕暴行的政府重掌政權」。

北京成為每位中情局局長的必到之地。首開先例的是史丹斯斐德．譚納（Stansfield Turner）。一九八〇年十二月二十七日，他貼上假鬍子、喬裝抵達北京，談判在中蘇邊境附近設立監聽站的「栗子行動計畫」（Operation Chestnut）細節。實質上，對一九四九年起就處於交戰狀態的兩國情報首長而言，這實在是很詭譎的經驗。當時，羅伯．蓋茨是主管蘇聯事務的國家情報官，後來在一九八〇年代中期，負責向中方簡報蘇聯的軍事發展動態。他回憶道：「我們必須擰一下大腿，才敢肯定這不是做夢。」

美國出售武器給中國始於一九八五年，交易涉及六大武器系統，包括大口徑彈藥、魚雷、反大砲雷達，以及一項五億美元的計畫，用來革新中國主力戰鬥機 F-8 的航空電子儀器。這項代號「和平珍珠」（Peace Pearl）的計畫，讓中方粗略見識到五角大廈的採購程序，但經費超支和工程困難的問題導致銷售遲滯。航空電子儀器很難裝置到一九五〇年代的軍機上。F-8 真正需要的是全新的引擎，但美國不肯提供。

不過，雷根政府仍持續一百多年來美國對中國的計畫，決心幫中國強大起來。一九八一年起，雷根總統簽署三份國家安全指令，准許五角大廈出售武器給中國，准許協助中國民用及戰略核子計畫，也承諾美國協助中國現代化。一九八二年，美國取消不准出口軍民兩用科技給中國的禁令時，一年內，中國進口這類科技產品從五億美元暴增為五十億美元。美國公司雙手建立中國的半導體產業。一九八一年六月，國務院高階策略家伍佛維茨寫道：「我們的目標是……強化中國抵抗蘇聯恫嚇的能力。」一九八二年九月，主管政治事務的國務次卿勞倫斯．伊戈伯格

（Lawrence Eagleburger）也說：「我們應該讓蘇聯摸不清美中關係的神秘玄機，進而擔心不已。」

一九八四年一月，中國國務院總理趙紫陽訪問美國後，四月間，全世界最著名的反共人士雷根總統訪問中國。此後，提到中國人時，都改口說是「所謂的共產黨人士」。同一個月，中國加入世界銀行；兩年內，雷根政府也開始與北京談判，議題是幫助中國加入關稅暨貿易總協定（General Agreement on Tariffs and Trade，簡稱ＧＡＴＴ）——即世界貿易組織（World trade Organization，簡稱ＷＴＯ）的前身。

表面上，美中兩國在阿富汗和柬埔寨的合作獲致明顯成效。一九八九年，蘇聯共產黨新任總書記米海爾．戈巴契夫（Mikhail Gorbachev）宣布，蘇聯將從阿富汗撤軍。同一年，越南也自柬埔寨撤軍。當時，一向支持與中國發展軍事關係的白邦瑞任職於五角大廈，他寫道，在華府這些勝利增強了信念，以為中國和美國「可以就此信賴基礎進行打造，進而成為永久、真正的盟友。」

此刻，華府很少有人提出挑戰，並認為將美國對中關係主要建立在安全議題上是個壞主意。未來幾年世界局勢一變時，大家才發覺麻煩大了。

對許多中國人而言，美國代表的不只是出售武器。一九七二年十二月，三十六歲的傑出天文物理學家方勵之在中國學術期刊《物理學》上介紹大爆炸理論（big bang theory）。對中共的真正信徒來說，大爆炸理論的問題在於，一個有明確開端的宇宙，意味著可能涉及神聖的創造者。中共的宣傳部門抨擊方勵之推動「資本主義的形上學」。方勵之的論文凸顯西方科學和科學方法對中國統治階級造成威脅。共產黨宣示，只有黨可以決定真理，但方勵之及愈來愈多追隨他的青年男女卻認為，沒有任何體制、政黨或個人可以壟斷真理。

方勵之是個很討厭的棘手人物，但他在中國的影響力極大。他主張，沒有自由，科學就無從進步：如此一來就道破了黨的矛盾，也就是中國怎麼可能既要開放迎進西方科技，又要把西方政治理想擋在門外？

一九三六年方勵之生於北平，十六歲就進入北京大學研習物理學，一九五五年加入共產黨。一年後，「百花齊放」

運動期間，他上書要求學術自由。後來在「反右運動」中被開除黨籍、下放勞改。一九七一年，火箭科學家、加州理工學院畢業的錢學森幫忙方勵之，在他主持的中國科技大學安插了清潔員的工作。一年後，方勵之悄悄恢復研究工作。一九七六年四人幫被捕後，方勵之恢復黨籍。一九七八年，四十二歲的他成為全中國最年輕的正教授。在歐美發表學術論文的中國科學家中，他是第一代的佼佼者。

起先，方勵之的志趣吻合黨中央的路線。鄧小平推動中國現代化的運動，科技居於中心地位，他需要方勵之這樣的人才。但隨著時序進展，方勵之偏離鄧小平的劇本、闖入禁區，並探索西方科學和西方自由之間的關係。方勵之撰文表示，中國要發展科學，必須質疑權威。他批評馬克思主義老朽無用，「充滿過時的結論，因而導致失敗。」

儘管有這些爭議的立場，一九八四年，方勵之仍被派任為中國科技大學副校長。他大刀闊斧改革課程，鼓勵師生尋求出國進修研究的機會。他宣布：「我預備將思想自由當作治校理念之一。」次年他發表演講，要求中國知識份子「站出來，為爭取真理、正義和民主而奮鬥」。

方勵之很快就和共產黨當局起衝突。一九八五年十一月，北京一位副市長掛名和赴美訪問的科學家代表團一起出發，方勵之批評他占了科學家的名額。北京市黨委機關報《北京日報》抨擊方勵之，警告他「沒有任何科學可取代馬克思哲學。」方勵之前往普林斯頓大學講學的出境簽證遭到稽延。

一九八六年夏天，在經濟改革浪頭中回中國的方勵之，再度抨擊傳統中國文化和「共產黨正統論」。他在上海、寧波和合肥各地的大學，對場場爆滿的學生發表一系列演講，強調中國知識份子在改革過程中作為獨立力量——第三勢力——的重要性。他宣稱，自己到了歐洲和美國才大開眼界。他對上海同濟大學的學生說：「我們看到自己的落後，才能開化進步。」他講出了整個世代的心聲。

黨報警告方勵之已在鼓吹「西化」，他的回應是：他尊重西方，並不是因為相信「大鼻子就比較美」，而是因為了解到，若不向西方學習，中國絕對發展不出現代化所必需的「民主和科學心態」。方勵之對中國改革的前景相當樂觀。他告訴上海交通大學的學生，「現在誰也不怕誰。」

這時，中國共產黨內領導層也有不少人認為，大幅的政治改革是唯一出路。鄧小平的經濟開放政策受到黨內官僚既得利益份子的反對，也遭到依然效忠馬、列、毛教條的保守派反對。一九八六年一月起，人人公認的鄧小平接班人——湖南貧農之子胡耀邦就主張拋棄過時的理論，包括馬克思主義。胡耀邦一向以大膽直言著名。他曾建議中國人，別再用筷子、改用刀叉以避免傳播疾病。他是中國最早脫下毛裝、改穿西服的第一批黨政領導人。有位記者問他，在今天的中國，毛主席哪些理論還有用嗎？他回答：「我認為沒有。」

胡耀邦並不孤單。國務院總理趙紫陽也支持逐步自由化。一九八六年八月三十日，《人民日報》引述另一位共產黨重要領導人萬里的話：「政治問題都可以討論。」萬里短短一句話，卻打開了防洪閘門。自此，四處出現要求民主、自由、保護私有財產和人權的呼聲。

一九八六年十二月，因為中國共產黨黨委推翻一項地方選舉，而導致合肥市中國科學技術大學的學生在方勵之鼓勵下走上街頭遊行。抗議浪潮蔓延至南京、上海和北京。一九八七年一月，黨中央出手鎮壓，並發動另一波攻擊美國價值的「反資產階級自由化運動」。方勵之再度遭開除黨籍及革除職位。黨中央將他的演講稿分發到地方黨委，當作思想錯誤的負面教材。但事情鬧大了，反而讓更多人支持他。

鄧小平旋即出手，罷黜他一手提拔的中共中央總書記胡耀邦，指責他不夠強力鎮壓學生。鄧小平下個動作是，指派相對來說傾向於自由派的國務院總理趙紫陽接下胡耀邦的職位，但又將保守派的李鵬拔擢為國務院總理。趙紫陽迅速採取行動、制止強硬派的運動。一九八七年十一月，趙紫陽率領中央政治局全體常委首度身穿西裝、會見西方記者。趙紫陽的笑容輕鬆、自信；照片傳遍全世界。藉此他向全世界發出訊息，中國已做好準備加入國際社會，不僅經濟要改革，專制的政治制度也要改變。有位記者誇讚趙紫陽的雙排扣條紋西裝，他笑咪咪地打開西裝扣，亮出上頭標籤上的字樣：「中國製」。

在華府，一九八六年和一九八七年的示威活動幾乎水波不興。一九七〇年代起，美國政府和中國重新交往時就遵循三個原則：一是不碰人權問題；二是專注中國在對抗蘇聯方面的用處；三是只關心中國的領導人，而非中國老百姓。

即使以「人權總統」自居的卡特碰上中國，也很少提到人權議題。一九七八年，美國政府就中國人權狀況首度發表聲明：讚賞北京政府承認自己在文革期間有許多過火行為。即使如此，這還是導致國務院東亞暨太平洋事務局（Bureau of East Asian and Pacific Affairs）官員的緊張，深怕中國不悅。一九七九年十月，當中國將主張推動「第五個現代化」的電氣工魏京生判刑十五年時，國家安全會議官員奧森伯格還在煩惱《紐約時報》「會使他成為人權烈士」。奧森伯格寫道，他的主要顧慮是魏京生被判坐牢，這阻礙了出售高端電腦給中國（其實銷售案未受到阻礙）。一九七九年美國國會研究處的一項報告指出，聯邦政府已認定中國「並非講究人權議題的適當目標」。

卡特政府在國務院底下設立人權暨人道事務局（Bureau of Human Rights and Humanitarian Affairs），並由白翠霞・狄瑞安（Patricia Derian）擔任首任助理國務卿；一九七九年她出席國會作證時表示，推動中國更尊重人權的努力「迭遭阻礙」——並非中方阻礙，而是白宮。她說：「借用音樂來說，追求中華人民共和國有如〈山腰上的家〉（Home on the Range），從未聽過令人沮喪的言詞。」一年後，狄瑞安在國會痛批中國；此時，東亞暨太平洋事務副助理國務卿約翰・尼格羅龐提（John Negroponte）做出了前所未有的動作，宣稱要「補充」她的證詞。尼格羅龐提宣稱，中國「已開始出現令人鼓舞的趨勢，朝向自由化的方向發展。」

一些美國人認為人命在中國不比在西方來得重要，而且中國人較不關心權利。即使是人權組織「亞洲觀察」（Asia Watch）也在一九八五年發表的報告寫道，「今天中國缺乏知性的自由，只被極少數中國人民視為是問題。」一九八七年，長期關注人權問題的羅貝塔・柯恩（Roberta Cohen）指出，她的許多同僚「認為不應以適用於歐洲人的相同人權標準，評判為數相當多的中國人」。一九一三年，法蘭克・古德諾支持袁世凱洪憲稱帝時，也抱持同樣說法。在美國曾有一種概念，覺得中華人民共和國很特殊。一九八〇年中國發動「一胎化」政策時，許多美國人稱讚中國，推動節制生育。報導傳出中國搞強迫墮胎和結紮時，無人出聲抗議。一九八一年，首位在中國農村做人類學田野調查的研究生毛思迪（Steven Mosher），在台灣發表一篇文章，揭露一胎化政策的黑暗面。史丹福大學開除了他，顯然是為了尊重中國。《紐約時報》一篇社論指出，美國人「覺得很難將彬彬有禮的中國領導人和這種暴行連在一起」。沒有比一九八七年二月鄧小平的這句話更深入了。他說：「瞧瞧魏京生。我們把他抓起來，民主運動就壽終正寢。我們還未釋放他，國際上就沒有太大噪音了。」中共得出結論認為，中國可以壓制自由，不擔心外界會反彈。

當然存在著別的看法。包德甫（Fox Butterfield）是二戰後第一位《紐約時報》派駐中國的全職特派記者。他將駐中國期間的經歷寫成一本生動的著作《苦海餘生》（*China: Alive in the Bitter Sea*）。一九八二年此書出版，榮獲非小說類的全國圖書獎（National Book Award）。包德甫鉅細無遺地報導國家機關如何壓制即使是最溫和的異議人士。一九八〇年代初期，《華盛頓郵報》記者麥可．魏斯可夫（Michael Weisskopf）寫了一系列驚悚的報導，描述中國如何殘暴地推動一胎化政策。他們的報導代表美國媒體界對中國的看法出現變化。過去近十年來，美國新聞界堅決支持美國對中國政府政策的力挺。現在，們回到根本──這是一九二〇年代，新聞界前輩湯瑪斯．密勒（Thomas Millard）和約翰．鮑威爾在上海立下的榜樣──要做中國小人物的保衛者，現在他們正對抗共產黨的獨裁專政。

一九八七年夏天，以美國空軍上校翁以登（Eden Y. Woon）的話來說，美中兩國的軍事關係處於「很健康的狀態」。華府已簽下逾一億美元的武器銷售。國防部長卡士帕．溫伯格（Caspar Weinberger）已經訪問北京兩次。一九八五年，參謀首長聯席會議主席約翰．魏賽（John W. Vessey, Jr.）將軍成為二戰以來，訪問中國最高階的美軍將領。美國海軍軍艦回到二戰期間的故地青島敦睦訪問。美國空軍的雷鳥特技小組（US Air Force Thunderbirds demonstration team）在北京表演，吸引大批觀眾欣賞。

但兩國關係逐漸步入深水區。一九七九年，中國開始出售飛彈和核武技術給其他國家，其背後的動機相當複雜。

共產黨內有些人認為，這類武器擴散可產生抵制美、蘇宰制的地緣戰略利益。在供應巴基斯坦方面，利潤固然是一項因素，但同時希望抑制長期與中國為敵的印度也是原因之一。

一九八二年，鄧小平核准將中國早期核子彈的藍圖，及足夠兩個核裝置使用的一百一十磅武器級鈾轉移給巴基斯坦。全世界沒有任何國家如此明目張膽地擴散核武技術。《華盛頓郵報》和其他地方的報導得到美國官員承認，詳細報導一九七六年，毛澤東與當時的巴基斯坦總統祖菲格．阿里．布托（Zulfiqar Ali Bhutto）達成協議，由中國提供鈾給巴基斯坦。中巴協議兩年前的一九七四年，印度已試爆第一枚核子裝置。毛澤東希望在這兩個南亞大國之間，製造出核子恐怖平衡。在巴基斯坦將西方的離心分離技術提供給中國後，鄧小平更有意兌現毛澤東的承諾。中國將技術傳布給巴基斯坦，將在全世界引起陣陣波瀾；後來，巴基斯坦官員將中國的藍圖賣給利比亞和伊朗，然後伊朗又將其轉手給北韓。

一九八〇年，伊朗和伊拉克爆發戰爭，中國軍火商賣給兩邊的坦克、噴射機、地對空飛彈及小型武器，粗估高達一百二十億美元。中國也將錢學森還是加州理工學院高材生時所研發的成果賣給伊朗——一款名為「蠶式飛彈」（Silkworm）的反艦導彈。一九八七年，伊朗把蠶式飛彈部署在三十四英里寬的荷姆茲海峽（Strait of Hormuz），並朝運送石油的巨輪及科威特一處儲油港發射。對此，雷根政府被迫在科威特所有運石油的巨輪上改掛美國國旗，並派美國海軍護航，保護其經過荷姆茲海峽。

美國官員拿出核子擴散及出售飛彈的證據與中方對質，強調將這種武器輸入波斯灣非明智之舉。中方矢口否認。一九八九年，翁以登在一份學術刊物上撰文寫道，「五角大廈的挫折程度……不斷攀升。」美國以為與中國的關係日益親密，但中國在一個戰略地區，卻刻意做出違背美國利益的動作。這是一個很粗暴的震撼。翁以登寫道：中國甚至否認出售武器的情事，「破壞了美國國防圈許多人原先對中國的好感。有些人甚至質疑，與中國發展軍事關係是否值得。」

關於蠶式飛彈的爭議，導致雷根政府祭出美中兩國關係正常化以來，首次針對中國的經濟制裁。一九八七年十月，美國政府宣布將停止出口高科技產品到中國，以示抗議中方出售蠶式飛彈。十月時中國還矢口否認已出售飛彈，但到了十一月卻宣布已停止銷售。國務卿喬治・舒茲（George Schultz）這才允諾取消出口限制。一九八八年，在華府強力施壓下，中方同意進行對話，討論其軍售政策。當年三月又爆出一則消息：北京已同意賣給沙烏地阿拉伯射程一千五百英里的洲際彈道飛彈。銷售案一敲定，沙烏地阿拉伯立刻與台灣斷交，改與北京建交。中國軍火商因為這筆生意，進帳二十億美元。

不出幾個月，又有消息傳出，中國已開始談判出售兩種新飛彈——射程約四百英里的 M-9 及射程僅前者一半的 M-11。一九八八年七月《洛杉磯時報》報導，中國已同意出售 M-9 給敘利亞。消息傳出當天，國務卿舒茲正在前往北京的路上，他一抵達就提出這個問題。他要回國了，中方還未確切承諾取消這筆生意。十二月，國防部長法蘭克・卡魯奇（Frank Carlucci）繼舒茲後訪問北京，並提出交換之議。如果中國取消其飛彈出售，美國將同意使用中國火箭，把美國人造衛星送進太空軌道。過去，美國從未讓一個非盟國發射美國衛星。中國對此提議含糊以對。鄧小平說，中國不會賣中程飛彈給中東國家，但美國人並未逼問，他所指的是否為 M-9 飛彈。

美國和共產中國的談判，為達成協議，從避免一切條件轉而接受最薄弱的保證。自美國派駐清廷的首任公使蒲安臣開始，有些美國人就認為，應以不同的尺度評判中國人。然而，小羅斯福政府承諾了中國許多事都未兌現，現在北京看到其與華府的交涉情況，也認為可以不守承諾。多年來，理查・阿米塔吉（Richard Armitage）是共和黨歷屆政府中說話最尖酸的高級官員，他將美中兩國的談判策略描繪成「教一隻狗在地毯上撒尿」。中國在許多場合承諾，不再銷售飛彈和核技術，但幾乎每年都爆出核擴散的證據。美國偶爾制裁中國公司，但一般都採取溺愛任性小孩的父母姿態。

在中國政府擔心如何隱瞞對美國價值的畏懼、同時渴望取得美國專業技術之際，美國對中國的基本假設還是一成不變。大部分涉中事務官員都以為，隨著時序進展，中國的利益會和美國利益逐漸匯合。因此，美國政府不去介意中國的人權紀錄，也不對中國出售武器大呼小叫。東亞暨太平洋事務助理國務卿何志立解釋，支撐溫和做法的是認為中國「不是我們的敵人，而是一個友好、開發中的國家」的假設。美國人認為，中國的自由化進程停不下來，因美中兩國已是朋友。

附註

關於方勵之在中國的故事，詳見詹姆斯．威廉斯（James H. Williams）所撰〈方勵之對宇宙的探索〉（Fang Lizhi's Expanding Universe）一文。雷根政府和中國介入阿富汗情勢的詳情，見史帝夫．科爾（Steve Coll）的《幽靈戰爭》（*Ghost Wars*）一書。關於中國擴散飛彈及大規模殺傷性武器的詳情，取自當時的新聞報導。關於美國支持赤棉的故事，取材自肯尼斯．康鮑伊（Kenneth Conboy）的《中情局與柬埔寨內戰》（*The Cambodian Wars*），以及新加坡外交官畢拉哈里．考斯甘在二〇一六年的回憶敘事。

第四十章
河殤

一九八八年六月和八月，中國中央電視台播出紀錄片《河殤》（共有六集）。由一群青年知識份子撰寫旁白、執導的這套紀錄片，對準傳統中國文化和共產黨，認為唯有完全擁抱西方價值觀，才能恢復中國失去的往日光榮。此節目認為，中國的貧窮和落後不像共產黨說的，是西方帝國主義的錯；而是源自中國人本身的過失。

這套紀錄片宣布：「文明已經衰退！」中國需要「全新的文明」。此新文明再也不能像古代中國，誕生自滾滾黃河，而且必須來自海洋。「海洋」當然指美國。

彩色照片的曼哈頓摩天大廈、拉斯維加斯大道、太空總署發射火箭以及老美的遊艇，和黑白照片的單車上、馬車上及田野裡的中國人呈現強烈對比。第一集〈尋夢〉就將主題鋪陳出來：唯有中國人民懷抱美國夢，中國才能恢復偉大。

《河殤》歌頌美國的實力，反映出一八四九年，傳統士大夫徐繼畬首次提到華盛頓時，中國流傳之對美國的看法。但《河殤》不只是天真向西方示愛的詩歌。作者蘇曉康和王魯湘強調的重點是，中國需採納西方的民主和科學；這不是要成為西方，而是要與西方競爭。蘇、王兩人寫道：「救民族之危亡，勢必拒寇於國門之外，但是，救文明之衰微，又必須打開國門，對外開發，迎接科學和民主的新曙光。」就此看來，《河殤》呼應了一九三〇年代胡適和中國其他自由派人士的思想。

《河殤》播出時，中國正陷於政治動盪。保守派和自由派為這部紀錄片起了大辯論。強硬派認為此片「醜化中國人」，主張將作者槍斃；不過，總書記趙紫陽等自由派和溫和派卻予以支持。趙紫陽周圍的政策專家建議他，考慮以政治改革為推動中國現代化必要的下一步。全國各地校園裡，支持趙紫陽的人士鼓勵師生，舉行有關民主、自由和經濟改革的研討會。國營媒體也主張黨、政分離，作為結束黨壟斷權力的第一步。同時，《河殤》的劇本編寫成書，年底前就熱銷了七十萬本。

白宮未過於注意中國這個大辯論，而是主要關切著中、蘇日益升溫的關係。蘇聯領導人戈巴契夫計畫在一九八九年五月訪問北京。日本天皇裕仁的喪禮排在二月二十四日，使得剛就任的老布希總統有機會搶在戈巴契夫之前到訪中國。二月六日美國大使館建議，布希此行的主要目標應在「取得中國保證……中蘇對話不會損及美國利益」。然而，世界在變，潮流也在變。將美中關係繫於反蘇同盟之上的舊邏輯日益跟不上時代。蘇聯正在開放，也正修睦自己與世界各國的關係。長期供職中情局，不久將出任美國駐中國大使的李潔明寫道：「我們的態度還留在美中關係的早期階段，當時正流行共同抨擊蘇聯。我們並未應對或預期到擺在眼前的現實。」

北京的政局也暗潮洶湧。白宮指示，美國大使館在布希總統到訪時安排一場晚宴，邀請中國各界貴賓，一道慶祝兩國邦誼穩固。貴賓名單上有幾位異議人士，天文物理學者方勵之是其中之一。中國外交部官員獲悉方勵之也在受邀之列後，威脅杯葛晚宴。美國大使館承諾，布希不會向方勵之敬酒，也不會走近方勵之的座席。但二月二十六日晚間，中國公安阻擋方勵之進入會場，導致這則頭條新聞傳遍全球——《時代週刊》的標題是〈參加不了晚宴的人〉（The Man Who Did Not Come to Dinner）。

白宮的反應不是責備中方，而是責怪美國大使溫士頓．羅德（Winston Lord）。雖然羅德的屬下已在幾次電文中提到，方勵之在受邀之列，「某白宮高級官員」告訴記者，方勵之受邀是個意外的驚奇——後來證實，是國家安全顧問布倫特．史考克羅夫（Brent Scowcroft）。史考克羅夫在與記者做背景簡報時透露，美國政府如何戒慎恐懼、不敢得罪中國領導人。史考克羅夫說：「有些事情他們非常敏感。有些事情他們不作聲，就這樣過了。有時很難判斷哪個是哪個。」華府力求不招惹中方的敏感神經，使中國對美國有極大的運作空間。

一九八九年四月十五日星期六，因一九八六至八七年，處理學生抗議事件太軟弱而遭罷黜的前任總書記胡耀邦心臟病發去世。整個週末，紀念他生平行誼的大字報出現在北京各大學校園。學生團體將紀念花圈送到天安門廣場中央的革命烈士紀念碑。不到幾天，數十萬民眾聚集到廣場，表達對政府的不滿，這是一九七六年周恩來去世以來最大的聚會。

春天逐漸過去，布希政府仍聚焦於如何努力撐住美、中關係的戰略基礎，但這時共產集團受到震撼，陡生鉅變，此一戰略基礎已然鬆動。為搶走戈巴契夫訪問中國的光彩，美國安排好在五月十九日，也就是戈巴契夫抵達上海次日，讓三艘海軍軍艦訪問上海。同一天，北京天安門廣場聚集的民眾已逾百萬人。次日，中國政府宣布戒嚴。日後李潔明寫道：「我們誤判那次訪問的時機和象徵意義。毀了戈巴契夫訪問的，是天安門廣場上的示威群眾，不是我方軍艦。」

學生領導的示威活動，從許多不同來源得到靈感，但美國扮演著箇中要角。運動的配樂是中國吉他手崔健的喧鬧搖滾樂，其象徵物，三十三英尺高（譯按：約十公尺）的民主女神塑像（模仿美國的自由女神像），在在讓整個運動充滿美國味。學生及數十萬名其他參與者從未因為「主張美式民主」這個特定要求而聚集在一起。多數人只是希望降低通貨膨脹、減少貪瀆、平等機會和增加自由。但這些要求背後，是渴望新中國的熾熱心願，一個不只擁抱西方科技和投資，也擁有西方根本理念的中國。

黨很清楚，美國對中國青年世代的吸引力十分危險。六月一日，國家安全部發表一份秘密報告，提到美國對中國「意識型態和政治方面的滲透」。李鵬總理成為主張強力鎮壓示威活動的主要人物。他過目的這份報告指控美國利用大學教授、電台廣播、科學及文化交流、傳媒和地下傳教士破壞中國的社會主義制度。約翰．佛斯特．杜勒斯主張的「和平演進」（peaceful evolution），再次成為困擾這個共產主義國家的惡魔。報告指稱：在他們和平與友好抗議的背後一直潛伏惡毒的意圖，現在可以清楚看出。一天後，高階領導人集會、討論這份報告，李鵬表示，處理動亂的唯一方法是武力彈壓。一九八九年六月三日夜裡，人民解放軍攻擊抗議民眾。到了六月四日黎明，天安門廣場已經清空，數百人喪生。

天安門事件是十年難得一見的重大新聞。當事件於一九八九年春天逐步展開時，數百名外國記者湧至北京。為了採訪戈巴契夫的訪問，美國四大電視網來到中國，紛紛把攝影機鏡頭轉向人山人海的天安門廣場。一九八八年，美國廣播公司（ＡＢＣ）、國家廣播公司（ＣＢＳ）和哥倫比亞廣播公司（ＮＢＣ）共播放四十四條有關中國的消息。一九八九年的前六個月，播放的消息暴增為五七七則。國家廣播公司的新聞主播湯姆．布洛考（Tom Brokaw）向《滾石雜誌》（*Rolling Stone*）表示，自從一九八六年太空梭「挑戰者號」（Challenger）爆炸事件以來，沒有任何事件「如此深入地進入美國人的意識」。他回憶道，他在洛杉磯要報導街頭幫派的故事，採訪對象卻只想與他談論中國。

電視報導讓全球觀眾大感意外、目不轉睛地盯著上百萬人爭取改變的壯觀畫面。五月十九日，有線電視新聞網（ＣＮＮ）的觀眾也見識到黨國體制的厲害。記者正在做實況直播，畫面卻全部消失、遭到封殺。接下來的六月三日晚上，攝影機捕捉到血腥鎮壓的畫面，他們將錄影帶偷偷送到香港，向全世界播放。《紐約每日新聞》（*New York Daily News*）的標題是〈冷血〉（In Cold Blood）。

知名記者馬克．賀茲嘉德（Mark Hertsgaard）在《滾石雜誌》上發問：「誰能對屠殺後次日，那身穿白色襯衫的男子一人擋住一排坦克車的畫面無動於衷？」若說〈血腥星期六〉那張照片裡，渾身煙塵的嬰童代表二戰時，美國人對中國的感受，一九八九年的「坦克人」（Tank Man）也同樣震撼人心——他旋即失蹤，迄今命運不明。

美國的反應很不尋常。自雙方關係正常化以來，美國人已經被灌輸的觀念是，可以期許中國將變成像美國一樣。一九八九年二月二十日《紐約時報》還表示，「民主之芽已如雨後春筍般，在中國各地冒出。」接下來卻發生鎮壓行動，即使不是數百年，但至少是幾十年來美國人對中國的希望，就在解放軍裝甲運兵車的熱火中融化了。一夜間，美國人對中國的態度徹底翻轉：在血腥鎮壓前的二月，蓋洛普民調發現，百分之七十二的美國人對中國有好印象；八月，有好感的人已跌至百分之三十一。專欄作家約翰．柯爾索（John Kelso）在《奧斯汀美國政治家日報》（*Austin American-Statesman*）上歸納許多人的感受：「鄧小平再也不配戴那頂牛仔帽。」

天安門廣場鎮壓事件後，人權團體都像觸了電一般。「人權觀察組織亞洲分部」（Human Rights Watch/Asia）呼籲布希政府，召回美國駐北京大使，取消中國的貿易最惠國待遇。該組織也宣布，將把更多資源投入到中國，比投入亞洲其他任何國家都多；相較於前幾年，這是一百八十度的大轉變。一群美國人再次自命為中國的良心。不過，這些世俗的傳教士並不倡導基督教信仰，而是支持中國也曾簽署之《聯合國憲章》（UN Charter）所揭示的普世價值觀。再一次，這群美國人與那些想穩定的人發生意見衝突，後者主張的穩定意味著保存共產黨政權。

天安門鎮壓後一日，方勵之和妻子李淑嫻奔赴北京美國的大使館尋求庇護。方家夫婦已名列中共當局發布的通緝要犯名單榜首。使館官員起先拒絕，但和華府通過電話後，決定翻盤。若中國需要任何證據強化其說詞，指控六四動亂是美國策劃的陰謀，這件事就是明證。經過近一年交涉，方勵之夫婦終於獲准搭乘美國空軍 C-135 運輸機離開中國、前往英國。後來他們在美國定居。中共也罷黜總書記趙紫陽，剝除他一切職位，軟禁在北京一棟四合院長達十六年之久。自此，趙紫陽人間蒸發，各種照片記錄中的身影都被修圖拿掉，他對中國走向現代化的貢獻，也被從中國歷史書籍中刪除。

鎮壓後，布希總統仍採取修好的態度。屠殺後次日，他哀悼有人喪生，但未批評任何一名中共領導人。六月五日，他中止繼續銷售武器給中國，也取消已排定的一項軍事訪問，但他命令五角大廈，完成魚雷、雷達和其他軍事裝備的運交，同時批駁擴大經濟制裁。布希總統告訴美國人民：「現在，該是看向超越目前的未來，著眼於此重要關係對美國的重要及持久部分。」

六月二十日，國務卿詹姆斯．貝克（James Baker）宣布，美國將中止和中方的高階層接觸。但在六月三十日，國家安全顧問史考克羅夫和副國務卿伊戈伯格（Lawrence S. Eagleburger）銜命秘訪北京，以史考克羅夫後來的說法：目的是「維持溝通管道暢通」。

這項秘密任務連美國駐北京大使館在事前都被瞞在鼓裡；載送伊戈伯格和史考克羅夫到中國的 C-141 運輸機還卸下美國空軍的標記，偽裝為普通民用貨機。布希寫了三封私人信函給鄧小平，表示他希望中、美關係很快就能復原。他在七月二十八日的信中向鄧小平抱怨，指出美國國會企圖砍斷美中貿易。他向這位中國領導人保證：「我將盡最大的能力，維持船不震盪得太厲害。」布希似乎對鄧小平滿懷歉意。他寫道：「若我跨過了建設性建議和『干涉內政』（internal interference）之間看不見的界限，勿怪罪我。」

布希又陷入百多年來的美式思想窠臼，認為中國的穩定吻合美國的國家利益。他在信函中告訴鄧小平：「若我們能使我們的關係回到軌道，我倆對世界和平及我們本身人民的福祉，會更有貢獻。」布希的秘使動作仍像美國有求於中國、而非中國更需要美國。一九八九年十二月，史考克羅夫二度訪問北京，他抓著鄧小平的手宣稱，「我的總統希望你明白，他是你永遠的朋友。」——這出自於目睹兩人互動的美國記者約強納森．米爾斯基（Jonathan Mirsky）。根據中國外交部長錢其琛在回憶錄中的敘述，史考克羅夫把經濟制裁形容成純粹「是為了滿足美國人民需求」的動作。

布希政府決定，不理睬國會中想懲罰中國的左派及右派聯合勢力。國會通過立法，規定實施經濟制裁，但布希把將其放鬆，變成行政部門在「國家利益」需要時，有相當大的裁量空間停止制裁——「國家利益」包山包海，等於對中國貿易和投資毫無影響。武器銷售喊停了，但軍、民兩用科技的出口並未設限。一九八九年七月七日，布希批准銷售四十億美元的波音 757-200 型噴射機給中國，即使導航系統還列在商務部的管制清單上。八月間，他允許休斯飛機公司（Hughes Aircraft Company）繼續規劃，以中國火箭代為發射美製人造衛星的項目。十二月，他核准以三億美元的價格，銷售三個人造衛星給中國。每筆交易，他都祭出「國家利益」這頂大帽子。一九九〇年七月初，也就是方勵之獲准踏出美國大使館後兩週，布希政府不再阻止世界銀行近二億美元的貸款。往後兩年，中國得到世銀逾四十億美元的貸款，超過其他任何國家的額度。

中國在華府的友人和敵人，為對中政策吵成了一團。每當國會試圖取消中國的貿易最惠國待遇，就會遭布希政府和美國企業界聯手擊退。布希偶爾也表現出對中國「硬起來」。他簽署一項行政命令，允許數萬名中國留學生有機會成為美國公民。當時很少人注意到，在美國禁止華人移民美國一世紀後，美國政府又開放美國門戶、接納中國人。一九九一年四月十六日，布希成為第一位會見達賴喇嘛的美國總統。這位流亡的西藏領袖在一九八九年榮獲諾貝爾和平獎。

為了維持正常關係的表象，布希政府官員推動美國部分官僚機關與中方繼續合作，但往往出現意想不到的結果。一九八八年，聯邦調查局和中國公安機關合作，破獲一個在上海和舊金山之間走私毒品的大案子，該組織將海洛因縫在金魚魚腹、走私到美國。但一位美國聯邦檢察官到中國帶回一名中國嫌犯，預備讓他在美國法院作證時，案子卻內爆了。六四天安門事件後，嫌犯抵達美國，立刻要求律師協助，並申請政治庇護，因他宣稱被中國公安用刑、屈打成招。美國聯邦地方法院法官威廉．歐瑞克（William Orrick）宣告撤銷全案，並責怪檢察官「魯莽，未顧及身為檢察官的職責」。美國當局批駁此人的庇護申請，但歐瑞克法官不准聯邦政府將他遞解出境。可想而知，中國政府非常憤怒。歐瑞克法官寫道，這個案子「證明無法將中華人民共和國的法律制度和美國的法律制度融和在一起」。這位中國嫌犯王宗孝留在美國，繼續從事販毒勾當，最後他死於非命。二〇〇三年一月十四日凌晨三點，他因涉及幫派恩怨，在紐約皇后區法拉盛（Flushing）的一家夜店門口，遭人亂刀刺死。近十年，中方不再與美國執法機關進行司法互助。

一九九〇年八月二日，伊拉克領導人薩達姆．海珊（Saddam Hussein）揮兵入侵科威特。一場戰爭——只是這次是在半個地球外——又迫使美國和中國攜手合作。中國是聯合國安理會五大常任理事國之一，因此海珊的任何行動都需要該國默許。問題是，中國要收怎樣的價碼？

一九九〇年九月，國務卿貝克和中國外交部長錢其琛在聯合國大會舉辦於紐約的年度常會碰面後，布希政府停止禁止高層公開接觸的命令。為換取中國支持波灣戰爭（Gulf War），錢其琛要求美國取消所有制裁行動，並邀請中國共產黨新任總書記江澤民到美國訪問，或至少派貝克到北京訪問。貝克不答應，但同意在華府接待錢其琛。貝克說，錢其琛見布希的條件，是中國支持動武力推翻薩達姆．海珊。然而，十一月三十日聯合國議決授權動武時，中國棄權未投票。貝克表示，讓錢其琛得以晉見布希的條件是，中國支持動武力推翻海珊。然而，十一月三十日聯合國議決授權動武時，中國棄權未投票。貝克告訴錢其琛，布希不見他了。錢其琛威脅取消整趟行程。美方先動搖，於是一九九〇年十二月一日錢其琛在白宮見了布希，成為天安門廣場彈壓事件後見到美國總統的第一位中國高級官員。錢其琛和布希總統見面的照片出現在中國每份主要報紙頭版，再次證明中共非常需要美國的承認來維持黨的正當性。

一九九一年十一月，貝克成為天安門事件後，首位訪問中國的內閣級官員。他和中國領導人會談時，要求中國遵守「飛彈技術管制協定」（Missile Technology Control Regime，簡稱ＭＴＣＲ）中限制出口飛彈技術的規定，同時要中國向北朝鮮施壓，逼其接受國際核子稽查。貝克也要求，中國在人權問題上要有進展。貝克告訴錢其琛：「我需要具體成果——不是承諾、不是會談、不是拖延。」隔天，貝克會見李鵬；按當時的國家安全會議暨亞洲事務主任包道格（Douglas Paal）對作家蘇葆立（Robert Suettinger）的描述，「那是我這輩子參加過最惡劣的一場會面」。在人權、中國的飛彈擴散、貿易和台灣問題上，貝克和李鵬針鋒相對。日後貝克寫道，他被李鵬「超現實的表現嚇壞了」。美國國務院發言人對外的公開說法是，會談「公事公辦」。

十一月十七日，貝克和錢其琛再次會談，中方表示將「遵守」飛彈技術管制協定的「準則」。美國把這說法解讀為，中國會停止出售M-9飛彈給敘利亞，並停止出售M-11飛彈給巴基斯坦。貝克承諾，解除禁賣高速電腦給北京以作為回報。錢其琛也宣布，中國會簽訂《核不擴散條約》（Nuclear Non- Proliferation Treaty），也會知會北朝鮮，要該國接受國際稽查。錢其琛交給貝克七百三十三名異議份子的相關訊息，其中一部分獲准出國流亡。

貝克也準備了一份大禮。根據錢其琛的回憶錄，貝克答應支持中國加入「關稅暨貿易總協定」（GATT），也允許出售人造衛星給中國。就中國將提振科技而言，這是極大的勝利。

異議份子的名單上有位吳建民。錢其琛在會談中告訴貝克，今天吳建民有參加會談。他是中國外交部的首席發言人。貝克轉頭看著吳建民說：「喔，你剛被釋放。」大家笑成一團。事實上，名單上那一位吳建民因「組織及領導反革命團體」的罪名，剛開始服刑十年。（譯按：這位吳建民是民運人士，後來因美國介入而於一九九七年提前出獄，最終於二〇一五年流亡美國。）

一九九〇年秋天的民調顯示，美國民眾中，不贊成布希中國政策的人是贊成者的兩倍多。布希和他的盟友主張，沈靜的外交可維持亞洲的穩定，讓貿易流通，也避開再度「失去」中國的可能性。白宮認為，懲罰中國只會降低西方的影響力，增強共產黨內的「強硬派」。反之，美國應利用經濟關係來推動政治改革。布希相信：「當人們有了商業誘因，不論在中國或在其他極權國家，走向民主變得勢不可擋。」

這套理路成為美國主張與中國繼續交往的中心。華府為成功定了一些指標——改善人權、經濟自由化以及社會開放，這些已完全脫離布希的主要目標，他只想到和中華人民共和國維持關係。布希追求的是穩定和貿易，但他向美國人民保證，中國會和平演變。他的後繼總統們也一樣。

多年來，共產中國從未像在天安門事件後這樣，遇上內外交迫的艱鉅挑戰。根據中國駐美大使館前任政治參贊陳有為的說法，領導人陷入「幾近驚慌、猶豫、舉棋不定的狀態」。在陳有為在出版於台灣的回憶錄中寫道，中共的第一個動作是責怪美國造成動亂及全球社會主義崩潰。共產黨元老李先念在鎮壓前兩天，一場黨內高階人員的會議中警告大家，美國正在進行「一場沒有硝煙的『反中』世界大戰」。他說：「我們必須小心。終究，資本主義仍想打倒社會主義。」

在中國看來，地緣政治方面美國的威脅再現，其反應是找舊日敵人幫忙。一九九〇年四月，李鵬總理訪問莫斯科。李鵬和蘇聯達成協議，減少雙方部署邊境的重兵。一個月後，中國海軍司令員劉華清抵達俄羅斯，開始談判購買先進的俄製戰鬥機蘇愷27，自此開啟中俄雙邊安全關係，往後二十五年，中國向俄羅斯購買逾二百億美元的武器。

陳有為寫道，中國也希望美國會因為領導著將海珊趕出科威特的行動，而導致自已兵疲馬乏。一九九〇年八月，江澤民召集中央政治局常委召開三次會議討論危機。政治局的結論是，布希之所以誓言討伐，純是著眼於控制波斯灣石油的「霸權」陰謀。江澤民裁示，中國不積極支持美國帶領的盟軍。陳有為寫道，中共認為美國陷入另一個泥淖，這吻合中國的利益。美國有難即有利於中國，這樣的思路日後仍會出現。

海珊的慘敗驚醒了中國共產黨，尤其是解放軍。採用智能炸彈科技，並以高科技方法進攻，只花幾天、不需幾個月就解放了科威特，令中國將領們大為震驚。不知不覺中，解放軍口中的「軍事事務革命」就這樣發生了。幾乎一夜之間，中國軍事當局要全面改革軍事預算、武器採購政策以及戰爭的概念。解放軍大幅裁汰龐大的陸軍兵力，把極大部分的資源轉移到海軍、空軍和火箭軍上（譯按：「火箭軍」是中國人民解放軍的第四軍種）。的慘敗驚醒了中國共產黨，尤其是解放軍。採用智能炸彈科技，並以高科技方法進攻，只花幾天、不需幾個月就解放了科威特，令中國將領們大為震驚。不知不覺中，解放軍口中的「軍事事務革命」就這樣發生了。幾乎一夜之間，中國軍事當局要全面改革軍事預算、武器採購政策以及戰爭的概念。解放軍大幅裁汰龐大的陸軍兵力，將絕大部分的資源轉移到海軍、空軍和火箭軍上。在軍事演習和經費支出上，解放軍都將美國當成假想敵——即使解放軍的戰爭理論採用的是美式高科技戰爭的思維。

北京和莫斯科的關係升溫，使得布希政府裡的親台派膽氣大壯，展開幫助老朋友的遊說。一九九一年，李潔明交卸駐北京大使職務，返美後到五角大廈擔任國際安全事務助理部長。他支持出售先進的F-16戰鬥機給台灣，以制衡中國與蘇聯的防務關係。李潔明接任國防部新職前曾發表演講，公開說出尼克森和中國交往後，許多美國官員私下說過的話：台灣若與中國統一，並不吻合美國的戰略利益。李潔明的論述還得到一項事實的支持：台灣已走向民主，而且島內民調顯示，僅很少數人支持與中國統一。

與此同時，布希競選連任，而選戰打得不順。來自阿肯色州希望鎮（Hope）的威廉・傑佛遜・柯林頓（William Jefferson Clinton）州長言詞便給，是來勢洶洶的民主黨候選人，民調扶搖直上。柯林頓批評布希處理經濟問題不當，也抨擊他的中國政策，指控他向「北京屠夫」叩頭。接下來在一九九二年七月二十九日，F-16製造商通用動力公司（General Dynamics）宣布，將自德州沃斯堡（Fort Worth）廠區裁員五千八百人。六週後，布希宣布出售一百五十架F-16戰鬥機給台灣，總價六十億美元——此舉拯救了德州鄉親的工作，而他也希望有助於連任。

國務院官員認為，這筆軍售案違反一九八二年的《八一七公報》，但他們可能沒讀過雷根總統寫給蔣經國的私函，承諾保持台海兩岸的軍事平衡。中國的反應十分迅捷，將M-11飛彈零組件運交給巴基斯坦，此舉違反了先前答應美國不出售M-1的協議。在世界各地，中國也設法破壞美國。一九九一年八月，原本和美國聯手一、二十年要推翻蘇聯的北京，卻轉頭支持蘇聯共產黨政變及企圖推翻戈巴契夫（此一政變失敗）。根據陳有為的說法，中國提議讓劉華清飛到莫斯科現身，以示支持。陳有為又寫道，柏林圍牆傾倒後，中國也想介入兩德統一的談判，希望兩德統一後可崛起為制衡美國的力量，但北京未獲邀參加談判。中共再次視美國為頭號大敵。

附註

我有一套《河殤》的書和DVD。當時我派駐在中國，報導過方勵之進不了布希總統晚宴的現場，及天安門廣場鎮壓事件前的種種發展。中國在天安門事件期間和之後內鬥的詳情，來自中國高級外交官陳有為當時的回憶錄、《天安門文件》（*The Tiananmen Papers*），還有錢其琛、貝克、蘇葆立的回憶錄及孟捷慕的《轉向：從尼克森到柯林頓美中關係揭密》（*About Face: A History of America's Curious Relationship with China, from Nixon to Clinton*）。

第四十一章
功夫搏鬥

一九六四年，一位美國廣播公司電視網的職員在加州長堤（Long Beach）觀賞一場武術競賽後，邀請剛從華盛頓大學畢業的二十四歲青年參加試鏡。兩年後，李小龍在《青蜂俠》（*The Green Hornet*）影集初試啼聲，扮演武功了得的加藤（Kato），擔任打擊犯罪的超級英雄——雷布利（Britt Reid）的助手。受到身手矯捷的李小龍影響，功夫大為盛行，成為流行文化重要的一環。在舊金山出生的李小龍是一名粵劇演員之子，他很快就成為黃柳霜後的第二位偉大華裔美國人文化偶像。

憑藉他的六塊腹肌和硬漢氣息，李小龍呈現出嶄新、自信的華裔美國男性形象，一掃過去美國社會認為華男都是卑鄙與荏弱，或者荏弱與勤勞的刻板印象。李小龍遊說美國廣播公司電視部門的製作人增加加藤的台詞，以及與青蜂俠要有較平等的關係。他告訴節目製作人：「若你和我簽約，要我扮演那些扎辮子的男人隨著爵士樂蹦蹦跳跳，那算了吧！」李小龍不準備扮演「典型的家僕角色」。

李小龍在華裔美國人地位急遽轉變之時竄起且名聲大噪。一九六五年，也就是《青蜂俠》播出前一年，國會通過《移民歸化法》（Immigration and Naturalization Act），取消個別國家的移民配額，導致中國人及其他亞洲人和非洲人、中東人和拉丁美洲人一樣大量流入美國。一九六〇年，全美華裔不到二十四萬人。到了一九八〇年，美國華裔人口已增長百分之六十。對於族裔和種族認同，一九六五年的《美國移民法》（US Immigration Act）也強化了前所未有的探索，大大影響了美國社會。

《青蜂俠》播出一季就打住，但李小龍的演出頗獲好評。他在洛杉磯開班傳授功夫武術，白人明星史帝夫·麥昆（Steve McQueen）、詹姆斯·柯本（James Coburn）和年輕的羅禮士（Chuck Norris），以及黑人球星卡林·阿布都—賈霸（Kareem Abdul-Jabbar）都拜他為師。李小龍和黃柳霜一樣，也遭遇挫折。一九七〇年，他協助華納兄弟電影公司開發出一套華裔美國人的西部電視影集，但公司卻捨棄他，起用白人演員大衛·卡拉定（David Carradine）擔綱影集《功夫》的主角。他對台灣一家報紙抱怨：「就是因為我是黃皮膚的華人。我不可能成為白種人的偶像。」李小龍錯了。

李小龍轉移陣地到香港後，四年內主演了四部電影，每部都打破票房紀錄，使他躍居全球超級大明星。他主演的電影以反種族歧視和反帝國主義情節為特色，自然少不了血脈賁張的打鬥鏡頭。李小龍武功高強，讓全世界的華人觀眾都能為自己的中華傳統感到自豪，無需在台北和北京之間做出選擇。李小龍在他的傑作《精武門》「你們記住了，中國人不是東亞病夫！」（譯按：這句話李小龍是用粵語講的：「你哋記住，中國人，唔係病夫。」）後來，他又摺倒一名大塊頭的俄羅斯人。美國和其他地方的觀眾都為他瘋狂。

在美國，李小龍在非裔美國人心中也有重量級的吸引力。事實上，各式各樣的美國人都蜂擁而至地觀看功夫影片。從一九七三年三月下旬至十月中，六部香港電影在美國票房中爭第一。緊接著，原本應該是大放異彩的時刻，李小龍卻在一九七三年七月，在香港因為止痛藥的不良反應而猝逝，得年三十二歲。他在西雅圖的墳墓成了聖地。

李小龍是新時代的華裔美國人先鋒。他們不再侷限自己，只居住在美國的唐人街——到了一九九〇年，光是洛杉磯的聖蓋博山谷（San Gabriel Valley）地區，就住著十七萬名華人；到了二〇一五年，全美華人人數超過三百七十萬人——華裔美國人在美國的地位變得更為安全。一九三〇年代，逾百分之六十的華裔美國人擔任廚師、餐廳跑堂、家庭幫傭和洗衣工，僅不到百分之二的人擁有大學學位。到了一九六〇年代，四分之三的華人有白領工作。一九六六年，《美國新聞與世界報導》（*US News & World Report*）稱讚華人是「模範少數民族」，能夠「憑自己的努力贏得財富和尊重」。學者田長霖所謂「噤若寒蟬」的時代即將結束。

華裔美國人開始打破陳規，積極參與政治。一九六九年，美國宣布將二戰後占領的沖繩及其他島嶼交還給日本。這當中有一組礁岩，日本人稱之為尖閣群島，台港中等華語地區稱為釣魚台列島，這是美軍戰後一直當作火砲射擊場的地區。一九六八年，聯合國亞洲暨遠東經濟委員會（UN Economic Council for Asia and the Far East，簡稱ＥＣＡＦＥ）發表一份研究報告提到，尖閣群島附近可能蘊藏大量石油。在此之前，台灣和中國大陸都沒有對釣魚台提出主權主張，但現在，這則新聞卻引爆了在二十世紀末期，華裔美國人的首次政治運動。

一九七〇年十一月，普林斯頓大學和威斯康辛大學的華人留學生成立「保釣行動委員會」（Diaoyu Islands Association），要求別將釣魚台交還給日本。美、加各大學校園紛紛出現保釣組織。一九七一年一月二十九日和三十日，數千名華人示威者在全美六座城市發動大規模抗議，反對美國將釣魚台交還給日本。包括諾貝爾獎得主楊振寧和教育家田長霖在內，數百位華裔教授簽署公開信，刊登於五月二十三日的《紐約時報》。如同二十世紀初期抵制美國貨一般，在美國的華人再度煽動中華民族主義的怒火。

保釣運動刺激了華裔美國人社群，讓他們意識到，自己也可以影響美國的政策。不同於向來支持蔣介石的唐人街老派組織，領導保釣運動的華裔美國人也開始遊說美國政府，應改善與中國大陸的關係。

一九七一年九月，尼克森取消不准前往中國旅行的禁令不久後，楊振寧成為第一個回到中國的華裔美國名人。周恩來設宴接待他。其他科學家也接踵訪問中國，包括與楊振寧一起拿到諾貝爾獎的李政道，還有田長霖。這些華裔美國人對東道主的思想起了極大影響，主張中國若要恢復偉大，需重新擁抱美式的科學之道。李政道向周恩來介紹，美國如何支持科技研發，以及同儕評審制度如何關係到西方的科學突破。周恩來變得十分倚重李政道的意見，以致有位中國物理學家問他，中國是否該宣布已發現一種新的原子粒子時，周恩來回答，他得先請教李政道。

這些早期的交流構成了一個關鍵要素，讓中國敢在學術研究上重新向西方開放。拿庚子賠款獎學金赴美深造的楊振寧，和養成於美國教會學校的李政道，成了美中兩國早期共生關係的象徵，而他們起了帶頭的作用。

周恩來的做法同於一九五〇年代，遊說留學美國的華人回中國幫助祖國。林磊是最早響應號召回國的青年學人。林磊一九四〇年代，林磊（Lui Lam）生於香港，一九六〇年代進入哥倫比亞大學攻讀物理學博士學位，並參加保釣運動。他受毛澤東的感召，從哥大輟學，搬到曼哈頓的中國城「和群眾一起生活、學習」，他如此寫道。林磊在一家食品合作社工作，以批發價出售蔬果給貧窮居民。兩年後，他回哥大復學並完成學位。

一九七七年，中國人邀請林磊回中國。他帶著妻子和襁褓中的女兒回到北京，成為一九五〇年代後首位「回鄉」的留美科學家。六年後，中國派遣一個物理學者代表團訪問美國，林磊是其中之一。數千名中國科學家將效法林磊，往返於美中兩國，直到今天仍進行著為太平洋兩地學界播種、媒合的工作。

一九八九年的天安門廣場彈壓事件，因布希總統發布行政命令，准許所有在美國的中國留學生留下來，給美國又創造了一次意外的學術大豐收。布希的行政命令，允許七萬多名受高等教育的中國人有權留在美國工作。最後，有五萬三千人取得綠卡。這是一個多世紀以來的第三次，美國大大受惠於中國的移民行動，而中國人再度於推進美國經濟的重要環節上領頭。

整個一九九〇年代，逾四分之三留美的中國學生畢業後選擇留在美國。一連數年，主修物理的清華大學學生幾乎全到美國深造。他們和台灣的大學畢業生一樣。從一九七九年到一九八七年，台灣有十八萬六千名學生赴美深造，僅一萬人回國服務。

一九八九年天安門事件後短短幾年內，中國和印度的移民構成了在矽谷創業的最大族裔群體，並創辦了幾間最成功的公司。一九八〇年起至今，雖然華人僅占全美人口的百分之一，但他們在矽谷創設約百分之二十的新創公司，創造出的財富動輒以十億美元計。其中的明星人物有上海出生的王嘉廉（Charles Wang），他畢業自皇后學院（Queens College），能說一口濃厚布魯克林腔的英語，成立組合國際電腦股份有限公司（Computer Associates International），並將其打造為世界第三大軟體公司。台灣出生的楊致遠（Jerry Yang）於少年時期隨家人移民美國，在加州聖荷西（San

Jose）附近長大，他在史丹福大學念研究所時，與友人共同創辦雅虎（Yahoo!），並將其打造為市值三百億美元的公司。

中國人當然不只在科技方面一枝獨秀。一九四〇年，湯婷婷出生於加州的史托克頓（Stockton），父親開洗衣店，母親是助產士。她成長於二戰期間，讀了黃玉雪《華女阿五》後深受啟發，也想將她的故事說出來。湯婷婷首部暢銷書是一九七六年出版的《女戰士》，這是她在美國的童年往事，以及與中國鬼魂糾纏、奮鬥的回憶錄。她的下一本書《中國佬》（*China Men*），在一九八一年贏得「國家圖書獎」（National Book Award）。湯婷婷的主角都是堅強的女性，與白人社會的種族歧視和中國男子的性別歧視頑抗。她探討這些主題，顯見她和她的繆思女神完全不同。黃玉雪運用中國文化，讓中國人更能獲得主流社會接受。湯婷婷不再自覺有被接受的需要。她已是美國社會組織的一部分，她也排斥謙虛、勤奮、守法的模範少數民族刻板型態。湯婷婷得到許多大獎，但也因為二〇〇三年參加反對伊拉克戰爭的活動而遭逮捕。

一九八九年，譚恩美（Amy Tan）的小說《喜福會》（*The Joy Luck Club*）敘述四位移民來美國的母親和她們在美國出生的女兒之間的故事。故事軸線已非神秘的中國和美國現實的差異。譚恩美布置的故事曲折如下：移民母親熱切地要養出成功的子女，女兒則渴望美國人的自由、個人主義等之間的衝突。譚恩美不是撰寫有關華人的故事，她敘述有關家庭的故事。

另外，各行各業也有許多出類拔萃的人物。王薇薇（Vera Wang）將她的服飾公司打造成全球新娘禮服帝國。一九八九年，張德培（Michael Chang）史上最年輕的網球大滿貫賽男單冠軍（譯按：迄今也仍是唯一的亞裔大滿貫賽男單冠軍）。有越南血統的華裔林瓔（Maya Lin）設計的越戰紀念碑，豎立於華府的國家廣場（National Mall）。得獎無數的大提琴家馬友友（Yo Yo Ma）生於法國，五歲時移居紐約，兩年後在艾森豪總統面前表演，後來又為甘迺迪總統表演。一八九〇年代，駱家輝（Gary Locke）的祖父移民來美國，在華盛頓州的奧林匹亞市州議會附近的一戶人當僕人。一九九六年，駱家輝當選華盛頓州州長，成為美國史上首位華裔州長。他說：「我們家花了一百年，才搬動一英里。」

二〇一二年，根據皮優研究中心（Pew Research Center）的調查，以華人為首的亞裔美國人家庭年所得，比一般美國家庭高出一萬七千美元；具有大學學歷的亞裔也比一般美國人高出百分之四十。華裔美國人擁抱的美國夢遠比其他美國人更緊實。比起其他美國人，相當大比例的華裔美國人相信，只要勤奮工作就能出頭天。

皮優這項調查點出，華人與美國互動更深刻的真相。從許多方面來看，華裔美國人已成為美國建國初期的代表人物，人人都工作，人人都結婚成家。華裔美國人不會未婚生子，他們的離婚率不及全國平均比率的一半，他們很少領社會福利金，一般來說，都避開許多影響美國主流社會的弊病。他們反映了過去堅實的白人中產階級價值觀。這個「模範少數民族」已成為全體美國人的典範。

華人日益富裕之下，美國對他們的吸引力也日益增大。每年有數百萬華人到美國觀光旅遊。二〇一三年，華人移民美國的人數，是十九世紀以來首次超過其他所有國家。華人的錢泛濫於美國的不動產市場。從二〇一三年三月至二〇一四年三月，來自中國、台灣和香港的買主，花了二百二十億美元在美國購屋置產，遠超過任何其他外國人群體。平均而言，華人買主每戶房子支付逾五十萬美元，是美國房子中間價的兩倍。二〇一六年，《紐約客》雜誌提到：「富有的華人已深鑄於公眾的認知，好比一九九〇年代，大家認為俄國人口袋多金；在那之前則認為，波斯灣國家的富人獨霸天下。」全國報章的房地產版，不時出現中國人搶購最佳學區一流不動產的報導消息。房地產經紀人甚至在他們的銷售語言中加入「風水」知識。許多中國買主過戶前，都會找風水師傅檢查房屋吉凶。富有的中國人想遷居到美國的速度，在二〇一〇年代驟升。二〇一二年，在美國政府每年核發的一萬個 EB-5 簽證中——此即外國人投資一百萬美元、並至少雇用十名美國人便可取得的赴美簽證，中國人占其中的一六七五名。兩年後，在一萬個名額中，中國人占了八三〇八名。美國遠比地球上其他任何地方更加吸引中國人。

中資企業也發現，美國市場可有厚利可圖。他們重演一八三〇年代，廣州富商伍秉鑑的故事，他們的資金於二〇〇〇年代初期開始湧入美國的經濟體系。中資公司很快就成為美國增長最快的投資人。二〇一五年，中資企業在美國投資一百五十七億美元，比二〇一四年增加了百分之三十。投資目標包括半導體工廠、奶品工廠、養豬場和油井。二〇一二年，以房地產開發商起家的萬達集團（Wanda），斥資二十六億美元，買下AMC電影院連鎖事業，另又投資數百萬美元，提升數百萬美國人看電影的舒適經驗。二〇一五年，曼哈頓公園大道的華爾道夫亞士都飯店（Waldorf Astoria）一向是美國總統出席聯合國大會期間的下榻之處，換成中國國家主席習近平進住。這是因為二〇一四年，中國一家保險公司已出價十九億五千萬美元買下這家傳奇的美國飯店。半世紀以前的仇美運動中，「雄偉」的華爾道夫飯店是反美宣傳的抨擊對象，現在則隸屬於一家中國公司旗下。

一九七〇年代中期，美國各大學、研究所和法學院開始取消給亞裔新生入學的優惠考量，尤其是華裔美國學生。一九七五年，加州大學柏克萊分校的波特霍爾法學院（Boalt Hall, the law School）停止提供亞裔學生優待，後來整個加州大學體系於一九八四年跟進，認定亞裔美國人不再是「弱勢」族群。

政策雖變，卻阻擋不了亞裔美國人接受高等教育人數的上升走勢。一九七六年，亞裔美國人占不到哈佛大學大一新生的百分之四。八年後，他們約占百分之十三。麻省理工學院的增長更顯著，由百分之五的新生激增為逾百分之二十。

一九九六年，加州選民表決通過二〇九號提案（Proposition 209），禁止州內學校將種族納入入學許可考量因素，成為全美第一個推翻這項行之數十年權利政策的州。亞裔美國人被接納進入加州最佳州立學校的人數再度跳升。二〇一一至一二年，亞裔僅占加州高中畢業生的百分之十四，但亞裔占了整個加州大學（University of California）體系新生的百分之四十二，整個體系中競爭最激烈的柏克萊分校更是幾近一半。這個趨勢全國皆然。紐約市的史岱文森高中（Stuyvesant High School）是一般公認全美最佳高中之一，二〇一五年全校學生有百分之七十三為亞裔，就連校長也是在中國出生。

亞裔美國人愈成功，也愈能感受到各大學以高於其同學的標準來甄選他們。有一個例子即加州學生王邁可

（Michael Wang），一個中國移民的小孩。王邁可畢業自聯合市（Union City，譯按：舊金山南方約三十英里的一個城鎮）的詹姆斯羅根高中（James Logan High School），全級同學一〇〇二人，他是第二名。他的ACT（美國大學入學測驗）成績為A，他也是在歐巴馬總統就職典禮上表演的合唱團團員之一，全國數學比賽前一百五十名之一——但他申請長春藤盟校入學許可，七所當中有六所不收他。二〇一五年五月，王邁可參加一個由六十四個團體組成的同盟，控告哈佛大學對亞裔學生申請入學訂了更高門檻。向美國教育部民權辦公室（Office of Civil Rights, U.S. Department of Education）提出的這個案子，認為亞裔在SAT（學術水準測驗）的得分必須高於白人、西語裔或黑人，才有相等的錄取率。五十二歲的華裔美國作家趙宇空（Yukong Chao）協助組成這個同盟。華裔美國人和他們十九世紀的先人一樣，也尋求美國法庭保護他們的權利。

這種令人敬畏的教育奇蹟，將不可避免地產生一個涵蓋華裔美國人故事的記述。二〇一一年，耶魯法學院教授蔡美兒（Amy Chua）出版《虎媽的戰歌》（*Battle Hymn of the Tiger Mother*），回憶如何教養帶大兩個半猶太人、半華人女兒的經過。蔡美兒行銷這本書時，主打批評西方父母過度溺愛子女、注重提升子女的自尊，卻忽略培養其技能。二〇一一年一月，《華爾街日報》刊載蔡美兒的專訪時，標題是「為什麼華人媽媽更勝一籌」。《虎媽的戰歌》講的，其實是蔡美兒和她兩個女兒在成長過程中，彼此衝突和磨合的故事。但《華爾街日報》文章的訊息卻擊中了美國人的神經，使其對華人既敬又畏的心理再度被喚醒。美國父母為了找出養育成功子女的訣竅，爭相搶購蔡美兒的書、探究箇中奧妙。

事實上，蔡美兒的媽媽經與中國人如何養育子女沒有太大關係。蔡美兒是第二代移民，她的父母親並非來自中國，而是來自菲律賓的華裔。但蔡美兒行銷的是美國人對華人是超級天才的夢想。一九五〇年代，美國人以為中國人找到大腦的機密，能夠「洗腦」。到了二〇〇〇年代，美國人仍相信，中國人能培養出優秀的子女，於是又羨又敬地看待華人的父母經。

天安門鎮壓事件後不久，美國人發現另一個方法顯示他們對中國人的敬重。許多美國白人家庭開始從中國領養小孩，人數超過向任何國家認養孩童的人數。被認養的小孩多半是來自中國農村家庭的女孩，她們因為中國「一胎化」政策和傳統重男輕女的文化而遭棄養。一世紀之前，美國傳教士在湖邊放置籃子，貼上大字：「請將嬰兒放在這裡，別把他們丟進水裡。」現在，美國人隔了半個地球，恢復這項使命。從一九九一年迄今，美國人已經領養八萬多個中國嬰童。

到了一九九〇年代中期，認養中國嬰孩流行於經濟條件不錯的白人家庭之間。韓戰後，加上越戰後東南亞的「船民」難民潮，導致亞洲嬰孩在美國大量被領養。二〇〇五年，美國人締造了認養七九〇六名中國嬰孩的紀錄。那一年，作家戴安娜．柯蕾芳（Diane Clehane）領養她女兒麥德琳（Madeline）。二〇〇八年，柯蕾芳在《浮華世界》雜誌（*Vanity Fair*）撰文表示，二〇〇〇年代初她就開始注意到，「漂亮的華人小女娃，閃閃發亮的黑頭髮、黑眼珠，圓潤的臉蛋……從她們的推車上向外張望，而她們的白人父母高興地推著她們在曼哈頓逛街」。她向媽媽們問道，自己「來自中國嗎？」答案幾乎千篇一律是yes。柯蕾芳決定，自己也要領養一個中國嬰孩。

柯蕾芳寫道，被問到「為什麼向中國領養？」，其實沒有一定的答案。是因為中國的「一胎化」政策嗎？因為多年前，她母親想認養一個越南嬰童，而她父親反對所致？因為中國重男輕女？還是因為天安門廣場鎮壓事件後，藉此表示為中國「盡點心力」？但追本溯源，就許多美國人而言，這種感情是一種溫馨、甚至母性的關懷中國，因幾個世紀以來，中國已成為美國文化的部分組成。然而，柯蕾芳未將她的行為視為單純的善舉。她提到麥德琳時說：「我沒拯救她。我們拯救了彼此。」

在二十世紀結束之際，認為中國及廣大的遠東可以「拯救」美國人或提供美國人意義的想法仍持續存在。一些美國人對東方神秘主義有著隱約的興奮，同樣地，有些中國人也迷戀美國人的中產階級價值觀。打從十九世紀中葉亨利．大衛．梭羅（Henry David Thoreau）和拉爾夫．華爾多．愛默生（Ralph Waldo Emerson）的時代以來，美國哲學家就迷上來自亞洲的思想。一九三〇年代，經濟大蕭條使得西方國家失去信心，中國和西藏的異國風味卻悄悄進入美國民心。受到約瑟夫．洛克的文章，以及書籍及電影版的《失落的地平線》的刺激，美國人夢想有個地方——香格里拉——他們能躲過日常生活塵世的麻煩。東方的吸引力持續到一九五〇年代，美國士兵從韓戰前線回國，帶回來亞洲風俗、藝術和妻室。有些美國人在印度流浪。也有些人，如「垮掉的一代」（Beat Generation）的詩人亞倫・瓦茲（Alan Watts），在日本住了十年，也在遠東各地旅行。在美國，許多這類人士奔向舊金山。一九五〇年代末期，瓦茲在舊山金結識馮家福（Gia-fu Feng）。馮家福出生在上海金融世家，從賓州大學華頓商學院畢業，獲得企業管理碩士學位。

共產革命之後，馮家福的父母勸他留在美國。他浪跡全美各地一段時候後出現在舊金山，與瓦茲在美國亞洲研究學院（American Academy of Asian Studies）共事。他開了一門中國哲學的課，以道家思想為主，探討莊周夢蝶的問題。馮家福的課程影響史丹福大學畢業生麥可・墨菲（Michael Murphy）等人。墨菲一九六二年在舊金山南方一百五十英里的大蘇爾鎮（Big Sur）創辦伊薩連研修中心（Esalen Institute）。馮家福經常到伊薩連研修中心，擁抱該中心透過瑜伽、太極、冥思和藥物追求享樂主義的自我探求的主張。馮家福蓄著仙風道骨般的長鬍子、長頭髮，成為一九六〇年代自由戀愛運動的宗派大師。後來他在科羅拉多州自創一個道教中心，取艾略特的一句詩，將其命名為「靜止點」（Stillpoint）。（譯按：馮家福與其妻子 Jane English 將老子《道德經》和《莊子》譯為英文。）

一九六〇年代終結，美國人追求亞洲神秘主義更深刻意義的風氣並未稍止。一九八〇年代，西藏成為特別迷人的話題，美國人主張自決權利的傳統政治思想，和異國風味的東方精神之吸引力，兩者匯合為一。通英語的西藏喇嘛開始移民進入美國，在富人的捐助下（中央情報局不再贊助他們），他們在全美各地成立藏教寺廟。一九八九年三月，中共在西藏鎮壓反政府抗議活動之後，一批好萊塢明星挺身而出為西藏發聲，其中最著名的當推李察・吉爾（Richard Gere）。李察・吉爾曾在一九九八年說明他為何喜愛西藏文化：「我認為，我們盼望有個古老、智慧、開放及充滿光明的地方。」西藏流亡領袖達賴喇嘛在許多美國人心靈中具有神秘地位。二〇一三年，美國有線電視新聞網的民調發現，百分之六十一的受訪民眾對他頗有好感。到了一九九〇年代，美國人從西藏身上看到他們以前認為中國擁有的特質。哥倫比亞大學專門研究西藏事務的學者羅伯・瑟曼（Robert Thurman）在電視節目《前線》（*Frontline*）

的一集紀錄片中提到：「美國的國家目標是追求更大的物質生產力，而西藏的國家目標是追求更大的精神生產力。」瑟曼就像一九七〇年代從中國回來後的美國人那麼意興盎然，聲稱西方是「外在現代性」的地方，而西藏人擁有「內在的現代性」。

一九八四年十月十五日，台灣作家、禮品店店東劉宜良（譯按，筆名江南）被發現陳屍在加州大理市（Daly City）的自家車庫。鄰居告訴警察，他們看見戴假鬍子的華人男子騎單車離開犯罪現場。五十二歲的劉宜良寫過一本蔣經國傳記，揭露這位台灣總統劈腿外遇、生下私生子的故事。劉宜良被殺，震動了美國和台灣。但這齣悲劇也加速中華民國結束威權統治，催生出華人世界第一個民主政府。

一九七八年，蔣經國當選台灣總統。一九五〇年代起，他即主管台灣殘暴的國內情治機關，而且和他父親一樣容不下異議份子。但隨著台灣的經濟欣欣向榮，島內出現有自信的中產階級，他們要求更多自由，以及能代表其利益的政府。國民黨政府因失去美國的承認及國際支持蒸發，氣勢已弱。當中產階級的要求匯合進入「黨外」反對運動時，蔣經國第一個本能反應是彈壓。戒嚴法庭判處數十名律師、教授、商人和記者長期徒刑。一九七九年十二月十日，台灣南部的高雄市發生暴動後，一五二名黨外人士被捕，四十多人被判有期徒刑。一九八〇年二月二十八日，被捕人士之一林義雄的母親和七歲雙胞胎女兒在家中遭人刺殺；普遍懷疑是政府買凶痛下殺手。一九八一年七月，匹茲堡的卡內基美隆大學數學教授、支持台灣民主運動的陳文成，在可疑的情境下，從臺灣大學研究生圖書館五樓墜樓身亡。

當時，美國對中國大陸違反人權的行為噤不作聲，卻對台灣施加強大壓力。美國政客使用十九世紀美國傳教士反對中國婦女纏足的相同策略，讓國民黨政府因自慚形穢而更加善待其人民。美國官員也對蔣經國施加強大壓力，將其政府的人權紀錄和美國對台軍售掛鉤處理。領導美國主攻的，是來自紐約布魯克林區的民主黨籍國會眾議員史蒂芬·索拉茲（Stephen Solarz）。一九七五年時，一九四〇年生於紐約市的索拉茲賭上他反對越戰的主張，在自由派居多的第十三選區當選國會眾議員。一九八〇年，他成為韓戰以來，訪問北韓的首位美國官方人物。他以眾議院外交事務委員會亞太小組委員會主席的身分，積極參與亞洲大、小重要事件。他在推翻菲律賓獨裁者斐迪南・馬可仕（Ferdinand Marcos）上扮演關鍵角色，馬可仕的夫人伊美黛（Imelda）擁有眾多鞋子的照片也為他所披露。

索拉茲利用國會聽證會，揭露國民黨在美國布建的廣大特務網，專門監視支持民主運動及主張台獨的人士。他起草一項《武器出口管制法》（Arms Export Control Act）的修正案，禁止出售武器給在美國「恫嚇及騷擾」其人民的國家。他就劉宜良命案召開聽證會，將箭頭指向國民黨。索拉茲提出警告：除非聯邦調查局探員能偵訊涉及本案的台灣情報官員，否則他將阻止販售武器給台灣。蔣經國點頭，一九八五年四月在台北，海軍中將汪希苓被以下令謀殺劉宜良的罪名，遭判處無期徒刑（他在六年後獲釋）。同時，國務院協助一連串黨外領袖訪問美國；他們回國後，揮舞著和美國重要官員的合照為護身符，抵抗國民黨的秘密警察。

蔣經國的顧問現在開始主張推動政治改革。一九八六年春天，擔任台灣駐美代表的錢復向蔣經國面陳自由化的必要。幾個月後，蔣經國傳話給錢復，他的建議是對的。民主的時機已經到來。蔣經國了解到，經濟繁榮加上民主化的政治制度，將是台灣和中國大陸競爭的資產。台灣需要比老掉牙的「自由中國」招牌更強而有力之物來爭取美國的支持。一九八六年五月，蔣經國批准國民黨員與黨外人士進行討論。是年，他交代副總統李登輝擬訂台灣兩個直轄市台北和高雄市長開放民選的辦法。一九八六年九月二十八日，民主進步黨宣告創黨，成為一九四九年以來，在任何華人地區來說，都是第一個反對黨。此時怪事發生了：竟然沒有任何人被抓去坐牢。

一九八六年十月七日，還有幾天就是劉宜良遇害兩週年，蔣經國宣布他將結束已實施三十八年的戒嚴。蔣經國向他的主要國際友人發出清晰的訊號，在接受《華盛頓郵報》發行人凱薩琳・葛萊姆（Katharine Graham）專訪時透露他的計畫。他誓言，中華民國將走向「民主化」。《郵報》對蔣經國的宣示半信半疑；該報編輯把這條消息放在A18頁發表，但這的確具有劃時代的意義。蔣經國宣布：「我們要成為十億中國人的希望之燈塔。」

接下來的變化非常不尋常。蔣經國開放對中國大陸通商和旅行，取消對結社及言論的禁令。台灣的傳媒成為亞洲最自由的。一九八六年十二月，民進黨推出十九位立法委員候選人，並有十二人當選。一九八八年，蔣經國心臟病發亡故，享年七十七歲。這時，與繼子蔣經國一向不睦的宋美齡，嘗試從美國長島的宅邸遙控阻止蔣經國的副總統李登輝接任總統和國民黨主席。但她失敗了。一度為中國「皇后」的宋美齡已經過氣。（不過她比其他手足都長壽，二〇〇三年十月二十三日於紐約去世，高齡一〇五歲。）

一九九〇年，離北京天安門事件不過數月，大規模學生運動（野百合學運）要求民主，震撼了台灣。李登輝剛被橡皮圖章似的國民大會以六百七十一票選為「連任」總統，而抗議民眾要求真正的民主。李登輝不像海峽對岸的共產黨，他沒有鎮壓學生運動，反而邀請學生代表進入總統府對話，承諾下次總統大選將由全民投票選舉。這又是華人世界的創舉。下屆選舉定在一九九六年。

索拉茲承擔起台灣政府非正式顧問的角色。每半年他都從國會山莊的辦公室和蔣經國、李登輝通電話，讚美他們已採行的措施，並要求更加改進。台灣的民主發展是數十年來經濟成長以及和西方、美國深刻互動的總成績。這也發生在世界上其他開發中國家，如土耳其、菲律賓和南韓都先後歷經民主化。一九八〇和一九九〇年代，台灣人民贏得的自由成為中國共產黨最大的挑戰，因共產黨一再聲稱，個人權利和民主不吻合中國文化。雖然《世界人權宣言》的共同執筆人張彭春已在一九五七年過世於紐澤西州的納特雷（Nutley）自宅，他若地下有知，一定會感到驕傲。

華人在美國的不凡成就，以及台灣走向全面民主，凸顯了美國價值和中華文化的和諧交融。這正是多年來，許多中國人及美國人追求的「大同」。但中國大陸的政治領導人卻備感威脅，堅稱不僅中國人不適合美式民主，還表示這意味著對中華民族的重大威脅。

附註

李小龍接受訪問的詳情，參見《李小龍：金龍的非凡一生》（*Bruce Lee: The Celebrated Life of the Golden Dragon*）。保釣運動詳情參見中國歷史學者盧明輝（*Minghui Lu*）的學術論文。華裔美國人參與中國科學工作的許多細節，我依賴王作躍（Wang Zuoyue）的著作，例如〈冷戰期間的跨國科學研究：以返回中國與滯留美國的華裔科學家們為例〉（Transnational Science during the Cold War: The Case of Chinese/American Scientists）一文。劉宜良（筆名江南）被殺害及美國國會對臺灣政府施加壓力的詳情，取材自當時的新聞報導和國會證詞。

第四十二章
愛國教育

一九八九年六月四日鎮壓天安門廣場群眾後五天，鄧小平現身視察解放軍部隊。他宣布，中共犯的「最大錯誤」「主要是意識型態和政治教育失敗——不只對學生，對一般人民也是。」

鄧小平這番話預示另一場意識型態大作戰——「愛國教育運動」——的開始，引導中國人民的思想遠離美國。中共因面臨六四後的精神真空，及共產主義在東歐和蘇聯的崩潰，而轉向仇恨型的民族主義來鎖緊其動搖中的統治。這就是服了類固醇的蔣介石「新生活運動」加強版，由剛歷經建黨六十八年來最大震撼的黨負責執行。

一九九一年三月九日，《人民日報》刊登六四天安門事件後被鄧小平拔擢為總書記的江澤民，寫給教育部的一封信，他宣布，全國學生都需參加這項運動，「幼稚園兒童也不例外」。江澤民表示，這項運動有四個重點。過去，中國因為領導人羸弱而遭列強欺凌。最糟糕的惡霸是西方國家和日本人。若不是中國共產黨，中國就會又弱又面臨被分裂。美國亟欲圍堵並防阻中國崛起。江澤民告訴黨，「歷史教育改革」是根本策略，用來防止中國遭受「國際敵對勢力的和平演變陰謀」攻擊。

這年，中共發行修訂後的歷史教科書。為確保數百萬名中國青少年記住運動的主要訊息，當代史成為全國高校入學考試的必考科目。階級鬥爭原被共產主義歷史學者讚譽為歷史的推動力，現在卻從課程中消失，換上民族主義。

對黨而言，界定歷史的大問題不再是與國民黨的作戰，而是對日抗戰及日本背後的美國。蔣介石原為共產黨歷史的反面人物，現被洗刷乾淨，成為愛國者。二戰期間，美國援助中國的事蹟自中國教科書中消失。彷彿中國隻手對抗日本。

新的敵人是日本和西方。毛澤東時期的共產黨強調，中國擊敗帝國主義及其階級敵人，但現在中共卻扮演起受害人的角色。一九九四年八月，中共黨中央及國務院發布一份文件，要求全國學習鴉片戰爭以來中國的屈辱歷史，以便掌握「西洋敵對勢力」的邪惡本質。目標是增進「自尊自傲」並加強「國家團結」。李潔明大使在天安門事件後不久指出：「中國人需要有個假想敵。」這個假想敵就是西方。

一九九〇年代黨採取行動，讓中國正歷經全球化的青年文化更能接受其訊息。一九九三年的電視劇《北京人在紐約》標誌著商業上可行的反美娛樂劇出現。這齣連續劇根據同名小說改編，描述中國移民王起明前往沒心肝的「大蘋果」紐約闖天下的故事。王起明的故事擄獲中國觀眾的注意力，也吻合後一九八九年中國共產黨的需要。該劇同時描寫美國資本主義制度核心的道德真空，也描寫黨擁抱之，由貧致富所需的、鋼鐵般的創業精神。劇中有幕高潮場景是，王起明找了一名身材豐滿的金髮妓女，對她亮出美元大鈔，要她高喊「我愛你！我愛你！」這齣戲以荒謬主義嘲弄美國的唯物主義，也代表黨之於美國的挫折感和無力感，還有復仇的渴望。

共產黨作家推崇《北京人在紐約》，視之為針對親美情緒的解藥。有位專欄作家在黨營媒體《中國日報》上撰文表示，這齣戲「可幫助懷抱美國大夢的人變得更務實」。作家查建英評論這齣戲背後的意識是：「去你的，臭老美。」

一九九二年秋天，柯林頓競選總統時，誓言把美國打造成「不向獨裁者低頭的國家，無論他們是在巴格達或北京」。他保證，選上總統後將執行對中國的新政策，唯有中國改善其人權紀錄，才給予其降低進口關稅的優惠。但一如美中互動的模式，柯林頓政府很難執行對北京設定的條件。到了柯林頓將卸任時，中國還未自由化，人權狀況仍差，但美國卻同意中國加入世界貿易組織，這個動作等於為已全速進展的中國經濟貫注火箭燃料。和處理其他領域的方式一樣，柯林頓試圖將相互矛盾、牴觸的政策綁在一起。中國方面，這些政策涉及美國想改造中國的傳教士衝動，以及想維持中國穩定的策略性希望。柯林頓既要與中國貿易和合作，也希望中國政治更開放。共產黨迫使柯林頓做出選擇，最後是尋求穩定——及商務——的那一邊勝出。

柯林頓的手被主張與中國貿易的強大商界遊說力量綁住。如同九十年前義和團動亂後的美國商界，一九九〇年代的美國企業界也主張，美國不應為了中國如何對待其公民而予以懲罰；美國應鼓勵通商，中國的門戶才會繼續對西方開放。

蘇聯消失、天安門事件爆發及中國崛起，成為影響一九九〇年代的重大事件。在美國，則是書籍及文章爆發中國熱，例如〈中國再度蔚為世界大國〉（China: A World Power Again）和《中國第一：全新超級強權站上舞台中央》（*China as No. 1: The New Superpower Takes Centre Stage*）在在都預告了新巨人的崛起。美國人意見不一。中國究竟是威脅還是機會？悲觀論者深深畏懼中國。有史以來第一次，新黃禍的所有元素——經濟勢力崛起、軍事大肆擴張、意識型態敵意深重，加上人口眾多——全都匯合在一起。一九九六年，歷史學者山繆爾．杭廷頓（Samuel P. Huntington）的《文明的衝突與世界秩序之重建》（*Clash of Civilizations and the Remaking of World Order*）預測，美中將爆發「文明戰爭」。杭廷頓寫道，中國是美國領導之國際體系的主要對手，也是「人類歷史最大的玩家」。樂觀論者則舉中國驚人奇快的經濟發展為例，認為中國是新的機會之地，有如大西部的企業新疆界，可讓美國企業界盡情發揮。中國不是威脅；反而將使人人致富發財。

一九九三年五月，柯林頓簽署一道行政命令，將延續貿易最惠國待遇和中國人權的進步連結起來。五月二十八日，在民主黨國會領袖、中國留學生和西藏運動人士簇擁下，柯林頓在白宮宣布：「現在，該是美國以聯合一致的政策承認中國價值和美國價值的時刻了！」柯林頓宣稱，美國對中政策立基於「堅決堅持，人權要有重大進展」。在北京，柯林頓如此承諾全球民主化，被解讀為形同宣戰。一九九二年十二月李鵬宣稱，在人權方面做出任何重大讓步，「將動搖我們社會的根本」。一九九四年二月二十七日，異議人士魏京生因會見美國主管人權事務的助理國務卿約翰・夏塔克（John Shattuck）而遭中國公安人員逮捕。坐牢近十五年的魏京生，被判處另一個十四年。

三月間，國務卿華倫・克里斯多福（Warren Christopher）訪問北京，要求中方在人權方面「立即做出重大進展」；中方根本不甩他。國務院官員溫士頓・羅德形容，這是他生平參加過「最蠻橫的一次外交會面」，李鵬公然打臉克里斯多福。李鵬說，中國的人權「不關你的事」。中方接著又取消黨總書記江澤民接見克里斯多福。克里斯多福向柯林頓報告，中方「粗魯、陰沉、有時幾近侮辱」。但即使中國壓制人權，北京政府還是拿著賺錢機會的胡蘿蔔引誘美國企業界。穩坐中南海黨中央的鄧小平，沉思著他的下一步。

一九九二年年初，高齡八十七歲的鄧小平離開北京，前往華南巡視。鄧小平和他的盟友擔心，天安門事件後當權的共產黨強硬派管不好經濟。從一九八九年到一九九一年，中國的經濟年成長率不到百分之六；市場導向的改革停頓下來。對中國這樣一個窮國家而言，這種差勁成績不容接受。

鄧小平離開北京，啟動最後一次政治棋局，重新點燃中國的改革。他在上海及華南的城市深圳發表系列談話，讓黨的領導層注意到，中共需要繼續改造、邁向更開放的經濟。結果令人咋舌。一九九二年，中國經濟成長率超過百分之十四。創業活動大爆炸改造了城市。鄉鎮企業將數百萬農民拉出農地。工人大軍——女性占相當多數——湧向華東沿海各省，將中國變成世界工廠。一九九一年，外國人在中國僅投資四十億美元；到了一九九三年，外資超過二五〇億美元。光是這年，中國人與外國夥伴就簽訂八萬五千件合作案。這是中國歷來罕見、最兇猛的黃金潮。美國企業界再度沉迷於中國夢。從一九九二年鄧小平南巡到他一九九七年去世的這五年，中國的經濟體成長為三倍。

一九九一年，傑克・柏考斯基（Jack Perkowski）辭掉華爾街的工作搬到香港，成立一家風險資金公司，準備投資中國。柏考斯基在耶魯唸書時是美式足球校隊的後衛，在華爾街潘恩韋伯公司（Paine Webber）[1]上班時為投資銀行家，在美國時已事業有成。他擁有一戶俯瞰中央公園的寬敞公寓，並在紐澤西州的德拉瓦河岸有個占地六十五英畝的農場。他帶著難以抑制的老美樂觀主義和頑強的拳擊手精神，到中國做生意。

柏考斯基認為，中國將是下一個大市場；借用他當時主要的助手提姆．克里索德（Tim Clissold）的話，他決心做「唯一在中國功成名就的人」。柏考斯基和克里索德一起進入中國，到處勘察破敗的工廠，盼能化塵土為黃金，九個月內走訪三百五十個場址。最後，他選擇汽車零件業和啤酒釀造業為致富之道。

柏考斯基回頭找他華爾街的夥伴，他告訴作家喬．史塔維爾（Joe Studwell），一九九三年聖誕節假期就得到一億五千萬美元的承諾。柏考斯基最後募集到四億一千五百萬美元，組成為投資中國而號召、集資到的最大私募基金個體戶。

柏考斯基並不孤獨。數十個銷售中國夢的基金相繼出現。一九九四年，華爾街魔術大師馬克．墨比斯（Mark Mobius）成立「坦伯頓巨龍基金」（Templeton Dragon Fund）。一九一九年，尼爾．史塔爾（Neil Starr）在上海成立美國國際集團（AIG）後，該集團又聲勢浩大地回到中國——取得中華人民共和國自一九四九年以來，首張發給外商的保險公司執照，並自誇推出「新興市場歷來最大的直接投資基金」。華爾街夙有遠見的巴東．畢格斯（Barton Biggs）匆匆到中國走了一趟就宣稱：「在中國待了六天後，我深深看好這個市場。」畢格斯話聲剛落，二十多億美元就經過香港證交所，爭相投資與中國有業務往來的公司。

美國企業垂涎十億顧客的前景，湧入中國，準備交出美國科技的秘密，換取市場一席之地。飛機製造公司麥唐納道格拉斯公司（McDonnell Douglas）甚至提供中國最新的機械工具製作技術，條件是，中方只能將技術用於民用用途。（日後中方毀約，不守承諾。）

美國人預估的獲利完全脫離現實，這個情況就和七十年前經營廣告公司的卡爾．克羅時期毫無兩樣。一九九三年，美國電話電報公司（AT & T）執行長羅伯．艾倫（Robert Allen）前往中國，見了國家主席江澤民後，簽訂一份五億美元的協議。能夠成功的西方企業，往往都是在和中國來往時能夠堅持他們在別處採用的經營原則，不提供中國差別待遇。但在一路向前衝的一九九〇年代，這種公司少之又少。麥唐納道格拉斯公司在中國只蓋了三座工廠就偃兵息鼓。美國電報公司的投資都不成功。

柏考斯基的發財致富特快車跑不遠且在當地虧損慘重。柏考斯基認賠六千萬美元，賣掉兩家釀酒廠。他的投資公司ASIMCO（亞洲戰略投資管理公司）遭遇種種詐騙打擊。有位職員編造一個詭計，騙走ASIMCO五百萬美元。當ASIMCO向地方反貪腐當局報案求助時，官員要索賄才肯調查；一名法官要求，要幫他辦綠卡才肯裁決此案。ASIMCO有位經理將公司大片土地擅自轉給另一家公司，ASIMCO預備將他革職時，一群抗議者在地方公安人員撐腰下，將提姆．克里索德堵在旅館房間長達十二小時。克里索德被中國合夥人的種種偷襲搞得筋疲力竭——摔瓶子、街頭暴動、動拳毆打，無所不有——甚至心臟病發作。克里索德將他和柏考斯基吃盡苦頭的詳細點滴記錄於《中國先生》（*Mr. China*）這本書中。後來兩人失和、不再講話。《華爾街日報》將柏考斯基的故事譏稱為「全世界最昂貴的一堂企管課」。另一位評論人也諷刺地表示：「有意思，因為都是別人的錢。」

柏考斯基並未喪失信心。一九九八年四月，他在北京的世界經濟論壇上發言，稱中國是「美國企業界的越戰」。他也未罷手。他有頑強的樂觀心理、口袋又夠深，即使二〇〇四年後部分金主買單退出。他重新調整ASIMCO汽車零件生意的方向，原本以中國國內市場為重，現改為外銷為主。他不從國有企業雇人，改為自己培訓經理人。ASIMCO原被譏笑為老美對中國市場期望過高的範本，現在逐漸有了起色。

時序進入二十一世紀，ASIMCO成長為中國最大的汽車零件製造廠之一，旗下十七家工廠、員工一萬兩千人。二〇〇八年公司營業額達六億美元，而柏考斯基也仿效二十世紀初，尼爾．史塔爾和他保險公司的做法，開始蒐購美國公司，營建自己的全球企業帝國。這年，他將自己的成功史寫成一本書，書名不無炫耀之意，名為《駕馭巨龍：我如何在中國建立十億美元的事業》（*Managing the Dragon: How I'm Building a Billion-Dollars Business in China*）。

中國人利用他們的市場誘惑力，消弭外界對其人權的注意力，賭的是美國人追求獲利的動機會擊敗其政治理想。每年，美國國會都要辯論貿易最惠國待遇，中國未改善人權，卻一再承諾，更加開放市場、歡迎美國企業。一九九三年秋天，中國宣布將降低近三千種產品的進口關稅。同年，中國的進口較去年跳升百分之二十三。接著北京政府又宣布，將刪除數百項非關稅壁壘，放寬外匯規定，允許西方企業匯出更多獲利。一九九四年四月，年度的貿易最惠國待遇問題又將在國會上演唇槍舌劍的辯論時，中國首席貿易談判代表吳儀率領一個兩百多名官員的代表團來到美國，依中國傳媒的說法，是進行「進口採購」，簽訂了若干動輒百萬美元的協議。鄧小平說，中國是「太大的一塊肉」，大到外國企業無法忽視。李鵬總理也誇口：「朋友人數增加，我們的國際地位正在上升。」

一九九四年五月二十六日，柯林頓放棄人權和貿易掛鉤處理的政策，宣布這已經行不通。他將他對中國的新政策稱為「建設性的交往」（constructive engagement），這個政策立即遭逢考驗。

一九九一年十一月，美國開始從菲律賓撤軍。一九九一年六月十五日，天災——品納土玻火山（Mount Pinatubo）大爆發，使得美軍克拉克空軍基地（Clark Air Base）遭到幾噸泥土和瓦礫所淹沒——加上菲律賓政壇風波不斷，迫使華府結束一八九八年以來在此島國的駐軍。

一九九二年，即美國海軍撤出蘇比克灣海軍基地（Subic Naval Base）的同一年，中國的立法機關通過一項法案，對美國即將退出的海域提出主權主張。事實上，這項《中華人民共和國領海及毗連區法》（Law on the Territorial Waters and Their Contiguous Areas）似乎對整個南海都主張中國具有主權，目標是將全世界商旅最頻繁的水道之一變成中國的內湖。當美國似乎在後撤時，中國便急著推進、補上空隙，這絕非湊巧。中國的分析家稱這項法律是「中國的門羅主義」。近百年前，清末民初的維新派人士梁啟超即夢想將列強勢力排除在中國海域之外。現在中國正採取行動，實現夢想。

中國政府發布一張地圖，以一九四七年國民政府在美國海軍協助下繪製的地圖為基礎，以九段線圈圍起面積一百萬平方英里的整個南中國海。這張地圖最南伸展到越南的南端和婆羅洲（Borneo）海岸。其中一段離越南海岸僅五十英里；另一段離馬來西亞僅二十四英里；更有一段離菲律賓三十五英里。以上三者全都進入到其他國家兩百英里的專屬經濟區。但中國對於這張地圖是否代表其主張這些海域屬於中國，諱莫如深。然後，一九九五年中國占領美濟礁（Mischief Reef），其位於菲律賓巴拉望島（Palawan）以西一百三十英里，距離中國逾四百英里。

啟發中華人民共和國的不僅是門羅主義（Monroe Doctrine）。中國戰略家取經的對象還有另一位美國人——十九世紀的海權論者、美國帝國主義的旗手艾佛瑞德．賽爾．馬漢（Alfred Thayer Mahan）。這個故事的主角劉華清為一頭髮花白的老革命幹部，成為中國根本戰略大調整的設計師。

一九一六年，劉華清生於內陸的湖北省，小鄧小平十二歲，少時即加入共產黨，參加過長征，也在二戰後參與國共內戰。劉華清首次接觸海洋是在一九五二年，當時他被派為大連海軍學院副政委。後來他到蘇聯，花了四年學習軍事理論。從蘇聯回國後，他追隨中國核武計畫主持人聶榮臻。一九七〇年，劉華清再度加入解放軍海軍，鄧小平復出掌權後，他的地位也水漲船高。一九八二年，劉華清被任命為海軍司令員，統領海軍直到一九八七年。

當許多中國人轉向西方，尋找靈感和指導時，劉華清崛起成為中國首席軍事戰略家。這時正是《河殤》當道的時代，這部紀錄片認為，中國的未來寄望在太平洋的藍海，而非黃河平原的貧瘠山嶺。智庫呼籲中國人擁抱「海洋觀點」，稱頌中國的海軍是「戰略軍種」。劉華清也深受這種觀點感召，轉向馬漢的著作尋找指導。

十九世紀末，馬漢提供美國總統威廉．麥金萊（William McKinley）和狄奧多．羅斯福（Theodore Roosevelt）戰略依據，幫助他們向亞洲推進殖民主義、占領夏威夷和菲律賓，以及投資發展一支世界級的海軍。馬漢主張，全球商務要有強大的軍力為後盾，而強大的軍力也需更多商務來支撐。

現在，中國已重新走上追求富國強兵之路，而歌頌美國帝國主義擴張的馬漢，諷刺地被用來證明，中華人民共和國的作為有其道理。二〇〇四年，劉華清發表自傳，歸功於馬漢所提供的「理論武器」，幫他將中國從大陸思維扭轉到開放的大洋。劉華清揮舞著馬漢的鉅作《海權對歷史的影響》為盾牌，對抗那些希望中國保持孤立的人士。他主張，現在的中國依賴貿易與投資推動現代化，中國必須守衛海疆。劉華清強調，中國要走出去捍衛海上主權，並以現代化的海軍為後盾。

到了一九八〇年代末期，劉華清說服黨內高階領導人，中國得提升艦隊素質與戰力。一九八七年劉華清受訪時表示：「沒有航空母艦，我死不瞑目。」一年後，北京買下一艘烏克蘭航空母艦船殼，旋即開始將其裝備為中國第一艘航空母艦「遼寧艦」。就劉華清而言，改變中國的戰略文化是非常艱鉅的工作。但幾年後的一樁危機，讓各方意見轉趨一致。

一九九六年三月七日晚間，柯林頓總統的國防部長威廉·培里在美國國務院八樓的麥迪遜廳招待中國外交部副部長劉華秋晚宴（劉華秋與劉華清沒有親戚關係）。他告訴精通英文的劉華秋，中國若以飛彈攻打台灣，中國將面臨「嚴重後果」。國際政治上，「嚴重後果」就是戰爭。中國已朝台灣發射飛彈，其中一枚落在十九英里外的海面。這是一九五八年金門、馬祖危機以來，中國和美國首次可能兵戎相見。

讓美中兩國走到戰爭邊緣，以及他們如何後撤的故事，是美中關係的一個重要轉捩點，也是中國對美國觀點丕變的關鍵。柯林頓入主白宮時相信，中國在美國的想像中扮演的角色將趨於微弱，但台海危機讓他和其他許多戰略家覺得大謬不然。柯林頓的第二位國務卿瑪德琳·歐布萊特（Madeline Albright）就說，中國變得「大到不容忽視」。

一九八八年台灣總統李登輝繼任後，致力改善和中國大陸的關係。台灣已廢除「動員戡亂」，而兩岸貿易與投資正旺。短短幾年內，台商企業變成中國主要的投資人。李登輝也強化台灣民主。在野黨的民進黨現已完全合法，並準備於一九九六年三月二十三日，舉行有史以來的首次總統直接民選。但李登輝也努力爭取擴大台灣的「國際空間」：他希望台灣加入國際組織，並取得其他國家正式外交承認。自與美國關係正常化以來，中國就積極推動孤立台灣。一九七二年尼克森訪問中國時，台灣有七十一個邦交國。到了一九九四年，只剩二十八個邦交國。

李登輝尋求提升台灣和美國的關係。一九九四年春天，他在前往中美洲訪問途中，要求美國准許專機加油時，可在夏威夷過夜。國務院同意飛機停留加油，但擔心中國的反應，不准李登輝離開機場。李登輝非常生氣，覺得老朋友未善待他。

一九九四年年底，台灣發動爭取美國發放簽證給李登輝，以便他回母校康乃爾大學參加校友會活動。柯林頓政府不同意。四月十七日，國務卿克里斯多福向中國外交部長錢其琛打包票，不會發簽證給李登輝。但民主化的台灣在華府結交許多新朋友。在五百萬美元的公關攻勢下，一九九四年五月三日，聯邦參議院以九十七票贊成、一票反對的懸殊差距，支持發放簽證給李登輝。行政部門被迫收回成命。後來，前任商務部官員大衛．羅斯柯普（David Rothkopf）告訴《華盛頓郵報》：「克里斯多福在中國人面前講話的可信度當下全毀了。」共產中國召回駐美大使，以示抗議。

一九九五年六月九日，李登輝在康乃爾的演講很低調，但他能現身就已是勝利。共產中國的抨擊十分凌厲。新華社稱，李登輝的入境簽證是「胡鬧的創傷」，宣稱這會「幫助中國人民看得更清楚，美國是怎樣的國家」。接下來的一九九五年七月，李登輝回國後不久，解放軍就開始朝台灣附近海域發射飛彈，接著又在福建海岸演習，模擬攻島作戰。之後不久，中國官員開始威脅美國。一九九六年一月，資深外交官傅立民（Charles Freeman, Jr.）告訴柯林頓政府，他和中國一名將領有段不祥的對話。當傅立民預測，中國若攻打台灣，美國將保護台灣時，這名將領嗤之以鼻，宣稱美國只是「紙老虎」。他說，一九五〇年代美國曾威脅以核武攻打中國，「因為我們無力反擊。」但現在中國自己也有核武。這位將領說：「因此，你們再也無法威脅我們，因為相較於台北，你們比較關心洛杉磯吧？」在這膽大包天的警告後兩個月，也就是三月間的台灣總統大選之前，中國發動更多飛彈試射和軍事演習。

三月十日，培里和劉華秋晚餐會談三天後，美國派出兩個航空母艦戰鬥群前往台灣附近海域警告中國，你的軍事行動已逾越紅線。這是越戰結束以來，美軍力量在亞洲地區最大規模的部署。中國自以為可以恫嚇台灣選民，嚇阻他們投給李登輝，改投給支持兩岸統一的其他候選人。殊不知北京錯了，李登輝以壓倒性優勢贏得連任。危機促使華府整個動員起來。四月間，柯林頓政府官員邀請李登輝的一位高級顧問到紐約一家旅館會面，提出警告：台灣爭取國際空間的動作要冷卻下來。美方與劉華秋也持續對話。柯林頓的國家安全顧問安東尼．雷克（Anthony Lake）帶劉華秋到女富豪潘蜜拉．哈里曼（Pamela Harriman）維吉尼亞州的別墅密談，談論中美關係的未來。美方參與討論的一位官員告訴《華盛頓郵報》，是「在優雅的房間裡進行嚴峻的會談」。

嚴峻的會談預示著，雙邊關係又回到另一條軸線：美國希望把中國化為全球大國和夥伴。小羅斯福總統曾擬想和蔣介石建立這樣的關係。卡特對於和鄧小平交往也有同樣期許，但天安門事件致使一切擱淺。現在，柯林頓對江澤民又有類似期許。美國對中國的行為不能不理會，即使派出第七艦隊也改變不了其行為，於是柯林頓政府決定，改造中國唯一的路徑就是將其提升到大國的行列。這個構想就是將中國牽進國際協定網絡，讓中國在所有世界組織中都成為成員，因此維持現狀——由美國主宰的全球金融及經濟體系——才吻合其利益。對此關係，雙方定出「戰略夥伴」的名稱。

一如往常，美國又開始送禮給中國。美國放棄一年一度，讓聯合國人權委員會（UN Commission on Human Rights）通過制裁中國的做法。中國釋放幾位著名的異議人士作為交換，譬如魏京生就被送出國流亡。中國也簽署《公民權利及政治權利公約》（International Convention on Civil and Political Rights）。但中國的人權情況仍未改善。

柯林頓政府更為努力勸中國停止擴散大規模毀滅性武器。自一九八〇年代以來，中國在這方面沒有麼節制。一九九〇年五月，中國為巴基斯坦進行一次核子試爆，也將軍事用途的核子反應爐秘密賣給阿爾及利亞，並協助北韓的核子計畫。美國一強硬起來，有時反而搞砸了。一九九三年七月二十三日，中情局判斷，中國一艘正開往伊朗的貨櫃船「銀河號」上，載了可製造化學武器的原料。江澤民親自向柯林頓保證，船上絕沒有這類東西。即使如此，當「銀河號」停靠沙烏地阿拉伯港口時，華府堅持上船搜查，結果沒查到。江澤民非常生氣，柯林頓竟然不相信他的話。

在禁運制裁的威脅下，中國略為修正其行，在一九九二年簽訂了《核不擴散條約》（Nuclear Non-Proliferation Treaty）。但一九九六年一月，新聞報導指出，中國核工業集團出售武器級濃縮鈾所需的磁鐵給巴基斯坦。美國威脅要切斷數十億美元的貿易。五月間，北京宣布已停止協助巴基斯坦無安全防護的核子設施，也停止支持伊朗的核子計畫。作為交換條件，柯林頓恢復雷根時期的提議，允許中國購買美國的核電技術。

柯林頓政府也繼續雷根總統和布希總統時期的做法，協助中國建立武器控制機制並培訓相關人員。中國借助福特基金會（Ford Foundation）和麥克阿瑟基金會（MacArthur foundation）的捐款，建立出口管制體系。麥克阿瑟基金會另捐助二十六萬美元給中國解放軍成立的智庫「中國國際戰略研究基金會」。美國和中國武器實驗室的科學家彼此有過無數次秘密交流。一九九六年九月二十四日，中國簽訂《全面禁止核試驗條約》（Comprehensive Nuclear-Test Ban Treaty），這是甘迺迪總統曾盼望延緩中國發展核武的一項設計。

一九九七年亞洲金融風暴爆發時，美國財政部說服中國勿將人民幣貶值，而導致其出口價格低廉，進而穩定了區域經濟。一九九八年五月，印度進行一連五次的核子試爆時，美中雙方協調如何應對。

對中國與美國來說，台灣危機都是一個轉捩點。數十年來，美國歷任總統都安撫中國領導人，承諾台灣將是他們的。但當北京企圖恫嚇台灣時，美國不僅未站到一旁，還派出第七艦隊。中國奉國家主席江澤民的命令，將資源移到海軍、空軍和火箭軍，幾乎全神貫注地鎖定，極可能與美國就台灣問題開戰。劉華清現已升任中央軍委副主席，懷抱復仇之意就任。

一九九六年，中國向蘇聯訂購四艘現代級驅逐艦中的第一艘。驅逐艦將配備全世界最先進的反艦飛彈，專門用來對付最能代表美國實力的航空母艦。中國的火箭科學家也發動一項任務，開發這類能撂倒航空母艦此一巨型船艦的飛彈。（二〇一五年九月，中國在紀念二戰終戰七十週年的閱兵典禮上展示東風21D飛彈，這是全世界第一種反艦彈道飛彈。）

起先，美國分析家瞧不起中國海軍的擴張，導致分析報告的題目都隱含諷刺，譬如「海上的人民戰爭」（People's War at Sea）。有位美國海軍前任上將被問到中國入侵台灣的可能性時，他預言將是「百萬人下水游泳」。但當證據日益浮現，中國不只改變軍事理論也改善其硬體時，美方的語調開始轉為關切。

關於核擴散的問題，中國對於更多國家擁有更多核彈及長程飛彈並非好事這點，意見仍然不一。中國政府的立場是，讓美國多頭痛一點，我中國就可少點壓力。北韓就是一例。一九九三年三月，朝鮮宣布有意退出《核不擴散條約》，不肯接受稽查，以免曝露其核武計畫。五角大廈認為，中國是平壤電力和煤的主要來源，可對北朝鮮施壓，降低該國發展核武器的努力。經美國施壓多年，中國才讓步，華府和北京聯手鼓勵南、北兩韓會商談判。

但中國的合作很含糊：雖然堅稱反對朝鮮半島發展核武，中國官員私下承認，他們對北韓的主要目標是確保其不會崩潰。中國需要在其本身和親美的南韓之間有個緩衝。北韓就是中國的東德，要是北韓垮了，北京擔心中國將是下一個。

中國經濟繁榮，其自信上揚後，北京對美國的看法轉趨不佳。中國已逐漸躍升為超級大國，為何還要聽老美的？一九九六年，五位中國作家聯手寫了《中國可以說不》，立刻洛陽紙貴，第一年就熱銷逾四十萬冊。這本書主張，中國被美國霸淩夠久了，現在該是中國「說不」的時刻。中國對美國累積了一堆不滿。譬如攔查「銀河號」、硬說中國載運化學武器給伊朗的烏龍事件。一九九三年美國國會通過決議，反對中國申請主辦二〇〇〇年夏季奧運會，以致有些人認為，中國這樣才輸給雪梨。一九九五年，美國還發給台灣總統簽證。

《中國可以說不》將美國描述成正在走下坡的道德敗壞之國。該書還指控，在日本和台灣一些「可惡的中國人」協助下，美國陰謀壓制中國的崛起。每一章的標題——如「火燒好萊塢」、「我不搭乘波音七七七」和「備戰」——全都呈現了情緒激昂的民族主義。作者們宣稱，中國再度站起來了，「無需扮演任何人的第二提琴手」，尤其是美國。作者們呼應黨一整個世代的宣傳，認為許多中國人得了「親美的心理病」。作者們接受訪問時承認，自己也感染這些毛病，但因為研究歷史才治癒。其中一名作者曾涉及支持民主運動的示威，並在一九八〇年代入獄服刑。另兩人也參加過天安門廣場的抗議活動。但對他們而言，這都是過去的事了。

《中國可以說不》衍生出一系列「說不」的文學——在這些憤怒的文字當中，有些極端的指控不遜於十九世紀中國的反西方著作《辟邪紀實》。北京共產黨組織買下《中國可以說不》，送給黨員每人一本。一九九七年又有續集出版。

蘇聯的瓦解使得美中關係頓失定艙石。兩國結合在一起，是為了對抗蘇聯的威脅，歷任美國政府都將安全置於華府與北京關係的核心。現在，俄羅斯只剩下一個空殼，美中關係則陷於互不信任和競爭的海洋。

柯林頓總統執政伊始，就試圖將美國百年來想改變中國的夢想，及其百年來想從中國發財致富的欲望結合在一起。他的結果成敗互見。他採取動作，保護台灣這擁抱美國價值的華人社會，卻造成共產中國全力建軍。他將人權和貿易掛鉤處理，卻以失敗收場。接下來，柯林頓推銷其新政策——「建設性的交往」——保證這將有利於美國的企業界及消費者，以及中國獲得自由及民主前景。在新世紀來臨時，這個想法再度膨脹了美國對中國的期許。

譯註

1. 潘恩韋伯公司成立於一八八〇年的波士頓，是一間老牌的投資銀行，二〇〇〇年被瑞銀集團（ＵＢＳ）併購。

附註

關於中國推動愛國教育運動，詳情參考當時的中國新聞報導及汪錚（Zheng Wang）的博士論文〈歷史與記憶的力量：美中衝突危機期間的中國愛國教育——一九九一至二〇〇一年〉（The Power of History and Memory: National 'Patriotic Education' and China's Conflict Behavior in Crises with the U.S, 1991-2001）。柯林頓總統對人權問題的立場反覆，詳見孟捷慕的《轉向》。傑克．柏考斯基的故事，取材自提姆．克里索（Tim Clissold）的《中國通》（*Mr. China*）一書，還有喬．史塔威爾（Joe Studwell）的〈中國夢〉（The China Dream）一文，以及柏考斯基的《我在中國創造百億事業：理解中國模式，經商無往不利》（*Managing the Dragon: How I'm Building a Billion-Dollar Business in China*）。劉華清對海權的觀點，載於《劉華清回憶錄》。美中兩國為台灣問題關係而緊張的詳情，取材自《華盛頓郵報》的報導。中國媒體反美論調上升的詳情，參見謝淑麗（Susan Shirk）的《脆弱的強權：在中國崛起的背後》（*China: Fragile Superpower*）一書。

第四十三章 來自中國的愛情

一九四四年，金無怠（Larry Wu-tai Chin）剛從美國傳教士所辦的燕京大學畢業，在美軍駐華單位擔任翻譯員的工作。在美軍營區裡，金無怠的同寢室友為中國男子王力。在王力的引導下，金無怠成為共產黨員。

身材高瘦的金無怠（同學給他取了「蚱蜢」的綽號），怎麼看都不像是間諜。但他戴上眼鏡的外貌隱藏了真相：金無怠嗜愛賭博、性好漁色、愛用性愛玩具，而且是中華人民共和國十分成功的潛伏間諜。一九五〇年代至一九八〇年代，金無怠秘密為中國共產黨工作，導致與美國合作的中國人死亡，也是中國對付美國最大的間諜成就。

金無怠只是奉命從美國竊取機密資訊的數十名共產黨人之一。這些中國共產黨的特務、友人和連絡人，不論出於金錢、女色、愛國或吹噓因素，都十分成功地滲透到美國政府及產業界裡層。至今，中國針對美國的間諜活動，導致各種機密情報，從武器機密到企業情報，都從太平洋這岸源源流向另一岸。

二戰結束時，金無怠被調到上海的美國領事館上班，在當時，領事館裡潛伏了不少共產黨間諜。共產黨席捲大陸後，金無怠轉到香港，繼續為美國政府工作。韓戰期間，他是中國語文專家之一——他能通四種方言——負責詢問中國戰犯。聯邦調查局資深反情報官員 I.C.史密斯（I. C. Smith）寫道，金無怠前往香港，將與美國合作的戰犯名單交給他的中共線人。這些戰犯一回到中國，極可能就被槍斃。

金無怠又從韓國派駐沖繩，供職於專門監聽中共廣播的中情局外國廣播資訊處（Foreign Broadcast Information Service，簡稱FBIS）。他的上級定期交付他機密報告，他也一一轉交給在香港的中共線人。一九六一年，金無怠遷居加州聖塔羅莎（Santa Rosa）為中情局工作，不定期到香港旅行。一九六五年，金無怠符合歸化為美國公民的資格。在中情局接受測謊測試時，金無怠承認喜歡與女人狎遊、愛賭博，與妻子感情不睦。奇怪的是，他承認這些問題竟未引起中情局顧慮，金無怠仍獲得接觸絕對機密的安全許可。

一九七〇年夏天，住在維吉尼亞州的金無怠對中國產生極大的效用。他得到一份「總統政策評估備忘錄」（Presidential Review Memorandum），列舉尼克森對與中國關係的新計畫。這份備忘錄可以讓中國知道美國在許多議題上的底線——包括敏感的台灣問題。借用I.C.史密斯的話來說，等於是中國「滲透到橢圓形辦公室」。金無怠將文件塞進大衣，帶回家拍照，翌日放回辦公室。接下來，他將未沖洗的底片帶到多倫多一個購物中心，交給一位李姓男子。從一九七八年到一九八二年三月，金無怠到過加拿大五次。每一次，中國當局都匯七千美元到他在香港的銀行帳戶。金無怠共收到共產黨給他的十四萬美元酬勞。這個數字不大，他會這麼做另有動機。

一九八〇年秋天，中情局從一名心懷異志的中國情報官員那裡得知，一名中國間諜潛伏在美國政府內部多年。起先，中情局官員認為這個間諜不會潛伏在局裡。他們可錯了！一九八三年案子出現大突破。聯邦調查局從中國的消息來源獲知，一九八二年二月二十七日，這名間諜從中國搭乘泛美航空（Pan Am）的班機返回美國。聯邦調查局探員查班機時發現，金無怠的名字赫然出現在旅客名單裡。

金無怠已於一九八一年七月從中情局退休。他的服務被認為足堪表率，因此中情局由副局長鮑比・殷曼（Bobby Inman）親自頒授他終生情報服務獎章。根據作家大衛・懷斯（David Wise）的描述，金無怠退休一週後就飛到香港，收下中方給他的最後一筆錢四萬美元。聯邦調查局取得許可，跟蹤金無怠並竊聽他的公寓住家和電話。探員竊聽到，他妻子逮到他和小三滾床單。他們也聽到，他要另一名二奶帶「機器」到華府來。聯邦調查局探員以為「機器」是蒐集情報用的器材，結果卻是電動按摩棒。探員發覺，金無怠利用藏身曼哈頓中國城、一名化裝為天主教神父的中國特務為中介，安排了緊急逃亡路線。

另一項突破發生在一九八三年春天。金無怠從華府飛往香港，聯邦調查局探員在杜勒斯機場悄悄搜查他的行李，找到了一把北京前門大酒店八三三號房的房門鑰匙。北京消息來源早先透露，這名間諜曾住過這個房間。I.C.史密斯寫道，中情局很不願起訴金無怠。若起訴他，中情局就必須承認自己遭敵方情報機關欺騙達數十年之久。I.C.史密斯對於中情局始終堅持家醜不可外揚非常生氣，一度破口大罵：「我的老天，若在戰時，金無怠早因叛國罪被槍斃了！他造成你們自己人喪命耶！」最後，中情局答應起訴他，但他們必須先將其線民弄出北京。

到了一九八五年秋天，中情局潛伏在北京的線民終於來到美國，取得新身分重新生活。後經確認，此人是俞強聲，是中國某前任特務機關首長的養子。[1]一九八五年十一月二十二日，三名聯邦調查局探員前往維吉尼亞州亞歷山大里亞市的金無怠寓所，出示他當間諜的證據——包括他中方聯絡人的姓名，以及他在前門酒店住過的房間號碼。金無怠啞口無言，當晚就被逮捕。三個月後，經歷四天審判，他被控間諜罪定讞。法庭上，他聲稱只是為了促進美中關係。他說：「當我想到我的成績——改善中國十億人民的生活——我被判無期徒刑是很小的代價，值得的。」一九八六年二月二十一日金無怠吃過早餐後，以塑膠袋套頭、用鞋帶綁住自己的頸部，窒息而死。

金無怠的故事只是涉及中國在美國的間諜活動、一連串美國失敗的醜聞之一。中情局這廂才灰頭土臉，聯邦調查局就跟著爆發醜聞。一九八三年夏天，聯邦調查局反情報官員J.J.史密斯（J.J. Smith，J.J.史密斯與同僚I.C.史密斯沒有親屬關係）與華裔女子陳文英（Katrina Leung，譯按：Leung是陳文英的夫姓）發生性關係。J.J.史密斯說服陳文英為聯邦調查局工作，協助聯邦調查局對付中國在美的情報活動。然而，J.J.史密斯不知道陳文英是雙面間諜，她又將情報交給中國國家安全部。

作家大衛．懷斯寫了一本書，詳述中國的情報活動。他揭露陳文英通報中方，聯邦調查局偵察中國駐洛杉磯總領事館的行動。美國情報官員也相信，她洩露美國在一架波音七三七飛機安裝竊聽器的計畫，這架飛機是中國國家主席江澤民的座機，目前正在進行改裝。

陳文英不僅背叛聯邦調查局，同樣也未忠於J.J.史密斯，也與在舊金山主持反情報工作的另一位聯邦調查局探員威廉．克里夫蘭（William Cleveland）上床。聯邦調查局雇用陳文英，共付給她一百七十萬美元。

陳文英在廣州出生、在香港成長，並在一九七〇年的青少年時期移民美國，她在紐約就讀中學，並得到獎學金、進入康乃爾大學就讀。她和那一代的許多中國人一樣，在一九七〇年代的保釣運動中政治意識覺醒。後來，陳文英由康乃爾轉到芝加哥大學，獲得商學院學位。在芝加哥時，她開始接觸來自中華人民共和國的情報官員。她嫁給康乃爾大學一位同級同學，當夫婿在洛杉磯找到一份生化學家工作時，陳文英跟著到洛杉磯一家貿易公司上班。這家公司因涉嫌非法出口軍事相關技術到中國而遭聯邦調查局調查，此時調查局就注意到她。

陳文英從中國帶回來一大堆中國共產黨內部狗屁倒灶事情的八卦傳聞。對於渴望知道中南海高牆背後，中共中央各式各樣消息的美國政府而言，陳文英的內線新聞似乎是無價之寶。不過也有人質疑，陳文英帶回來的情報價值。當時在聯邦調查局總局工作的I.C.史密斯認為，陳文英有關中國領導人性癖好的傳聞鉤不上真正的情報。I.C.史密斯有次痛罵J.J.史密斯：「他媽的！真正有價值的內容究竟在哪？」

聯邦調查局不理睬自己被耍了的跡象。陳文英被錄音錄下，她向中國聯絡人報告聯邦調查局反情報作業的情形，J.J.史密斯和克里夫蘭仍說服局裡留用她。當聯邦調查局真的調查她了，主持調查的，又是史密斯和克里夫蘭的哥兒們。

最後，聯邦調查局派立場較超然的探員負責調查，並於二〇〇四年揭發全案。起先，已在二〇〇〇年退休的史密斯矢口否認和陳文英有染，直到聯邦調查局拿出他倆開房間的錄影帶，他才啞口無言。二〇〇四年五月十二日，聯邦調查局發表一份低調聲明，准許史密斯只就呈供不實這項罪名認罪。他被判緩刑三年、罰款一萬美元，但准予保有退休年金。克里夫蘭未被起訴，也未受懲戒。

依據和聯邦調查局達成的協議，J.J.史密斯不能提供任何資訊給陳文英案使用，因此，起訴陳文英當間諜的罪名不能成立。陳文英的律師和檢方談判好，就相關的所得稅漏報認罪。陳文英和她的情人J.J.史密斯一樣，也被判緩刑三年、罰款一萬美元。

與十九世紀以來，自舊金山華人老鴇阿桃那裡流傳下來、對中國女性的刻板印象吻合，媒體把陳文英描繪成「蛇蠍美人」般的水性楊花人物。電視節目《前線》（*Frontline*）將與本案有關的紀錄片取名為《來自中國的愛情》（*From China with Love*）。[2] 除了聯邦調查局以外，許多其他美國政府的部門仍持續在許多中國事務上搞砸了工作。

一九九五年年初，一名中國男子走進美國駐泰國大使館，自稱是參與中國核武計畫的官員，他交出一提袋的文件，讓美國官員目瞪口呆。文件中有份中國政府的備忘錄，描述美國海軍的三叉戟潛艇（Trident submarine），其彈道飛彈尖端的W88迷你彈頭。當時，W88還是美國戰略武器中最尖端的武器，作家大衛・懷斯稱之為美國核子嚇阻武力的「皇冠明珠」。

一聽說中國已取得有關W88彈頭的消息，引爆美方展開大規模調查，亟欲找出洩密源頭。但始終找不到。聯邦調查局和能源部鎖定一名男子為唯一可能嫌犯，並排除其他可能線索。中情局和聯邦調查局也為這個中國消息來源是否可靠吵得不可開交：中情局認為他是個雙面間諜；聯邦調查局不同意。經過三年，因檢察官行為失當，加上美國政府犯了種族偏見，整個案子瓦解了。和麥卡錫時代一樣，美國再度讓情感因素介入，以至於無法看清中國對美國構成的挑戰。

一九九六年五月，聯邦調查局開始盯上台灣出生的電腦科學家李文和，懷疑在洛斯阿拉莫斯國家實驗室（Los Alamos National Laboratory）武器設計部門工作的他，是洩露W88機密的源頭。聯邦調查局有理由懷疑李文和。一九八〇年代初期，他就遭聯邦調查局監控：當時政府正在調查某位華人研究員洩密給中國，李文和表示願意幫他搞清楚為何遭調查，而這段對話被錄了下來。另外，一九八〇年代李文和到過中國大陸兩次，見過中國頂尖的核武設計師，但他未向美國實驗室當局提到這些會面經過。一九九四年，其中一位中國設計師胡思得到洛斯阿拉莫斯訪問時擁抱李文和，當時即觸發安全單位調查。當時李文和告訴調查人員，胡思得要求他提供有關W88的機密資料。

聯邦調查局和能源部承受極大壓力，非得找出洩密源頭，李文和成為唯一的嫌犯。日後，司法部長辦公室的報告指出，聯邦調查局的調查重點未擺在追查中國如何取得W88，但卻對李文和及其妻子文飛洋（Sylvia）窮追不捨。這份報告指稱：「聯邦調查局辦錯了案子。」不僅如此，聯邦調查局調查李文和時又出了烏龍。一九九八年夏天，有位聯邦調查局官員假扮中國官員試圖接觸李文和。不幸的是，這位探員和李文和說廣東話，而非中華人民共和國的官方語言普通話，李文和並未上鉤。

在調查李文和期間，美國人對中國的態度普遍轉趨不安。整個一九九〇年代，每年接受蓋洛普民調的逾半數美國人表示，他們對中華人民共和國沒有好印象。一九八〇年代日本經濟壯大，被美國人視為最大挑戰。一九八二年六月，底特律汽車工人把華裔美國人陳果仁活活打死時，他們誤以為陳果仁是日本人。但到了一九九〇年代，中國每年兩位數的經濟成長，又粗暴地不理美國在人權事務上施加的壓力，這些使得中國取代了日本，成為美國最大的顧慮。在許多美國人心中，中國結合蘇聯共產主義最討人厭的一面及日本割喉式的競爭。現在的中國，誇稱是「世界工廠」，許多美國製造業者將生產線移到中國，成千上萬美國人丟了工作。

一九九一年，出現一本一個世代以來最暢銷的中國書籍。張戎的《鴻：三代中國女人的故事》（*Wild Swans: Three Daughters of China*）敘說三代中國女性的故事，揭露共產黨治下，人命犧牲慘重的悲劇。《鴻》出現的時機，正是美國人亟欲了解中國錯綜複雜背景的時刻，強化了對中國體制的顧慮。此書譯成三十種語言，在全世界暢銷一千萬冊。

隨著時序進展，美國人看到許多中國的做法不僅出現在中國國內，也可能在美國，令其心生不安。一九九六年九月起，美國傳媒開始報導，一連串可議的政治獻金流入柯林頓總統爭取連任的競選總部。一九九七年二月十三日，《華盛頓郵報》披露，司法部正調查中國政府是否涉入其中。中華人民共和國似乎受到台灣舊日「中國遊說團」的啟示，也在幕後活動，試圖影響美國的國內政治。

美國民眾看到一連串人物如走馬燈出現：開餐廳的崔亞琳（Charlie Trie）、募款人黃建南、商人鍾育瀚（Johnny Chung）、移民顧問夏鈴（Maria Hsia）、生意人熊德龍（Ted Sioeng）等陸續登場。國會和司法部展開調查，崔亞琳、黃建南、鍾育瀚和夏鈴都被定罪或認罪，犯下違反政治獻金的法律。聯邦調查局查到一張三千美元的支票，由中國駐洛杉磯總領事館開給熊德龍的一家旅館。參議院委員會一份調查報告舉出，熊德龍捐給民主黨四十萬美元，「一半是從國外帳戶轉來」，暗示可能來自中國。後來熊德龍離開美國，未遭到起訴。

鍾育瀚在國會作證，提到他和中國主管軍事情報的首腦會面的情形。這位解放軍將領說：「我們真的很喜歡你們的總統。」鍾育瀚承認，這位將軍給了他三十萬美元。然而他告訴國會，他花掉了大部分的錢。凡此種種狀況的背景——中國崛起、台海兩岸局勢緊張——結合起來，使得民主黨募款的醜聞等同於莫妮卡・陸文斯基（Monica Lewinsky）事件的國際連體嬰，動搖著柯林頓政府的根本。

美國傳媒竭盡全力挖掘此一政治獻金醜聞。《國家評論》（*National Review*）一九九七年三月號的當期封面人物是柯林頓總統、第一夫人希拉蕊和高爾副總統，三人穿著中式服裝，裂著大嘴、露出牙齒、斜眼大笑，標題赫然是〈滿洲候選人〉（The Manchurian Candidates）。批評者指責《國家評論》犯了種族歧視。《國家評論》不讓步，其編輯堅稱：漫畫「需有誇張的人物」。

美國的評論名嘴和中國事務專家揪住此以閃電之速改變的國家，因為中國不按美國期望的路線發展而大肆議論。許多人說，中國兼採威權統治和市場導向的改革不可能成功。一九九四年六月二十四日，《紐約時報》得過普立茲獎的記者紀思道（Nicholas Kristof）在當期的《紐約書評雜誌》（*New York Review of Books*）上寫道：「中國共產黨王朝正面臨崩潰。」其他人預測，不僅會亂，還會與美國爆發戰爭。一九九七年，記者理查・伯恩斯坦（Richard Bernstein）和羅斯・孟儒（Ross H. Munro）寫了一本書《與中國即將衝突》（*The Coming Conflict with China*），提出總結：與中國做生意與開展文化關係，恐怕未讓中國對美國更加友善。中國看來更像敵人，而且是美國的首要敵人。天安門事件後，即使是仍主張與中國保持管道暢通的尼克森，這時也對他和中國開放往來將如何發展持保留態度。一九九四年他過世前不久，曾對《紐約時報》表示：「我們可能製造了一個科學怪人（Frankenstein）。」

在華府，一群智庫研究員、政治工作者、保守派作家、台灣遊說客、前任情報官員和學者，集結起來反對柯林頓政府「建設性交往」的政策。威廉・崔普烈（William Triplett）是共和黨籍的參議院助理及作家，他拿兵棋推演的名詞戲稱這群人為「藍隊」。讓人心生警惕的，不僅是中國兩位數的經濟成長率。中國的軍事預算也呈現兩位數的增長。藍隊的說法是，中國正準備和美國開戰，美國卻繼續酣睡，渾然不知局勢已在改變。政客利用這股民意變化在國會發動罔顧事實的指控。一九九七年五月，眾議院少數黨領袖、有志問鼎白宮的密蘇里州民主黨人理查・蓋甫哈特（Richard Gephardt）指控，中國出口到美國一片興旺，都是因為使用了中國監獄的囚犯勞工。藍隊也成功擋下加州的尤諾可（Unocal）石油公司出售給中國業者的交易，儘管無證據顯示，這筆交易會危害到美國的安全。[3] 藍隊又促成國會通過一道法律，禁止太空總署（NASA）與中國進行太空計畫的合作。當巴拿馬和一家香港公司簽約拓寬巴拿河運河時，美國大聲反對。當一家中國航運公司宣布，計畫承租加州長堤港（Long Beach）一個海軍已不用的基地時，也遭強烈反對。當一家中國航運公司宣布，計劃承租加州長堤港（Long Beach）一個海軍已不用的基地時，此事未被當作生意決定，而是被視為中國企圖窺伺美國的陰謀。後來，這家航運公司轉而承租波士頓的碼頭。

一九九七年，又冒出軍事技術被洩露給中國的詳細報導。一年前，裝載美國人造衛星的中國火箭墜毀。美國公司涉嫌洩露給中方如何改進其發射技術的機密情報。這些資訊也有助於中國改進其飛彈的準確度。受到藍隊刺激，國會組織一個特別委員會調查中國的間諜行為。一九九九年四月，加州共和黨籍國會眾議員克里斯多福・考克斯（Christopher Cox）主持的這個委員會發表一份不列為機密的報告版本。

《考克斯報告》充滿誇大之詞，聲稱中國情報機關在美國成立三千家空殼公司，但其實只有三十家左右。這報告又指控中國，擁有「和我們相等的」（不需原文）核子機密，描繪出中國製造許多迷你彈頭對付美國的可怕景象。與一九五〇年代麥卡錫主義時代繪聲繪影「赤色份子就在你床下」一樣，這些誇大的指控讓大家無法看清中國在美國究竟幹了哪些勾當。

這時李文和發現，自己陷身媒體颶風之中。電視轉播車直接停在他家門口。《紐約時報》等媒體直指，他就是中國間諜。聯邦調查局探員將他帶到洛斯阿拉莫斯一家旅館闢室密談，威脅可判處他死刑，並將他的案子和一九五三年遭判處死刑的朱利斯及伊瑟・羅森堡夫婦（Julius and Ethel Rosenberg）間諜案相提並論。許多亞裔美國人指控，這是種族歧視。「李文和博士辯護基金會」(Dr. Wen Ho Lee Defense Fund)聲稱，所有指控「毫無根據」。又聲稱，李文和「因為其華裔身分，成為不公平的替罪羔羊」。共和黨也指責柯林頓政府起訴本案，是因為急欲找個替死鬼，掩飾本身安全鬆懈之過。但調查人員發現，李文和下載大量有關美國核武計畫的機密資訊。李文和也承認，對於他和中國核武研究人員的會面，他的確誤導聯邦調查人員。

一九九九年十二月十日，聯邦政府起訴李文和，指控他犯了五十九項不當處理國防資訊的罪行，聯邦法官不准他保釋。審判排在二〇〇〇年十一月。李文和將遭到單獨禁閉長達二七八天。

當李文和被起訴，政府的根據便開始動搖。有位聯邦調查局官員承認做假證供。兩位政府檢察官退出本案，一位是因為媒體報導揭發他與屬下女性有男女之情，另一位則是要競選公職。二〇〇〇年九月十日，檢方和辯方達成認罪協商，李文和承認一項處理核子機密不當的輕罪罪名，並以已羈押的日子折抵刑期。聯邦地方法院法官詹姆斯·派克(James Parker)痛斥司法部長珍娜·雷諾(Janet Reno)、能源部長比爾·李察遜(Bill Richardson)和柯林頓政府的高級官員核准此一頗有疑慮的起訴，以及李文和遭受「貶抑和可怕懲罰」的情況。李文和控告聯邦政府和五家新聞媒體，不當洩露他的個人資訊。二〇〇六年他接受和解，拿到一百六十萬美元賠償，其中逾半數由聯邦政府賠付。

此時，大家幾乎都忘了最重要的問題：中國究竟如何取得有關W88的資訊？聯邦調查局的調查團隊後來認定，消息外洩可能出自好幾個源頭——能源部、國防部、承包商，甚至英國(其核子潛艇也裝備W88)。但這時，這些線索全都冷卻、無法追查了。

到了一九九〇年代初期，中國在美國的情報收集行動遠超過諜對諜的詭計，延伸到工業與貿易機密、創新與技術，這種蔓延之勢威脅到美國的競爭力與繁榮。中國政府也建立繁複的規定，任何有意在中國投資的戰略產業公司(如電腦晶片製造商、汽車、鐵路和航太工業)都被迫必須與中國分享技術機密，以交換售貨到中國市場的機會。在美國，中國公司也雇用華人學生、學者、商人、移民、間諜以及非華裔的美國人，搜尋有助於中國經濟發展的各種科技。

公允地說，中國奇蹟——奇高的經濟成長率、數億人民脫貧，軍事力量的增強——涉及許多因素，包括良好的政策、中國人辛勤工作及適時擴大中國勞動力隊伍。但廉價及不限於取自西方、特別是美國的科技也扮演關鍵角色。一九九八年起，中國日益成為美國西岸違法科技出口的主要目的地。這些技術包羅萬象，從油漆配方到福特汽車的公司文件、手機科技、石油及天然氣招標細節和有機發光二極體（organic light-emitting diodes），無所不包。

一九八〇年代末期，布瑞特．京士敦（Brett Kingstone）寧願放棄史丹福大學的期末考，利用光纖電纜製造光電燈。他以此為始，成立一家超級視覺國際公司（Super Vision International），也寫了一本學生創業指南。到了一九九〇年代中期，京士敦似乎走向無比富貴的一生。超級視覺公司的客戶包括環球影城、迪士尼和可口可樂。但一個華人工程師偷走超級視覺公司的技術，開了一家公司和他競爭，這家公司製作的贋品充斥市場。京士敦雇一家私家偵探，在上海買到仿冒京士敦的山寨產品。二〇〇三年，超級視覺公司在美國法院告贏中國競爭者，贏得四千一百二十萬美元的賠償。但京士敦一毛錢也拿不到。這家華人競爭對手變賣在美國的資產，回中國去。超級視覺公司自此一蹶不振。

京士敦只是在中國生意模式下的眾多美國受害人之一。二〇一三年，威廉．漢納斯（William C. Hannas）、詹姆斯．穆維農（James Mulvenon）和安娜．布格里斯（Anna B. Puglisi）合寫了一本書，描述中國的工業間諜為一巨大產業，專門鎖定外國科技，盡一切可能取得各種技術，將其化為武器或競爭商品。他們寫道：這種情形「在全世界絕無僅有」。三位作者形容，中國的動機可分兩方面來談。一方面，中國亟欲追上美國，覺得有必要盡力取得美國的科技。但他們也表示，同樣重要的是，中國政府選擇以間諜的手法取得，是因為共產黨害怕，一個美式創新蓬勃發展的社會必將導致政治干擾。

柯林頓政府極力維護與中國交往的共識，儘管種種問題猶待解決，美中兩國同意在一九九七年和一九九八年高峰互訪。就中方而言，一九九七年十月江澤民訪問美國，代表他洗刷天安門事件以來汙點，是一場外交馬拉松的最後一里路。江澤民是屠殺事件後首位訪問華府的中國高階領導人。打從一開始，中國就預備製造一個印象：他們的國家和美國平起平坐。中方非常執著於禮儀和象徵，包括：地毯的大小和顏色、江澤民在費城「自由之鐘」及哈佛大學「我愛真理」校訓前拍照該站的位置都斤斤計較。他們甚至追問白宮，柯林頓總統打的領帶顏色。此行目的是提升江澤民身為政治家及具有現代意識的領導人形象。

有些美國人急切地想討好中國。哈佛大學有位美國教授一心一意接近中國官員，以完成一本書，然而他竟禁止學生提出涉及人權的問題。《紐約時報》報導，在某次罕見的時刻有人詢問這位中國領導人，對大企業和地緣戰略設下的障礙等令人不舒服的問題時，江澤民耐心的回答「彷彿在開示不了解中國複雜性的笨學生。」柯林頓在回憶錄中提到，兩人私下對話時對「中國能承受多大的改變和自由，而不致造成內部動亂」的問題有熾熱的辯論。柯林頓寫道，討論後，「就寢前我想到，中國將被現代社會的當務之急所逼，變得更開放。」

八個月後，柯林頓訪問中國，自一九九八年六月二十五日在天安門廣場接受儀隊敬禮起，中方再度集中注意、營造氣氛。中國要求白宮，確保柯林頓從美國出發後不會先到日本，而且逗留在中國的時間比一九七二年尼克森開創歷史的那週更長。柯林頓離開後，香港傳媒報導，國務院總理朱鎔基對黨內幹部提到，柯林頓「飛往中國途中未停留日本」是件好事，「日本感到沒有面子」。

江澤民和柯林頓在北京舉行的聯合記者會，並透過中國電視台實況轉播。兩人就人權和宗教自由的課題，開展互顯機鋒的禮儀與強勁的辯論。柯林頓促請江澤民和西藏流亡領袖達賴喇嘛談判，也預測他們若會面，「彼此會很欣賞對方」。柯林頓在回憶錄中記述，他希望利用記者會的機會告訴中國官員，「更開放不會導致社會瓦解」。美國人很高興有這樣的對話；中國人方面，再也不會同意這樣的場合。

在美、中日益激烈的情報競爭中，美國常顯得屈居下風。但美方也有扳回一城的時刻。從一九九〇年到一九九九年，洛斯阿拉莫斯國家實驗室技術情報處處長丹尼·史提爾曼（Danny Stillman）九度參訪華西的核武設施，這是過去美國人不曾到訪之處。中方央求他提供資訊，協助其取得武器及維修核設施，中國也同意簽署《全面禁止核試驗條約》（Comprehensive Nuclear Test Ban Treaty）。

史提爾曼多次前往四川省山區及西北的羅布泊核武測試基地，以致有次午夜烤肉夜談時，他頗有在洛斯阿拉莫斯與同事野餐之感。這次，史提爾曼遇到二戰期間，到過美國研修的一些上了年紀的科學家。他們的子女現在多半留學美國。史提爾曼發現，每個地方的中國年輕科學家都很認真地翻譯美國文件，渴望累積對美國核武之點點滴滴、最細微的情報。

史提爾曼蒐集了所有中國一流核武科學家的名單，將他們的名字、長相和帶領中國進入核子時代的物理學家連結起來。中國人告訴史提爾曼他們研發核彈的經過。然而，最寶貴的情報是一份中國所有核武測試的清單。這份清單及史提爾曼從訪問中清理出來的其他情報，證實了華府的懷疑。中國曾在一九八〇年代散布核武技術給巴基斯坦；中方為巴基斯坦測試核裝置，甚至有一次幫法國測試，當時法國已簽署《全面禁止核試驗條約》。當史提爾曼和曾任美國空軍部長的湯瑪斯．里德（Thomas C. Reed）合作撰寫《核子快車：核彈政治史及其擴散》（*The Nuclear Express: A Political History of the Bomb and Its Proliferation*）時，中方拜託他們別發表測試清單那一頁。他們則未理睬照樣發表。

新世紀開始時，中國共產黨發現自己身陷麻煩：中國再也不能依賴低廉的勞動力推進經濟成長，而是需要創新。但這代表著，必須允許人民自由思想。一八八一年《紐約時報》曾預言：「不進口政治變亂的病菌，中國無法借走我們的知識、我們的科學及我們的工業實體。」中共了解箇中挑戰，因此試圖利用間諜手段，躲避自由社會的挑戰。

美國人對中國的間諜行動反應遲鈍，因為他們內心深信，中國將演進為像他們一樣的社會。根據一九九九年七月公布的一份報告，核子物理學家戈登．普瑞德（Gordon Prather）認為，這種信心導致美國政府和企業界採取「魯莽的政策」，破天荒地對中國「開放」。普瑞德指的是核子武器，以及伴隨美國在此領域與中國交往的歡欣熱情。但就美國企業及其他領域而言，這個說法也可以成立。二十一世紀來臨時，美國人開始思忖，他們對中國開放是否錯了？

譯註

1. 俞強聲是俞啟威的大兒子。俞啟威化名黃敬，年輕時在山東大學念書，與李雲鶴（日後毛澤東的妻子江青）同居過一段時候，介紹李雲鶴加入共產黨。中共建政後，黃敬是第一任天津市長，也擔任過國務院第一機械工業部部長。黃敬的堂叔俞大維在台灣中華民國政府擔任國防部長。俞大維的妹妹俞大綵嫁給台灣大學校長傅斯年。俞強聲在國家安全部服務，他的三弟即胡錦濤主政時的中共第十八屆中央政治局常委、全國政協主席俞正聲。
2. 史恩・康納萊（Sean Connery）主演的第二集〇〇七龐德電影於一九六三年上映，英文片名From Russia with Love源自伊恩・佛萊明（Ian Fleming）一九五七年的同名小說，在台灣上演的中文片名，直接就叫《第七號情報員續集》。
3. 二〇〇五年，中國海洋石油有限公司（China National Offshore Oil Company）有意併購尤諾可，遭到美國國會杯葛。

附註

中國在美國從事間諜活動的詳情，摘自：大衛・懷斯的《獵虎行動：中國與美國的間諜戰》（*Tiger Trap: America's Secret Spy War with China*），以及史密斯（I.C.Smith）的回憶錄《局中人：揭穿間諜、謊言與政府失職的聯邦調查局高階探員》（*Inside: A Top G-Man Exposes Spies, Lies, and Bureaucratic Bungling in the FBI*），再加上我本身負責的採訪報導。李文和案在當時的報章媒體都有廣泛報導。布瑞特・京士敦在他的《對抗美國的真正戰爭》（*The Real War against America*）一書中敘述自己的遭遇。丹尼・史提爾曼的故事參見他和湯瑪斯・里德合著的《核武特快車：核彈的政治史與核武擴張》（*The Nuclear Express: A Political History of the Bomb and Its Proliferation*）。

第四十四章
歡迎加入俱樂部

一九九九年五月七日，五顆美國精準的導彈打進塞爾維亞首都貝爾格勒（Belgrade）的中國大使館。這次攻擊發生在北約組織攻打塞爾維亞總統史洛波丹・米洛塞維奇（Slobodan Milošević）的高潮時，導致三名中國記者死亡，另有二十三名大使館人員負傷。

對中國共產黨來說，駐貝爾格勒大使館遭逢攻擊雖然不幸，卻是天上掉下來的禮物。多年來，中共一再聲稱美國有意壓制中國。現在這就是美國反對北京大計畫裡最鮮明的證據。時機尤其無懈可擊。天安門廣場鎮壓事件十週年即將到來。雖然黨已盡力消弭事件的任何歷史記憶，大使館挨炸可將任何殘餘的怒意轉嫁到美國身上。

五月八日清晨，中國最高決策機關中共中央政治局常委會召開緊急會議，會中決定將這項攻擊用來「啟發廣大民眾」，令其認識美國的陰謀。中共在全國各地策劃反美示威活動。在北京，數千名民眾向美國大使館投擲石塊，使得柯林頓派駐中國的大使尚慕杰（James Sasser）受困於辦公室裡。成都的美國總領事官邸被抗議民眾放火燒了。

美國官方的道歉來得又快又急。國防部長威廉・柯恩（William Cohen）和中情局局長喬治・泰納特（George Tenet）發表聯合聲明，聲稱投彈投錯了。柯林頓總統承認這是「悲劇性的錯誤」，向中國人謹致「遺憾和深刻的慰問」。柯林頓撥打熱線電話，試圖向江澤民解釋，但江澤民拒接。柯林頓前後道歉了五次。

中國無人相信這是一起誤炸事件。從黨的高層到社會市井小民，中國人非常看重美國的科技，根本不可能接受美國會犯這種錯。根據中國出版的《朱鎔基在一九九九》，五月八日黨內位居第二的李鵬在政治局會議中告訴同志們，這是「一起精心規劃的顛覆陰謀」。他向同志們發出警告，這件事「提醒我們，美國是敵人」。《人民日報》反映政治局的感受，在頭版刊登社論，宣稱「西方敵對勢力」再也不能容忍中國的成就。

凡與美國有關的一切，全部成為攻擊目標。中國宣稱，美國的自由媒體受到大企業和戰爭販子控制；在塞爾維亞的行動是軍火商人啟動；好萊塢文化歌頌暴力。有些中國人譏笑抗議者，指出美國領事官一恢復上班，示威民眾就會回來排隊申請簽證。不過，憤怒和失望的流露是真誠的。

慘遭炸死的兩名死者是《光明日報》的記者。報社設置一個網頁，登出悼念信函、詩歌和電子郵件和歌曲，總計二百八十一則。歷史學家彼得．葛瑞斯（Peter Gries）指出，整體而言這些貼文表露出美國再度辜負中國的意識。有封信寫道：「另一個夢碎了，那是我的美國夢。」另一封信說，美國曾是「亦師亦友」，現在卻是「一個無賴和騙子」。有人主張抵制美國貨。（不過一直未真正發生。）五月十二日的《人民日報》宣稱，「坐著砲艦橫行霸道的時代已成為過去，「歷史巨輪不會倒退」。其實歷史是倒退的。

國營傳媒強調中國人內心對美國有多失望，走的是一九五〇年代初期的老路子，運用個人的反美言論鞏固黨的控制。國家的政策仍凸顯對美國的失望。江澤民宣稱，中共推動的示威行動表現出「偉大的愛國和團結情操」。

同時，中共仍堅守完全相反的理念，認為要使中國富強，仍需依賴美國。因此，共產黨一面煽風點火、鼓舞反美熱潮，一面安撫美國企業。示威抗議鬧得沸沸揚揚時，上海市長徐匡迪到通用汽車公司（General Motors）設在上海、斥資十五億美元的工廠探望，告訴美國經理人「不用緊張」。另一位副市長接見美國主要銀行的高階主管，強調中國歡迎他們。上海主管外貿事務的一名官員告訴《紐約時報》：「轟炸大使館是一回事，外國投資是另一回事，一碼歸一碼。」大使館被炸一週後，中共已預備取消抗議，到了五月十三日，美國外交設施門前的民眾已剩閒雜人等和路人。五月十四日，江澤民終於接了柯林頓電話，柯林頓再次道歉。

一九九〇年代初期，雖然中國共產黨鼓勵群眾對美國的偏執，但美國政府和華爾街的金錢遊戲玩家仍為中國驚人的經濟起飛奠立基礎。一九九〇年代告終時，美國政府將引領中國加入世界貿易組織（WTO），引爆中國貿易飛躍成長。同一時期，一大群美國投資銀行家、律師和會計師，為中國的國有企業打開全球資金的金庫，創造一連串近乎壟斷的事業集團，將數百億美元送進共產黨和執政團隊家族的口袋。這兩件事增強黨的統治，也讓統治家族富可敵國。

中國政府從不曾公開承認美國在這些方面的角色。但在內部，至少當時的中國領導人心知肚明，是美國的主意和資金拯救了中國經濟的國營部門。一九九三年，朱鎔基總理對共產黨幹部發表談話時提到，現在美國投資銀行正要投資中國，中國的經濟將永久改變。

一九九三年，柯林頓總統任命作風明快的芝加哥律師白茜芙（Charlene Barshefsky）擔任美國貿易副代表。白茜芙挑起最艱鉅的重擔與中國談判。美、中貿易一片興盛，但中方對美國企業似乎無處不騙。中國公司推出大量仿冒山寨貨。北京出現了「絲綢胡同」（譯按：又稱秀水街或秀水市場），整條街的商店只賣戶外運動品牌北面（North Face）的外套和耐吉（Nike）球鞋的山寨品。好萊塢電影發片後不到幾週，北京街頭巷尾即可找到盜版，有些人拿著手持錄影機在美國電影院直接盜錄。美國軟體遍布中國電腦，而且全是盜版。

中國有一堆國內規定，以國家安全為名目，阻擋外商進入中國市場。但當外商真的來中國開店，中方又要求他們付出沉重的代價：外商需與中國附屬公司分享技術，相較於在本來的公司發展，他們更常很快就另設公司，直接與西方國家外商競爭。

不過，美國對中國還是握有武器。中國的經濟成長極度依賴美國的消費者，他們每年買走中國三分之一的出口商品。此外，美國也有迫使中國注意的工具。若美國認為中國未認真執行貿易協定，就可以對中國產品施加懲罰性制裁。

一九九五年，白茜芙威脅中國，若不取締其仿冒產業，將對許多中國產品關閉美國市場。二月，中國政府同意提出措施、保障智慧財產。但當北京的官員告訴白茜芙，在中國，他們管不了發生在北京之外的事時，她立刻親自出馬。她先來到廣東省，這是DVD產業的中心。她提出警告：若不遏止DVD盜版，她將對廣東巨大的紡織產業祭出制裁措施。談判過程中，中國官員安排白茜芙會見江澤民，心裡盤算著她應該會收回成命。白茜芙她拒絕見江澤民，嚇壞了柯林頓政府的一大票中國通。結果，真的有些盜版DVD工廠就此關門大吉。

白茜芙明白，巨棒要有胡蘿蔔幫襯才有效。她發起一個運動，說服她的中方談判對手，若中國不再侵犯智慧財產、更加改革其經濟，便可加入世界貿易組織。她找到了盟友：倫敦政經學院畢業的中國對外經濟貿易部國際關係司司長龍永圖，以及他的上司，有「中國鐵娘子」綽號的吳儀。李鵬總理和他的後任朱鎔基也支持中國加入世界貿易組織，認為此舉等於是使用外國制訂的標準來改革中國國有企業，更可進一步促進出口。

白茜芙的論述相當有力。中國已效仿得相當不錯——效仿十九世紀中葉的美國、英國和二十世紀中葉的台灣及日本，這些國家都透過保護嬰兒期的工業、對抗進口、阻止原料出口，大幅補貼關鍵產業來成為經濟大國。但現在她認為，中國要成為世界大國，需超越重商主義，有如美國二戰後的做法。

朱鎔基聽進了白茜芙的道理。一九九〇年代初期，他就在改革中國的國有企業。西方人將朱鎔基視為戈巴契夫型的人物，力求將中國帶向西方世界的改革派。事實上，朱鎔基有很多想法，接近傳奇性的銀行家陳光甫及其主張中國企業要與西方競爭的觀念。由於仇美是黨意識型態的主要支柱，與美國競爭便成為中國經濟的主流。

一九九九年四月，朱鎔基前往美國，以為這是敲定中國「入世」的最後一輪談判。一九八六年起，中國就試圖加入這個國際貿易機構，當時其名稱是關稅暨貿易總協定（General Agreement on Tariffs and Trade，簡稱GATT）。現在「入世」似乎就在眼前。一九九九年三月，朱鎔基還向記者們提到：「黑髮等到白髮，現在該是完成談判的時候了。」他帶著中方最新、最好的方案前來美國。但就柯林頓而言，朱鎔基此行的時機實在壞得可以。國會剛公布《考克斯報告》（*Cox Report*），指控中國竊取美國的核子機密。參議院剛駁回眾議院因柯林頓和白宮實習生陸文斯基戀情而提出的彈劾案。柯林頓不法競選獻金——其中一部分來自中國政府——的幾位當事人，正要遭到起訴。柯林頓和朱鎔基一見面就問他，此事可否再等等，朱鎔基回答可以等。

然而，接下來的事卻使朱鎔基非常不痛快。四月八日，美國貿易代表署（US Trade Representative's office）發布中國新方案的細節，企圖確保日後中國不會打退堂鼓。美國方面，企業界領袖大嘩，這麼好的條件柯林頓總統竟不趕快接受。中國各部會和國有企業也大怒，理由則相反。中國怎可以如此對美國讓步？在國內的網路聊天室裡，朱鎔基被罵為賣國賊。

四月十四日，柯林頓打電話到紐約華爾道夫飯店找朱鎔基，建議「我們簽約吧」。朱鎔基卻支支吾吾。根據《朱鎔基在一九九九年》的說法，朱鎔基告訴他的同僚，「這是最傲慢、最霸道的要求。美國人瞧不起我們。這是政治，不是兒戲。」柯林頓如此蛇鼠兩端地處理此事，證明長期以來，美國處理對中關係的笨拙和漫不經心。一個月後，美國轟炸貝爾格勒中國大使館，美中談判就此擱置。

一九九九年十一月，雙方恢復談判，白茜芙回到北京。現在她已晉升為美國貿易代表。中方提出的方案比朱鎔基四月所提出的方案差了很多。當時力勸柯林頓應簽約的白茜芙，現在則很為難，不知如何挽救。一小群美中官員在北京締造歷史。會談進行到半夜，甚至在對外經貿部大樓的女廁，另一方都聽得見的情況下，還與自己一方的官員大聲討論交涉內容，最後雙方達成協議。中方一度將美國代表關在對外經貿部，以防他們溜走。另一方面，朱鎔基帶著一堆文件和筆準備簽字了，白茜芙卻將行李送到機場，準備打道回美國。

一九九九年十一月十五日，美中兩國踏出一大步，完成讓中國重新加入全球經濟體系。打從美國獨立戰爭落幕不久，就由約翰．雷亞德（John Ledyard）和羅伯．莫里斯（Robert Morris）首開先鋒、想打開和中國通商大門的美夢，經狄拉諾們和伍秉鑑們在廣州外夷區的努力，再經過二十世紀初「門戶開放」政策的堅持，以及一九七〇年代尼克森的竭盡所能，終於在新世紀即將開始的前幾週，於北京得出成果。一百多年來，美國想將中國拉進世界家庭，中國則懷抱著富國強兵大夢。中國「入世」，成為兩全其美的一條路。

柯林頓政府欲向美國人推銷中國「入世」，又結合美國處理對中關係的兩股力量：一方面希望保持中國的完整，一方面夢想將中國改造為亞洲的美國。柯林頓總統預言，「入世」會對中國的「人權和自由產生深邃影響」。二〇〇〇年五月三日白茜芙在國會報告時指出：「這是美國多年來最重要的貿易和外交政策決定之一。」但她也宣稱，「這在目前由國家權力主宰及控制的許多領域促進法治。」剛剛卸任幾個月，已經離開柯林頓政府的前任財政部長羅伯・魯賓（Robert Rubin）向國會保證，「入世」將在「中國十二億公民當中播下自由的種子」。五月底，國會批准全案。中國方面，朱鎔基很清楚美國認為，貿易愈自由愈可促成中國更自由。他向省級官員談話時提出警告：「西方敵對勢力仍繼續推動西化的策略，欲分裂我們的國家。」

「入世」對中國出口產生極大助力，但朱鎔基也需其他助力來改造中國紊亂的國有企業。國企經濟一直是中共主要的收入來源。沒有國企，中共有凋萎之險。

朱鎔基接受香港證券交易所主席的建議，中國批准幾家特選的國企到海外證券市場掛牌上市。和「入世」一樣，朱鎔基也希望西方規則、股東參與、外國競爭和資金等要素能促使中國國企改造為有競爭力的企業。

一九九二年十月七日，一家製造迷你巴士車——小到中國人稱為「麵包盒」——的公司，成為中國第一家在國外證交所掛牌上市的公司。華晨中國汽車公司（Brilliance China Automotive）選擇在紐約證交所首度公開上市，募資八千萬美元。投資人瘋狂搶購。但身為一九九〇年代少數首度公開募股的國企之一，華晨中國汽車以失敗收場。當時，這家公司嚴格來說已經破產，其公司負責人飽受財務管理不善之控，後來從中國逃到美國。但就其根本而言，華晨中國汽車的問題在於公司規模太小了。

過去四十年，毛澤東將中國維持在戰時體制；每一省甚至每一縣都有自己所需要的企業，從釀酒廠到磚窯廠無一不備；因此，萬一中國有部分地區遭到外國占領，其他部分仍可生存，但當一九八〇年代鄧小平開始改革開放時，中國的國企部門卻有太多公司在做相同的事。

這時美國人出現了。一九九一年，還在高盛公司（Goldman Sachs）擔任投資銀行部門共同執行長的亨利・鮑爾森

（Henry Paulson）首度訪問中國。鮑爾森和傑克·柏考斯基一樣，從長春藤名校畢業後，在華爾街從基層歷練出身、成為明星。鮑爾森只有一個很簡單的主意，但他的觀念將徹底改變中國、拯救垂死的國企，說不定也讓共產黨起死回生。為什麼不利用中國國企上市，創造國際級大企業集團？這個過程將迫使一些公司合併，首度創造出規模和營收，大到足可在全球競爭的企業集團。

接下來幾年，鮑爾森和他在摩根史坦利（Morgan Stanley）及其他投資銀行的商業對手，結合美國財金知識和中國市場的美夢，為共產黨創造數十億美元的橫財。從一九九三年到二〇一〇年，中國國企從國內證交所籌到三八九〇億美元資金，也從國際市場籌到二千六百二十億美元。無論怎麼說，這都是筆天文數字。

一九三〇年代抗日戰爭時期，美國政府提供國民政府巨額援助，駐美大使胡適稱之為「救命錢」。一九九〇年代，華爾街也為共產黨注入救命錢。若無華爾街資金的挹注，中國國企這個龐然大物將會崩潰。二〇一二年，佛瑞瑟·侯偉（Fraser Howie）和卡爾·沃特（Carl Walter）這兩位投資銀行家寫了一本書，結論是「高盛和摩根史坦利造就今天的中國國企。」

鮑爾森以神話的詞語，形容他和其他西方人士所扮演的角色。他寫道：「西方銀行家在這個過程中，是普羅米修斯（Prometheus）般的人物：我們坐著噴射機衝進去，競相教中國人如何點燃資本市場的大火。」美國人告訴自己，他們教導中國人如何變得現代化。鮑爾森表示：「早期我們在中國做的多是教育性的工作。我們或可說是經營一所學校——的確，有時感覺真的很像。」鮑爾森和其他人將朱鎔基的行為解釋為他想「私有化」中國的經濟。但事實上，朱鎔基的真心目標是拯救國有企業，保住一黨專政體制的經濟支柱。雖然，美國投資銀行家或許不知道後果會如何，卻賺進了大筆利潤（據信，高盛促成一個專案，賺了二億美元佣金），因此很樂意協助中國。

鮑爾森說服朱鎔基，從中國的電信事業著手實驗。當時，中國的電話系統是由各省官僚單位經營的壟斷事業拼湊而成。高盛遊說朱鎔基，成立一家全國性的電話公司。在高盛指導下，中國將原本分散的資產整併為一家公司「中國移動」（China Mobile）。接著，高盛說服華爾街投資中國移動。

這時，中國移動只是一家空殼公司，連一天的營業經驗都付之闕如，但美國及投資界卻趨之若鶩。該公司將十九世紀的中國夢，重新包裝成一九九〇年代的華爾街劇本。一九九七年十月，亞洲金融風暴鬧得最凶的時刻，中國移動在紐約證交所和香港證交所首度同步公開上市。此舉相當成功，籌募到四十五億美元資金，令先前所有在海外掛牌上市的其他中國企業全都甘拜下風。繼中國移動後，朱鎔基如法炮製數十個相似個案，將許多偏遠地區的政府資產拼湊起來，轉化為利潤導向的國有企業。中國將其五家國有銀行、三大石油公司、國家電網公司和各家保險公司，通通擺到海外證交所掛牌上市。

在今天，中國移動是全世界最大的行動電話公司，客戶超過八億。拜西方金融業的開示指導，今天的中國有四十四家公司躍登《財星》雜誌全球五百大公司榜單。鮑爾森及一大堆類似他的投資銀行家為新中國奠定基礎，而黨領導人的家族——不論朱鎔基、溫家寶、江澤民和習近平的家人——拜海外上市之賜，全成了超級肥咖。誠如法瑟·侯偉和卡爾·沃特於二〇一二年的書中所言，「二十一世紀的新中國，是高盛公司和年利達法律事務所（Linklaters & Paines）[1]創造，好比文化大革命出自毛主席的小紅書一樣。」換句話說，「中國公司」（China Inc.）是「美國製造」。

美國對中國的影響力從不限於企業的範疇。即使一九九〇年代，中國政府的警戒心到達史上之最，但美國人仍想努力改變中國的歷史弧線。美國人再次就中國人該如何對待婦女、如何旅行、如何休閒及如何撫養子女提出建議。也和過去一樣，許多中國人都樂於接受。

一九九五年九月五日，第一夫人希拉蕊·柯林頓（Hillary Rodham Clinton）在北京「第四屆世界婦女會議」（the Fourth World Conference on Women）演講，她對人權議題的態度，遠比從前到過中國的任何美國貴賓更犀利。希拉蕊·柯林頓差一點就不出席會議。由於台灣議題及人權議題的歧見仍未解決，美中關係仍不穩定。中國當局逮捕美籍公民吳弘達，因為他揭露中國有個龐大的勞動改造營網絡，輸出大量產品到美國。全美報紙要求希拉蕊取消她的旅程。《里奇蒙時報》（*Richmond Times*）宣稱：「將北京丟進袋子！」《休士頓紀事報》（*Houston Chronicle*）的社論也寫道：

「柯林頓向共產中國叩頭。」但她還是去了。

希拉蕊．柯林頓抨擊縱容強迫墮胎和人工結紮的社會，引來全場、來自世界各地的上千名婦女代表聆聽、歡呼和擊案叫好。她的評論，明顯衝著北京而來。一天後，希拉蕊前往北方三十五英里郊外的懷柔，向「非政府組織婦女論壇」（NGO Forum on Women）演講。中國當局因擔心發生群眾示威，刻意將論壇移到北京城外舉行。希拉蕊在會議中又稱讚獨立婦女組織的工作，鼓勵其繼續努力。希拉蕊在她的第一本自傳《活出歷史：希拉蕊回憶錄》（*Living History: Hillary Rodham Clinton*）中指出，中國派出公安嚴陣以待、防備一群女權運動者。她寫道：「很少有人在一個場合看到，活在自由社會和一個政府控制的社會，差異是如此具體。」

中國婦女聽到希拉蕊．柯林頓的演講，感受彷彿觸電。郭建梅奉中華全國婦女聯合會之命，到懷柔採訪並記錄希拉蕊的演講。她將此當作出差和辦公事。當她聽到希拉蕊「女權即人權」時大感折服，心想：「我找到知音了。」日後，郭建梅告訴一位中國採訪記者，希拉蕊「閃爍著智慧、自立和自信的光芒。」郭建梅說，若德蕾莎修女象徵著「愛」，希拉蕊就代表「智慧」。受到這次會議的感動，郭建梅成為女權先鋒，在北京創辦專門協助婦女的法律扶助中心。

希拉蕊．柯林頓遵循的是百年前，美國女性為女子受教育和反對纏足奮鬥的足跡；希拉蕊和這些先行者一樣是傳教士——宣揚女權。她前往北京訪問，凸顯美中關係周而復始的循環性質，及美中婦女重新結合在一起的新篇章。

希拉蕊．柯林頓並不孤獨。一九九〇年代，作為她丈夫「全面交往」政策的一環，美國重新喚醒中國的婦女運動。在福特基金會（Ford Foundation）帶頭下，美國人捐助數百萬美元給中國的女權項目。他們贊助經費給獨立的婦女組織、設立對性別歧視出意見的熱線電話、為鄉村婦女辦份雜誌、為青年設置性教育中心，也成立婦女法律中心。福特基金會捐錢中譯一九七〇年代的經典名著《我們的身體和我們自己》（*Our Bodies, Ourselves*）及其他女權書籍。美國的基金會送西方專家到中國去，也邀請中國專家出國交流。當時，哥倫比亞大學的瓊安．考夫曼（Joan Kaufman）宣稱：「一個獨立的女性非政府組織部門誕生了。」福特基金會計畫專員瑪莉安．布瑞斯（Mary Ann

Burris）說，目標是在中國「創造有力量的女性組織」。

中國婦女看待布瑞絲，有如百年前她們的前輩看待教會學校裡的美國老師。有位中國女權運動者說，一九九三年認識布瑞斯以前，她總覺得美國女權運動者「相當極端……陽剛，像母老虎」。然而，布瑞斯令和她接觸的中國女權運動者印象大為改觀。這位女士說，布瑞斯「改變了我對女性主義的看法」。

美國支持女權運動，只是美國想重新介紹美國價值給中國的運動的一部分。為了讓中國領導人關注人權，柯林頓政府和許多美國的基金會把重點轉移到由下而上改造中國社會。美國律師推動中國建立法治。呼應蒲安臣當年在清廷的工作，他們著手中譯數百本美國法律書籍。柯林頓政府邀請耶魯大學法學院教授葛維寶（Paul Gewirtz）領導這項計畫。葛維寶預測，藉由協助中國的法律制度，美國將「對政治改革有所貢獻」。有些人認為「中國法律制度更有效率地施展不公平或殘暴懲罰」，但葛維寶駁斥這種看法。

新教徒傳教士認為，女子教育是中國邁向基督教國家的踏腳石，希拉蕊、葛維寶和他們的盟友一樣，認為女性主義和法律是創造更自由中國的僕人。福特基金會投入巨款，發展中國的公民社會。從一九七九年到二〇一五年，福特基金會在中華人民共和國投入令人咋舌的三億五千六百萬美元，遠超過其他任何基金會。其中大部分用來資助獨立自主的團體，雖然其目標不同於一世紀前的美國慈善機關，但將美國思想帶進中國的心志仍然一樣。假設前提也未改變，參與這些活動的美國人仍相信他們將改變中國。

希拉蕊．柯林頓的訪問又再次印證，美國女性在中國反而更容易完成她們在國內做不到的事。在北京，希拉蕊的演講引起與會代表們的強烈反應。許多女子拿著她的演講詞排隊請她簽名。《紐約時報》社論寫道：「這可能是她涉入公共生活最美好的一刻。」在中國境內對中國不假辭色，使她在她先生第一任期內參與健保改革失利而政治聲譽受挫，得以重振氣勢。連譏諷這次會議是一群「激進派和無神論者」集會的共和黨人，也對她刮目相看。希拉蕊．柯林頓寫道：「我在全世界的能見度大幅上升。」過去，第一夫人出國，行程僅限於和世界領導人的配偶們一起參加活動。北京之行後，若希拉蕊和先生一道出訪，便有她自己的行程，脫離總統的代表團，推動女權議題及經濟機會平等。十九世紀的美國女性在國內無從發揮，卻在中國一展長才。一世紀後情況依然如此，即使總統夫人也一樣。

二十世紀初期，守舊的中國傳統派對美國女性提出的勸諭非常不以為然。清末的儒者指控，美國女性傳教士陰謀摧毀中國傳統文化。一九九〇年代，中國共產黨將希拉蕊・柯林頓和美國其他女權主義者視為離經叛道。在婦女會議期間，共產黨官員散布謠言，又端出十九世紀子虛烏有之控訴西方人縱情聲色的《辟邪紀實》指稱，外國妓女預備湧入北京，裸體在天安門廣場遊行。

這裡還存在著過去的回聲。一九七二年，美國著名的中國史學者費正清預測，中華人民共和國絕不會接受美國的汽車文化，反而在「人和機器如何達到新的平衡」這件事上可以讓美國學到一些道理。他錯得可真離譜！一九九〇年代，中國的企業、規劃人員和消費者擁抱美國技術和美國人的生活方式。從汽車要求室內空間寬大，到四處興建公路，都直可媲美艾森豪總統的時代，一九二〇年代美國人孕育的中國汽車文化，儼然無損地醒轉過來。

一九〇二年，美國開始出口汽車到中國，次年，亨利・福特（Henry Ford）創辦他自己的汽車公司，再十多年後，他開始大規模生產T型車。一九一〇年，《紐約時報》預測，中國的「處女地」將吸收美國所有的過剩生產。美國經銷商很快就將各式各樣的汽車，送到從未見過汽車的地方。在中國西北的陝西省西安市，四處旅行、見識極廣的英國傳教士修烈・強生（Hewlett Johnson）碰見老美汽車銷售員，又在西藏碰到一隊美國道奇兄弟汽車公司（Dodge Brothers Motor Company）的年輕經銷商。他寫道：美國汽車經紀商甚至開著車「衝上陡坡，抵達北京城牆上」。

起先英國人占優勢。汽車在中國靠左邊走。但中國消費者喜歡美式汽車。孫逸仙擁有一輛別克轎車；末代皇帝溥儀也有兩輛。一九四九年毛澤東進入北京城，開的就是一輛美國汽車。到了一九三〇年代，美國汽車出口到中國的數字是英國汽車的十倍。

亨利・福特最最迷信中國市場。他的公司在底特律訓練中國機械技師，再送回中國，負責全國服務站。在中國，一輛T型車售價七〇五美元，並不便宜，但這包括停車位、一名司機、潤滑油、一份保養計畫且打光鮮亮。加上司機是個很高明的點子。即使在今天，中國稍有頭有臉的人物仍不喜歡自己開車。

美國人也是中國興建公路時的主角。一九一〇年代起，美國顧問就建議中國人，拆掉幾乎每座城市都有的城牆，換上汽車道路。一九一九年，廣州接受建議，當局拆掉已有千年之久的六英里城牆，也拆除十五座城門，並環繞其南邊市區，蓋了一條環狀道路。到了一九三一年，逾二十座城市跟進，在中國城市地貌上刻下無可磨滅的印記（或可說是傷痕）。北京城牆屹立不搖直到一九四九年共產革命後；一般認為拆城牆出自蘇聯的點子，但這其實是美國人的主意。都市計劃歷史學者湯瑪斯・康帕尼拉（Thomas Campanella）說：「抵擋蠻族的城牆因亨利・福特而垮。」

一九四六年，美國汽車工業又獲得一大助力，美國魏德邁將軍說服蔣介石，下令全國汽車靠右走。

一九八〇年代，美國人是第一批在中國製造汽車的西方人士。一九八四年，美國汽車公司（American Motor Company）簽約，在中國生產頗具代表意義的美國吉普車。自始，北京吉普的計畫就面臨挑戰。中方希望是新型軍用吉普；美方希望採用舊車款。雙方折衷後，決定生產奇洛基吉普（Jeep Cherokee），由美製零件組裝。當時，中國以外匯到國外購買零組件仍然違法。因此，北京市政府勾結計畫經理人，偷偷結匯出境。

最後，這項計畫進展順利——最起碼有段時間如此。從一九八四年到一九九五年，據信這項合資事業獲利逾五千萬美元。但一九九五年，北京市政府不再強迫政府機關非買這種矮胖的汽車不可，導致其銷售量直墜。德國的福斯汽車公司（Volkswagen，譯按：中國稱「大眾汽車公司」）和法國的標緻汽車公司（Peugeot）也繼美國汽車公司後進入中國，並發展出更大的營業。但最成功的故事還是美國的通用汽車公司（General Motors）。

通用汽車進軍中國一開始並不順利。一九九二年，該公司砸下一億三千五百萬美元的重金，在東北合資組裝運貨卡車。但才組裝約三百輛卡車，這項合資事業就垮了，通用汽車和中國合夥人彼此都非常不痛快。但通用汽車吞忍下來，又與上海汽車工業總公司（Shanghai Automotive Industry Corporation，簡稱ＳＡＩＣ）展開談判。上海市政府擁有的這家大型汽車公司，也和福斯汽車公司有合資事業。上海官員喜歡故事和美國汽車。一九九〇年代初期，貌不驚人的別克（Buick）汽車或許還能喚起美國老祖母的熱情，但在中國，這款汽車仍保有中國革命之前的憧憬，大家還記得華麗的雙人座轎車在黃浦灘奔馳而過的場景。二〇〇五年，通用汽車公司的副董事長鮑勃·魯茲（Bob Lutz）承認，別克已是「敗壞的品牌」，但在中國，這款最古老的美國汽車卻是金礦。一九九五年秋天，通用汽車承諾投資十億美元在中國生產豪華轎車。

通用汽車的營運顯示了中國並無多少改變：英美菸草公司仍是最大外資企業，而尼爾·史塔爾的保險營業員仍如昔日在業界稱雄。為了爭取這項合同，通用汽車招待可能的中國夥伴參觀其在巴西的營運；這裡由巴西人主持營運。與英美菸草公司和史塔爾一樣，通用汽車了解，前往中國的金鑰是讓中國員工發揮。

通用汽車成立一個設計團隊，專注於中國人的品味。他們為別克君威（Buick Regal）這款汽車上加上一個大浴缸型鍍鉻水箱護罩，傾斜頭燈的設計讓車頭看起來像含笑的菩薩臉。但在行銷產品上，通用汽車繼續倚賴其強項：美國。通用汽車入門款式Sail所訴求對象是年輕夫婦，用強健的美國衝浪健將打廣告。連Sail的中文名字「賽歐」也與通用汽車的對手福斯汽車較勁——意思是「比歐洲好」。

通用汽車的合夥人「上海汽車工業總公司」的經營手法顯示，中國的商業倫理自英美菸草公司以來的改變不大。當年，英美菸草公司買下許多競爭對手南洋兄弟公司的香菸，將其擺到發霉，然後釋出到市場上。通用汽車獲得壟斷豪華車市場的保證後，雙方才簽約生產別克世紀（Buick Century）車款。但一九九八年春天，上海汽車工業公司卻又准許福斯汽車生產Passat[2]。幾個月後，廣州當局批准日本本田汽車公司（Honda Motors）申請生產雅歌（Accord）。當時，通用汽車大中國業務總管墨斐（Phil Murtaugh）就說：「我們很鬱卒。」

與政府維繫良好關係，仍是通用汽車公司成功的重要關鍵。當年的英美菸草公司花費不少時間，擋下國民政府建立香菸專賣的計畫，也和國民政府財政部長宋子文為香菸稅周旋。現在，通用汽車高階主管發現，他們和上海共產黨官員的處境相同。對通用汽車而言，這種麻煩是值得的。在獲利節節下降的狀況下，中國的業務是該公司的唯一亮點。從二〇〇五年到二〇〇九年，美國市場的年銷售輛數從一千七百萬輛跌至一千萬輛；與此同時，中國市場卻一飛沖天，幾乎增為三倍、超越一千萬輛。底特律方面，通用汽車關掉生產線和經銷商，但中國工廠卻全力作業。想當年，菸草大王詹姆斯·杜克在中國經營英美菸草公司，生意的平均獲利比美國市場還高；同樣的，通用汽車每輛汽車在中國的獲利是美國的兩倍。

二〇〇九年六月，通用汽車宣告破產；美國政府必須出手拯救。同年，中國通用汽車在中國賣出八十多萬輛汽車，獲利高達十億美元。二〇一一年，通用汽車在中華人民共和國締造銷售輛數突破一百萬的紀錄。然而，二〇〇九年年底，通用汽車做出可能是致命的選擇，情況和英美菸草公司與南洋兄弟公司的商戰頗有異曲同工之妙。通用汽車因歐洲及其他地區業務不振，需錢孔急，將其在中國的百分之一股權賣給上海汽車工業總公司。打從一開始，通用中國公司的股權分配就是美中雙方五五對分，各自擁有百分之五十的股權。讓出百分之一的股權，意味著通用汽車將中國業務控制權交給中方合夥人。這正是當年英美菸草公司的詹姆斯·湯瑪士要求南洋兄弟公司接受的條件。只不過，當年南洋兄弟公司拒絕被併購。麥可·鄧尼（Michael J. Dunne）研究通用汽車在中國崛起的故事並認為，通用汽車決定釋出百分之一的股權，預示了其開始沒落。

這是因為數十年來，通用汽車、西方其他汽車公司與中國同業早陷入浮士德式的交易。要做生意，他們被迫交出技術給中方，本質上等於培訓中國人成為自己的競爭對手。鄧尼認為，通用汽車交出中國業務的主導權給中方夥伴，只會加速這個過程。

一九九〇年代初期，中國發生十多起飛機失事事故，導致五百人死亡，數十件差點撞機的事件。江蘇一名機師起飛不成，飛機撞上護場圩堤，造成一二六名乘客及機組人員中的一〇八人喪生。一架波音737-300飛機要從桂林飛往廣州，但才離開機場幾十公里就撞上一座小山，導致八名機組人員和一百三十三名乘客全部罹難。中國東方航空公司（China Eastern Airlines）一架班機飛越阿留申群島（Aleutian Islands）上空時，一名機師誤觸按鈕，將機翼調整為降落狀態，導致飛機急墜；兩名乘客被擠跌而死。另一架中國西北航空公司的班機在西安起飛後不到幾分鐘即墜機，機上一百六十人全部命喪黃泉。原因是機械師不當地修理自動飛行系統，使得飛機不能飛行。因此，國際間盛傳一個笑話，「中國航空公司」（Chinese Aviation Airline company）與「中國航空公司老是墜機」（China Airlines Always crashes）是一樣的，因為兩者的縮寫都是ＣＡＡＣ。

一九九七年，中國國際航空公司（Air China）和中國東方航空公司（China Eastern）兩家中國的民航公司取得美國聯邦航空總署（FAA）核准，可以飛到美國。第三家航空公司——中國南方航空公司（China Southern）——也接下新訂的波音777客機，準備開啟往來廣州、洛杉磯這條穩賺不賠的黃金航線。但中國南方航空必須通過美國運輸部（DOT）的審查。美國官員要求就中國飛行安全規定做簡報，一聽後令他們大為緊張。

空中事故頻傳，以及中國日益進出美國航運市場，導致另一次美中合作，促進中國的現代化。一九九〇年代，離美國人首次教中國人飛行已七十年，他們又幫忙建立中國的民航制度。波音和聯合航空公司（United Airlines）贊助經費，由前任美國官員、機師、管理人員及技術人員參與的計畫，透過講習會、觀摩、訓練課程及在昆明設立的飛行學校，教導中國飛行員及地勤人員如何確保航空安全。從引擎製造商到駕駛艙設備製造商，數十家美國業者派講師授課。幾年內，中國人重訂其民航安全規定。這項計畫整合了美中民航體系，以另一種方式讓兩國更加合作。

中方這項計畫的主要人物是楊元元。為了躲開文革鬥爭，他在十六歲時加入解放軍。十九歲時他學會飛行。一九七〇年代，中國展開經濟改革開放，他從空軍退役、轉為民航機師。到了一九九〇年代初期，他擔任中國南方航空公司首席機師。一九九五年十二月，身為到西雅圖接受新機的中方代表之一，他成為首飛波音777的中國機長。

在一本中文雜誌上，楊元元發表短文回憶接機的這段經過，透露中國百年來喜愛美國科技的梗概。楊元元寫道，在晴空萬里的一天，開著波音777飛越普吉特海灣（Puget Sound）上空的經驗是「夢想成真」。一九九七年，他出任中國民航總局飛行標準司司長。與朱鎔基處理加入世貿組織一樣，楊元元和美國人合作，刺激中國做出改變。

楊元元與其美國夥伴先找出中國的天空為何如此危險。機師是由朋友們執行考照。維修工作也很少按時執行。在惡劣天候下，也缺乏飛行應循的標準作業程序。波音資深安全主管齊特・艾克斯特蘭（Chet Ekstrand）對於中國人「如此坦白地嶄露缺點」敬佩不已。二〇〇四年，一架加拿大製的龐巴迪（Bombardier）CRJ-200墜毀在內蒙古包頭市郊公園裡的一座湖泊，楊元元同意美方調查人員到場勘察。

此次調查的結果相當不尋常。在美國指導下，中國由全世界飛安紀錄最差的國家之一徹底改造，擠身飛安最佳國家之列。二〇〇四年這起事件後，直到二〇一〇年，中國才又發生墜機事故，有位機師降落時衝出跑道，導致四十三人喪生。此後，不再有任何致命的飛安事故。這一切都成就在中國民航交通迭創紀錄、爆炸性增長的背景下。中國現在的航運量僅次於美國。被美國朋友暱稱為「三Y」的楊元元對《華爾街日報》表示（譯按：楊元元的英文名字裡有三個Y），會進步是因中國決定「採取更開放的態度」，從本身及別人的過錯學習。當然，有個老問題至今仍改不了：中國百分之八十的班機未準時起降。

一九七九年夏天，華盛頓子彈隊（Washington Bullets）抵達中國，即將與解放軍代表隊「八一隊」比賽。當年一月，鄧小平為美中建交訪問美國，在甘迺迪中心參觀哈林籃球隊（Harlem Globetrotters）特技表演，讚嘆不已。但有些子彈隊球員對中國的許多奇蹟美景可就不那麼欣賞。譬如，來到長城某地，中鋒艾文·海耶斯（Elvin Hayes）拒絕下巴士，他說：「我又不是沒看過高牆。」不過，中國人卻很興奮。美國球員包臀的籃球短褲，以及炫麗的匡威（Converse）上衣，與八一隊球員的綠色軍用汗衫和球鞋形成鮮明的對比。美國球員彷彿來自另一個星球。

隨著美國ＮＢＡ（National Basketball Association，即「國家籃球協會」）職業籃球隊進入中國，中國人又再次愛上一個美國產品——也就是早年由傳教士引進中國的籃球。籃球將中國帶進職業運動及娛樂的現代世界，改變中國的流行風潮，也成為美國文化吸引中國人的又一例證。現在，中國是美國ＮＢＡ的第二大市場。二〇一四年，在中國的收入高達兩億美元。

從一九八七年剛上任的美國ＮＢＡ執行長大衛·史騰（David Stern）首度到中國敲門，到有這番成績，是一條漫長的道路。當時，史騰帶著示範錄影帶到北京訪問一週，拜託中國中央電視台播出美國ＮＢＡ職籃賽的比賽實況。接下來幾年，史騰免費提供美國ＮＢＡ的決賽錄影帶給央視。一九九〇年，他和央視簽訂一份分享利潤的合約。一九九二年，美國組織「夢幻一隊」參加巴塞隆納奧運，是首次有現役美國ＮＢＡ球員參加奧運代表隊。美國隊的表現讓中國人如癡如狂。

兩年後，有鑒於夢幻隊為美國在海外形象的加分效應，中國成立「中國籃球協會」（China Basketball Association，簡稱ＣＢＡ）。但國家主導的中國籃球協會無法與美國ＮＢＡ競爭，中國觀眾還是偏愛美國的球賽，觀看從半個地球外被中共領導人痛批為「邪惡霸權的國家所直播、沒有中國球員參加」的比賽。

到了一九九〇年代中期，拜史騰的遠見及魔術強生（Magic Johnson）、拉瑞・勃德（Larry Bird）和麥可・喬登（Michael Jordan）等超級巨星的魅力，籃球成為中國最大的運動項目：打籃球或觀賞籃球的中國人高達三億，和抽菸人口相等。全國民調顯示，十五歲至二十四歲的青少年男子中，有百分之八十以上自稱是籃球迷。百分之四十說他們打籃球。在球季的每一週裡，三千萬名中國人最起碼會看一場美國ＮＢＡ籃球賽；球賽是在白天的電視播放。中國有兩萬多家商店販售美國ＮＢＡ核准的商品。還有數不清的商店販賣山寨仿冒品。

籃球之所以風靡中國，並不難理解。中國人本就喜歡雜技表演，籃球賽就是加了一顆球的雜技表演。政治上，籃球從未冒犯黨中央，不像美式拳擊或棒球。毛澤東年輕時也打籃球，他稱讚這是美式體育運動中最「民主」的一種比賽。許多中國球迷「追星」，關注非裔美國球星。雖然文化上，中國人瞧不起黑皮膚的民族，美國黑人球員的體育天分卻令球迷如醉如癡。一九九九年，針對中國中學生的一項調查發現，在中國，麥可・喬登是名氣最旺的運動員。在中國城市街頭，美國ＮＢＡ球衣成為最常見的衣飾，就像美國人風靡功夫一樣。在中國，要是能來幾句黑人俚語，就表示你夠潮。把心愛球隊的隊徽刺在身上，成為行家必備的裝飾，就像美國ＮＢＡ球員喜歡在身上搞個中文字的刺青一樣。

美國ＮＢＡ啟動一項計畫，教中國人如何經營球賽聯盟。美國ＮＢＡ教練和裁判為中國同業舉辦訓練營。中國教練和裁判也受邀到美國學習。中國前途看好的球員，被安排參加表演賽和夏令營。美國球星也看中中國，是擔任代言人的重要金主。一九九七年夏天，俠客．歐尼爾（Shaquille O'Neil）到中國一個月，推銷他的音樂和品牌。柯比．布萊恩（Kobe Bryant）跟進。中國商人還以美國球星的名字為自己的運動服飾公司命名。麥可．喬丹對中國一家「喬丹體育公司」提告，要求該公司支付使用其名字的權利金，最後他打贏了這場官司。美國ＮＢＡ在中國的營運，反映柯林頓時期的「建設性交往」。美國正在進行以美國形象改造中國的使命，順便也賺點錢。

接下來是姚明的故事。二〇〇二年六月二十七日，史騰宣布，美國ＮＢＡ選秀時，姚明將是休士頓火箭隊（Huston Rockets）的選秀狀元。姚明是第三位到美國打職籃的中國球員，但身高七英尺六英寸的他（譯按：約二百二十九公分），最能吸引媒體注意。中國媒體稱之為「姚明現象」，美國則稱之為「明朝」。

爭取姚明加盟休士頓火箭隊的過程，更讓仍然殘存的僵硬蘇聯式體育制度槓上閃亮的老美資本主義，結果是兩敗俱傷。姚明原隸屬上海鯊魚隊，美國經紀人虎視眈眈，有如鯊魚般地包圍他。姚明上海的主管要求他支付一千五百萬美元解約金，才肯放人；最後談妥的價碼減半，但也高達七百五十萬美元。北京當局也參一腳，要求姚明「宣誓效忠」、不會「傷害中國尊嚴」。他們也強迫他承諾，繼續替中國國家隊出賽。這樣做，會縮短他的職業賽生涯。

二〇〇三年，姚明在美國仍是菜鳥新秀時，許多美國球評預言他不會成功。其中，綽號「惡漢」的前費城七六人隊大前鋒查爾斯．巴克利（Sir" Charles Barkley）向來尖牙利嘴，他甚至撂下狠話：要是姚明單場拿下十九分以上，他就去親另一個球評的屁股。巴克利很快就得去找一頭驢子親熱（譯按：姚明在ＮＢＡ大爆發，巴克利也真的履行承諾，不過他親的並非屁股，而是一頭驢子，因為屁股與驢子的英文都是ass）。姚明在美國打職籃八年，四度率領火箭隊打進ＮＢＡ季後賽。姚明現象更強化了中國球迷對美國籃球的瘋狂。二〇〇七年十一月九日，姚明碰上密爾瓦基公鹿隊（Milwaukee Bucks）另一名中國球員易建聯時，估計有兩億人打開電視觀看直播，使這場比賽成為美國ＮＢＡ賽事史上觀眾最多的一次。姚明的確不負眾望，火箭隊以一〇四比八十八，輕取密爾瓦基公鹿隊。

在社會變遷快如電光石火的時代，數百萬名中國人始終關注姚明的故事。他不僅是「新中國」派到世界的大使，還是在一個仍否定基本自由的制度中爭取個人成功的先鋒。中國一家大膽的民營體育報紙《體壇週報》（*Titan Weekly*）

不斷追蹤報導姚明和他上海主管之間的談判，描繪他們的行徑一如過去的共產黨官僚，而姚明則代表中國的未來。當共產黨當局企圖榨取他的報酬時，該刊一則報導的標題赫然就是，「姚明被搶劫了！」

姚明為了贊助廠商的奮鬥，也成為許多與他一樣，想爭取為自己命運作主的中國人樣板故事。姚明效力火箭隊後不久，即與百事可樂公司簽約拍廣告。但在中國，姚明卻出現在可口可樂的廣告上。因為可口可樂與中國國家隊簽了約。中國官方宣稱，姚明的肖像權屬於他們。當時政府宣布：「中國國家體育員的一切無形財產商業權利，全部歸屬國家所有。」但姚明提出訴訟。二〇〇三年十月，可口可樂從他們的罐子上拿掉姚明的肖像。

在姚明聲名大噪時，許多中國人仍認為雖然中國經濟蓬勃進展，但在國際上並未得到相應的敬重。中國商人對美國商品，從北面（North Face）到暢銷卡通《南方四賤客》（*South Park*），無不盜版仿冒，政府卻毫無作為。但姚明是個貨真價實的代表。他成為中國在全球最著名的品牌。姚明證明了，中國人可以在國際舞台上成功，尤其是可以在美國揚眉吐氣。對於一個渴望美國承認的國家、民族和黨而言，姚明的成功證明中國的崛起。

美國價值影響了姚明。從他到美國發展的初期開始，姚明就為慈善項目出錢出力。二〇〇八年四川大地震，他捐出兩百萬美元。他參加「說不」運動，說服中國人別買象牙和犀牛角，以保護大象和犀牛。他也積極投資其他事業。二〇一二年，葡萄酒專家羅伯．派克（Robert Parker）對加州納帕（Napa）的姚家酒莊家傳珍釀，給了九十六分的高分（總分一百分）。派克指出：「名流釀造的酒往往令人失望，中國籃球明星姚明的酒則不。」

不過，姚明的價值仍與祖國的價值相去甚遠。姚明結束他在美國ＮＢＡ的職籃生涯後，回到中國居住，買下他原屬的上海鯊魚隊。二〇一六年，姚明發起將中國ＣＢＡ民營化的運動，試圖為此公營的體育運動貫注美國ＮＢＡ的活力、專業和品質。

根據國營制度，ＣＢＡ旗下各隊的收入要全部上繳到聯盟，使其無法從中國各城鎮的球場網羅人才，各隊必須依賴中國公有的體育學院提供新秀。體育學院甄選人才看重身高、未必看重天分，而各地球場並不乏高手。因此，中國球賽的品質糟得可笑，而官員貪腐導致問題雪上加霜。有些ＣＢＡ所屬的球隊財務困窘，捨不得花錢在比賽中供應暖氣，逼得球員包裹大衣、坐在板凳上等候出賽。二〇一五年，CBA所屬的二十支球隊只有一隊賺錢。姚明的計畫可讓各隊保留大部分收入，因此得以培養球員。但二〇一六年春天，中國官僚封殺姚明的計畫，使得中國籃球運動的發展遭到扼殺。同時，美國NBA在中國則日益興盛。二〇一五年，NBA和中國社群媒體巨頭騰訊簽訂協議，作價七億美元，准許該公司在中國播放NBA比賽，這是全世界有史以來利潤最大的數位合作項目。

一九九〇年代，中國的社會習俗出現極大變化。一九九二年鄧小平「南巡」，不僅釋出經濟活力，也出現對中國現代史上空前物質財富的迷戀。不知羈束的物質主義造成社會信賴瓦解，在許多後極權主義國家，這也是典型現象。中國企業互相廝殺、肆無忌憚地偷竊智慧財產權，奶粉、牙膏、寵物食品、肉類和魚類全部染上毒素，也動用武裝暴徒，從數百萬農民手中搶占土地。中國知識份子慨嘆，國家面臨道德危機。

道德危機伴隨教育危機一起發作。中國的學校因強調背誦、紀律和服從，而產生幾世代的考試高手，誠如中國作家黃全愈在二〇〇〇年說道：「中國各大學從來沒有人獲得諾貝爾科學類的獎項。」（二〇一五年，中國學者屠呦呦榮獲諾貝爾醫學獎）黃全愈向國人提問：為何中國小孩在初出校門時能輕易勝過美國人，但在終點線卻輸了？對於中國倫理道德及中國子弟前途的關切，在二〇〇二年二月匯聚成一股巨大的力量。兩週內有三所菁英大學的學生，到北京動物園對大熊噴灑硫酸，幾隻熊因而眼盲、被毀容。其中一名學生劉海洋是清華大學機械工程系的高材生，他向公安招認是出於「好奇」，想知道大熊會如何反應。他說：「我真的很喜歡動物。」民眾對於動物遭逢如此攻擊大為震驚，認為是社會的道德破洞，加上國家僵硬的教育制度，才會孕育出如此扭曲的世代。許多人望向美國，尋找解答。

自一九九九年十二月黃全愈出版《素質教育在美國》（*Quality Education in America*）以來，中國作家陸續推出一系列書籍，稱許美國教育孩童的方式；冠上「美國人如何培養女兒」、「如何培養子女進入耶魯」和「康乃爾女生」等書名的書籍在全國熱銷。美國的學校和家長如何鼓勵體育、藝術和團隊合作，成為中國家長關注的焦點。《父母必讀》

月刊介紹美國人如何教小孩排隊等公車、分享甚至找樂子。就像美國人想從中國尋找他們教育問題的答案，美式父母和教學方法也成為中國人效仿的對象。

一九八八年黃全愈來到美國時，口袋裡只有五十五美元，還有一張到賓州約克學院（York College）教中文的聘書。他說：「這是我的大發現時代。我是瓦斯科・達・伽馬（Vasco da Gama），我是潘斯・狄・里昂（Ponce de Leon），而賓州約克就是新世界。」教了幾個月後，黃全愈碰上他最大的發現。一九八九年五月，他被邀請去對一群五年級的小學生介紹中國。他信口說起中國人的早餐和氣候等，底下十歲的小聽眾們卻顯得百般無聊。

等到學生開始發問時，黃全愈便糗大了。黃全愈以為沒有小孩敢發問。黃全愈說，在中國，即使大學生也不太發問。因此，當一個矮胖男孩問他對於天安門廣場上的抗議活動有何看法時，他嚇了一跳。黃全愈訥訥地扯一些現代化啦、複雜啦的話。這個小男孩逼問他：「你說了一大堆話，但沒有回答我的問題。」接下來又出現許多問題。「日本人和中國人最大的差異在哪裡？」「你最不喜歡美國哪些文化？」「你希望中國改變哪些地方？」「再過十年，中國會成為什麼模樣？」黃全愈被這些小朋友的堅持和自信嚇壞了，這個經驗刺激他尋找答案。一九九三年，他從俄亥俄州邁阿密大學拿到教育學博士學位。二〇〇〇年，黃全愈的《素質教育在美國》成為中國最暢銷的非小說類書籍之一。出版社賣出一百多萬冊，盜版書也賣了好幾十萬本。

滿清朝廷命官徐繼畬寫了第一本有關美國的長篇論文，黃全愈也和他一樣，努力寫作介紹美國。黃全愈讚美，美國之下潛藏著對中華人民共和國系統的批評。黃全愈帶著家人到美國後，全心全意注重兒子黃礦岩的教育。黃礦岩八歲時，有天的回家作業是寫研究報告。當時，黃全愈夫婦倆各自都還在攻讀博士，以為兒子在開玩笑。後來他們發覺，在美國，老師認為若提供適當的指導，小三學生也能針對某個題目做研究。

在學校，老師很重視黃礦岩的感覺，鼓勵他表達自己。黃礦岩將這些技能帶回家，挑戰傳統的中國式家庭。黃全愈寫道，中國家庭的父親不會容忍孩子頂嘴，但有次他批評黃礦岩時，兒子回他一句：「你這樣說，我很難過。」於是，黃全愈氣全消了。

黃全愈批評中式教育過分強調控制孩子，要求他們無條件地服從。他認為，美國學生喊老師為某某先生、某某小姐，而非某某老師是有其深意。他寫道，這裡凸顯的平等原則，正是美國為何能出現成功資本家的原因。美國人培養獨立和有創意的冒險，及人人皆可成功的意識。

就在黃全愈的書躍登暢銷書排行榜的同年，成都一對夫婦出版他們養育女兒的回憶錄。《哈佛女孩劉亦婷：素質培養紀實》也是熱門暢銷書。大部分文字是劉亦婷的母親劉衛華執筆，書中分門別類列舉，她採取何種步驟培養女兒的「素質」。劉亦婷才十八個月大，媽媽就要求她背唐詩。五歲就得幫忙做家事。念小學時，媽媽帶著劉亦婷到嘈雜的火車站看書，培養她集中注意力。為提升女兒的抗痛能力，她要求劉亦婷握冰塊長達十五分鐘。劉亦婷教育的巔峰成就是獲得哈佛大學入學許可。書的封面赫然為哈佛錄取通知書。在全球化的世界中，中國父母無法預卜子女的前途，他們期待美國所給予的承認將是成功的標誌。

寧願將中國子弟信賴地交給美國，這種傾向遍及中國社會所有階層。中國共產黨最近三屆領導人——江澤民、胡錦濤和習近平都將子女送到美國留學，鄧小平還誇耀，他有個孫子在美國出生。中國有個十分特別的地方，那就是即使中共意識型態的核心仍對美國戒慎警懼，但中共領導人的內心仍尊重和依賴美國。

附註

中國共產黨對美國轟炸貝爾格勒中國大使館的反應，詳見：宗海仁《朱鎔基在一九九九》。和中國談判加入世貿組織的詳情，參見：麥健陸（James McGregor）的《十億個消費者》（*One Billion Customers*）和《朱鎔基在一九九九》。華爾街如何改造中國國有企業，詳見：卡爾・沃特與法瑟・侯偉合著的《中國金融大揭密：異常崛起的大銀行真相》（*Red Capitalism: The Fragile Financial Foundation of China's Extraordinary Rise*）。希拉蕊・柯林頓在其《活出歷史：希拉蕊回憶錄》中詳述了她出席在中國舉行的「聯合國第四屆婦女會議」經歷。

第四十五章
雙塔

二〇〇一年四月一日愚人節，美國海軍一架EP-3E白羊座（EP- 3E Aries II）訊息情報偵察機在華南沿海國際空域執行偵察任務時，遭到兩架中國製F-8噴射戰鬥機攔截，而這款戰鬥機正是美國曾一度同意幫解放軍升級的軍機。

就在EP-3即將結束任務、準備回日本基地的前十分鐘，這兩架中國F-8在二萬三千五百英尺的高空從後方飛來。其中一架飛到EP-3左側的機翼底下，兩者相距不到十英尺（譯按：大約三公尺）。當這架F-8戰鬥機試圖玩空中恐嚇遊戲、更貼近美國的EP-3時，中國飛行員失控了。兩架飛機擦撞，F-8戰鬥機遭EP-3的螺旋槳切為兩半。F-8的前半截往前撲，撞上了EP-3的機鼻。其他部分則切進EP-3的機身。EP-3往下墜，而F-8的飛官王偉顯然因為降落傘失靈而墜海失蹤。

同時，EP-3往下倒栽，在三十秒鐘內急降八千英尺。後來，美國海軍上尉向恩．奧斯朋（Shane Osborn）告訴《海軍航空新聞》（*Naval Aviation News*）：「我想我們死定了。」再急降一萬四千英尺後，奧斯朋穩住飛機。他不確定飛機何時會裂開，於是朝著最近的一塊陸地飛去——結果那裡竟是中國的海南島。奧斯朋準備緊急迫降在中國一處空軍基地時，二十四名機組人員趕緊破壞敏感的偵察設備。

對於中國軍力日益強大，五角大廈起了戒心，因此設法加強蒐集中國軍事能力的相關情報，密切注意中國在西太平洋和南中國海增加影響力的一舉一動。美國在中國沿海執行偵察作業的次數驟升，特別聚焦海南島一處海軍基地和中國愈增的潛艇艦隊。中國對美方增強偵察作業非常不爽。現在，北方蘇聯的威脅已經消除，中國軍方也擁抱馬漢的主張，決心將外國軍隊，尤其是美軍，推離中國海岸。

已失去著陸襟翼的 EP-3 在陵水海軍航空基地迫降成功時，奥斯朋第一個念頭是：「我簡直不敢相信，我們竟能保住一命！」中方將全體機組人員通通扣押起來。日後奥斯朋寫道，他被關在一間冷氣開得極大的冰冷房間，無法睡覺。一連串中方官員企圖強迫他承認，美方衝撞機隊隊長王偉的飛機，而非王偉撞上他們。奥斯朋不肯屈服。

EP-3 事件是進入新世紀後，美中之間的第一起危機。此時，小布希總統剛上任不久。美軍機組人員被扣在海南島，而布希第一個念頭就想到伊朗的人質危機。總統寫道：「我可不想以這種方式開啟我和中國的關係。」

美國方面，國會議員對於中國堅持扣住美國機組人員非常憤怒。加州共和黨籍眾議員鄧肯．韓特（Duncan Hunter）提案，取消中國的貿易最惠國待遇。他怒吼：「當我們和中國通商貿易時，他們卻準備開戰。」韓特的提案未通過。中國國營媒體宣稱，撞機事件更證明美國想壓制中國。江澤民拒接小布希的電話。國務卿科林．鮑威爾（Colin Powell）也找不到副總理錢其琛講話。四月一日一整天，中國外交部不理睬美國大使普理赫（Joseph Prueher）的求見；直到晚上九點他才被召見。此時，外交部長唐家璇指控美國害死一名中國飛行員，以及「嚴重侵犯中國國家主權」。唐家璇要求美方道歉、賠償和停止偵察活動。接下來十一天，雙方私下談判，也透過媒體交鋒。

普理赫奉派在出任駐北京大使之前，是一名資歷三十五年的海軍飛行員。一九九五至九六年的台灣海峽危機時，他是美軍的太平洋司令部（US Pacific Command，簡稱PACOM）司令。熟讀《孫子兵法》的他是柯林頓總統派任的大使，此時仍守在北京崗位上，等候新上任的共和黨小布希總統選派新人來接替。普理赫對一位作家說：「我比我交涉的任何一個對象更了解這個主題。」普理赫立刻揭穿中國所謂過錯全在美方這邊的說法。EP-3 動作遲緩，F-8速度敏捷。普理赫說：「誰撞誰是很明顯的事。」華府方面，五角大廈發布消息，顯示過去飛行員王偉就有緊迫飛行的紀錄，並曾被拍下一張照片，在駕駛艙內手持一張寫著他的電郵地址的紙炫耀。五角大廈表示，前一年十二月就曾向中國國防部抗議中國飛官的冒進動作：他們相互比賽，看誰能最貼近美國的軍機飛行。

然而，相對於機組人員的命運，在媒體上擊敗中國屬次要事項。中方要求先道歉才肯釋放人。依普理赫的說法，他的任務是在華府指導下，打造「台階讓中方爬下來」。四月六日，正在拉丁美洲訪問的江澤民畫下中國的底線。他說：「在美國街上如果兩人相撞，都會說聲Sorry，美方現在這樣一句話不說，不太好吧！」普理赫和中方官員洽妥一封信的內容，美國會對王偉喪生與EP-3未經許可就進入中國領空表示「非常遺憾」（very sorry）。一天後，中國釋放機組人員，但EP-3遭扣留數月，期間中國情報官員拚命檢查飛機，企圖找出美國科技的細節。

撞機事件不利於美國在中國的形象。即使中國異議人士也認為，美國政府這種蠻橫的行為非常令人不舒服。劉曉波是中國說話最切中要點的作家之一，他指出轟炸使館事件加上EP-3撞機事件，有助於共產黨「抹黑美國」。二〇〇一年劉曉波寫道，這裡不只關係到美國與中華人民共和國的政治關係，也影響到「一九七二年以來建立的精神名譽……以及美國對中國民主的盼望」。

EP-3事件還有一個奇怪又饒富深義的下文。冷戰前，美國最後一任駐華大使司徒雷登生前有個遺願，盼能埋骨於中國這個他於一八七六年出生的國度。一九六二年司徒雷登去世時，中國和美國還深陷冷戰，毛澤東揪住這位前任大使，作為美國帝國主義的象徵，寫了一篇文章〈別了，司徒雷登〉。但在二〇〇〇年代，美方舊事重提。司徒雷登家人希望他能下葬於北京，與一九二六年去世、葬於北京的妻子長相左右。但北京市當局不准。最後，在中方所謂開明的善舉下，二〇〇八年共產黨領導人同意讓司徒雷登的骨灰埋在他出生地杭州的一處墓園。

兩年後，杭州市政府在同一個墓園為墜機身亡的飛行員王偉建一座紀念碑。五尺高的黑色碑石就位在司徒雷登的墓碑旁。倒不是說，會有多少人到司徒雷登的墓前憑弔，即使有人來憑弔，大多數人也不會知道王偉是哪號人物。但決定讓司徒雷登最後安息地就在王偉——中國人稱他受美國之害——紀念碑的陰影下，凸顯中國共產黨內某些人對美國的深刻仇視。

二〇〇一年九月和十二月的兩樁事件，改變了美中關係的軌線。二〇〇一年九月十一日，中東恐怖組織「蓋達組織」（al-Qaeda）針對美國採取四個協同一致的恐攻行動，導致紐約市、賓州商克斯維爾市（Shanksville）和華府市郊的五角大廈總計近三千人喪生。三個月後，中國正式加入世界貿易組織。

「蓋達組織」攻擊美國本土，迫使小布希政府擱置在亞洲挑戰中國的計畫。小布希在競選期間稱中國為「戰略競爭者」，誓言強化台灣、重視人權。EP-3 事件更增強這個觀點。但現在，白宮想要剷除「蓋達組織」、挑翻阿富汗的塔利班政權（Taliban），而這必須爭取中國在聯合國安理會裡的合作。九一一攻擊後，中國國家主席江澤民是第一個打電話到白宮慰問的外國領導人，中國支持聯合國安理會，批准動用武力對付阿富汗的決議。一九九〇年代末期，共和黨人和部分民主黨人認定的「中國威脅」，因阿富汗和伊拉克的情勢需華府專心一致對付而暫時拋開。

小布希先放下對人權的要求，他支持台灣的計畫也擱置了。二〇〇三年十二月，小布希幹了歷任美國總統不曾做過的事。他當著中共高官的面，公開批評中華民國總統。中華人民共和國國務院總理溫家寶訪問美國，在十二月九日的聯合記者會上，記者問起布希總統對台灣新任總統陳水扁所策畫的一項公民投票有何看法。這項公投意在測量台灣對中國大陸的感覺。小布希表示這是不智之舉，而溫家寶顯然很高興，台灣總統被修理了。

布希也需要中國幫忙對付北韓。數十年前，北韓在中國協助下展開核武計畫。整個一九九〇年代都在測試飛彈，又於一九九四年六月退出國際原子能總署（International Atomic Energy Agency，簡稱ＩＡＥＡ）。北韓也曾和柯林頓政府簽訂協議，停止其核子計畫，換取技術、糧食和燃料，因此在二〇〇〇年十月，國務卿歐布萊特訪問平壤。但二〇〇一年小布希就職時，北韓又恢復其核計畫；二〇〇二年十月，北韓承認正在製造核子彈。

當月，小布希在德州克勞福鎮（Crawford）的農場接待中國國家主席江澤民，並開口向他求助。中國是北韓最大的貿易夥伴，平壤幾乎無一不依賴中國。布希拜託江澤民運用他的影響力，但江澤民支支吾吾地向布希表示：北韓是「你的問題，不是我的問題」。二〇〇三年一月，布希不死心、再度一試。江還是不置可否。到了二月，布希警告正考慮轟炸北韓。這下子中國才有反應。二〇〇三年八月，在北京施壓下，北韓同意與中國、美國、南韓、日本及俄羅斯一起參加六方會談。然而進展不易；二〇〇六年十月，北韓進行第一次核試爆。

北京的利益當然不同於美國。美國希望北韓放棄核彈，也樂見該國政府垮台。中國則需要北韓維持共產黨當家，也需要北韓充當中國與資本主義南韓之間的緩衝，不論平壤有沒有核武。不過，即使雙方的立場差異極大，華府還是繼續依賴中國，多少幫忙解決北韓問題。

二〇〇一年十二月十一日正式加入世界貿易組織（WTO），讓中國崛起的勢頭更猛。此後，中國的國內生產毛額增加逾百分之四百，出口增加百分之五百。中國在全球貿易的占比增為三倍，超過百分之十。小布希政府官員歡迎中國「入世」，認為這是中國和全球經濟體系現正緊密接合的跡象——證明中國無可避免地將接納美國的價值觀和利益。國家安全顧問萊斯（Condoleezza Rice）宣稱，世貿組織將強化「一個創業階級，他們的生計不必依賴國家」。箇中意義很清楚：這個階級的人民將使中國獲得自由。

但中共毫無這種想法，而「入世」改變了中國對美國的盤算。在過去，中國政府依賴美國支持才加入WTO。但一「入世」，中國領導人自一九七〇年代以來，首度感覺不再像過去那樣需要美國。美國再也不像以前一樣，能對中國施加壓力。中國一「入世」，過去美國能自主施加制裁的機能，差不多都轉交給世貿組織。失去的牽制力十分極端。這段關係似乎失衡了。華府官員不免自問：美國是否給了中國人太多東西？

在如此背景下，副國務卿羅伯．佐立克（Robert Zoellick）道出數十年來美國政府對中國觀點最誠實的一段話。二〇〇五年九月二十一日，佐立克在美中關係全國委員會（National Committee on US-China Relations）演講，指出過去七任總統要將中國整合進國際體系的工作，遠比任何人想像的更成功。他宣布：「巨龍已現身加入世界。中國現在上了牌桌。」

佐立克宣布，現在的中國，需從美國制度的受惠人改造為美國的夥伴。佐立克呼籲中國，成為美國領導的貿易與安全制度中「負責任的利害關係人」（responsible stakeholder）。佐立克暗示這有其必要，理由在於：如果中方選擇走另一條路，也就是他所謂「傳統的大國崛起之路」，可能就意味雙方難免一戰。

這篇「負責任的利害關係人」演講，凸顯出美國人對中國日益不安的感覺，而且不限於政府官員。佐立克指出，中國最大的啦啦隊——美國企業界——已開始對中國頗有怨言。他談到，「對中國的焦慮感就像壓力鍋」。美國小型公司面臨中國對手猖獗的盜版和仿冒。中國維持人民幣低廉的政策，意味著中國的產品比美國類似產品更有競爭力。大一點的美國企業則成為中國國家認可的技術盜取對象。美國工人也深受其害。經濟政策研究所（Economic Policy Institute）估計，二〇〇一年至二〇一一年間，美國因為中國而失去兩百七十萬個就業機會。

就全球安全而言，佐立克指出，中國支持蘇丹和伊朗等流氓國家——本身大規模增建兵力、又不能抑制其金融系統猖狂的洗錢罪行，而且持續與北韓維持親密關係，凡此種種都讓人質疑：中國的崛起是否真如北京宣稱，是「和平崛起」？佐立克說：「中國需要認知到，別人怎麼看待其行動。」中國是否真正有心制止核武擴散？中國是否真心合作，對抗恐怖主義？更廣義地來解讀，佐立克要問的問題是：中共已拋棄將美國視為敵人的觀點了嗎？或其重商主義的經濟行為、巨大的軍事預算及其工業間諜行為，就是另一種方式的戰爭？

一九七〇年代至二〇〇〇年代初期，美國將中國帶進國際社會，助其富國強兵。佐立克宣稱，美國現已在完成此一任務的邊緣。現在應為中國成為美國夥伴的時候了。世界大同的美夢又回來了。

佐立克列出四項有關中國的事實，而這令他有信心，相信中國領導人會選擇合作，而非對抗。第一，他說中國不再尋求在全世界散布激烈的反美意識型態。第二，中國不認為自己與民主國家有所衝突。第三，中國不再和資本主義交戰。最後，中國不再相信，中國的未來要建立在推翻國際制度。從現實層面而言，佐立克列舉的四項事實比較像一份希望清單，而非真相列表。隨著千禧年的到來，中國繼續抗拒民主理念。中國也不像佐立克及其他許多美國人盼望的那樣擁抱資本主義，而且中國也非許多美國人以為的那樣，是真心真意接受美國所領導的國際制度。

佐立克的呼籲源於美中彼此依存度大增的意識在美國出現。二〇〇五年，美國經濟學家佛瑞德．伯格斯坦（C. Fred Bergsten）主張，美中關係非常特殊——他稱之為「二國集團」關係（G2）。伯格斯坦的主張是，唯有美中大和諧，世界問題才能解決。

二〇〇六年年初，小布希政府將佐立克對於美中加強合作的呼籲付諸實踐，和北京設立「戰略經濟對話」（Strategic Economic Dialogue）。後來，國務院亞太副助卿柯慶生（Thomas Christensen）寫道，對話目的是要「協助而非阻礙中國經濟的發展」，並向中國證明，美國歡迎中國崛起。現在，亨利．鮑爾森出任布希政府的財政部長，並帶領對話。表面上，鮑爾森的遠見成功了。頭五次，每半年一次的對話讓美中內閣級部長展開三十次面對面會談，就能源合作及派美國食藥署（FDA）檢查人員進駐中國、確保美國消費者不會吃到有毒的中國出口食品達成協議。當時還發生一樁迷你的異國戀醜聞，只是未見諸報章報導，聯邦調查局竟逮到美國一位高級官員與她的中方交涉對手幽會。

鮑爾森運用他身為美中關係尖兵的地位，交涉之下至少讓一名中國異議人士獲得自由，也一度說服美國海軍，不派一艘驅逐艦進入台灣海峽。他也說服中方談判代表允許人民幣對美元溫和升值。多年來，美國國會一直威脅制裁中國人操縱、維持其幣值於低價位。美方認為，中國不公平地提升其出口，造成美國與中國的貿易逆差高達二千億美元。

佐立克和鮑爾森無心之間，執行了小羅斯福總統將中國提升為全球大國的夢想。小羅斯福希望中國成為世界四大警察之一。鮑爾森和佐立克看待中國未來的角色也頗接近此意。但在許多共產黨體系核心有權勢的中國人眼裡，美國試圖將中國拉進國際協定網絡，不過是以責任加諸中國身上、阻止其達成首要目標——變富強並超越美國——的陰謀罷了。上海社會科學院學者劉明說出許多中國人的恐懼，他將佐立克這篇「負責任的利害關係人」的演講稱為「西方國家施壓與局限中國的新方法」。

中國的崛起是新千禧年的故事。《時代週刊》寫道，若二十世紀是美國的世紀，二十一世紀就是中國的世紀。《時代週刊》有篇令人喘不過氣的報導，介紹中國的廣大投資網絡，從波札納（Botswana）到巴西、從巴基斯坦到皮歐里亞（Peoria），文章中提到有位非洲人說過：「感謝上帝，有中國人。」中國人對能源和資源的強大需求比美國在前幾十年推動全球的成長。《時代週刊》提到，北京「似乎準備好要挑戰——甚至可能破壞」華府高居全球頂端的地位。《紐約時報》從中國在東南亞的後院發表一系列報導，詳述中國日益受到歡迎，以及美國在東南亞的關聯性日益消退。二〇〇四年十一月十八日《紐約時報》聲稱，泰國人不再熱中學習英文，現在他們努力學講中國話。美國人很焦慮。這世界夠大，大到容得下兩個巨人嗎？

中國的崛起又快又強、打破歷史紀錄，以致有人認為中國將打破所有已知的經濟法則，恢復其世界中心的地位。美國的中國問題專家喬舒亞・庫珀・雷默（Joshua Cooper Ramo）就是其中之一。二〇〇四年雷默發表一篇文章〈北京共識〉（The Beijing Consensus）認為，中國藉由「新的發展和權力的物理學」重新打造國際秩序。雷默熱切地寫道，中國是「全世界絕無僅有、最大的、不對稱的超級大國」。中國不太需要大國「傳統的權力工具」，如航空母艦和飛彈，比較偏重「其作為表率的電力和其規模產生的嚇唬力道」。他寫道，北京共識對已疲怠的「華盛頓共識」（Washington Consensus）——開放市場和開放社會——構成嚴峻挑戰。他寫道，中國代表「創新導向的成長」。中國慢慢流露出「生產的動力」、「實驗與失敗」、「快速、前瞻性變化」和「知性魅力」。雷默呼籲，美國人拋掉對中國的陳舊觀念。他宣稱：「在一、兩週前的地圖就算過時的國家，數十年之久的中國相關論述完全不具意義。」一九八九年天安門廣場鎮壓事件後，美國人相信，中國將會崩潰。現在，美國人再度將中國人視為超人。

雷默掌握到美國對中國崛起的驚嘆。這的確令人難以置信，在太平洋彼岸，一個古老帝國竟以光速全力現代化。若還有人存疑，他們只需和其他三千萬名美國人一樣，在二〇〇八年八月八日晚上打開電視機，觀賞北京夏季奧運開幕典禮。雷默應國家廣播公司（NBC）之邀，擔任現場直播評論人，他興奮地大談中國的「和諧」（harmony），宣稱中國是個「將點燃火箭引線的國家」。

當晚上一萬五千名表演者以精心編排的表演，歌頌中國的文化和共產黨的統治，表演融合了科學（中國政府使用天候調節技術防止下雨）和藝術（盛典由著名電影導演張藝謀精心策劃）。鼓手同步揮舞霓虹色鼓槌；幾百塊木頭，像波浪和發芽的花朵起起伏伏，然後突然彈開、迸出人來；二〇〇八名男子一起表演太極拳；一名跑者選手繞著鳥巢體育場跑步，然後點燃奧運聖火。曾是季辛吉顧問公司合夥人的雷默預言，北京奧運將「無可逆轉地」改變中國。他說：「他們知道，他們的行為必將與過去截然不同。」

其他美國人則看到中國崛起的負面影響。中國是蒸蒸日上、崛起中的國家，美國是當今大國，而許多人認為兩國不免勢必一戰。二〇〇五年，羅伯．卡普蘭（Robert Kaplan）在《大西洋月刊》發表〈我們將如何迎戰中國〉（How We Would Fight China）這篇文章。他認為，美國在伊拉克和阿富汗的戰爭及中東問題，只能算「小事一樁」。他寫道，美國和中國的角力「即將界定二十一世紀。中國將是比俄羅斯更難纏的強大敵人」。只是卡普蘭未預測到美中將發生一場「大戰」。他認為兩國很可能出現「一連串冷戰式的對峙，拖延數年或數十年之久」。

卡普蘭喚起中國將成為新黃禍，作為其預測基礎。卡普蘭寫道：「有消費者和軍事力量為後盾，擁有極多識字讀書的農民——這方面與歷史上其他國家不同，中國成為美國自由國度的首要傳統威脅。」他並未說明，為什麼中國農民識字會危害美國。有位批評者指責卡普蘭「為美國海軍和太平洋總部表演戰略挑逗舞蹈」。但卡普蘭如此散播恐懼意識，反映出美國的憧憬幻滅。

二十一世紀的中國大爆發、侵入美國人生活的方方面面，是當年帆船帶著中國異域風味物件到美國，及奴隸販子載運中國契約工到美國西岸以來，未曾有過的現象。拜中國加入WTO之賜，中國產品湧入美國。到了二〇〇七年，美國人使用的行李箱、腳上穿的塑膠鞋和小孩的玩具，逾四成來自中國。美國人穿用的成衣、家具、電器用品、珠寶飾物和皮件，三分之一來自中國。舊金山新建的海灣大橋（Bay Bridge，譯按：連接舊金山與奧克蘭的大橋）使用中國的鋼鐵。每台隨身電腦、每支手機都有中國製的零件。從微波爐到內褲，每樣東西翻開標記，都看得到「中國製造」的字樣。對美國人而言，不論是福是禍，全球化都躲不了中國。

華府的經濟學家和華爾街大亨們歡呼全球化及其主要副產品——中國崛起——是獲致驚人財富的良機之時，市井小民未必苟同。中國製造業火紅興旺、美國這廂卻萎縮；中國增加數百萬個日薪不到十二美元的工作，美國則失去數百萬個時薪十二美元以上的工作，這絕非巧合。美國的整個經濟都趨於空洞化。工作機會遷到國外，或根本消失了。二〇〇一年至二〇一三年間，美國有六萬三千三百家工廠關廠，五百萬個工廠的職缺消失。同段期間，中國的製造業勞動力增加一千四百一十萬個工作。

二〇〇五年，《紐約時報》專欄作家湯瑪斯．佛里曼（Thomas Friedman）出版《地球是平的》（*The World Is Flat*）一書，稱頌這是重大進步，指出美國人生活所需物品通通變便宜了。普林斯頓大學和瑞士國家銀行（Swiss National Bank）研究人員報導，每次，某項中國產品在美國增加百分之一的市占率時，這個部門的消費者物價就會下降二點五個百分點。他們估計十年下來，節省了十分驚人的七千八百億美元。

但中國崛起也有受害人。一九七三年，美國有兩百四十萬名紡織及成衣業工人。二〇一五年僅剩二十三萬兩千名紡織工人。一波波廉價的中國產品，加上未能再訓練工人，讓整個地區被打趴在地。維吉尼亞州亨利郡（Henry County）的家具業十分發達，出了不少州長、《財星》五百大企業執行長和大牌政治人物。一九七〇年代，訂單接都接不完，家具製造業者需從監獄載來囚犯、增援工廠人手。到了一九九〇年代初期，不具合法居留的身分的墨西哥人取代了他們。但到了一九九〇年代末期，美國零售業的展示間幾乎全是廉價的中國木製家具。一九六三年，亨利郡有四二五六〇個工作機會。二〇一五年只剩一半。許多號稱失業率不到百分之二的城鎮，現有三分之一的家庭靠領糧食券度日。離婚率攀升，嗑藥者也增加。二〇一四年，記者貝絲．梅西（Beth Macy）寫了一本暢銷書《工廠人》（*Factory Man*），形容美國家具業工人面臨中國競爭後的遭遇，是「被全球化砍了一斧。」她問道：「若沒錢買，空有廉價的消費品又有什麼用？」

美國不再製作床鋪和成衣，有什麼關係？許多經濟學家高喊沒關係，但數百萬個低技能工作卻消失了，重傷美國的勞動階層。中國崛起並非唯一因素，但這個因素確實影響到美國擴大中的所得差距。

在二〇一六年總統大選時，中國人占美國便宜的想法成為強大的政治爭議，共和黨的唐納．川普（Donald Trump）和民主黨的伯尼．桑德斯（Bernie Sanders）抨擊美國和中國的貿易關係。情況彷彿回到十九世紀時，美國西部華工威脅到社會最底層的美國人生計。到了二十一世紀，中國人被認為重演那個角色，只是這次，他們是在半個世界以外發生作用。梅西引述一名美國工廠老闆的話：「中國人不是超人。」但許多人相信他們是。

二〇〇七年三月，加拿大寵物食品公司「菜單食品公司」（Menu Foods）因旗下產品遭疑，涉及美國十隻動物死亡，而召回六千萬罐狗食和貓食。後來調查顯示，中國下游代工廠商將寵物食品常用的添加物小麥麵筋和用在製作塑膠的廉價工業化學成分三聚氰胺（melamine）攙混。到了夏天，中美洲及邁阿密一家平價商店出現來自中國、含有毒物二甘醇（diethylene glycol）的牙膏。然後從六月起，出現一波波的玩具召回，開第一槍的是一百五十萬個中國製「湯瑪士小火車」（Thomas the Tank Engine）被查出使用含鉛的塗漆。同一個月，美國國家公路交通安全管理局（National Highway Traffic Safety Administration，簡稱NHTSA）下令召回五十萬個中國製輪胎。

到了秋天，美國報紙連篇累牘，全是有關中國產品的報導。《紐約時報》六月二十九日宣布，中國食品「骯髒、不宜食用」。二〇〇七年七月八日《紐約時報》又寫道：「有段時期，『中國製造』這幾個字立刻令人想到『品質低劣』。當時，許多美國人想到的是『危險』。」美國對中國的「焦慮壓力鍋」最鮮明的，莫過於二〇〇七年和二〇〇八年的產品安全問題。這些反應結合上美國長期以來對中國涉及全球化的疑慮。十九世紀，美國人擔心中國的工人；一九五〇年代，美國人對中國的洗腦本事感到恐懼；到了二十一世紀，換成擔心中國產品。與十九世紀一樣，美國人發現自己還未完全準備，不知該如何處理這挑戰。譬如，數以百萬計的中國製玩具被召回，但美國消費品安全委員會（Consumer Product Safety Commission，簡稱CPSC）只有一位全職檢查員。

美中相互依存度大增，其實有些令人不安。經濟領域方面，美中關係很像毒梟和癮君子之間的關係。美國已習慣透過中國購買美國國庫券（譯按：政府公債）來取得低廉融資，中國則是購買美國公債來壓低人民幣的幣值。中國迷上自己向美國出口，藉以建構自身消費太少、投資過多的經濟。二〇〇六年，歷史學家尼爾．弗格森（Niall Ferguson）和經濟學家莫里茲．舒拉里克（Moritz Schularick）為此相互依存的關係取名為「中美」（Chimerica，譯按：這個字暗藏Chimera，這是一種獅頭、羊身、蛇尾的神話怪獸）——超支的美國和超節省的中國之經濟大結合。中國持有一兆多美元的美國公債，成為美國的金主。每年出口近二千萬噸穀物到中國的美國，則成為中國的農民。

早在二〇〇五年，國際貨幣基金（IMF）就發出警告，指出美中經濟之舞將出現不好的結果，不僅對中國或美國不好，對全世界也不好。中國的廉價資金加上美國的過度花費，造成全球經濟近一半的成長。國際貨幣基金指出，這是「不可持續的過程」。三年後，果然出了大亂子。

二〇〇八年金融危機強化一個印象，以為未來屬於中國，而美國的偉大時代已成為過去。美國一度是中國效法的模範，現在卻跌跌撞撞、焦頭爛額。中國撥出近四兆元人民幣來刺激內需投資，並在金融風暴過後變得更加強大。全世界評論家都指出，美中雙方關係自此出現轉折點。

亨利・鮑爾森寫道，美國所遭遇的麻煩導致「有些國家對我們制度的懷疑和不信任」。就出任財政部長的鮑爾森而言，轉折點出現在二〇〇八年三月美中戰略性經濟對話的一次中場休息期間。中國國務院副總理王岐山對他說：「過去你們是我們的老師，但現在我進入老師的領域，看到你們的制度，漢克，我可不敢說，我們還應向你們學習。」約一百五十年前，克萊布・顧盛曾說，西方國家曾向中國學習，但已變得「青出於藍」，成為「我們老師的老師」。現在輪到中國出人頭地了。

鮑爾森認識王岐山已十五年。十年前，鮑爾森任職的高盛銀行幫助擔任廣東省常務副省長的王岐山處理共產中國有史以來最大的一樁破產重整案。後來鮑爾森又與王岐山合作，讓中國建設銀行的股票在華爾街掛牌上市。現在情勢大逆轉——對國家及個人都是。鮑爾森寫道：「這場危機是一個教人謙虛的經驗，也是最謙虛的時刻之一。」

中國的證券市場、金融服務業、中央銀行和商業銀行的運作，都以美國為範本。中國的創業家全都師法美國的指標性大企業。蘋果（Apple）、電子灣（eBay）、推特（Twitter）和谷歌（Google），在中國全有模仿版。一九九〇年代起，中國通過的法律中三分之二有美國淵源。但現在，美國陷入裁員、關廠和債台高築的困境。美國政府甚至必須介入市場，拯救通用汽車公司這類大型企業。中國人說，美國人自誇的市場力量竟走到今天這個地步。

面對這一刻，中國抱持洋洋得意之心，但也不免相當關切。他們開始回過頭向美國說教。二〇〇八年一月，國務院副總理吳儀批評美國放任美元貶值的政策。多年來，美國痛批中國刻意壓低人民幣幣值，現在輪到中國領導人扳起面孔，譴責美國也這麼幹。她對一群美國官員說：「中國人民因為投資美元而受傷。」

但讓中國看了覺得礙眼的，不只是美國的貨幣政策，還有美國人的生活方式。二〇〇八年六月，馬里蘭州的安那波里斯市（Annapolis）舉行第四次「戰略經濟對話」時，王岐山譴責美國太浪費。王岐山說：「現在是炎熱的夏天，但你們辦公室裡很冷，因為你們將冷氣開很大。到了冬天，你們又大開暖氣。你們在大開冷氣的健身房運動，然後沖熱水澡，再開著有冷氣的汽車回家。這就是美國！我們中國人不這樣過日子。我們付不起。」二〇〇九年一月，王岐山的頂頭上司溫家寶總理還在達沃斯（Davos）的「世界經濟論壇」（World Economic Forum）批評美國「缺乏自律」、「盲目追求利潤」。他說，美國國勢因「長期低儲蓄、高消費之無法長久的發展模式」而衰弱。中國傳達給美國的訊息很清楚：好好檢討、改進。

二〇〇八年經濟大衰退擴大美國對中國崛起的憂心。二〇〇八年，美國經濟下挫約百分之一，二〇〇九年再跌百分之三；中國則連續兩年，增長超過百分之九。現在美國人開始幻想，如何運用中國制度的秘訣使美國脫離困窘。二〇〇八年，《紐約時報》專欄作家湯瑪斯．佛里曼提出一個點子：讓美國「做一天中國」，就稅務、法規及產品禁令進行綠色革命，訂定法令拯救地球暖化危機。十一月間，佛里曼在喜劇演員史蒂芬．柯貝特（Stephen Colbert）主持的節目打書時表示，在他的願景中，美國有個政府「能真正做出決定……有中國透過威權手段做決策時的相同堅持、專注和貫徹始終，還有方向感」。

其他作家也忖想，為什麼中國蓋得出高速鐵路網，美國卻辦不到？為什麼中國現在推動載人登月計畫，美國卻將原有的計畫偃兵息鼓？中國再度成為美國科學家規劃未來的地方。有些科技，譬如煤炭提煉天然氣，在美國早已放棄，在中國，卻為了製造出乾淨的能源而投入數十億美元，讓這門技術復活。前任殼牌石油公司（Shell Oil）高階主管宋明向《華盛頓郵報》表示：「這裡才是實際行動的地方。美國有太多書面上的研究員。在這裡，他們實際在做事。」許多醫學研究人員湧至中國，有些是為了閃避美國的道德標準。二〇〇二年五月十四日，哈佛大學校長勞倫斯・薩默斯（Lawrence Summers）在北京大學演講時，被迫承認有項從中國農民身上收集遺傳學材料的大型計畫「搞得很糟」。

但這些路上的小隆坡只是小小顛簸，因為中國人正在飛快前進。鮑爾森寫道：「我是個行動派，中國人更是劍及履及。坦白說，而且我必須說，相較於我們美國動輒就說不行的灰澀，這裡還挺新鮮的。」

二〇〇八年的經濟大衰退鼓舞了一些中國人的幻想，挑戰美國的時機已經成熟。好萊塢的夢工廠（DreamWorks Studio）推出一部動畫電影，主角是一隻又胖又懶的熊貓，而這讓中國知識份子陷入憂慮，慨嘆中國竟無法在「軟實力」這個無形領域與美國競爭。《功夫熊貓》（*Kung Fu Panda*）的劇情是，一隻胖熊貓辭別父親的麵店，排除萬難地拯救和平之谷（Valley of Peace），使其不受惡魔雪豹之害。這部由玩世不恭的傑克・布萊克（Jack Black）為主角配音的卡通電影，竟會引起中國人痛自檢討其創新能力，這相當大程度地透露出，邁入二十一世紀之際，中國某種勝利和焦慮交織的心境。

共產黨文宣官員苦思，中國國家京劇院院長吳江提出的一個問題：「影片中的主角是中國國寶，所有元素也是中國元素，為什麼我們卻拍不出這樣一部電影？」共產黨核可的學者跳出來抨擊這部電影在搞「文化帝國主義」。有位社會科學學者在《功夫熊貓》和另一部動畫電影《木蘭》（*Mulan*）中，發現了老美的陰謀——其實二者講的都是個人突破障礙、力爭上游的故事。中國藝術家趙半狄主張加以抵制。現在是老美在搞洗腦；趙半狄宣稱，《功夫熊貓》是「綁架中國人思想的工具」。

中國決定耗下巨額資金來填補共產黨向海外「推銷」中國故事的能力大落差。政府編列近七億美元的預算，要在天津蓋一座動畫電影製片廠。製片廠創業作《兔俠傳奇》（*Legend of Kung Fu Rabbit*）的劇情抄襲《功夫熊貓》，只是將主角換成一隻胖兔子，從惡魔——熊貓——手中救了中國。《功夫熊貓》在中國打破票房紀錄，胖兔子則鎩羽而歸。但後來的動畫電影則有顯著改進。

中國忌憚好萊塢的成功，還有更深層的意義。中共領導人迷信創新，渴望增強中國的「軟實力」。共產黨及其宣傳機構極盡全力地說服其他國家人民，中國崛起將有益於全世界。中國政府在全球各地廣設孔子學院，傳授中國語文，以及意在促進中國利益的項目。中國透過多元語文的中央電視台，藉由衛星將電視節目播放到全球各個角落。德州加爾維斯敦（Galveston）這種小城的廣播電台，都被中國國際廣播電台蒐購。但這些作為收效甚微，付出的錢則令人咋舌，高達數十億美元。

二〇〇八年十二月，當中國經濟奇蹟的故事喧騰於世時，一群中國自由派人士起草了一份宣言要求自由。這群人效仿《七七憲章》（Charter 77），稱之為《零八憲章》。所謂《七七憲章》是一九七七年，一群捷克知識份子發布文件，批評捷克共產黨政府的人權紀錄。

雖然表面上，《零八憲章》的靈感來自東歐，要求「政黨彼此自由、公平競爭」，並保證尊重《中國憲法》，這其實是深刻的美國思想。《零八憲章》發表於《世界人權宣言》六十週年紀念日——這份文件深受中國哲學家兼外交官張彭春影響——主張自由與個人權利並非西方人特有，也是中國人應享的權利。

《零八憲章》的主要推動者是中國作家兼長期異議人士劉曉波。大約二十年前的一九八九年春天，群眾匯集在天安門廣場抗議時，劉曉波正在曼哈頓的巴納德學院（Barnard College）擔任訪問學人。當下他做出改變一生的決定，束裝回國。他在抗議運動的巔峰時投身跳入，與另外三名知識份子一起絕食，發表聲明籲求民主。他所使用的文字抄自美國史頁，其中有句話「民主的本質包括制衡」直接來自詹姆斯·麥迪遜（James Madison）的《聯邦論》（*Federalist Paper*）第十篇。

六月四日黎明前，劉曉波等一群抗議領袖與當局談判好，讓剩下的抗議民眾和平撤出廣場，救了數百人性命。當局旋即將劉曉波下獄二十個月。往後二十年，劉曉波頻頻出入監獄和他北京那間堆滿書籍的寓所。

在一長串深受美國影響的知識份子中，劉曉波屬於最後一批人，他們相信人權和民主是原則問題，不只是用來使中國富強的工具。劉曉波在邁向成熟作家的路上，接受了這個思想——一九二〇年代自由派的林語堂最早提倡的思想——仇恨不該被當作政治改革的驅動力。劉曉波聲稱：「我沒有敵人，也沒有仇恨。」與胡適反對古德諾一樣，劉曉波也極力抗衡中國人未做好準備實行民主的假設。

二〇〇八年十二月八日晚上，也就是《零八憲章》將在網路上公布的前兩天，公安人員到劉曉波家抓人。一年後，劉曉波遭判處有期徒刑十一年，罪名是「涉嫌煽動顛覆國家政權及推翻社會主義制度」。二〇一〇年，劉曉波獲得諾貝爾和平獎，中國出現歇斯底里的反應。中共政府羈押劉曉波之妻劉霞，威脅他的友人，也懲罰挪威，譬如停止從挪威進口鮭魚。諾貝爾委員會在奧斯陸頒獎當天，擺出一張空椅子，等待缺席的得獎人。（譯按：二〇一七年七月十四日，劉曉波死於獄中。）

流亡美國的中國天文物理學家方勵之撰文表示，諾貝爾委員會的舉動是要「敦促整個西方世界重新評價對華政策，尤其是如今頗為盛行的『經濟發展必然導致民主體制』的說法。」不僅如此。多年來，許多美國人認為，劉曉波這類人不是真正屬於中華文化。美國人雖然重視安德烈．沙卡洛夫（Andrei Sakharov）和亞歷山大．索忍尼辛（Aleksandr Solzhenitsyn）等蘇聯異議人士，中國的異議人士並未得到同等重視。即使如此，劉曉波和與毛澤東不合的羅隆基及其他自由派人士一樣，非常中國本色，而他的獲獎凸顯出百年來，中國夢想變得與美國一樣富裕還有變得和美國一樣自由，二者之間的鬥爭。

有些前共產黨高階幹部也和劉曉波一樣擁抱民主夢。一九八九年六四屠殺後遭到軟禁十六年的中共前任總書記趙紫陽，花了不少時間思考中國的命運。趙紫陽秘密錄音、口述回憶錄，偷偷送到香港，在二〇一〇年整理成書。十六年來與外界隔絕，被一堆不成文的規定羈束，又有特務嚴密監視，讓趙紫陽得出遠比他當權時更激進的立場。譬如，一九八九年二月二十六日，也就是天安門廣場鎮壓事件前不久，趙紫陽向來訪的老布希總統抗議，要求美國別再支持「在中國主張西方政治制度的人士」，並預測中國若實行民主，「必會混亂，改革也會中斷」。現在，已被鬥下台多年且幾為人遺忘的趙紫陽卻認為，要完全現代化，中國必須民主。他主張議會制，這和十九世紀許多中國知識份子一樣，期望以西式的自由讓中國恢復光榮地位。趙紫陽問道：「為什麼沒有任何發達國家實行其他制度？」

趙紫陽呼應孫逸仙的觀點，主張要有一段訓政時期，由共產黨為中國實行民主做準備，開放言論自由、容忍政治異議。他建議，中國應以台灣為榜樣。趙紫陽稱譽，台灣可作為美國政府裡許多高官的教訓，借用一位美國高官的話來說，這些人將台灣當成「碗中之糞」，妨礙美中關係。二〇一六年，台灣舉行一九九六年以來的第六次總統大選。蔡英文的當選，令人驚嘆不已地證實了台灣民主的勝利，這是在野黨候選人二度贏得台灣最高職位，也是女性第一次當選總統。

二〇〇五年一月十七日，趙紫陽過世。在他的告別式上，便衣公安人員比弔唁客人還多。但他的讜論流傳了下來。他對民主政治留下一句話：「終究這是我們無法抗拒的世界潮流。」

附註

二〇〇一年我在北京報導EP-3迫降事件，許多資料來自我的報導和檔案，包括杭州墓園的詳情——我去過此一墓園。九一一事件之後，我立刻趕到阿富汗，也採訪了中國對於美國遭到攻擊的反應。貝絲・梅西引述的句子，出自其《工廠人：一個家具工廠如何力抗中國廉價傾銷，挽救地方小鎮的命運》（*Factory Man: How One Furniture Maker Battles Offshoring, Stayed Local, and Helped Save an American Town*）。亨利・鮑爾森和中國人的互動，詳見其著作：《與中國打交道：美國前財長鮑爾森的二十年內幕觀察》（*Dealing with China: An Insider Unmasks the New Economic Superpower*）。趙紫陽的故事，摘自他的回憶錄《國家的囚徒：趙紫陽的秘密錄音》。

第四十六章
兩強相爭？

二〇〇九年四月，甫就任數月的歐巴馬總統預定訪問北京，與中國國家主席胡錦濤進行高峰會談。歐巴馬小時候住過印尼，也在夏威夷就讀孫逸仙早年上過的學校，入主白宮時，他聲稱要當「第一位太平洋的總統」。

歐巴馬政府面臨一個決定。達賴喇嘛將在十月訪問美國的五座城市，也計劃訪問華府，並希望和歐巴馬總統會面。自從老布希成為第一位接見達賴喇嘛的美國總統後，沒有任何一位美國總統拒絕與達賴見面。然而，為了讓即將進行峰會的中方主人印象良好，歐巴馬決定擱置他和達賴喇嘛的會面，先見胡錦濤。

數十年來，歐巴馬是首位入主白宮，卻不曾批評其上一任中國政策的總統。小布希總統專打全球反恐戰爭，擱置將中國視為「戰略競爭者」的主張，與北京維持沉靜的關係。布希的首任國務卿科林・鮑威爾甚至宣稱，美國和中國的關係處於有史以來的最佳階段。歐巴馬團隊渴望在布希的成就上更上層樓。白宮方面的想法是，還有什麼比透過讓利來開啟關係，更能展現美國誠意的方法？

歐巴馬政府官員已提供中國其他跡象，暗示新政府希望當中國的夥伴甚至朋友。國務卿希拉蕊・柯林頓首次出訪，即以亞洲為目的地，中國更是此行重點。希拉蕊擴大亨利・鮑爾森的戰略經濟對話，不僅談論貿易與投資，更將美中關係的全部面向通通涵蓋在內。

二〇〇九年二月前往北京時，希拉蕊發出訊息表示，歐巴馬政府不會讓其對人權的支持，「與全球經濟危機、全球氣候變遷危機和安全危機混為一談」。財政部長提姆．蓋特納（Tim Geithner）的公開言論，不再批評中國壓低人民幣幣值以提升出口。在新政府首次涉及中國議題的談話中，副國務卿詹姆斯．史坦伯格（James Sheinberg）也史無前例地呼籲兩國，展開「充滿默契的交涉」。二〇〇九年十月五日，他在華府一家智庫向聽眾表示，華府需向中國表示，歡迎中國成為「繁榮與成功的大國」。中國應以讓美國信服作為交換，而中國的崛起「不會侵害到其他國家的安全和福祉」。史坦伯格呼籲，太平洋兩岸應該相互提供「戰略再保證」。

《華爾街日報》輿論版有篇文章指出，史坦伯格的言論及歐巴馬政府其他行為的批評人士認為，這代表「美國政策的重大轉變」。但實際上，向中國擔保、幫助中國強大，一直是一八〇〇年代以來美國對華政策的主幹。歐巴馬團隊只是比前人更積極、更公開罷了。這種印象更因十一月的峰會後，歐巴馬和胡錦濤雙方發表的聯合聲明而更加強。這是有史以來第一次，美國保證尊重中國的「核心利益」——按北京的定義，就是維持現有的威權政府、尊重中國領土完整，以及維持正面環境，讓中國繼續崛起。

中國對歐巴馬政府遞出橄欖枝的反應，讓人想起蒲安臣提出「合作政策」時滿清官員的反應：當時清廷認為，那是西方趨於弱勢的跡象。十月二十九日，《人民日報》的頭條新聞標題，赫然就是「戰略再保證？是嗎！請！」文章表示：「你倒是替我們把話說了。」該篇文章並主張，美國應先帶頭向中國保證，停止銷售軍火給台灣，停止在中國沿海的偵察活動。

史坦伯格的談話才過了幾週，中國接待歐巴馬就出現任何一位訪問中國的美國總統不曾遇上的粗暴待遇。二〇〇九年十一月上海峰會期間，當歐巴馬在問答時間，和大學生進行對話問答時，有段話竟被消音。一九九八年，柯林頓總統訪問中國，中國國家主席江澤民在聯合記者會上和柯林頓無所不談，現在，胡錦濤卻懶得和歐巴馬一道回答問題，中方也不屑說明為什麼。歐、胡兩人宣讀簡短聲明後就走開了。兩人公開場合的互動「相敬如冰」，引得美國電視節目《週六夜現場》（*Saturday Night Live*）的模仿和訕笑。美國媒體形容，歐巴馬像是個欠了一屁股債的窮酸傢伙，搖尾乞憐，中共則是美國的金主。

白宮國家安全會議亞洲事務資深主任傑佛瑞．貝德（Jeffrey Bader）寫道，他和總統覺得這樣的報導不公允。即使如此，歐巴馬逃不了外界的印象——拍板講話的是中國。歐巴馬的中國行不順利，強化許多美國人的感受，認為國家債台高築、經濟大衰退出亂子，在阿富汗和伊拉克又用兵不順，足證美國正在走下坡。

美中關係從比喻性的格鬥，退步到實際上的推擠。二〇〇九年，中國超越美國，成為全世界最大的溫室廢氣排放國家。同年，聯合國在丹麥首都哥本哈根召開「聯合國氣候變化大會」（Climate Change Conference）。十二月十八日歐巴馬抵達哥本哈根時，會議陷入混亂。美國希望，中國同意削減其二氧化碳排放量，並接受檢查查證機制，但中國人及其他開發中國家不肯接受。

在十二月十八日下午，白宮官員獲悉，溫家寶總理率領的中方代表團正在與巴西、南非和印度領導人進行秘密會議，試圖商議出一致的立場來應對已開發國家。總統決定帶著國務卿希拉蕊硬闖那一場會議。貝德寫道，當他們抵達會議室門口時，歐巴馬一馬當先、排闥直入，「中國保安人員措手不及，像紅海為摩西打開」。但希拉蕊和貝德就被擋住。中國保安人員試圖阻擋希拉蕊進入房間，不過有貝德護駕，兩人終於「擠過人陣」。

進到會議室後，歐巴馬提議，以沒有約束力的協議降低廢氣排放，配上自願性質的檢查制度。中國的氣候變遷談判代表起身痛批美國。溫家寶示意他住口，經過與歐巴馬一番緊繃的簡短談判，雙方同意簽署聲明。

協定事小，但這次會議凸顯出世界已大為改變。美中兩國若無法達成諒解，事情便無法推動，而要讓兩大國達成協議則相當困難。「自然資源防護委員會」（Natural Resources Defense Council，簡稱ＮＲＤＣ）的國際氣候政策主任傑克．史密特（Jack Schmidt）向《華盛頓郵報》表示：「來到這項會議，涉及一九三個國家；要走出會議，顯然需取決於那兩個超級大國領導人的對話。」雖然勉強，中國已成為要角，而美國也在相當不安之下，被迫騰出空間讓中國出頭。

二〇〇九年，中國開始四處展現實力。天安門廣場鎮壓事件以來，北京已在亞洲展開笑臉攻勢，遵循鄧小平訂下的「韜光養晦」外交政策。此時中國突然開始展現實力，派出數十艘漁船，進到一八九五年中日戰爭後即由日本占有的釣魚台附近海域。北京宣稱，釣魚台列島屬於中國。接著，中國還要求東南亞國家承認該國對於南中國海的主權主張，但卻又不把主張的具體內容講清楚。為了島礁的所有權，中國和菲律賓之間劍拔弩張，也威脅越南。中國也持續推進其政策，試圖把美國推得更遠離其海岸。

二〇〇九年三月，中國海軍軍艦在離中國海岸七十五英里的國際海域，與美國海軍輕武裝的偵察艦「無瑕號」（Impeccable）對峙。中國海員將木板丟下水、阻擋「無瑕號」前進，並企圖拆除該艦用來偵測中國潛艇活動所用的聲納追蹤器材。二〇一〇年一月底，歐巴馬政府宣布六十億美元的對台軍售案，包括愛國者反飛彈設備，可用來對付中國在台海對岸大量部署的火箭兵力。中國的反應可想而知，十分強硬。中國中止和美國軍方的關係，威脅制裁涉及對台軍售的美國公司，並發出警告，胡錦濤可能取消四月的華府訪問行。不過，胡錦濤終究還是成行了。

二〇一〇年六月在新加坡，兩國官員對話時，國防部長羅伯．蓋茨指出，自兩國關係正常化以來，中國就知道美國會出售武器給台灣。為何現在才大驚小怪？一位解放軍將領簡要地回答：「當時我們很弱，但現在我們強了。」幾位中國評論人也興風作浪。二〇一〇年，解放軍退役大校劉明福出了一本暢銷書《中國夢》，呼籲同胞取美國而代之，成為下一個世界大國。

中國新嶄露的好戰姿態，加上擴張性地主張領土主權，使得歐巴馬政府有了突破口。華府增強美國和日本及南韓的安全關係，開啟對昔日敵人越南的軍售，又與印尼恢復軍事關係，並說服新加坡興建碼頭設施，供美國航空母艦戰鬥群使用。澳洲歡迎美國陸戰隊駐紮於其領土；歷經三十多年中斷，現在紐西蘭允許美國海軍軍艦重返其港口。菲律賓曾經在一九九一年及九二年下過逐客令，將美國趕出蘇比克灣海軍基地和克拉克空軍基地，現在則請求美軍回來。

二〇一〇年七月，東南亞國協的全體會員國外交部長在河內集會，展開東協區域論壇（ASEAN Regional Forum），中國和美國也參加。儘管對南中國海的主權主張仍含糊不清，但這一年三月間，中國外交部部長助理崔天凱就曾以惘嚇的語氣宣稱，此時中國將南海主權視為「核心利益」之一，其地位等同於西藏和台灣。東南亞國家為之緊張。這些國家的代表和華府都很厭惡中國對本區域國家及公司施加的壓力。中國警告艾克森美孚石油公司（ExxonMobil）和英國石油公司（BP），別再於越南的鄰近外海尋找石油。其他國家漁民和漁船也屢遭逮捕，只因其進入了那些中國宣稱屬於其領海的海域作業。

七月二十三日，美國在河內揭露其反應。十二個國家——越南開頭、美國殿後——提出南海議題。國務卿希拉蕊．柯林頓宣稱，在南海自由航行是美國的「國家利益」，美國自願在本區域建立行動準則。希拉蕊也挑戰中國對南海的布局。許多中國所主張的地貌中，有一部分淹沒於水中，即其並不符合國際法對主權領土的定義。中國外交部長楊潔篪聞言不爽而退席了。一小時後他回到會場，嘮嘮叨叨講了三十分鐘，攻擊美國的陰謀。他譏笑，越南不配稱是個社會主義國家，也威脅東協的小國。他瞪著新加坡外交部長楊榮文說：「中國是大國，比在場其他國家都大。」

希拉蕊在她的回憶錄中提到，就美國領導地位及抵制中國的強悍作風而言，東協這項會議是個「轉捩點」。二〇一一年十月，她在《外交政策》雜誌上發表〈美國的太平洋世紀〉（America's Pacific Century）一文。希拉蕊宣布，她所謂的美國外交政策重大改變，類似一九四一年亨利．魯斯在《生活》雜誌的文章；希拉蕊認為，正如過去曾在二戰後穩定歐洲，現在美國需採取類似緊急措施，以穩定亞太情勢。希拉蕊呼籲，「戰略性地轉向亞太地區」，她三度使用「轉向」（pivot）這個詞。時事評論人紛紛宣稱，美國決定「轉向」亞洲。

中國當然有轉向的原因。希拉蕊和美國其他官員一樣，急欲向北京擔保，重返亞洲不是圍堵中國的機制。她在文中歡迎與北京增進關係。她寫道：「事實是，美國繁榮對中國有益，中國繁榮也對美國有益。」然而，希拉蕊的目標是在太平洋建立「夥伴和體制網」，這就威脅到中國的利益。中國希望分化及征服其鄰國，才能將其經濟影響力發揮到極致。有意重返亞洲——後來改稱「亞洲再平衡」——美國等於宣布其有意團結起中國的鄰國，這是前所未有。

關於美國重返亞洲一事，外界的關注焦點大都集中在華府強化了對亞洲的安全承諾，但其實貿易也扮演箇中要角。美國最先在十八世紀以商人之姿進入太平洋，到了二十一世紀，亞太地區已居於領導全球成長的地位。二〇一四年，環太平洋周邊國家的國內生產毛額總額（ＧＤＰ）占全球國家國內生產毛額總額的一半以上。因此，在國務院和國防部努力拉緊美國在中國附近盟國的同時，歐巴馬政府官員也開始組建美國史上最大的自由貿易同盟——以「跨太平洋夥伴關係」（Trans-Pacific Partnership，簡稱ＴＰＰ）結合太平洋周邊的十二個國家；這些國家約占全球百分之四十的國內生產毛額，出口量也達世界的四分之一。這項貿易協議已在二〇一五年十一月簽訂，仍待美國國會通過。「跨太平洋夥伴關係」的十二個成員國為：美國、日本、澳洲、馬來西亞、越南、新加坡、紐西蘭、汶萊、墨西哥、加拿大、秘魯和智利（譯按：美國前川普已於二〇一七年簽署行政命令，退出此一協議）。中國不在其中。但有鑒於美國人對此貿易協定的反彈，美國國會還尚未予以通過。

重返亞洲象徵著擺脫數十年來的美國亞洲政策。自尼克森總統訪問中國以來，美國在亞洲的互動，即以美中的演進關係為中心。美國的想定是，中國將朝類似美國的制度演進。二〇〇五年九月，羅伯．佐立克發表「負責任的利害關係人」演講，代表向中國最後呼籲，希望其往這個方向發展。但到了二〇一一年，盼望中國如此改變的心意已然淡化。

希拉蕊．柯林頓國務卿正顏厲色地告訴中國及亞洲其他國家，華府計劃「將我們和中國的關係，擺在更廣大的區域安全同盟、經濟網絡和社會連結的框架中。」講白了，她的意思是，美國將回轉到更依賴盟國的時代，而非寄望於新新中國。美國將繼續與中國交往，但也移向圍堵中國。白宮官員堅稱，也歡迎中國加入「跨太平洋夥伴關係」，但前提是，中國要同意遵守規矩。歐巴馬等於藉此回到馬慕瑞（John MacMurray，譯按：一九二五至二九年間的駐華公使）於一九三三年提出的想法；當年，他曾質疑：為什麼美國在整個亞太地區的關係，需以中國為「太陽」、其他國家為「行星」的方式運作？

歐巴馬不同於美中關係正常化以來的歷任總統，他公開表達對中國的惱怒。他在任多年後指稱，中國在美國建構的全球制度中「搭霸王車」。二〇一四年八月接受《紐約時報》專訪時，歐巴馬總統提到，中國不願肩負責任「可真順了他們心意」，中國從全球貿易制度中攫取利益、卻不負責。對於中國人，歐巴馬譏諷道：「沒有人期望他們會做任何事。」

然而與此同時，歐巴馬政府仍懷抱一絲希望，期望美國能將中國拉得更緊。歐巴馬第二任期已經過半，他的貿易團隊增強與中國談判「雙邊投資條約」（Bilateral Investment Treaty），希望將兩國往數十年來美國人和中國人都期待的大和諧拉近。這個條約可讓美中雙方企業界空前地順利進出彼此的市場；除了能夠降低外資在中國受到的所有權限制，過去美國公司需與中國競爭者必須分享最寶貴技術的政策也可一併消除。此約不僅可將中國與美國的命運更緊密地結合，也可藉由中國經濟更向美商開放，使美國重演其角色；並作為觸媒，引導中國邁向市場導向的改革——這是數十年前，國民政府時期的銀行家陳光甫及後來的共產中國總理朱鎔基都曾構想過的事。

但在許多中共黨人心中，與美國「大和諧」，怎麼看都像要削弱中國的陰謀。二〇一二年十一月二十九日，習近平接任中國共產黨總書記後兩週，他和中共中央政治局其他六位常委一同到天安門廣場的中國國家博物館參觀。七人身穿深色毛裝，參觀名為「復興之路」的展覽，內容從鴉片戰爭到目前的中國歷史。這位中國新領導人藉著這樣的場合表露他——延伸而言，也就是共產黨——對美國深刻的想法。

無數西方商人、科學家、軍人、哲學家、外交官和教育家協助中國現代化，習近平站在展覽會場，卻隻字不提他們的貢獻。他宣布「中國夢」就是「中華民族的偉大復興」。中國國家主席兼共產黨總書記會以「夢」這個典型的美式字詞來表述他的國家目標，正足以印證二十一世紀初年中國面對美國時錯綜複雜的反應。

共產黨的反應，彷彿美國構成的威脅正日益上升。二〇一三年四月，中共中央辦公廳發出一份公報，要求對美國思想提高警覺。通稱「九號文件」的這份公報，列舉出七項政治「危險」，包括公民社會增長、批評黨的錯誤、提倡「普世價值」、言論自由和私有化經濟。此一文件形容，中國的意識型態情勢處於「複雜、緊張的鬥爭」，並將散布這些「謬誤的意識型態趨勢」之人扣上敵人的帽子。再一次，中共向美國思想宣戰。前任總書記胡錦濤在公開場合相當內斂、幾乎毫無個人魅力可言，歐巴馬曾以「做個胡錦濤」來形容單調地背誦講稿。習近平和胡錦濤不同，他昂首闊步、很有自信，公開支持中國最辛辣的反美思想家。二〇一四年十月，他讚揚極端民族主義的網路作家周小平散布他所謂的「正能量」。周小平在一篇非常有名的文章〈美國對華文化冷戰的九大絕招〉中痛批，中國年輕人崇拜西方的趨勢，宣稱美國對待中國及中國人，與希特勒對待猶太人無異。從一八〇〇年代末期到二十世紀初期，美國歷任總統勾結蔑視中國人的美國人。現在，時隔一世紀，中國領導人攀交不諱言仇美的人士。

繼「九號文件」之後，二〇一四年秋天中共中央發布「三十號文件」，下令大學清除西方啟發的自由思想。國營媒體報導，大專院校黨委書記奉召到北京研讀這份文件，奉令「增強危機意識，堅決保衛政治安全和意識型態安全」。十一月，遼寧省黨媒《遼寧日報》宣稱，中國國內各大學普遍意識型態鬆懈，引起全國注意。《遼寧日報》指責，中國學者將毛澤東比擬為皇帝，稱頌西方分權的觀念，又主張「中國應走西方的道路」。二〇一五年年初，教育部長袁貴仁發表一篇長文，要求中國教科書清除「錯誤的西方價值」，並警告教師和大學學生，他們可能遭「敵對勢力」洗腦。傾西方的中國學者特別受到嚴格檢查，像是北京大學教授夏業良等人因支持公民社會成長而遭免職，被迫流亡。其他人如北京外國語大學國際傳播研究中心主任、新聞學教授喬木，因鼓吹西式新聞自由被免職，降調為辦事員。

中共也終止數十年來對基督教信仰的寬容，其中取締最嚴的是浙江省。浙江是中國最富庶的省份之一，長年來是中國新教信仰和創業成長的中心。二〇一四年起，浙江省黨委從全省各教會屋頂拆除了一千五百座十字架。數十個「未註冊」的教堂遭到拆毀。二〇一六年，中共當局逮捕中國最大的教會「崇一堂」主持牧師顧約瑟。這是一九〇二年英、美傳教士創建的教會。顧約瑟以成功地在效忠共產黨統治和敬愛基督間保持平衡聞名。但他批評當局取締教會，因此遭到逮捕。

中共認定美國支持的法治教育是美國思想滲透的管道，因此攻擊受過西式教育的中國律師。二〇一五年七月，中共．針對這一行發動數十年來最嚴峻的攻擊。幾天內，中共逮捕兩百五十多名隸屬於一個新興的「維權」運動的律師及其助理，這個組織代表民眾向國家機關申冤。二〇一五年五月，最著名的人權律師浦志強遭起訴，理由是犯下「煽動民族仇恨罪」和「尋釁滋事罪」。中國外交部一位女性發言人被問到浦志強的命運時答說，美國有些人「心太大、手太長」，她勸告美國人管好自家的人權問題，莫管他人閒事。十二月，浦志強被判處三年定讞。但當局未將他送去坐牢，而命他戴上笨重的全球衛星定位裝置，讓他的朋友和同僚都看到，他的一舉一動皆以遭到國家機關監視。

二〇一五年三月，公安單位將針對中國新興公民社會的掃蕩工作延伸到婦女運動，在三座城市逮捕五名女子，罪名也是「尋釁滋事罪」。這幾位女生打算在三月八日國際婦女節散發傳單和貼紙，抗議在公共交通工具上的鹹豬手，而這在中國擁擠的地鐵和公交車上是十分普遍的問題。這五位女生因而被稱為「女權五姊妹」，她們代表對女權議題年輕、有創意的新做法。紐約、新德里和香港有數千人聯署，要求釋放她們。二〇一六年一月，中共當局關掉郭建梅——一九九五年受希拉蕊．柯林頓啟示的那位律師——主持的女子法律扶助中心。一如往常，中過覺得有必要把箭頭指向美國，藉此來合理化一波波取締行動。國營的新華通訊社宣稱，這些逮捕和查封行動，與美國律師涉及不法遭到的處置並無不同。

一九九八年，曾有人認為美國的協助反而讓中國更方便建立「更有效地施予不公平或殘暴懲罰」的法律制度，但當時領導美國國務院協助中國法律制度改革的葛維寶予以駁斥。但到了二〇一五年還要堅持這種論述已十分困難。

儘管中國不斷警戒，提防美國滲透，美國仍持續觸發中國的改變。二〇〇六年秋天，北京的空氣比平常更有害於人體健康。一股無法穿透的霧霾籠罩在全城上空。美國駐北京大使館科技組主管沈岱波（Deborah Seligsohn）有兩個子女在北京上學，她非常不悅。北京市政府每天發布過去二十四小時的空氣品質平均指數。指數高，學校就要將學生留在室內。指數低，學校才允許學生到戶外活動。問題是，指數只是平均值，有些時候即使空氣品質已改善了，但學校仍強迫學生留在室內；在其他時間，當空氣品質已危害人體健康，學校卻仍讓學生走到室外。沈岱波告訴學校，只要抬頭看看天空，就能判斷情況已經改善；但沒有人聽她的。學校要的是一個數據，以便遵照辦理。沈岱波因而發動一項計畫，這竟改造了中國。一年內，美國大使館花了兩萬美元在屋頂安裝一套汙染偵測儀，每小時報告空氣品質的 PM 2.5 數值——直徑小於二．五微米（microns）的細小顆粒，將導致嚴重的心血管和呼吸系統疾病。

大使館技術人員將每小時的空氣品質數值貼上大使館網站。此時，二〇〇六年成立的社群媒體推特（Twitter）開始流行，技術人員決定也將數值貼到推特上。中國人和外國人都一樣，首次可以實時（real-time）接觸到其中一種最危險的空氣汙染相關訊息。

美國大使館透過推特貼出的訊息，讓中國人每小時要面對一次他們國家快速成長的嚴重弊病：中國的空氣、水和土壤已徹底遭到汙染。大使館將這項計畫推廣到分布在中國的六個總領事館。PM 2.5 成為中國人人朗朗上口的詞彙。中國人家庭依據推特，安排他們一天的活動。房地產大亨潘石屹、兒童文學作家鄭淵潔和著名投資家薛蠻子（譯按：本名薛必群）等名流的微博，至少有幾千萬人追蹤閱讀，他們全都贊成讓中國人更了解汙染的可怕。二〇一三年一月二十九日，潘石屹隨機進行一項民調詢問，政府是否應訂定「清潔空氣法」——有如美國一九六三年的創舉。五萬五千多人蔘與網路投票，百分之九十九回答「是」。

美國大使館如此推文，讓中國政府十分難堪，尤其是二〇一〇年十一月某天的空氣品質數值飆破五百，而美國大使館有位技術人員在推特上開玩笑：「有夠瘋狂的糟。」可想而知，中國外交部跳腳了，指控美國「干預中國內政」，要求大使館拆除偵測儀器。美國大使館發言人駁稱，空氣品質數值和中國不相干，因為偵測的空氣是在美國大使館範圍內，嚴格來說這是美國領土的空氣。

在美國大使館屋頂安裝偵測儀器一事，從未提報到美國政府高層討論。但此舉造成對中國環境惡化的覺醒，堪稱一九七〇年代雙邊關係正常化以來，對中國人權最重大的改善之一。這也是美國對中國具頑固高度期許的另一例證。為何美國政府先在北京安裝空氣品質偵測儀器，而非在空氣品質同樣可怕的新德里？

安裝偵測儀器後，美國官員倒是為此事有過一番辯論。有些國務院和國家安全會議的人認為，美國不應做出讓中國人尷尬之事。但推特貼文代表又回到當年傳教士反纏足運動的時期，當時的中國知識份子感到丟臉，才逼得他們承認纏足的野蠻。現在，美國政府讓中國在空氣品質上顏面盡失。

美國的行動迫使中國不能不有所反應。二〇一一年十二月二十二日，環境部宣布將在全國七十個城市建置全國PM 2.5 偵測網。政府誓言將投下數千億美元清理空氣。二〇一四年，環繞首都北京的河北省，承諾關閉許多老舊的鋼鐵廠、水泥廠和火力發電廠。美國再次刺激中國展開改革。

二〇一二年二月七日下午兩點三十分，成都美國總領事館門前演出一齣大戲。重慶市公安局長王立軍站在領事館門口。和美國外交官員寒暄過後，王立軍要求政治庇護。

王立軍是中國最著名的公安人員之一。《新聞週刊》以他嚴打組織犯罪，而稱譽他是「中國的艾略特．內斯」（China's Eliot Ness）。[1]他因刑求嫌犯、拘捕政治異議份子和抨擊美國而名氣大噪。二〇一一年十月，他稱美國是沒有歷史的國家，移民到美國的中國人是叛國賊。但就和許多共產黨官員一樣，王立軍對美國也懷抱憧憬。他的辦公室牆上掛著透過函授課程，從美國拿到的企管碩士學位證書。他一度被控刑求嫌犯，當時向同僚抱怨：「這個國家沒救了。我要到美國領事館尋求庇護。」

王立軍向成都美國總領事館官員講出駭人的故事：權勢如日中天的重慶市委書記薄熙來的妻子（譯按：谷開來）謀殺了一位英國商人。王立軍說，他涉及為命案湮滅證據，但他決定坦白交代。他擔心性命不保，因此找到他認為唯一有力量保護他的地方——美國外交官署——尋求保護。

北京方面，二〇一一年八月駱家輝大使才到任。他從會議中被請到大使館通訊安全無虞的房間接聽報告。駱家輝說，王立軍的資訊包含：「曲折離奇、令人大暴眼珠的大爆料。我的第一反應是：『哇，天老爺！』」

王立軍交代出黨內核心的權力鬥爭：重慶市委書記薄熙來和長期掌握安全部門的「石油幫」政要周永康，陰謀不讓習近平出任中國共產黨總書記。美方通知中國外交部，王立軍進入成都總領事館，也允許王立軍和北京的官員通電話。以王立軍刑求犯人的惡名，美方不可能提供政治庇護。

總領事館外的街上劍拔弩張。薄熙來從重慶派來數百名公安將其團團圍住，要求領回王立軍。北京當局則命令，四川省公安廳要確保王立軍留在成都。到了夜幕低落時，總領事館外已經擠滿了立場各異的七百多名警察人員對峙。駐守總領事館的美軍陸戰隊隊員全副武裝戒備。當天夜裡，北京派國家安全部一名高級幹部飛到成都，把王立軍帶到北京。後來根據王立軍的舉發，薄熙來妻子谷開來因謀殺案定罪，判處死緩。薄熙來和周永康也判處終生監禁。至於王立軍本人則判刑十五年，但他因投奔美國人而保住一命。

漫畫家魏克覺得整件事很荒謬，像王立軍這種一輩子反抗美國影響力的官員，竟然向美國領事館尋求庇護。魏克在網路上貼文質問：「你們不是仇美嗎？你們不是忽悠得腦殘五毛蠢得跟豬一樣幫你們說話嗎？你們幹嘛不往你們歌頌的朝鮮跑？」

二十一世紀頭幾年，美國記者再度大大扮演中國的良知。《華爾街日報》揭露，谷開來涉及謀殺英國商人的故事。美國記者報導轟動全球的故事，描繪權貴家庭如何利用地位從中國崛起，攫取數億美元的財富。和湯瑪斯．密勒、約翰．鮑威爾及艾德加．史諾時代一樣，美國記者擔起中國社會的要角，一種讓黨國體制驚懼的角色。

二〇一二年十月，一群中國官員來到位於曼哈頓的《紐約時報》總社拜訪。說話和緩、待人親切的中國駐美大使張業遂率領的這群人，要求《紐約時報》封殺一則有關溫家寶總理家族財富的報導。《紐約時報》記者張大衛（David Barboza）撰稿的這則報導，詳述溫家寶的妻子、兒女、弟弟和妻舅，如何在溫家寶一路攀升到政治巔峰的路上聚斂致富。張大衛根據財務紀錄，估計溫氏家族控制的資產達二十七億美元。

張業遂大使表示，這則報導將影響到中國進行中的領導權轉移。胡錦濤將讓位給習近平。張業遂又說，這種文章會傷害美中關係。《紐約時報》編輯從他的論述中發現，縱使已與美國交往四十年，中國官員還是完全不懂美國實際上如何運作。以文章深具爆炸力為理由要求予以封殺，無疑是提油救火，這不是和美國編輯人交涉的方法，反而可以說是朝鯊魚抛血。《紐約時報》有位編輯笑道，張業遂若要求寬容一點時間，以便中國官方準備回應，或許還能使報導擱置幾天才見報，而威脅和求情都不會奏效。

十月二十五日，《紐約時報》在其英文和中文網站上發布報導。三小時內，北京就封閉這兩個網站，令其無法在中國瀏覽。後來一連三年，中國外交部拒發簽證給任何《紐約時報》的新記者，指責《紐約時報》「居心叵測、抹黑中國」。二〇一二年六月，彭博新聞社（Bloomberg）記者也獨家報導，將接任國家主席的習近平，其家屬累積的財富估計達三億七千六百萬美元。此事也造成中國封鎖彭博社在中國的網站，並拒發任何新簽證給此社記者。

《紐約時報》力挺其記者，繼續刊登揭露中國公權力與私人財富糾纏不清的報導，彭博社卻走另一條路。財經新聞網為彭博社的業務支柱，面對其業績已在下滑的現實，據悉該新聞社已削減其調查報導：砍掉一則詳述中國一名富豪和中國高階領導人家族關係的報導，也砍掉中國高階官員子女受外國銀行聘雇的故事。彭博社總編輯溫以樂（Matthew Winkler）向旗下記者解釋，此一決定就像早年外國媒體分社被迫進行新聞自我檢查，藉此才能維持在納粹德國境內做新聞報導的能力。

兩大新聞媒體反應不一，凸顯出美國公司面對中國崛起時的困難決定。《紐約時報》和彭博新聞社都期望其中文網的業務興隆。但要在中國賺錢，需依循中國的規定。似乎，彭博社願意屈從，《紐約時報》則堅持不屈。

美國幾家網路巨擘在中國的做法也各不相同。二〇一〇年一月，谷歌透露，該公司發現有源自中國、對其伺服器展開之「高度精密、針對性」的間諜攻擊。谷歌又表示，進一步調查後發現，駭客試圖駭進中國人權活動人士的Gmail帳號。谷歌因此宣布，公司不再願意依循中國政府的要求，自我檢查其中文搜尋引擎的結果。因此，谷歌關閉在中國大部分的營運。反之，谷歌的競爭對手雅虎與中國合作，調查異議人士並提供中國當局取得電郵及其他電子紀錄。在二〇〇三年到二〇〇四年之間，至少有四名中國異議人士因此被判處長期徒刑。兩名受刑人的家屬控告雅虎，雅虎與他們庭外和解，最後成立一個一千七百萬美元的基金，供中國人權受害人專用。

矽谷其他企業經營者也追求和中國做生意。臉書共同創辦人馬克・祖克伯（Mark Zuckerberg）特別積極爭取進入中國市場。二〇〇九年七月，自中國禁用臉書以來，祖克伯就竭盡全力，試圖讓公司重回中國。他學講中文、在空氣惡劣的日子於天安門廣場慢跑，當二〇一五年九月二十五日，他和妻子陳慧嫻（Priscilla Chan）參加歡迎習近平主席的國宴時，還請習近平為他們將出生的小孩取中文名。只是習近平客氣地拒絕了。

美國各投資銀行也爭相雇用中國高官子女，以便接近他們的父親。由於做法過於惡形惡狀，惹來美國證券交易委員會（US Securities and Exchange Commission, SEC）在二〇一二年展開調查。有個案子是，投資巨擘J.P.摩根在中國商務部長答應全力幫忙公司在中國拓展業務後，決定收回成命、不開除他的兒子，因而遭到調查。後來這名年輕人離開J.P.摩根，轉到高盛任職。

好萊塢相準了中國有一萬兩千家電影院，也努力討好北京。一九九七年之後，好萊塢不再製作批評中華人民共和國的電影。此後，由於中國逐漸成長為全球第二大電影市場，好萊塢努力擺脫其身為中國人思想汙染源頭的形象。中國的電影檢查官受邀到洛杉磯吃大餐、參觀拍片，甚至參與創意發想。二〇一二年，米高梅（MGM）公司推出一部電影《赤色黎明》（*Red Dawn*），劇情是一群美國高中生和入侵軍隊作戰之打打鬧鬧的劇情片。最後一刻，美高梅公司將入侵者的國籍從中國改為北韓，避免觸怒中國。

歐巴馬政府上台時承諾和北京打造更親密的關係，但卻發現對方是個日益有野心追求自身利益的政權，也對於躲避美國價值日益偏執。結果，又是美國再度陷入興奮和失望的循環。一會兒以為中國可和美國攜手解決世界問題，一會兒又發現，中國一點兒都無心與美國分擔世界責任。

這種失望的心理，造成美國對亞洲態度的重大轉變。美軍增強在此區的兵力部署，美國外交官也開始與美國的友邦及盟國更密切地合作，以促使中國改變。

中國方面也採取防備姿態。中國新任國家主席習近平對美國的憤懣，似乎不下於歐巴馬總統對中國的氣憤。二〇〇九年，習近平尚未接任中共中央總書記職務前曾訪問墨西哥，當時他就讓美國明白，中國不再有興趣接受美國人的說教和指導。他對一群海外華人宣稱：「一些吃飽了沒事幹的外國人對我們的事指手畫腳。中國一不輸出革命，二不輸出饑餓和貧困，三不去折騰你們，還有什麼好說的。」

譯註

1. 艾略特・內斯」（Eliot Ness）是一九二〇年代，美國禁酒時期在芝加哥服務的禁酒局探員，鐵面無私地領導一支專案小組嚴格查緝私酒販子。他最著名的事蹟是扳倒黑道大亨艾爾・卡彭（Al Capone），將他繩之以法。內斯的故事曾拍成電影《鐵面無私》（*The Untouchables*），由凱文・科斯納（Kevin Costner）飾演。

附註

我任職《華盛頓郵報》期間曾採訪歐巴馬政府的中國政策。本章許多資料來自我的文章和筆記。關於「九號文件」和「三十號文件」的內容，來自《紐約時報》。

對中國維權律師的打壓，《紐約時報》和其他報紙都有報導。關於美國裝置空氣品質偵測儀器的詳情，來自當時國務院派駐北京大使館的環境、科技及衛生事務參事沈岱波。

第四十七章
一個時代的結束

一九九九年，有關美國政府核子機密外洩給中國的一系列報告中，埋藏著前任聯邦參議員華倫．魯德曼（Warren Rudman）抨擊能源部的一句話。這份報告寫道：「特別過分的是，未能執行網路安全措施。」魯德曼絕非信口開河。

在中國對付美國的間諜作業史上，網際網路可謂最強大的利器。二〇一二年七月，美國訊號情報的主管機關國家安全局局長基斯．亞歷山大（Keith Alexander）將軍宣稱，網路間諜代表「史上最大的財富轉移」。亞歷山大未提到中國，但其他政府官員曾提及。不到一年前，美國國家反情報與安全中心（National Counter-Intelligence Executive）宣稱：「中國人是全世界最活躍、最堅持的經濟間諜。」

對中國人而言，坐在中國辦公室裡安全且舒適地操作情報作業，絕對有其道理。其風險比派特務到第一線作業小多了。網際網路服務供應商（ISP）又不容易追蹤源頭，也減少罪贓並獲的風險。二〇〇八年，當時的國家反情報與安全中心主任喬伊．布瑞南（Joel Brenner）向《國家雜誌》（*National Journal*）表示：「若能遙控作業，幹嘛要派間諜出動？」布瑞南指出，中國對美國電腦網絡的滲透已達空前絕後。他說：「這好像是一支網路民兵；一大票人蜂擁而上，嚇死人了。」他們有如十九世紀的「黃禍」和一九五〇年代的「藍螞蟻」。中國特務現在擠滿美國的虛擬世界。

網際網路安全服務公司，如麥卡菲（McAfee）提出的報告指出，受害人遍及國防承包商、資訊科技公司和製造產業。二〇一〇年一月，谷歌宣布自己遭到駭客侵襲，也指出中國的網路間諜鎖定了其他二十幾家大型企業為目標，美國政府也是受害人。二〇〇六年六月，國務院東亞暨太平洋事務局的電腦系統遭駭，正當政府工程師努力補漏時，數據訊息不斷從後門流出。一年後，咸信是中國駭客侵入國防部長羅伯・蓋茨辦公室的電子信箱。二〇〇八年夏天，分別代表民主黨及共和黨參選總統的歐巴馬參議員和馬侃（John McCain）參議員，各自的選舉本部都遭駭入，咸信源頭是中國。另一項行動是，中國駭客下載了半數的國會圖書館數位檔案。

每次被指控駭客偷盜行為，中國政府的反應就像青少年：矢口否認一切。二〇一三年二月，麥迪安（Mandiant）網路資安公司將一連串侵襲事件追蹤到解放軍的一個單位，還列出這個單位總部的照片及其代號「六一三九八部隊」，中方拒絕承認有這個單位存在。外交部發言人指控，外國人存有「冷戰心態」，並暗示有一股「反中勢力」在興風作浪。

二〇一三年六月，為國安局工作的包商愛德華・史諾登（Edward Snowden）跳出來指控，該局已經在針對西方盟國展開範圍廣泛的間諜活動。史諾登也透露，國安局鎖定中國境內數百個組織及個人為目標。史諾登揭露美國對中國進行間諜活動，其實這根本不是新鮮事。所有國家都搞間諜行動。即使如此，史諾登的爆料對中國共產黨而言，乃是天上掉下來的禮物。自二〇〇〇年起，美國就指控中國對美國企業、機關、個人和政府官署發動網路攻擊。現在證據確鑿，美國也沒比中國好到哪裡去。

美國官員試圖區別出國家對國家的間諜活動，以竊取和政策有關的資訊，而此舉不同於為商業目標而偷竊資訊。中國辯稱，這種區分沒什麼不同。香港親共報紙《大公報》有篇社論表示：「如果美國真的一如他平常的自我形容，捍衛民主、人權和自由，歐巴馬總統應該向隱私受侵犯的其他國家人民真誠道歉。」二〇一三年六月，史諾登離開夏威夷、前往香港不久後就開始爆料。美國政府要求香港當局將他引渡遣返美國，但六月二十三日，中國當局准許史諾登離開香港、前往俄羅斯。

美國和中國的網路戰，凸顯雙方關係一點也不穩固，還有太平洋兩岸彼此日益上升的失望心態。一九九〇年代網際網路出現後，許多美國人因之預測，中國將加速邁向自由。基於這個假設，美國的電腦公司協助中國建設其現代資訊網路。但共產黨學會如何利用網路不朝民主開放，而是強化鞏固其本身權力。

美國官員不能不重新思考昔日傳教士的舊論述，當年的傳教士以為應該將中國人感化為基督徒，因其可幫助中國富強。現在美國人認為，中國應擁抱自由的網際網路，不是因為這是該做的正確之事，而是因為網路可以增進中國的經濟。二〇一〇年一月二十一日，國務卿希拉蕊・柯林頓說共產黨官員干預網路自由，「將導致將自己隔絕在下一世紀進步之外」的風險。希拉蕊宣稱，重點並非允許資訊自由是道德上的正確抉擇，而是這種自由，支撐住「全球的進步」⊠對於一面壓制言論自由、一面創造一連十年，兩位數經濟成長率的共產黨而言，根本聽不進去希拉蕊的苦口婆心。

美國想促進中國網際網路「自由」的政策，也讓中共抓住攻擊華府的把柄。希拉蕊演講的兩個月後，美國撥了一百萬美元給法輪功學員主持的一個團體，讓該團體提供免費軟體，進入遭中國檢查人員封鎖的網站。一九九九年起，中國就強力取締法輪功。其領導人李洪志逃亡到美國。現在，中國政府不僅指控美國政府包庇其所謂的「邪教」領袖，還出錢資助這個邪教向中國傳遞訊息。

中國針對美國的網路攻擊有增無減。二〇〇七年，中國駭客偷走目前生產中、最先進的F35閃電二型戰鬥機（F-35 Lightning II）生產計畫，然後顯然據其仿製出他們最新的殲-31匿蹤戰鬥機。二〇一五年春天，中國間諜闖入聯邦人事管理局（Office of Personnel Management）資料庫，偷走高達兩千一百萬名聯邦政府職員的敏感個資。對於聯邦人事管理局此一網路攻擊，堪謂本書大多數的讀者這輩子生平僅見、對美國政府最惡劣的情報滲透。一九八六年以來，獲最高層級安全許可的每名美國人，他們填寫的一二六頁安全申請書，通通被中國人偷走。大約同一時期，中國網路間諜也侵入聯合航空公司（United Airlines）的電腦系統——聯航載運美國官員到全世界旅行，許多人持有最高層級的安全許可。

美國對中國發動網路攻擊及間諜行動的反應，顯現出一股強大的意識，認為中國辜負了美國。現在既然已經很清楚，共產黨無心做美國的朋友，許多美國人就覺得必須與中共為敵。著名政治風險顧問伊恩・布雷默（Ian Bremmer）宣稱：「中國已和美國進入虛擬戰爭，其威脅遠高於恐怖主義的威脅。」有些國會議員也認為，中國的網路間諜行動就是「戰爭行為」。

不過，曾任中情局和國安局兩機構局長的麥可・海登（Michael Hayden）將軍提醒大家，聯邦人事管理局的資料是情報機關都會想取得的目標。他在《華爾街日報》辦公室的一項會議上表示，他若是中國情報首腦，「我也會派出星際艦隊，以光速把這些玩意兒弄回來。」海登的結論是：「其咎不在中國。該責備的是我們竟無法保護這種資訊。」

但這件事最令人驚訝的是，竟然只有少之又少的美國政府成員願意公開責備中國。二〇一五年六月二十六日，聯邦人事管理局資料庫遭駭後，美國最高情報首長詹姆斯・克拉珀（James Clapper）稱中國是「頭號嫌犯」（leading suspect）。但此後，美國官員就噤不作聲。

白宮不願公開指名中國，其實是沿續數十年來的做法。多年來，美國官員避免公開批評中國，是忌諱這樣做，會導致中方在「重大問題」上更難合作。不願坦誠說話，反而讓中共可以持續利用美國。中國在國內大肆批評美國的疑似陰謀，美國政府卻為了希望日後能夠合作而沉默不語。使中國強大及穩定，一直是美國對中政策的根本目標。對許多美國官員而言，儘管華府宣稱「重返亞洲」，中國還是那個「太陽」，而美國在亞洲的利益還是繞著中國打轉。二〇一五年年底歐巴馬總統接受記者傑佛瑞・高德柏（Jeffrey Goldberg）專訪時說道：「我們更怕中國弱小、受到威脅，而非中國成功、崛起。」

歐巴馬政府和中國打交道時，倒也不是一無是處。中國和美國及聯合國安理會其他成員國家合作，施壓伊朗，令伊朗封存其核計畫，以其交換終止經濟制裁。二〇一四年十一月，歐巴馬和習近平承諾，降低汙染及溫室氣體排放。這個協議為二〇一五年年底「聯合國氣候變化大會」減緩全球暖化的協定奠定基礎。

但美國的中國政策有個特徵，就是前後不一貫，這也凸顯出華府試圖對付中國呈現的挑戰時其困難處境。即使白宮對中國發動網路攻擊的態度和緩，美國官員卻協同一致地力圖說服其他國家，別加入二〇一五年中國成立的亞洲基礎設施投資銀行（Asia Infrastructure Investment Bank，簡稱ＡＩＩＢ）。英國不理會美國的好言央求，率先表態加入，澳洲和西方其他國家旋即跟進。歐巴馬政府手法笨拙地想阻擋中國的亞投行倡議，反倒予人華府的確想抑制中國崛起的印象。就在美國談判代表即將完成「跨太平洋夥伴關係協議」（ＴＰＰ）的談判時，歐巴馬總統又將這項協議描述為減弱中國影響力的必要舉動。二〇一五年四月，歐巴馬向《華爾街日報》表示：「我們若不制訂規則，中國就會在那個區域制訂規則。」在此之前幾個月，美國官員還說，他們希望中國也加入這項協定。

在有些方面，華府又結合一些志同道合的國家聯手提出警告，表示中國的行為超越紅線了。二〇一六年二月，美國結合歐盟、加拿大和日本發表聯合聲明，對習近平領導的中國人權狀況日趨惡化表示嚴正關切。華府又與聯合國人權理事會其餘十一個西方國家聯手譴責中國的人權紀錄，並再次和歐盟、加拿大及日本聯手，警告中國的反恐怖主義和非政府組織的新法律，指出這明顯違背中國對《聯合國人權宣言》及其依世界貿易組織規定所應盡的責任。

歐巴馬政府試圖抑制中國在南海的行為，也凸顯要和一個非友非敵、卻與美國有重要關係的國家打交道之困難重重。二〇一二年四月，中國漁船占領靠近黃岩島（Scarborough Shoal）附近的一處潟湖——這是位於菲律賓和中國之間的一群島礁岩塊。菲律賓一向主張，這塊島礁為其所有，也用來作為捕魚基地；該國派出一艘海軍護衛艦前往調查。中國也派出兩艘大型海監船趕往現場。接下來幾週，菲律賓撤走護衛艦，換上海巡部隊的快艇，而中方卻加派人馬，一度派出約八十艘海監船、漁船和運補船來到潟湖四周。接下來，北京阻擋菲律賓運補蔬果。這時美國介入斡旋，並在二〇一二年六月達成協議；根據協議，中、菲雙方承諾撤走船隻。但當只有菲方遵守協議撤走時，歐巴馬政府卻悶不吭氣。

二〇一五年九月二十五日，歐巴馬和習近平宣布達成協議，停止以網路竊取智慧財產供商業用途之舉。一週前，習近平才對《華爾街日報》表示，中國從未從事「任何形式的竊取商業機密」的舉動。如果中國一開始就否認做過那種事，那為什麼又要同意以後不會去做？不管怎麼說，協議公布不過幾天，資安公司CrowdStrike就宣布攔下了七次中國對美國科技及製藥公司的網路攻擊。CrowdStrike創辦人狄米崔．艾波洛維奇（Dmitri Alperovitch）表示：「我們沒看到（中方的）行為有所改變。」

中國對歐巴馬政府政策的不連貫也很憤怒，這也反映其本身對美國的希望幻滅。有時北京政府顯得十分仇外，甚至偏執；但有時卻又做出非常明理的決定，偏偏許多華府人士卻故意解讀錯誤。歐巴馬政府官員將中國在二〇一四年六月宣布成立亞洲基礎設施投資銀行，解讀為該國要成立一個甩開華府影響力的國際組織之策略。但事實上，亞投行的誕生，出自中國對華府不能守信的挫折心理，遠大於其想成立一個以中國為中心的世界。二〇〇八年經濟大衰退後，小布希政府和歐巴馬政府都承諾改組國際貨幣基金（IMF），讓中國有更多話語權。但二〇一〇年，美國國會封鎖此一改革，讓中國在國際貨幣基金的表決權重只等同於法國——但中國的經濟規模是法國的五倍大。因此，中國決定另起爐灶，而當華府對其盟國施壓、要求他們別加入亞投行時，中國更生氣了。（二〇一五年年底，美國國會終於通過國際貨幣基金的改革案，增加中國的表決權重。）

當歐巴馬政府鼓勵東南亞國家在南海挑戰中國時，北京政府非常憤怒。中國有許多人質問：為什麼美國該管到這麼接近中國海岸的水域？美國口口聲聲支持「自由航行權」，莫非只是煙幕彈，以便美國海軍在中國近海偵察？為什麼中國需要聽美國的話，遵守國際法，而美國本身卻還未批准通過《聯合國海洋法公約》（UNCLOS）？二〇一四年春天，北京政府將一座外海石油鑽探平台放到越南主張權利的海域去作業。次年，中國又發動大規模填海造陸工程，將接近越南和菲律賓的七個礁岩改造為島嶼。然後，北京於其上頭部署噴射戰鬥機、反飛機飛彈及其他軍事設施，企圖迫使美國兵力遠離中國海岸。

中國似乎認為，這些行動可以懾服其鄰國，但後果卻適得其反。中國愈是咄咄逼人，東南亞國家愈是促請美國海軍留在本地。但與此同時，華府似乎也不知要如何制止中國。美國海軍將領主張強硬回應。但在國家安全會議上，官員卻焦慮會把中國逼急了。意見不一致反映在美國的行動上。二〇一五年十月，美國海軍導向導彈驅逐艦「拉森號」（USS Lassen）駛進南沙群島渚碧礁（Subi Reef）十二英里以內的水域。但「拉森號」行進的過程中，歐巴馬政府官員聲稱，「拉森號」是「無害通過」，這暗示美國政府承認，渚碧礁是中國領土。但到了二〇一六年一月底，美國另一艘軍艦駛進西沙群島另一座最近施工完成的人造島中建島（Triton）十二英里以內的水域。這次美國海軍卻隻字不提「無害通過」，暗示美國不承認中國的權利主張。北京方面，《人民日報》端出一九五〇年代的一句老話警告美國，宣稱「中國從來不怕『紙老虎』」。

更廣泛地來看，習近平似乎有意推翻數十年來，中國默認美國在亞洲擔任區域警察的默契。二〇一四年五月二十一日習近平說，時至今日，「亞洲的事情歸根結柢要靠亞洲人民來辦，亞洲的問題歸根結柢要靠亞洲人民來處理，亞洲的安全歸根結柢要靠亞洲人民來維護。」當然，言下之意就是：現在該輪到中國來取代美國了。

在其他領域，中共顯然也在重新考量中國和外在世界互動的基礎，尤其是和美國來往的基礎。二〇一五年，中國的立法機關通過《國家安全法》，目的顯然是要創造一個與全世界人類隔離的數位世界。外商團體關切這道法律及其他擬議措施會被用來限制外資投資電信、銀行及其他行業。二〇一六年通過另一項法律，將中國所有非政府組織和非營利組織全劃歸讓公安機關管理，威脅到過去半個世紀以來，美國人和中國人辛苦耕耘的藝術、教育、科學和慈善人際交流。二〇一六年四月，共產黨發動一個「國家安全教育日」，在北京市張貼海報，提醒女性政府職員和外國人交友約會的危險，這些外國人可能是間諜。海報的大標題是「危險的愛情」，以中國公務員小李倒楣的愛情為例，說她愛上一位紅頭髮的外籍學者大衛，竟給他提供機密文件。中共再度從反西方的工具箱中找尋法寶，一如幾百年來，前人所做所為。和美國進行中的《雙邊投資條約》（ＢＩＴ）的談判也不順利，可見中國當權官員日益擔心，美國有心引發中國改變。二〇一五年九月，習近平在西雅圖和美中主要科技公司負責人會談時，就表示得很清楚。歡迎美國企業到中國，和中國公司合夥（並交出美國手中的技術），但對於美國科技公司到中國獨立營運，習近平卻隻字不提。

至於北韓核計畫的這個議題，中國對於和美國合作、向平壤施壓放棄核彈似乎相當不感興趣。二〇一六年一月六日北韓第四次核子試爆後，接替希拉蕊·柯林頓出任國務卿的約翰·凱瑞（John Kerry）趕赴北京，尋求中國協助。凱瑞來到北京時，中方顯得只勉強容忍他的出現。凱瑞提出警告，認為北京有處理來自北韓挑戰的「基本責任」。中方同意加強對平壤政權的制裁，但制裁方案並未要求切斷對北韓供應燃料——北韓的燃料幾乎全靠中國供應。華府許多人擔心，北京的目標持續是維護北韓政權，以及中國在朝鮮半島的勢力。

二十一世紀初，中國在和美國打交道時，一會兒很囂張，一會兒又十足欠缺安全感。中國官方代表團從美國訪問回國後，不再覺得美國欣欣向榮或中國比較落後。現在反而情勢大反轉。許多中國菁英表示，中國終於完成毛澤東訂下的「趕美」偉大目標。但同時，在其他方面又充滿落後美國太多的感覺——尤其是價值觀方面。當美國派出第一位華裔美國人出任駐北京大使時，這種自卑意識通通暴露無遺。

駱家輝是位資深的鷹級童子軍（Eagle Scout）、耶魯畢業生，也是全美有史以來第一位華裔州長，二〇一一年出使北京之前，他擔任商務部長。啟程赴北京就任時，一位中國商人在西雅圖塔科馬國際機場（Seattle Tacoma International Airport）碰到他，拍下他背著後背包、在星巴克排隊買咖啡的照片，將照片貼上中國微博。結果那張照片在網路上瘋傳，轟動於聽多了貪官拿黑錢、享盡特權故事的中國。有位中國記者寫道：「對大多數的中國人而言，這幕簡直令人不敢相信。」

駱家輝及其家人抵達北京後，中國媒體的風暴仍不停息。駱家輝在北京使館區街頭散步，全家人都很上鏡，甚至連他的健身運動都成了中國媒體競相報導的題材，各家媒體紛紛用這位美國大使的日常生活來嘲諷中國官員。從這層意義而言，駱家輝的正直、積極讓中國人益發認為，美國人追求自我進步的精神足堪效法。但這種精神透過一個華裔美國人折射出來，卻令中國權貴益發難堪。

共產黨嘗試限縮駱家輝的魅力。《環球時報》隸屬於共產黨喉舌《人民日報》旗下，是一份有相當影響力的報紙。

駱家輝到任不久後，《環球時報》就對他冷嘲熱諷，先說他的平易近人矯揉造作，又說他的公開行為「證明美國政治清廉」是一種「怪異、扭曲」的思想。但二〇一四年，共產黨在駱家輝卸任時才露出最惡毒的一句話。國營的中國新聞網發表一篇名為〈別了，駱氏家輝！〉的冗長報導，總結他在任上的表現，稱駱家輝是「　皮白心的香蕉人」，「黃皮」爛掉後終究會露出「白心」，又指控他出賣黃種人。文章最後說：「送霧霾，送瘟神。Farewell，駱氏家輝！」這是仿照一九四九年，毛澤東那篇〈別了，司徒雷登〉。

面對這種新現實，美國人再度墜入對中國失望的循環。中國問題專家接二連三跳出來宣稱，美中關係出現危機。約翰霍普金斯大學「高等國際研究院」（School of Advanced International Studies）的教授大衛・藍普頓（David M. Lampton）宣稱，美中關係已走到轉捩點。二〇一五年春天他寫道：「我們的相對憂懼已近乎超越關係正常化以來，任何時刻懷抱的希望。」美國著名的美中關係研究學者何漢理（Harry Harding）也在二〇一五年秋季號的《華盛頓季刊》（*Washington Quarterly*）撰文問道：「美中關係失敗了嗎？」

美國出現許多報告和專書，試圖探討這個令人不安的事實：美國押寶在中國——至少在目前——似乎押錯了。有些中國的老朋友，譬如：二〇一五年，曾在蘭德（Rand）公司擔任研究員、最早主張出售軍火給中華人民共和國的白邦瑞出了《百年馬拉松》這本書，主張自一九四九年革命之初，中國就已暗藏一個要超越美國的秘密計畫。白邦瑞以大悟大徹的心情寫下，現在該是美國對中國硬起來的時候了。他宣稱，中華人民共和國「幾乎完全未能符合我們的熱切期望。」

其他中國問題專家卻建議美國多寬容，而非減少寬容。史文（Michael Swaine）和金萊爾（Lyle Goldstein）兩位專家在其著作中主張，美國應將西太平洋讓給中國，作為改善美中關係大計畫的一環。美國應從南韓撤軍，而且只要中國保證不會進攻台灣，美國就不該再繼續對台軍售。金萊爾甚至主張，美國應向台灣領導人施壓，要他們與中國就某種形式的統一展開談判。然而，金萊爾和史文都無法清楚解釋，美國歷經數十年苦口婆心的勸喻都未果之後，為何中國會突然同意擱下武力威脅？

季辛吉認為，美中之間最大的歧異在於文化。二〇一五年七月，季辛吉向《國家利益》（*National Interest*）雜誌表示，美國不能了解「他們的歷史」，導致兩國陷入當前的危機。季辛吉問道：「兩個思想迥異的文明——至少目前仍是如此——能夠得出共存的方程式、產生世界秩序嗎？」

其實這些反應在過去幾百年的雙邊關係中都已經出現過。白邦瑞這派的想法是，中國不守美國訂下的規矩，因此該受到懲罰。另一方面，史文和金萊爾和許多希望將中國變為朋友的人士一樣，想找到兩國十九世紀以來，就在追索的大和諧。同時，季辛吉支持神秘的東方方式。他說，雙方關係之所以困難，是因為莫測高深的中國人其思想方式不同於美國人。中國人鼓勵季辛吉的觀點。二〇一一年五月，中國副總理王岐山接受美國新聞節目主持人查理・羅斯（Charlie Rose）的專訪時說道：「不是說美國人誤解中國。從根底起，他們不了解……中國是個古老的文明。我們是東方文化。」王岐山宣稱，和中國人相比，「美國人是很單純的民族」。

然而，中國真的那麼難「懂」嗎？現在的中國經濟成長、軍隊強大，其利益遍及全球。問題在於中共的利益與美國的利益不契合——許多美國人卻期待美中各自的利益不會有所齟齬。

二〇一五年六月，中國跌了一跤。上海股市泡沫破裂，政府試圖制止頹勢，下令一些公司買股護盤，也禁止其他公司售股求現時，數十年來，中共不可一世的氣焰開始消褪。

上海股市大跌，中國人民銀行也急急忙忙、笨手笨腳地企圖降低人民幣幣值。雖然人民銀行決定讓人民幣在世界市場更容易兌換，但處理手法卻相當笨拙，以致二〇一五年七月三十一日，《紐約時報》專欄作家保羅・克魯曼（Paul Krugman）奉勸其讀者，忘掉以前聽來的，中國領導人多英明的話。克魯曼寫道：「他們根本不知道自己在幹什麼。」

二〇一六年一月，中國的疾病傳染到美國。中國宣布，其經濟增長率在二〇一五年僅百分之六・九，是二十五年來最低的一年；中國股市繼續動搖。紐約證交所也出現有史以來，開年十天的最糟紀錄。避險基金鉅子喬治・索羅斯（George Soros）在瑞士達沃斯（Davos）的世界經濟論壇上宣布，中國經濟即將「硬著陸」。葛藝豪（Arthur Kroeber）這類的中國問題專家則擔心地表示，當中國領導人的做法迥異於過去，並出面向國內、外投資人保證，市場將扮演更大的角色時，「今天的中國，是個不清楚其經濟方向的國家」。

有些美國人見到中國深陷麻煩，感到幸災樂禍，出現「中國崛起告終」的文章標題，更多人則認為，地球另一端的震動顯示，分居太平洋兩岸的這兩個大國已十分緊密地整合在一起。中國問題專家夏偉觀察到：「在中國發生的事也會影響到別的地方。無論好壞，我們同在一條船上，無可逃避。」

附註

關於中國對美國發動網路攻擊的詳情，散見當時的報章報導，另可參見：威廉・漢納斯（William Hannas）、毛文傑（James Mulvenon）與安娜・普格里希（Anna Puglisi）三人合著的《中國的產業間諜：奪取科技與工業現代化》（*Chinese Industrial Espionage: Technology Acquisition and Military Modernization*）一書。

中文版後記

二〇一六年美國總統大選前的幾個月，我為本書寫了一篇後記。很難想像過去四年，美國和中國糾纏交織的故事會發生如此戲劇性的變化。由於全球新冠肺炎疫情肆虐，在川普總統和中國共產黨總書記習近平的領導下，美中兩國的雙邊關係進入一個衝突和重新評估的時期。自二次世界大戰、內戰烽火使中國成為共產國家以來，美國與中國的關係不曾如此波濤洶湧。

美中兩國領導人的教條意識相吻合，而兩國之間的競爭也加劇。川普和在他之前的歷任美國總統大不相同，他擁護族裔本位的民族主義，將自私自利的企業精神和民粹主義結合起來，爭取白人勞動階級的支持。習近平的中國，則以仇外的大漢民族主義呼應川普的行徑。不過，中國在新疆和其他地方侵犯人權的行為，使得川普囚禁難民子女的舉動看來像是一場兒戲。

川普當選之後，拆毀共和、民主兩黨自尼克森時期以來對中國的共識。昔日的共識是，美國別無選擇，需抱持其向來的使命，將中國拉進世界，並透過建設性的交往，設法與北京建立和諧關係。誠如一九六八年尼克森所言，中國太大了，不容聽任其「養成自己的幻想、懷抱仇恨，又威脅到鄰國」。川普的當選，代表上述對華政策的終止——至少暫時如此。

川普迫使美國承認早先的對華政策失敗，這毫無疑問該歸功於他。美國習慣於今天先付出代價、換取其實很容易遭對方毀棄的、明天會有良好行為的承諾；這種習慣未能產生一個服膺西方價值觀的中國。借用國務院前資深官員理查·阿米塔吉（Richard Armitage）的話來說，美國的對華政策「反倒教會狗在地毯上拉屎拉尿」。

然而，問題出在川普未拿出嶄新的、可行的範例來汰換舊政策。幸而知識份子對所謂兩國集團（G2）的幻想——即美國和中國注定攜手共同解決世界問題——已經消失。但在川普管理美國盟國的過程中，將美中關係嵌入美國在歐洲和亞洲同盟網絡的戰略選擇也消失了。

川普團隊正確地看到，中國的制度是一種不能容忍的、掠奪性的制度。博明（Matthew Pottinger）曾是一名觀察敏銳的駐華新聞記者和美國海軍陸戰隊情報官，他在川普政府的國安會服務。在他領導下，政府摒棄原先認為，中國這個國家正往自由方向演進的觀念。川普政府認定，中國是個意志堅定、不會更改的列寧主義國家。

列寧主義這種政治哲學，主張鬥爭並追求主宰他人。川普政府官員認為，北京試圖從地緣戰略、商業和科學上征服美國。與此同時，美國也天真地尋求與中國和平共存。依此觀點，當美國說「雙贏」時，中國人認為：「太好了，這代表我們將贏得兩次勝利。」

借用政治哲學家提摩太．賈頓．艾許（Timothy Garton Ash）的話來說，川普團隊看出目前中國的專制主義將列寧主義和資本主義融於一爐，堪稱史無前例，這種政體是「對自由民主有系統的敵手，和二十世紀的法西斯和共產主義政權如出一轍」。艾許寫道，中國模式提供「亞、非、拉開發中國家走上現代化的另一條道路」。

美國透過二〇一七年十二月發表的《國家安全戰略》（*National Security Strategy*），重新釐清此一對中國的觀點。這份政策文件首次將中國列為修正主義強國、美國的競爭者。稍後於二〇一八年三月，美國聯邦貿易代表發表的報告也認為，中國採行強制性技術轉讓的政策，目的是要萃取西方、特別是美國的產業精華，以便中國公司能毀滅西方企業，並非與其競爭。[1]

美國轉向疏離中國，並不限於政府部門，而是遍及到整個社會。二〇二〇年，皮優研究中心（Pew Research Center）所做的民調顯示，約三分之二美國人對中國持負面意見，這是皮優從二〇〇五年開始調查此意見以來的最高比例。對中國抱持好感的美國人只有約四分之一，也是歷來最低的比例。[2]美中關係的周期再次轉向指責和恐懼。

在中國，鐘擺也盪向仇恨和不信任。猶有甚者，川普擴大了美國社會內部的分歧，加上他對新冠肺炎病毒大流行

（COVID-19 pandemic）的處理乖張無方，加深了中國得意洋洋的論調，而這種論調最初在二〇〇八年金融危機時期出現。中國的國營傳媒告訴民眾，美國和自由民主制度陷入無可遏止的衰退情境。為了強調這點，奉行列寧主義宣示的「美國輸了，中國贏了」，每天晚上，所有媒體皆為國營的中國會在新聞播報中，比較美國與中國每日的新冠肺炎感染人數，美國已飆升逾十五萬人，而中國經常掛零。中國的社群媒體厚顏無恥地給川普取了個綽號「川建國」。[3]在許多中國人看來，「美國」沒那麼美麗了。

中共中央總書記習近平還加速倒退正面積極的變化，其原本使許多人對中國朝向更自由、更開放的社會演進抱有極大希望。在習近平領導下，中國共產黨回歸極權主義的根基，並試圖再次驅除美國思想對中國社會的影響。中共的觸角深入到私營部門內部：增強對異議人士和維權律師的壓迫；壓迫慈善機構和環保組織，在其帝國邊區，如香港和新疆；將不同信仰的人士送進監牢。在海外，儘管中國向美國承諾不會將南海軍事化，但中國仍將岩礁擴建成島嶼大小的航空母艦，俾能宰制這片百萬平方英里的航道；濫用美國大學的寬厚和開放性，竊取工業技術，增強其軍事實力尢違反停止針對美國企業網路間諜活動的協議；並持續威脅，入侵民主的台灣。[4]

中國政府愈來愈大膽，想將其「價值觀」散播到全球各地，並深入美國文化的核心。近一世紀以來，美國的電影和美國的籃球一直是美國軟實力流入中國的載具。中國電影觀眾對好萊塢電影異常著迷，以致一九五〇年代，上海的共產黨當局懇求北京的黨中央，別太快禁絕美國電影。籃球運動由美國傳教士帶進中國，是中國年輕有力形象的核心，而熱愛運動、受西方教育的團隊成員，準備依美國的形象重新塑造中國。

在習近平的領導下，中國決心逆轉影響力潮流，利用本身龐大的市場強迫變化。中國的審查人員確保美國電影製片業順從中國的意志，讓美國電影只呈現中國最正面的形象。

二〇一九年十月，當ＮＢＡ休斯頓火箭隊（Houston Rockets）總管達若．莫瑞（Daryl Morey）在推特貼文支持香港的民主人士抗議時，北京砍斷ＮＢＡ在中國數十億美元的生意。二〇二〇年，也就是推特觸怒中國後，ＮＢＡ在美國站上種族正義運動的最前沿，但其球員、教練和球隊總管們卻對中國的狀況保持沉默。一個多世紀以來，美國人一直懷有改造中國的使命感。現在，他們面臨中國正在改變他們的可能性。

中共最高階層未公開承認，美中關係日益惡化，中國也有責任。共產黨師法一九八九年的劇本，當時，天安門廣場上演屠殺慘劇之後，鄧小平竟厚顏無恥地指控美國煽動示威活動。共產黨官員也在二〇二〇年說，美國造成兩國關係出現問題，美國人要負責改正。七十年前二戰結束、中共革命成功之後，美國陷入了「是誰導致失去中國」的激烈辯論。但在中國，除了少數中國學者，似乎沒有為誰「失去了」美國而陷入類似的爭辯。

確實如此，一些美國的老中國通已內化並接受了中國的立場。二〇一九年七月，一群學者和前政府官員聯名發表一封公開信，題為〈中國不是敵人〉。[5]一九七〇年代的芭芭拉・塔克曼認為，若美國肯與毛澤東來往，就可以避免與中國的冷戰。而這封公開信與她的理論一樣，否認中共對美中關係陷入危機有任何責任，而且認為基本上該被責怪的是川普。信中雖然提出中國有些不當行為，但強調「美國的許多行動……直接助長關係螺旋式下降」。這封公開信責備美國仍然把自己當成中國的「家長」，這種看法是從基督教傳教士時代遺留下來的。中國是一塊空白，美國人可在上面書寫其未來。中國像「塑料」，在美國人手中可以捏塑。這種想法彷彿中共在其與美國關係的戲劇中，毫無任何作用可言。

然而，儘管川普採行的中國政策為對華新做法奠立基礎，但卻雜亂無章、有時甚至像是精神分裂。他對範圍相當廣泛的多種中國產品徵收關稅，卻未對北京的重商主義貿易慣例造成重大的變化。川普政府針對香港和新疆的一連串違反人權的官員採取制裁措施，但川普卻是美國史上第一位實際鼓勵中國侵犯這些權利的總統。根據其國家安全顧問約翰・波頓（John Bolton）的說法，二〇一九年六月二十九日，在大阪二十國集團（G20）高峰會議期間，川普告訴習近平，他贊成習近平將數十萬名維吾爾族穆斯林囚禁在已確認是集中營區的決定。[6]

川普總統正確地主張，美國公司應採取行動，將美國的高科技供應鏈與中國脫鉤，並基於安全顧慮，他的政府試圖阻止華為科技公司（Huawei Technologies）在全球廣建手機通訊5G網路。然而，川普在與習近平私下通電話後，也試圖取消對華為和另一家公司中興通訊的制裁。波頓寫道，這是川普「向他喜歡的獨裁者提供私人示惠」的習慣作風。[7]

川普也採取行動，增強美國和台灣的關係；他簽署立法以改善關係，也批准龐大的軍售案。不過，總統對於這個島國民主政府的支持其實一文不值。波頓寫道：「川普很得意地做出比喻，他指著他一枝鋼筆的筆尖說，『這是台灣』，然後又指著他的大辦公桌說，『這是中國』。」[8]

新冠肺炎疫情加劇了川普最糟糕的本能。雖然中國共產黨未警告全世界及中國人民提防這種病毒的危險，的確應該受譴責。但川普將這種疾病稱為「中國病毒」或「功夫流感」，卻重新掀起了數十年來美國人對華人的偏見，將他們視為瘟疫和疾病的淵藪。十九世紀末，美國人被告知，中國版的梅毒比盎格魯版的梅毒毒性更強，現在的美國似乎又陷入類似的讒言。

川普政府也是近年史上第一個縮減交流計畫的政府，打破這些聯繫將隨著時間進展加深雙邊關係的假設。在歐巴馬總統任職的八年間，有一百多項政府支持的雙邊對話，但卻被川普政府終止了。[9]川普政府的論據很簡單，從表面上來看也很正確；其認為從這些對話中，中國得到的好處遠大於美國得到的好處。然而，川普政府退出這些對話，未重新規劃，而是放棄了機會。

當川普退出《巴黎氣候協定》、又不肯支持《跨太平洋夥伴關係協定》時，他錯失了另一個機會。川普這麼做，傷害到美國施壓、要求中國限制製造溫室氣體，以及促成中國貿易做法遵循國際規則的能力。美國優先變成了美國落單、成為孤島。二〇二〇年拜登當選總統，讓美國有機會矯正其和中國的關係。雖然有人將拜登當選視為美國與中國關係恢復「正常」的一條路，但這樣的決定是錯誤也是不可能的。不過，拜登有機會從川普對華政策的廢墟中，「好好重建」美國與中國的關係。

美國要在和中國的競爭中取勝，能做的、最重要的一件事就是拿出冷戰期間對付蘇聯的相同做法：亦即使自己的社會更繁榮、充滿活力，並重新建立民主價值的典範。誠如賈頓．艾許所言：「我們必須嘗試再做一遍，堅守說服他人接受，自由社會是一種更好的、生活方式的信念，更重要的是，要讓那些擁有我們的價值觀、卻生活在不自由社會的人們保持信念。」美國若被視為虛偽或虛弱，便不會是良師益友，對中國而言尤是如此，而且中國一直密切觀察著美國。

第二個目標是，認識到美國需設法全方位地看待中國。美國可以捍衛香港和台灣人民的權利，並且尋求與中國合作以對付氣候變遷、流行疫病和全球經濟混亂。針對這個難題，川普的解決方案是切斷聯繫；歐巴馬的解決方案是重視氣候變遷、勝於其他一切議題。這兩種對策統統無效。中國將會在我們這個時代所面臨的生存問題上合作，因為這樣做符合中國的利益；並不是因為美國國務院放低批評中國人權的聲音，或者是美國海軍停止了在南中國海的自由航行。

美國任何一項對華政策都應包含一個關鍵目標，即避免允許兩國關係中的挑戰引爆戰爭。這件事很簡單、不必贅言。但維持和平並不代表，要將西太平洋讓渡給中國的軍事和商業控制，也不應屈服於中國的要求、停止支持台灣。

維持台灣的民主燈塔發光發亮，符合美國的根本利益，這是兩個世紀以來，美國與華人世界交往的最高成就。甚且，我們從美國派駐北京清廷的第一任公使蒲安臣的故事中看到，中國領導人不僅傾向將美國的任何退縮視為出於關切，而且看作是軟弱的徵兆，因而想得寸進尺。美國之所以成為超級大國，不僅因為有盟國和朋友。美國在亞洲的友邦，如日本、澳大利亞、南韓、印尼、新加坡、越南、菲律賓和台灣，應構成華府與中國交往的礎石。這些關係應該加強，而不是像川普那樣，三不五時就亂發脾氣、威脅撤走美國駐軍。

美中關係要走得長久，有個重要原則是互惠。若中方不允許外國公司在中國自由經營，並與他們的公司競爭，那麼中方也應該被禁止進入美國市場。若中國限制西方記者在中國採訪作業的能力，對中國媒體機構派在美國的記者也應施加同樣的限制。譬如，若美國發放一百五十張簽證給中國記者，中國也應准許同樣人數的美國記者到駐中國採訪。在過去幾十年，美國決策者陷入糾結，試圖解釋為什麼，他們搞出向中國傾斜的競爭環境。現在應停止解釋，並糾正偏差了。

最後，交往需從川普採行的脫鉤，回到美中關係的本質上。交往得到惡評並不冤枉，因歷任美國政府只注重過程的表象，如本輪對話中，有多少個聯邦官僚機構參加，而非實質內容。為了交往而交往，可謂破壞了交往。

但交往確實是往前走的唯一途徑；不是表面的交往或建設性的交往，我們必須坦白地承認，是顛覆性的交往。在不退出正面抵擋中國試圖在區域和全球範圍內擴大其力量的努力下，從氣候、軍事、公共衛生和控制流行疫病，到人權、貿易等一連串廣泛問題的交往，才是建立建設性關係的重要關鍵。中國確實太大了，現在又變得太強大，以致不能聽任其「養成自己的幻想、懷抱仇恨，又威脅到鄰國」。儘管雙方關係陷入困境，而且注定會變得更加麻煩，但是追求和諧仍然值得努力。但是，狂喜的情愫不會使我們得到和諧；只有面對現實才可能做到。

我花五年撰寫本書。書中，我旨在訴說這個「無可迴避的共同大業」的故事。我住在美中兩地，在華府的國會圖書館研究，也在中國各地的檔案館蒐集資料。這兩個國家與人民的關係深厚，及過去模式能持續影響到今天的程度令我震驚。我每天沉浸在美國和中國商人、冒險家、傳教士、外交官、竊賊和革命家的故事中，這些人物打造出地球上所有民族間最為錯綜複雜的關係。

最初，商務貿易將美中兩國連結在一起；宗教、教育、藝術、文學、飲食和深刻的相互尊重等其他因素也影響了雙邊關係。隨著時間進展，這些因素相加相乘擴大影響，而且伴隨著美中兩國走向未來，還會衍生出更多、更強大的連結。是的，我清楚地看到了使兩國分歧的挑戰，但我也經歷了許多不可抗拒的力量，使兩國（以及個別的中國人和美國人）更加親密：其中包括：中國的移民、經濟的相互依存以及文化的融合。儘管新冠肺炎疫情肆虐，以及美中關係陷入危機，二〇二〇年在美國留學進修的中國學生人數並未下降，這實際上就證明了美中關係的持久性。這些留學生人數約為三十七萬人，比起其他任何國家都多。

我也必須承認，我是美中關係的受惠者。我在一九八〇年，即華府正式承認北京的次年，以學生身分前往中國，然後在過去四十年斷斷續續住在中國。我親身經歷歷史上最快速、最完全、最正向的此一經濟改造。我在中國結識內人，我們在美中兩地養育子女。我已習慣，即使在我們家的餐桌上，也必須小心翼翼走過這片危險淺灘。我希望在二十年後，與來自美中兩國的朋友和家人一起坐下來，講一些更正面的故事，譬如我們如何唏哩呼嚕地一起吃麵，以及如何一起走過那些淺灘。從這個意義上來說，本書也包括了我們一家人的故事和希望，而且是從美中兩國的融合中誕生。

註釋

1. https://ustr.gov/issue- areas/enforecement/section- 301-invistigations/section- 301- china/invistigation
2. https://www.pewresearch.org/global/2020/04/21/u-s-views-of-china-increasingly-negative-amid-coronavirus-outbreak/
3. https://www.globaltimes.cn/content/1190628.shtml
4. www.whitehouse.gov NSS-Final-12-18-2017-0905
5. https://www.washingtonpost.com/opinions/making-china-a-us-enemy-is-counterproductive/2019/07/02/647d49d0-9bfa-11e9-b27f-ed2942f73d70_story.html
6. Bolton, John R., The Room Where It Happened: A White House Memoir, P. 312. Simon & Schuster, Kindle Edition.
7. Bolton, John R., The Room Where It Happened: A White House Memoir, P. 458. Simon & Schuster, Kindle Edition.
8. Bolton, John R., The Room Where It Happened: A White House Memoir, P. 313. Simon & Schuster, Kindle Edition.
9. https://www.foreignaffairs.com/articles/united-states/2020-11-13/hopes-and-doubts-beijing

謝辭

寫這本書時，我受到許多幫助，許多個人與機構給我鼓勵與靈感，為我提供住處、資金與指引。感謝史密斯・理查森基金會（Smith Richardson Foundation）與傅爾布萊特交換計畫（Fulbright Scholar Program）提供的獎助金。二〇一一年，美國外交關係協會（Council on Foreign Relations）為我在華府安排了一個住處，後來在二〇一三年到二〇一四年之間，北京大學也歡迎我前往擔任訪問學人。塞蕊娜・瓊斯（Serena Jones）是我的亨利・霍爾特出版社（Henry Holt & Company）編輯，她接手了這個一度淪為孤兒的出版計畫，並且視如己出。誠摯感謝塞蕊娜與該出版社總編輯姬蓮・布萊克（Gillian Blake），她們總是耐心待我，為我指引方向。我的經紀人蓋兒・羅斯（Gail Ross）總是在背後支持我，此等援助可謂無價之寶。

另外，也要感謝當初幫助我想出這本書的構想，並且一路走來持續給我建議的傅成（Peter Fuhrman）。瑪格麗特・強森（Margaret Johnson）與雷・歐騰伯格（Ray Ottenberg）是我在華府的兩位慷慨友人，他們讓我在那裡有賓至如歸的感覺，而且瑪格麗特還幫我取得許多這本書的照片。當這本書的初稿完成後，雷號召他的讀書俱樂部成員幫忙閱讀討論，給我回饋。同時我還要感謝的人包括：約翰・克拉林博德（John Claringbould）、佛瑞德・哈特（Fred Hart）、約翰・德沛（John Despres）、伯特・芮恩（Bert Rein）、湯姆・瑞斯頓（Tom Reston），還有約翰・懷斯（John Wyss）。

許多《華盛頓郵報》的同事們，無論是過去或現在的，都惠我良多，包括菲爾・班尼特（Phil Bennett）、史帝夫・柯爾（Steve Coll）李納德・唐尼（Len Downie）、大衛・霍夫曼（David Hoffman）、鮑伯・凱瑟（Bob Kaiser），以及曾任《華盛頓郵報》發行人的葛拉罕（Don Graham），他們都非常支持我長期關注中國的情勢。若沒有他們，當初我無法重回中國，自然也就寫不出這本書了。在美中關係方面，馬可斯．布羅克利（Marcus Brauchli）、凱倫．狄揚（Karen Deyoung）、艾德．柯迪（Ed Cody）、強納森．蘭德爾（Jon Randal）、拉吉夫．錢德拉塞卡蘭（Rajiv Chandrasekaran）、喀麥隆．巴爾（Cameron Barr）、史考特．威爾遜（Scott Wilson）、瑞凱德（Keith Richburg）、凱文．沙利文（Kevin Sullivan）、傑克森．狄爾（Jackson Diehl）與佛瑞德．海亞特（Fred Hiatt）都對我有很大幫助，敦促我重新進行更深入的思考。《紐約時報》的周看（Joe Kahn）與潘公凱（Phil Pan）特別支持我這項寫作計畫，還有《經濟學人》的加蒂．艾普斯坦（Gady Epstein）與《紐約客》的歐逸文（Evan Osnos）也是。戰略暨國際研究中心（Center for Strategic and International Studies）的麥可．格林（Michael Green）、車維德（Victor Cha）與葛來儀（Bonnie Glaser），則是針對美國在亞洲的角色為我提供珍貴的觀點。麥可有一本關於「美國在亞洲」的書即將出版，我感謝他慷慨與我分享初稿。布魯金斯研究院（Brookings Institution）的李成（Li Cheng）、傑佛瑞．貝德（Jeffrey Bader）、李侃如（Kenneth Lieberthal）與韋德寧（Dennis Wilder）也幫了很多忙。外交關係協會的易明（Elizabeth Economy）一直以來都很支持我。哈佛大學的柯偉林（William Kirby），哥倫比亞大學的劉禾（Lydia Liu），還有海弗德（Charles Hayford）以及康乃爾大學的陳兼（Chen Jian）為我提供了不少協助。麥可．索利（Michael Thawley）與其妻黛比（Debbie）、其子柯西莫（Cosimo）都為我提供了寶貴建議，對我多所鼓勵，夏偉（Orville Schell）與麥可．奧倫（Michael Oren）也是。一如往常，雖然我總是提出一些奇怪的理論，但孟捷慕（James Mann）總能給我許多回饋。關於老上海的那些洋基佬，我要感謝保羅．法蘭奇（Paul French）提供了許多關鍵資料與引人入勝的故事。

我還要感謝以下單位的員工：國會圖書館的亞洲圖書室、美國浸信會歷史學會（American Baptist Historical Society）、喬治．馬歇爾基金會（George C. Marshall Foundation），以及胡佛研究所（Hoover Institution on War, Revolution, and Peace），尤其是該所的林孝庭研究員。同時也要向台灣的齊錫生教授致謝，並感謝中華民國外交部允許我使用檔案資料。

中國許多史家和記者提供協助，同樣惠我良多，但恕我在此對其中一些人的姓名有所保留，因為中國政府仍持續打壓言論自由。我能提及的幾位包括華東師範大學的沈志華、楊奎松與馮　才；北京大學的于鐵軍、范士明與王緝思；華南師範大學的何慧。我的研究員藺楊非常擅長幫我尋找一些無人知曉的期刊與文件。北京中國學中心（Beijing Center）的墨儒思（Russell Leigh Moses）允許我使用該中心的圖書館。特別要感謝埃默里大學所屬勞勃・伍德羅夫圖書館（Robert W. Woodruff Library, Emory University）的荷莉・塞莫柯（Holli Semetko），她對我的研究多所協助。

多位同事與友人讀了本書初稿，幫了我很多忙。葛鋼（Edward Gargan）與左菲雅・斯瑪茲（Zofia Smardz）特別辛苦，本書草稿的不同版本都由他們幫我提供意見。史家余茂春（Miles Maochun Yu）與佛德瑞克・葛蘭特二世（Frederic D. Grant Jr.）幫我揪出幾處重大錯誤。迪克・巴特菲爾（Dick Butterfield）敦促我讓這本書容納更多聲音。史帝夫・馬福森（Steve Mufson）與其妻克萊兒（Claire Mufson）與瑪莉・康納利（M. T. Connolly）幫了大忙，讓我不至於陷入尷尬的處境。我的父親約翰・彭斐（John D. Pomfret）幫我讀完這本書的初稿，並用紅色鉛筆寫下許多意見。我的姊妹黛娜・彭斐（Dana Pomfret）為我提供許多敏銳的觀點。不過，毋庸置疑的是，我自己終究必須為書中所有錯誤與不恰當之處負責。

我的兩個孩子，達利（Dali）與莉雅（Liya）常常需要忍受我這個頭髮愈來愈灰白的老爸，雖然人在家裡，卻只能日日夜夜守在電腦前賣力打字。二〇一六年春天，完成研究工作後我開始回家寫書，但家母瑪格麗特・彭斐（Margaret H. Pomfret）卻在那時逝世。很遺憾她無法親眼看到我把書寫完。我將這本書獻給妻子張玫，她在我從研究到整個寫書過程都全力支持，即使在最黑暗的時刻也未放棄。這本書居然真的寫完了，我倆都無法置信。

參考書目

期刊

Albright, David, and Corey Gay. "Taiwan: Nuclear Nightmare Averted. *Bulletin of the Atomic Scientists* 54, no. 1 (Jan./Feb. 1998): 54–60.

Alford, William P. "Law, Law, What Law? Why Western Scholars of Chinese History and Society Have Not Had More to Say about Its Law. *Modern China* 23, no. 4 (Oct. 1997): 398–419.

Autor, David H., David Dorn, and Gordon H. Hanson. "The China Syndrome: Local Labor Market Effects of Import Competition in the United States. Working paper 18054, National Bureau of Economic Research, Cambridge, MA, 2012.

Barme, Geremie R. "To Screw Foreigners Is Patriotic: China's Avant-Garde Nationalism. *China Journal* 34 (July 1995): 209–34.

Campanella, Thomas. 'The Civilising Road': American Influence on the Development of Highways and Motoring in China, 1900–1949, *Journal of Transport History* 26, no. 1 (Mar. 2005): 78–98.

Carruthers, Susan L. 'The Manchurian Candidate' (1962) and the Cold War Brainwash- ing Scare. *Historical Journal of Film, Radio, and Television* 18, no. 1 (Mar. 1998): 75–94.

Carter, Susan B. "Celestial Suppers: The Political Economy of America's Chop Suey Craze, 1900–1930. Online paper, Department of Economics, University of California, Riverside, draft of September 15, 2008. http://www-siepr.stanford.edu/conferences/GWright2008/Carter.pdf.

Chen, Jian. "The Beginning of the End: 1956 as a Turning Point in Chinese and Cold War History. *Modern China Studies* 22, no. 1 (2015): 99–126.

Cohen, Roberta. "People's Republic of China: The Human Rights Exception. *Human Rights Quarterly* 9, no. 4 (Nov. 1987): 447–549.

Edwards, Louise. "The Shanghai Modern Woman's American Dreams: Imagining America's Depravity to Produce China's 'Moderate Modernity.' Unpublished manuscript.

Feigenbaum, Evan A. "Soldiers, Weapons, and Chinese Development Strategy: The Mao Era Military in China's Economic and Institutional Debate. *China Quarterly*, no. 158 (June 1999): 285–313.

Finnane, Antonia. "What Should Chinese Women Wear? *Modern China* 22, no. 2 (1996): 99–131.

Garrett, Charles Hiroshi. "Chinatown, Whose Chinatown? Defining America's Borders with Musical Orientalism. *Journal of the American Musicological Society* 57, no. 1 (Spring 2004): 119–74.

Guo, Xiancai. "Gaigekaifanghou Shoupi Liumeisheng de Xuanpai Jiqi Yingxiang. *Con- temporary History Studies* 12, no. 6 (Nov. 2005).

Guy, Nancy. "Brokering Glory for the Chinese Nation: Peking Opera's 1930 American Tour. *Comparative Drama* (Fall 2001/Winter 2002): 377–92.

Hamilton, John Maxwell. "The Missouri News Monopoly and American Altruism in China: Thomas F. F. Millard, J. B. Powell, and Edgar Snow. *Pacific Historical Review* 55, no. 1 (Feb. 1986): 27–48.

Harding, Harry. "From China, with Disdain: New Trends in the Study of China. *Asian Survey* 22, no. 10 (Oct. 1982): 934–58.

He, Di. "The Most Respected Enemy: Mao Zedong's Perception of the United States. *China Quarterly* 137 (Mar. 1994): 144–58.

He, Hui. "Xinzhongguo Minzhong Dui Meiguo de Renshi ji Qita Bianhua. *Cold War International History*, no. 14 (2012).

Huang, Fuhua. "The Globalization of Sport: The NBA's Diffusion in China. *Interna- tional Journal of the History of Sport* 30, no. 3 (2013): 267–84.

Israel, Jerry. 'Mao's Mr. America': Edgar Snow's Images of China. *Pacific Historical Review* 47, no. 1 (Feb. 1978): 107–22.

Kang, Jean S. "Firmness and Flexibility: Initiations for Change in US Policy toward Com- munist China, 1961–1963. *American Asian Review* 21, no. 1 (Spring 2003): 109–142. Keliher, Macabe. "Anglo-American Rivalry and the Origins of U.S. China Policy. *Diplo-matic History* 31, no. 2 (April 2007): 227–57.

Kelley, Robin D. G., and Betsy Esche, "Black Like Mao: Red China and Black Revolution. *Souls* 1, no. 4 (Fall 1999): 6–41.

Kirby, William. "The Internationalization of China: Foreign Relations at Home and Abroad in the Republican Era, *The China Quarterly*, no. 150, (June 1997): 433–58.

Klinefelter, Katherine. "The China Hearings: America's Shifting Paradigm on China. *Congress & The Presidency* 38 (Jan.–Apr. 2011): 60–76.

Kroncke, Jedidiah. "An Early Tragedy of Comparative Constitutionalism: Frank Good- now and the Chinese Republic. *Pacific Rim Law & Policy Journal* 21, no. 3: 533–90.

Kuo, Tai-Chun. "A Strong Diplomat in a Weak Polity: T. V. Soong and Wartime US-China Relations, 1940–1943. *Journal of Contemporary China* 18, no. 59 (March 2009): 219–31.

Leary, William M. "Wings for China: The Jouett Mission, 1932–1935, *Pacific Historical Review* 38, no. 4 (Nov. 1969): 447–62.

Ling, Huping. "A History of Chinese Female Students in the United States, 1880s–1990s, *Journal of American Ethnic History* 16, no. 3 (Spring 1997): 81–109.

Liu, Lydia H. "Shadows of Universalism: The Untold Story of Human Rights around 1948. *Critical Inquiry* 40 (Summer 2014): 385–417.

Lu, Minghui. "Liuxuesheng de Diaoyu Yundong He Zuguo Heping Tongyi. *Huaqiaohua- renlishi Yanjiu* 4 (2009).

Madsen, Deborah L. "The Oriental/Occidental Dynamic in Chinese American Life Writ- ing: Pardee Lowe and Jade Snow Wang. *Amerikastudien/American Studies* 51, no. 3 (2006): 343–53.

McMichael, Scott R. "Common Man, Uncommon Leadership: Colonel Charles N. Hunter with Galahad in Burma. *Parameters, Journal of the US Army War College* 16, no. 2 (Summer 1986): 45–57.

Metallo, Michael V. "American Missionaries, Sun Yat-sen, and the Chinese Revolution. *Pacific Historical Review* 47, no. 2 (May 1978): 261–82.

Naftali, Orna. "Empowering the Child: Children's Rights, Citizenship, and the State in Contemporary China. *China Journal* 61 (Jan. 2009): 79–103.

Ngai, Mae M. "Legacies of Exclusion: Illegal Chinese Immigration during the Cold War Years. *Journal of American Ethnic History* 18, no. 1 (Fall 1998): 3–35.

Oksenberg, Michel. "A Decade of Sino-American Relations. *Foreign Affairs* (Fall 1982): 175–195.

———."On Learning from China. In "China's Developmental Experience, ed. Michel Oksenberg, *Proceedings of the Academy of Political Science* 31, no. 1. (Mar. 1973): 1–16.

Porter, Garnett. "The History of the Trade Dollar. *American Economic Review* 7, no. 1 (1917): 91–97.

Pugach, Noel. "Embarrassed Monarchist: Frank J. Goodnow and Constitutional Development in China, 1913–1915. *Pacific Historical Review* 42, no. 4 (Nov. 1973): 499–517.

Qiao, Xian. "Wo de Fuye Shi Goutong Tuyang. Wenxue Huiyi L Zhi Wu, *Historical Materials on New Literature*, no. 2 (1982).

Quigley, Kevin. "A Lost Opportunity: A Reappraisal of the Kennedy Administration's China Policy of 1963. *Diplomacy & Statecraft* 13, no. 3 (September 2002): 175–98.

Radosh, Ronald. "The Legacy of the Anti-Communist Liberal Intellectuals. *Partisan Review* 67, no. 4 (Fall 2000): 550–67.

Sa, Zhishan. "Xin Aiguozhuyi Yu Guojia Yishi zhi Jianli, Yi Kangmeiyuanchao Aiguoyun-dong Weilie, Zhongguo Shehuikexueyuan Wenxue Yanjiusuo. Paper presented at Peking University Chinese Department Conference, Jan. 11, 2014.

Schmalzer, Sigrid. "Speaking about China, Learning from China: Amateur China Experts in 1970s. *Journal of American-East Asian Relations* 16 (2009): 313–52.

Schrecker, John. 'For the Equality of Men—For the Equality of Nations': Anson Burlin- game and China's First Embassy to the United States, 1868. *Journal of American-East Asian Relations* 17 (2010): 9–34.

Sewall, Arthur F. "Key Pittman and the Quest for the China Market, 1933–1940. *Pacific Historical Review* 44, no. 3 (Aug. 1975): 351–71.

Shaffer, Robert. "A Rape in Beijing, December 1946: GIs, Nationalist Protests, and U.S. Foreign Policy. *Pacific Historical Review* 69, no. 1 (Feb. 2000): 31-64.

Shen, Zhihua. "Mao and the 1956 Soviet Military Intervention in Hungary. Cold War History Research Center, Budapest, Hungary, online publication, July 2011. http://www.coldwar.hu/html/en/publications/zhihua%20-%20mao%20in%20hungary.pdf.

Sheng, Michael. "Chinese Communist Policy toward the United States and the Myth of the 'Lost Chance,' 1948–1950. *Modern Asian Studies* 28, no. 3 (July 1994): 475–502.

———. "The Triumph of Internationalism: CCP-Moscow Relations Before 1949. *Diplo- matic History* 21, no. 1 (Winter 1997): 95–105.

Skidmore, David, and William Gates. "After Tiananmen: The Struggle over U.S. Policy toward China in the Bush Administration. *Presidential Studies Quarterly* 27, no. 3

(Summer 1997): 514–39.

Sohigian, Diran John. "Contagion of Laughter: The Rise of the Humor Phenomenon in Shanghai in the 1930s. *Positions* 15, no. 1 (Spring 2007): 137–63.

Thomson, James C., Jr. "On the Making of U.S. China Policy, 1961–69: A Study in Bureau- cratic Politics. *China Quarterly,* no. 50 (Apr.–June 1972): 220–43.

Tsang, Steve. "Target Zhou Enlai: The 'Kashmir Princess' Incident of 1955. *China Quarterly,* no. 139 (Sept. 1994): 766–82.

Tsuchida, Akio. "China's 'Public Diplomacy' toward the United States before Pearl Har- bor. *Journal of American-East Asian Relations* 17 (2010): 35–55.

Turner, Sean M. "A Rather Climactic Period: The Sino-Soviet Dispute and Perceptions of the China Threat in the Kennedy Administration. *Diplomacy & Statecraft* 22 (2011): 261–80.

Van de Ven, Hans. "Stilwell in the Stocks: The Chinese Nationalists and the Allied Powers in the Second World War. *Asian Affairs* 34, no. 3 (November 2003): 243–59.

Wang, Chaoguang. "Jianguochu Tingying Meiguo Yingpian Jishi. *Shiji* 4 (2007).

Wang, Peilian. "Zhongguo Gongchandang Lingdao Xuesheng Kangbao Yundong de Douzhen Celue. *Fujian Party History Monthly* (Sept. 1990).

Wang, Shu-Shin. "The Rise and Fall of the Campaign against Spiritual Pollution in the People's Republic of China. *Asian Affairs* 13, no. 1 (Spring 1986): 47–62.

Wang, Zuoyue. "Transnational Science during the Cold War: The Case of Chinese/Amer- ican Scientists. *ISIS* 101, no. 2 (2010): 367–77.

Wilkinson, Mark F. "American Military Misconduct in Shanghai and the Chinese Civil War: The Case of Zang Dayaozi. *Journal of American-East Asian Relations* 17 (2010): 146–73.

Williams, James H. "Fang Lizhi's Expanding Universe. *China Quarterly,* no. 123 (Sept. 1990): 459–84.

Wood, Eden Y. "Chinese Arms Sales and U.S.-China Military Relations. *Asian Survey* 29, no. 6 (June 1989): 601–18.

Wu, Zhili, 1952 Nian de Xijunzhan shi yichang Xujing, *Yanhuangchunqiu,* Nov. 2013. Xia, Yafeng. "Negotiating at Cross-Purposes: Sino-American Ambassadorial Talks, 1961–68. *Diplomacy & Statecraft* 16, no. 2 (Aug. 2005): 297–329.

Yang, Kuisong. "Zhongguo Gongchandang Duoquan Dongbei Zhanlüe Yanbian yu Sulian. *Zhonggong Dangshi Yanjiu* (1990): 60-71.

Yang, Kuisong, and Yafeng Xia. "Vacillating between Revolution and Détente: Mao's Changing Psyche and Policy toward the United States, 1969–1976. *Diplomatic History* 34, no. 2 (2010): 395–423.

Yetiv, Steve A., and Chunlong Lu. "China, Global Energy, and the Middle East. *Middle East Journal* 61, no. 2 (Spring 2007): 199–218.

Yi, Guolin. "The 'Propaganda State' and Sino-American Rapprochement: Preparing the Chinese Public for Nixon's Visit. *Journal of American-East Asian Relations* 20 (2013): 5–28.

Zhai, Qiang. "Mao Zedong and Dulles's 'Peaceful Evolution' Strategy: Revelations from Bo Yibo's Memoirs. *Cold War International History Project Bulletin,* nos. 6–7 (Winter 1995/1996): 228–31.

Zi, Zhongyun. "The Impact and Clash of Ideologies: Sino-US Relations from a Historical Perspective. *Journal of Contemporary China* (1997): 531–50.

書籍

Arkush, R. David. *Fei Xiaotong and Sociology in Revolutionary China*. Cambridge, MA: Harvard East Asian Monographs, 1981.

Arkush, R. David, and Leo O. Lee, eds. *Land without Ghosts: Chinese Impressions of America from the Mid-Nineteenth Century to the Present.* Berkeley: University of California Press, 1989.

Baker, James A. *The Politics of Diplomacy*. New York: G. P. Putnam's Sons, 1995.

Bao, Ruowang (Jean Pasqualini), and Rudolph Chelminski. *Prisoner of Mao*. New York: Penguin, 1973.

Barrett, David B. *Dixie Mission: The United States Army Observer Group in Yenan, 1944*. Berkeley: Center for Chinese Studies, China Research Monographs, University of Cali- fornia, 1970.

Bays, Daniel H. *A New History of Christianity in China*. West Sussex, UK: Wiley-Blackwell, 2012.

Beal, John Robinson. *Marshall in China.* Garden City, NY: Doubleday, 1970.

Beisner, Robert L. *Dean Acheson: A Life in the Cold War*. Oxford: Oxford University Press, 2006.

Bennett, Milly. *On Her Own: Journalistic Adventures from San Francisco to the Chinese Revolution, 1917–1927*. Edited and annotated by A. Tom Grunfeld. Armonk, NY: M. E. Sharpe, 1993.

Bergère, Marie Claire. *Sun Yat-sen*. Stanford: Stanford University Press, 1998.

Bieler, Stacey. *'Patriots' or 'Traitors': A History of American-Educated Chinese Students.*

Armonk, NY: M. E. Sharpe, 2004.

Bowie, Robert R., and John K. Fairbank. *Communist China, 1955–1959: Policy Documents with Analysis*. Cambridge, MA: Harvard University Press, 1962.

Brown, Jeremy, and Paul G. Pickowicz, eds. *Dilemmas of Victory: The Early Years of the People's Republic of China.* Cambridge, MA: Harvard University Press, 2010.

Brzezinski, Zbigniew. *Power and Principle: Memoirs of the National Security Adviser, 1977–1981*. New York: Farrar Straus & Giroux, 1983.

Buck, Pearl. *East Wind, West Wind*. New York: John Day Company, 1929.

———. *The Good Earth.* New York: John Day Company, 1931.

Bullock, Mary Brown. *The Oil Prince's Legacy: Rockefeller Philanthropy in China.* Stan- ford, CA: Stanford University Press, 2011.

Bush, George H. W. *China Diary of George H. W. Bush: The Making of a Global President.* Edited and introduced by Jeffrey A. Engel. Princeton, NJ: Princeton University Press, 2008.

Chang, Iris. *The Chinese in America: A Narrative History*. New York: Viking, 2003.

———. *Thread of the Silkworm*. New York: Basic Books, 1995.

Chen, Hansheng. *Sige Shidai de Wo*. Beijing: Chinese Culture and History Press, 1988. Chen, Jerome. *China and the West: Society and Culture*. London: Hutchison of London, 1979. Chen, Jian. *China's Road to the Korean War: The Making of Sino-American Confrontation*. New York: Columbia University Press, 1994.

———. *Mao's China and the Cold War*. Chapel Hill: University of North Carolina Press, 2001.

Chen, Youwei. *Tiananmen Shijian hou, Zhongong yu Meiguo Waijiao Neimu: Yi Wei Zhongguo Dalu Waijiaoguan de Lishi Jianzheng*. Taipei: Zhengzhong Shuju, 1999.

Chennault, Claire. *Way of a Fighter*. New York: Putnam, 1949.

Chiang, Kai-shek. *China's Destiny and Chinese Economic Theory*. New York: Roy Publishers, 1947.

Clayton, Buck, and Nancy M. Elliot. *Buck Clayton's Jazz World*. Oxford, UK: Bayou Press, 1986.

Clifford, Nicholas R. *Spoilt Children of Empire: Westerners in Shanghai and the Chinese*. Hanover, NH: Middlebury College Press/University Press of New England, 1991.

Clinton, Bill. *My Life*. New York: Knopf, 2004.

Clinton, Hillary. *Living History*. New York: Scribner, 2004. Clissold, Tim. *Mr. China*. New York: HarperBusiness, 2006.

Cochran, Sherman. *Big Business in China: Sino-Foreign Rivalry in the Cigarette Industry, 1890–1930*. Cambridge, MA: Harvard University Press, 1980.

Cohen, Paul A. *China and Christianity: The Missionary Movement and the Growth of Chinese Antiforeignism, 1860–1870*. Cambridge, MA: Harvard University Press, 1963.

Cohen, Warren I., and Akira Iriye, eds. *The Great Powers in East Asia, 1953–1960*. New York: Columbia University Press, 1990.

Coll, Steve. *Ghost Wars*. New York: Penguin Press, 2004.

Conboy, Kenneth. *The Cambodian Wars: Clashing Armies and CIA Covert Operations*. Lawrence: University Press of Kansas, 2013.

Craft, Stephen G. *Wellington Koo and the Emergence of Modern China*. Lexington: University Press of Kentucky, 2003.

Craig, R. Bruce. *Treasonable Doubt: The Harry Dexter White Spy Case*. Lawrence: University Press of Kansas, 2004.

Crane, Daniel M., and Thomas A. Breslin. *An Ordinary Relationship: American Opposi- tion to Republican Revolution in China*. Miami: University Presses of Florida, 1986.

Crouch, Gregory. *China's Wings: War, Intrigue, Romance, and Adventure in the Middle Kingdom during the Golden Age of Flight*. New York: Bantam, 2012.

Crow, Carl. *Foreign Devils in the Flowery Kingdom*. New York: Harper & Brothers, 1940.

———. *400 Million Customers*. New York: Harper & Brothers, 1937.

Davies, John Paton. *China Hand: An Autobiography*. Philadelphia: University of Pennsyl- vania Press, 2012.

Delano, Amasa. *Narrative of Voyages and Travels in the Northern and Southern Hemi- sphere Comprising Three Voyages Round the World in the Pacific Ocean and Oriental Islands*. Boston: E. G. House, 1817.

Deng, Xian, ed. *Under the Same Army Flag: Recollections of the Veterans of the World War II.* Beijing: Wuzhou Chuanbo Chubanshe, 2005.

Dennett, Tyler. *Americans in Eastern Asia.* New York: Macmillan Company, 1922. Dikotter, Frank. *The Tragedy of Liberation: A History of the Chinese Revolution, 1945–1957.* New York: Bloomsbury Press, 2013.

Dorwart, Jeffrey M. *The Pigtail War: American Involvement in the Sino-Japanese War of 1894–1895.* Amherst: University of Massachusetts Press, 1975.

Dunch, Ryan. *Fuzhou Protestants and the Making of Modern China, 1857–1927.* New Haven, CT: Yale University Press, 2001.

Dunne, Michael J. *American Wheels, Chinese Roads: The Story of General Motors in China.* New York: John Wiley & Sons, 2011.

Egan, Susan Chan, and Chih-p'ing Chou. *A Pragmatist and His Free Spirit: The Half- Century Romance of Hu Shi & Edith Clifford Williams.* Hong Kong: Chinese Univer- sity Press, 2009.

Fairbank, John K. *The United States and China.* Cambridge, MA: Harvard University Press, 1948.

Forbes, John Murray. *Letters and Recollections of John Murray Forbes.* New York: Hough- ton, Mifflin and Company, 1899.

Ford, Daniel. *Claire Chennault and His American Volunteers, 1941–1942.* Washington, DC: HarperCollins/Smithsonian Books, 2007.

French, Paul. *Through the Looking Glass: China's Foreign Journalists from the Opium Wars to Mao.* Hong Kong: Hong Kong University Press, 2009.

Geng, Biao. *Geng Biao Zhuan.* Beijing: Jiefangjun Chuban She, 2009. Ghosh, Amitav. *River of Smoke.* London: John Murray Publishers, 2011.

Gibson, James R. *Otter Skins, Boston Ships, and China Goods: The Maritime Fur Trade of the Northwest Coast, 1785–1841.* Seattle: University of Washington Press, 1992.

Gittings, John. *The World and China: The Men and Ideas that Shaped Chinese Foreign Policy, 1922–1972.* New York: Harper & Row, 1974.

Glendon, Mary Ann. *A World Made New: Eleanor Roosevelt and the Universal Declara- tion of Human Rights.* New York: Random House, 2001.

Goldstein, Lyle J. *Preventive Attack and Weapons of Mass Destruction: A Comparative His- torical Analysis.* Stanford, CA: Stanford University Press, 2005.

Griffin, Nicholas. *Ping-Pong Diplomacy: The Secret History of the Game that Changed the World.* New York: Scribner, 2014.

Gully, Patti. *Sisters of Heaven: China's Barnstorming Aviatrixes: Modernity, Feminism, and Popular Imagination in Asia and the West.* San Francisco: Long River Press, 2008.

Ha, Jin. *A Free Life.* New York: Pantheon Books, 2007.

Halberstam, David. *The Coldest Winter: America and the Korean War.* New York: Hachette Books, 2008.

Hamilton, John Maxwell. *Edgar Snow: A Biography.* Baton Rouge: Louisiana State Uni- versity Press, 2003.

Hamrin, Carol Lee, and Stacey Bieler, eds. *Salt and Light: Lives of Faith that Shaped Mod- ern China.* 3 vols. Eugene, OR: Pickwick Publications, 2009.

Hannas, William C., James Mulvenon, and Anna B. Puglisi. *Chinese Industrial Espionage: Technology Acquisition and Military Modernization.* New York: Routledge, 2013.

Hayford, Charles W. *To the People: James Yen and Village China.* New York: Columbia University Press, 1990.

Haynes, John Earl, and Harvey Klehr. *Venona: Decoding Soviet Espionage in America.* New Haven, CT: Yale University Press, 1999.

Herman, Arthur. *Joseph McCarthy: Reexamining the Life and Legacy of America's Most Hated Senator*. New York: Free Press, 2000.

Hobart, Alice Tisdale. *Oil for the Lamps of China*. Indianapolis: Bobbs Merrill Company, 1933.

Hodges, Graham Russell Gao. *Anna May Wong: From Laundryman's Daughter to Holly- wood Legend*. New York: Palgrave Macmillan, 2004.

Hollander, Paul. *Political Pilgrims: Western Intellectuals in Search of the Good Society*. New Brunswick: Transactions Publishers, 1998.

Hsiao, Ting-ling. *Accidental State: Chiang Kai-shek, the United States, and the Making of Taiwan*. Cambridge, MA: Harvard University Press, 2016.

Hsiung, James C. and Steven I. Levine, eds. *China's Bitter Victory: The War with Japan, 1937–1945*. Armonk, NY: M. E. Sharpe, 1992.

Hu, Hua-ling. *American Goddess at the Rape of Nanking: The Courage of Minnie Vautrin*. Carbondale: Southern Illinois University Press, 2000.

———. *The Undaunted Women of Nanking: The Wartime Diaries of Minnie Vautrin and Tsen Shui-fang*. Carbondale: Southern Illinois University Press, 2010.

Hu, Shizhang. *Stanley K. Hornbeck and the Open Door Policy, 1919–1937*. Westport, CT: Greenwood Press, 1995.

Huang, Jing, and Xiaoting Li. *Inseparable Separation: The Making of China's Taiwan Pol- icy*. Singapore: World Scientific Publishing Company, 2010.

Huang, Quanyu. *The Hybrid Tiger: Secrets of the Extraordinary Success of Asian-American Kids*. Amherst, NY: Prometheus Books, 2014.

———. *Suzhi Jiaoyu zai Meiguo*. Guangzhou: Guangdong Jiaoyu Chubanshe, 1999. Huang, Yun-te. *Charlie Chan*. New York: W. W. Norton, 2010.

Hunt, Michael H. *Frontier Defense and the Open Door: Manchuria in Chinese-American Relations, 1895–1911*. New Haven, CT: Yale University Press, 1973.

———. *The Making of a Special Relationship: The United States and China to 1914*. New York: Columbia University Press, 1983.

Hunter, Jane. *The Gospel of Gentility: American Women Missionaries in Turn-of-the- Century China*. New Haven, CT: Yale University Press, 1989.

Hunter, William C. *The "Fan Kwae at Canton: Before Treaty Days, 1825–1844*. London: Kegan Paul Trench and Company, 1882.

Hutchison, James Lafayette. *China Hand*. New York: Grosset and Dunlap, 1936. Johnson, U. Alexis. *The Right Hand of Power*. Englewood Cliffs, NJ: Prentice-Hall. 1984.

Kang, Youwei. *Kang Youwei Quanji*. Beijing: Zhonghua Dushu, 2012.

Kaplan, Lawrence M. *Homer Lea: American Soldier of Fortune*. Lexington: University Press of Kentucky, 2010.

Karl, Rebecca E. *Staging the World: Chinese Nationalism at the Turn of the Century*. Dur- ham: Duke University Press, 2002.

Ke, Lin, Xu Tao, and Wu Xujun. *Lishi de Zhenshi: Mao Zedong Shenbian Gongzuo Renyuan de Zhengyan*. Hong Kong: Liwen Publishing House, 1995.

Kingstone, Brett. *The Real War against America*. Specialty Publishing/Max King, 2005. Kissinger, Henry. *On China*. New York: Penguin Press, 2011.

Klehr, Harvey, and Ronald Radosh. *The Amerasia Spy Case*. Chapel Hill: University of North Carolina Press, 1996.

Knaus, Kenneth. *Orphans of the Cold War: America and the Tibetan Struggle for Survival*.

New York: Public Affairs, 2000.

Kochavi, Noam. *A Conflict Perpetuated: China Policy during the Kennedy Years*. Westport, CT: Praeger, 2002.

Kush, Linda. *The Rice Paddy Navy: U.S. Sailors Undercover in China.* Oxford: Osprey Pub- lishing, 2012.

Kwong, Peter, and Dušanka Miščević. *Chinese America: The Untold Story of America's Oldest New Community.* New York: New Press, 2005.

Larmer, Brook. *Operation Yao Ming: The Chinese Sports Empire, American Big Business, and the Making of an NBA Superstar.* New York: Gotham, 2005.

Leibovitz, Liel, and Matthew Miller. *Fortunate Sons: The 120 Chinese Boys Who Came to America, Went to School, and Revolutionized an Ancient Civilization.* New York: W. W. Norton, 2011.

Levine, Steven I. *Anvil of Victory: The Communist Revolution in Manchuria, 1945–1948.* New York: Columbia University Press, 1987.

Lewis, John Wilson, and Xue Litai. *China Builds the Bomb.* Stanford, CA: Stanford Uni- versity Press, 1991.

Li, Cheng. *Bridging Minds across the Pacific.* New York: Lexington Books, 2005.

Li, Jing. *China's America: The Chinese View of the United States, 1900–2000.* Albany, NY: SUNY Press, 2011.

Li, Laura Tyson. *Madame Chiang Kai-shek: China's Eternal First Lady.* New York: Atlantic Monthly Press, 2006.

Li, Zhisui. *The Private Life of Chairman Mao.* New York: Random House, 1996.

Liang, Biying. *Liang Cheng yu Jindai Zhongguo.* Guangzhou: Zhongshan Daxue Chuban She, 2011.

Lin, Yutang. *The Vigil of a Nation.* New York: John Day Company, 1944.

Lindsay, Hsiao Li. *Bold Plum: With the Guerrillas in China's War against Japan.* Morris- ville, NC: Lulu Press, 2007.

Little, John, ed. *Bruce Lee: The Celebrated Life of the Golden Dragon.* North Clarendon, VT: Tuttle, 2000.

Liu, Huaqing. *Liu Huaqing Huiyilu.* Beijing: Jiefangjun Chubanshe, 2004.

Loh, Robert, and Humphrey Evans. *Escape from Red China.* New York: Coward-McCann, 1962.

Lowe, Pardee. *Father and Glorious Descendant.* Boston: Little, Brown and Company, 1943.

MacFarquhar, Roderick, and Michael Schoenhals. *Mao's Last Revolution.* Cambridge, MA: Belknap Press of Harvard University Press, 2006.

MacMillan, Margaret. *Nixon in China: The Week that Changed the World.* Toronto: Viking, 2006.

MacMurray, John Antwerp, and Arthur Waldron, eds. *How the Peace Was Lost: The 1935 Memorandum: Developments Affecting American Policy in the Far East.* Stanford, CA: Hoover Institution Press, 1992.

Macy, Beth, *Factory Man: How One Furniture Maker Battled Offshoring, Stayed Local, and Helped Save an American Town.* New York: Back Bay Books, 2015.

Madsen, Richard. *China and the American Dream: A Moral Inquiry.* Berkeley: University of California Press, 1995.

Manela, Erez. *The Wilsonian Moment: Self-Determination and the International Origins of Anticolonial Nationalism.* New York: Oxford University Press, 2007.

Mann, James. *About Face: A History of America's Curious Relationship with China, from Nixon to Clinton.* New York: Knopf, 1999.

———. *The China Fantasy: How Our Leaders Explain Away Chinese Repression.* New York: Viking, 2007.

McClain, Charles J. *In Search of Equality: The Chinese Struggle against Discrimination in Nineteenth-Century America.* Berkeley: University of California Press, 1994.

McClellan, Robert. *The Heathen Chinee: A Study of American Attitudes toward China, 1890–1905.* Columbus: Ohio State University Press, 1971.

McGregor, James. *One Billion Customers: Lessons from the Frontlines of Doing Business in China.* New York: Free Press, 2007.

Melby, John F. *The Mandate of Heaven: Record of a Civil War China, 1945–48.* Toronto: University of Toronto Press, 1968.

Meyer, Karl E., and Shareen Blair Brysac. *The China Collectors: America's Century-Long Hunt for Asian Art Treasures.* London: Palgrave Macmillan, 2015.

———. *Tournament of Shadows: The Great Game and the Race for Empire in Central Asia.* New York: Basic Books, 2006.

Miles, Milton E. *A Different Kind of War.* Garden City, NY: Doubleday and Company, 1967.

Millard, Thomas F. *Democracy and the Eastern Question.* New York: Century Company, 1919.

Mitter, Rana. *Forgotten Ally: China's World War II, 1937–1945.* Boston: Houghton Mifflin Harcourt, 2013.

Morris, Gouverneur. *The Incandescent Lily: And Other Stories.* New York: C. Scribner's Sons, 1914. *Nanyang Xiongdi Yancao Gongsi Shiliao.* Shanghai: Renmin Chubanshe, 1958.

Pantsov, Alexander, and Steven Levine. *Mao: The Real Story.* New York: Simon & Schus- ter, 2013.

Paulson, Henry. *Dealing with China: An Insider Unmasks the New Economic Superpower.* New York: Twelve, 2015.

Peattie, Mark, Edward Drea, Hans Van de Ven, eds. *The Battle for China: Essays on the Military History of the Sino-Japanese War of 1937–1945.* Stanford, CA: Stanford University Press, 2011.

Pei, Jianzhang, ed. *Dangdai zhongguo shijie waijiao shengya.* 2 vols. Beijing: Shijie Zhishi Chubanshe, 1995.

Perkowski, Jack. *Managing the Dragon: How I'm Building a Billion-Dollar Business in China.* New York: Bantam, 2009.

Pfaelzer, Jean. *Driven Out: The Forgotten War against Chinese Americans.* New York: Ran- dom House, 2007.

Phelps, William Dane. *Fore and Aft, or Leaves from the Life of an Old Sailor.* Boston: Nich- ols & Hall, 1871.

Pillsbury, Michael. *The Hundred-Year Marathon: China's Secret Strategy to Replace America as the Global Superpower.* New York: Henry Holt, 2015.

Platt, Nicholas. *China Boys: How US Relations with the PRC Began and Grew.* Washing- ton, DC: Vellum, 2010.

Platt, Stephen R. *Autumn in the Heavenly Kingdom.* New York: Knopf, 2012.

Powell, John B. *My Twenty-Five Years in China.* New York: The Macmillan Co., 1945. Preston, Diana. *The Boxer Rebellion,* New York: Berkeley Books, 2000.

Price, Eva Jane. *China Journal, 1889–1900: An American Missionary Family during the Boxer Rebellion.* New York: Scribner, 1989.

Price, Ruth. *The Lives of Agnes Smedley.* New York: Oxford University Press, 2005. Pugach, Noel H. *Paul S. Reinsch: Open Door Diplomat in Action.* Millwood, NY: KTO

Press, 1979.

Qian, Ning. *Liuxue Meiguo: Yi ge Shidai de Gushi*. Nanjing: Jiangsu Wenyi Chubanshe, 1997. Qian, Qichen. *Ten Episodes in China's Diplomacy*. New York: Harper Collins, 2006.

Qian, Suoqiao. *Liberal Cosmopolitanism: Lin Yutang and Middling Chinese Modernity*. Danvers, MA: Brill, 2011.

Qing, Simei. *From Allies to Enemies: Visions of Modernity, Identity, and U.S.-China Diplo- macy, 1945–1960*. Cambridge, MA: Harvard University Press, 2007.

Rand, Peter. *China Hands*. New York: Simon & Schuster, 1995.

Reed, Thomas C., and Danny B. Stillman. *The Nuclear Express: A Political History of the Bomb and Its Proliferation*. Minneapolis, MN: Zenith Press, 2010.

Rhoads, Edward J. M. *Stepping Forth into the World: The Chinese Educational Mission to the United States, 1872–81*. Hong Kong: Hong Kong University Press, 2011.

Ridgway, Matthew B. *The Korean War*. New York: Doubleday, 1967.

Romanus, Charles, and Riley Sunderland. *Stilwell's Command Problems*. Washington, DC: US Army Center of Military History, 1987.

Ross, Robert S., and Jiang Changbin, eds. *Re-examining the Cold War: U.S.-China Diplo- macy, 1954–1973*. Cambridge, MA: Harvard University Press, 2001.

Schama, Simon. *The American Future: A History*. New York: Ecco Press, 2009. Schlesinger, Arthur M., Jr. *A Thousand Days: John F. Kennedy in the White House*. New York: First Mariner Books, 2002.

Scott, David. *China and the International System, 1840–1949*. Albany, NY: SUNY Press, 2009.

———. *China Stands Up: The PRC and the International System*. New York: Routledge, 2007. Shaw, Yu-ming. *An American Missionary in China: John Leighton Stuart and Chinese-American Relations*. Cambridge, MA: Harvard University Press, 1992.

Shemo, Connie A. *The Chinese Medical Ministries of Kang Cheng and Shi Meiyu, 1872 to 1937: On a Cross-Cultural Frontier of Gender, Race, and Nation*. Bethlehem, PA: Lehigh University Press, 2011.

Shirk, Susan. *China: Fragile Superpower*. New York: Oxford University Press, 2007.

Smil, Vaclav. *China's Past, China's Future: Energy, Food, Environment*. New York: Routledge- Curzon, 2004.

Smith, Arthur H. *Chinese Characteristics*. New York: Fleming H. Revell Company, 1894. Smith, I. C. *Inside: A Top G-Man Exposes Spies, Lies, and Bureaucratic Bungling in the FBI*. Nashville, TN: Thomas Nelson, 2004.

Snow, Edgar. *Red China Today: The Other Side of the River*. New York: Random House, 1971.

———. *Red Star over China*. New York: Random House, 1937.

Spence, Jonathan D. *God's Chinese Son: The Taiping Heavenly Kingdom of Hong Xiuquan*. New York: W. W. Norton, 1996.

———. *The Search for Modern China*. New York: W. W. Norton, 1990.

———. *To Change China*. New York: Penguin Books, 2002.

Stross, Randell E. *Bulls in the China Shop and Other Sino-American Business Encounters*. New York: Pantheon Books, 1990.

Studwell, Joe. *The China Dream: The Quest for the Last Great Untapped Market on Earth*. New York: Grove Press, 2003.

Suettinger, Robert. *Beyond Tiananmen: The Politics of U.S.-China Relations*. Washington, DC: Brookings Institution, 2003.

Sui Sin, Far. *Mrs. Spring Fragrance*. Chicago: A. C. McClurg, 1912.

Sullivan, Regina D. *Lottie Moon: A Southern Baptist Missionary to China in History and Legend*. Baton Rouge: Louisiana State University, 2011.

Sun, Yat-sen. *Sun Zhongshan Ji*. Beijing: Zhonghua Shuju, 1981.

Swisher, Earl. *China's Management of the American Barbarians*. New York: Octagon Books, 1972.

Taylor, Jay. *The Generalissimo: Chiang Kai-shek and the Struggle for Modern China*. Cam- bridge, MA: Belknap Press of Harvard University, 2009.

———. *The Generalissimo's Son: Chiang Ch'ing-kuo and the Revolutions in China and Taiwan*. Cambridge, MA: Harvard University Press, 2000.

Thomson, James C., Jr. *While China Faced West: American Reformers in Nationalist China, 1928–1937*. Cambridge, MA: Harvard University Press, 1969.

Thondup, Gyalo, and Anne F. Thurston. *The Noodle Maker of Kalimpong: The Untold Story of My Struggle for Tibet*. New York: Public Affairs, 2015.

Thorne, Christopher. *Allies of a Kind: The United States, Britain, and the War against Japan, 1941–1945*. New York: Oxford University Press, 1978.

Tsang, Steve. "War, Co-operation with the United States, and the Future of Post-war China: Re-evaluating Chiang Kai-shek and the Stilwell Affair. Chap. 6 in *Chiang Kai-shek: The Critical Years, 1935–1950*. Edited by Emily M. Hill. Forthcoming.

Tse-Tung, Mao. *Selected Works of Mao Tse-Tung*. Honolulu: University Press of the Pacific, 2001.

Tsou, Tang. *America's Failure in China, 1941–1950*. Chicago: University of Chicago Press, 1963.

Tuchman, Barbara. *Stilwell and the American Experience in China, 1911–1945*. Cutchogue, NY: Buccaneer Books, 1995.

Tucker, Nancy Bernkopf. *The China Threat: Memories, Myth, and Realities in the 1950s*. New York: Columbia University Press, 2012.

———. *Patterns in the Dust: Chinese-American Relations and the Recognition Controversy, 1949–1950*. New York: Columbia University Press, 1983.

———. *Strait Talk: United States–Taiwan Relations and the Crisis with China*. Cambridge, MA: Harvard University Press, 2009.

Van de Ven, Hans. *War and Nationalism in China*. New York: Routledge, 2012.

Vise, David. *Tiger Trap: America's Secret Spy War with China*. New York: Houghton Mifflin Harcourt, 2011.

Vladimirov, Peter. *The Vladimirov Diaries: Yenan, China, 1942–1945*. New York: Double- day, 1975.

Vogel, Ezra. *Deng Xiaoping and the Transformation of China*. Cambridge, MA: Belknap Press of Harvard University, 2011.

Wakeman, Frederic, Jr. *Policing Shanghai, 1927–1937*. Berkeley: University of California Press, 1995.

Waln, Nora. *The House of Exile.* New York: Soho Press, 1972.

Walter, Carl, and Fraser J. Howie. *Red Capitalism: The Fragile Financial Foundation of China's Extraordinary Rise.* New York: Wiley, 2011.

Wang, An. *Lessons: Autobiography*. Reading, MA: Addison-Wesley Publishing, 1986.

Wang, Bingnan. *Zhongmei huitan jiunian huigu.* Beijing: Shijie Zhishi Chubanshe, 1985.

Wang, Lixin. *Meiguo Chuanjiaoshi yu Wanqingzhonguo Xiandaihua.* Tianjin: Tianjin Renmin Chuban She, 2008.

Wang, Shuhuai. *Wairen yu Wushu Bianfa.* Institute of Modern History. Taipei: Academia Sinica, 1965.

Wang, Y. C. *Chinese Intellectuals and the West, 1872–1949.* Chapel Hill: University of North Carolina Press, 1966.

Warren, Leonard, *Adele Marion Fielde: Feminist, Social Activist, Scientist.* New York: Routledge, 2002.

Wedemeyer, Albert C. *Wedemeyer Reports!.* New York: Devin-Adair Company, 1958.

Westad, Odd Arne. *Decisive Encounter: The Chinese Civil War, 1946–1950.* Stanford, CA: Stanford University Press, 2003.

———. *Restless Empire: China and the World Since 1750.* New York: Basic Books, 2012.

White, Theodore. *In Search of History: A Personal Adventure.* New York: Harper & Row, 1978.

White, Theodore H., and Annalee Jacoby. *Thunder out of China.* New York: Da Capo, 1980.

Wing, Yung. *My Life in China and America.* Shanghai: Earnshaw Books, 2007.

Wong, Jade Snow. *Fifth Chinese Daughter.* New York: Scholastic Books, 1950.

Wu, Jingping, and Kuo, Tai-chun, eds. *Song Ziwen yu Ta de Shidai.* Hoover Institution and Fudan Modern China Research Series. Shanghai: Fudan University Press, 2008.

Wu, Ningkun, and Yikai Li. *A Single Tear: A Family's Persecution, Love, and Endurance in Communist China.* New York: Little, Brown and Company, 1993.

Xu, Guoqi. *China and the Great War: China's Pursuit of a New National Identity and Inter- nationalization.* Cambridge: Cambridge University Press, 2005.

———. *Olympic Dreams: China and Sports, 1895–2008.* Cambridge, MA: Harvard Uni- versity Press, 2008.

Xu, Jiyu. *A Short Account of the Oceans Around Us.* Yinghuanzhilue, 1849.

Yardley, Herbert O. *The Black Chinese Chamber: An Adventure in Espionage.* Boston: Houghton Mifflin Company, 1983.

Yang, Yusheng. *Zhongguoren de Meiguoguan.* Shanghai: Fudan University Press, 1996.

Yao, Songling. *Chen Guangfu de Yisheng.* Taipei: Zhuanji Wenxue Chubanshe, 1984.

Ye, Weili. *Seeking Modernity in China's Name: Chinese Students in the United States, 1900–1927.* Stanford, CA: Stanford University Press, 2001.

Yin, Xiao-huang. *Chinese American Literature Since the 1850s.* Chicago: University of Illi- nois Press, 2000.

Young, Arthur N. *China and the Helping Hand, 1937–1945.* Cambridge, MA: Harvard University Press, 1963.

———. *China's Nation Building Effort, 1927–1937: The Financial and Economic Record*. Stanford, CA: Hoover Institution Press, 1971.

Yu, Maochun. *The Dragon's War: Allied Operations and the Fate of China, 1937–1947*. Annapolis, MD: Naval Institute Press, 2006.

———. *OSS in China: Prelude to Cold War*. New Haven: Yale University Press, 1997. Zhang, Deyi. *Diary of a Chinese Diplomat*. London: Penguin, 1992.

Zhang, Jishun. *Zhongguo Zhishifenzi de Meiguoguan*. Shanghai: Fudan University Press, 1999.

Zhang, Liang, and Andrew J. Nathan. *The Tiananmen Papers*. New York: Public Affairs, 2002.

Zhao, Zhihua. *Cong Dajianyu Hui Lai*. Beijing: Xinaiguozhuyi Beixing Ju Publishing, April 1951.

Zhao, Ziyang. *Prisoner of the State: The Secret Journal of Premier Zhao Ziyang*. Translated and edited by Bao Pu, Renee Chiang, and Adi Ignatius. New York: Simon & Schuster, 2010.

Zhonggong Zhongyang Wenxuan Xuanji. Beijing: Zhonggong Zhongyang Dangxiao Chu-banshen, 1982.

Zhu, Kezhen. *Zhu Zezhen Riji*. Shanghai: Shanghai Keji Jiaoyu Chubanshe, 2010.

Zhu, Liping. *A Chinaman's Chance*. Boulder: University Press of Colorado, 2000.

Zong, Hairen. *Zhu Rongji zai 1999*. Hong Kong: Ming Jing, 2001.

未出版的博士論文

Blaine, Michael Russell. "American Silver Policy and China, 1933–1936. University of Illinois, 1972.

Brockbank, Nancy Ellena. "The Context of Heroism: The African American Experience on the Ledo Road. Eastern Michigan University, 1998.

Cambon, Marie. "The Dream Palaces of Shanghai. Simon Fraser University, 1986. Carlson, Joana Rene. "Blurring the Boundaries of Cold War Foreign Relations: Popular Diplomacy, Transnationalism, and U.S. Policy toward Post-Revolutionary China and Cuba. Florida State University, 2010.

Chang, Chung-tung. "China's Response to the Open Door, 1898–1906. Michigan State University, 1973.

Chu, Xiao. "Confucianism, Catholicism, and Human Rights: 1948 and 1993. Boston College, 2005.

Cosgrove, Julia Fukada. "United States Economic Policy toward China, 1943–1946. Washington University, 1980.

Finkelstein, David Michael. "From Abandonment to Salvation: The Evolution of United States Policy toward Taiwan, 1949–1950. Princeton University, 1990.

Grant, Frederic Delano, Jr. "The Chinese Cornerstone of Modern Banking: The Canton Guaranty System and the Origins of Bank Deposit Insurance, 1780–1933. Leiden University, 2012.

Grieve, William George. "Belated Endeavor: The American Military Mission to China, 1941–1942. University of Illinois, 1979.

Harold, Scott. "Negotiating Domestic and International Obstacles on China's Long Road to the GATT/WTO, 1971–2001. Columbia University, 2008.

Ho, Zhigong. "Across the Pacific: American Pragmatism in China, 1917–1937. Univer- sity of Houston, 1991.
James, Stephen Andrew. "The Origins of Universal Human Rights: An Evaluation. Princeton University, 2005.
Kim, Samuel Soonki. "Anson Burlingame: A Study in Personal Diplomacy. Columbia University, 1966.
Koo, Wellington. "The Status of Aliens in China. Columbia University, 1912.
Kuang, Qizhang. "Pragmatism in China: The Deweyan Influence. Michigan State Uni- versity, 1994.
Li, Jing. "Rhetoric and Reality: The Making of Chinese Perceptions of the United States. Rice University, 1995.
Lien, Chan. "The Criticism of Hu-Shih's Thought in Communist China. University of Chicago, 1965.
Liu, Yawei. "The United States According to Mao Zedong: Chinese-American Relations, 1893-1976. Emory University, 1996.
Millar, Thomas J. "Americans and the Issue of China: The Passion and Dispassion of American Opinions about China, 1930 to 1944. UCLA, 1998.
Park, Jong-chul. "The China Factor in United States Decision-Making toward Vietnam, 1945–1965. University of Connecticut, 1990.
Park, Tae Jin. "In Support of 'New China': Origins of the China Lobby, 1937–1941. West Virginia University, 2003.
Shaheen, Anthony Joseph. "The China Democratic League and Chinese Politics, 1939– 1947. University of Michigan, 1977.
Shen, Yu. "SACO: An Ambivalent Experience of Sino-American Cooperation during World War II. University of Illinois at Urbana-Champaign, 1995.
So, Richard Jean. "Coolie Democracy: U.S.-China Political and Literary Exchange, 1925– 1955. Columbia University, 2010.
Spar, Frederic J. "Liberal Political Opposition in Kuomintang and Communist China: Lo Lung-chi in Chinese Politics, 1928–1958. Brown University, 1980.
Speer, Glenn Michael. "Richard Nixon's Position on Communist China, 1940–1960: The Evolution of a Pacific Strategy. City University of New York, 1992.
Tsang, Kuo-jen. "China's Propaganda in the United States during World War II. North Texas State University, 1980.
Tsui, Brian Kai Hin. "China's Forgotten Revolution: Radical Conservatism in Action, 1927–1949. Columbia University, 2013.
Wang, Ching-sze. "John Dewey to China: To Teach and to Learn. Indiana University, 2004. Wang, Jingbin. "Hegemony and Revolution: An Odyssey toward the Sino-American Rap-prochement, 1943–1972. University of Chicago, 2007.
Wang, Zheng. "The Power of History and Memory: National 'Patriotic Education' and China's Conflict Behavior in Crises with the U.S., 1991–2001. George Mason Univer- sity, 2005.
Wilkinson, Mark Francis. "At the Crossroads: Shanghai and Sino-American Relations 1945–1950. University of Michigan, 1982.
Wong, John D. "Global Positioning: Houqua and His China Trade Partners in the Nine- teenth Century. Harvard University, 2012.
Yu, Yuegen. "The Bond of an Enduring Relationship: United States–China Scientific Relations, 1949–1989. University of West Virginia, 1999.
Zhu, Pingchao. "The Road to Armistice: An Examination of the Chinese and American Diplomacy during the Korean War Cease-fire Negotiations, 1950–1953. Miami

Uni- versity, 1998.

報紙／雜誌

Hill, Gladwin. "Brain-Washing: Time for a Policy. *Atlantic Monthly*, April 1955, 58–62.

Johnson, E. R. "Operation Matterhorn. *Aviation History*, July 2003, 38–47.

Mosher, Steven W. "The West and Comrade Chou. *National Review*, November 1990, 39.

Sullivan, Roger W. "Discarding the China Card. *Foreign Policy*, Spring 1992, 3–23.

Tong, Tong. "Gaige Kaifang Zhong De Meiguo Yinsu: Xie Zai ZhongMei Jianjiao Ji Deng Xiaoping Fangmei 30 Zhounian Zhiji. *Shijie Yu Zhishi*, no. 2 (2009): 14–25.

Wakeman, Frederic, Jr. "All the Rage in China. *New York Review of Books*, March 2, 1989.

Zolotow, Maurice. "The Dentist Who Changed World History. *Harper's Magazine*, December 1943, 40–53.

檔案庫資料與電子資料庫

Association for Diplomatic Studies and Training, Oral History Interviews

Atlantic Monthly

Harper's Magazine

Hoover Institution of War, Revolution and Peace: Papers of Arthur J. Duff, Chiang Kai- shek, Sutton Christian, Henry Evans, John Hart's research of Joseph W. Stilwell, H. H. Kung, Paul M. W. Linebarger, T. V. Soong

Hunt's Merchants' Magazine and Commercial Review

Nation

New Yorker

New York Herald Tribune

New York Times

Newsweek

Outlook Weekly

Time

US Department of State Office of the Historian

Washington Post

WikiLeaks

國家圖書館出版品預行編目(CIP)資料

美國與中國：十八世紀末以來的美中關係史/潘文(John Pomfret)作；林添貴，陳榮彬譯. -- 初版. -- 新北市：遠足文化事業股份有限公司, 2021.12

面；　公分. -- (遠足新書；18)

譯自：The Beautiful Country and the Middle Kingdom : America and China, 1776 to the Present

ISBN 978-986-508-125-6(平裝)

1.中美關係 2.外交史

645.2　　110018481

特別聲明：

有關本書中的言論內容，不代表本公司／出版集團的立場及意見，由作者自行承擔文責。

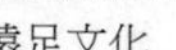

遠足文化

讀者回函

遠足新書18

美國與中國：十八世紀末以來的美中關係史

The Beautiful Country and the Middle Kingdom : America and China, 1776 to the Present

作者・潘文（John Pomfret）｜**譯者**・林添貴、陳榮彬｜**責任編輯**・龍傑娣｜**校對**・施靜沂｜**封面設計**・林宜賢｜**出版**・遠足文化・第二編輯部｜**社長**・郭重興｜**總編輯**・龍傑娣｜**發行人兼出版總監**・曾大福｜**發行**・遠足文化事業股份有限公司｜**電話**・02-22181417｜**傳真**・02-86672166｜**客服專線**・0800-221-029｜**E-Mail**・service@bookrep.com.tw｜**官方網站**・http://www.bookrep.com.tw｜**法律顧問**・華洋國際專利商標事務所・蘇文生律師｜**印刷**・崎威彩藝有限公司｜**排版**・菩薩蠻數位文化有限公司｜**初版**・2021年12月｜**定價**・990元｜**ISBN**・978-986-508-125-6

版權所有・翻印必究｜本書如有缺頁、破損、裝訂錯誤，請寄回更換

The Beautiful Country and the Middle Kingdom: America and China, 1776 to the Present

Copyright © 2016 by John Pomfret

Published by agreement with The Ross Yoon Agency, through The Grayhawk Agency.

ALL RIGHTS RESERVED